방문요양기관의
운영 평가 실제

이금룡 · 박상욱 · 유은경 · 안예숙 공저

학지사

이 책은 2010년 9월부터 실시되는 방문요양급여제공기관의 평가를 대비하기 위한 지침서로 방문요양기관의 운영과 평가를 중심으로 하여 모두 3장으로 구성되어 있다. 책의 대상은 방문요양기관이지만 서술된 운영관리에 관한 내용들은 모든 유형의 장기요양기관들에 적용될 수 있으며, 실제적인 지침과 서식들을 제시하여 실질적인 운영과 평가에 관련한 내용을 중심으로 설명하였다.

이 책은 본문과 online 서식자료로 구성되어 있는데, 본문은 기관의 운영과 평가를 대비하기 위해 자세한 설명을 사례와 함께 제공하고 있고, online 서식자료에는 관련 서식들을 순차적으로 나열하고 있다. 따라서 책의 내용을 습득하고 online 서식자료에 수록된 자료를 함께 살펴보는 것이 실전에 보다 효과적으로 활용할 수 있을 것이다.

본문 제1장에서는 먼저 노인장기요양보험제도의 개념, 제공되는 급여(서비스)의 종류 및 수급자(대상자)에 대하여 설명하고, 장기요양급여(서비스)를 제공하는 기관들을 시설급여제공기관과 재가급여제공기관으로 구분하여 설명하였다. 그중 방문요양기관의 지정 및 설치에 관하여 제반 법규와 지침들을 근거로 설명하였다.

제2장은 방문요양기관의 운영관리에 관한 것으로 조직운영, 인적자원, 대상자, 서비스, 정보, 일반관리의 순으로 설명하고 있다. 각 세부항목에서는 운영관리의 업무 부분별로 그 목적, 업무내용의 구성, 업무내용 그리고 업무총괄 등에 대해 설명하는 것으로 구성되었고, 각 업무 부분별로 관련한 서식과 예시들은 이 책 마지막에 부록으로 첨부하여 참고할 수 있도록 하였다. 이 장은 방문요양기관의 운영과 관리를 위해 수행되는 업무를 과정 중심으로 제시하였고, 업무 부분별로 업무 흐름도를 바탕으로 상세한 내용과 예시를 소개하여 실제 운영에 활용할 수 있도록 노력하였으며, 제시한 대로 업무를 수행하였을 때 기관평가에도 좋은 효과를 거둘 수 있도록 나름의 통일성과 연계성을 고려하였다. 그리고 이 장의 내용은 특정 방문요양기관을 모델로 두고 제시한 것이 아니며, 방문요양기관의 형태와 규모가 매우 다양하고 복잡하게 얽혀 있기 때문에 기관의 실정에 맞게 응용하거나 적용하여야 할 것이다. 방문요양기관

의 센터장, 관리자, 실무자 등 업무를 수행하는 많은 분들에게 현장 실무를 하는 데 유용하게 활용되기를 바란다.

제3장에서는 방문요양기관의 평가지침을 제시하였고, 각 항목마다 준비해야 할 서류와 방법들을 설명함으로써 평가를 대비하고 준비할 수 있도록 하였다. 평가는 기관, 직원, 수급자를 대상으로 이루어지는데, 먼저 기관에 대한 평가와 관련해서는 각 항목마다 필요한 지침과 서식 등 관련 서류들을 예시와 함께 제공하여 실제적으로 평가에 대비할 수 있도록 하였다. 직원과 수급자에 대한 평가 항목은 기관의 철저한 교육과 관리, 실행이 전제되어야 하기 때문에 많은 부분을 다룰 수는 없었지만, 직원교육 자료와 수급자 전달자료 등을 예시와 함께 제시하여 평가를 대비하는 데 도움이 되도록 설명하였다. 특히 마지막 평가항목인 수급자 만족도 조사와 질 향상활동에 관련하여서는, 평가지침에서 예시로 제공한 만족도 설문지를 바탕으로 결과보고서의 사례를 제공함으로써, 설문지를 어떻게 분석하고 질 향상 계획서를 어떻게 활용할 수 있는지를 설명하여 실무자들이 평가 작업에 훨씬 더 손쉽게 다가갈 수 있도록 하였다.

마지막 부록에는 제2장에서 설명한 기관 운영을 위한 지침과 서식 등을 순서대로 제시하였다. 이 지침과 서식들은 학지사 홈페이지 자료실(www.hakjisa.co.kr)에 한글파일로 함께 제공하여 기관에서 바로 활용할 수 있도록 하였다.

2010년 8월
저자 일동

• 머리말 / 3

제1장 **장기요양기관의 이해와 설치** _9

1. 노인장기요양보험의 이해　　　　　　　　　• 11
　　1) 노인장기요양보험의 개념　　　　　　　• 11
　　2) 노인장기요양급여의 종류　　　　　　　• 12
　　3) 노인장기요양급여의 대상자　　　　　　• 14

2. 노인장기요양기관의 이해　　　　　　　　　• 15
　　1) 재가급여 제공 기관　　　　　　　　　　• 15
　　2) 시설급여 제공 기관　　　　　　　　　　• 17

3. 방문요양기관의 설치와 법규　　　　　　　• 18
　　1) 장기요양기관의 지정　　　　　　　　　• 18
　　2) 방문요양기관의 설치　　　　　　　　　• 20

제2장 **방문요양기관의 운영관리** _25

1. 조직운영관리　　　　　　　　　　　　　　• 27
　　1) 목 적　　　　　　　　　　　　　　　　• 27
　　2) 업무내용의 구성　　　　　　　　　　　• 27
　　3) 업무내용　　　　　　　　　　　　　　• 28
　　4) 업무총괄　　　　　　　　　　　　　　• 69
　　5) 업무서식　　　　　　　　　　　　　　• 71

2. 인적자원관리 · 119

1) 목 적 · 119
2) 업무내용의 구성 · 119
3) 업무내용 · 120
4) 업무총괄 · 143
5) 업무서식 · 146

3. 대상자관리 · 208

1) 목 적 · 208
2) 업무내용의 구성 · 208
3) 업무내용 · 209
4) 업무총괄 · 226
5) 업무서식 · 228

4. 서비스관리 · 266

1) 목 적 · 266
2) 업무내용의 구성 · 266
3) 업무내용 · 267
4) 업무총괄 · 302
5) 업무서식 · 308

5. 정보관리 · 355

1) 목 적 · 355
2) 업무내용의 구성 · 355
3) 업무내용 · 356
4) 업무총괄 · 366
5) 업무서식 · 368

6. 일반관리 · 381

1) 시설환경관리 · 381
2) 물품관리 · 384
3) 차량관리 · 388
4) 서비스 이용지원 · 390
5) 업무총괄 · 391
6) 업무서식 · 393

제 3 장 방문요양기관의 평가 _409

1. 방문요양기관의 평가지침   ● 411
   1) 평가지표   ● 411
   2) 가중치   ● 414
2. 방문요양기관의 평가 준비사항   ● 415

부록 [예시] 운영규정 및 운영지침 _563

1. 운영규정   ● 565
2. 운영지침_윤리행동강령   ● 616
3. 운영지침_개인정보관리지침   ● 637
4. 운영지침_서비스 제공지침   ● 655
5. 운영지침_직원교육지침   ● 682
6. 운영지침_노인학대예방지침   ● 711
7. 운영지침_안전관리지침   ● 734
8. 운영지침_고충처리지침   ● 766
9. 운영지침_성희롱예방지침   ● 784

● 참고문헌 / 791
● 찾아보기 / 793

☑ 급여

이 책에서 급여라는 용어는 두 가지로 사용되고 있다. 첫 번째는 노인장기요양보험제도의 수급자(대상자)에게 제공되는 서비스를 의미하는 것으로, 주로 수급자의 가정에서 제공되는 재가급여(서비스)와 요양원 및 노인요양공동생활가정 등 시설에서 제공되는 시설급여(서비스)가 있다. 이 책에서는 급여와 서비스라는 용어를 혼용하여 사용하고 있다. 두 번째는 노동에 대한 대가, 즉 임금, 봉급 등의 의미로 사용된다. 방문요양기관의 직원, 특히 요양보호사 등의 서비스(급여)를 수급자에게 제공하고 그 대가로 받는 임금(급여)을 의미한다.

☑ 수급자

수급자란 사전적으로 급여를 받을 수 있는 권리가 있는 사람을 의미한다. 노인장기요양보험제도에서 장기요양급여(서비스)를 받을 수 있는 수급자는 65세 이상 노인 또는 65세 미만의 노인성 질환 등으로 인해 거동이 불편하여 6개월 이상 장기요양이 필요한 사람으로, 등급판정위원회에서 1~3등급까지 등급판정을 받은 사람을 의미한다. 다시 말해 장기요양 1~3등급을 받은 개인으로 장기요양기관에서 급여(서비스)를 제공받는 사람을 수급자라고 한다. 이 책에서는 대상자라는 용어와 혼용하여 사용하고 있다.

☑ 급여제공직원

급여제공직원이란 수급자(대상자)에게 장기요양급여(서비스)를 제공하는 직원으로 요양보호사를 의미한다. 이 책에서는 요양보호사와 혼용하여 사용하고 있다.

☑ 장기요양기관

장기요양기관은 수급자(대상자)에게 장기요양급여(서비스)를 제공하는 기관으로 일정한 시설 및 인력기준을 갖춰 시·군·구에 신고하여 지정을 받은 기관을 의미한다. 제공하는 급여의 종류에 따라 재가급여(서비스) 제공기관과 시설급여(서비스) 제공기관으로 나뉜다. 재가급여(서비스) 제공기관은 방문요양, 방문목욕, 방문간호, 주·야간보호, 단기보호 등이고, 시설급여(서비스) 제공기관은 요양원과 노인요양공동생활가정이 있다.

☑ 방문요양기관

방문요양기관은 장기요양기관 중 재가급여(서비스)를 제공하는 기관으로, 급여제공직원(요양보호사)을 수급자(대상자)의 가정으로 파견하여 방문요양급여(서비스)를 제공하는 기관을 의미한다.

☑ 사례관리

사례관리는 다양한 욕구와 문제를 가진 클라이언트에게 효과적인 서비스를 제공하기 위해 서비스가 계획되고 검토되는 일련의 과정으로 지역사회 자원의 연계를 통해 서비스망을 구축하고, 통합적인 서비스 전달을 위해 전달체계와 연계시켜 적절한 서비스를 받을 수 있게 하는 전략 또는 방법이다. 이 책에서는 사례관리의 방법으로 사례회의, 사례평가 등을 소개하였다.

제 / 1 / 장
장기요양기관의 이해와 설치

1. 노인장기요양보험의 이해

2. 노인장기요양기관의 이해

3. 방문요양기관의 설치와 법규

1 노인장기요양보험의 이해

1) 노인장기요양보험의 개념

우리나라는 지난 2000년 전체인구 대비 65세 이상 노인인구 비율이 7.2%로 유엔이 정한 고령화 사회(Aging Society)에 진입하였다. 그 이후로도 노인인구의 비율은 꾸준히 증가하여 2009년 현재 10%를 넘어섰으며, 2018년 14.3%로 고령사회에 진입하게 될 것으로 통계청은 전망하고 있는데, 이는 전 세계에서 유래를 찾아볼 수 없이 빠른 속도다. 그러나 그보다 심각한 것은 후기고령인구의 급속한 증가다. 2000년 65세 이상 노인인구가 7.2%이었을 때 80세 이상 후기고령인구는 1%에 불과하였지만, 2018년 14.3%로 65세 이상 노인인구가 2배 증가할 때 80세 이상 후기고령인구는 3.3%로, 그리고 2026년 20%일 때 4.5%로 두 배 이상 빠르게 증가하는 것으로 추계되었다.

표 1-1 65세 이상 고령인구 추이

(단위: 천명, %)

연도 구분	1980	1990	2000 (고령화)	2007	2010	2018 (고령)	2020	2026 (초고령)	2030
총인구	38,124	42,869	47,008	48,456	48,875	49,345	49,326	49,039	48,635
65세 이상	1,456	2,195	3,395	4,810	5,357	7,075	7,701	10,218	11,811
(구성비, %)	3.8	5.1	7.2	9.9	11.0	14.3	15.6	20.8	24.3
70세 이상	832	1,294	2,014	3,026	3,546	4,786	5,120	6,538	8,019
(구성비, %)	2.2	3.0	4.3	6.2	7.3	9.7	10.4	13.3	16.5
80세 이상	178	302	483	772	952	1,612	1,783	2,217	2,581
(구성비, %)	0.5	0.7	1.0	1.6	1.9	3.3	3.6	4.5	5.3

출처: 통계청(2008), 「장래인구추계」

후기고령인구의 증가는 결국 돌봄이 필요한 노인인구의 증가를 의미하는 것이다. 이에 우리 정부에서는 고령화 사회에 진입한 2000년부터 노인장기요양보험에 관해 정부차원에서 본격적으로 논의하기 시작하여 지난 2007년 4월 「노인장기요양보험법」을 제정하게 되었으며, 2008년 7월부터 본격적으로 이 제도가 시행되었다. 이로써 장기요양이 필요한 노인과 그 가족이 겪게 되는 신체적·경제적·심리적 고통 등에 대한 사회적 차원의 지원 방안이 구축되었다고 할 수 있다.

노인장기요양보험은 고령이나 노인성 질병 등으로 인하여 일상생활을 혼자 수행하기 어려운 사람들에게 신체활동 또는 가사지원 등의 다양한 서비스를 제공하여 노후 생활의 안정과 삶의 질 향상을 도모하기 위한 사회보험 제도다. 노인장기요양보험제도의 시행으로 지금까지 국민기초생활보장 수급자 노인 중 장기요양이 필요한 노인들에게만 선별적으로 이루어졌던 노인장기요양서비스가 이제는 장기요양이 필요한 사람이라면 누구나 보편적으로 서비스를 제공받을 수 있게 되었다.

노인장기요양보험제도를 통해 요양서비스의 시설 인프라 확산뿐 아니라 보다 전문적이고 체계적인 서비스가 이루어 질 수 있는 기반이 조성됨으로써 장기요양의 양적 · 질적 성장을 도모할 수 있게 되었다. 이로 인해 건강하지 못한 노인들의 삶의 질이 향상되고, 그동안 가족 및 수발자가 겪었던 신체적 · 경제적 · 심리적 부양 부담이 경감되면서 가족생활에도 긍정적인 변화를 가져올 것이다. 또한 새로운 일자리 창출 및 지역 경제 활성화 측면에도 파급효과를 미치는 등 앞으로 우리나라 사회복지에 대한 새로운 전기를 마련할 것으로 기대되고 있다.

2) 노인장기요양급여의 종류

노인장기요양급여란 「노인장기요양보험법」 제15조 제2항에 따라 6개월 이상 혼자서 일상생활을 수행하기 어렵다고 인정된 자에게 신체활동, 가사활동의 지원 또는 간병 등의 서비스를 제공하거나 이에 갈음하여 지급하는 현금급여 등을 말한다. 즉, 수발이 필요한 노인 및 노인성 질환으로 요양등급을 받은 수급자가 노인장기요양보험제도 내에서 제공받을 수 있는 일체의 서비스를 의미하며, 예외적인 경우에만 특별현금급여를 제공하고 있다. 급여의 한도는 요양등급에 따라 월 사용한도액 범위[1]를 정하고 있다.

급여의 종류를 살펴보면 재가급여, 시설급여 그리고 특별현금급여로 나눌 수 있다.

표 1-2 재가급여의 종류

종류	내용
방문요양	장기요양요원이 수급자의 가정 등을 방문하여 신체활동 및 가사활동 등을 지원하는 장기요양급여
방문목욕	장기요양요원이 목욕설비를 갖춘 장비를 이용하여 수급자의 가정 등을 방문하여 목욕을 제공하는 장기요양급여
방문간호	장기요양요원인 간호사 등이 의사, 한의사 또는 치과의사의 지시서에 따라 수급자의 가정 등을 방문하여 간호, 진료의 보조, 요양에 관한 상담 또는 구강위생 등을 제공하는 장기요양급여
주 · 야간보호	수급자를 하루 중 일정한 시간 동안(오전 8시부터 오후 10시까지를 표준서비스 제공시간으로 함) 장기요양기관에 보호하여 신체활동 지원 및 심신기능의 유지 · 향상을 위한 교육 · 훈련 등을 제공하는 장기요양급여

---

1) 월 사용한도 급여액: 요양1등급 1,140,600원, 요양2등급 971,200원, 요양3등급 814,700원

단기보호	수급자를 보건복지부령이 정하는 범위 안에서 일정기간(월 15일, 다만, 가족의 여행, 병원 치료 등 예외적인 경우 15일 이내에서 연간 2회까지 연장 가능) 동안 장기요양기관에 보호하여 신체활동 지원 및 심신기능의 유지·향상을 위한 교육·훈련 등을 제공하는 장기요양급여
기타재가급여	수급자의 일상생활·신체활동 지원에 필요한 용구를 제공하거나 가정을 방문하여 재활에 관한 지원 등을 제공하는 장기요양급여로서 대통령령이 정하는 것(휠체어, 전동·수동침대, 욕창방지매트리스·방석, 욕조용리프트, 이동욕조, 보행기 등)

첫째, 재가급여는 가정에서 일상생활을 영위하고 있는 노인에게 제공되는 것으로 신체적·정신적 장애를 돕기 위한 각종 서비스, 즉 방문요양, 방문목욕, 방문간호, 기타재가급여(복지용구) 서비스와 하루 중 일정시간을 시설에서 보낼 수 있는 주·야간보호 서비스, 부득이한 사유로 일정기간 가정이 아닌 시설에서 거주할 수 있는 단기보호서비스가 포함된다. 방문요양, 방문목욕, 방문간호, 주·야간보호, 단기보호, 기타재가급여(복지용구)에 관한 자세한 내용은 〈표 1-2〉와 같다.

둘째, 시설급여는 심신의 상당한 장애로 도움이 필요한 노인이 노인의료복지시설 등에 장기간 동안 입소하여 신체활동 지원 및 심신기능의 유지·향상을 위한 교육과 훈련 등을 제공받을 수 있는 장기요양급여를 말한다. 노인의료복지시설에는 노인요양원과 같은 요양시설과 가정과 같이 주거 여건을 갖춘 노인요양공동생활가정이 해당된다. 한편, 노인의료복지시설 중 노인전문병원은 노인장기요양보험의 시설급여 제공기관에서 제외된다.

셋째, 노인장기요양급여는 현물급여, 즉 직접 서비스를 원칙으로 하지만, 예외적인 경우 특별현금급여를 인정한다. 특별현금급여에는 가족요양비, 특례요양비, 요양병원간병비가 있으며 자세한 내용은 〈표 1-3〉과 같다.

표 1-3 특별현금급여의 종류

종류	내용
가족요양비	150,000원/1개월 • 도서·벽지 등 장기요양기관이 현저히 부족한 지역으로서 보건복지부장관이 정하여 고시하는 지역에 거주하는 자 • 천재지변 그 밖에 이와 유사한 사유로 인하여 장기요양기관이 제공하는 장기요양급여를 이용하기가 어렵다고 보건복지부장관이 인정하는 자 • 신체·정신 또는 성격 등 대통령령이 정하는 사유로 인하여 가족 등으로부터 장기요양을 받아야 하는 자
특례요양비	공단은 수급자가 장기요양기관이 아닌 노인요양시설 등의 기관 또는 시설에서 재가급여 또는 시설급여에 상당한 장기요양급여를 받은 경우 대통령령이 정하는 기준에 따라 당해 장기요양급여비용의 일부를 당해 수급자에게 특례요양비로 지급할 수 있다.

요양병원간병비	공단은 수급자가 「노인복지법」 제34조 제1항의 규정에 따른 노인전문병원 또는 「의료법」 제3조 제5항의 규정에 따른 요양병원에 입원한 때 대통령령이 정하는 기준에 따라 장기요양에 소요되는 비용의 일부를 요양병원간병비로 지급할 수 있다.

* 출처: 「노인장기요양보험법」 제24조, 제25조, 제26조
* 특례요양비와 요양병원간병비는 현재 시행되지 않음.

3) 노인장기요양급여의 대상자

노인장기요양급여의 대상자는 65세 이상의 노인 또는 65세 미만의 자로서 치매·뇌혈관성질환 등 노인성 질병을 가진 자 중, 국민건강보험공단의 장기요양등급판정위원회에서 요양 1, 2, 3등급으로 인정받은 자를 말한다. 노인장기요양급여 수급자는 소득에 관계없이 표준화된 평가판정에 의거하여 노인성 질환 및 기능장애의 중증도가 비교적 높은 경우에 선정될 수 있다.

1등급의 경우는 장기요양 인정 점수 95점 이상의 최중증 상태를 의미하며 와상(臥床)상태로 혼자서는 일상생활이 불가능하여 전적으로 다른 사람의 도움이 필요한 상태다. 2등급은 75점 이상 95점 미만인 자로서 최중증은 아니지만 일상생활이 곤란하고 거의 대부분 다른 사람의 도움이 필요한 경우에 해당된다. 3등급은 55점 이상 75점 미만의 중등증으로 혼자서 거동하기가 불편하고 일상생활에서 부분적으로 다른 사람의 도움이 필요하다고 인정된 경우다(〈표 1-4〉 참고).

표 1-4 요양등급의 종류

구분	장기요양 인정 점수*	기능상태
1등급 최중증	95점 이상	와상상태로서 거의 일상생활이 불가능한 상태 • 하루종일 침대 위에서 생활하는 자로 스스로 움직일 수 없는 와병상태 • 일상생활활동의 식사·배설·옷 벗고 입기의 모든 활동에선 전적으로 다른 사람의 도움 필요
2등급 중증	75점 이상 95점 미만	• 일상생활이 곤란한 중증의 상태 • 휠체어를 이용하지만 앉은 자세를 유지하지 못함 • 식사·배설·옷 벗고 입기 등에서 다른 사람의 완전한 도움이 필요 • 하루 중 대부분의 시간을 침대 위에서 지내는 경우가 많음
3등급 중등증	55점 이상 75점 미만	상당한 장기요양보호가 필요한 상태 • 식사·배설·옷 벗고 입기 등에서 다른 사람의 부분적 도움이 필요

* 장기요양 인정 점수는 장기요양이 필요한 정도를 나타내는 점수로서 보건복지가족부장관이 정하여 고시하는 심신의 기능 저하 상태를 측정하는 방법에 따라 산정함.

1등급	2등급	3등급
종일 침대에서 움직일 수 없는 와상 상태	타인 도움으로 일상생활가능 휠체어 이용	타인 도움을 받아 외출가능 신변처리에 부분적 도움

그림 1-1 요양등급별 상태: 예시

 ## 2 노인장기요양기관의 이해

노인장기요양기관은 장기요양급여를 제공하는 기관으로서 제공하는 급여의 종류에 따라 재가급여를 제공하는 기관과 시설급여를 제공하는 기관으로 나눌 수 있다. 장기요양기관의 설립 근거는 「노인복지법」과 「노인장기요양보험법」에 따르며 그 내용은 다음과 같다.

1) 재가급여 제공 기관

재가급여를 제공할 수 있는 기관은 「노인복지법」제38조에 따른 재가노인복지시설로서 「노인장기요양보험법」제31조에 따라 지정받은 장기요양기관과 「노인장기요양보험법」제32조에 따라 설치한 재가장기요양기관이다. 즉, 방문요양 서비스, 방문목욕 서비스, 방문간호 서비스, 주·야간보호 서비스, 단기보호 서비스 등 재가노인을 대상으로 하나 이상의 서비스를 제공해 왔던 기관이 「노인장기요양보험법」에 따라 장기요양에 필요한 시설 및 인력을 갖추고 소재지 관할 시장·군수·구청장으로부터 장기요양기관으로 지정을 받았거나 혹은 동법에 의해 새롭게 설치된 재가장기요양기관일 경우에만 재가급여를 제공할 수 있다.

(1) 방문요양 서비스

재가급여 중 방문요양 서비스를 제공하는 기관은 2010년 4월 현재 약 9,119개소로 재가급여 제공 기관 중 가장 많은 부분을 차지하고 있다. 방문요양 서비스 제공기관은 장기요양요원(요양보호사)이 수급자의 가정을 방문해서 일정 시간동안 수급자가 요구하는 서비스를 제공한다. 방문요양 급여에서 제공되는 서비스 내용은 세면, 목욕, 식사, 이동도움 등의 신체활동 지원, 취사, 청소 등의 일상생활 지원, 말벗, 생활상담과 같은 정서지원 서비스 등이며, 사전 욕구조사를 통해 수급자에게 가장 적절하게 계획된 서비스를 제공하게 된다.

표 1-5 재가급여 제공 기관(2010년 4월 현재)

제공 급여	기관 수*	구성(%)
방문요양	9,119	
방문목욕	6,933	
방문간호	802	
복지용구	1,139	
주·야간보호	1,212	
단기보호	251	

구성(%): 방문요양 46.9%, 방문목욕 35.6%, 주·야간보호 6.2%, 복지용구 5.9%, 방문간호 4.1%, 단기보호 1.3%

* 출처: 「노인장기요양보험법」 홈페이지 자료 재구성
* 제공되는 급여에 따라 기관 수 중복

(2) 방문목욕 서비스

방문목욕 서비스를 제공하는 기관은 목욕설비를 갖춘 차량을 이용하거나 또는 차량을 이용하지 않고 수급자 가정에서 목욕 서비스를 제공할 수 있다. 목욕 서비스는 이동용 욕조, 급탕기, 물탱크, 호스릴 등을 갖춘 이동 목욕 차량을 이용하는 경우와 차량을 이용하지 않고 이동용 욕조 및 세면도구 등 목욕 장비를 준비하여 수급자 가정에서 서비스를 제공하는 경우 그리고 수급자 가정의 욕실에서 입욕하지 않고 목욕하는 경우가 해당된다. 방문목욕 서비스는 2명의 장기요양요원이 제공해야 하며, 목욕 전후 수급자의 건강상태를 체크하여 목욕으로 인한 불편이나 위험요소를 최소화하는 것이 중요하다.

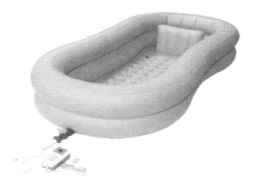

그림 1-2 방문목욕 장비

(3) 방문간호 서비스

방문간호 서비스를 제공하는 기관은 장기요양요원인 간호사가 의사, 한의사 또는 치과의사의 지시에 따라 가정 등을 방문하여 수급자에게 필요한 간호, 진료의 보조, 요양에 관한

상담 등의 서비스를 제공한다. 방문간호 사업은 의료기관에서 운영할 경우와 간호업무경력을 가진 간호사, 간호조무사 등이 재가장기요양기관을 개설하여 운영하는 경우가 있다. 수급자의 상태에 따라서 방문간호 서비스의 내용은 달라질 수 있는데 개인위생 관리, 구강간호, 체위변경, 식이요법 등과 같은 기본 간호는 간호사의 독자적 판단에 의해 서비스를 제공할 수 있으나, 비위관 교환, 단순도뇨 및 정체도뇨관 삽입·교환·관리, 기관지관 교환·관리 등과 투약, 주사, 검사 등과 관련된 내용은 의사의 처방에 따른 간호사의 처치가 요구된다.

(4) 주·야간보호 서비스

주·야간보호 서비스 기관은 수급자가 하루 중 일정한 시간을 시설에서 보내면서 신체활동 지원 및 심신기능의 유지를 도모할 수 있도록 서비스를 제공한다. 일일 이용시간은 최소 3시간 이상 12시간까지이며, 차량을 이용해 수급자의 집에서 기관까지 이동을 돕는 송영서비스가 이루어지고 있다. 주·야간보호 기관은 수급자에게 세면 도움, 목욕도움, 식사도움, 몸청결, 머리감기 등의 개인위생지원 외에 취미, 오락, 운동 등의 일상생활지원, 물리치료적·작업치료적·언어치료적 훈련 등 일상동작훈련 등의 서비스를 제공함으로써 수급자의 신체활동 지원과 심신기능의 유지 및 향상을 위한 서비스를 제공한다.

(5) 단기보호 서비스

단기보호 서비스 제공 기관은 일정기간 동안 가족의 보호를 받을 수 없는 수급자를 시설에서 보호하면서 신체활동 지원과 심신기능의 유지 및 향상 등을 위한 각종 서비스를 제공한다. 재가급여로서의 단기보호 서비스 이용기간은 1회 90일 이내, 연간 180일까지 이용 가능했으나, 「노인장기요양법 시행규칙」의 개정(2010. 3. 19)에 따라 월 15일(다만, 가족의 여행, 병원 치료 등의 사유로 수급자를 돌볼 가족이 없는 경우 등은 1회 15일 이내에서 연간 2회까지 연장 가능)로 변경되었다. 또한 기존의 단기보호 기관은 시설 및 인력기준을 갖추어 노인요양시설로 전환할 수 있게 되었다. 국민건강보험공단은 단기보호 서비스만을 제공하는 기관은 수급자 확보 등 운영에 어려움이 있으므로 향후 단기보호 서비스는 방문요양, 방문목욕, 주·야간보호 등 다른 재가서비스와 함께 제공하는 형태로 운영할 것을 권장하고 있다.

2) 시설급여 제공 기관

시설급여를 제공할 수 있는 기관은 「노인복지법」 제34조 제1항 제1호에 따른 노인요양시설로서 「노인장기요양보험법」 제31조에 따라 지정받은 장기요양기관과 「노인복지법」 제34조 제1항 제2호에 따른 노인요양공동생활가정으로서 「노인장기요양보험법」 제31조에 따라 지정받은 장기요양기관을 의미한다.

노인요양시설이란 치매·중풍 등의 노인성질환을 가진 노인을 입소시켜 심신의 장애를 돕고, 급식과 요양 등 일상생활에 필요한 편의를 제공하는 시설로서 입소자가 10명 이상인 기관을 말한다.

노인요양공동생활가정은 입소정원 5명 이상 9명 이하로 보호가 필요한 노인을 가정과 같은 환경 속에서 일상생활에 필요한 편의 제공 및 기능훈련과 공동생활을 통해 자립된 생활을 영위하도록 지원하며, 특히 타인들과의 공동생활을 통해 치매노인 등 장애를 지닌 노인들의 문제행동과 행동장애 완화를 목적으로 하는 시설이다.

표 1-6   시설급여 제공 기관(2010년 4월 현재)

구분	정원	시설 수	구성(%)
노인요양공동생활가정	1~10명 미만	1,113	35.2
노인요양시설	10~30명 미만	929	29.4
	30~100명 미만	983	31.1
	100명 이상	136	4.3
	소계	2,048	
합계		3,161	100.0

* 출처 : 노인장기요양보험 홈페이지 자료 재구성

3   방문요양기관의 설치와 법규

1) 장기요양기관의 지정

방문요양기관을 포함하는 모든 장기요양기관의 설치·운영은 「노인장기요양보험법」에 근거를 두고 있다. 장기요양기관을 운영하기 위해서는 시설 및 인력 등의 요구조건을 충족하여 관할 소재지의 장으로부터 지정을 받아야 한다. 장기요양기관의 지정과 관련된 근거 법규는 다음과 같다.

「노인장기요양보험법」 제31조 (장기요양기관의 지정)
① 장기요양기관을 설치·운영하고자 하는 자는 소재지를 관할 구역으로 하는 시장·군수·구청장으로부터 지정을 받아야 한다.
② 제1항에 따라 장기요양기관으로 지정받고자 하는 자는 보건복지부령으로 정하는 장기요양에 필요한 시설 및 인력을 갖추어야 한다.

③ 시장·군수·구청장은 제1항에 따라 장기요양기관을 지정한 때 지체 없이 지정 명세를 공단에 통보하여야 한다.

④ 장기요양기관의 지정절차와 그 밖에 필요한 사항은 보건복지부령으로 정한다.

「노인장기요양보험법」 시행규칙 제23조 (장기요양기관 지정기준 등)

① 법 제31조 제1항에 따라 장기요양기관으로 지정받으려는 자는 별지 제19호 서식의 장기요양기관 지정신청서에 일반현황·인력현황 및 시설현황을 적은 서류를 첨부하여 시장·군수·구청장에게 제출하여야 한다.〈개정 2008. 6. 11〉

② 법 제31조 제2항에 따라 장기요양기관으로 지정받을 수 있는 자와 지정받으려는 자가 갖추어야 하는 시설 및 인력은 다음 각 호와 같다.

- 「노인복지법」 제38조에 따른 재가노인복지시설:「노인복지법」 제39조 제3항에 따른 시설 및 인력과 별표 1에 따른 시설 및 인력
- 「노인복지법」 제34조에 따른 노인의료복지시설(노인전문병원을 제외한다):「노인복지법」 제35조 제3항에 따른 시설 및 인력

③ 제1항에 따라 장기요양기관 지정신청을 받은 시장·군수·구청장은 제2항의 요건을 확인한 후 별지 제20호 서식의 장기요양기관 지정서를 발급하여야 한다.〈개정 2008. 6. 11〉

[종전의 제11조에서 이동(2008. 6. 11)]

장기요양기관으로 지정 받을 수 있는 기관은 「노인복지법」 제38조에 따른 재가노인복지시설 즉, 방문요양, 방문목욕, 주·야간보호, 단기보호 서비스 중 어느 하나 이상의 서비스를 제공하는 시설과 「노인복지법」 제34조에 따른 노인요양시설 및 노인요양공동생활가정이다.

「노인장기요양보험법」의 시행 전부터 「노인복지법」에 따라 설립·운영 되어왔던 노인복지시설이 장기요양기관으로 지정받기 위해서는 별지 제19호 서식 「장기요양기관 지정신청서」에 신청인, 기관명, 법인명, 설립구분, 기관유형, 소재지 등을 기재하고, 기관의 일반현황, 인력현황 및 시설현황 등을 기재한 서류를 첨부해야 한다.

장기요양기관의 유형은 시설과 재가로 나뉘는데, 시설의 경우 제17차 「노인복지법」 개정(2007. 8. 3) 전의 노인요양시설과 노인전문요양시설(무료, 실비, 유료), 현행법에 따른 노인요양시설 및 노인공동생활가정 그리고 「노인장기요양보험법 시행규칙」의 개정(2010. 3. 19)에 따라 기존의 단기보호기관이 요양시설로 전환한 노인요양시설(단기보호전환)로 구분되며, 재가의 경우는 방문요양, 방문목욕, 주·야간보호, 단기보호로 구분되어 있다. 기관에서는 제공하고자 하는 급여의 종류를 표기하고 그에 적합한 증빙서류를 준비해야 하며, 제공하는 장기요양급여의 종류가 여러 가지일 경우 해당되는 모든 종류에 표기해야 한다.

2) 방문요양기관의 설치

(1) 근거 법규

「노인장기요양보험법」에 따라 처음 방문요양 서비스를 제공하고자 하는 기관은 법에서 요구하는 시설 및 인력을 갖추고 관할 소재지 시·군·구의 장에게 신고하여야 한다. 신고 시 구비해야할 서류는 별지 제21호 서식 「재가장기요양기관 설치신고서」 외에 정관(법인일 경우), 일반현황·인력현황 및 시설현황, 사업계획서 및 운영규정, 근로계약서 등이다.

「노인장기요양보험법」제32조 (재가장기요양기관의 설치)
① 제23조 제1항 제1호의 재가급여 중 어느 하나 이상에 해당하는 장기요양급여를 제공하고자 하는 자는 시설 및 인력을 갖추어 재가장기요양기관을 설치하고 시장·군수·구청장에게 이를 신고하여야 한다. 신고를 받은 시장·군수·구청장은 신고 명세를 공단에 통보하여야 한다.
② 제1항 전단에 따라 설치의 신고를 한 재가장기요양기관은 장기요양기관으로 본다.

「노인장기요양보험법」시행규칙 제24조 (재가장기요양기관의 시설기준 등)
① 법 제32조에 따라 재가장기요양기관을 설치·운영하려는 자는 별표 1에 따른 시설 및 인력을 갖춘 후 별지 제21호 서식의 재가장기요양기관 설치신고서에 다음 각 호의 서류를 첨부하여 시장·군수·구청장에게 제출하여야 한다. 이 경우 2명 이상이 공동으로 재가장기요양기관을 설치·운영하려는 경우에는 각 구성원의 연명으로 신고서를 제출하여야 한다.〈개정 2008. 6. 11〉
• 정관 1부(법인만 제출한다)
• 위치도, 평면도 및 설비구조내역서 각 1부(법 제23조 제1항 제1호 라목 및 마목의 주·야간보호, 단기보호를 제공하는 경우만 제출한다)
• 시설을 설치할 토지 및 건물의 소유권 또는 사용권을 증명할 수 있는 서류 1부(법 제23조 제1항 제1호 라목 및 마목의 주·야간보호, 단기보호를 제공하는 경우만 제출한다)
• 일반현황·인력현황 및 시설현황을 적은 서류 각 1부
• 사업계획서 및 운영규정을 적은 서류 각 1부
• 의료기기판매(임대)업 신고증명서 1부(법 제23조 제1항 제1호 바목의 기타재가급여를 제공하는 경우만 제출한다)
② 제1항에 따른 신고서를 받은 담당공무원은 「전자정부법」제21조 제1항에 따른 행정정보의 공동이용을 통하여 법인등기부등본(법인만 해당된다)을 확인하여야 한다.〈개정 2010. 2. 24〉
③ 제1항에 따라 재가장기요양기관의 설치신고서를 받은 시장·군수·구청장은 별지 제22호 서식의 재가장기요양기관 설치신고증명서를 발급하여야 한다.〈개정 2008. 6. 11〉
[제12조에서 이동〈2008. 6. 11〉]

(2) 방문요양기관의 시설 및 인력기준

- 시설의 규모 및 설비 기준
- 방문요양기관의 시설 규모는 전용면적 16.5제곱미터 이상(연면적 기준)이다.
- 방문요양은 수급자의 가정에서 이루어지는 재가 서비스이므로 기관의 시설 및 설비 기준이 비교적 간단하다. 업무를 관장할 수 있는 사무실을 마련하고 통신설비, 집기 등 사업에 필요한 설비 및 비품 등을 구비하도록 한다.
- 사무실 안이나 사무실과 별도로 탈의 공간을 갖추어야 한다. 사무실 안에 탈의 공간을 마련할 경우, 커튼이나 파티션 등으로 구분하여 탈의 공간임을 알 수 있도록 한다.
- 방문요양을 제공하는 재가장기요양기관이 사회복지시설에 병설하거나, 어느 하나 이상의 재가급여 또는 시설급여를 동시에 제공하는 경우 사업에 지장이 없는 범위에서 상호 중복되는 시설 · 설비를 공동으로 사용할 수 있다.
- 인력 기준
- 방문요양기관의 설립 시 필요 인력은 관리책임자 1명과 요양보호사 15명이며, 그 외의 인력은 기관에서 필요시 충원하도록 한다.

표 1-7 방문요양기관의 인력기준

관리책임자	요양보호사	사회복지사	사무원	보조원(운전사)
1명	15명 이상(1급 또는 2급) * 농어촌지역의 경우 5명 이상	필요수	필요수	필요수

* '농어촌지역'이란 「지방자치법」 제2조 제1항 제2호에 따른 시 · 군의 읍 · 면 전지역 또는 동중 「국토의 계획 및 이용에 관한 법률」 제36조 제1항 제1호에 따라 지정된 주거지역 · 상업지역 및 공업지역을 제외한 지역을 말한다.

- 방문요양사업의 관리책임자는 사회복지사, 의료인 또는 요양보호사 1급으로서 실무경력 5년 이상인 요양보호사 1급 중에서 상근(1일 8시간, 월 20일 이상 근무)하는 자여야 한다. 다만, 요양보호사 1급은 보건복지가족부장관이 정하여 고시하는 소정의 교육을 이수하여야 한다.
- 방문요양기관의 요양보호사 중 20% 이상은 상근하는 자로 두어야 한다.
- 방문요양급여를 제공할 수 있는 요양보호사 1급과 요양보호사 2급의 직무는 다음과 같다.
  - 요양보호사 1급: 수급자에게 신체활동 지원서비스 및 일상생활 지원서비스 제공
  - 요양보호사 2급: 수급자에게 신체활동을 제외한 일상생활 지원서비스 제공
  ※ 「노인복지법」 일부개정(2010. 4. 26 시행)으로 요양보호사의 자격은 1 · 2급 구분 없이 단일등급으로 통합되었음.
- 모든 종사자는 기관의 장과 근로계약을 체결해야 한다. 근무형태에 따라 시간제, 전임

제 등을 구분하고, 근로시간, 임금, 취업 장소 등의 근로조건을 정확히 명시해야 하며 「근로기준법」에 따른 규정을 준수해야 한다. 또한 요양보호사의 권리의무 및 고충 처리 절차 등에 관한 규정을 명확히 제시해야 한다.

☑ **여러 종류의 재가급여(기타 재가급여 제외)를 동시에 제공하는 기관에 대한 특례**

① 시설 및 설비기준에 관한 특례: 재가급여를 제공하는 기관이 하나 이상의 다른 재가급여를 동시에 제공하는 경우 사업에 지장이 없는 범위에서 생활실, 침실 외의 시설은 병용할 수 있다.

② 인력기준에 관한 특례

- 재가급여사업의 관리책임자가 하나 이상의 다른 재가급여사업을 동시에 관리하는 경우 사업에 지장이 없는 범위에서 그 다른 사업의 관리책임자를 겸직하여 운영할 수 있다. 다만, 의료기관이 아닌 재가장기요양기관이 방문간호를 하는 경우의 그 방문간호사업의 관리책임자는 2년 이상의 간호업무경력이 있는 간호사로서 상근하는 자로 한다.
- 방문요양사업과 방문목욕사업의 요양보호사 1급은 상호 겸직하여 운영할 수 있다.
- 방문간호사업과 방문요양사업 또는 방문목욕사업을 병설하여 운영하는 경우에는 간호(조무)사가 요양보호사 자격이 있으면 겸직하여 운영할 수 있다.
- 주·야간보호 또는 단기보호를 제공하는 기관이 방문요양사업을 병설하여 운영하는 경우에는 방문요양사업의 요양보호사는 10명 이상(농어촌지역의 경우: 5명 이상)으로 할 수 있고, 방문요양의 상근하는 요양보호사는 공동으로 활용할 수 있다.
- 주·야간보호사업과 단기보호사업을 함께 운영하는 경우에는 사회복지사, 간호(조무)사, 물리(작업)치료사는 상호 겸직하여 운영할 수 있다. 다만, 이 경우 사회복지사는 수급자 50명당 1명, 간호(조무)사는 수급자 25명당 1명, 물리(작업)치료사는 수급자 30명 이상일 경우 1명을 배치하여야 한다.
- 주·야간보호사업과 단기보호사업을 함께 운영하는 경우에는 제3호 가목1)에 해당하는 요양보호사를 각각 두되 공동으로 활용할 수 있다.

☑ **재가급여(기타재가급여 제외)를 제공하는 기관을 사회복지시설에 병설하는 경우의 특례**

① 시설 및 설비기준에 관한 특례

- 방문요양, 방문목욕 또는 방문간호를 제공하는 기관을 사회복지시설에 병설하여 운영하는 경우 사업에 지장이 없는 범위에서 상호 중복되는 시설·설비를 공동으로 사용할 수 있다.
- 주·야간보호 또는 단기보호를 제공하는 기관을 사회복지시설에 병설하여 운영하는 경우에는 생활실, 침실 외의 시설은 사업에 지장이 없는 범위에서 병용할 수 있다. 다만, 이 경우 시설의 연면적은 공동으로 사용하는 시설의 면적을 포함하여 각각 90제곱미터 이상이 되어야 한다.

② 인력기준에 관한 특례

- 재가급여를 제공하는 기관을 사회복지시설에 병설하여 운영하는 경우 사회복지시

설의 장은 사업에 지장이 없는 범위에서 그 재가급여사업의 관리책임자(시설장)를 겸직하여 운영할 수 있다. 다만, 의료기관이 아닌 재가장기요양기관이 방문간호를 하는 경우, 그 방문간호사업의 관리책임자는 2년 이상의 간호업무경력이 있는 간호사로서 상근하는 자로 한다.

• 주·야간보호를 제공하는 기관을 사회복지시설과 병설하여 운영하는 경우에는 간호(조무)사, 물리(작업)치료사는 겸직하여 운영할 수 있다.

제 / 2 / 장
방문요양기관의 운영관리

1. 조직운영관리

2. 인적자원관리

3. 대상자관리

4. 서비스관리

5. 정보관리

6. 일반관리

1 조직운영관리

1) 목 적

장기요양을 필요로 하는 대상자에게 요양보호서비스를 제공하는 장기요양기관은 그 역할과 기능을 수행하기 위하여 조직 편성, 운영규정 수립, 운영계획 등 조직운영에 필요한 관리체계를 마련하게 하여 조직의 목표를 달성하고 합리적인 운영과 사업의 효과성을 높일 수 있다. 이러한 조직운영관리는 내실 있고 탄탄한 조직력을 갖게 할 뿐 아니라 지속적인 조직진단과 운영개선으로 기관을 더욱 발전하도록 돕는다.

2) 업무내용의 구성

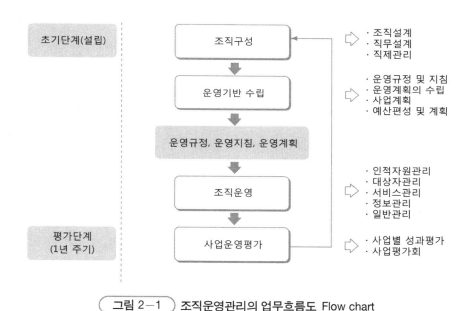

그림 2-1 조직운영관리의 업무흐름도_Flow chart

[그림 2-1]은 조직운영관리의 업무흐름을 Flow chart로 제시한 것이다. 업무흐름을 살펴보면 크게 조직구성, 운영기반 수립, 조직운영, 사업운영평가로 구성하였으며, 조직구성은 조직설계, 직무설계, 직제관리로 구분하였다. 운영기반 수립은 운영규정 및 지침, 운영계획의 수립, 사업계획, 예산편성 및 계획으로 나누어져 있다. 다음 단계의 조직운영은 인적자원관리, 대상자관리, 서비스관리, 정보관리, 일반관리로 운영업무를 중심으로 하여 구성하였는데 앞으로 제시될 내용에서 구체적으로 다루었다. 마지막으로 사업운영평가에서는 사업별 성과평가와 사업평가회로 나누어 기관에서 보편적으로 이루어져야 할 사항들을 중심으로 소개하였다.

3) 업무내용

(1) 조직구성

① 조직설계

• 조직편성 계획

－조직은 집단의 공동목표를 달성하기 위하여 활동을 조직화하여 이를 수행해나가도록 하는 체계다. 개개의 요소가 일정한 질서를 유지하면서 결합하여 일체적인 것을 이루는 형태로 조직설계는 목표달성을 위한 수행업무를 개개인의 업무에 할당하고 필요한 요소에 배치하는 과정이다.

－장기요양기관의 조직설계는 노인장기요양보험 체제로의 변화로 인해 기존의 복지서비스 체제와는 다르게 영리목적의 유료서비스를 제공하는 특성을 고려하여 조직을 편성해야 한다. 「노인장기요양보험법」상 재가장기요양기관의 방문요양서비스 인력 기준을 토대로 하되 대상자의 수, 등급, 요양보호사의 수발유형(가족수발, 일반수발), 서비스의 양에 따라 예산과 업무량이 달라지므로 이를 반영하여 조직을 편성해야 한다.

－방문요양서비스를 제공하는 장기요양기관의 특성상 조직의 규모와 구조가 시간경과에 따라 변화할 가능성이 많으므로 이를 고려하여 미리 조직의 편성계획을 세워 준비하도록 한다.

• 조직도

－조직도는 운영자, 즉 기관장의 운영방침과 이념이 반영되어 운영의 흐름을 반영하는 도표다. 조직도가 작성되면 이를 기관 게시판 또는 홈페이지 등에 게시하여 공유시키고 조직구성원 뿐만 아니라 고객에게 운영의 흐름을 파악할 수 있도록 공개한다.

－조직의 편성에는 직원의 수, 직종, 직위, 업무내용, 업무부서, 업무기능 등을 정하고 권한의 서열화를 명시해 둠으로써 의사결정의 위계구조, 직무에 관한 권한, 책임과 의무를 알게 하며, 직원의 위치, 정보전달의 흐름, 의사소통의 통로, 명령계통, 전문화 정도, 조정의 흐름 등을 파악할 수 있게 한다. 업무의 흐름과 관련하여 조직의 비효율성의 원인을 분석하는 데도 효과적임으로 조직이 변화될 경우 이를 조직도에 반영하여 조직운영의 틀을 제시하도록 한다.

－노인복지시설 설치에 필요한 인력기준이 시설 유형별로 다르고 노인복지시설의 종류와 규모, 운영방식이 상이하여 조직구성에 차이가 있다. 노인복지시설 중에서 장기요양서비스를 제공하는 장기요양기관은 크게 노인의료복지시설과 재가노인복지시설이 있다. 노인의료복지시설에는 노인요양시설, 노인요양공동생활가정이 있으며 재가노인복지시설에는 방문요양, 방문목욕, 주・야간보호, 단기보호로 나누어 볼 수 있는데, 여기에서는 재가노인복지시설 중 방문요양서비스를 제공하는 재가장기요양기관을 중심으로 조직설계방법에 따른 조직구조의 실례를 제시해 보도록 하겠다.

표 2-1　조직설계

〈대상자 수에 따른 조직유형〉

조직유형　　　대상자의 수	40명 미만	40명 이상 ~ 80명 미만	80명 이상 ~ 120명 미만
요양보호사의 수	30명 미만	30명 이상	60명 이상
A형	A-0	A-1	A-2
B형	B-0	B-1	B-2

〈조직유형별 인력구성〉

조직유형	필요인력	기본-0	기본-1	기본-2
A형	관리책임자	센터장(1)	센터장(1)	센터장(1)
	사회복지사	팀원(1)	팀장(1)	팀장(2)
	요양보호사	팀원(30명 미만)	팀원(30명~60명)	팀원(60명 이상)
	행정사무원	없음	팀장 또는 팀원(1)	팀장 또는 팀원(1)
B형	관리책임자	센터장(1)	센터장(1)	센터장(1)
	사회복지사	팀장(1)	실장(1)	실장(1)
	요양보호사	팀원(30명 미만)	팀원(30명~59명)	팀장(2) 팀원(30명 이상)
	행정사무원	없음	팀원(1)	팀장 또는 팀원(1)

- 방문요양기관의 법적 인력기준과 운영 실태를 고려하여 필수인력으로 최소인원이 운영 가능한 조직구조를 제시하고자 하였으며, 업무부서는 요양보호와 총무회계로 나누어 설계하였다. 그리고 전통적인 기능구조와 팀제운영 방식이 있는데 방문요양기관의 조직은 업무기능이 단순하고 개인위주의 보상체제, 주어진 업무의 수행, 관리자의 계획, 통제로 이루어지는 조직특성을 가지고 있어 팀제운영보다는 계층적 기능구조를 취하는 전통적인 조직구조를 제시하였다. 이 조직구조는 대상자의 수가 조직의 크기와 기능을 좌우하는 중요한 지표임으로 대상자 40명 미만을 기본형으로 하여 두 가지 유형의 조직도를 제시하고 대상자의 수 증가에 따라 확대된 조직구조를 제시해 보고자 한다. A형, B형의 조직도와 직원현황은 다음과 같다.

조직도 A-0

관리책임자(센터장)
요양보호 · 총무팀
사회복지사
요양보호사

- 직원현황

계	센터장	사회복지사	요양보호사
32	1	1	30

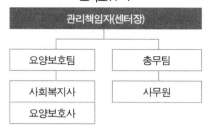

조직도 A-1

계	센터장	사회 복지사	요양 보호사	사무원
63	1	1	60	1

● 직원현황

조직도 A-2

● 직원현황

계	센터장	팀장 (사회복지사)	요양 보호사	사무원
104	1	2	100	1

그림 2-2   조직도 A형

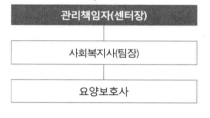

조직도 B-0

● 직원현황

계	센터장	팀장	요양 보호사
32	1	1	30

조직도 B-1

● 직원현황

계	센터장	실장	요양 보호사	사무원
63	1	1	60	1

조직도 B-2

● 직원현황

계	센터장	실장	요양보호 팀장
104	1	1	2

요양보호사	총무팀장	사무원
98	1	1

그림 2-3   조직도 B형

- 방문요양서비스는 대상자의 수가 증가하면 대상자를 수발하는 요양보호사의 수도 함께 증가한다. 요양보호사 1인이 담당할 수 있는 최대인원은 3명이나 대부분 2명이거나 1명으로 서비스 대상자가 많지 않은 편이다. 이를 감안한다면 대상자의 수와 요양보호사의 수는 비례하는 관계에 있는데 대상자가 많은 기관은 요양보호사의 수 뿐만 아니라 처리해야 할 업무량도 많아지는 것은 당연할 것이다. 따라서 직원의 수에 따라 관리 인력이나 업무 부서를 어떻게 편성할 것인지 결정하고 조직을 구성해야 하며, 관리 및 행정인력의 경우 담당인력의 자질과 역량에 따라 그 인원이 결정됨을 놓치지 말아야 할 것이다. 인력을 채용할 경우 그 업무에 적합한 자질과 기량을 갖춘 자로 하여 필수인력만으로 잘 운영될 수 있도록 인력을 구성하는 것이 중요하다. 인건비를 줄이기 위해 자질과 역량이 떨어지는 직원을 충원할 경우 조직운영의 어려움에 직면하게 될 수도 있음을 명심하여야 할 것이다.

- 기관은 대상자의 수, 요양보호사의 수, 관리자의 자질 및 역량, 직무수행에 필요한 업무량 등을 검토하여 운영의 효율성과 효과성을 고려한 조직구조를 설계하고 차후 발전방향에 따라 조직운영을 어떻게 해 나갈 것인지 중장기계획을 세워 조직의 틀을 세워야 한다.

- 조직의 편성이 완료되면 조직표를 작성하여 직원과 고객에게 공유시킬 수 있도록 게시판 및 홈페이지, 기관 리플릿 등을 통해 공개한다. [그림 2-2] 조직도 A형의 조직도 A-2를 예를 들어 조직표의 실례를 제시하면 다음과 같다.

※ 직원사진, 직위 또는 직책, 직원명, 좌석배치, 업무부서, 업무내용

그림 2-4　조직표(조직도 A-2)

② 직무설계

- 직종, 업무의 내용, 직위가 결정되면 개인별 직무설계를 통해 직무를 분석하고 이를 구체화하는 직무기술서를 작성한다. 직무기술서는 직종별 또는 직위별 주요업무활동, 책임, 역할, 직무수행의 난이도 등 직무정보를 기술한 문서로 직무의 규모와 이를

수행할 수 있는 담당자의 자격요건을 파악할 수 있어 직무수행에 필요한 직원임용에 기준을 제시해 준다.

―기관에서는 합리적인 인사관리를 위하여 필요한 때에 자율적으로 직위에 대한 직무분석을 실시할 수 있으며, 원칙적으로 재직자가 작성하도록 하여야 하나 특별한 사정이 있는 경우 관리자 또는 상급자가 작성을 보조할 수 있다. 작성된 직무기술서는 관리자가 심의 또는 검토, 피드백 등을 통해 확정하여 사용해야 함으로 상급자의 확인을 반드시 받아야 한다.

―직무기술서는 대상 직위 중 직무내용이 동일하거나 유사한 복수의 직위가 있는 경우에는 하나 또는 일부 직위만 대표직위로 선정하여 직무분석을 실시하고, 대표직위로 선정되지 않은 직위는 대표직위의 직무분석결과를 토대로 직무분석 절차 중 일부를 생략할 수 있다.

―직무 데이터에 대한 각종 분석을 수행하고 분석결과는 충원·경력관리·성과관리 또는 보상 등 인력운영의 구체적인 방안을 설계하는 데 반영할 수 있다. 또한 행정환경의 변화, 직제의 개정 등으로 인하여 직무내용이 신설 또는 직무내용이 변경된 직위는 추가로 직무분석을 실시하여 직위 정보의 적시성과 현재성을 유지하여 체계적으로 관리할 수 있다.

―방문요양기관에서의 직무분석대상은 관리책임자인 센터장의 직위, 관리실무자인 실·팀장의 직위(사회복지사), 중간관리자인 팀장(사회복지사, 요양보호사, 사무원)의 직위, 실무자(요양보호사, 사무원)의 직위로 나누어 볼 수 있으며, 직무단위별로는 관리책임업무(센터장), 운영지원업무(실장, 팀장), 사회복지업무(사회복지사), 요양보호업무(요양보호팀장, 요양보호사), 총무업무(사무원)로 분류하였다. 우선 직무에 대한 정보를 파악하기 위해 직위군(職位群)별 직무분석표를 작성하여 이를 검토, 평가하여 확정한 내용을 직무기술서에 작성하고 여기에 직무수행요건을 제시해 주는 직무명세서를 함께 작성하여 직무수행의 적합여부를 평가할 수 있도록 한다. 조직의 개편 및 설계의 변화가 있을 때에는 새로운 직무 또는 조정된 직무에 대한 직무기술서와 직무명세서를 작성해 둔다.

- **관리책임자(센터장)의 직위**

  - 관리책임자의 자격기준은 사회복지사, 의료인으로 상근하는 자로 사회복지관련 경력 유무에는 제한사항이 없어 직무수행능력 여부에 따라 일반적인 직무수행을 제시한 것으로 직원의 역량에 따라 직무수행 정도는 상이할 수 있음을 염두해 두어야 할 것이다.

〈직무분석표〉

직책	센터장	직위		대표	성명	
직무구분	세부업무내용				발생빈도	처리시간(년)
조직운영관리	조직 및 직무설계와 운영규정 및 지침을 수립한다.				설립 초	연 1회
인적자원관리	직원채용계획 및 선발, 복무개발 관리방안을 수립한다.				설립 초	
대상자관리	대상자 등록 및 점검평가계획을 수립한다.				수시	수시, 매월, 분기
서비스관리	서비스 계약 체결 및 계획을 수립한다.				체결 시	
정보자원관리	정보자원관리지침을 마련하고 관리한다.				수시	
일반관리	시설환경관리방안을 수립하고 관리한다.				수시	

〈직무기술서〉

직무명	관리책임업무	
직책	센터장	
직위	대표(사회복지사, 의료인)	
직무요약	요양서비스 제공 및 기관운영 등에 관한 총괄적인 책임을 가지며, 주요사항에 대한 의사결정을 한다.	
과업내용	업무명	업무내용
	기관운영관리	기관의 운영에 대한 제반사항을 결정한다.
	인적자원관리	직원의 인사에 관해 결정을 한다.
	대상자관리	서비스 대상자의 상태변화 등 대상자관리에 책임을 가진다.
	서비스관리	제공되는 요양서비스에 대해 결정을 한다.
	정보 및 일반관리	기관정보 및 일반관리에 대해 결정을 한다.
감독의 범위	보고자	없음
	피감독자	실장 및 팀장
작업환경	사무실	

〈직무명세서(직무수행요건)〉

직책	센터장				
직위	대표				
직무요약	요양서비스 제공 및 기관운영 등에 관한 총괄적인 책임을 가지며, 주요사항에 대한 의사결정을 한다.				
경력요건	사회복지관련 10년 이상				
자격면허 및 특기사항	사회복지사1급				
신체적 요건	해당사항 없음				
정신적 및 성격적 요건	대인관계능력 의사소통능력 업무조정능력	요구수준	상 상 상	중 중 중	하 하 하
학술적 지식	사회복지학 행정 및 경영학 인적관리	요구수준	상 상 상	중 중 중	하 하 하
직무지식 · 기술	업무관리에 대한 기본지식(요양영역) 업무협의 및 조정능력 원활한 대인관계를 위한 의사소통능력 워드, 파워포인트, 인터넷 등 PC활용능력	요구수준	상 상 상 상	중 중 중 중	하 하 하 하

• 관리실무자(실 · 팀장)의 직위

관리실무자의 자격기준은 따로 명시되어 있지 않으나 업무의 특성상 사회복지사로 정하고 일반적인 직무수행을 제시하였다. 직원의 역량과 관리책임자의 업무수행 정도에 따라 직무의 내용은 달라질 수 있다. 또한 관리실무자의 직위는 기관에서 반드시 두어야 하는 직위가 아니며 직원의 역량, 직원의 수 등에 따라 구성하도록 한다.

〈직무분석표〉

직책	실장(팀장)	직위	사회복지사	성명	
직무구분	세부업무내용			발생빈도	처리시간(년)
조직운영관리	조직 및 직무설계와 운영규정 및 지침을 관리한다.			수시	
인적자원관리	직원채용계획에 따른 활동 및 관리한다.			수시	
대상자관리	대상자 상담 · 등록 및 점검평가를 총괄관리한다.			수시	수시, 매월, 분기
서비스관리	서비스 계약에 따른 계획수립 및 프로그램을 관리한다.			체결 시	수시
정보자원관리	정보자원관리지침을 공개 및 관리한다.			수시	
일반관리	시설환경관리방안에 따라 수행 및 관리한다.			수시	

〈직무기술서〉

직무명	실무총괄관리		
직책	실장(팀장)		
직위	사회복지사		
직무요약	기관운영 전반에 관한 사무업무를 총괄관리하며 이에 책임을 가진다.		
과업내용	업무명	업무내용	
	기관운영관리	기관의 운영에 대한 계획을 수립하고 실천한다.	
	인적자원관리	직원의 인사에 관한 사항을 관리하고 보고한다.	
	대상자관리	서비스 대상자의 상태변화 등 대상자관리를 총괄관리하고 이에 책임을 가진다.	
	서비스관리	제공되는 요양서비스에 대한 계획을 수립하고 실무관리한다.	
	정보 및 일반관리	기관정보 및 일반관리에 대해 총괄관리하고 보고한다.	
감독의 범위	보고자	센터장	
	피감독자	팀장	
작업환경	사무실		

〈직무명세서(직무수행요건)〉

직책	실장(팀장)				
직위	사회복지사				
직무요약	기관운영 전반에 관한 사무업무를 총괄관리하며 이에 책임을 가진다.				
경력요건	사회복지관련 7년 이상				
자격면허 및 특기사항	사회복지사1급				
신체적 요건	해당사항 없음				
정신적 및 성격적 요건	대인관계능력 의사소통능력 행정처리능력 기획력	요구수준	상 상 상 상	중 중 중 중	하 하 하 하
학술적 지식	사회복지학 행정 및 경영학 인적관리	요구수준	상 상 상	중 중 중	하 하 하
직무지식 · 기술	업무관리에 대한 기본지식(요양영역) 업무협의 및 조정능력 원활한 대인관계를 위한 의사소통능력 워드, 파워포인트, 인터넷 등 PC활용능력	요구수준	상 상 상 상	중 중 중 중	하 하 하 하

- **중간관리자(팀장)의 직위**

　중간관리자의 직위는 직무수행 및 관리의 차원에서 구성하는 것이 바람직하며 중간관리자의 자격기준이 따로 명시되어 있지 않아 사회복지사 또는 간호사가 수행할 수 있다. 직무수행능력 여부에 따라 과업내용이 달라질 수 있으나 업무의 특성상 실무운영 및 관리가 제대로 이루어져야 함으로 이를 염두해 두고 적합한 직위를 선발하도록 한다.

〈직무분석표〉

직책	팀장	직위	사회복지사	성명	
직무구분	세부업무내용			발생빈도	처리시간(년)
조직운영관리	조직 및 직무설계에 따른 서류작업 및 운영규정·지침을 교육시킨다.			수시	
인적자원관리	직원채용 관련서류 및 인사관리 실무를 수행한다.			수시	
대상자관리	대상자관리 서류를 확보하고 실무관리한다.			수시	수시, 매월, 분기
서비스관리	서비스관리 서류를 확보하고 프로그램을 진행한다.			체결 시	수시
정보자원관리	정보자원관리지침에 따른 공개 및 실무관리한다.			수시	
일반관리	시설환경관리 업무를 실무관리한다.			수시	

〈직무기술서〉

직무명	실무운영 및 관리	
직책	팀장	
직위	사회복지사 또는 간호사	
직무요약	요양서비스 제공 및 운영업무에 대해 실무업무를 담당하고 관리한다.	
과업내용	업무명	업무내용
	인적자원관리	직원의 인사기록 및 출퇴근 등을 관리한다.
	대상자관리	대상자 상담 및 고충처리를 담당한다.
	서비스관리	서비스제공계획 수립 및 제공 업무를 담당한다.
	정보 및 일반관리	개인정보 생산, 보관 및 물품, 차량 등을 관리한다. 요양보호 현장실습을 지도한다.
감독의 범위	보고자	실장(팀장)
	피감독자	평직원
작업환경	사무실	

〈직무명세서(직무수행요건)〉

직책	팀장				
직위	사회복지사 또는 간호사				
직무요약	기관운영 전반에 관한 사무업무를 총괄관리하며 이에 책임을 가진다.				
경력요건	사회복지관련 5년 이상				
자격면허 및 특기사항	사회복지사1급 또는 간호사면허증				
신체적 요건	해당사항없음				
정신적 및 성격적 요건	의사소통능력 행정처리능력 프로그램기획 및 수행능력	요구수준	상 상 상	중 중 중	하 하 하
학술적 지식	사회복지학 간호학 인적관리	요구수준	상 상 상	중 중 중	하 하 하
직무지식 · 기술	업무관리에 대한 기본지식(요양영역) 업무협의 및 조정능력 원활한 대인관계를 위한 의사소통능력 워드, 파워포인트, 인터넷 등 PC활용능력	요구수준	상 상 상 상	중 중 중 중	하 하 하 하

• 실무자의 직위 − (1) 요양보호업무: 요양보호사

실무자의 직위는 크게 요양보호업무를 담당하는 요양보호사와 총무업무를 담당하는 사무원으로 구분될 수 있다. 자격기준을 보면 요양보호업무는 요양보호사 자격증을 소지한 자이어야 하며, 총무업무는 일반 사무 및 행정처리 능력을 갖춘 자로 하여 과업을 수행할 수 있도록 구성한다.

〈직무분석표〉

직책	평직원	직위	요양보호사	성명	
직무구분	세부업무내용			발생빈도	처리시간(년)
조직운영관리	직무분석표 작성 및 운영규정 · 지침을 준수한다.			수시	
인적자원관리	인사관련 서류를 작성 · 제출한다.			입사 시	
대상자관리	대상자상담 및 상태파악 등 관찰한다.			수시	제공 시
서비스관리	서비스계획에 따른 서비스 제공을 실시한다.			수시	제공 시
정보자원관리	정보자원에 대한 비밀유지를 지킨다.			수시	
일반관리	시설환경관리 업무를 수행한다.			수시	

〈직무기술서〉

직무명	요양보호업무	
직책	평직원(상근직원 또는 비상근직원)	
직위	요양보호사	
직무요약	대상자에게 요양서비스를 제공하고 필요한 업무를 수행한다.	
과업내용	업무명	업무내용
	대상자관리	대상자의 상태파악 및 정보를 습득한다. 대상자의 상태변화 등을 관찰한다.
	서비스관리	대상자에게 필요한 요양서비스를 제공한다.
	정보 및 일반관리	대상자의 개인정보를 보호하고 필요한 물품 및 안전관리를 한다.
감독의 범위	보고자	팀장
	피감독자	없음
작업환경	사무실 또는 대상자 가정	

〈직무명세서(직무수행요건)〉

직책	평직원(상근직원 또는 비상근직원)				
직위	요양보호사				
직무요약	대상자에게 요양서비스를 제공하고 필요한 업무를 수행한다.				
경력요건	해당사항 없음				
자격면허 및 특기사항	요양보호사자격증(구 요양보호사1급)				
신체적 요건	노인보호에 필요한 기본체력				
정신적 및 성격적 요건	겸손한 태도 포용력 친화력 관찰력	요구수준	상 상 상 상	중 중 중 중	하 하 하 하
학술적 지식	요양지식	요구수준	상	중	하
직무지식 · 기술	업무관리에 대한 기본지식(요양영역) 업무협의 및 조정능력 원활한 대인관계를 위한 의사소통능력 워드, 파워포인트, 인터넷 등 PC활용능력 15인승 이상 차량운전 경력(방문목욕)	요구수준	상 상 상 상 상	중 중 중 중 중	하 하 하 하 하

• 실무자의 직위－(2) 총무업무: 사무원

〈직무분석표〉

직책	평직원	직위		사무원	성명	
직무구분	세부업무내용				발생빈도	처리시간(년)
조직운영관리	직무분석표 작성 및 운영규정 · 지침을 준수한다.				수시	
인적자원관리	인사관련 서류를 확보하고 보관한다.				입사 시	
대상자관리	대상자상담 및 등록에 따른 서류작업 · 공단보고한다.				수시	제공 및 보고 시
서비스관리	서비스 제공에 따른 서류작업 · 공단보고한다.				수시	제공 및 보고 시
정보자원관리	정보자원에 대한 비밀유지를 지킨다.				수시	
일반관리	시설환경관리 업무에 따른 서류작업을 수행한다.				수시	

〈직무기술서〉

직무명	총무업무	
직책	평직원	
직위	사무원	
직무요약	기관 운영에 대한 사무처리를 담당한다.	
과업내용	업무명	업무내용
	대상자관리	대상자관리에 따른 서류작업을 수행한다.
	서비스관리	서비스 제공에 따른 서류작업 및 공단보고업무를 수행한다.
	정보 및 일반관리	정보 및 일반관리에 따른 서류작업을 수행한다.
감독의 범위	보고자	팀장
	피감독자	없음
작업환경	사무실	

〈직무명세서(직무수행요건)〉

직책	평직원				
직위	사무원				
직무요약	기관 운영에 대한 사무처리를 담당한다.				
경력요건	사무행정 관련 1년 이상				
자격면허 및 특기사항	회계관련, 전산관련 자격증				
신체적 요건	해당사항 없음				
정신적 및 성격적 요건	행정처리능력 업무수행능력	요구수준	상 상	중 중	하 하
학술적 지식	전산학	요구수준	상	중	하
직무지식 · 기술	시설내 사무기기운용관련 지식 회계처리에 관한 지식 행정처리에 관한 지식 워드, 파워포인트, 인터넷 등 PC활용능력	요구수준	상 상 상 상	중 중 중 중	하 하 하 하

③ 직제관리

 ─ 직제는 직무에 따라 인력의 배치와 양을 조정·관리하는 것으로 실용적인 조직, 인력 운영을 위하여 예산범위 내에서 상위직을 늘리는 상향조정이 가능하며, 업무의 양이나 성질에 따라 다른 부서(과)와 분담하여 수행할 경우 팀제의 설치 운영이 가능하다.

 ─ 방문요양서비스를 제공하는 기관의 경우에는 개인별 직무내용의 변화는 없으나 수급대상자가 계약한 서비스의 양과 대상자의 수에 따라 개인별 업무분장이 다를 수 있다. 또한 요양보호사의 업무량이 임금에 영향을 미치므로 업무배치와 업무분장은 중요하다. 객관성과 형평성을 고려한 업무분장이 이루어지도록 요양보호사 업무배치표를 작성하여 운영하고 업무분장에 따르는 보상체계기준(보수규정)도 마련하여 효과적인 인력운영을 기하도록 한다.

 ─ 사무원이나 운영업무 수행자(사회복지사), 팀장의 직제를 갖춘 조직의 경우에는 직무의 규모를 판단할 수 있도록 개인별 직무분석표를 작성하여 적절한 업무분담이 이루어지도록 하며 직무분석표는 앞에서 제시하였듯이 직무기술서와 직무명세서를 작성하는 기초자료로 활용한다.

(2) 운영기반 수립

① 운영규정 및 지침

• 운영규정

 ─ 운영규정은 조직 내부에서 효력을 가지는 규범으로서 기관을 운영하고자 할 때에는 기관의 운영에 관하여 필요한 규정을 작성하여 정한 바에 따라 기관을 운영하여야 한다. 운영규정으로 조직 및 직제, 인사, 복무, 보수, 여비, 회계, 물품, 문서, 차량운행 등 기타 필요한 규정을 작성하고 운영규정집을 마련하여 공개된 장소에 비치해 두고 전 직원이 공유할 수 있도록 한다. 또한 신입직원교육 시 운영규정의 내용을 설명해 주고 교육자료로 제공하도록 한다.

 ─ 「노인장기요양보험법」에 의거하여 설치·운영하는 재가장기요양기관은 운영규정에 다음의 사항이 포함되어야 하며 기관의 장은 운영규정의 개정방법 및 절차 등에 따라 개정할 수 있다.

> 운영규정에 포함되어야 할 사항
> • 이용계약에 관한 사항
> • 이용계약의 변경에 관한 사항
> • 서비스의 내용과 그 비용의 부담에 관한 사항
> • 서비스 제공에 대한 구체적인 처리절차
> • 서비스 연계에 관한 사항

> • 서비스 이용 및 지원에 관한 사항
> • 운영규정의 개정방법 및 절차 등에 관한 사항

－운영규정의 예시를 부록 '1. 운영규정'으로 제시하여 방문요양기관이 운영규정을 마련하고자 할 때 도움이 될 수 있도록 하였다. 운영규정의 예시는 노인복지관의 운영규정을 기초로 하여 제시한 것으로 방문요양기관에 맞게 내용을 수정·변경하여 사용하도록 한다.

• 운영지침

－정책의 세부적인 운영의 방향과 실무수행 방법을 알려주는 운영지침에는 정책을 기반으로 한 규정과 절차, 규칙(rule)을 작성하여 제시해야 한다. 운영지침은 기관의 목표를 달성하기 위한 방법을 제시하고, 표를 행동화하기 위한 과정과 활동을 알려주는 포괄성과 업무통제를 도와주는 절차의 일관성으로 업무를 규칙적으로 반복할 수 있게 해 주는 실무와 행동에 대한 안내서다. 따라서 이를 문서화하여 직접 적용을 받는 실무자들이 내용을 숙지하고 실천할 수 있도록 교육을 실시해야 한다.

－재가장기요양기관으로서 방문요양서비스를 제공하는 데 필요한 운영사항에 대한 세부적인 운영지침들은 직원의 업무수행을 도울 뿐 아니라 체계적이고 효율적인 기관운영을 할 수 있도록 한다. 따라서 기관은 윤리행동강령, 노인학대 예방지침, 개인정보관리지침, 안전관리지침, 직원교육 관리지침, 고충처리지침, 서비스 제공지침 등 기본적인 운영지침을 마련·비치하여야 하며, 「운영지침 관리목록」을 작성하여 운영지침을 관리한다. 이외에도 운영과정에서 규칙적인 절차와 방법을 제시하여야 한다고 판단되면 관련 업무에 대한 운영지침을 마련하여 활용하도록 한다.

－기관장은 매년 정기적으로 운영지침에 대해 직원들의 의견을 수렴한 후 운영지침의 변경 및 신설이 필요할 경우 운영지침을 수정할 수 있다.

－보건복지부에서 고시한 장기요양기관 평가매뉴얼에 포함된 운영지침과 필요하다고 판단되어지는 운영지침을 소개하면 다음과 같으며 각 운영지침은 지침의 목적, 적용대상 및 근거, 지침의 내용, 처리절차, 관련 서식 등으로 구성되었다. 추가내용이 필요하거나 기관에 맞지 않는 부분은 수정 및 삭제하여 사용하도록 한다.

－윤리행동강령, 개인정보관리지침, 서비스 제공지침, 직원교육지침, 노인학대예방지침, 안전관리지침, 고충처리지침, 성희롱예방지침이 있으며 기관에서는 이를 기본적으로 갖추도록 한다. 각 운영지침의 실례는 부록 [예시] 운영규정 및 운영지침을 참고하도록 한다.

• 운영지침－(1) 윤리행동강령

－윤리행동강령은 전문직 성립의 조건으로 전문직 단체가 그 중책적인 가치관을 명문화해서 스스로가 향할 자아상, 자기의 책무, 최소한의 행동준칙 등을 들어 자기규제의 기준을 제시한 것이다. 이러한 윤리강령의 문서화와 제도화는 가치 지향적 기능,

교육 기능, 개발적 기능, 관리적 기능, 제재적 기능을 하여 정직하고 책임감 있는 기관으로써 운영 및 방향을 제시한다.

－윤리행동강령에서는 윤리강령의 적용범위를 정하고 이해관계자별 기본정신, 책임과 의무를 행동규범으로 명시하였으며, 윤리적 의사결정 및 행동의 원칙으로써 행동준칙을 제시하고 이를 준수하도록 행동준칙의 구체적인 절차와 방법을 실천지침으로 정하였다. 윤리행동강령의 구성은 다음과 같으며 부록 '2. 운영지침_윤리행동강령'을 참고하여 기관의 윤리행동강령을 마련해 두도록 한다.

> 1－(1) 윤리강령
> 1－(2) 행동규범
> 1－(3) 행동준칙
> 1－(4) 실천지침

• 운영지침－(2) 개인정보관리지침

－방문요양서비스 제공업무 처리를 목적으로 생성, 검색, 공유하는 개인정보에 대해 기관은 개인정보관리에 관한 세부사항을 규정하는 관리지침을 마련하여 개인정보의 보안을 유지하고 이용자의 권리를 지킬 수 있도록 하여야 한다. 그러기 위해서는 개인정보관리지침을 기관 내 공개된 장소에 파일을 마련하여 게시하고 개인정보 보호의 권리, 기관 및 종사자의 준수사항을 기관 홈페이지 또는 관내 게시판에 안내문 또는 포스터를 작성・게시하도록 한다. 또한 교육교재로 제작하여 직원들을 대상으로 철저히 교육을 실시하여 실천될 수 있도록 한다.

－개인정보관리지침에서는 공공기관의 개인정보보호에 관한 법률의 원칙, 경제개발협력기구의 원칙을 통해 개인정보보호의 원칙을 살펴보고 공공기관의 개인정보보호에 관한 법률[일부개정 2008. 2. 29. 법률 제8871호], 공공기관의 개인정보파일 관리지침(2009. 4. 행정안전부)을 적용근거로 삼아 개인정보 및 사생활보호에 관한 노인의 권리, 개인정보 침해 시 대처요령, 사생활 및 개인정보보호를 위한 기관과 직원의 준수사항, 정보취급 및 관리지침을 명시하였다. 개인정보관리지침의 구성은 다음과 같으며 부록 '3. 운영지침_개인정보관리지침'을 참고하여 기관의 개인정보관리지침을 마련해 두도록 한다.

> 2－(1) 개인정보보호의 목적
> 2－(2) 개인정보보호의 원칙
> 2－(3) 개인정보관리의 적용근거
> 2－(4) 개인정보 및 사생활보호에 관한 사항

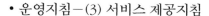

- 운영지침－(3) 서비스 제공지침
  - 재가노인의 요양보호서비스는 정신적 · 신체적인 이유로 독립적인 일상생활이 어려운 노인이 있는 가정에 요양보호사가 파견되어 노인에게 필요한 각종 서비스를 제공하는 것으로 서비스를 제공함에 있어 요양보호사에 의해 전적으로 수행되는 것이 특징이다. 요양보호사가 서비스에 대한 기본지식과 요양기술을 갖추고 있어야 함은 물론이고 서비스 제공 전반에 걸쳐 판단, 결정, 조력, 보조 등의 역할을 잘 수행할 수 있도록 서비스 제공지침을 마련하여 효과적인 서비스 제공이 되도록 해야 한다.
  - 서비스 제공지침에서는 서비스 제공의 목적, 서비스 제공원칙, 서비스 제공업무의 기본원칙, 서비스 범위의 원칙, 서비스 제공절차를 제시하고 목욕서비스 제공과 문제행동에 대한 대처지침을 따로 마련하여 원활한 서비스 제공이 이루어지도록 하였다. 서비스 제공지침의 구성은 다음과 같으며 부록 '4. 운영지침_서비스 제공지침'을 참고하여 기관의 서비스 제공지침을 마련해 두도록 한다.

> 3－(1) 서비스 제공의 목적
> 3－(2) 서비스 제공원칙
> 3－(3) 서비스 제공업무의 기본원칙
> 3－(4) 서비스 범위의 원칙
> 3－(5) 서비스 제공절차
> 3－(6) 목욕서비스 제공지침
> 3－(7) 문제행동대처지침

- 운영지침－(4) 직원교육지침
  - 방문장기요양기관의 발전을 위해서 제도 · 정책의 정착과 충실은 두말 할 것도 없이 중요하다. 하지만 시설과 제도가 잘 되어 있다고 해도 그것을 움직이고 대상자에게 의미와 가치를 줄 수 있도록 구체화해 가는 운용기술이 없다면 서비스의 질적 발전을 기대하기 어렵다. 서비스의 질적인 측면을 좌우하는 핵심인 운용기술은 바로 직원이므로 직원의 자질을 향상시키기 위한 기관차원에서의 교육 및 훈련이 반드시 필요하다. 직원교육 및 훈련을 문서화하고 체계화하기 위한 직원교육지침을 마련하여 실천할 수 있도록 노력해야 할 것이다.
  - 직원교육지침에서는 직원교육의 목적, 교육대상, 교육방침 및 기준을 제시하고 직원교육내용과 교육일정, 교육평가에 대한 내용을 구체적으로 명시하여 직원교육의 실천성을 높이고자 하였다. 직원교육 실천지침으로는 신입직원교육지침과 실습지도지침을 제시하여 중요하게 다루었다. 실습지도지침은 요양보호사 현장실습 연계기관이 아닌 경우에는 삭제하여 사용하고 요양보호사교육원을 함께 운영하고 있거나 연계기관인 기관에서는 실습지도지침을 수립하고 실습지도계획(실습일정 포함)을 세워 실습 진행에 차질이 없도록 한다. 신입직원교육은 기본교육과 일반규정에 대한 교

육, 직무에 필요한 교육을 실시하여 업무에 빨리 적응할 수 있도록 하고, 기관과 직원들 간의 신뢰적·지지적 관계형성을 돕는다. 따라서 신입직원교육지침을 마련하여 교육 시스템을 정비해야 한다.

— 직원교육은 조직의 역량을 높이는 핵심영역이므로 가능한 한 전 직원을 대상으로 실시하고 예산 및 운영상 어려울 시에는 교육의 내용 및 성격에 따라 해당직원을 선정하여 실시하도록 한다. 또한 시간과 예산을 줄일 수 있는 집합교육과 외부교육(무료), 전달교육을 실시하는 방안을 구상하고 요양보호사의 출퇴근, 근무일정이 불규칙하고 입·퇴사도 빈번하여 교육일정을 수립하기가 어려우므로 업무수행에 차질을 주지 않도록 교육의 정례화가 필요하다.

— 직원교육지침의 구성은 다음과 같으며 부록 '5. 운영지침_직원교육지침'을 참고하여 기관의 직원교육지침을 마련해 두도록 한다.

> 4−(1) 직원교육의 목적
> 4−(2) 직원교육의 대상
> 4−(3) 직원교육방침 및 기준
> 4−(4) 직원교육내용
> 4−(5) 직원교육일정
> 4−(6) 직원교육평가
> 4−(7) 직원교육 실천지침

- 운영지침 −(5) 노인학대예방지침

  — 노인복지시설의 학대예방 및 개입지침에서는 정기적인 인권교육과 함께 학대사례의 발견과 신고, 조사와 사정, 학대사례에 대한 보호조치, 평가와 사후조치 등에 관한 상세한 개입지침을 제시하고 있다. 그러나 방문요양서비스를 제공하는 장기요양기관에서의 노인학대는 시설이 아닌 가정에서 서비스 제공이 이루어져 요양보호사에 의한 학대발견과 보고가 중요하게 여겨진다. 따라서 노인학대의 예방을 위한 행동수칙, 학대 처리절차 등을 규정하여 서비스 제공에 차질을 최소화하는 방안으로 학대예방 및 학대조치사항 등의 지침을 마련하여 요양보호사를 대상으로 철저한 교육을 실시하도록 한다. 노인학대예방지침의 구성은 다음과 같으며 부록 '6. 운영지침_노인학대예방지침'을 참고하여 기관의 노인학대예방지침을 마련해 두도록 한다.

> 5−(1) 노인학대예방의 목적
> 5−(2) 노인학대의 개념과 유형
> 5−(3) 노인학대예방지침의 적용대상
> 5−(4) 노인학대예방을 위한 법적·제도적 장치

> 5−(5) 노인학대예방을 위한 행동수칙
> 5−(6) 노인학대사례 처리지침
> 5−(7) 노인보호전문기관 현황

• 운영지침−(6) 안전관리지침

 −재가노인은 요양보호서비스를 제공할 때에는 대상자의 가정에서 서비스를 제공하게 되므로 노인요양시설에 갖추어져 있는 여러 가지 설비 및 자원들이 부족하거나 전혀 갖추어져 있지 않은 환경에서 요양보호서비스를 제공해야 하는 경우가 빈번히 발생할 수 있다. 따라서 재가노인 대상자의 가정환경에 따라 다양한 현장상황을 이해하고 현장에서 가장 안전하고 효율적이며 편안한 요양보호서비스를 제공할 수 있도록 안전관리지침을 마련하여 실천하는 것이 필요하다.

 −노인의 위험과 안전에 관한 관리지침은 노인의 낙상사고 시 조치사항, 응급상황 발생 및 안전 사고 조치사항, 감염 예방 등 위생관리에 대한 조치사항, 외출 및 실종 시 조치사항이 포함되어 있다. 이외에도 화재예방 및 발생 시 조치사항, 사망자에 대한 조치사항 등이 있는데 방문요양서비스의 특성상 발생빈도가 낮고 가족과의 동거인 경우가 있으므로 앞의 내용은 노인요양시설에서 취급되어야 한다고 판단하여 방문요양에서의 안전관리지침에서는 제외하였다.

 −안전관리지침의 구성은 다음과 같으며 부록 '7. 운영지침_안전관리지침'을 참고하여 기관의 안전관리지침을 마련해 두도록 한다.

> 6−(1) 낙상예방
> 6−(2) 응급상황대응
> 6−(3) 감염예방관리
> 6−(4) 외출·실종대응

• 운영지침−(7) 고충처리지침

 −재가노인의 요양보호서비스는 대상자가 현재까지 살아온 집에서 요양보호서비스를 제공받기 때문에 노인요양시설(생활시설)에서 살고계신 대상자보다 사생활이 존중되고 생활의 주체자로서 능력과 주체성을 발휘할 수 있다. 그러나 대상자의 요구나 변화의 파악이 담당하고 있는 요양보호사에 의해서만 진행되므로 대상자의 불만과 고충에 대한 원활한 의사소통과 기관의 적극적인 개선방안의 수립이 필요하다. 따라서 기관은 대상자의 위험요인에 대한 상담과 고충에 대한 처리지침을 마련하고 이를 실천하도록 노력해야 할 것이다.

 −고충처리지침에서는 직원의 고충과 고객의 고충을 잘 듣고 처리해 나갈 수 있도록 행동지침과 대응요령을 제시하고 고충처리의 보고체계와 연락망을 구비하도록 하였으며 고충처리를 위한 법적인 조치사항을 소개하였다. 고충처리지침의 구성은 다음

과 같으며 부록 '8. 운영지침_고충처리지침'을 참고하여 기관의 고충처리지침을 마련
해 두도록 한다.

> 7-(1) 목적
> 7-(2) 인권규범 및 기준
> 7-(3) 고충처리 행동지침
> 7-(4) 고충처리 대응지침

- 운영지침-(8) 성희롱예방지침
  - 방문요양서비스 제공의 경우에는 대상자의 가정에서 단둘이 일대일 서비스를 제공
    하는 상황이 종종 발생할 수 있는데 이 때 대상자가 치매 등의 질병으로 현장 내 성희
    롱과 같은 돌발 상황이 일어날 경우 재빠른 판단과 대처가 요구된다. 피해자의 경우
    심리적 불안감과 성적 굴욕감, 혐오감으로 업무를 수행할 수 없게 되기도 하며 가해
    자는 사회적 비난과 징계 등으로 불이익을 당하게 될 수 있으므로 요양보호사의 신
    속한 판단과 보고를 통해 상황이 악화되지 않도록 예방하는 것이 필요하다.
  - 성희롱예방지침에서는 성희롱의 정의와 종류를 제시하여 성희롱에 대한 올바른 인
    식을 돕고 성희롱 발생 시의 대처방안을 기관 측면과 요양보호사 개인측면에서 제시
    하였으며 성희롱 발생시 처리지침과 법적 조치사항을 소개하였다. 성희롱예방지침
    의 구성은 다음과 같으며 부록 '9. 운영지침_성희롱예방지침'을 참고하여 기관의 성
    희롱예방지침을 마련해 두도록 한다.

> 8-(1) 목적
> 8-(2) 성희롱의 정의 및 구분
> 8-(3) 성희롱의 대처방안
> 8-(4) 성희롱 처리지침

② 운영계획의 수립

- 운영계획

| 운영비전
사명 | → | 운영목적 및
목표 | → | 중장기
운영계획 | → | 사명
선언문 |

  - 재가장기요양기관은 사회복지서비스를 제공하는 기관임에는 틀림없으나 이전에 서
    비스 제공기관과는 다른 운영환경을 가지고 있다. 사회복지서비스를 제공하는 기관
    이 예전에는 비영리조직으로 복지마인드를 강조한 운영설계를 하였다면, 현재 장기
    요양서비스를 제공하는 조직은 영리조직으로 복지마인드보다는 경영마인드를 더욱

강조하는 운영설계를 하고 있다. 분명 영리를 배제할 수 없는 현실이지만 복지와 윤리경영을 저버리지 않는 운영 디자인과 사회적 관점, 고객 관점, 프로세스 관점을 두루 살피는 전략적 계획이 필요하다.

－운영설계는 장기적 비전을 가지고 이념과 철학을 가진 미래의 모습을 미션과 비전으로 제시하여 비전성취를 위한 프로젝트를 조직함으로서 조직이 정체되지 않고 지속적인 성장과 발전으로 나아가게 한다. 따라서 운영자는 조직의 발전을 위해 비전과 미션, 운영목적과 목표를 세워 사업 및 운영전반에 반영되게 함으로써 기대되는 영향을 펼칠 수 있도록 해야 한다.

－조직운영에 앞서 운영자는 기관에 대한 신뢰, 희망, 성취감 등을 조직의 구성원이 공유하고, 한 방향으로 변화노력을 보일 수 있도록 하는 운영비전과 사명, 명확한 운영목적과 목표를 제시해 주어야 한다. 기관이 나아갈 방향을 설정해 줌으로써 내외적 변화가 조직에 미치는 영향을 감소시키고, 조직의 자원낭비와 과잉을 최소화하여 효과적이고 효율적인 운영을 이끌 수 있다.

－기관을 운영하는 데 있어 가장 우선시되는 작업이므로 운영비전과 사명, 운영목적 및 목표, 중장기 운영계획, 사명선언문을 작성하여 이를 공유하고, 이를 반영한 사업 및 예산 계획을 수립하는 등 운영전반에 영향을 주어 실천으로 옮겨질 수 있도록 해야 한다. 기관의 홈페이지, 홍보 인쇄물, 게시판 등에 이를 공개하고 직원교육 등을 통해 널리 알리고 인식할 수 있도록 한다.

표 2-2 운영비전과 사명

Vision ⇨ 기관의 미래의 모습
- 사회적 효를 실천하는 최고의 전문요양기관
- 섬김과 나눔을 실천하는 기관
- 사랑과 치유로 행복한 기관
- 성장과 발전을 이루는 기관

mission ⇨ 기관의 존재 이유
- 건강하고 행복한 노후생활을 위한 최적화된 서비스 제공
- 전문화된 휴먼서비스 제공으로 고객과 가족에게 감동 실현
- 우수한 인력양성과 지역사회 행복추구 증진으로 혁신과 성장

Value ⇨ 공유해야 할 원칙과 기준(핵심가치 6H)
- Head(지식)－기초지식, 실천지식, 실천지혜
- Heart(가치·마음)－따뜻한 마음, 사랑, 인간욕구에 대한 관심, 성숙한 인격, 윤리
- Hands(기술)－서비스 기술, 관계기술, 개입기술, 탁월한 역량, 우수한 기능
- Human Relationship(원만한 인간관계)－직원, 가족, 대상자와의 조화, 협력
- Health(건강)－건강한 체력, 정신적·육체적 건강
- Honesty(정직)－투명한 운영, 정직한 청지기, 탁월한 운영

－운영비전과 사명을 작성할 때 포함되어야 할 구성요소는, 첫째 설립하고자 하는 기
　관의 유형을 명확히 파악하여야 한다. 둘째, 서비스를 제공받을 대상자와 제공할 프
　로그램과 서비스를 포함하고 지역사회와 어떤 관계를 맺을 것인지 밝혀야 한다. 셋
　째, 기관이 수행해야 할 역할을 기획하고 운영시스템을 진술하여 조직의 미래상을
　제시하며 그 조직이 존재해야 하는 이유를 알려야 한다.
－비전과 사명의 적합성 여부를 판단하기 위해서는 대상자인 노인이 요구하고 지역사
　회 내에서의 역할 가능성, 이를 달성하기 위한 직원의 능력 수준, 교육과 훈련 등 직
　원들의 참여와 충분한 예산을 갖추고 있는가다.

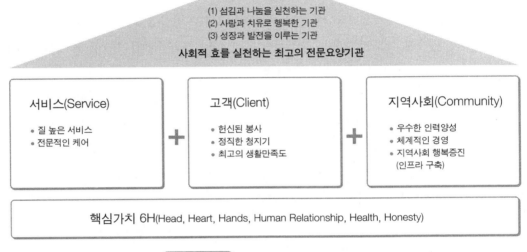

그림 2-5　운영비전과 사명 Mind map

－운영목적과 목표를 수립하는 것은 구체적인 활동내용을 상세화시키고, 실행방법을
　구체화하여 평가의 방향과 활동내용의 결과에 대한 해석 기준을 제시함으로써 사업
　활동과 변화를 촉진시키기 위함이다. 목적(purpose)은 사업의 사명을 포괄적이면서
　의도적으로 표현한 것으로 이상적인 요소가 강하나 목표(goal)는 목적을 보다 구체화
　한 사업의 궁극적인 지향점과 기대하는 결과를 나타낸다. 운영목적과 목표를 작성할
　때에는 문제분석과 관계되고 결과 중심적이고 긍정적인 방향으로 현실적이고 정확
　하며 분명하게 진술하고 대상자 집단이 언급되도록 설정하여야 한다. 운영목적과 목
　표의 실례는 〈표 2-3〉과 같으며 기관의 운영목적과 목표를 마련해 두도록 한다.

표 2-3　운영목적 및 목표

운영목적
사회복지이념을 바탕으로 지역사회에 거주하는 노인의 문제와 욕구에 대응하는 전문적인 요양서비스를 실천하여 가족의 부양부담을 경감시켜 드리고 노인의 삶의 질을 향상시킴으로서 행복한 노후생활을 영위할 수 있도록 한다.

운영목표
- 장기요양 수급 노인에게 적합한 신체적 · 정서적 지원 서비스 등을 제공하여 삶의 질을 향상시킨다.
- 고객감동 실현을 위한 특별관리 서비스, 가족지원 서비스를 제공한다.
- 우수한 인력양성을 위한 지속적인 교육과 훈련을 실시한다.
- 체계적인 경영시스템을 구축하여 원활한 운영과 발전을 도모한다.
- 지역사회 내에서 전문 요양기관으로서 정체성을 확립하고 좋은 이미지를 정착시킨다.

-운영의 프로세스를 계획하고 준비하는 일련의 과정이 기획(planning)이다. 기획함에 있어 중장기적으로 시야를 넓혀 어떻게 운영목적과 목표를 수립하여 달성해 나갈 것인지 계획을 세워 미래를 예측하고 준비해 나가야 한다. 중장기 운영계획은 추후 연간 사업계획을 수립하는 데 전략적인 도움을 제공하는 것으로 반드시 작성해 두는 것이 필요하다. 중장기 운영계획의 실례를 〈표 2-4〉와 같이 제시하였으므로 이를 참고로 하여 중장기 운영계획을 수립하도록 한다.

표 2-4 중장기 운영계획

구 분	기간	목표	내용
1단계	2010 ~ 2011년	정착	• 영리조직 윤리경영 • 매뉴얼 시스템 구축 • 최적 수혜자 발굴 및 확보 • 서비스 지식화 • 외부인증 준비(우수기관 벤치마킹)
2단계	2012 ~ 2013년	혁신	• 직원의 역량강화(인재양성) • 특화서비스 모델링 • 외부인증(보건복지가족부 평가 우수기관)
3단계	2014 ~ 2015년	성장	• 가치와 감동 마케팅 전략 • 지역사회 인프라 구축 • 지역사회 연계 네트워킹 • 최고의 요양 전문기관 확립

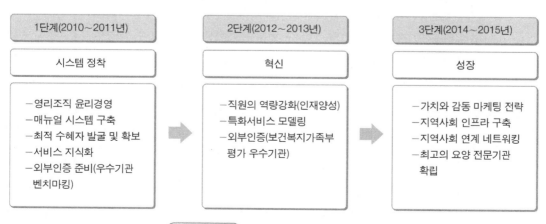

그림 2-6 중장기운영계획 Road map

─사명선언문은 비전을 정확하게 문서화하는 것으로 우리가 원하는 것이 무엇인지 그 원하는 것을 이루기 위해서 어떻게 나아가야 하는지를 알려주며, 조직이 정착하고 성장하는 데 꼭 필요한 것이다. 좋은 사명선언문은 조직원의 사명감을 높여주고 의욕과 역량을 모으며 협동심을 발휘하게 하여 미래의 실천 목표를 가능하게 한다. 비전과 사명을 공유하고 핵심가치를 포함한 사명선언문은 모든 직원이 쉽게 이해하고 참여할 수 있도록 작성하여야 한다. 사명선언문의 실례를 〈표 2−5〉와 같이 제시하였으므로 사명선언문을 작성하여 활용하도록 한다.

표 2−5 · 사명선언문

사명선언문
• 우리는 따뜻한 마음과 성숙한 인격으로 섬김과 나눔을 실천하는 휴먼서비스를 제공한다. • 우리는 우수한 지식과 기술, 조화와 협력으로 최고의 서비스를 제공한다. • 우리는 투명한 운영, 정직한 청지기로서 윤리경영, 가치추구경영, 감동경영을 한다.

③ 사업계획

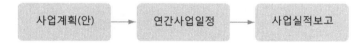

사업계획(안) → 연간사업일정 → 사업실적보고

• **사업계획 및 사업일정**

─설립당해 연도의 사업계획서와 연간 사업계획서는 약간의 차이가 있는데 여기에서는 해마다 수립하는 연간 사업계획서를 지칭하는 것으로 사업의 내용, 운영방안, 일정, 예산 및 기타 계획을 문서화 한 것이다.

─사업계획서를 작성하기 위해서는 충분한 시장조사 및 고객 성향 파악, 사업목표와 중장기 운영계획을 사전에 수립하여야 하므로 많은 시간을 투자해야 하는 작업이라고 할 수 있다. 상세한 사업계획을 수립하면 실수를 줄일 수 있고, 사업의 가능성을 타진해 볼 수도 있으며, 현재 사업의 상황과 목표를 구체적으로 점검하고 사업의 실현가능성을 높여주므로 매우 중요한 작업이다.

─사업계획은 1년간 임무를 달성하기 위하여 발생되는 특정의 활동들을 구체적으로 제시해 놓은 것으로 수행 임무에 근거하여 전략목표 및 성과목표를 수립한 후 지표별 목표치와 달성하기 위한 수단을 간결하게 작성한다. 추후 이를 달성하기 위해 세부적인 실행 계획서(목적과 목표, 활동과정과 방법, 준비일정, 평가에 관한 사항)를 작성하도록 한다.

─연간 사업계획서는 매년 사업운영평가회를 통해 수렴된 문제와 결정사항을 반영하여 사업개시 2개월 전인 10월 중에 시작하거나 늦어도 당해 연도 초에는 수립하여야 하며, 이를 직원에게 공개하여 차질 없이 수행할 수 있도록 연간 사업일정표를 작성

하고 세부적인 업무분장을 실시한다.

－연간 사업일정표와 업무분장은 담당할 직원들과의 의사소통을 통해 작성하는 것이 좋으며 다른 사업 일정과의 중복, 공휴일, 직원의 수행능력 등을 고려하여 실전 중심으로 계획하는 것이 중요하다. 부득이하게 사업계획과 다르게 진행하게 될 경우에는 변경을 피할 수 없으므로 사업일정표를 참고하여 관련 사업수행의 준비를 최소 20일에서 15일 전에 계획을 세우고 추진하는 것이 안정적이다.

• 프로그램 계획(실행 계획)

－사업수행을 위한 준비는 우선 세부사업별 실시계획서 또는 추진계획서를 작성하여 각 사업별 담당자가 이를 전담하여 진행한다. 프로그램 계획은 목표를 설정하고 달성하기 위한 자원과 직원의 노력을 적절하게 조정하고 수행방법과 과정, 성취측정, 평가에 이르기까지 일련의 절차를 보여주는 기획과정이라고 볼 수 있다. 계획 수행 시 이를 관리하기 위한 기법으로 활동별 시간 계획표라 할 수 있는 간트차트(Gantt chart) 또는 막대도포(Bar chart), 월별활동 카드(shed-U Graph)를 사용하는데 간트차트는 진행계획과 진행량을 일정과 시간을 견주어 평행선으로 표시하여 계획과 통제 기능을 동시에 수행할 수 있도록 하는 것이며, 월별활동 카드는 특정활동이나 월별로 업무를 카드에 기입하여 변경이 있을 경우 이동시키는데 편리한 기법이다. 이러한 방법으로 세부사업별 진행을 준비하고 실행시킨다.

표 2-6 간트차트의 실례

〈교육 실시를 위한 간트차트〉

구분	1월	2월	3월	4월	5월	6월	7월	8월	비고
문제 및 욕구 파악			▶	▶	▶				
교육기본방침 설정				▶	▶				
교육기본계획 수립					▶	▶			
품의서 작성 및 결재						▶			
강사진 결정						▶			
교육준비						▶			
홍보						▶	▶		
접수							▶		
교육준비							▶		
행사진행인력 배치							▶		
교육실시								▶	
평가 및 보고								▶	
사후조치								▶	

* 출처: 정무성(2007), 사회복지 프로그램 개발

○○기관 예산서 작성 계획

7월	8월	9월	10월	11월
예산서 복사	예비적 예산안 완성	임시예산안 완성, 경리담당 이사에게 제출	최종예산안 경리담당이사가 이사회 제출	이사회에서 예산 승인

* 출처: 최성재·남기민(2004), 사회복지행정론, p. 163.

그림 2-7 월별활동 카드의 실례

- 사업보고
  - 사업결과보고서는 실적보고, 성과보고의 성격을 띠고 있으며 기관이 매 사업 연도 말에 그 사업의 성과, 효과성, 예산상태 등을 기재하여 기관 내부 및 외부 기관에 제출하는 보고서로 종합보고서라 할 수 있다. 사업량, 예산 등의 적정여부를 검토하여 확인·집계토록 하며 활동횟수 등에 오류가 없는지 확인한다. 전차보고서를 기준으로 하여 작성하되 조직 구성현황, 활동상황, 대상자의 감소, 활동의 저조현상 등의 발생 원인을 자체적으로 분석하여 평가하여야 한다.
  - 사업결과보고서는 활동 종목과 세목을 기준으로 지정양식을 마련하여 그 양식에 준하여 작성되어야 하며 작성 시기는 월단위, 분기단위, 반기단위로 작성하고 연도 말에 이를 종합하여 연간 사업보고서를 작성한다. 이는 연간 사업보고 시에도 월례보고서, 분기보고서, 반기보고서는 제출해야 하며 작성한 사업보고서는 월단위로 보고하여 결재를 득하고 사업보고서 파일에 보관한다.
  - 프로그램 실행계획에 따른 결과보고는 프로그램을 전문적으로 기획하고 효율적이고 효과적으로 추진해 적절한 성과를 내도록 요구하는 도구로써 프로그램 실행에 대한 결과를 인정받는 중요한 과정이다. 따라서 실행결과를 정리 및 요약하여 일정한 형식을 갖추어서 보고서를 작성한다. 프로그램 결과보고서는 실행목적과 필요성, 추진체계, 추진절차, 프로그램 내용, 수행인력, 분석 및 평가내용, 결산, 기타자료(실행사진, 증빙자료 등)를 내용으로 작성하고 투입한 노력(활동의 양), 결과대비 비용의 정도(효율성), 목표달성 정도(효과성), 변화에 미친 영향을 평가내용으로 한다. 그러나 프로그램, 사업의 규모에 따라 보고받는 이해관계자에 따라 결과보고서의 양식은 다를 수 있다.

④ 예산편성 및 계획

• 예산편성

－예산운용에 있어 계획적·합리적인 예산편성은 중점적인 재정지원의 효과를 극대화
시키고 근검 절약의 실천 및 증가 억제를 통한 불필요한 재정지출 요소를 방지하여
절감재원을 재투자하는 등 합리적인 재정 운용과 효율적 예산관리를 통한 건전한 재
정 운영을 할 수 있도록 한다.

－전체 예산을 편성할 때는 전년도 수입·지출 예산에 준하여 예산을 조정하고 금년도
사업목표를 반영하여 계획하면 된다. 그러나 운영 첫 회계연도의 예산편성은 전년도
예산규모가 없으므로 편성하는 데 다소 어려움이 있다. 전체 재원을 예측하여 편성
하고 너무 많게 혹은 너무 적게 계상하지 않도록 가능한 목표치를 낮추고 정확한 시
장조사를 통해 지출예산의 정확성을 높여 예산을 편성하도록 한다. 따라서 예산편성
업무에 충분한 시간을 두고 준비하도록 한다.

－예산계획은 회계연도의 모든 수입과 지출을 세입과 세출로 하며, 기관의 사업계획을
재정적인 용어와 금액으로 표시하여 세입·세출 예산안으로 작성한다. 예산 처리절
차는 예산편성 ⇨ 예산심의 ⇨ 예산집행 ⇨ 예산결산(보고)의 과정으로 진행한다.

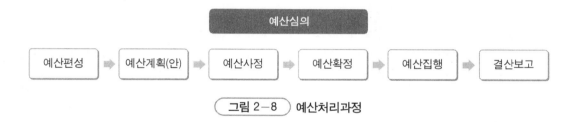

그림 2－8　예산처리과정

－효율적인 운영체제 확립을 위해서는 예산편성 시 선심성·낭비성 예산편성, 사무와
관련 없는 경비지출이나 세출예산의 목적 외 사용은 금지하여야 하며, 기본 경비는
운영에 필요한 필수불가결하게 소요되는 경비만으로 최소화하여야 한다. 그리고 동
일 목적의 유사 중복사업은 통·폐합하고 편성 한도액(상한액)이 정해진 경비의 경우
당초예산에 한도액 이내에서 예산을 집행한 경우에는 차액을 절감액으로 인정하여
재투자방안을 마련하도록 한다.

• 예산계획

－사업계획의 목표 및 성과지표를 포함하여 세입 및 세출예산을 수립하고 세입예산과
세출예산을 연계하여 「예산 총괄표」를 작성한다. 세출예산은 과목구분과 설정에 따
라 분야·부문은 기능별로 구분하고 정책, 단위세부사업은 부서의 사업특성에 알맞
게 자율적으로 설정하며 사업단위별 편성목, 산출근거, 예산액을 작성한다. 세입예산
은 목표 및 성과지표를 포함하여 세입예산 사업명, 산출근거, 예산금액을 작성한다.

－예산편성을 할 시에는 사회복지법인 재무·회계규칙 등 관련지침이나 법규를 참고

하여야 하며, 예산편성 준비 작업은 규모에 따라 차이는 있겠으나 적절한 시기에 이루어져야 한다. 늦어도 사업개시 2개월 전인 10월 중에 시작하고 예산 및 기획 담당자를 비롯한 모든 직원은 사업계획과 예산편성을 위한 모든 자료를 수집, 작성, 관리하여 적절한 시기에 활용할 수 있도록 사전 준비를 하여야 한다.

- 예산 및 기획관련 업무를 담당하는 부서(부, 과, 팀)가 나누어져 있거나 해당 부서가 없을 경우에는 그 직원과 상급자를 주 담당 실무자로 보는데, 소규모 시설에서는 회계업무를 주관하는 부서가 독립적으로 존재하지 않는 경우가 많고, 회계 및 기획업무를 담당하는 직원이 예산편성 업무의 주 담당자가 되는 경우도 있으며 예산편성 주 담당자가 기관장인 경우도 있다. 기관의 장은 예산편성 요령을 정하여 예산편성 전에 담당자에게 제시하여 이를 근거로 하여 예산편성을 하도록 알려준다.

표 2-7 예산편성요령

예산편성요령 예시

20○○년도 예산은 다음 요령을 기준으로 하여 편성한다.

1. 세입예산은 사업계획을 근거로 총액의 5%범위 내에서 증액한다.
2. 지출금액은 5%범위 내에서 증액하고 간접비의 지출은 억제하고 이용대상자에 대한 서비스의 질적 향상과 종사자의 처우개선을 위하여 가능한 범위 내에서 최대한 인상 조치하도록 한다.
3. 기존 사업 중 기대효과가 예상되지 아니한 사업은 과감히 종결한다.
4. 신규사업은 사회조사, 시장조사 등 면밀히 검토하여 꼭 필요한 사업만을 제한적으로 시행한다.
5. 20○○년도 ○월 ○일까지 예산담당자에게 엑셀파일로 e-mail 제출한다.
6. 기타 필요한 사항
  (1) 원가구성 및 산출기준
  (2) 예산계획서 작성방법
  (3) 예산계획서 양식

- 예산편성에 앞서 예산 과목을 구분하고 기관에서 발생하는 모든 수입과 지출을 예산에 계상하여야 하며, 예산규모는 전년도 또는 수개년 분의 실적을 검토하여 익년도 물가상승률을 추가로 고려하여 지출단가를 정하고 지출단가는 시장조사를 통해 결정한다.
- 예산계획은 말 그대로 계획임으로 예상했던 소득이 실제 발생하지 않을 수도 있고, 예상치 못했던 지출이 나타날 수도 있다. 따라서 보수적인 기준과 자세로 예산을 편성하는게 바람직하며 이를 위해 예비비를 세출예산에 계상할 수 있다. 예비비 책정액은 총액의 3% 정도로 계상하고 가능한 최소한의 금액만 계상한다. 연간 예산편성은 이미 작성한 월별 예산편성표와 예정된 지출표를 반영해 1년 동안 예산을 짜는 일이므로 각 사업담당자의 해당 사업의 예산내역과 사업계획을 취합하여 예산편성 담당자가 기관 전체의 예산서 초안을 작성한다.

－이때 예산편성과 관련하여 내부방침(예산편성요령)을 결정한 후 사업계획에서 근거하여 예산안을 작성한다. 먼저 예산편성을 세우기 위해서는 예산 과목과 내용을 정하고 예산 작성을 해야 한다. 사회복지법인 재무회계규칙에서 제시하고 있는 예산 작성 시 필요한 세출예산 과목과 내용은 다음과 같다.

표 2-8 세출예산과목 및 내용

예산과목			내용
관	항	목	
재산조성비	시설비	시설비	시설 신·증축비 및 부대경비, 기타 시설비
		자산취득비	시설운영에 필요한 비품구입비, 토지, 건물, 기타 자산의 취득비
		시설장비유지비	건물 설비, 공구, 기구, 비품수선비 기타 시설물의 유지관리비
사무비	인건비	급여	임직원에 대한 기본봉급
		상여금	임직원에 대한 기말, 정근수당
		일용잡금	일급 또는 단기간 채용하는 임시직에 대한 급여
		제수당	임직원에 대한 제수당(직종, 직급별로 일정액을 지급하는 수당과 시간 외 근무수당, 야간근무수당, 휴일근무수당 등) 및 기타 수당
		퇴직금 및 퇴직적립금	임직원 퇴직급여제도에 따른 퇴직급여 및 퇴직적립금(충당금)
		의료보험료	임직원의 의료보험료
		국민연금	임직원의 국민연금
		사회보험부담금	임직원의 사회보험 부담금
		기타 후생경비	임직원의 상용피복비, 건강 진단비, 급량비, 기타 복리후생에 소요되는 비용
	업무추진비	기관운영비	기관운영 및 유관기관과의 업무협의 등에 소요되는 제경비
		직책보조비	임직원의 직책수행을 위하여 정기적으로 지급하는 경비
		회의비	이사회, 후원회 등 각종 회의의 다과비 등에 소요되는 제경비
	운영비	임차료	기구 및 장소 임차료
		여비	임직원의 국내외 출장여비
		수용비 및 수수료	사무용품비, 인쇄비(직원명함, 패찰증 등), 잡기구입비, 도서구입비, 공고료, 수수료, 등기료, 운송비, 통행료 및 주차료, 소규모수선비, 포장비 등
		공공요금	우편료, 전신전화료, 전기료, 상하수도료, 가스료 및 오물수거료
		제세공과금	법인세, 자동차세, 협회가입비, 화재보험료, 자동차보험료, 배상책임보험료, 기타 보험료 등
		차량비	차량유류대, 차량정비유지비, 차량 소모품비
		연료비	보일러 및 난방시설 연료비

		피복비	직원 유니폼 구입 및 수선비
사업비	운영비	위생재료비	서비스 제공에 필요한 소모품, 집기류 등의 물품비
	관리비	사례회의	사정, 사례평가회의 진행비
		직원교육 및 간담회	내부교육(초빙강사료 등), 직원연수, 세미나 진행비
		가족교육 및 간담회	가족대상 집합교육, 개별교육, 간담회 진행비
	운영 지원비	홍보	홍보물제작비, 홍보의뢰비, 광고료 등
		발간	인쇄물 발간비
		사업운영평가회	평가서제작비, 다과비, 식사비 등
		만족도 조사	조사지제작비, 우편발송비, 방문경비 등
	진행비	발마사지	발마사지 봉, 크림 또는 로션 등 구입비
		종이접기	색종이, 가위, 종이접기교재 등 구입비
		두뇌게임	두뇌개발카드 구입비
		특별행사	기념일, 절기행사, 명절 맞이 행사 진행비
상환금	부채 상환금	원금상환금	차입금이자(원금) 상환금
		이자지불금	차입금이자 지불금
잡지출	잡지출	잡지출	시설이 지출하는 보상금, 사례금, 소송 경비 등 기타
예비비	예비비	예비비	예산 총액의 3%

─예산계획과 기준을 세울 때에는 법적인 운영기준에 근거하고 기관의 운영특성 및 조건에 부합되게 작성한다. 그리고 경영관리에 있어 이익창출 시점을 알기위해 손익분기점을 계산하여 수익창출과 최고의 서비스 제공을 위한 경영전략을 세울 수 있도록 한다.

─세출예산과목을 고정비, 변동비, 준변동비로 구분하고 이 예산과목 중 직접비와 간접비에는 어떤 항목이 있는지 〈표 2-9〉에 제시하였다. 고정비는 기업체에서는 조업도의 변동과 관계없이 원가 총액이 변동하지 않고 일정하게 발생하는 원가로 노인의 수와 관련 없이 발생하는 원가다. 변동비는 운영도의 변동에 따라 원가총액이 비례적으로 변화하는 원가를 말하며 예컨대 직접재료비, 매출액의 일정 비율로 지급되는 판매수수료 등이 해당된다. 방문요양기관에서는 노인의 수 증가에 따라 비례적으로 증가하는 비용을 말한다. 준변동비는 운영도의 변동과 관계없이 일정하게 발생하는 고정비와 운영도의 변동에 따라서 비례해서 발생하는 변동비 요소를 모두 가지는 경우로 방문요양기관에서의 준변동비는 노인의 수와 관계없이 일정하게 발생하는 고정비적 성격과 노인의 수에 비례해서 발생하는 변동비적 성격을 모두 갖는 것이다.

표 2-9 고정비, 변동비, 준변동비 항목

예산과목 관	예산과목 항	고정비	변동비	준변동비	비고
재산조성비	시설비	건물 기구 등 설비비에 대한 감가상각비		시설장비유지비	시설비 자산취득비
사무비	인건비	급여 상여금 일용잡금 제수당 퇴직적립금 국민건강보험료 국민연금 고용보험 산재보험 기타 후생경비			제수당중 시간 외 수당 야간근로수당 휴일근무수당
사무비	업무 추진비	기관운영비 직책보조비 회의비			
사무비	운영비	광고료		임차료 공공요금 제세공과금 여비 수용비 및 수수료 차량비 연료비	
사업비	운영비 교육비 진행비	운영비 교육비 관리비 진행비 지원비	운영비 중 직접재료비		원금상환금 이자지불금 잡지출 예비비

※ 간접비, **직접비** 분류는 굵게 표시함.

－세입과 세출예산은 재원, 성질, 기능을 고려하여 관·항·목으로 구분 편성하는데 주요 세입재원은 본인부담금, 국민건강보험관리공단 부담금, 비급여 항목 비용으로 구성된다. 이외의 공모사업 지원금, 후원금, 기부금 등이 있을 수 있으나 기관 사업자의 유형 중 개인사업자인 경우에는 수입으로 확보하기 어려운 부분이다. 법인사업자의 경우에는 법인전입금을 포함하여 모든 수입으로 누락 없이 편성하여야 한다. 사회복지법인 재무회계에서 제시하는 세입예산과목 및 내용은 다음과 같다.

표 2−10 세입예산 과목 및 내용

예산과목			내용
관	항	목	
사업수입	사업수입	공단부담금	국민기초생활수급자(서비스 비용 전액 100%), 의료급여자 등 감면자(서비스 비용 총액의 92.5%), 일반대상자(서비스 비용 총액의 85%)에 대한 공단부담금
		본인부담금	이용자로부터 받은 수입 −국민기초생활수급자 0% −의료급여자 등 감면자 7.5% −일반대상자 15%
		비급여항목비	기관의 비급여 항목에 대한 이용자의 납부 금액
과년도수입	과년도수입	과년도수입	전년도에 세입 조정된 수입으로 금년도에 수입으로 확정된 금액
후원금수입	후원금수입	지정 후원금*	국내외 민간단체 및 개인으로부터 후원명목으로 받은 기부금, 결연후원금, 위문금, 찬조금 중 후원목적이 지정된 수입
		비지정 후원금*	국내외 민간단체 및 개인으로부터 후원명목으로 받은 기부금, 결연후원금, 위문금, 찬조금 중 후원목적이 지정되지 않은 수입과 자선행사 등으로 얻어지는 수입
차입금	차입금	금융기관 차입금	금융기관으로부터의 차입금
		기타 차입금	개인 · 단체 등으로부터의 차입금
전입금	전입금	법인전입금*	법인으로부터의 전입금(국가, 지방자치단체의 보조금 제외)
이월금	이월금	전년도이월금	전년도 불용액으로 이월된 금액
		이월사업비	전년도에 종료되지 못한 이월사업비
잡수입	잡수입	불용품 매각대	비품, 집기, 기계, 기구 등과 그 밖에 불용품의 매각대
		기타 예금이자수입	기본재산예금 외의 예금이자 수입
		기타 잡수입	그 밖의 변상금, 위약금 수입 등과 다른 과목에 속하지 아니하는 수입

* 표시는 법인사업자의 경우 해당함.

−일반적으로 세출예산은 사무비, 재산조성비, 사업비, 예비비, 잡지출 등으로 구성되어 있으며 사업계획에 근거하여 지출예산을 편성하고 세입예산은 사업수입, 과년도수입, 잡수입으로 구성하여 편성한다. 세출과 세입예산은 사업별 예산서를 취합 정리하여 전체 예산서(안)를 작성한 후 내부 기안으로 제출한다.

☑️ **Tip.** 예산작성 시 유의사항
- 세입은 1,000원 미만을 절사한다. 예: 1,200,385원 → 1,200,000원
- 세출은 1,000원 미만이라도 절상한다. 예: 1,200,385원 → 1,201,000원

• 예산사정 및 확정

　－제출된 예산서에 대한 사정은 기관장, 부서장 등이 실시하며 사정 결과 변경이 필요한 때는 수정하여 작성할 수 있다. 예산 내역에 대한 사정은 기관에서 정한 예산편성요령 및 작성지침 등과 부합되는지 여부를 살펴보고, 기존 사업의 지속성을 유지하기 위해 효과성과 효율성을 검토해야 한다. 신규 사업이나 프로그램인 경우에는 그 필요성과 근거 및 기대효과를 검토하여야 하고, 세입규모 내의 세출인지 알아보고 세입금액에서 내역이 실현 가능한지 여부를 사정하여야 한다. 사정을 거쳐 예산확정이 이루어지면 매 회계연도 개시 전에 내부기안으로 결재를 득하고 예산집행 및 사업 진행을 준비한다.

　－예산계획에서부터 사정, 확정 등 예산처리 및 관리를 위해서는 재무회계와 관련한 법규를 참고하는 것이 필요하다. 관련 법규로는 「사회복지사업법」 제23조 제4항, 제45조 제2항에 의한 사회복지법인 재무회계 규칙, 「사회복지사업법」 및 「노인복지법」, 「노인장기요양보험법」이 있으며 예산회계법으로는 「근로기준법」, 근로자의 퇴직급여보장법, 소득세법, 법인세법, 부가가치세법이 있다[부천시(2007), 민간위탁 복지시설 회계업무 매뉴얼].

• 예산집행

　－예산집행은 최종 확정된 예산에 의거하여 수입을 조달하고 경비를 지출하는 재정활동을 의미한다. 따라서 기관의 예산서, 회계규정과 예산집행기준을 마련하여 집행하고 반드시 지출에 필요한 서류를 준비하여 지출결재를 득한 후 집행이 이루어져야 한다.

표 2-11　예산집행기준

예산집행기준 예시

20○○년도 예산은 다음 요령을 기준으로 하여 집행한다.

1. 기관의 예산서에 근거한 집행을 실시한다.
2. 예산집행 시에는 회계부서와 사전 협의를 통해 집행에 제한사유가 있는지 확인한다.
3. 예산 지출을 할 경우에는 집행품의(기안)단계를 통해 집행해야 한다.
4. 모든 지출과 수입에 대한 재정활동은 관련 회계 양식에 기재하여 증빙한다.
5. 예산집행 시 시급하지 않는 지출은 최대한 억제하여 예산절감에 노력해야 한다.
6. 유사 또는 중복되는 사업이나 프로그램의 경우 통합시행으로 지출성과를 극대화한다.
7. 투명한 예산집행을 위해 사업부서와 회계부서가 집행내역을 서로 확인하고, 회계부서에서 지출하도록 의무화한다.
8. 기타 필요한 사항
　－목별 세부집행지침

　－모든 예산은 예산과목의 내역에서 제시한 목적과 금액 범위 내에서 집행되어야 한다. 만약 예산이 부족하거나 없는 경우에는 지출 및 계약행위 전에 기관장, 부서장에

게 보고·결재를 득한 후 예산 전용이 가능하나 이는 예산을 확보한 후 집행할 수 있다. 그러나 예산 확보 없이 또는 보고 및 결재 없이 예산액보다 초과하여 지출하는 행위는 예산질서를 어지럽히고 예산운영에 어려움을 초래할 수 있으므로 예산집행은 예산계획에 준하여야 한다.

–법적 근거에 준하거나 기관 내부 규정이 있는 경우에는 이에 따른 예산편성과 집행을 하여야 한다. 예를 들어, 건강보험, 국민연금, 산재보험, 고용보험 등은 법적 근거를 필요로 해야 하며 인건비, 여비비, 강사료 등은 기관 내부 규정에 따라 집행하고 근거서류에 대해 유지관리를 해야 한다.

–기관의 장은 관·항·목 간의 예산전용을 할 수 있다. 그러나 예산전용은 예산의 집행 잔액을 처분하기 위한 것이 아니라 계획이나 여건의 변동에 따라 탄력적으로 예산을 운용함으로써 사업을 보다 효율적으로 추진하기 위한 제도임을 알아야 한다. 그리고 예산전용은 가급적 동일 관 또는 목내에서 항간 전용을 하는 것을 우선 선택하도록 하며 전용 시에는 예산과목 전용조서를 작성하여야 한다. 전용사유, 전용과목 및 금액을 표시하여 둔다.

–기관은 예산집행절차를 마련해 두어 절차에 따라 집행이 이루어질 수 있도록 해야 한다. 예산집행 과정에 책임성과 자율성을 부여받은 직원은 지출과 수입 업무를 총괄하는 지출책임자(기관장), 업무를 담당하는 지출관리자(부서장), 지출과 수입담당자(지출원)가 있다. 지출명령이 있는 것에 한하여 지출원이 행하는데 수입 및 지출 시 의사전달 과정은 다음과 같다.

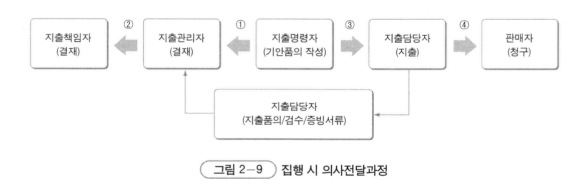

그림 2-9　집행 시 의사전달과정

–수입 및 지출 절차는 지출담당자의 주요 업무활동으로 수입이 발생하였을 경우 모든 수입금은 그 다음 날까지 금융기관에 예입하고 본인부담금을 수납하지 않는 경우에도 전산에는 입력하여 영수증을 '0'원으로 발급해야 한다. 영수증은 납부자에게 1부 발급하고, 기관이 1부 보관하는데 50~100매 단위로 편철한 후 영수증에 일련번호를 부여하거나 수입결의서에 첨부하여 보관하여도 된다. 영수증 재발급의 경우에는 영수증 재발급대장을 마련하여 편철 보관한다. 영수증 재발급 시에는 미리 발급한 영수증을 회수하여 영수증 철에 보관하고 회수한 영수증은 ×표를 그은 후 날인하고

서손(書損)이라 기재한다. 장기요양급여비 미납자에 대한 수시 관리를 통해 연도(기한) 내에 수납이 발생되도록 하며, 장기요양급여비 수납현황을 작성하여 관리한다.

- 수입이 발생하면 수입증빙서류를 구비하고 매일 수입일계표와 수입결의서를 작성하여 결재를 받도록 하며, 수입결의서에는 증빙서류를 첨부하고 번호순으로 편철하여 보관한다. 수입결의서에 의거하여 장부(현금출납부, 총계정원장)에 해당 계정과목을 잘 구분하여 누락사항이 없도록 정확히 기재한다. 수입발생 시 처리절차와 그에 따르는 업무내용과 관련서식을 보면 다음과 같다.

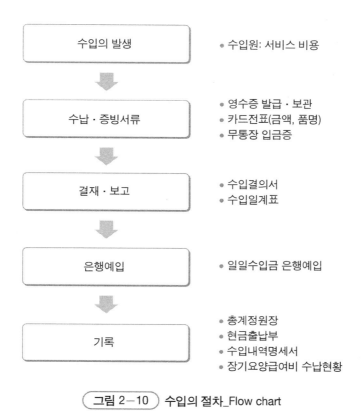

（그림 2-10） **수입의 절차_Flow chart**

- 지출이 발생할 경우에는 지출품의서(내부기안), 출장여비 청구서 등을 작성하고 결재를 득한 후 무통장입금, 신용카드에 의하여 납부하고 세금계산서, 신용카드전표(품명과 금액 표시), 간이영수증, 견적서, 거래명세서, 무통장입금증 등을 첨부해야 한다. 예산서의 범위 내에서 지출을 하더라도 지출품목과 대상에 대한 시장조사와 타견적서 비교 등을 통해 지출품목과 지출처를 결정하고 이를 위한 내부기안을 작성하여야 한다. 지출액이 소액일 경우에는 품의서를 작성하여 기관장의 결재를 받는다. 회계담당자 또는 지출원은 내부기안이나 품의서를 확인한 후 지출을 하고 지출원이 직접 구매하거나 회계담당자와 기안자가 함께 구매할 수 있는데, 기안자가 지출하고자 할 경우에는 증빙서류에 대한 확보에 적극 협조한다.
- 지출방법은 주로 신용카드를 사용하고 무통장입금, 현금 순으로 진행하여 지출의 객

관성, 정확성, 투명성을 높이고 신용카드를 사용하였을 때에는 신용카드사용대장에 금액, 지출처, 사용자 등을 기재하여 관리한다. 가능한 한 현금 잔액이 없도록 하고 지출 반납 시에는 내부결재를 한 후 회계담당자에게 반납금을 인계한다. 그리고 소액의 경비 지출을 위해 20만원~50만원 이하의 현금을 보관할 수 있으며, 현금보관 입·출금내역을 작성하여 금액과 그 내용이 일치하도록 하고 사용액만큼 복원하여 현금보관을 한다.

－회계담당자는 내부기안(품의서)과 지출증빙서류를 확보하고 지출결의서, 지출일계표, 총계정원장, 현금출납부를 작성하여 지출사항을 관리한다. 지출이 발생하였을 때 처리절차와 그에 따르는 업무내용 및 관련 서식을 Flow chart를 통해 살펴보도록 하겠다.

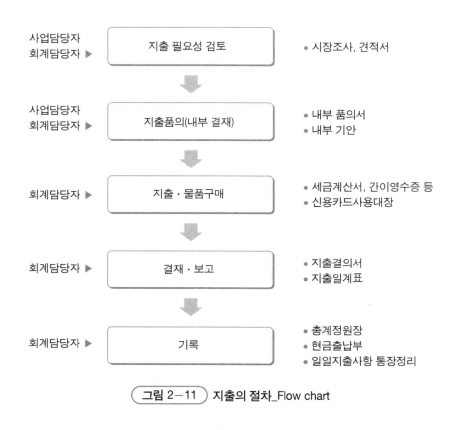

사업담당자
회계담당자 ▶ | 지출 필요성 검토 | • 시장조사, 견적서

사업담당자
회계담당자 ▶ | 지출품의(내부 결재) | • 내부 품의서
• 내부 기안

회계담당자 ▶ | 지출·물품구매 | • 세금계산서, 간이영수증 등
• 신용카드사용대장

회계담당자 ▶ | 결재·보고 | • 지출결의서
• 지출일계표

회계담당자 ▶ | 기록 | • 총계정원장
• 현금출납부
• 일일지출사항 통장정리

그림 2-11 지출의 절차_Flow chart

－예산집행에서 장부의 기장과 증빙관리는 영구 보관해야 하는 것으로 부정과 오류로 인해 관리부실이 발생하지 않도록 주의해야 한다. 예산집행에 필요한 서식을 구비하거나 전산입력시스템(예: 국가정보시스템, 복지정보시스템, 기업경영시스템 등)을 도입하여 예산집행의 효율성과 객관성, 정확성을 보장하는 것이 필요하다. 그러나 개인사업자가 운영하는 재가요양기관에서는 규모와 예산 운영상 어려운 실정으로 최대한 효율적인 서식을 마련하여 활용하는 것을 제안한다.

• 결산보고

－회계의 정리업무인 결산은 집행예산에 대해 예산항목별로 장부에 기록된 회계사항을 주기적(월별, 분기별, 반기별)으로 종결하여 정리하는 업무로 주기적으로 재정 상태

를 파악하기 위한 재정보고서의 작성을 위해서도 반드시 필요한 절차다. 최종결산은 1회계연도에 있어서의 기관의 수입과 지출의 실적을 확정적 계수로써 표시하여 결산보고를 실시하여야 한다.

— 기관에서 실시하는 재정보고는 월간, 분기별, 반기별로 하는 정산보고서가 있으며 기관에서 정하는 주기대로 보고를 하여도 무관하다. 기관은 가급적 일정한 주기별로 정산보고서를 작성하여 예산집행에 따른 회계정리에 대한 수정·보완의 기회로 삼아 회계연도 말에 결산준비에 대비하는 등 수월하게 진행할 수 있도록 돕는다.

— 결산에 있어서 확인해야 할 일반적인 사항은 예산과목별 예산의 사항을 모두 반영하였는지 살펴보아야 하며 사업목적과 위배되는 사항은 없는지, 누구나 쉽게 알아 볼 수 있게 작성되었는지 객관적인 입장에서 검토해야 한다. 그리고 결산과 관련하여 첨부되어야 할 서류들을 모두 갖추고 있는지 확인하고 기일 내(다음 회계연도 2월 말일까지)에 보고하도록 한다.

— 결산처리 과정은 [그림 2−12]를 참고하여 절차에 따른 결산을 준비하고 관련 서류를 작성한 후 심의·결재를 받아 보관하도록 한다. 결산보고를 담당하는 직원은 총무·회계를 담당하고 있거나 상급직원이 맡으나 인력이 부족하거나 업무량 등으로 수행하기 어려운 경우에는 결산준비는 총무·회계담당이 하고, 결산서 작성 및 보관은 기관의 장이 할 수 있다.

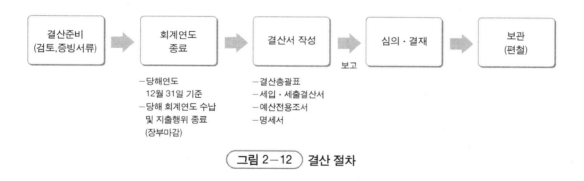

그림 2−12) 결산 절차

— 결산준비를 위한 작업으로 평상시 미불금, 미수금 등 미결산되는 부분이 없도록 점검하고 철저한 회계장부(현금출납부, 총계정원장) 및 통장 관리, 증빙서류의 누락사항이 없는지 확인하고 통장과 장부의 누계금액, 잔액금액과 일치하는지 확인하며 장부상에 추가적인 기록을 하지 못하도록 줄을 그어 모든 장부를 마감시킨다. 그리고 증빙서류(세금계산서, 각종 영수증 등) 미비사항, 결재누락 사항, 세금관련 사항 등을 일일이 확인하여 보완하고, 영수증부본은 편철하여 보관하거나 일계표에 첨부하여 보관하는 방법 중 택일하여 보관하도록 한다. 이 모든 작업이 완료되면 12월 31일 기준으로 결산금액을 기록·입력한 다음 결산총괄표, 예산과목별 세입·세출 결산서를 작성한다.

－결산총괄표를 작성한 후에는 세입·세출결산서와 예산과목 전용조서, 세입내역명세서, 인건비명세서 등을 작성하여 첨부하여 기관장에게 보고하고 이에 대한 심의·결재를 득하여야 한다. 회계 관련 서류는 보관하기 편하도록 각 서류의 편철작업을 실시한다. 우선 회계서류목록을 작성한 후에 서류번호를 부여하고 뒤에 번호를 붙여 첫 번째인 경우 '－1'로 표시한다. 분량이 많을 경우 1개월 또는 분기별, 반기별로 편철하고 편철의 제일 앞부분과 뒷부분은 두꺼운 표지로 편철하고 개봉 및 폐기하지 못하도록 접속부분은 회계책임자 간인을 찍어서 편철한다.

• 예산관리

－회계는 기업의 모든 경제활동을 화폐가치로 측정, 평가하여 그 결과와 원인을 명확히 하는 측정기록의 기능과 이 측정기록한 정보를 운영 관계자들에게 알리는 전달보고의 기능도 가지고 있다. 이러한 회계의 측정기능과 전달기능은 장기요양기관의 효율적이고 합리적인 운영을 위한 관리기능을 해 줌으로써 재산의 손실을 방지하고 나아가 그 재산을 관리하고 예산의 부정, 착오 등을 방지하도록 하며 운영자의 관리목적에 기여할 수 있는 자료를 제공해 준다.

[장부 기장관리]

－기관에서는 회계장부로 현금출납부와 총계정원장을 마련하여 1월 1일자부터 당일의 거래들을 모두 기장하는데 현금출납부는 당일의 거래에서 실제 현금출납일의 '연월일'을 기재하고 계정 예산과목의 목단위로 수입과 지출란에 각각 금액과 수입 및 지출내역의 요지를 간략히 기록한다. 총계정원장은 계정과목별로 분류하여 작성하는 것으로 계정과목은 관, 항, 목을 모두 기재하고 연월일은 월초일자와 월말일자를, 적요란에는 전기이월액과 월계, 누계, 차인잔액만을 기재한다. 총계정원장에서는 계정과목별로 월계와 누계관리를 하고 총계정원장 보조부를 두어 시간순으로 세입과 세출 세부내역을 기재하고 전기이월액과 월계, 누계, 차인잔액을 기재한다. 예산관리를 위해 예산과목을 우선 편성한 후 장부 기장을 정확히 하고 예금통장과 대조하여 일치하도록 관리한다.

☑️ **Tip.** 기장 작성에서의 수정·삭제

1. 누락분이 발생한 경우에는 발견 즉시 장부에 기재한다.
2. 기장내용의 일부를 수정할 경우 수정할 부분을 적색으로 두 줄을 긋고, 기장자가 날인한 후 수정하는 내용을 그 위에 기재한다.
3. 장부의 한 줄 또는 몇 개의 줄을 삭제할 때에는 적색으로 두 줄을 긋고 날인한 후 여백에 적색으로 사유를 설명하고 '삭제'라고 기재한다.
4. 장부의 한면 전부 또는 반 이상을 삭제하고자 할 경우 적색으로 해당되는 부분의 처음과 끝 란에 '×'를 하고 날인한 후 삭제의 사유를 설명하고 '삭제'라고 기재한다.
5. 수정잉크 또는 수정띠 테이프로 지우는 것은 허용되지 아니한다.

[통장관리]

─기관 명의로 통장을 개설하고 세입 · 세출을 관리하며 개설, 폐기 시에는 내부결재를 통해 승인을 얻고 관리대장에 기재하여 관리하도록 한다. 그리고 통장을 본인부담금과 공단지급금, 기타 수입금 등으로 각각 구분하여 개설 · 관리하며 통장상의 입금, 지출금이 당일의 수입액, 지출액과 일치되도록 한다. 퇴직금적립통장도 따로 개설하되 지출하지 않도록 관리한다.

[인감관리]

─기관의 사용인감은 관리자급 이상의 자 중에서 관리책임자를 정하여 보관 · 관리하도록 하며 관리대장을 비치하여 폐기 또는 분실되지 않도록 정확을 기하도록 한다.

> **Tip.** 회계 업무에서의 점검사항
> 1. 관련 장부와 증빙 서류가 미비해서는 안된다.
> 2. 증빙서류 정리의 정확을 기해 장부 대조가 가능해야 한다.
> 3. 통장, 현금출납부, 수입 · 지출 결의서가 일치해야 한다.
> 4. 예금 통장을 폐기하거나 분실해서는 안된다.
> 5. 장부부실, 원인불명의 수입과 지출 간의 차이가 발생해서는 안된다.
> 6. 회계장부 작성의 오류가 많거나 부실해서는 안된다.

(3) 사업운영 평가

- 재가장기요양기관은 자유시장 체제에서의 복지서비스 제공이라는 현실 속에서 정책과 절차에 따라 운영하고 대상자의 수와 서비스 계약내용에 따른 결정된 자원과 예산으로 기관을 운영하여야 한다. 결국 자원의 확보와 최적의 자원 활용으로 효과의 극대화를 이루어야 하는 것으로 복지의 가치 확대에만 매달리는 것이 아니라 서비스의 효과성 증명과 운영의 정당성을 검토하고 향상시킬 수 있는 방향으로 평가가 이루어져야 한다.

- 사업운영평가는 평가를 통해 운영의 투명성과 효율성의 향상, 적절한 서비스의 제공이 이루어지는가를 확인함으로써 기관의 문제점과 개선사항 등을 확인하고 진단하는 계기로 삼아 기관 서비스의 질을 향상시키는 데 목적이 있다. 이러한 평가활동은 기관의 지속적이고 총체적인 질관리 활동으로 실행주체에 따라 내부평가와 외부평가로 나눌 수 있는데, 여기에서는 조직운영의 과정이나 결과에 대한 자기 반성적인 성격을 가지며 얻어진 정보가 피드백(feedback)되어 조직운영과 산출결과의 향상을 도모하는 내부평가, 즉 자체평가를 실시하도록 한다.

- 장기요양기관에 대한 외부평가는 공단에 의해 장기요양기관이 수급자에게 제공하는 급여의 질과 직 · 간접적으로 관련된 기관운영, 환경 및 안전, 권리 및 책임, 급여제공과

정, 급여제공 결과 등을 평가하여 장기요양 급여의 질 향상을 목적으로 정기적인 평가를 실시하고자 함으로 장기요양기관에서는 이에 대한 대비에 만전을 기해야 할 것이다.

- 내부자체평가는 기관 또는 서비스의 실행에 대한 모니터링 평가방법으로 제공된 서비스 또는 프로그램의 효과성과 효율성을 측정하여 목표달성 여부를 확인하고 운영과정을 평가함으로써 기관의 총체적인 운영내용과 서비스를 발전시켜 나갈 것을 모색한다. 그리고 평가자가 정책 및 프로그램 실행에 관여하는 내부자로서 평가자의 가치 판단이라는 주관성을 최대한 객관화하는 것이 중요하다. 평가의 내용으로는 관리운영에 대한 전반적인 평가, 인력의 규모와 질에 대한 평가, 예산집행에 대한 평가, 서비스의 내용에 대한 평가로 구체적인 내용이나 방법, 만족도, 시설 및 환경에 대한 평가를 포함시키며 6개월 또는 1년간의 운영과정에 대한 전반적인 평가를 실시한다.

- 사업운영 및 프로그램을 평가하기 위해서는 사전준비 → 평가계획 수립 → 평가자료 수집 → 평가자료 분석 → 평가서 작성 및 보고 → 평가결과 반영의 절차를 거친다. 사전준비 단계에서는 구체적인 평가계획을 만들기 이전에 평가내용, 평가기준, 평가수준, 평가시기, 평가를 위해 확보해야 할 자원, 평가목적 등 평가정보에 대한 파악을 하여야 한다. 평가목적을 구체화하고 평가방법과 일정 등을 확정하는 데 정확한 정보를 제공하여 전반적인 평가활동 계획을 수립·기획한다. 파악한 정보를 종합하여 평가계획서를 작성해야 하는데 평가와 관련된 평가방법, 평가틀 제시, 평가일정과 예산편성 등을 결정한다. 평가자의 주관성을 최대한 객관화하여 프로그램의 결과를 평가하여야 하는데 우선 평가에 있어 요구되는 정보를 수집한다. 수집된 정보가 평가목적과 평가기준에 부합하는 자료인지 확인한다. 사업평가는 장기평가로 6개월 또는 1년간의 평가자료를 살펴보아야 함으로 월별, 분기별 평가를 실시하면 자료수집 및 분석이 용이할 수 있다. 이외의 프로그램 실적보고, 업무일지, 급여제공일지, 정산보고, 프로그램 결과보고서, 만족도조사결과, 사례회의록 등의 자료를 확보한다. 수집된 자료를 정리하고 최적의 분석방법을 적용하여 결과를 해석하는 자료 분석의 단계를 거치는데 프로그램의 목표달성 정도, 양적 산출량에 초점을 맞추어 효과성과 예산지출과 관련하여 효율성을 분석하고 진행과정, 방법 등 질적인 측면에서의 분석까지 광범위한 평가를 실시한다. 자료를 수집하고 분석한 후, 프로그램 평가결과를 정리하여 서면보고서를 작성하여 보고하는데 보고할 때에는 주요 평가결과뿐 아니라 개선을 통한 발전방향을 제시하여야 한다. 끝으로 평가회의를 실시하여 평가자료의 분석결과를 검토하여 평가결과를 재도출해 내고 프로그램의 개선 및 발전을 위한 제언과 노력을 논의하여 적용할 수 있는 방안을 마련·반영할 수 있도록 한다. 이러한 평가절차를 통해 실시하는 사업운영 평가는 매년 진행하여 프로그램 성과를 측정하고 운영 전반에 대한 점검을 통해 서비스의 질을 향상시킬 수 있도록 한다. 평가절차를 Flow chart로 정리해 보면 다음과 같다.

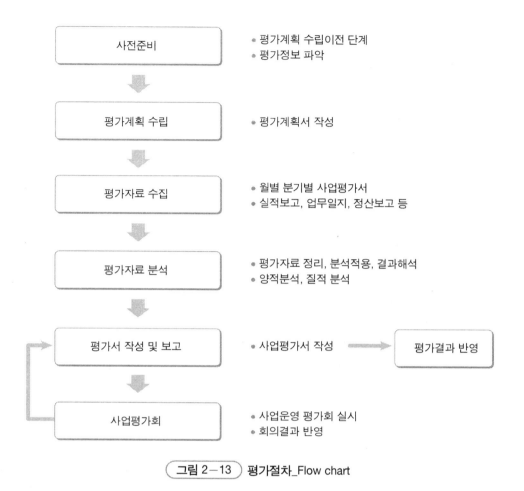

그림 2-13 평가절차_Flow chart

① 사업별 성과평가

- 연간사업계획에 의거하여 1년간의 단위사업과 세부사업을 대상으로 사업의 전반적인 결과를 객관적인 자료를 통해 양적으로 산출하여 산술적인 성과를 제시하고 이러한 성과결과에 미친 개입과정, 방법, 인력 등에 대한 과정평가를 통해 프로그램 및 서비스의 지속, 수정, 개선을 결정하도록 한다. 사업별 계획대비 성과평가(실적평가)는 성과달성, 실행과정, 향후계획에 이르기까지 전반에 걸쳐 평가하는 것으로 계획된 사업의 목표달성 정도, 추진과정 등을 점검하고 효율적이고 효과적인 서비스 제공을 목적으로 평가를 실시한다.

- 사업평가는 평가의 시기에 따라 월평가(매월), 분기평가(3분기 또는 4분기), 반기평가(상반기, 하반기), 연평가(1년)를 실시할 수 있으며 월평가 또는 분기평가, 반기평가의 경우에는 팀(부서)평가 또는 개인평가로 진행하고 연평가는 사업운영에 대한 종합평가로써 기관 전체 직원이 참여하여 실시한다.

- 평가시기에 따른 사업평가별 평가기준과 방법 등을 포함한 평가양식을 제시하여 사업기간별 실적평가와 과정평가를 통한 사업운영 전반에 대한 평가와 발전방향을 모색하도록 하는데 기관의 역량, 인력 등 사정에 따라 평가시기별 평가의 종류를 줄일 수 있다. 그러나 반기평가(6개월에 1회) 또는 연평가(1년)는 반드시 실시하여 기관의

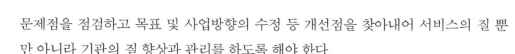

문제점을 점검하고 목표 및 사업방향의 수정 등 개선점을 찾아내어 서비스의 질 뿐만 아니라 기관의 질 향상과 관리를 하도록 해야 한다.

－사업평가의 담당자는 지원 및 관리업무를 수행하는 자가 담당하는 단위사업에 대한 실적 및 성과를 분석하여 평가서를 작성한다. 사업평가는 성과위주의 평가로 서비스 및 대상자에 대한 사례평가는 제외하는데 이러한 사례평가는 일정한 서비스 제공기간(6개월)을 정하여 정기적으로 실시한다.

② 사업평가회

－연사업 평가는 전체 사업영역에 걸쳐 평가기준에 의거하여 사업별 성과(실적)를 중심으로 공식적인 내부평가를 실시하는 것으로 프로그램 수행노력, 효율성과 효과성, 형평성, 영향과 과정 등의 분석을 통해 프로그램의 전문성을 강화하고 행정적·관리적 측면에서의 긍정적 변화 유도, 프로그램 및 서비스의 충족 및 만족도를 높여 사업의 활성화와 발전을 도모하고자 하는 것이다.

－연사업평가회는 전 직원이 참석하여 사업운영에 대한 정보공유와 전반적인 사업운영에 대한 점검 및 향후 사업계획과 발전방향을 모색한다. 상(하)반기평가는 기관의 사정에 따라 전 직원이 참석하여 회의를 실시하거나 부서장회의로 진행할 수 있다.

－사업평가회를 실시하기 위하여 실시계획서를 작성하고 프로그램 및 서비스 실적, 성과 분석 등을 통한 평가를 실시하여 평가서를 완료하고 상급자에게 결재를 받은 후 평가회 발표 준비를 하도록 한다. 발표방법에는 평가서 요약본 또는 전문을 활용하거나 프리젠테이션 자료를 제작하여 발표를 실시한다. 단위사업별 순서를 정하여 진행하고 담당자 발표 후 참석자의 질의 및 토론, 제안 등 활발한 논의를 한다. 이러한 논의는 프로그램의 중단, 축소, 유지, 확장 여부 등을 결정하는 환류기능을 함으로써 차후 프로그램 운영에 대한 책임성을 부여하여 관리책임의 이행 기능을 높이는 등 프로그램 개발과 발전을 가능하게 한다.

－평가내용은 프로그램 결과에 대한 효과성과 효율성, 목표달성 여부 등 실적을 통한 성과평가와 프로그램 운영과정에 대한 긍정적·부정적 효과, 프로그램에 대한 만족도 등을 평가한다. 주로 운영상의 문제점, 개선점을 중심으로 논의하고 인력, 시설 및 환경, 예산, 운영시스템 등 다양한 측면에서 평가한다. 더불어 1년간의 사업을 총정리하고 익년 사업의 발전과 향상을 위해 직원 간의 협조적인 사업수행을 다짐하는 기회로 삼는다.

－평가회에서 논의된 평가내용과 평가결과는 빠짐없이 평가서에 재작성하고 사업에 적용할 수 있도록 사업계획에 반영하여 실행할 수 있도록 한다. 재작성된 평가서는 보고하여 결재를 득하고 사업평가회 결과보고서를 작성한다. 사업평가회 결과보고서에는 진행일정, 회의내용, 진행사진, 진행순서, 소요예산의 정산, 평가회에 대한 평가내용 등을 정리하여 보고하도록 한다. 또는 질 향상 계획서를 작성하여 평가결과

를 반영하여 실행할 수 있도록 돕는다.

4) 업무총괄

- 조직운영관리의 업무총괄에서는 업무내용의 구성(Flow chart)에 따라 직무내용을 분류하고 세부업무내용을 간략하게 제시하였으며, 업무내용에 적합한 업무 부서를 '●'로 표시하였다. 업무부서는 관리책임, 관리실무, 요양보호, 행정사무로 나누었으며 이는 일반적인 구분으로 기관의 인력사항과 조직구조에 따라 업무 부서를 달리 구성할 수 있다. 또한 업무내용에 적합하다고 판단되는 업무 부서를 기관장이 임의로 조정할 수 있으므로 여기에서 제시한 업무총괄표를 참고하여 업무분장을 하는 데 활용하도록 한다.
- 조직운영관리의 업무내용은 크게 조직구성, 운영기반 수립, 사업운영평가로 나누어 직무내용과 세부내용을 제시하였으며, 세부내용 중에는 담당해야 하는 업무가 공통 업무이거나 고유 업무인 경우가 있음을 밝혀둔다. 공통 업무와 고유 업무의 기준은 업무내용에 따라 기관장의 재량에 의해 탄력적으로 조정될 수 있다.

표 2-12　업무총괄표

구분	직무내용	세부내용	업무부서				비고
			관리책임	관리실무	요양보호	행정사무	
조직구성	조직설계	조직편성계획수립	●	●			
		조직표 작성	●			●	
		조직표 공개	●			●	
	직무설계	직무분석	●				
		직무분석표 작성(개인별)		●	●	●	
		직무기술서 작성	●	●			
		직무명세서 작성	●	●			
	직제관리	업무분장 계획	●	●			
		업무분장 점검·관리		●			
		업무배치	●				
		업무배치표 작성		●			
		업무배치 조정 및 관리	●				
		개인별 업무기록표 작성		●	●	●	
운영기반 수립	운영규정 수립	운영규정 제정	●				
		운영규정 공개	●	●			
		운영규정 개정	●				
		운영지침 작성		●			

구분	업무					
	운영지침 공개 및 교육	●				
	운영지침 개정 및 관리	●				
	운영지침관리목록 작성		●			
운영계획	운영비전과 미션 설정	●	●			
	운영목적과 목표 수립	●				
	중장기 운영계획 수립회의	●	●	●	●	
	운영계획 수립	●	●			
	사명선언문 작성		●			
	운영비전, 미션 등 공개		●			
사업계획	사업계획수립을 위한 자료조사	●	●	●	●	
	연간사업계획 회의	●	●	●	●	
	연간사업계획 수립	●				
	연간사업계획서 작성		●		●	
	연간 사업일정 수립		●	●	●	
	연간 사업일정표 작성		●			
	사업일정에 따른 업무분장		●	●	●	
	실행계획 수립		●			
	실시계획서 작성		●			
	실시계획에 따른 실행		●		●	
	계획, 실행 관리	●	●			
	실시결과 회의 진행		●	●	●	
	결과보고서 작성		●			
	연간사업 보고(월례, 분기, 반기)		●			
	사업결과 보고 제출		●			
	사업결과 보고 검토 및 결재	●				
예산편성 및 계획	예산편성 계획회의 실시	●	●		●	
	예산편성요령 제시	●				
	예산편성 계획 수립		●			
	예산계획을 위한 시장조사		●		●	
	예산안 작성(세출·세입)		●		●	
	예산총괄표 작성		●			
	예산안 기안작성 및 보고		●			
	예산 심의 및 확정	●				
	예산지출 기안 작성		●		●	
	예산지출 결정(결재)	●				
	예산집행				●	
	예산과목 전용 결정	●				
	예산과목전용조서 작성				●	
	지출 및 증빙서류 확보				●	

		지출 · 수입결의서 작성				●
		지출 · 수입영수증 발행				●
		지출 · 수입 장부기장				●
		지출 · 수입 관리	●	●		
		지출 · 수입 증빙서류 편철 및 보관				●
		주기적 결산 및 결산서 작성				●
		결산총괄표 작성				●
		정산보고				●
		예산관리(장부, 통장, 인감)	●			
사업운영평가	사업별 성과평가	평가계획 수립		●		
		평가계획서 작성		●		
		평가관련 자료 정리 및 취합		●		●
		사업평가서 작성(평가자료 반영)		●		●
	사업평가회	사업평가회의 진행		●		
		사업평가회의 준비		●	●	●
		사업평가회의 참석	●	●	●	●
		사업평가회의 결과반영 보고서 작성		●		
		사업평가회의록 작성				●
		평가회의결과 반영 운영실시	●	●	●	●

5) 업무서식

　조직운영관리에 필요한 업무서식을 다음과 같이 목록으로 작성하고 간략한 설명을 통해 이해를 돕고자 하였다. 조직운영관리의 업무서식 총 46종에 대한 서식의 실례를 서식번호 순으로 나열하였으므로 업무수행 시 활용하도록 한다.

　조직운영 관리를 위해 제시된 업무서식을 운영자가 보다 편리하게 사용할 수 있도록 업무 서식의 중요도를 상 · 중 · 하로 표시하였다. 이를 참고하여 기관의 사정에 따라 적절하게 선택 또는 수정 · 변경하여 사용하도록 한다.

서식 번호	중요도	서식명	내용
1-01	하	운영지침 관리목록	운영지침별 지침명, 제정일, 개정일 기록함.
1-02	상	연간사업계획서	단위사업별 세부사업명을 지재하고 전년도 사업량, 예산, 금년도 사업량, 예산을 표시하며 사업내용으로는 사업목적, 내용, 대상, 사업량 산출근거, 기대효과 작성함.
1-03	상	연간사업일정표	월별 사업일자, 사업구분, 사업내용, 부서 및 담당을 정하여 기록하고 비고란에 예산사업, 비예산사업을 명시함.
1-04	중	단위사업 계획서	단위사업별 사업목표, 사업내용(대상, 장소, 수행내용 및 방법, 수행시기), 사업일정, 추진일정, 사업평가(평가목표, 평가지표, 평가도구, 평가방법)를 작성하고 세입과 세출내역을 분기별로 예산계획을 수립함.
1-05	상	프로그램 실시계획서	사업명, 목적, 추진개요(일시, 장소, 대상, 인원, 예산)를 작성하고 프로그램 진행내용, 진행방법, 준비사항 등 프로그램 내용, 추진일정, 수행인력, 소요예산, 평가계획을 작성함.
1-06	상	프로그램 결과보고서	프로그램 실시 후 결과내용을 사업명, 목적, 개요, 프로그램 내용, 진행일정, 수행인력, 실적, 결산, 평가, 증빙사진을 기록하고 첨부자료를 제시함.
1-07	중	예산총괄표	연간 세입예산과 세출예산을 예산항목별로 금년도 예산, 전년도 예산, 증감을 작성함.
1-08	상	세입예산서	세입예산 과목별 금년도 예산, 전년도 예산, 증감, 대비(%), 금년도 예산 산출내역을 작성함.
1-09	상	세출예산서	세출예산 과목별 금년도 예산, 전년도 예산, 증감, 대비(%), 금년도 예산 산출내역을 작성함.
1-10	하	예산과목 전용조서	예산과목별 예산명, 전용연월일, 예산액, 전용액, 예산현액, 지출액, 불용액, 전용사유를 작성함.
1-11	상	영수증	기관 자체 영수증으로 기관명, 사업자번호, 주소 등 기관정보와 납부자 정보(성명, 납부액, 납부내용), 납부금액 산출내역을 작성함.
1-12	상	영수증발급대장	영수증 발급번호, 발급일, 납부자, 납부액, 납부내용, 발송일, 발송처, 확인자 작성함.
1-13	중	영수증재발급대장	영수증 분실 시 재발급 사항을 기재하는 것으로 재발급번호, 발급일, 납부자, 납부액, 납부내용, 산출내역, 재발급사유, 확인자를 작성함.
1-14	상	장기요양급여비 납부현황	수급자 관리번호, 수급자 성명, 등급, 수급자구분, 급여내역(총액, 공단부담액, 본인부담액), 산출내역, 납부일, 납부방법을 작성함.

1-15	상	본인부담금 수납관리대장	장기요양급여비 중 본인부담금 수납확인을 위해 수급자 관리번호, 수급자 성명, 등급, 수급자 구분, 매월 본인부담금 수납확인을 작성하고 종결 시 비고에 기재함.
1-16	중	개인별 본인부담금 수납대장	수급자 개인별 1년 동안 수납사항을 기재하는 것으로 수급자 관리번호, 수급자 성명, 주소, 주민등록번호, 연락처, 장기요양인정번호, 등급, 급여제공기간, 급여내용을 작성하고 월별 수납일, 수납금액, 수납방법, 정산일, 본인부담금, 이월금을 기록함.
1-17	중	장기요양급여비 납부확인서	납부확인서 발급번호, 수급자 정보(성명, 주민등록번호, 장기요양기관명, 사업자등록번호, 장기요양기관 주소, 대표자 성명)를 작성하며 연간 장기요양급여비 납부내역을 월별로 급여총액, 공단부담액, 수급자부담액을 기재하고 소득공제 대상액을 납부액, 카드, 현금영수증, 현금으로 구분하여 기록함.
1-18	중	장기요양급여비 납부확인서 대장	장기요양급여비 납부확인서 발급일, 발급번호, 성명, 생년월일, 소득공제대상액을 납부확인서 발급일 순으로 작성함.
1-19	하	수입결의서	수입 발생 시 수입예산 과목명, 발의일, 결재일, 출납부 등기일, 세입부 등기일, 금액, 적요를 작성함.
1-20	중	일계표	일일 수입 및 지출사항에 대해 계정과목, 전일누계, 적요, 수입금액, 지출금액, 차인잔액을 작성하고 일계, 누계를 기재함.
1-21	상	세입내역명세서	월 세입내역을 계정과목, 입금일자, 대상자명, 대상구분, 수입금액, 적요(입금방법)를 작성하고 월계, 누계를 기재함.
1-22	하	지출결의서	지출 발생 시 지출예산 과목명, 발의일, 결재일, 출납부 등기일, 세출부 등기일, 금액, 적요를 작성함.
1-23	하	신용카드 발급대장	관리번호, 발급일자, 발급매수, 금융기관명, 통장계좌번호, 카드번호, 보관책임자를 기재함.
1-24	중	신용카드 사용대장	일련번호, 사용월일, 사용자의 직급, 성명, 사용금액, 사용내역, 카드관리번호를 작성하고 사용자, 출납원, 센터장의 결재를 득함.
1-25	중	내부품의서	소관부서, 문서번호, 시행일자, 수신, 제목, 적요를 작성하고 결재자는 지시사항을 기록함.
1-26	상	기안문	수신자, 경유, 제목, 기안내용, 첨부를 작성하고 기안자, 상급자, 센터장 등 결재를 득함.
1-27	상	현금출납부	출납 연월일, 계정과목, 적요, 수입금액, 지출금액, 차인금액, 월계, 누계를 작성하여 결재를 득함.
1-28	상	총계정원장	계정과목별 과목명, 계정명, 연월일, 적요, 수입금액, 지출금액, 차인금액을 작성하고 월계, 누계를 기재함.

1-29	중	연간 지출내역	계정과목 관, 항, 목별 매월 지출금액을 작성하고 월별, 계정과목별 합계를 작성함.
1-30	중	연간 수입내역	계정과목 관, 항, 목별 매월 수입금액을 작성하고 월별, 계정과목별 합계를 작성함.
1-31	중	정산보고	월별 수입액, 지출액, 잔액을 작성하고 수입은 사업수입, 잡수입, 과년도수입으로 나누며 지출은 지출예산과목별 공단부담금, 본인부담금, 잡수입 외, 기타로 나누어 기록함.
1-32	하	결산총괄표	예산과목별 수입예산, 수입결산, 증감, 지출예산, 지출결산, 증감을 작성함.
1-33	중	세입결산서	세입예산과목별 예산금액, 결산금액, 증감을 작성함.
1-34	중	세출결산서	세출예산과목별 예산금액, 결산금액, 증감을 작성함.
1-35	중	연간 인건비 명세서	순위, 직위, 성명, 채용형태를 작성하고 월 인건비 금액, 총계를 기재함.
1-36	하	수입예산대 결산대비	수입 예산과목별 해당 과목의 예산금액, 당월집행금액, 누계금액, 예산잔액, 집행율(%)을 작성함.
1-37	하	지출예산대 결산대비	지출 예산과목별 해당 과목의 예산금액, 당월집행금액, 누계금액, 예산잔액, 집행율(%)을 작성함.
1-38	상	예금통장 관리대장	예금통장 관리번호, 개설일자, 발급매수, 금융기관명, 통장계좌번호, 예금주, 통장사용내역, 보관책임자를 작성함.
1-39	상	사용인감 관리대장	인장명, 제작일자, 변경일자, 변경사유, 보관책임자를 작성하고 사용인감은 날인하고 투명테이프로 붙임.
1-40	중	월별 사업평가서	단위사업명, 월 실적, 결산, 세부사업내용, 평가내용 및 향후과제를 작성함.
1-41	중	분기별 사업평가서	단위사업명, 분기실적, 결산, 세부사업내용, 평가내용 및 향후과제를 작성함.
1-42	중	반기별 사업평가서	단위사업명, 반기실적, 결산, 세부사업내용, 세부사업 실적 및 결과분석, 월별실적, 반기 평가내용, 향후과제, 운영계획 및 사업방향을 작성함.
1-43	상	연간 사업평가서	단위사업명, 연실적, 결산, 세부사업내용, 연실적 및 결과분석, 월별실적, 결과분석, 과정평가, 목표대비 성과평가를 작성하고 향후과제, 운영계획 및 사업방향을 기록함.
1-44	상	사업평가 회의록	회의구분, 작성자, 일시, 장소, 참석인원, 참석자명을 작성하고 평가발표 주요내용, 슈퍼비전, 슈퍼비전 적용계획을 기록함. 수정 사업평가서를 첨부하도록 함.
1-45	중	월(분기, 반기, 년) 사업실적	단위사업별로 분류하고 세부사업의 사업량(회수, 인원), 집행액을 작성함.
1-46	상	기관운영현황	설립목적, 운영비전과 사명, 기관현황, 기관연혁, 조직도, 직원현황, 사업현황을 작성함.

운영지침 관리목록

번호	운영지침	제정일	개정일			
1						
2						
3						
4						
5						
6						
7						
8						
9						
10						
비고						

○○○노인복지센터

중요도: 상

연간사업계획서

사업 분류	세부사업명		전년도		금년도		사업내용	기대효과
			사업량	예산	사업량	예산		
요양 사업	대상자 관리	대상자모집					−목적: −내용: −대상:	
		초기상담						
		서비스 계약						
		서비스 계획						
		서비스 실시						
		서비스 연계						
		모니터링						
	사례 관리	사례회의						
		사례평가						
운영 지원 사업	요양 보호사 관리	요양보호사계약						
		요양보호사상담						
		요양보호사교육						
		간담회						
		직무평가						
	가족 관리	가족상담						
		교육 및 간담회						
	지원 관리	홍보						
		발간						
		직원교육및연수						
		사업운영평가회						
		만족도조사						
		특별행사						

○○○노인복지센터

서식 1-03　연간사업일정표　　　중요도: ⑤

20○○ 연간사업일정표

월	일자	사업구분	사업내용	부서/담당	비고
1월					
2월					
3월					
4월					
5월					
6월					

○○○노인복지센터

서식 1-04 단위사업 계획서

중요도: ㈜

단위사업 계획서

작성자: 작성일자:

1. 사업목표

사업명	세부사업명	목표

2. 사업내용

사업명	세부사업명	대상	장소	수행내용 및 방법	수행시기

3. 사업일정

사업명	세부사업명	1	2	3	4	5	6	7	8	9	10	11	12

4. 추진일정

사업명	세부사업명	추진내용	1	2	3	4	5	6	7	8	9	10	11	12

5. 사업평가

사업명	세부사업명	목표	평가지표	평가도구	평가방법

6. 사업예산

1) 세입

(1) 세입내역

관	항	목	세입내역	산출근거	계

(2) 분기별 세입내역

관	항	목	세입내역	1분기	2분기	3분기	4분기	계

2) 세출

(1) 세출내역

관	항	목	세입내역	산출근거	계

(2) 분기별 세출내역

관	항	목	세입내역	산출근거	계

○ ○ ○ 노인복지센터

서식 1-05 **프로그램 실시계획서**

중요도: ⓼

프로그램 실시계획서

작성자: 작성일자:

1. 사업명:
2. 목적:
3. 추진개요:

일시	
장소	
대상	
인원	
예산	

4. 프로그램 내용

구분	진행내용	진행방법	준비사항	비고

5. 추진일정

구분	일자	세부내용	담당자	비고

6. 수행인력

구분	성명	직위 및 소속	경력사항	비고

7. 소요예산

구분	예산금액	산출근거	재원확보	비고

8. 평가계획

평가내용	평가지표	평가도구	평가방법	비고

○○○노인복지센터

서식 1-06　프로그램 결과보고서　　　　　　　　중요도: ⑤

프로그램 결과보고서

작성자:　　　　　　　작성일자:

1. 사업명:

2. 목적:

3. 개요

일시	
장소	
대상	
인원	
예산	

4. 프로그램 내용

구분	진행내용	진행방법	준비사항	비고

5. 진행일정

구분	일자	세부내용	담당자	비고

6. 수행인력

구분	성명	직위 및 소속	경력사항	비고

7. 실적

구분	목표	실적	달성률(%)	비고

8. 결산

구분	계획예산금액	집행예산		증감	달성률(%)
		금액	산출근거		

9. 평가

평가내용	평가지표	평가도구	평가방법	비고

10. 증빙사진

11. 첨부자료

　(1) 안내문　　　　　　　　　　(2) 교육자료

○○○노인복지센터

서식 1-07 예산총괄표   중요도: 중

예산총괄표

(단위: 천원)

세입				세출				잔액
구분		금년도 예산	전년도 예산	증감	구분	금년도 예산	전년도 예산	증감
합계								
사업 수입	본인부담금				재산조성비			
	공단부담금				사무비			
	비급여비				사업비			
과년도수입					잡지출			
잡수입					예비비			

○○○노인복지센터

서식 1-08 세입예산서   중요도: 상

세입예산서

(단위: 원)

예산과목			금년도 예산안 (A)	전년도 예산안 (B)	증감 (A-B)	대비(%)	산출내역
관	항	목					
합계							
사업 수입	사업 수입	소계					
		본인부담금					
		공단부담금					
		비급여액					
과년도 수입	과년도 수입	소계					
		과년도수입					
잡수입	잡수입	소계					
		잡수입					
		이자수입					

○○○노인복지센터

서식 1-09　세출예산서

중요도: ㊖

세출예산서

(단위: 원)

예산과목			금년도 예산안 (A)	전년도 예산안 (B)	증감 (A−B)	대비(%)	산출내역
관	항	목					
합계							
재산조성비	시설비	소계					
		시설비					
		자산취득비					
		시설유지비					
사무비		소계					
	인건비	계					
		급여					
		상여금					
		일용잡금					
		제수당					
		퇴직금					
		의료보험료					
		국민연금					
		사회보험					
		후생경비					
	업무추진비	계					
		기관운영비					
		직책보조비					
		회의비					
	운영비	계					
		임차료					
		여비					
		수용비 및 수수료					
		공공요금					
		제세공과금					
		차량유지비					
		연료비					

○○○노인복지센터

서식 1-10 **예산과목 전용조서**

중요도: 하

예산과목 전용조서

(단위: 원)

예산과목			전용 연월일	예산액 (A)	전용액 (B)	예산현액 (A+B=C)	지출액 (D)	불용액 (C-D)	전용사유
관	항	목							

○○○노인복지센터

서식 1-11 **영수증**

중요도: 상

No 20 - 호	No 20 - 호
영수증(기관보관용)	**영수증**(수급자보관용)

기관명:	기관명:
사업자번호:	사업자번호:
주소:	주소:
대표:	대표:
전화:	전화:

납부자	
납부액	일금　　　　원정(　　　　)
납부내용	방문요양급여 본인부담금

납부자	
납부액	일금　　　　원정(　　　　)
납부내용	방문요양급여 본인부담금

구분	금액	산출내역
본인부담금		
비급여액		
전월잔액		
납부액		

구분	금액	산출내역
본인부담금		
비급여액		
전월잔액		
납부액		

상기 금액을 영수합니다.

20 　.　　.　　.

○○○노인복지센터

상기 금액을 영수합니다.

20 　.　　.　　.

○○○노인복지센터

서식 1—12   영수증발급대장

중요도: ⑧

영수증발급대장

결재	담당	팀장	센터장

발급번호	발급일	납부자	납부액	납부내용	발송일	발송처	확인자

○○○노인복지센터

서식 1-13 영수증재발급대장

중요도: 중

영수증재발급대장

결재	담당	팀장	센터장

발급번호	발급일	납부자	납부액	납부내용	산출내역	재발급사유	확인자

○○○노인복지센터

장기요양급여비 납부현황

중요도: ⑤

(   )월 장기요양급여비 납부현황

결재	담당	팀장	센터장

관리번호	수급자 성명	등급	수급자 구분	급여내역			산출내역	납부일	납부방법
				총액	공단 부담액	본인 부담액			

○○○노인복지센터

서식 1-15 본인부담금 수납관리대장   중요도: 상

본인부담금 수납관리대장

20   년도

관리번호	수급자 성명	등급	수급자 구분	본인부담금 수납확인(월)												비고 (종결)
				1	2	3	4	5	6	7	8	9	10	11	12	

○○○노인복지센터

개인별 본인부담금 수납대장

중요도: 중

개인별 본인부담금 수납대장

관리번호				
수급자 성명		주민등록번호		— ******
주소		연락처		
장기요양인정번호		등급		
급여제공기간		급여내용		

급여 제공월	수납			정산			비고
	수납일	수납금액	수납방법	정산일	본인부담금	이월금	
1월							
2월							
3월							
4월							
5월							
6월							
7월							
8월							
9월							
10월							
11월							
12월							
총계							

○○○노인복지센터

중요도: 중

장기요양급여비 납부확인서

발급번호: 20   -

수급자 성명			주민등록번호		
장기요양기관명			사업자등록번호		
장기요양기관 주소			대표자 성명		

_____ 년 장기요양급여비 납부내역

구분	급여내역			소득공제 대상액			
	총액	공단 부담액	수급자 부담액	납부액	카드	현금 영수증	현금
1월							
2월							
3월							
4월							
5월							
6월							
7월							
8월							
9월							
10월							
11월							
12월							
계							
소득공제대상액 총계							

. . .

장기요양기관장: (인)

※ 이 납부확인서는 「소득세법」에 따른 의료비 공제신청에 사용할 수 있습니다.

알림: 현금영수증 문의 1544-2020   인터넷 홈페이지: http://현금영수증.kr

○○○노인복지센터

장기요양급여비 납부확인서 대장

중요도: 중

장기요양급여비 납부확인서 대장

연번	발급일	발급번호	성명	생년월일	소득공제대상액	비고

○○○노인복지센터

서식 1-19 수입결의서

중요도: 하

수입결의서

20   년도

결재	담당	팀장	센터장

일련번호	증제 호	계정코드	
예산과목		발의	
관		결재	
항		출납부 등기	
목		세입부 등기	
세목			
금액	일금 원정(₩)		
적요			
비고			
상기와 같이 수입 처리하고자 함.			

○○○노인복지센터

서식 1-20 일계표

중요도: 중

일계표

결 재	담당	팀장	센터장

20   년   월   일

순번	계정과목	적요	수입금액	지출금액	차인잔액
		전일누계			
		일계			
		누계			

○○○노인복지센터

서식 1-21   세입내역명세서

중요도: ⑧

세입내역명세서

20   년   월

결재	담당	팀장	센터장

순번	계정과목	입금일자	대상자명	대상구분	수입금액	적요(입금방법)
					월계	
					누계	

○○○노인복지센터

서식 1-22　지출결의서

중요도: 하

지출결의서

결재	담당	팀장	센터장

20　　　년도

일련번호		증제　　　　호	계정코드	
예산과목			발의	
관			결재	
항			출납부 등기	
목			세출부 등기	
세목				
금액	일금　　　　　　　　　　원정(₩　　　　　　　　)			
적요				
비고				
상기와 같이 지출 처리하고자 함.				

○○○노인복지센터

서식 1-23 신용카드 발급대장

중요도: 하

신용카드 발급대장

관리 번호	발급일자	발급매수	금융기관		카드번호	보관책임자
			기관명	통장계좌번호		
1						
2						
3						
4						
5						
6						
7						
8						
9						
10						
11						
12						
13						
14						
15						
16						
17						
18						
19						

○○○노인복지센터

서식 1-24 　신용카드 사용대장

중요도: 중

신용카드 사용대장

20　　　　년도

번호	사용 월일	사용자		사용금액	사용내역	관리 번호	결재		
		직	성명				사용자	출납원	센터장
1									
2									
3									
4									
5									
6									
7									
8									
9									
10									
11									
12									
13									
14									
15									
16									
17									
18									
	월계								

○○○노인복지센터

서식 1-25　내부품의서　　　　　중요도: 중

내부품의서

결재	담당	팀장	센터장

소관부서	
문서번호	
시행일자	
수신	
지시사항	
제목	

○○○노인복지센터장

수신자
(경유)
제목

_____

○○○ 노인복지센터장

기안자   팀장   센터장
협조자
시행   과 - 01 (20   .   .) 접수
우) 000-000 000 00시 00구 000동 000번지
전화 (000) 000-0000 전송 (000) 000-0000   / *****@********.net / 공개

○○○노인복지센터

서식 1-27 **현금출납부**

중요도: ⓢ

현금출납부

결재	담당	팀장	센터장

연월일	계정과목	적요	수입금액	지출금액	차인금액
월계					
누계					

○○○노인복지센터

서식 1—28   총계정원장

중요도: 상

총계정원장

결재	담당	팀장	센터장

계정과목:

계정명	연월일	적요	수입금액	지출금액	차인금액
		월계			
		누계			
		월계			
		누계			

○○○노인복지센터

서식 1-29 **지출내역** 중요도: ㈜

20○○년 지출내역

계정과목			합계	1월	2월	3월	4월	5월	6월	7월	8월	9월	10월	11월	12월
관	항	목													
합계															
	소계															

○○○노인복지센터

서식 1-30 **수입내역** 중요도: ㈜

20○○년 수입내역

계정과목			합계	1월	2월	3월	4월	5월	6월	7월	8월	9월	10월	11월	12월
관	항	목													
합계															
	소계															

○○○노인복지센터

20○○년 (　　)월 정산보고

1. 총괄 (단위: 원)

구분	수입액	지출액	잔액
금액			

2. 수입 (단위: 원)

합계	사업수입			잡수입		과년도수입
	공단부담금	본인부담금	비급여비	이자수입	잡수입	

3. 지출 (단위: 원)

예산과목	계	공단부담금	본인부담금	잡수입 외	기타
합계					
재산조성비					
사무비					
사업비					
잡지출					
예비비					

○○○노인복지센터

중요도: 하

결산총괄표

수입				지출			
예산과목	예산	결산	증감	예산과목	예산	결산	증감
합계				합계			
사업수입				재산조성비			
잡수입				사무비			
				사업비			
				잡지출			
				예비비			

○○○노인복지센터

중요도: 중

세입결산서

예산과목			예산	결산	증감
관	항	목			
합계					
사업수입		소계			
	사업수입	계			
		본인부담금			
		공단부담금			
		비급여액			
잡수입		소계			
	잡수입	계			
		이자수입			
		잡수입			

○○○노인복지센터

서식 1-34 세출결산서

중요도: 중

세출결산서

예산과목			예산	결산	증감
관	항	목			
합계					
사업수입	사업수입	소계			
		계			
		본인부담금			
		공단부담금			
		비급여액			
잡수입	잡수입	소계			
		계			
		이자수입			
		잡수입			

○○○노인복지센터

서식 1-35 인건비 명세서

중요도: 중

20   년도 인건비 명세서

(단위: 천원)

순위	직위	성명	채용형태	1월	2월	3월	4월	5월	6월	7월	8월	9월	10월	11월	12월	총계	비고

○○○노인복지센터

서식 1-36 수입예산대 결산대비

중요도: 하

(   )월 수입예산대 결산대비

예산과목			예산금액	당월집행금액	누계금액	예산잔액	(%)
관	항	목					
합계							
사업수입	소계						
	사업수입	계					
		본인부담금					
		공단부담금					
		비급여액					
잡수입	소계						
	잡수입	계					
		이자수입					
		잡수입					

○○○노인복지센터

중요도: 하

(　　)월 지출예산대 결산대비

예산과목			예산금액	당월집행금액	누계금액	예산잔액	(%)
관	항	목					
합계							
사업비	소계						
	사업수입	계					
		본인부담금					
		공단부담금					
		비급여액					
잡지출	소계						
	잡수입	계					
		이자수입					
		잡수입					
예비비							

○○○노인복지센터

서식 1-38 예금통장 관리대장

중요도: 상

예금통장 관리대장

관리번호	개설일자	발급매수	금융기관		예금주	통장사용내역	보관책임자
			금융기관명	통장계좌번호			
1							
2							
3							
4							
5							
6							
7							
8							
9							
10							
11							
12							
13							
14							
15							
16							
17							
18							
19							

○○○노인복지센터

중요도: ⓢ

사용인감 관리대장

번호	인장명	사용인감	제작일자	변경일자 (폐기/분실)	변경사유	보관책임자
1		*날인하고 투명테이프로 붙임				
2						
3						
4						
5						

○○○노인복지센터

서식 1-40 **월 사업평가서**

중요도: 중

( )월 사업평가서

작성자: 　　　　　　　　작성일자:

1. 단위사업명:

2. 실적

사업명	前월				今월				대비			
	실적		달성률(%)		실적		달성률(%)		실적		달성률(%)	
	회	명	회	명	회	명	회	명	회	명	회	명
합계												

3. 결산

항목	세입	세출			
		예산	결산	증감	달성률(%)
합계					

4. 세부사업내용

세부사업	프로그램	내용	기간	담당(수행인력)	비고

5. 평가

사업명	평가내용	향후과제 및 사업방향

○○○노인복지센터

　　　　　　　　　　　　　　　중요도: 중

(　　　)분기 사업평가서

작성자:　　　　　　작성일자:

1. 단위사업명:

2. 실적

사업명	前분기				今분기				대비			
	실적		달성률(%)		실적		달성률(%)		실적		달성률(%)	
	회	명	회	명	회	명	회	명	회	명	회	명
합계												

사업명	월		월		월		평균	
	회	명	회	명	회	명	회	명
합계								

3. 결산

항목	세입	세출			
		예산	결산	증감	달성률(%)
합계					

4. 세부사업내용

세부사업	프로그램	내용	기간	담당(수행인력)	비고

5. 평가

사업명	평가내용	향후과제 및 사업방향

○○○노인복지센터

서식 1-42 **반기 사업평가서**

중요도: (중)

(   )반기 사업평가서

작성자: 작성일자:

1. 단위사업명:

2. 실적

사업명	목표		실적		달성률(%)	
	회	명	회	명	회	명
합계						

3. 결산

항목	세입	세출			
		예산	결산	증감	달성률(%)
합계					

4. 세부사업내용

1) 세부사업 및 프로그램 내용

세부사업	프로그램	내용	기간	담당(수행인력)	비고

2) 세부사업 실적 및 결과분석
   (1) 대비 실적

사업명	상반기						하반기						달성률 대비(%)	
	목표		실적		달성률(%)		목표		실적		달성률(%)			
	회	명	회	명	회	명	회	명	회	명	회	명	회	명
합계														

   (2) 월별 실적

사업명	월		월		월		월		월		월		평균	
	회	명	회	명	회	명	회	명	회	명	회	명	회	명
합계														

5. ○반기 평가

사업명	평가내용

6. 향후과제 및 사업방향

사업명	향후과제	운영계획 및 사업방향

○○○노인복지센터

중요도: ⑤

20○○년 사업평가서

단위사업명:
작성자:　　　　　작성일자:

1. 사업목표

단위사업	세부사업	목표

2. 실적

사업명	목표		실적		달성률(%)	
	회	명	회	명	회	명
합계						

3. 결산

항목	세입	세출			
		예산	결산	증감	달성률(%)
합계					

4. 세부사업내용

1) 세부사업 내용

세부사업	프로그램	내용	기간	담당(수행인력)	비고

2) 세부사업 실적 및 결과분석
(1) 연실적

사업명	목표		실적		달성률(%)	
	회	명	회	명	회	명
합계						

(2) 월별 실적

사업명	1월		2월		3월		4월		5월		6월		상반기계	
	회	명	회	명	회	명	회	명	회	명	회	명	회	명

사업명	7월		8월		9월		10월		11월		12월		하반기계		평균	
	회	명	회	명	회	명	회	명	회	명	회	명	회	명	회	명

(3) 결과분석

사업명	분석내용

5. 20○○년 평가

1) 과정평가

사업명	평가내용

2) 목표대비 성과평가

사업명	목표	평가내용

6. 향후과제 및 사업방향

사업명	향후과제	운영계획 및 사업방향

○○○노인복지센터

서식 1-44 사업평가 회의록 중요도: ⑧

사업평가 회의록

구분	○○사업 평가회의		작성자	
일시	20 년 월 일( ), ~		장소	
참석인원	총 명	슈퍼바이저		
		슈퍼바이지		
내용	평가발표 주요내용			
	슈퍼비전			
	슈퍼비전 적용계획			
첨부	수정 사업평가서 1부.			

○○○노인복지센터

서식 1-45　사업실적

중요도: 중

월(분기·반기·년) 사업실적

20　　　년도

사업분류		사업량		집행액	비고
단위사업	세부사업	회수	인원		
합계					
	소계				
	계				
	소계				
	계				

○○○노인복지센터

중요도: (상)

기관운영현황

20   년   월   일 기준

설립목적					
운영비전과 사명	운영비전(vision)				
	사명(mission)				
기관현황	설립연월일				
	운영법인				
	시설규모				
	소재지				
	연락처				
	홈페이지				
기관연혁	2009년				
	2010년				
조직도					
직원현황	구분	계	센터장	사무국장	팀장
	현원				
	구분	팀장	사회복지사	요양보호사	총무
	현원				
사업현황	사업분류	사업내용			
	요양사업	-대상자개발 및 관리: 대상자모집, 상담, 욕구조사, 사례회의 등 -방문요양서비스 제공: 신체수발서비스, 정서지원서비스, 일상생활지원서비스, 가사지원서비스, 기능훈련서비스 등			
	운영지원사업	-홍보지 제작 및 지역사회 홍보 -직원연수교육: 전문화를 위한 직원교육기회 제공 -이용만족도조사: 등록회원 이용만족도 조사			

○○○○노인복지센터

2   인적자원관리

1) 목 적

장기요양기관의 운영에 있어 가장 중요한 구성요소는 사람이다. 인적자원관리는 조직구성원들이 성과를 달성할 수 있도록 개인과 집단이 협동을 통해 수행하게끔 환경을 설정하는 것이다. 조직구성원(인력을)의 고용관리, 교육훈련, 임금 등을 계획하고 조직화하여 통제하는 등 체계적으로 관리하여 합리적인 운영을 함으로써 기관의 목적을 달성하고 유지발전을 기하도록 해야 한다.

인적자원관리는 기관의 주체적 요소인 인적자원의 확보에서부터 육성개발, 유지활용에 이르기까지 모든 기능을 대상으로 하는 관리활동체계로써 합리적으로 계획하고 조직하며 평가하는 관리기능을 다하여야 한다. 기관은 효율적인 인력활용을 통해 성과향상을 기할 수 있으며, 높은 성과로 인해 인건비 절감의 효과를 가져오기도 한다. 기관과 개인의 측면에서 유지발전을 기하며 부차적으로는 직원의 만족, 직무만족, 기관만족을 이끌어낼 수 있다.

2) 업무내용의 구성

(그림 2−14) 인적자원관리의 업무흐름도_Flow chart

[그림 2-14]는 인적자원관리의 업무흐름을 Flow chart로 제시한 것이다. 업무흐름을 살펴보면 크게 직원모집, 직원채용, 직원복무 및 개발, 직원평가, 직원유지관리로 구성하였다. 직원모집에서는 인력계획, 직원모집, 지원 상담으로 나누어 보았으며, 직원채용은 직원선발, 직원임명 및 근로계약 체결, 직원배치로 구분하였다. 직원복무 및 개발에서는 근무관리, 경력관리, 이동·승진관리, 직원교육을 다루었으며, 끝으로 직원유지관리에서는 특수보상관리, 복리후생관리, 안전보건관리, 퇴사관리의 내용을 소개하였다.

3) 업무내용

(1) 직원모집

① 인력계획

- 인적자원관리활동에 있어 기초적 과정인 인력계획은 인사관리의 기본방침에 따라 합리적인 수행을 위한 구체적인 계획을 수립하는 과정으로 기관의 급격한 환경변화에 적합한 인사정책과 이를 기초로 한 장기·중기·단기의 인력수급계획을 수립하여야 한다.
- 인력계획을 수립함에 있어 기관은 경력직원과 신입직원의 채용비율, 활용배치, 보수는 어떻게 할 것인가, 대상자의 등급 또는 업무의 난이도에 따른 인력활용 및 처우는 어떻게 할 것인가, 직원의 상근, 비상근직원의 활용과 보수, 개발방안은 어떻게 세울 것인가, 가족수발 요양보호사의 활용, 개발, 보수는 어떻게 책정할 것인가 등을 고민해야 한다.
- 우선적으로 「노인장기요양보험법」 인력설치기준에 의거한 인력수급계획을 세워두어야 하며 인력소요, 인력확보, 배치 및 활용, 개발, 인력비용 등 인력계획을 세우고 이를 문서화하여 내부규정, 취업규칙, 정관을 만들어 기관의 인력관리계획을 수립하는 근거를 마련해 두고 사회적·제도적·경제적 환경의 변화에 대응해야 한다. 변화에 대한 정확한 정보수집과 급속하게 변화하는 장기요양사업의 운영행태에 민감하게 관찰하고 반응해야 한다. 인력계획은 경영계획과 밀접한 관련이 있어 인력의 수, 인력비용(보수), 인력채용형태에 따라 대상자 확보 및 배치, 조직구성 등 경영전략과 결부되어지므로 적합한 인력채용 활동을 통해 효율적이고 경제적인 경영을 하도록 한다.

② 직원모집

- 직원모집은 기관에서 어떤 직위에 적합한 인적자원을 내·외부로부터 구하여 기관에 관심을 갖고 그 직위를 맡아 일할 수 있도록 확보하는 활동이다. 기관은 필요한 인적자원을 적기에 확보하기 위해 장기적인 인력수요를 예측하여 인력동향을 살펴

고 모집방침을 세워 홍보활동을 하면서 종합적인 모집계획을 수립하여야 한다. 우선 직종별 직무명세서와 직무기술서를 작성해 두고 이에 맞는 자격있는 후보자들이 지원할 수 있도록 하고, 채용기관은 모집인원, 모집요건(응시자격), 모집지역 및 장소, 모집 시기, 시험의 방법, 직종 등을 결정하고, 임금, 수당, 노동시간 등 기타 노동조건을 미리 결정해 둔다. 이때 평등고용법에 저촉되지 않도록 모집전략을 세우고 기관의 여건에 부합하는 직무능력과 인간적 요소를 고루 갖춘 우수한 인적자원을 확보하도록 한다.

- 모집 시에는 신규채용, 결원채용, 수시채용이 있는데 재가장기요양기관에서는 대상자의 공급에 따라 인력수요의 변동이 잦고 근무조건이 열악하여 잦은 이직을 보이고 있어 수시채용을 위한 모집을 실시하여야 한다. 모집방법에는 크게 내부모집과 외부모집으로 나누어 볼 수 있는데 모집비용과 시간, 노력 등을 최소화하면서 효과적인 적합한 방법을 선택하여 모집을 실시한다. 내부모집과 외부모집 방법은 다음과 같다.

표 2-13 모집방법

내부모집	외부모집
• 기관 내 충원: 기관 내에서 승진, 이동 등 • 기관 내 지원: 기관 내 공고를 통해 희망하는 직원 누구나 지원	• 모집광고를 통한 모집: 지역생활신문, 요양 및 사회복지관련 전문잡지, 사회복지신문, 기관 및 협회회보 등 • 리크루터(recruiter)를 통한 모집: 시·군·구청 취업정보센터, 사설 직업안정소개소 등 • 직원 추천에 의한 모집 • 교육기관의 추천: 요양보호사교육원 • 유관기관의 추천: 사회복지관, 노인복지센터 등 • 자발적인 지원 • 인턴, 시간제근로, 자원봉사자에 의한 모집 • 친구, 친척 등 개인적인 접촉에 의한 모집 • 인터넷을 통한 모집: 요양보호협회, 한국사회복지사협회, 복지미, 복지넷, 한국복지넷, 한국고용정보원, 노인장기요양보험 홈페이지 등

- 모집방법을 결정한 후 공개모집을 할 경우에는 모집안내요강과 제출서류 등을 고시하는 모집안내서 또는 임용공고문이 필요하다. 모집 시 활용할 수 있도록 임용공고 문안의 예시를 다음과 같이 제시하도록 하겠다. 문안을 작성할 때 기관은 우수한 인재 채용을 위해 기관의 사정이나 현실과 동떨어진 제안이나 문구를 삽입해서는 안되며, 이 경우 추후 채용 확정자가 입사 후 퇴사할 확률이 높음으로 정직한 문구를 작성하도록 한다.

표 2-14 임용공고문안

직원임용공고

우리 ○○센터에서는 전문성과 실력을 겸비한 우수한 직원을
모집하고자 하오니 많은 관심바랍니다.

① 채용기관명: ○○노인복지센터
② 근무지: 서울시 ○○구 ○○동 123번지
③ 직종: 정규직 요양보호사
④ 모집인원: ○명
⑤ 근무부서 및 업무내용: 요양팀, 방문요양 업무
⑥ 근무조건: 월~금요일, 종일근무(근무시간 자율조정)
⑦ 급여: 시급 ○○○원(교통비, 중식비 별도 지급)
⑧ 응시자격: 요양보호사1급 자격증 소지자, 관련 직종 3년 이상 경력자 우대
⑨ 제출서류: 지원서, 자필이력서, 자기소개서, 주민등록등(초)본, 최종학교졸업증명서(또는 졸업
　　예정자의 경우 졸업예정증명서) 및 성적증명서, 자격증 사본, 경력증명서(해당자에 한함), 건강
　　진단서
⑩ 전형방법: 구술시험 및 면접
⑪ 접수방법: 직접제출, 우편발송
⑫ 접수기한: ○○○○년 ○○월 ○○일 오후 ○시까지 도착분에 한함
⑬ 접수처 및 기타문의: ○○○노인복지센터 총무팀(전화번호, 팩스번호)

20　　.　　.　　.

○○○노인복지센터

－직원채용을 위한 다양한 모집활동에 대한 잘못된 부분을 찾아 수정함으로써 신입직
원의 이직, 부적응 등을 통한 재모집이나 조직의 균형을 깨는 일이 없도록 모집활동
에 대한 평가를 실시하도록 한다. 모집방법의 효과성, 효율성(신속성), 경제성(비용),
기관에 미치는 영향을 평가하며 모집방법에 대한 지원자들의 관심도 또는 채용문의
를 파악하여 모집방법에 따른 효과를 분석하고 추후 시간과 노력을 줄일 수 있는 가
장 적합한 방법을 찾아내도록 한다. 또한 모집방법별로 확보된 지원자의 수와 질을
비교분석하고 모집방법에 따른 비용과 시간을 계산하여 저비용의 고효율(신속성)적
인 모집방법을 찾아내며, 모집방법이 조직에 미치는 부정적 영향은 없는지 살펴봄으
로써 성공적인 직원모집이 되도록 노력한다.

③ 지원상담

－재가장기요양기관에서는 대상자와의 계약에 따라 즉시 요양보호사의 연결이 이루어
져야 함으로 수시채용을 실시하여도 무방하다. 수시채용을 실시할 때에는 모집기간
뿐 아니라 기간 외에도 수시로 지원신청을 할 수 있도록 자체 지원서를 마련하여 신

청·접수할 수 있도록 한다. 지원서에는 지원자의 성명, 주민등록번호, 학력, 경력, 가족관계 등 기본적인 인적사항을 포함하여 지원자가 원하는 직위, 근무조건 등 면접수행을 위해 필요로 하는 기본적인 정보를 제공받을 수 있도록 하여 사실상 예비 면접이 이루어지도록 작성한다. 이는 선발과정에서 이루어지는 과정이나 업무특성 상 많은 지원자를 확보해 두고 실제 채용이 필요할 때 선발과정을 거치는 데 도움이 된다. 지원서 작성이 어렵거나 전화로 문의할 경우에는 채용 상담일지를 작성해 두 어 지원자의 정보를 확보해 두었다가 선발 시에 재상담을 통해 지원서를 작성하고 선발과정에 임하도록 한다.

(2) 직원채용

① 직원선발

- 모집을 통해 응모한 지원자 중에서 직무를 가장 잘 수행할 수 있는 사람을 선택하는 과정이 선발이다. 선발은 해당 직무에 누가 가장 적합한가를 판단하기 위해 여러 지원자들을 일정기간 동안 직무를 수행하게 하고 그 중에서 가장 성과를 많이 올린 사람을 선발하는 것이 가장 확실한 방법이나 현실적으로 이 방법은 불가능하므로 여러 선발절차를 거치면서 지원자의 자질과 지식 및 능력을 측정하여 직무에 적합한 사람을 선발한다.

- 직무에 적합한 사람을 선발하기 위해서 직무가 요구하는 직무요인별 수준을 파악하는데 전문지식과 전문능력(지식, 적성, 업적), 성취동기(태도)가 그 요인이며, 면접자는 이 요인이 어느 정도인가를 파악하여 가장 적합한 자격을 갖추었다고 생각되는 사람을 선발해야 한다. 선발방법은 여러 가지 방법이 있을 수 있으나 선발과정에 소요되는 시간과 비용 등을 줄이고 효과를 올릴 수 있는 방법을 선택하여 진행해야 한다. 일반적으로 사회복지시설 또는 장기요양기관에서는 다음과 같은 선발절차를 거친다.

| 서류전형 | ➡ | 면접 | ➡ | 경력조회 | ➡ | 신체검사 | ➡ | 선발결정 채용 |

그림 2-15　선발절차_Flow chart

- 선발방법이나 절차는 기관에 따라 다르게 진행되는데 보편적으로 서류전형과 면접의 두 과정으로 나누어지며 가장 간소한 방법으로 진행하는 경우에는 서류전형과 면접이 동시에 이루어지는 경우도 있다. 기관의 규모나 인력의 수가 작을수록 간소화하는 경향이 있으며 개인사업자가 운영하는 소규모 기관에서는 서류전형, 면접, 신체검사(건강진단서)까지 한 번에 실시하기도 한다. 이렇듯 다양한 방법과 절차를 통해 진행되고 있는 것이 현실이나 여기에서는 전형적인 선발절차를 소개하고 각자 기

관에 맞게 실시할 수 있도록 한다.

- **서류전형**(a paper screening test)
  - 서류전형은 선발과정에서 보편적으로 실시하고 있는 방법으로 기관에서는 지원서, 자필이력서, 자기소개서, 주민등록등본, 최종학교졸업증명서(또는 졸업예정자의 경우 졸업예정증명서) 및 성적증명서, 자격증 사본, 경력증명서(해당자에 한함)를 제출서류로 요구하고 있다. 이중에서 지원서는 이력서로 대신하는 경우가 많으며 자기소개서 외 서류들 중 일부를 면접 후 제출하기도 한다.
  - 기관은 선발을 위한 지원서를 마련하여 둠으로써 면접 수행을 위한 기본적인 정보를 제공받고, 긴급하게 인력 선발을 실시하게 될 경우에 활용한다. 좋은 인재임에도 불구하고 부득이하게 채용인력이 소수인 관계로 채용하지 못했던 인력을 재임용할 수 있다. 또한 선발 후에도 기관의 인사정보의 일부로 남게 된다. 따라서 지원서에는 지원자의 성명, 나이, 주소, 연락처, 이메일주소, 결혼여부, 종교, 가족상황 등 기본적인 인적사항과 신장, 몸무게, 질병, 입원경력 등 신체적 특성, 검거사실여부, 희망직무의 종류, 작업시간에 대한 선호 등을 작성하도록 한다.
- **예비면접**(initial interview)
  - 예비면접은 본 면접에 앞서 지원자 탈락을 목적으로 먼저 만나 일반적인 사항에 대해 파악하는 과정이다. 지원자가 많을 경우 본 면접시간을 줄이고자 실시하거나 지원자의 직무상 장애 여부를 파악하여 적합한 지원자를 선별하기 쉽도록 실시하는데, 사회복지시설이나 장기요양기관에서는 특별한 사유가 없는 한 예비면접을 실시하는 경우는 드물다. 그러나 직접 대면하지 않고 유선(전화)상 면접을 실시하는 경우는 많다. 제출한 지원 서류를 검토하고 서류에 나타나지 않은 사항이나 추가적으로 질문할 사항(취업동기, 의욕 등)을 전화 통화를 하여 알아내고 지원자를 1차 선발한다.
- **선발시험**(selection test)
  - 선발시험은 최근에 와서 많이 실시하고 있는 방법으로 지원자의 자질이나 직무수행 능력을 평가하는 것이다. 선발방법으로 지적능력검사, 성격검사, 취미검사, 성취도검사, 심리동작검사, 적성검사 등 다양한 선발시험을 제시하고 있는데, 어떤 선발시험이 보다 바람직한 지원자 선발 방법으로 적절한가 하는 문제는 직무의 특성, 요구되는 자격요건 등 여러 요인에 의해 달라진다. 또한 시험의 효용성을 위해 시험이 측정수단으로써 타당성, 신뢰성, 객관성, 난이도의 네 가지 요건이 충족되어야 하는데 시험이 완전한 선발기준이 될 수 없기 때문에 이를 개선하는 장치로 면접을 실시하는 것이 필요하다. 그리고 인사관리의 공정성을 기하기 위해 자체 인사위원회를 구성하고 시험을 비롯한 채용과정에 인사위원회 위원들의 참여와 심의를 거치는 것이 바람직하다.

• 선발면접

  − 면접은 선발과정에서 매우 중요한 부분으로 지원자의 지원 서류를 토대로 담당직무 요건이나 보상에 비추어 자질, 지식, 능력 그리고 의욕 등에 대한 정보를 얻어 내어 유능한 인재를 선발하기 위해 평가하는 과정이다. 지원자의 지원동기와 성격, 가치관, 용모(태도) 등 지원서에 나타나지 않은 개인적 특성을 얻어 내고 기관의 급여, 승진 등에 관한 여러 가지 정보를 지원자에게 제공하여 이를 지원자가 수락할 것인지 판단하게 하며, 기관과 직무에 대한 좋은 정보를 제공하여 채용에 대한 확신을 갖게 하는 데 면접의 목적이 있다.

  − 면접의 방법에는 구조화의 정도에 따라 구조적 면접과 비구조적 면접, 반구조적 면접이 있다. 구조적 면접은 정형화된 면접이라고도 불리는데 질문 문항을 미리 준비해 두고 순차적으로 질문하여 면접의 객관성과 신뢰성을 높일 수 있다. 비구조적 면접은 면접자의 고도의 질문기법과 훈련이 필요하며, 어떠한 형식에도 구애받지 않고 자유로이 자기 의사를 표현하게 함으로써 보다 충분한 정보를 얻는 데 유효하다. 반구조적 면접은 사전에 준비된 질문 내용을 중심으로 질문하면서 상황에 따라서 융통성있게 주요항목 이외의 질문을 할 수 있다. 한 가지 방법이 주로 사용되기 보다는

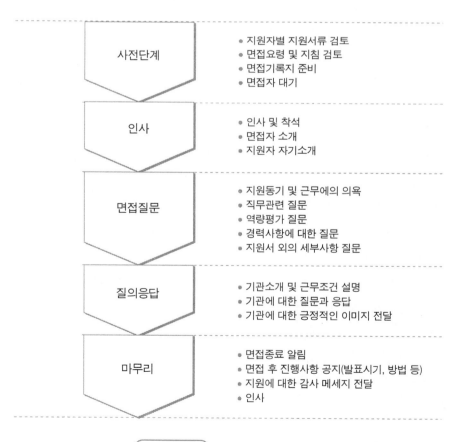

사전단계
- 지원자별 지원서류 검토
- 면접요령 및 지침 검토
- 면접기록지 준비
- 면접자 대기

인사
- 인사 및 착석
- 면접자 소개
- 지원자 자기소개

면접질문
- 지원동기 및 근무에의 의욕
- 직무관련 질문
- 역량평가 질문
- 경력사항에 대한 질문
- 지원서 외의 세부사항 질문

질의응답
- 기관소개 및 근무조건 설명
- 기관에 대한 질문과 응답
- 기관에 대한 긍정적인 이미지 전달

마무리
- 면접종료 알림
- 면접 후 진행사항 공지(발표시기, 방법 등)
- 지원에 대한 감사 메세지 전달
- 인사

(그림 2−16) **면접절차_Flow chart**

세 가지 방법이 다양하게 골고루 사용되고 있으며, 면접평가 기준을 세워두고 질문 문항은 면접자별로 자유롭게 실시하여 면접자가 해당하는 평가항목에 대한 평가내용을 예측 평가하는 방법으로 진행되기도 한다[함봉수, 강상욱(2009), 서비스기업 인적자원관리].

- 면접은 참가자의 수에 따라 한 사람의 면접자와 지원자 간에 일대일로 행해지는 개별면접과 여러 명의 지원자를 대상으로 집단별로 특정문제에 대해 자유토론을 하고 토론과정에서 개별적으로 적격여부를 심사·평가하는 집단면접이 있다. 이 방법은 단시간에 비교파악이 가능하나 개별지원자의 특성파악에는 다소 어려운 점이 있다. 일반적으로 가장 많이 사용되고 있는 방법은 패널(panel)면접으로 다수의 면접자가 한 사람의 지원자를 대상으로 집단적인 면접을 하면서 개인적인 특성과 자질을 평가하는 방법이다. 지원자가 많을 경우에는 여러 명의 지원자를 대상으로 실시하기도 하며 동시에 여러 면접자가 관찰하고 의견교환을 할 수 있기 때문에 신뢰도가 가장 높다. 이러한 면접은 일반적으로 다음과 같은 절차를 거치며 면접자는 이러한 절차에 따라 면접자로서의 역할을 수행해야 한다.

• 경력조회·신체검사
- 경력조회는 선발 가능성이 있는 지원자에 대해 그가 제출한 서류를 바탕으로 관련 정보를 확인하는 과정으로 비용과 시간이 필요하지만 추가적인 자료를 얻을 수 있는 과정이다. 조회의 대상은 학교 당국자, 이전의 고용자, 추천서, 신원보증서 등이다.
- 선발의 마지막 과정으로 신체검사를 실시하는데 신체검사는 직무수행하는 데 신체적·정신적 조건을 갖추었는지를 확인하고 직무수행 장애를 선별해 내기위한 목적으로 실시한다. 특히 요양업무에 있어서 감염질환이나 전염병 등은 고객에게 치명적인 위험을 초래할 수 있으므로 선발에서 제외시킬 수 밖에 없다.

• 선발결정
- 지원자에 대한 경력조회 및 신체검사가 끝나면 선발여부를 정하는 선발결정이 이루어지고 최종적으로 채용하게 된다. 선발결정은 선발과정을 모두 거치면서 종합적으로 판단하는 방법과 각 선발과정 단계별로 당락을 판단하는 단계적인 선발방법으로 최종 결정을 하게 되며 비로소 선발된 인력은 조직의 구성원이 된다.
- 합격자는 공중매체를 통해 공고할 수 있으나 일반적으로 개별 통지하는 것이 바람직하다. 채용결과는 채용통지서를 발송하거나 개별적으로 유선연락을 취하여 안내한다. 선발에 탈락한 지원자에게는 상처를 받지 않도록 탈락 사유를 들어 정중하게 설명해 주도록 한다.

② 직원임명 및 근로계약 체결
- 모집, 면접, 선발의 과정을 거쳐 임용후보자에 오른 지원자들의 시험결과를 기록하여 임용후보자명부를 작성하고, 최종 사정을 위해 채용인원과 동수를 추천하여 임용

권자가 결정하도록 한다. 임명된 자는 기관에서 수습임용을 할 수 있으며 정식채용에 앞서 일정기간을 정하여 그 기간 동안 직원으로서의 업무수행능력 및 적성이나 자질 등을 고려하여 직원으로서 적합한지 판단한다. 수습임용기간은 발령일로부터 3~6개월 이내로 정하며 실무경력자 또는 능력이 우수한 직원은 그 기간을 단축하거나 면제할 수 있다. 수습임용기간을 마친 임용자는 기관으로부터 정식임명을 명받으며 이때에 임명장을 수여한다. 임명장은 기관의 직원으로서 인정함과 동시에 직원의 구성원으로서 충실히 직무에 임할 것을 다짐받는 것으로 책임감과 사명감을 부여하는 증표의 역할을 한다.

- 정식직원의 발령을 위해서는 직원 채용 후 근로계약서를 체결하여야 한다. 근로계약 체결 시에는 임금 및 근로시간, 취업의 장소와 종사하여야 할 업무에 관한 사항, 취업규칙 내용(「근로기준법」 제93조 참고), 급여 외 휴가사항, 퇴직금 등을 명시하여야 한다. 이러한 내용이 「근로기준법」에 정한 기준에 미치지 못하는 근로조건을 정한 근로계약은 그 부분에 한해 무효이며, 무효인 부분에 대해서는 「근로기준법」이 적용된다.

③ 직원배치

- 기관의 운영을 위해 계획된 직원의 배분에 따라 적절한 업무를 할당하고 해당된 업무의 절차와 책임을 명확하게 해 두어 이에 적합한 인력을 모집, 선발하여 적절한 업무배치를 통한 합리적인 조직운영을 확립한다. 직무와 사람과의 관계를 잘 파악하여 명확하고 능률적인 업무수행을 할 수 있도록 배치, 이동하도록 한다. 직무를 수행하는 데 적합한 능력이나 경험 등을 갖추고 있는지 판단하려면 직무가 요구하는 능력이나 수행요건을 명확히 할 필요가 있는데 이를 직무기술서와 직무명세서를 배치 및 이동의 기준으로 삼아야 한다.

- 재가요양서비스 업무배치에 있어서는 배치 담당자가 직무수행능력과 더불어 근로자와 대상자의 종교, 성격, 근무지역 등의 요소를 파악하여 업무를 배치하는 능력도 갖추도록 한다. 배치 후 대상자가 담당 직원의 직무 또는 사람에 대해 불만족할 경우 서비스 지속에 어려움이 있으므로 첫 만남을 중요하게 생각하고 적합한 직원 배치에 세심한 신경을 써야 한다. 업무배치가 계속 실패할 경우에는 대상자와의 종결까지 이르게 되고 새로운 대상자와 적응하기 위한 시간과 노력의 낭비요인이 발생할 수 있다. 그러나 대상자와 직원이 서로 만족을 줄 수 없거나 스트레스로 심신의 장애가 된다면 이는 부적격자로 간주하여 다른 대상자로 배치·이동시켜야 한다. 월별 요양보호사 근무배치표를 작성하여 배치 및 이동상황을 파악하고 적재적소에 균형적인 배치·이동이 이루어졌는지 파악하고 관리한다.

(3) 직원복무 및 개발

① 근무관리

- **직원인사기록관리**
  - 직원 모집공고 후 퇴사할 때까지 직원의 인사관리를 위한 제반사항을 개인별로 기록하여 효율적인 인사관리를 한다. 직원채용이 확정되면 개별통지 후 이력서, 채용서류를 첨부하여 인사기록카드와 함께 계속 보관·관리한다. 임면대장에 임면내역을 기입하고 근로계약서를 개별·관리하며 인사기록카드에 필요한 내용을 정기적으로 업데이트한다. 인사기록카드에는 입사 전 경력사항, 입사 후 교육 및 연수 참가 기록, 관내외 포상기록, 업무평가기록, 인사이동 및 승진기록 등을 작성하여 인사기록을 문서화하도록 한다.
  - 대부분 기관에서는 탈락자의 채용서류에 대해 반납불가하고 있는데 모집에 응시했던 채용서류의 주요내용을 미채용자명부를 마련하여 기록해 두고, 가급적 제출한 서류는 채용 응시자에게 반납해 주도록 한다. 구직자의 입장에서 보면 이력서 등 제출서류를 준비하는 일도 적잖은 비용과 노력이 들어감으로 다시 재사용할 수 있도록 하여 탈락한 구직자의 편의를 제공해 주고 이로 인해 기관에 대한 좋은 감정을 가질 수 있도록 하여 인지도 및 호감도를 높여 다음 채용 시 많은 지원과 대상자 확보에까지 도움이 되도록 한다.

- **근태관리**
  - 인적자원의 운용에 있어 근태관리는 매우 중요한 부분으로 기본수칙을 정하여 근무하는 직원에 대한 근태관리의 기준, 방법 및 절차를 규정함으로써 정상적인 근태를 유도하고 기관의 근무 질서를 확립하여 근면하고 건실한 직장 풍토를 조성하도록 해야 한다. 근태관리에 필요한 필요서식을 마련하여 이를 작성한 후 결재를 득하도록 하며 기관 내부규정에 의거 절차를 거쳐 처리하도록 한다.
  - 출퇴근관리는 기관에서 정한 출퇴근 시간을 엄수하고 직원은 출근부 또는 출근 카드에 본인이 직접 서명하거나 출근계기의 작동 등으로 출근시간을 기록하고 업무 시작 전에 업무수행을 위한 사전 준비를 하도록 한다. 기관은 출퇴근기록대장을 비치해 두고 출퇴근 근무상황에 대한 관리를 하여 월별근태상황보고를 실시한다.
  - 조퇴, 결근, 지각이 발생한 경우에는 이에 따른 신청서 및 사유서를 작성하여 처리한다. 조퇴는 오전근무 시간 종료 후부터 인정하는 것을 원칙으로 하며 당일 오전 중으로 근태신청서를 작성·제출하여야 한다. 질병 등 특별한 사정이 있을 경우에는 상급자의 승인을 득하여 오전 근무시간에 조퇴할 수 있다. 지각은 업무시작 전에 전화 또는 기타의 방법으로 보고하여야 하며 무단 지각 또는 일정시간이 경과한 지각의 경우에는 지각사유서를 작성하여 제출하도록 한다. 단, 천재지변 및 기타 불가항력으로 기관이 그 사실을 인정하는 경우에는 지각으로 처리하지 않는다. 결근에는 유

계결근과 무단결근이 있다. 유계결근은 결근사유가 발생되어 사전에 결근사유와 결근예정일을 기재한 결근신청서와 증빙서류를 첨부하여 허가받는 것으로 긴급 또는 불가피한 사유로 인하여 사전에 제출하지 못하는 경우에는 결근일 업무개시 직후에 전화 또는 기타 방법으로 보고를 하도록 한다. 잔여 연월차가 있는 경우에 대체 사용할 수 있으며, 결근사유가 불분명하거나 허위로 판명될 시 유결을 인정할 수 없으므로 무단결근으로 처리한다. 무단결근은 사전에 신청서를 제출하거나 보고하지 않고 무단으로 출근하지 않거나 유계결근 사유가 불분명 또는 허위로 판명되었을 경우인데 연월차 휴가보유와 관계없이 무단결근으로 처리되며 일정회수 이상이 되면 회사규정에 따라 징계 또는 당연 퇴직시킬 수 있다.

- 야근, 당직, 숙직, 시간 외 근무는 당사자의 동의로 일정시간의 한도 내에서 근로시간을 연장하는 것으로 야근, 당직, 숙직, 시간 외 근무를 한 직원은 시간 외 근무일지 또는 당직근무일지를 작성하여 상급자에게 보고한다.

- 업무상 필요한 경우에 휴일 기간 중에 근무를 명할 수 있는데 직원은 이를 정당한 사유 없이 이를 거부할 수 없으며, 기관은 휴일 근무자에게 대체휴일을 정하거나 휴일 근무수당을 지급하여야 한다.

• 업무관리

- 재가장기요양기관의 업무는 크게 요양업무, 지원업무로 나누어 볼 수 있는데 지원업무는 회계 및 서무와 복지관리로 나누어 진행된다. 각 업무에 적합한 인력을 배치하고 원활한 업무수행을 위해 업무분장표를 마련하고 업무일정표를 작성하여 업무에 차질이 없도록 업무관리를 철저히 하도록 한다. 또한 업무일지를 매일 작성하고 일일 또는 주단위, 월단위로 보고하도록 하는데 가능한 짧은 기간을 정하여 결재받는 것이 업무일지 작성 및 업무관리에 효과적이다.

- 기관에 대한 소속감 및 책무성을 제고시키기 위해 직원에게 직원증을 발급하도록 하며 직원증의 발급 및 관리를 위해 직원증발급대장을 마련하여 작성하도록 한다. 요양업무를 수행하는 자에게는 유니폼 또는 앞치마를 지급하고 유니폼지급대장을 작성하여 관리하도록 한다. 직원은 기관에서 발급한 직원증 및 유니폼의 관리에 소홀함이 없도록 하며 퇴사 시 이를 반납하고 관리담당자는 이를 확인하여야 한다. 이외에도 업무와 관련한 물품(체온계, 자동혈압계, 장갑, 손잡이가 달린 보행벨트 등)을 제공받은 경우 물품관리대장을 마련하여 제공받은 직원이 직접 기입하고 관리하도록 한다.

- 외부 업무를 수행하기 위해 직원이 임시적으로 기관 내에서 벗어나는 경우를 출장이라고 하는데 출장 또는 외근을 할 때에는 기관에 비치해 둔 출장 및 외근대장(근무상황부)을 작성하여 결재를 득하여야 한다. 또한 출장 용무에 따라 출장보고서를 작성해야 한다.

- 인사이동, 이직, 퇴직을 하게 되는 자는 후임자 또는 인계자에게 담당 업무가 원활하

게 진행될 수 있도록 업무 인수인계를 해야 한다. 업무 인수인계 할 장부와 증빙서류 등을 각각 3부씩 작성하고 인계자, 인수자, 입회자가 각각 기명날인한 후 인계자와 인수자가 각 1부씩 보관하고 1부는 각종 증빙서류에 첨부하여 보관한다. 휴가, 외근 등 단시간 담당자 부재 시에도 구두 또는 별지에 간략하게 문서를 작성하여 업무인 계를 하고 진행하도록 한다. 업무 인수인계는 후임자 또는 업무를 맡게 될 직원에게 최소한의 시간에 업무를 익히도록 하여 업무의 누락을 방지하고 정확한 업무 연속을 위해 중요하므로 업무 인수인계 내용을 정확하고 자세하게 기록하도록 해야 한다.

- 방문요양서비스 제공과정에서 기관은 요양보호사를 포함한 직원들이 모여 서비스 제공계획수립과 서비스 조정 및 연결 등에 대해 함께 평가하고 피드백을 받는 기회 를 가질 수 있도록 월 1회 또는 주 1회, 1~2시간 이내의 업무보고회의를 실시하도록 한다. 업무관련 애로사항이나 궁금한 점을 수시로 질의하고 업무관련 지식과 경험, 사례를 나누어 발표하는 등 의견을 교환하며 그간의 업무진행사항을 보고하고 차후 업무계획을 알리는 시간을 갖는다. 이러한 월례보고회의 및 주간업무회의는 요양보 호서비스의 보다 높은 서비스의 질을 확보할 뿐만 아니라 요양보호사 자신의 업무능 력 개발을 위해서도 매우 중요하다.

• 급여관리
- 직원의 노동력 제공의 대가로 기관으로부터 경제적인 보상을 받는 것을 임금 또는 급여라고 한다. 급여는 직원과 기관 양자가 모두 공감할 수 있는 합리적리고 공정한 관리를 하여야 한다. 따라서 급여 및 수당에 대한 지급은 반드시 규정에 근거한 집행 이 이루어져야 한다. 인건비 중 건강보험·국민연금·산재보험·고용보험의 사용자 부담금은 법적 근거에 의거하여야 하며, 정액급식비, 체력단련비, 교통비 등 기타 수 당은 기관 내부규정에 따라 예산을 집행하되 근거서류를 유지·관리하도록 한다. 인 건비 중 급여책정은 직원봉급 예산편성기준표를 참고하여 작성하고 별도로 지원하 는 수당이 있다면 수당을 책정하여 기재해 두어야 한다. 계약직원이나 교육 강사 등 에 대한 지급은 기관의 실정에 맞게 기준을 마련하여 예산을 편성하고 집행하도록 하며, 금액의 가감이 있을 경우에는 기관장의 결재를 득한 후 집행하도록 한다. 집행 시에는 소득세법 제21조에 의거하여 세금(주민세, 소득세) 원천징수하여야 한다.

표 2-15 **직원봉급 예산편성기준표**

(단위: 원)

직종	원장	사회복지사	요양보호사			사무원 운전기사
			상근	비상근		
			1급	시간급 (퇴직금, 4대보험 포함)	시간급 (퇴직금, 4대보험 미포함)	
기본급	3,000,000	1,500,000	1,200,000	시급 6,500원	시급 7,500원	1,000,000

표 2-16 직원수당표

구분	지급대상	근무경력	지급액	지급횟수 및 지급일	비고
실습지도 수당	실습지도자	실습지도경력을 갖춘 자	시급의 10%	매월	상근 직원제외
교통비	요양보호사	교통비지급기준에 준한 자	일 6,000원	―	
정액급식비	전 직원		정액 30,000원	매월	비상근 직원제외
경력수당	요양보호사	3년 ~ 5년	정액 70,000원	매월	
		6년 이상	정액 100,000원	매월	

※ 휴일수당, 야간수당, 주휴수당 등은 노인장기요양수가 및 산정기준에 준함.

표 2-17 교육강사료 지급기준

구분	지급대상	단가(시간당)	비고
특별강사	해당분야에 전문지식을 가진 자(대학교수, 저명인사, 장차관급공무원 등)	• 기본료: 10만원 • 초과: 5만원	※ 기본료는 1시간 단위이며 초과 시 1시간당 단가임
일반강사	해당분야 전공자로서 경력이 있는 자 (전문가 또는 강사)	• 기본료: 5만원 • 초과: 3만원	
유급 자원봉사자	해당분야에 자격이 인정되는 자	• 기본료: 2만원 • 초과: 1만원	

－급여는 상근 및 비상근 직원에 대해 지급하여야 하며 임금대장을 두어 기록·관리하도록 한다. 급여를 지급한 경우에는 급여명세서를 작성하여 직원에게 전달하고 직원통장 계좌를 통해 지급한다. 수당 지급 시에는 관련서류를 확인한 후 지급의 적정성을 확인하여야 하며 관련서류 미비 시에는 지급하지 않도록 한다.

－결산 시에는 인건비명세서를 작성하여 결산서에 첨부하도록 하며 차기 인건비 예산 편성 시 이를 참고하여 인건비를 책정하도록 한다.

② 경력관리

－경력관리는 직원의 상위직위에의 상향적 이동(승진)과 경륜과 숙련을 겸비한 전문성 등 경험과 이력을 총체적으로 관리함으로써 인재개발과 적정한 업무배치를 통한 기관의 균형적인 발전과 조직의 활성화에 기여하고 직원에게 동기유발 및 이직방지를 통해 고용의 안정화를 높이도록 하는 것이다. 따라서 직원에게 자신의 직무내용, 담당직무 능력의 활용 정도, 경력개발의 희망, 적성 여부, 전직, 승진의 희망, 취득자격 등 일정한 양식에 의거한 자기신고서를 작성하여 평소 알지 못했던 직원의 개성이나 특기, 진로, 희망 등을 파악하고 직원에게 맞는 적재적소의 배치 및 인사이동 시 자료

로 활용하도록 한다. 또한 직원의 직무수행능력의 발휘도와 신장 가능성을 파악하여 이에 대응하는 직위설정 및 이동을 결정하는 데 참고한다. 이러한 직원의 경력관리상 필요한 데이터베이스는 인사기록, 경력, 교육훈련, 인사고과기록(평가) 등을 작성하여 저장해 두며 점차 기록갱신하여 이를 경력관리에 활용하도록 한다.

③ 이동 · 승진관리

- 기관의 필요에 따라 현재의 직무 및 직위에서 다른 직무로 재배치 또는 배치전환을 실시하는 이동관리는 적합한 인재를 적합한 장소에 배치하는 것을 원칙으로 하는데 이를 위해서 직원 개개인의 적성 및 태도, 직무수행능력 등을 파악하고 능력과 실력을 기준으로 적재적소에 이동 · 배치한다. 이러한 이동배치는 직원에게 풍부한 경험축적과 능력개발을 촉진하게 하며 조직 내 인간관계 개선 및 동기부여를 통해 개인의 만족과 조직의 성과향상에 기여할 수 있다.

- 이동 · 배치에는 직원의 능력이나 기관 내의 직무변화에 따라 수평적으로 배치상의 변화를 가져오는 인사이동, 직무순환, 배치전환, 전환배치가 있으며 수직적 이동인 승진으로 구분하여 진행한다. 수평적 인사이동은 연 1회 또는 2회의 일정한 시기를 정하여 정기적인 인사이동과 기관의 필요성이나 직원의 희망에 따라 수시로 실시되는 수시 이동이 있다. 수시 이동은 직원 퇴사 시에도 이동이 이루어지기도 한다. 기관 내에서 유사업무에 종사하는 직원 간 인사이동, 본사와 지사 간 인사이동, 각 업무부문 내에서 동 직위 간 인사이동을 하는데 이러한 인사이동은 직무 간의 폭넓은 직무순환으로 직원의 경험축적 및 경력개발을 통한 인재육성과 새로운 기술습득 및 경쟁력 제고를 통한 업무성과향상을 가져오게 한다. 또한 동일직무에 장기간 근무로 인해 태만과 타성에 젖게 되는데 이를 제거하여 직장분위기를 쇄신하고 조직의 활성화를 도모하며 동료 간, 상사와 부하 간 불화나 갈등을 해소시켜 인간관계를 개선하고 직원의 동기부여를 촉진하는 데 효과적이다. 기관은 정기적인 인사이동을 계획하되 필요에 따라 수시 이동을 진행하는데 너무 잦은 인사이동은 오히려 직원의 직무능력 개발과 업무성과향상에 저해될 수 있으므로 1년 또는 2년에 1회 정기적인 이동을 계획하는 것이 좋다.

- 수직적 인사이동인 승진은 직원의 담당 직위 또는 직책의 상승을 의미하는 것으로 일반적으로 승진이 이루어지면 의사결정권이 강화되고 지위가 상승되며 임금의 증가를 수반하게 된다. 이로 인해 직원의 근로의욕 증대, 능력개발 촉진, 자기실현의 욕구충족 및 조직의 활성화에 기여하게 됨으로 기관의 규모에 따라 승진의 형태, 시기, 기준 및 방법 등을 계획하여 공정하게 운영하도록 한다. 기관의 관리체계(예: 평직원 → 팀장 → 부장)를 세우고 이에 따라 상향적 승진을 실시하며, 시기는 연 1회 또는 2회에 걸쳐 정기적인 승진을 실시하거나 부정기적인 승진을 실시할 수 있다. 실시기준 및 방법으로는 주로 근속 연수, 연령, 경력을 토대로 하여 근무태도와 근무능력,

성과의 평정결과, 교육훈련결과 등을 종합평가하여 결정한다. 이를 위해서는 직원의 직무수행능력 및 성과평가를 실시하도록 하여야 한다.

④ 직원교육

ㅡ장기요양서비스와 대상자의 욕구가 날로 다양화, 전문화, 복잡화되어 가는 변화에 효과적으로 적응할 수 있는 유능한 인재의 확보 및 육성개발은 기관의 경영활동에 있어 매우 중요한 전략과제다. 새로운 시장의 환경과 급속한 변화에 발맞추어 기관은 대내외적으로 대응할 수 있도록 합리적인 직원교육훈련을 실시하고 인재개발의 체계화를 이룩해 나가도록 해야 한다.

ㅡ체계적인 직원교육 및 훈련은 직원으로 하여금 직무수행에 필요한 지식과 기술을 습득하게 하고, 경력축적과 능력개발의 향상을 통한 직무의 충실화와 근로생활의 질 향상, 성과향상으로 이어지게 하는데 그 목적이 있다. 이러한 직원교육과 훈련은 성과향상을 통한 기관의 목표달성과 유지발전, 경쟁력 제고에 기여하며, 개인의 능력 향상을 통한 승진기회의 제공과 직무만족을 증대시켜 개인적 성장은 물론 노사관계의 안정화와 고용정착의 효과를 창출해 낸다.

ㅡ기관은 효과적인 인재육성과 능력개발의 촉진을 위한 직원교육의 운영지침을 마련하여 이와 연계한 합리적인 교육프로그램의 실시 및 개발관리를 해야 한다. 기관의 교육훈련은 교육의 계획에서부터 평가에 이르기까지 일련의 교육과정을 거쳐야 하며 실시절차 및 방법은 다음과 같다.

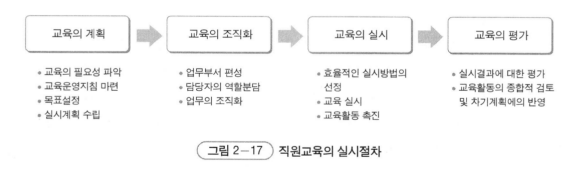

그림 2-17 직원교육의 실시절차

• 직원교육의 계획

ㅡ직원교육의 첫 단계는 교육계획을 수립하는 단계로써 우선 기관은 인사조직의 현황을 파악하고 경영전략과 연관지어 직무수준, 기관수준, 개인수준에서의 교육의 필요성을 정확히 파악하고, 이에 따른 교육의 세부적 운영지침과 목표를 설정하며, 교육의 효율적 목표달성을 위하여 구체적인 교육실시계획을 수립하는 과정이 필요하다.

ㅡ교육의 필요성을 인식하기 위해서는 기관의 인적자원의 구성 및 현황을 파악한 다음 기관의 운영목표와 경영전략과 연결되어 이를 뒷받침할 수 있는 인적자원인지 그리고 기관에 새로운 활력을 불어넣어 줄 필요가 있는지를 기관수준에서 필요성을 분석

하고, 직원이 직무를 수행하는데 갖추어야 할 자격요건과 담당하고 있는 직원의 기술 및 태도 등을 비교하여 실제 능력과의 차이가 있다면 이를 개선할 수 있는 직무수준에서의 직원교육을 파악한다. 또한 직원 개인별 보유하고 있는 능력, 기술, 욕구 등을 파악하여 이를 극복할 수 있는 다양한 직원교육을 고려해 보는 등 충분한 검토와 파악이 선행되어야 한다.

- 교육의 필요성에 적합한 운영방침을 인사관리의 운영규정에서 마련하고 세부적인 운영지침을 작성하여 구체적인 실천과 교육의 체계화를 기하도록 한다. 부록 '5. 운영지침_직원교육지침'에서 이와 관련한 운영지침으로 직원교육지침과 세부 실천지침을 제시해 두었다. 제시된 운영지침 및 방침에 부합하는 목표를 설정하는 데 교육의 목표가 기관과 직원의 공감대 형성과 욕구를 충족할 수 있는지, 기관이 요구하는 인재의 육성개발을 위한 구체적인 목표인지, 기관의 목표달성에 기여할 수 있는 목표인지를 검토한다. 교육목표가 설정되면 교육의 성과 기준을 설정하고, 교육참가 대상자는 누구를 할 것인지, 교육을 담당할 유능한 강사 또는 담당자의 선정과 교육목적에 적합한 교육내용, 방법, 실시시기, 기간, 시간, 장소를 결정하여야 한다. 특히 교육시기 및 기간은 기관의 사업일정, 참가직원의 업무스케줄, 예산, 장소 등을 고려하여 신중하게 결정해야 한다.

- 교육에 대한 기본적인 사항이 준비되었다면 이를 실행하기 위한 구체적인 실시계획을 입안하는 과정이 필요하다. 일반적으로 계획수립은 기본계획과 실시계획으로 구분할 수 있는데 기본계획은 교육의 기간, 방법, 횟수 등과 관련된 전반적인 계획을 운영지침이나 단위사업계획으로 마련해 두는 것이고 실시계획은 기본계획에 따라 교육실행에 대한 세부적인 계획을 작성하는 것이다.

• 직원교육의 조직화
- 교육계획이 수립되면 다음 단계는 교육의 목표달성 및 계획의 실천을 위하여 교육담당 부서를 정하고 역할분담과 업무의 체계화를 이루는 것이 필요하다. 교육의 조직화는 업무의 책무성을 제고하여 교육의 효과적인 업무수행과 계획의 이행을 돕는다. 뿐만 아니라 교육추진 실무담당자의 역할과 업무의 분담을 명확하게 하고, 교육 실무담당자와 교육참가 대상자 또는 교육강사와의 협력을 강화하는 등 교육수행에 있어 조직화과정은 중요하다.

• 직원교육의 실시
- 교육의 실시는 수립한 계획에 맞춰 교육을 실행하는 것으로 기관의 운영목적을 달성하기 위해 유능한 인재의 육성 및 개발이 구체적으로 이루어지는 과정이라 할 수 있다. 계획단계에서 선정된 교육의 목표 및 참가 대상자, 교육방법과 내용, 기간과 장소 등의 요건에 적합한 구체적 교육훈련의 활동으로 교육대상, 교육주체, 교육장소, 교육기간, 교육방법에 따라 적합한 교육프로그램이 실시되어야 한다.
- 교육주체에 따라 전문가에 의한 교육, 직원에 의한 교육, 조직구성원(상사 또는 동료)

에 의한 교육을 실시할 수 있다. 전문가에 의한 교육은 교육내용에 적합한 외부 전문가를 초빙하여 실시하는 것으로 예산을 고려하여 교육기간 및 내용을 선정하도록 하며, 직원에 의한 교육은 주로 직무기술 및 지식전달의 교육으로 경력이 많은 직원을 선정하여 교육을 실시한다. 유능한 직원을 확보할 경우 예산에 구애받지 않고 교육을 실시할 수 있는 장점이 있으나, 교육담당 직원의 자질이 부족할 경우에는 교육 참가자의 욕구를 충족시키지 못해 공감대를 형성하지 못할 수 있음을 명심해야 한다. 조직구성원에 의한 교육은 외부교육을 받은 직원이 참석하지 못한 직원에게 전달교육을 실시하는 것으로 적은 예산을 들여 많은 직원에게 교육을 실시하는 데 효과적이다.

-교육장소에 따라 직장 내 교육과 직장 외 교육이 있는데 흔히 내부교육과 외부교육이라고 하며 내부교육은 기관 내 교육장소를 확보하여 전 직원에게 교육을 실시하는 것으로 계획과 진행이 기관에 의해 실시된다. 외부교육은 관련단체나 기관, 전문연수기관에서 실시되는 교육으로 직원을 파견하여 참여시키는 형태를 말하는 것으로 방문요양기관에서는 교육비 관계로 많은 직원을 참여시키지 못하는 한계점을 가지고 있다.

-교육기간 및 시간은 일반적으로 1일 4시간 이내의 교육을 실시하고 있는데 이는 교육강사 초빙, 식사 또는 간식제공 등 예산상의 문제와 교육 참가자의 시간할애 등 많은 어려움이 있어 2일 이상 또는 숙박교육을 실시하지 못하고 있는 실정이다.

-교육방법에는 강의, 회의, 토의, 사례연구, 시청각교육, 실습, 역할연기, 브레인스토밍 등이 있으며 주로 강의 또는 회의, 토의를 통해 이루어지고 있으나 점차 사례연구, 역할연기 등의 방법으로 교육 참가자의 교육효과를 높이기 위한 다양한 방법이 진행되고 있다. 교육내용에 부합하는 교육방법을 선정하고 교육목표 달성을 이루는 교육이 될 수 있도록 하여야 한다.

-교육대상에 따른 교육으로는 신입직원을 대상으로 하는 신입직원교육, 관리자대상의 관리자교육, 요양보호사를 대상으로 하는 일반직원 직능교육으로 나뉘어 볼 수 있다. 신입직원교육은 기관 내 교육담당자에 의해 내부교육을 실시하고 관리자교육은 전문단체 및 기관에 의해 실시되는 외부교육으로 진행하는 것이 적당하며 일반직원(요양보호사)은 외부 전문강사를 초빙하여 직장 내부에서 진행하도록 한다.

• 직원교육의 평가
-직원교육이 실시되고 나면 교육활동에 대한 평가가 이루어져야 한다. 교육평가에서는 교육목표의 달성 정도, 교육성과, 교육프로그램의 문제점 및 개선점, 교육 참가자 및 실시자의 피드백 등을 알아봄으로써 차기 교육프로그램의 계획수립에 유용한 자료를 제공하여 계획에 반영하도록 한다.
-실시결과에 대한 평가형태는 교육 참가자의 교육소감 청취 및 간담회 개최, 교육에 대한 면접 및 설문조사, 필기시험(테스트), 교육과 관련한 리포트, 과제물 제출 등을 채택하여 진행하고 그 결과를 보고서로 작성하여 제출·보고한다.

(4) 직원평가

- 직원평가는 직무와 관련한 직무수행자, 즉 직무수행자의 성과, 태도, 능력 등을 평가하는 것으로 그 결과를 토대로 하여 직원의 업무능력을 개발·육성하고 합리적인 인사처우를 이룩하는 과정이다. 일정기간 동안 직원들이 그들의 업무를 얼마나 잘 수행하였는지에 대해 객관적으로 평가하는 정기적이고 공식적인 평가다. 직원에 대한 기대치와 비교해서 그들의 업적을 측정, 평가하고 이를 다시 구성원들에게 피드백시키는 과정으로 임금, 승진, 해고, 포상 등을 결정하기 위한 기초자료로 활용하여 합리적인 인사관리를 가능하게 하고, 직원의 경력을 감안하여 능력과 자질개발에 필요한 교육훈련과 실무수준을 결정하여 미래지향적 인재개발 및 육성을 촉진시킨다. 그리고 가장 중요한 목적은 직원 평가자료를 활용하여 경영자의 인사관리 능력을 향상시킴으로써 서비스의 질 향상 및 기관의 성장을 강화시켜 준다. 이외에도 직원의 업무기술 목록과 모집, 선발, 배치 등의 분석 자료로써 사용되기도 한다.
- 직원평가의 실시시기는 입사 직후 배치직전 또는 수습 직후, 전환·승진·이동 배치 시, 교육·훈련 참가자 선발 시, 보너스나 인센티브 책정 시, 상급자 교체 시, 필요가 있을 때 등 다양한 경우에 실시하나 평가에 소요되는 시간과 비용의 낭비를 고려하여 시행할 필요가 있다. 정기적인 평가는 6개월 또는 1년 마다 실시하는 것이 적당하다.
- 직원평가의 실시절차는 [그림 2-18]과 같으며 우선 직원평가의 목적을 명확히 결정하여야 한다. 직원이 얼마나 만족한 성과를 거두고 기관의 기대수준에 얼마나 접근하고 있는지 직원에게 알려주어 동기부여는 물론 앞으로 직원과 기관이 나아가야 할 태도와 방향을 결정짓는 데 활용한다. 다음 단계는 평가의 목적달성에 적합한 평가대상을 선정하는데 집단수준에서 팀이나 부서 등을 대상으로 하기보다는 개인수준에서의 평가를 통해 직원 개인의 특성, 행동, 직무수행능력, 적성 등을 대상으로 실시한다. 평가의 대상과 목적에 따라 적합한 평가요소 및 항목을 선택하고 평가표를 작성하여 직원평가를 실시하도록 한다. 평가의 마지막 과정은 실시된 평가결과를 분석·검토하여 조정과 종합정리를 하는 것이다. 직원평가의 목적에 적합하도록 유효하게 활용하며 차기 인사관리계획의 수립과정에 반영하는 등 효율적 운용에 활용하고 그 후에 자료에 대해서는 일정기간동안 보관을 하도록 한다.

평가목적 결정 ➡ 평가대상의 선정 ➡ 평가방법의 결정 ➡ 평가 실시

➡ 평가결과 분석·정리 ➡ 평가자료 활용 및 보관

그림 2-18 직원평가의 실시절차

－평가요소와 항목은 일반적으로 〈표 2－18〉에서와 같이 근무태도, 직무능력, 업적 및 성과, 적성과 성격으로 나누어 다양한 항목을 가지고 평가하며, 상급직원의 경우에는 기본이념을 이해하고 있는지, 비전제시를 하고 적절한 피드백을 제공하는지, 효과적인 조직관리를 하는지 등을 내용으로 하여 평가한다. 이러한 평가요소 및 항목은 기관에 따라 상이할 수 있으며 평가방법과 도구 또한 약간의 차이가 있을 수 있음을 밝혀둔다.

표 2－18 평가요소 및 항목

평가요소	평가항목 및 내용
근무태도	책임감, 적극성, 협조성, 활동성, 규율성, 성실성, 근면성, 순응성 등
직무능력	• 전문지식과 기능－업무지식, 숙련도, 정확성, 판단력, 업무처리능력 등 • 관리능력－지도력, 조정력, 부하육성능력, 인간관계관리능력 등 • 지적능력－기획력, 판단력, 창의력, 표현력, 분석력, 이해력, 주의력, 집중력 등 • 책임감－업무수행책임, 업무결과책임 등
업적 및 성과	목표달성도, 업무처리내용, 섭외활동의 실적, 부하육성의 정도 등
적성 · 성격	안정성, 사교성, 결단력, 성취의욕 등

* 출처: 이원우(2005). 신인사관리론. 부산: 상영사.

－직원평가의 방법에는 〈표 2－19〉에서와 같이 서열법, 평정척도법, 체크리스트법, 목표관리법 등이 있다. 여기에서는 도표식 평정척도법을 이용하여 요양보호사 직무수행에 맞게 직무만족도평가서를 예로 제시해 보겠다. 평정자를 기준으로 보면 평정자 자기의 근무성적을 스스로 평가하는 자기 평정과 동료들이 서로를 평가하는 동료 평정, 상급자가 하급자를 직접 평가하는 상급자 평정, 하급자가 상급자를 평가하는 하급자 평정으로 진행되는데 이러한 다면평가는 익명성을 철저히 보장하여 솔직하고 진지한 평가가 되도록 하며 평가의 결과를 개별면담을 통해 본인에게 피드백하여 자신의 부족한 부분을 명확히 파악하고 개선시킬 수 있도록 해야 한다. 이럴 경우 자기 평가서와 직원근무평정표를 사용하여 합리적인 직무수행 평가를 실시하고 이를 통해 직원의 교육훈련 및 자기계발을 촉진시키고 운영자의 관리능력을 향상시키도록 한다. 그러나 이 장에서는 요양보호사의 직무수행에 적합하도록 직원성과평가서와 직무만족도평가서를 제시하도록 하겠으며, 평정자는 자기 자신으로 스스로 평가하는 자기 평정식이다.

표 2-19	직원평가 방법의 종류
서열법	피평정자의 성과, 능력 및 태도 등 평정내용을 비교하여 상대적 순위를 부여하는 방법
평정척도법	피평정자의 성과, 능력, 태도 등 구체적인 평정내용에 따라 평정요소를 선정하고 사전적 기준에 근거하여 등급을 매기는 방법
체크리스트법	성과, 능력, 태도 등 구체적인 평정내용과 관련된 표준행동을 제시하고 표준행동을 이행했는지의 여부 및 어느 수준으로 이행했는지를 평가하는 방법
목표관리법	스스로 목표를 세우고 달성된 성과를 측정, 평가하는 방법

* 출처: 함봉수, 강상욱(2009). 서비스기업 인적자원관리. 서울: 백산출판사.

(5) 직원유지관리

① 특수보상관리

－보상관리는 노동력 제공의 대가로 받는 직접보상인 임금과 간접보상인 복지후생, 퇴직금이 있는데 여기에서는 특수보상제도로 기관이 높은 성과에 대해 주관적 분배를 하는 다양한 인센티브를 소개해 보고자 한다. 보상을 위한 평가방법이 주관적으로 심하게 개입될 경우 그 타당성을 잃게 되므로 적절히 객관화시킬 수 있는 방안(포상규정)을 세워 공정하게 제공되어야 한다.

－개인 인센티브와 집단 인센티브로 나누어 볼 수 있는데 개인 인센티브는 직원투표에 의한 우수직원 선발 또는 이용자만족도 조사에서 가장 높은 점수를 얻은 경우, 외부 우수직원 수상 시 포상금을 지급하거나 특별휴가를 제공하여 근로의욕 및 성과를 높이도록 한다. 단체의 경우에는 과별, 팀별 업무성과가 높은 경우 단체에게 포상금을 지급하거나 회식, 상품, 야유회 등을 제공하는 것이다. 이 시기는 일반적으로 연말에 진행하는 것이 좋으며 연 1회 또는 2회에 걸쳐 실시하기도 한다. 이외의 업무성과와는 무관하게 전 직원을 대상으로 현금 또는 현물로 공평하게 제공하기도 하는데 주로 명절(추석, 설날), 성탄절 등을 맞이하여 실시한다.

－직원 중 업무를 충실히 행하였거나 센터 발전에 기여한 공적이 많은 직원에 대하여 포상을 행할 때에는 포상규정에 의거하여 포상인원, 포상절차, 포상방법 등을 정하여 문서를 통해 시행한다. 시행한 결과도 문서 또는 사진 등을 통해 기록화하고 기안 결재로 처리한 후 보관한다.

② 복지후생관리

－복지후생은 일반적으로 직원의 생활수준을 향상시키기 위하여 시행하는 임금 이외의 간접적인 보상으로 각종 복지시설 제공을 포함하는 물질적 · 정신적 서비스 일체를 말한다. 기관에서는 복지후생을 통해 효과적인 인적자원관리를 수행하는 데 도움이 되며, 기관의 경영과 결부시켜 성과향상을 도모할 수 있다. 다만, 예산상 어려움

을 겪고 있는 기관에서는 법정 복지후생을 먼저 실시하고 직원이 가장 선호하며 비용이 적게 드는 복지후생프로그램을 제공하는 최소전략으로 복지후생제도를 선택하여 운영하여야 할 것이다. 대부분의 기관이 복지후생 최소전략을 선택할 것으로 여겨지므로 최소전략차원에서의 법정복지후생과 법정 외 복지후생을 소개해 보도록 하겠다.

—법정복지후생은 강제적 복지후생으로 국민의료보험, 산재보험, 고용보험, 국민연금, 노인장기요양보험의 가입운영으로 직원의 질병, 노령, 재해, 실업의 불안과 위험으로부터 보호하는 국가의 사회보장차원에서의 복지후생제도다. 모든 사업장의 사업주 및 근로자는 강제적 가입과 함께 비용의 일부를 기관이 지원하는 것으로 근로자에게 자세하게 알려주고 효과적인 커뮤니케이션을 통해 합리적인 운영방안을 모색한다.

표 2−20 4대 보험 산정

구분	국민연금	건강·장기요양보험	고용보험	산재보험
관련기관 및 법규	국민연금관리공단 (국민연금법 제75조 항)	국민건강보험공단 (국민건강보험법 제62조, 동법시행령 제34조, 「노인장기요양보험법」 제8조)	근로복지공단(고용보험법 제13조, 고용보험 및 산업재해보상보험의보험료징수에관한법률시행령제12조)	근로복지공단(고용보험의보험료징수에관한법률시행령 제13조)
보험료 산정	보수월액×보험요율 (9%) *사용자와 근로자가 각각 50%씩 부담	{보수월액×보험요율(5.08%)}+{건강보험료×보험요율(4.75%)} *사용자와 근로자가 각각 50%씩 부담	임금총액×보험요율 {고용안정직업능력개발사업(0.25%)+실업급여(0.9%)} *실업급여만 사용자와 근로자 각각 50%(0.45%)부담하고, 나머지는 사용자 부담	임금총액×보험요율 (사업종류에 따라 요율 상이) *전액 사용자부담 *시청근로자요율: 기타의 각종사업(1%) 적용
납부방법	• 월별 납부 • 사용자가 근로자 부담분을 원천공제하여 사용자부담분과 함께 납부	• 월별 납부 • 사용자가 근로자 부담분을 원천공제하여 사용자부담분과 함께 납부	• 분기별 납부 • 사용자가 근로자 부담분을 원천공제하여 사용자부담분과 함께 납부	• 분기별 납부 • 사업주 납부
적용시기	2003. 7. 1.부터	2004. 1. 1.부터	2004. 1. 1.부터	2001년부터
가입자부담	4.5%	약 2.6428%	0.45%	—
사업자부담	4.5%	약 2.6428%	0.7%	1%

－법정 외 복지후생으로는 급식시설 제도, 통근시설 제도, 피복지급 제도, 공제제도, 보
건 및 휴양시설 제도, 문화 · 체육시설 제도가 있는데 일반 기업에서와 같은 복지후
생제도 시행은 기관의 재정적인 문제가 수반되므로 방문요양기관의 실정에 맞는 사
업을 제시해 보면 〈표 2－21〉과 같다.

표 2－21 법정외 복지후생의 사업

급식시설	• 급식을 위한 시설 마련 • 직원의 영양관리를 위한 간식제공
통근시설	• 출퇴근 통근버스 운영 • 차량유지비 보조
피복지급	• 유니폼, 가방, 요양업무에 필요한 물품(자동혈압계, 위생장갑, 손잡이가 달린 보행벨트 등) 지급
경제시설	• 경조사 부금 지원 • 재해 위로금 지원 • 명절맞이 선물 및 명절휴가비 지급
보건 및 휴양시설	• 질병의 치료와 예방을 위한 정기적인 건강검진 실시 • 휴양소, 기관소유 콘도 사용 • 휴가비, 체력단련비 지급
문화 · 체육시설	• 업무 및 교양관련 도서 구비 • 강연회 및 강습회 실시 • 헬스클럽, 수영장 등 단체가입으로 인한 이용료 할인혜택 주선 • 야유회, 친목도모를 위한 지지모임 실시

－복지후생제도는 직원의 만족도는 극대화하고 기관의 비용은 감소시킬 수 있는 적정
형 설계를 통해 직원에게는 조직의 만족과 동기부여를 가능하게 하고, 나아가 우수
한 직원확보 및 유지를 통해 기관의 성과향상을 높임으로써 기관과 직원의 균형적인
혜택을 누릴 수 있도록 합리적인 운영을 하도록 한다. 이를 통해 직원과 기관과의 안
정된 관계형성과 건설적으로 일할 기회를 증가시킴은 물론 기관의 PR기회를 높여 지
역사회에 인지도를 높이는 효과를 볼 수 있을 것이다.

③ 안전보건관리

－장기요양기관에서 요양서비스를 제공하는 직원은 직업성 감염 등 건강과 위험한 근
무환경으로 인한 사고, 대상자 및 가족으로부터의 폭언 · 폭력 그리고 직무스트레스
로 인해 건강과 안전을 위협받을 수 있으므로 직원의 안전 및 보건관리를 위한 노력
을 기울어야 한다.

－직원의 안전관리는 직원의 생명과 신체보호는 물론 기계, 설비의 손실 및 업무활동
의 저해 등 물적 · 경제적 손실방지를 통한 기관의 성과향상에 기여할 수 있으므로

매우 중요한 관리활동이다. 요양현장에서 발생하는 안전사고의 원인은, 첫째 시설측면에서 오는 물적요인으로 시설의 설비결함, 보조기구 및 도구의 노후, 고장 등을 들수 있으며, 둘째 인적요인으로 개인의 선천적·후천적 요인이 있거나 부주의 또는 불안전한 행동, 미숙한 작업방법 및 기술에서 올 수 있으며 피로, 스트레스로 인해 위험상황에 놓이게 되는 것이다. 셋째, 환경적 요인으로 작업환경과 관련하여 작업대의 협소, 기구 및 시설배치의 부적절, 통로의 협소, 조명, 채광, 환기시설의 부적합, 불안전한 복장 등이 요인이 된다. 이러한 요인을 제거할 수 있도록 운영자의 노력이 무엇보다 필요하며 직원교육의 실시, 작업환경 설계와 운영개선, 안전사고 기록 및 분석, 안전규칙 준수 등의 실천이 필요하다.

- 직원의 안전 및 보건관리에 위협을 주는 요인으로 작업환경, 피로 및 스트레스, 직업성 질환을 들 수 있다. 첫째, 작업환경의 위험요인으로 작업환경의 온도, 습도, 통풍, 채광, 조명, 소음 등에 의한 질병발생, 공기 또는 대상자와의 접촉에 의한 감염이 있으며 둘째, 육체적·정신적 피로와 근무환경의 환기, 조명, 대상자의 침묵 등에 따라 나타나는 피로감, 직무스트레스를 들 수 있다. 셋째, 요양기관에서 근무하는 직원은 감염질환을 앓고 있는 대상자와 직접 접촉하거나 또는 감염력이 있는 물질에 접촉할 가능성이 많기 때문에 다양한 직업성 감염질환에 노출되어 있다. 이렇듯 다양한 위험요인을 관리하기 위해서는 다각적인 접근이 필요하다.

- 직원의 건강과 안전에 대한 보호는 「근로기준법」상의 재해보상제도, 산업안전보건법과 산업재해보상보험법에 법적으로 규정되어 있으므로 요양업무를 하다가 건강상 문제가 생기거나 직업질환, 산재사고 등이 발생하였을 경우 법에 보장된 치료와 보상, 예방에 대한 권리를 직원 스스로 잘 알고 대처하도록 한다. 또한 직업성 질환을 줄일 수 있는 다양한 예방법을 이해하고 활용하는 것이 필요하며, 건강관련 전문단체 또는 전문가에게 상담과 지원 요청을 하는 것도 필요하다고 하겠다.

안전보건관리를 위한 예방대책
- 안전보건관리의 목표 및 방침을 설정하고 구체적인 계획을 수립한다.
- 기관 내의 모든 직원에게 정확하게 안전보건관리의 목표 및 방침을 알린다.
- 직원에게 안전교육을 정기적으로 실시하며, 안전표시판을 설치하여 산업안전에의 이해를 높인다.
- 안전한 작업방법을 공지하고 작업방법의 개선을 위해 노력한다.
- 불안전한 행동을 하는 직원에 대해서는 즉시 지도하고 시정하도록 한다.
- 근무 시에는 직원복장이나 보호구를 반드시 착용하도록 항상 지도한다.
- 안전관리수칙의 준수에 필요한 지식과 기술교육을 수시로 실시한다.
- 기관 내 장비의 적정배치와 작업장소를 항상 안전한 상태로 유지한다.
- 기관에서 사용하는 시설 및 장비의 정기적인 점검 및 갱신하도록 한다.
- 직원의 적성검사 및 신체검사를 정기적으로 실시한다.

- 지속적인 관리를 위해서 각종 건강프로그램 및 예방관리프로그램을 시행하도록 한다.
- 안전보건관리에 대한 직원의 제안을 존중하며 충분한 검토를 한다.
- 발생할 수 있는 재해의 원인조사를 철저히 하고 재발방지계획을 수립한다.
- 기관 내의 안전관리회의를 주최하고 효율적으로 운영한다.
- 신입직원에 대한 안전교육을 철저히 실시하고 충분한 지도를 행한다.

④ 퇴사관리

－기관에서는 퇴직, 해고 등의 퇴사 직원이 발생한 경우에 효율적인 퇴직관리업무를 통해 기관의 안정적인 고용구조를 유지·발전하도록 해야 한다. 직원의 퇴사에는 이직, 사임이나 해고, 퇴직으로 구분할 수 있다. 이직은 개인이 조직 내에서 인사원칙 등의 불만이 있거나 더 좋은 기회를 위하여 타 기관으로 전직하기 위해서 또는 가정문제, 임신, 출산, 질병, 사회활동 등의 개인적인 이유로 자발적으로 이직하는 것으로 기관의 경우에는 임금문제가 이직 사유가 되기도 한다. 사임이나 해고는 기회를 부여해도 개선되지 않거나 또는 중대한 과실이나 치명적인 과오가 있을 경우 기관장의 결재에 따라 해고가 시행되는데 해고 시에는 직원이 규정을 위반하고 징계요구를 받거나 징계한 근거를 갖추어야 한다. 기관은 〈표 2-22〉의 사항에 처했을 때 해고를 명할 수 있다.

표 2-22 해고의 사유

해고 사유
• 형사사건으로 기소되어 형의 선고를 받은 경우
• 금치산 또는 한정치산 선고를 받은 경우
• 신체 또는 정신질환으로 더 이상 직무를 담당할 수 없다고 판단되는 경우
• 재해, 천재지변, 기타 부득이한 사유로 사업계속이 불가능한 경우
• 학력 또는 경력을 사칭하거나 기타 부정한 방법으로 채용된 경우
• 강등 이상의 중대한 징계사유로 근무가 어렵다고 판단되는 경우

* 출처: 서울복지재단(2006), 복지관경영매뉴얼.

－퇴직은 취업규칙이나 단체협약 규정에 의하여 근로자가 일정한 연령에 도달하면 고용관계가 자동적으로 소멸하게 되는 것으로 조기퇴직, 명예퇴직이 있다. 조기퇴직 및 명예퇴직을 하게 될 경우에는 상당한 재무보상을 제공하여야 한다. 그리고 정년 퇴직은 기관 내 취업규칙에서 정한 정년 연령이 된 경우에 해당하며 직원 본인이 사망한 경우에는 당연 퇴직으로 사망퇴직하게 된다. 기간을 정함이 있는 임시 또는 계약 직원 등의 고용계약이 만료된 경우에는 의원퇴직으로 처리한다.
－퇴직, 이직, 해고 등의 사유로 퇴사를 하게 될 경우에 [그림 2-19]와 같은 퇴직절차

를 거친다. 퇴직 직원은 구두 또는 문서(사직서)로 사직의사를 표명하고 관리자 또는
기관장과 사직의사에 대한 개별면담을 진행한다. 이때에 퇴직사유, 향후 진로 등을
청취하고 구두 또는 문서(퇴직 면담서)를 통해 면담자의 견해 및 면담내용을 최고 결
정권자에게 보고한다. 면담내용을 분석하고 최종 퇴직여부를 확정하는데 필요시에
는 면담을 통한 퇴직사유 및 퇴직절차(퇴직일, 인수인계 등)를 보강하기도 하며 기관
내 문제점이 있는 경우에는 이를 시정하는 등 효율적인 인적자원관리를 도모한다.
퇴직이 결정되면 기관발전 및 이익에 저해되지 않는 행위를 약속하는 퇴직각서를 받
고 퇴직일 이전에 기관의 비품, 대출도서, 공문서철, 직원증 등을 반납하고 관련부서
및 담당자는 이를 확인하도록 한다. 퇴직이후에는 퇴직자에 대한 지속적인 기록(퇴
직자명부, 퇴직자관리카드)관리를 통해 퇴직자를 기관의 평생 고객화하여 인적자원으
로 확보하도록 한다.

사직서 제출 → 개별면담 (면담서 작성) → 퇴직확정 (퇴직각서 작성) → 사후관리 (DB관리)

그림 2-19 퇴직의 절차

－퇴직한 근로자에게는 취업규칙과 「근로기준법」 제34조의 규정에 입각하여 퇴직금
을 지급한다. 퇴직금은 계속 근무 연수 1년에 대해 30일분 이상의 보수를 퇴직적립
금으로 적립하여 퇴직 시 지급하는데 근무 연수가 1년 미만인 자에게는 퇴직금을 지
급하지 아니한다. 즉, 365일 이상 근무한 자에게 퇴직금을 지급하며 퇴직일은 근무
일수에서 제외한다. 퇴직금 적립의 시기는 월별, 분기별, 반기별 또는 수시로 할 수
있으며 퇴직금 추계액을 산출하여 연말에 적립 부족액을 일시불로 적립하거나 차기
연도 예산에 반영할 수 있다.

표 2-23 퇴직금 산정

퇴직금 산정공식
• 법정퇴직금 = (일일 평균임금 × 30일 × 재직일수) ÷ 365일 • 일일 평균임금 = 퇴직금 산정 사유 발생일 이전 3월간 임금 ÷ 총 90일

4) 업무총괄

• 인적자원관리의 업무총괄에서는 업무내용의 구성(Flow chart)에 따라 직무내용을 분류
하고 세부업무내용을 간략하게 제시하였으며, 업무내용에 적합한 업무 부서를 '●'로
표시하였다. 업무 부서는 관리책임, 관리실무, 요양보호, 행정사무로 나누었으며 이는

일반적인 구분으로 기관의 인력사항과 조직구조에 따라 업무 부서를 달리 구성할 수 있다. 또한 업무내용에 적합하다고 판단되는 업무 부서를 기관장이 임의로 조정할 수 있으므로 여기에서 제시한 업무총괄표를 참고하여 업무분장을 하는 데 활용하도록 한다.

- 인적자원관리의 업무내용은 크게 직원모집, 직원채용, 직원복무 및 개발, 직원평가, 직원유지관리로 나누어 직무내용과 세부내용을 제시하였으며, 세부내용 중에는 담당해야 하는 업무가 공통 업무이거나 고유 업무인 경우가 있음을 밝혀둔다. 공통 업무와 고유 업무의 기준은 업무내용에 따라 기관장의 재량에 의해 탄력적으로 조정될 수 있다.

표 2-24 업무총괄표

시기	직무내용	세부내용	업무부서				비고
			관리책임	관리실무	요양보호	행정사무	
초기	직원모집	인력수급계획 수립	●				
		직원모집계획 수립	●	●			
		직원모집활동 실시		●			
		모집활동 결과확인 및 관리		●			
		채용문의 및 지원상담	●	●			
		채용상담일지 작성	●	●			
	직원채용	직원선발과정 준비 및 진행		●			
		면접 실시	●	●			
		선발결정	●	●			
		채용통지서 작성 및 발송		●			
		근로계약 체결 및 직원임명	●				
		직무수행능력파악 및 업무배치	●	●			
		근무배치표 작성		●			
실행	직원복무 및 개발	직원인사기록카드 작성				●	
		직원인사관리서류 확보 및 관리				●	
		근태관리서류 준비		●			
		직원 근태관리 책임	●				
		근태관리서류 작성	●	●	●	●	
		업무분장 및 업무분장표 작성	●	●			
		직원증 준비		●		●	
		직원증 발급		●			
		직원증 수령	●	●	●	●	
		직원증 발급관리		●			
		유니폼 준비		●		●	

		유니폼 수령	●	●	●	●	
		유니폼 지급		●			
		유니폼 지급관리		●			
		물품 준비				●	
		물품 수령			●		
		물품 관리대장 작성 및 물품관리				●	
		출장 및 외근대장 작성	●	●	●	●	
		출장 및 외근대장 관리		●			
		출장보고서 작성	●	●	●	●	
		인사이동 관리	●	●			
		업무인수인계서 작성		●	●	●	
		월 또는 주간업무회의 진행		●			
		월 또는 주간업무회의 참석	●	●	●	●	
		월 또는 주간업무회의록 작성		●			
		인건비 책정	●				
		직원봉급 예산편성 기준표 마련	●				
		임직원보수일람표 작성	●				
		임금대장 기록관리				●	
		급여명세서 작성 및 발송				●	
		급여지급 및 관리				●	
		경력관리 정보수집 및 관리				●	
		직무재배치 및 인사이동 관리	●				
		직원교육운영지침 마련	●				
		직원교육계획 수립		●			
		직원교육 준비 및 진행		●			
		직원교육 참석	●	●	●	●	
		직원교육 평가	●	●	●	●	
		직원교육결과보고서 작성		●			
평가	직원평가	직원평가 계획 수립	●				
		직원평가 자료 수집	●	●			
		직원평가 실시	●	●	●	●	
		직원평가 결과분석 및 반영계획 수립	●				
		직원상담 대상		●	●	●	
		직원상담 및 관리	●				
	직원유지관리	직원보상제도 마련	●				
		보상제도 운영 및 처리		●			
		복지후생제도 마련	●				

법정 복지후생 및 법정 외 복지후생 운영		●		●
복지후생제도의 평가 및 관리	●	●		
안전보건관리수칙 마련	●			
안전보건관리교육 실시		●		
안전보건관리교육 참석	●	●	●	●
안전보건관리 운영 및 처리		●		●
퇴직자 상담	●			
퇴직자 처리				●
퇴직관련서류 확보 및 관리				●
퇴직자 사후관리				●

5) 업무서식

인적자원관리에 필요한 업무서식을 다음과 같이 목록으로 작성하고 간략한 설명을 통해 이해를 돕고자 하였다. 인적자원관리의 업무서식 총 54종에 대한 서식의 실례를 서식번호 순으로 나열하였으므로 업무수행시 활용하도록 한다.

인적자원관리를 위해 제시된 업무서식을 운영자가 보다 편리하게 사용할 수 있도록 업무 서식의 중요도를 상·중·하로 표시하였다. 이를 참고하여 기관의 사정에 따라 적절하게 선택 또는 수정·변경하여 사용하도록 한다.

서식 번호	중요도	서식명	내용
2-01	하	모집활동 평가조사표	조사일자, 조사자, 각 모집방법별 비용, 기간을 작성하고 지원자의 수, 지원자의 질, 기관에 끼친 영향을 간략하게 작성함.
2-02	중	입사지원서	응시부문, 수험번호, 성명, 긴급연락처, 주민등록번호 등 인적사항, 학력, 병역, 경력, 가족사항, 자격 및 면허, 연수경력을 작성하도록 함.
2-03	중	자기소개서	지원자의 가족관계 및 성장과정, 성격의 장단점 및 특기, 지원동기, 장래계획, 사회활동경험 및 업무능력, 기타사항을 작성하도록 함.
2-04	상	입사지원 접수부	입사지원자의 지원순서에 따라 접수일자, 수험번호, 응시부문, 성명, 주민등록번호, 접수방법, 지원결과, 입사여부를 작성해 둠.

2-05	중	채용 상담표	입사지원자와의 전화 또는 면접 상담 시 작성하는 것으로 작성일자, 상담자, 응시부문, 성명, 긴급연락처, 이메일주소, 주소, 연령, 최종학력, 병역사항, 특기, 경력, 결혼여부, 장애유무, PC활용능력, 자격 및 면허, 출근방법, 지원동기 및 소개자, 희망근무조건, 면접희망, 상담자의 의견을 작성함.
2-06	상	채용 면접기록표	면접일자, 면접자의 성명과 직위, 응시자의 성명, 연령, 응시부문, 수험번호를 작성하고, 각 면접질문에 따른 평가점수를 부여하고 면접자의 기타 의견, 종합의견, 합격여부를 기록함.
2-07	중	건강조사표	조사일자, 응시자에 대한 정보(응시부문, 수험번호, 성명, 연령, 성별, 직종, 근무종별), 건강상태에 대한 정보(가족력, 기왕력, 감염력), 6개월 이내의 건강상태를 작성함.
2-08	하	채용통지서	합격자에게 채용되었음을 통지하는 것으로 응시부문, 수험번호, 성명, 주소, 주민등록번호, 주소를 작성하고 채용내용, 통지자를 작성함.
2-09	하	임명장	소속, 직위, 성명을 기록하고 직원으로 임명함을 밝힘.
2-10	상	근로계약서	사용자와 근로자를 명시하고 근로내용, 준수사항, 계약해지, 퇴직금에 관한 사항을 작성하여 사용자와 근로자 간의 서명을 득한 후 각 1부씩 보관함.
2-11	상	요양보호사 근무배치표	일련번호, 대상자 관리번호, 대사자명, 등급, 거주지를 작성하고 배치된 요양보호사의 성명, 서비스일, 서비스 시간, 서비스 개시일을 작성함.
2-12	상	인사기록카드	작성일자, 성명, 주민등록번호, 입사일, 주소, 종교 등 인적사항, 신체적 요건, 거주형태, 병역, 학력, 자격면호, 입사 전 경력, 가족사항, 발령사항, 상벌, 입사 후 교육 및 연수, 직원평가 내용, 퇴직사항을 기록하고 기록관리자의 확인을 득함.
2-13	상	직원임면대장	번호, 직종 또는 직위, 직책, 성명, 주민등록번호, 임용일, 면직일, 업무경력을 작성하고 비고에는 상근과 비상근을 명시함.
2-14	상	직원현황	관리책임자, 사회복지사, 간호사, 사무원의 인원과 요양보호사의 현인원, 근무인원, 퇴사인원, 휴직인원, 신규대기인원을 기록하고 전체 총인원을 기재함.
2-15	상	직원교육 관리대장	직원교육 실시 후 번호, 교육일자, 교육내용, 교육구분, 참석자, 참석인원, 교육장소, 교육강사를 작성함.
2-16	상	신규직원교육 관리대장	신규직원교육 실시 후 실시순번, 교육일자, 성명, 직위, 교육내용, 교육장소, 교육자를 작성하고 교육자 친필서명, 교육담당자 확인서명을 함.

2-17	상	출퇴근 관리대장	개인별 출퇴근현황을 기록하는 것으로 부서, 직책, 성명을 작성하고 일자별 출근시간, 퇴근시간, 시간 외 근무시간, 날인을 실시함. 지각, 조퇴, 휴가의 경우 비고란에 작성함.
2-18	상	근무상황부	외근, 출장 시 일자, 요일, 신청인, 시간, 행선지 및 업무내용을 작성하고 팀장, 센터장의 결재를 득함.
2-19	상	요양보호사 근무현황표	요양보호사의 부서, 직책, 성명을 작성하고 방문 대상자와 근무시간을 작성한 후 주단위로 팀장, 센터장의 결재를 득함.
2-20	상	근태신청서	결근, 지각, 조퇴, 휴가시 신청서를 작성하는 것으로 소속, 성명, 직종 및 직위, 일자, 사유를 작성한 후 팀장, 센터장의 결재를 득함.
2-21	상	결근·지각·조퇴 사유서	결근, 지각, 조퇴 시 사유서를 작성하는 것으로 소속, 성명, 직종 및 직위, 일자, 사유를 작성한 후 팀장, 센터장의 결재를 득함.
2-22	상	휴일출근·시간 외 근무대장	휴일출근 및 시간 외 근무 시 월일, 요일, 신청인, 근무시간, 업무내용, 지시자를 작성하고 팀장, 센터장의 결재를 득함.
2-23	상	업무분장표	업무구분을 대·중·소로 분류하여 제시하고 세부업무내용을 작성한 후 해당 발생빈도, 보고사항 및 사용 양식을 작성함.
2-24	상	업무일정표	소속, 담당자를 작성하고 월별로 업무진행사항을 실시예정일자, 업무내용을 작성하여 연간 업무일정을 작성해 둠.
2-25	상	업무일지	일일 업무사항을 작성하는 것으로 작성일, 담당자, 서비스 현황(대상자, 인원, 업무시간 등), 서비스 관리사항(서비스 점검, 평가, 의뢰, 종결), 물품관리사항(배급받은 물품의 관리상태), 업무내용, 회의 및 슈퍼비전, 예정업무내용을 작성함.
2-26	상	직원증	기관에서 자체 제작하는 것으로 직위, 성명, 사진, 기관명, 연락처를 작성하여 목걸이 또는 명찰의 형태로 사용하며 뒷면은 기관소개 및 약도 등 홍보 모집으로 활용해도 됨.
2-27	상	직원증 발급대장	직원증 발급 사항으로 순번, 성명, 소속, 직위, 직책, 발급일자를 작성해 두고, 재발급 시 재발급 일자와 반납일자를 작성하여 직원증을 관리하도록 함.
2-28	상	유니폼 지급대장	기관 유니폼을 제작하여 발급할 경우 발급대상자의 성명, 소속, 직위, 품명(유니폼 제품명, 사이즈 등), 지급일자를 작성하고 반납 시 일자, 사유를 기록함.
2-29	상	물품 관리대장	물품명, 관리번호, 구입일자, 적요, 단가, 수량, 지급내용(지급일자, 수량), 수령인, 잔량을 기록함.

2-30	상	출장보고서	출장 후 출장자는 출장자의 성명, 인원, 출장목적, 출장기간, 출장지, 보고자, 출장내용, 출장결과를 작성하고 첨부사항이 있을 경우 첨부하여 팀장, 센터장에게 보고함.
2-31	상	업무 인수 인계서	인계자 인적사항, 인수자 인적사항, 담당 수급자사항, 인수인계서류목록, 비품목록을 작성하고 인계자, 인수자, 입회자의 확인서명을 한 후 인계자, 인수자, 입회자에게 각 1부씩 제출함.
2-32	중	주간 업무계획 및 보고서	주단위로 전주업무 보고와 금주 업무계획, 건의사항을 간략하게 작성하여 보고함.
2-33	상	임·직원 보수일람표	전체 직원에 대한 보수를 작성해 두는 것으로 직원순위, 직종 또는 직위, 성명, 본봉, 수당, 보수합계, 공제액, 차감지급액을 작성함.
2-34	중	인건비 명세서	인건비에 대한 세부내역을 인건비 항목별로 명시해 두는 것으로 구분, 금액, 산출내역을 작성함.
2-35	상	임금대장	개인별 임금지급사항을 월별로 작성해 두는 것으로 성명, 주민등록번호, 주소, 연락처, 입사일, 퇴직일, 임금계산기초사항, 종사업무, 기능자격을 작성하고 근로일수, 산출근거, 급여사항, 공제액, 실수령액을 기록함.
2-36	상	급여명세서	인건비 지급 시 월 급여명세서를 작성하여 직원에게 제공하는 것으로 성명, 직위, 주민등록번호, 입사일, 급여산출근거, 지급항목별 금액, 공제항목별 금액, 실수령액을 작성함.
2-37	중	요양보호사 임금대장	월별로 요양보호사의 성명, 직위, 기본급, 수당, 총액, 공제액, 차감지급액을 작성하고 시간급 금액을 기재함.
2-38	중	자기평가서	작성일자, 작성자, 소속을 작성하고 14개 평가질문에 대해 답변함.
2-39	중	직원 근무평정표	작성일자, 평가기간을 작성한 후 11개 평가요소별 평가질문에 5점 척도로 답변하고 평가자의 추가의견을 서술함. 피평가자 성명과 소속, 평가자의 직위, 서명, 총합계를 기록함.
2-40	중	부서장 근무평정표	작성일자, 평가기간을 작성한 후 5개의 평가항목별 질문에 5점 척도로 답변하고 평가자의 추가의견을 서술함. 피평가자 성명과 소속, 평가자의 직위, 서명, 총합계를 기록함.
2-41	중	인사고과표	기간, 소속, 성명, 직위, 입사일, 근무기간, 1차·2차·3차 평가자 성명을 작성하고 10개 평가요소별 평가기준에 5점 척도로 답변하고 특기사항을 서술함.
2-42	상	직원성과평가서	평가기간, 평가대상, 담당업무를 작성하고 근무실적평가, 직무수행평가의 평가요소별 기록한 후 종합평가에서 종합점수, 종합평가의견을 서술함.

2-43	상	직무만족도평가서	작성일자, 작성자를 작성하고 업무의 양, 업무의 질, 업무만족 등 6개 평가항목에 답변내용을 체크하고 개선사항 등 4개 평가항목에 대해 서술함.
2-44	상	직원상담 기록지	소속, 직급, 직위, 성명을 작성하고 상담일자, 상담장소, 상담내용, 개선사항, 기타 사항을 기재함.
2-45	상	재직증명서	재직하고 있음을 증명하는 것으로 재직자의 인적사항, 소속, 직위, 근무기간, 증명서 사용용도를 작성하고 확인자의 주소, 전화번호, 확인자인을 필함.
2-46	상	경력증명서	발급번호, 인적사항, 경력사항(근무부서, 최종직위, 재직기간), 사용용도, 퇴직사유를 작성하고 확인자의 주소, 전화번호, 확인자인을 필함.
2-47	중	시말서	발급번호, 소속, 직위, 성명, 주민등록번호, 위반내용을 작성하고 작성일자, 작성자, 소속부서장 서명을 득후 상급자에게 제출함.
2-48	상	사직서	성명, 주민등록번호, 직위, 직급, 사유를 작성하고 제출일, 퇴직상정일, 제출자 서명을 하도록 함.
2-49	상	퇴직자 관리카드	퇴직자의 인적사항, 근속기간, 퇴직연월일, 퇴직사유, 향후 진로를 작성하고 퇴직으로 인한 기관 확인사항을 항목별로 점검하여 일자 및 기타 사항을 기재하도록 함.
2-50	하	퇴직 각서	퇴직자의 성명, 주민등록번호, 직위, 직급을 작성하고 퇴직에 따른 기관과의 서약사항을 명시하여 이에 대한 자필서명을 한 후 기관에 제출함.
2-51	중	퇴직 증명서	퇴직자의 인적사항, 소속, 최종직위, 입사일자, 퇴사일자, 퇴직사유를 작성하고 증명서 발급기관의 기관명, 확인자, 주소, 전화번호, 발급일자를 기록함.
2-52	상	퇴직자 명부	퇴직자 발생 시 퇴사일자, 성명, 부서, 직위, 주민등록번호를 작성하고 관리자의 확인서명을 득함.
2-53	상	퇴직금 지급명세서	퇴직금 지급에 따른 내역제공 및 지급확인의 과정으로 퇴직자의 성명 등 인적사항, 산정내역, 퇴직금 산정 및 퇴직금액을 작성한 후 퇴직자에게 원본제공, 사본은 기관 보관하도록 함.
2-54	상	퇴직금 지급대장	퇴직금 지급자의 직종, 성명, 성별, 주민등록번호, 퇴직일자, 근무기간, 퇴직금액, 수령일자, 수령자 성명을 작성한 후 팀장, 센터장의 결재를 득함.

서식 2-01　모집활동 평가조사표

중요도: 하

모집활동 평가조사표

조사일자:　　년　　월　　일

조사자:

모집방법		비용(원)	시간(기간)	지원자의 수	지원자의 질	기관에 끼친 영향
내부모집	계		시작일 종료일		상·중·하	
• 기관 내 충원						
• 기관 내 지원						
외부모집	계					
• 모집광고를 통한 모집	지역생활신문					
	사회복지관련 잡지					
	사회복지신문					
	기관 및 협회회보					
• 리크루터(recruiter)를 통한 모집	시·군·구청 취업정보센터					
	사설 직업소개소					
• 직원 추천에 의한 모집						
• 교육기관의 추천	요양보호사교육원					
• 유관기관의 추천	복지관, 복지센터					
	협회, 보건소 등					
• 자발적인 지원						
• 인턴, 시간제근로, 자원봉사자에 의한 모집						
• 친구, 친척 등 개인적인 접촉에 의한 모집						
• 인터넷을 통한 모집	요양보호사협회					
	한국사회복지사협회					
	복지미					
	복지넷					
	한국복지넷					
	한국고용정보원					
	노인장기요양보험					
	기타					

○○○노인복지센터

서식 2-02 입사지원서

중요도: 중

입사지원서

					긴급연락처		
	응시부문				이메일주소		
	수험번호				주민등록번호		
4×5cm사진 (최근 3개월 이내 촬영)	성명	한글			연령	만 세	
		한자					
	주소	본인					
		부모					
	본적						
	호주				관계		

학력	재학기간	학교명	구분	전공과목	졸업구분	비고
	—	고등학교	1.주간 2.야간			
	—	전문대	1.주간 2.야간			
	—	대학교	1.주간 2.야간			
	—	대학원	1.주간 2.야간			

병역	군필여부	(1) 병역필 (2) 면제 (3) 병역미필		취미		
	군별		병과	계급		특기
	복무기간	—	면제사유		종교	

보훈대상	(1) 대상 (2) 비대상	보호구분		상벌사항	

경력	근무기간	근무처	직위	담당업무	월급여

가족사항	관계	성명	연령	직업	동거	비고	결혼여부	(1) 기혼 (2) 미혼
							가족관계	남 녀 중 ( )째
							장애유무	(1) 대상 (2) 비대상
							PC활용능력	(1) 상 (2) 중 (3) 하

자격 및 면허	종별	취득년월	취득처	연수경력	연수기간	연수기관	연수내용

○○○노인복지센터

서식 2-03　자기소개서

중요도: 중

자기소개서

가족관계 · 성장과정	
성격의 장단점 및 특기	
지원동기	
장래계획	
사회활동경험 및 업무능력	
기타 사항	

○○○노인복지센터

서식 2-04 입사지원 접수부

중요도: (상)

입사지원 접수부

연번	접수일자	수험번호	응시부문	성명	주민등록번호	접수방법	지원결과	입사여부
1								
2								
3								
4								
5								
6								
7								
8								
9								
10								
11								
12								
13								
14								
15								
16								
17								
18								
19								
20								
21								

※ 지원결과 1. 서류 2. 예비면접 3. 면접

○○○노인복지센터

중요도: ⓒ

채용 상담표

작성일자:　　년　월　일
상담자:

응시부문			긴급연락처	
성명		(성별:　　)	이메일주소	
주소				
출생년도			연령	만　세

최종학력	학교명	재학기간	전공	졸업구분

병역사항	(1) 병역필 (2) 면제 (3) 병역미필		역종	
특기		취미	종교	
보훈대상	(1) 대상 (2) 비대상	보호구분	상벌사항	

경력	근무기간	근무처	직위	담당업무	월급여

결혼여부	(1) 기혼 (2) 미혼 (3) 기타	가족사항	
장애유무	(1) 대상 (2) 비대상	장애사항	
PC활용능력	(1) 상 (2) 중 (3) 하	PC활용분야	

자격 및 면허	종별	취득년월	취득처	연수 경력	연수기간	연수기관	연수내용

출근방법	(1) 자가용　(2) 버스　(3) 지하철　(4) 기타	총 소요시간	시간　분
	구체적 사항:		

지원동기 및 소개자	
희망근무조건	
면접회망	(1) 매우 희망 (2) 희망 (3) 거부 (4) 기타
상담자 의견	

○○○노인복지센터

중요도: 상

채용 면접기록표

면접일자:　　　년　　월　　일

응시부문		수험번호	
성명	(성별:　　　)	연령	
면접자		직위	

구분	번호	질문사항	A	B	C	D
동기와 지망	1	우리 기관에 지원하게 된 동기는 무엇인가요				
	2	자신의 장점이나 특기에 대해서 객관적으로 말해 주세요				
	3	우리 기관에 대해 느끼신 점을 말해 주세요				
직업에의 마음가짐	1	채용되었을 경우 어떤 분야를 희망하십니까				
	2	입사후 제1희망의 업무가 맞지 않을 때, 어떻게 합니까				
	3	자기가 좋아하는 일이나 잘 맞지 않는 상사, 선배는 어떻게 하면 잘해 나갈 수 있겠습니까				
	4	만약에 취업을 했을 경우 당신은 몇 년 정도 근무할 수 있습니까				
가정·기타	1	가정과 회사 중 어떤 곳에 비중을 두어야 한다고 생각하십니까				
	2	지금 읽고 있는 책과 신문, 잡지는 어떤 것입니까				
	3	외부의 다른 활동을 하고 있는 것이 있습니까				
	4	가족들은 본인에 대해 어떤 사람이라고 평가합니까				
면접자의 기타 의견						
외모·용모	(1) 건강상태　　(2) 복장　　(3) 젊음　　(4) 전반적인 인상					
표현력	(1) 대화법　　(2) 음성　　(3) 내용					
성실성	(1) 생각　　(2) 생활상태 (3) 총체적으로					
성격	(1) 협조성　　(2) 책임감　　(3) 적극성					
지능	(1) 이해판단력　(2)자질					
채용후의 문제	(1) 입사 후의 마음가짐　　　　(2) 정착도					
종합의견			합격	보류	불합격	

○○○노인복지센터

중요도: 중

건강조사표

조사일자:　　　년　월　일

응시부문			수험번호	
성명		(성별:　　　)	연령	
직종(해당직종에 ○표)	사무 · 요양보호사 · 사회복지사 · 간호사		근무종별	상근 · 비상근

이 건강조사표는 당신의 건강관리를 위해 건강상태를 질문하는 것입니다.
비밀취급임으로 사실대로 기입해 주시기 바랍니다.

가족력	가족(부모, 현제, 자매, 조부모 등) 중에 결핵, 암, 고혈압, 뇌졸중, 심장병, 당뇨병 등에 현재 또는 과거에 걸린 적이 있거나 이로 인해 사망한 적이 있는 경우 이을 기입하십시오. 관계　　　　　　　　　　　　병명
기왕력	과거에 질병 또는 부상으로 1주 이상 앓은 적이 있는 경우에 기입하십시오. 병명　　　　　　　　　　　　입원수술 현재 치료 중인 질병 또는 부상에 대해 기입하십시오. 병명　　　　　　　　　　　　언제부터
감염력	전염성 감염질환에 걸렸거나 현재 치료 중인 경우에 기입하십시오. 과거　　　　　　　　　　　　현재

다음 질문에 대하여는 6개월 이내의 상태를 예, 아니요 중 한쪽에 ○표 하십시오.

	예	아니요
1. 줄곧 기침이 납니까	예	아니요
2. 가래가 많습니까	예	아니요
3. 혈압이 높다는 말을 들은 적이 있습니까	예	아니요
4. 다른 사람보다 빨리 숨이 가빠지는 때가 있습니까	예	아니요
5. 손이나 발이 붓는 때가 있습니까	예	아니요
6. 눈꺼플이 붓는 수가 있습니까	예	아니요
7. 가끔 가슴이 쓰립니까	예	아니요
8. 식후 트림을 많이 합니까	예	아니요
9. 위가 아픈 적이 있습니까	예	아니요
10. 손이나 발이 저린 적이 있습니까	예	아니요
11. 가끔 어지럽습니까	예	아니요
12. 한밤중에 소변보러 일어납니까	예	아니요
13. 기상시 전날의 피로감이 남아있습니까	예	아니요
14. 최근 건망증이 있습니까	예	아니요
15. 운동부족이라고 생각합니까	예	아니요
16. 언제나 정신적 스트레스가 쌓여있습니까	예	아니요
17. 변비가 있는 듯합니까	예	아니요
18. 담배를 하루에 21개비 이상 피웁니까	예	아니요

○○○노인복지센터

서식 2-08 **채용통지서**

중요도: 하

채용통지서

응시부문		수험번호	
성명	(성별:)	주민등록번호	
주소			

먼저 귀사의 채용면접에 응시해 주셔서 감사드립니다.

귀하는 _____ 센터의 _____직에 _____년 ___월 ___일 응시한 결과

다음과 같이 합격하였기에 알려드립니다.

성명:

직위:

년   월   일

통지자 ○○○노인복지센터장 (인)

중요도: 하

임명장

소속 _____

직위 _____

성명 _____

위 사람을 _____직에 임명함.

년   월   일

○○○노인복지센터장 (직인)

서식 2-10 **근로계약서**

근로계약서

사용자 _____을 '갑'이라 하고, 근로자 _____(주민등록번호: ____ - ____)을 '을'로 하여 다음과 같이 근로계약을 체결한다. '을'은 다음과 같이 '갑'이 정하는 내용의 근로를 성실히 제공하여 기관 업무가 원활히 이루어지도록 한다.

〈근로내용〉
1. 근로계약기간: _____년 ___월 ___일부터 _____년 ___월 ___일까지
2. 근로장소:
3. 직종:
4. 업무의 내용:
5. 근로일/휴일: 매주 _____일(또는 매일단위)근무, 주휴일 매주 _____요일
6. 근로시간: 근로일의 ___:___ 부터 ___:___ 까지(이용자의 서비스제공계획에 준함)
7. 임금: 시간(일, 월)급: _____원(상여금 _____원, 제수당 _____원, 교통비 _____원, 식대 _____원)
8. 임금지급일: 근무시간에 따라 익월(주 또는 매일) _____일(휴일의 경우는 전일 지급)
9. 임금지급방법: '을'에게 직접지급( ), 예금통장에 입금( )

〈준수사항〉
1. '을'은 무단결근 시 무급으로 처리함을 원칙으로 하며 운영규정에 의해 처벌한다.
2. '을'은 허가 또는 정당한 사유없이 근무장소를 이탈하지 못한다.
3. '을'은 재중은 물론 퇴직 후라도 직무상 취득하게 된 '갑'의 업무상의 기밀과 직원 및 기관 이용자에 대한 정보를 제3자에게 누설하여서는 안된다.
4. '을'은 근무기간 중 본인의 과실 등 여타의 행위로 '갑'의 시설, 기구, 금전 등에 손해를 입힌 경우 지체 없이 배상하여야 한다.
5. '을'은 기관에서 실시하는 회의 및 직원교육에 참여하는 것을 원칙으로 한다.
6. 이용자에게 신체적·정신적 등 이상이 발생하였을 경우 기관에 신속히 보고하여 적절한 조치를 하여야 한다.
7. 외부 근무자는 근무 후 유선으로 기관에 근무보고를 하여야 한다.
8. '갑'은 본인부담금 면제, 수급자 빼내오기 등 불공정행위를 요양보호사에게 강요하거나 유도하지 않는다. 이를 어길 경우 요양보호사에게 거절할 권리가 있고, 또 그러한 거절행위로 불이익한 처우를 받지 않을 권리가 있음을 명시한다.
9. '갑'은 수급자 가족이나 수급자 본인에 의한 파출부와 같은 잡일 부탁이나 성적 괴롭힘, 잦은 교체 요구 등으로 갈등이나 문제가 발생하였을 경우 기관의 분쟁처리 및 고충해결절차에 따라 이를 해결하도록 한다. 또한 이로 인한 이유로 불이익한 처우를 받지 않을 권리가 있음을 명시한다.

〈계약해지〉
'갑'은 '을'에게 다음 각 호의 상가 발생하였을 때에는 〈근로내용〉 제1호의 기간에도 불구하고 본 계약을 해지할 수 있다.
1. '을'의 건강 또는 기타 사유 등으로 담당업무의 수행이 곤란할 때(의사진단에 한함)
2. '을'이 본 계약 조항을 위반하였을 때

〈퇴직금〉
1. 퇴직금은 법정퇴직금으로 매년 정산하여 지급한다.
2. 퇴직금 지급 시 본인의 퇴직적립금 범위 내에서 지급한다.

위와 같이 근로계약을 체결합니다.
년   월   일

'갑' 사용자: (인)
'을' 근로자 주소:
주민등록번호:
직:
성명: (인)

서식 2-11　요양보호사 근무배치표

중요도: 상

(　　　)월 요양보호사 근무배치표

번호	관리번호	대상자명	등급	거주지	담당자명(성별)	서비스일	서비스시간	서비스 개시일

○○○노인복지센터

서식 2-12 인사기록카드

중요도: 상

인사기록카드

결재	담당	팀장	센터장

년　월　일

성명	한글		주민등록번호				사 진
	한자		입사일		년　월　일		
원적				호주			
본적				관계			
종교		취미			특기		
현주소					전화		－
현거소					전화		－
이메일주소					휴대전화		
신체	신장	체중	혈액형	색맹	시력		신체장애
	cm	kg			좌　우		
거주형태	입사 전	자가, 전세, 월세, 하숙, 자취, 친척, 기타( )				미혼, 약혼, 기혼	
	입사 후	자가, 하숙, 자취, 친척, 기타( )		출·퇴근시간		로　시간　분	
병역	미필사유		입대	. .	의무 년한	예비군	동원예비군
	계급		제대	. .		년	년

학력 (고등학교 이상)	학교명	소재지	전공	기간	연한	주·야	중퇴 시 사유

자격면허	취득		종류		번호		취득발행처

입사전 경력	근무처, 자영직업	소재지	업무내용	기간	연한	월수입	퇴직(폐업)사유

가족사항	관계		성명		연령	학력	직업

발령사항 · 배속 · 보직 · 겸무 · 진급	발령연월일	소속	발령내용		급호	본봉	수당	인
	. . .							
	. . .							
	. . .							
	. . .							
	. . .							
	. . .							
	. . .							
	. . .							
상벌	연월일	상벌내용		인	연월일	상벌내용		인
	. . .				. . .			
	. . .				. . .			
	. . .				. . .			
	. . .				. . .			
입사 후 직원교육 및 연수	연월일	교육 · 연수명		인	연월일	교육 · 연수명		인
	. . .				. . .			
	. . .				. . .			
	. . .				. . .			
	. . .				. . .			
	. . .				. . .			

직원평가	실시기간	총평	인	실시기간	총평	인	실시기간	총평	인

퇴직	퇴직일자	연월일	기록 관리자	소속	성명	인	소속	성명	인
	사유								
	전직처								
	충원	□요 □필요 □보류							

○ ○ ○ 노인복지센터

서식 2-13   **직원임면대장**   중요도: (상)

직원임면대장

번호	직종 또는 직위(급)	직책	성명	주민등록번호	임용일	면직일	업무 경력	비고 (상근/비상근)

○○○노인복지센터

중요도: 상

직원현황

20   년도

월	총원	관리 책임자	사회 복지사	간호사	사무원	요양보호사					비고
						현인원	임시 휴직	신규 (대기)	근무 인원	퇴사 인원	
1월											
2월											
3월											
4월											
5월											
6월											
7월											
8월											
9월											
10월											
11월											
12월											

○○○노인복지센터

서식 2-15 직원교육 관리대장

중요도: (상)

직원교육 관리대장

20   년도

번호	교육일자	교육내용	교육구분	참석자	참석인원	교육장소	교육강사	비고

○○○노인복지센터

서식 2-16 신규직원교육 관리대장

중요도: 상

신규직원교육 관리대장

20   년도

번호	교육일자	성명	직위	교육내용	교육장소	교육자	서명	확인
1								
2								
3								
4								
5								
6								
7								
8								
9								
10								
11								
12								
13								
14								
15								
16								
17								
18								
19								
20								

○○○노인복지센터

서식 2-17 **출퇴근 관리대장**

중요도: ⑧

(   )월 출퇴근 관리대장

20   년도

부서		직책		성명	

일	요일	출근시간	퇴근시간	시간 외 근무	날인	비고(지각, 조퇴, 휴가 등)
1일		:	:	:		
2일		:	:	:		
3일		:	:	:		
4일		:	:	:		
5일		:	:	:		
6일		:	:	:		
7일		:	:	:		
8일		:	:	:		
9일		:	:	:		
10일		:	:	:		
11일		:	:	:		
12일		:	:	:		
13일		:	:	:		
14일		:	:	:		
15일		:	:	:		
16일		:	:	:		
17일		:	:	:		
18일		:	:	:		
19일		:	:	:		
20일		:	:	:		
21일		:	:	:		

○○○노인복지센터

중요도: 상

(　　　)월 근무상황부

월/일	요일	신청인	시간	행선지 및 업무내용	결재		
					담당	팀장	센터장

○○○노인복지센터

서식 2 - 19 요양보호사 근무현황표

중요도: (상)

요양보호사 근무현황표

20 년 월

부서		직책		성명	

	일자	/	/	/	/	/	담당	팀장	센터장
1주	대상자								
	시간								
	대상자								
	시간								
2주	일자	/	/	/	/	/	담당	팀장	센터장
	대상자								
	시간								
	대상자								
	시간								
3주	일자	/	/	/	/	/	담당	팀장	센터장
	대상자								
	시간								
	대상자								
	시간								
4주	일자	/	/	/	/	/	담당	팀장	센터장
	대상자								
	시간								
	대상자								
	시간								
5주	일자	/	/	/	/	/	담당	팀장	센터장
	대상자								
	시간								
	대상자								
	시간								

○ ○ ○ 노인복지센터

중요도: ⓢ

근태신청서

결재	담당	팀장	센터장

소속			
성명		직종 또는 직위(급)	
일자	년　월　일(　요일) ~　　년　월　일(　요일)		
신청	□결근　□지각　□조퇴　□휴가　□기타		
사유			

위와 같이 결근 · 지각 · 조퇴 · 휴가 신청서를 제출합니다.

년　월　일

○○○노인복지센터장 귀하

○○○노인복지센터

중요도: 상

□ 결근 · □ 지각 · □ 조퇴 사유서

결재	담당	팀장	센터장

소속			
성명		직종 또는 직위(급)	
일자	년 월 일(요일)		
사유			

위와 같이 결근 · 지각 · 조퇴 사유서를 제출합니다.

년   월   일

○○○노인복지센터장 귀하

○○○노인복지센터

서식 2-22　휴일출근 · 시간 외 근무대장

중요도: ⓢ

휴일출근 · 시간 외 근무대장

월/일	요일	신청인	근무시간	업무내용	지시자	결재		
						담당	팀장	센터장

○○○노인복지센터

서식 2-23 업무분장표

중요도: 상

업무분장표

대분류	중분류	소분류	세부업무내용	발생빈도						보고사항	사용양식
				수시	일	주	월	분기	년		

○○○노인복지센터

서식 2-24　업무일정표

중요도: (상)

업무일정표

소속:　　　　담당자:

월	일자	업무내용	비고	월	일자	업무내용	비고	월	일자	업무내용	비고
1월				5월				9월			
2월				6월				10월			
3월				7월				11월			
4월				8월				12월			

○○○노인복지센터

서식 2-25 업무일지

업무일지

작성일: 20   년   월   일

담당자:

결재	담당	팀장	센터장

서비스현황	대상자	성명	성별	등급	지역	시간		비고
						( )시간		
						( )시간		
						( )시간		
	인원	명	1등급	2등급	3등급	일반	국민기초수급	의료수급

서비스관리	서비스점검	전화상담	명	
		가정방문	명	
	서비스평가		명	
	서비스의뢰		명	
	서비스종결		명	

물품관리	체온계	자동혈압계	장갑		필요사항	
	양호/불량	양호/불량	양호/불량			

업무내용	

회의 및 슈퍼비전	

예정사항	

○○○노인복지센터

서식 2-26 　직원증　　　　　　　　　　　　　　　　　　　　　중요도: ㉑

직원증

(앞면)	(뒷면)

직 원 증

요양보호사
홍길동

○○○노인복지센터
02) 000-0000

○○○노인복지센터

- 기관소개

- 서비스 내용

- 약도(주소, 찾아오시는 길)

홈페이지 주소

서식 2-27 　직원증 발급대장　　　　　　　　　　　　　　　중요도: ㉑

직원증 발급대장

번호	성명	소속	직위	직책	발급일자	재발급사항				반납일자
						1	2	3	4	
						/	/	/	/	
						/	/	/	/	
						/	/	/	/	
						/	/	/	/	
						/	/	/	/	
						/	/	/	/	
						/	/	/	/	
						/	/	/	/	
						/	/	/	/	
						/	/	/	/	

○○○노인복지센터

중요도: (상)

유니폼 지급대장

번호	성명	소속	직위	직책	품명	지급일자	반납일자	반납사유	비고

○○○노인복지센터

중요도: ⑨

물품 관리대장

품명					관리번호				

번호	구입일자	적요	단가	수량	지급내용		수령인	잔량	비고
					지급일자	수량			
	/				/				
	/				/				
	/				/				
	/				/				
	/				/				
	/				/				
	/				/				
	/				/				
	/				/				
	/				/				
	/				/				
	/				/				
	/				/				
	/				/				
	/				/				
	/				/				
	/				/				
	/				/				
	/				/				

○ ○ ○ 노인복지센터

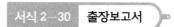 서식 2-30 출장보고서

중요도: (상)

출장보고서

결 재	담당	팀장	센터장

출장자		인원	명식
출장목적			
출장기간	20 년 월 일( )부터 20 년 월 일( )까지 (박 일)		
출장지		보고자	
내용			
출장결과			
첨부			
비고			

○○○노인복지센터

중요도: (상)

업무 인수 인계서

1. 인계자 인적사항

성명		소속	
직위		직급	

2. 인수자 인적사항

성명		소속	
직위		직급	

3. 담당 수급자

연번	성명	등급	급여 제공 내용	유의사항
1				
2				
3				

4. 인수인계 서류 목록

5. 비품 목록

상기와 같은 사항을 인수 · 인계하였습니다.

년　　월　　일

인계자:　　　　　　(인)
인수자:　　　　　　(인)
입회자:　　　　　　(인)

○○○노인복지센터

서식 2-32   주간 업무계획 및 보고서

중요도: 상

주간 업무계획 및 보고서

기간	20 년 월 일(요일) ~ 월 일(요일)		
작성자		소속	
직위		직급	
금주업무보고			
익주업무계획			
건의사항			
비고			

○○○노인복지센터

서식 2-33 임·직원 보수일람표

중요도: 상

20   년도 임·직원 보수일람표

(단위: 원)

순위	직종또는 직위(급)	성명	본봉	수당				계	공제액	차감지급액
				휴일 수당	야간 수당	주휴 수당	기타 수당			
1										
2										
3										
4										
5										
6										
7										
8										
9										
10										
11										
12										
13										
14										
15										
16										
17										
18										
19										
20										

○○○노인복지센터

중요도: 중

인건비 명세서

(단위: 원)

구분	금액	산출내역	비고
본봉		원 × 명 × 12월	
직무수당			
휴가비			

○○○노인복지센터

중요도: 상

(　　　)년도 임금대장

관리번호:

성명		주민등록번호		주소		
연락처			입사일		퇴직일	
임금계산기초사항			종사업무		기능자격	

구분 월	근로 일수	산출근거				급여						공제액							실수 령액 ①- ②
		근로 시간	휴일 근로 시간	야간 근로 시간	주휴 시간	기본급	휴일 근로 수당	야간 근로 수당	주휴 수당	기타 수당	급여 총계 ①	국민 연금	건강 보험	요양 보험	고용 보험	갑근세	주민세	공제액 총계 ②	
1																			
2																			
3																			
4																			
5																			
6																			
7																			
8																			
9																			
10																			
11																			
12																			
총계																			

○○○노인복지센터

서식 2-36 급여명세서

중요도: (상)

(   )월 급여명세서

성명		직위	
주민등록번호		입사일	

산출근거	서비스 구분		관리번호	대상자 성명
	임금계산기초사항		기본시간	
			시간급	
	근로일수	근로시간	휴일근로시간	야간근로시간	주휴시간

지급항목		공제항목	
기본급		국민연금	
휴일근로수당		건강보험	
야간근로수당		장기요양보험	
주휴수당		고용보험	
기타 수당		갑근세	
		주민세	
급여 총계		공제액 총계	
실수령액			

○○○노인복지센터

서식 2-37   요양보호사 임금대장

중요도: 중

( )월 요양보호사 임금대장

연번	직위	성명	기본급	수당			계	공제액	차감 지급액	시간급
				휴일	야간	주휴				
	합계									

○ ○ ○노인복지센터

서식 2-38　자기평가서　　　　　　　　　　　　　　　　　　　　　　중요도: ㉗

자기평가서

본 자기평가서는 직원 개개인의 업무만족도 및 의견을 청취하여 직원의 자기계발과 교육훈련의 자료로써 앞으로의 객관적인 근거에 의하여 종합적으로 분석·평가하여 주시기 바랍니다.

• 작성일자: 20　년　월　일 / 작성자:　　　　　　(사인) / 소속: ○○○요양기관

1. 현재 담당하고 있는 업무의 량은 적당한가?

매우 적당하다	적당하다	보통	적당하지 않다	매우 적당하지 않다

2. 적당하지 않을 경우 업무량에 대한 구체적인 의견은?

매우 많다	많다	적다	매우 적다

3. 나의 업무 능력에 비해 현 담당 업무의 질은?

매우 높은 편이다	높은 편이다	보통	낮은 편이다	매우 낮은 편이다

4. 나의 현 직무에 대한 만족도는?

매우 높다	높다	보통	낮다	매우 낮다

5. 소속 팀 내 팀원 간의 협조 및 관계는?

매우 긍정적이다	긍정적이다	보통	부정적이다	매우 부정적이다

6. 타 부서 동료와의 관계 및 부서 간의 협조는?

매우 협조적이다	협조적이다	보통	비협조적이다	매우 비협조적이다

7. 조직 내 상하 간 의사소통 및 신뢰성 정도는?

매우 긍정적이다	긍정적이다	보통	부정적이다	매우 부정적이다

8. 최근 6개월간 업무수행 중 가장 보람 있었던 일은 ?

9. 최근 6개월간 업무수행 중 가장 곤란했던 일은?

10. 최근 1년 동안 자기계발을 위해 노력하고 연구(일)한 실적은?(근무와 무관하여도 됨)

11. 향후 1년 동안 자기계발을 위해 관심을 가지고 연구(일)할 목표는 ?

12. 담당 업무 중 개선해야 할 것이 있다면 어떤 것입니까 ?

13. 희망하는 교육훈련 분야가 있다면 서술하여 주시기 바랍니다.

14. 앞으로 우리 기관에서 가장 하고 싶은 일이 있다면 어떤 것입니까?

15. 기타 건의사항

서식 2-39 직원 근무평정표

중요도: 중

직원 근무평정표

　본 직무평정은 직원의 자기계발과 교육훈련의 자료로써 앞으로의 직무에 긍정적인 영향을 미칠 수 있도록 하기 위한 것으로 근무평정의 신뢰성과 타당성이 보장받을 수 있도록 사적인 감정을 배제하고 객관적인 근거에 의하여 종합적으로 분석·평가하여 주시기 바랍니다.
　문항별 평가결과는 아래의 평가척도에 의거하여 해당 점수를 기입해 주시기 바랍니다.

작성일자:　년　월　일 / 평가기간:　년　월 ~　월

평가척도
① 매우 그렇지 않다 / ② 그렇지 않다 / ③ 보통 / ④ 그렇다 / ⑤ 매우 그렇다

	평가 요소	질문내용
1	업무의 중요성	(1) 담당업무의 난이도 및 추진결과가 기관에 미치는 영향이 매우 높다고 생각하는가 매우 그렇지 않다　그렇지 않다　보통　그렇다　매우 그렇다 (2) 담당직무내용을 잘 파악하고 이해하여 올바르게 처리하고 있는가 매우 그렇지 않다　그렇지 않다　보통　그렇다　매우 그렇다
2	업무의 협조성	(3) 자신의 업무가 팀 성과달성에 어떤 영향을 미치는지 이해하고 있으며 자신의 일뿐 아니라 다른 동료가 최대한의 업무성과를 낼 수 있도록 지원하는가 매우 그렇지 않다　그렇지 않다　보통　그렇다　매우 그렇다 (4) 직원으로서 공동체 의식을 가지고 있으며, 업무추진을 위해서 자기팀 뿐만 아니라 다른 팀에도 적극적인 협조를 하고 있는가 매우 그렇지 않다　그렇지 않다　보통　그렇다　매우 그렇다
3	업무의 전문성	(5) 본인의 책임 하에 담당업무를 완결하려고 노력하며, 기존 방법뿐만 아니라 전문지식을 지속적으로 개발하여 업무수행에 있어 전문가적 능력을 발휘하는가 매우 그렇지 않다　그렇지 않다　보통　그렇다　매우 그렇다 (6) 신지식 및 업무관련 정보를 수집·정리하는 체계적인 틀을 확보하여 적기에 활용하며, 조직구성원에게도 전파하고 지원하는가 매우 그렇지 않다　그렇지 않다　보통　그렇다　매우 그렇다
4	대인 관계	(7) 공사를 불문하고 모범이 되며 성실한 태도로 직원들로부터 신뢰를 받고 있는가 매우 그렇지 않다　그렇지 않다　보통　그렇다　매우 그렇다 (8) 조직 내 구성원에게 긍정적인 멘토와 모델링의 역할을 하는가 매우 그렇지 않다　그렇지 않다　보통　그렇다　매우 그렇다

5	담당 업무의 특성	(9) 업무 양이 많고, 기피하는 업무를 담당하면서도 차질 없이 당초의 목표를 달성하는가 매우 그렇지 않다　그렇지 않다　보통　그렇다　매우 그렇다
		(10) 담당 직무의 기간 내 업무 처리량의 정도와 부과된 업무는 적기에 처리 되는가? 매우 그렇지 않다　그렇지 않다　보통　그렇다　매우 그렇다
6	책임성 /치밀성	(11) 외부의 압력에도 관련법규 및 규정에 따라 차질 없이 업무를 적기에 수행하면서 결과에 대한 평가와 책임을 감수하는가 매우 그렇지 않다　그렇지 않다　보통　그렇다　매우 그렇다
		(12) 담당직무를 적극적으로 해결하겠다는 의지를 갖고 수행하는가 매우 그렇지 않다　그렇지 않다　보통　그렇다　매우 그렇다
7	기획 능력	(13) 보도자료, 국회답변서, 기타 사업추진계획 수립에 있어 우리부의 정책방향을 충분히 표현하면서도 간결 명료하게 작성하는가 매우 그렇지 않다　그렇지 않다　보통　그렇다　매우 그렇다
		(14) 계획적인 일 처리능력, 일의 우선순위 결정과 그에 따른 이행은 잘 되었는가 매우 그렇지 않다　그렇지 않다　보통　그렇다　매우 그렇다
8	긍정적 사고	(15) 업무의 추진에 있어 모든 일에 긍정적으로 접근하여 업무를 수행하며, 과도한 스트레스를 인내하고 최선책을 모색하여 상황을 반전시키는가 매우 그렇지 않다　그렇지 않다　보통　그렇다　매우 그렇다
		(16) 직무를 믿고 일을 맡길 수 있는가 매우 그렇지 않다　그렇지 않다　보통　그렇다　매우 그렇다
9	적극성 · 추진력	(17) 업무수행에 있어 강한 의지와 추진력을 가지고 의욕적으로 업무를 수행해 내는 능력이 탁월한가 매우 그렇지 않다　그렇지 않다　보통　그렇다　매우 그렇다
10	혁신성	(18) 문제해결을 위해 다양한 전략과 구체적인 대안을 제시하며, 기존의 관행과 업무 프로세스를 발전적으로 개선하기 위해 노력하는가 매우 그렇지 않다　그렇지 않다　보통　그렇다　매우 그렇다
		(19) 미래지향적 사고를 기반으로 창의적인 서비스를 제공하고자 다양한 제안과 노력을 기울이고 있는가 매우 그렇지 않다　그렇지 않다　보통　그렇다　매우 그렇다
11	조직 이해	(20) 기관의 운영목적, 미션과 비전에 대해 정확히 이해하고 업무를 추진하고 있는가 매우 그렇지 않다　그렇지 않다　보통　그렇다　매우 그렇다

평가자 추가의견	피평가자의 부족한 점(보완할 점)이나 훌륭한 점(칭찬할 점)이 있으시면 적시하여 주십시오.		
총합계		평가자의 직위	평가자　　　(서명)
피평가자	성명	소속	

○○○노인복지센터

서식 2-40 **부서장 근무평정표**

부서장 근무평정표

 본 직무평정은 직원의 자기계발과 교육훈련의 자료로써 앞으로의 직무에 긍정적인 영향을 미칠 수 있도록 하기 위한 것으로 근무평정의 신뢰성과 타당성이 보장받을 수 있도록 사적인 감정을 배제하고 객관적인 근거에 의하여 종합적으로 분석·평가하여 주시기 바랍니다.
문항별 평가결과는 아래의 평가척도에 의거하여 해당 점수를 기입해 주시기 바랍니다.

작성일자: 년 월 일 / 평가기간: 년 월 ~ 월

평가척도 − 평가 Key words
• 미흡: 습득 및 학습을 하는 수준으로 관련 행동이 약간 나타남. • 부족: 업무에 제한적으로 적용하며, 관련행동이 나타나지만 일관적이지 않음. • 보통: 업무에 적용해 활용하며, 관련행동이 평소에 자주 나타남. • 우수: 상당히 숙련되고 광범위하게 응용하며, 관련행동이 자주 나타나며 일관적임. • 탁월: 매우 우수해 타인을 지도하는 수준으로 관련 행동이 익숙하게 항상 나타남.

평가항목	평정내용	척도
기본이념	사회복지조직의 부서장으로써 사회복지 윤리와 철학에 대한 개념형성 정도	
	(1) 부서장으로써 기관의 이념과 철학을 명확히 알고 있는가	
	(2) 담당부서의 직무를 수행하는 데 필요한 지식과 경험적 기반을 지니고 있는가	
	(3) 부서의 업무에 대해 책임을 가지고 업무를 수행하는가	
	(4) 담당부서의 슈퍼바이저로서 적절한 슈퍼비전을 제시하고 있는가	
비전제시	구성원과 조직에 대하여 명확한 목표를 제시하고 목표달성을 유도하며, 팀원에 대한 적절한 피드백을 통하여 성심껏 지도 하는 자세	
	(1) 제시된 목표가 조직의 비전과 일치하는가	
	(2) 조직의 목표를 설정하고 팀원에게 능력개발 동기를 부여하는가	
	(3) 조직전체와 비전을 공유하고 팀원의 역량 강화를 위한 노력과 관심을 기울이는가	
	(4) 팀장으로서 조직의 목표에 따라 팀원의 능력을 발휘하고자 노력하는가	

조직관리	구성원을 효과적으로 지휘통솔하고 효율적인 업무수행을 위하여 자원을 합리적으로 배분하고 통제하며, 다양한 이해관계를 고려하여 균형 있는 해결책을 모색하는 능력	
	(1) 업무를 수행함에 있어 직원들에게 명확하게 업무분장 및 대안을 제시하는가	
	(2) 현 시점에서 중요한 업무가 무엇인지 파악하고, 업무지연 시 확실한 태도를 취하는가	
	(3) 전체적인 의견을 존중하고 이를 조정하여 조직의 결속이 잘 이루어지는가	
	(4) 문제의 핵심을 정확히 이해·파악하고 적절하게 판단하는가	
전략적 사고	다양한 현상에서 나타나는 유형이나 관계 따위를 파악하여 전략적 관점에서 새로운 개념이나 모델을 창출하는 사고력	
	(1) 문제해결 및 효율적인 목표달성을 위해 적절한 방법, 절차를 전개하거나 유연한 사고로 구체적인 상황에 맞는 적절한 대안들을 제시하는가	
	(2) 신선한 감각으로 업무를 대하고 변화를 추구하며 업무를 개선·발전시키고자 하는가	
	(3) 다양하고 복잡한 상황을 쉽고 명확하게 정리하여 전략을 구상하는가	
	(4) 환경변화를 예측하고 전략과 계획을 수정하여 조직의 변화를 만들어내는가	
친화력	조직의 친화를 위한 노력을 기울이며, 조화로운 관계를 이루어 나가고자 관리하는 능력	
	(1) 팀원을 신뢰하고 인정하며, 지지와 격려를 아끼지 않는가	
	(2) 조직의 일원으로 타 부서와의 원활한 협조관계를 유지하는가	
	(3) 구성원 간의 긍정적인 신뢰관계가 형성되어 있는가	
	(4) 업무수행에 있어서 팀원들과 조화로운 의견 수렴을 이끌어 나가는가	
평가자 추가의견	피평가자의 부족한 점(보완할 점)이나 훌륭한 점(칭찬할 점)이 있으면 적시하여 주십시오.	

총합계			평가자의 직위	평가자	(서명)
상급직원	성명		소속		

○○○노인복지센터

서식 2-41 인사고과표   중요도: 중

인사고과표

기간	년 월 일 ~ 월 일			평가자		제1차	제2차	제3차
소속		성명						
직위		입사일		년 월 일 ~			년	개월
평가요소	평가기준					1차	2차	3차
업무지식	• 담당직무에 필요한 지식은 물론 관련업무의 지식도 높다.					1 2 3 4 5	1 2 3 4 5	1 2 3 4 5
	• 담당직무에 필요한 지식은 높지만 관련업무의 지식에 불충분한 부분이 있다.					1 2 3 4 5	1 2 3 4 5	1 2 3 4 5
창의력	• 항상 업무추진방법에 대해 연구개선하고 업무능률 향상에 공헌하고 있다.					1 2 3 4 5	1 2 3 4 5	1 2 3 4 5
	• 업무추진에 대해 연구개선하는 노력이 왕성하며 업무면에 상당히 좋은 영향을 준다.					1 2 3 4 5	1 2 3 4 5	1 2 3 4 5
적극성	• 항상 솔선하여 의욕적으로 일하며 직장의 사기향상에 도움이 되고 있다.					1 2 3 4 5	1 2 3 4 5	1 2 3 4 5
	• 주어진 업무에 도전하는 의욕이 왕성하다.					1 2 3 4 5	1 2 3 4 5	1 2 3 4 5
인간관계 및 협동정신	• 자신의 형편이나 이익에 사로잡히지 않고 자진하여 동료와 협력하며 조직의 이익에 노력하고 있다.					1 2 3 4 5	1 2 3 4 5	1 2 3 4 5
	• 상사의 지시가 있으면 누구하고라도 적극적으로 협조하여 업무를 추진하고 있다.					1 2 3 4 5	1 2 3 4 5	1 2 3 4 5
	• 부하나 하급자에 대한 지도 또는 팀워크의 형성에 좋은 결과를 주고 있다.					1 2 3 4 5	1 2 3 4 5	1 2 3 4 5
업무속도	• 속도가 뛰어났으며 긴급한 업무라도 신속처리하여 시간을 맞추고 있다.					1 2 3 4 5	1 2 3 4 5	1 2 3 4 5
업무수행 능력	• 업무의 정확성은 뛰어나며 믿을 수 있다. 또한 내용도 충실하고 나무랄 데 없다.					1 2 3 4 5	1 2 3 4 5	1 2 3 4 5
	• 일의 결과가 믿을 수 있고 철저하게 뒤처리가 된다.					1 2 3 4 5	1 2 3 4 5	1 2 3 4 5
표현력 및 대외섭외	• 구두에 의한 표현이 능숙하며 알기 쉽고 정확하다.					1 2 3 4 5	1 2 3 4 5	1 2 3 4 5
	• 문장에 의한 표현이 능숙하며 알기 쉽고 정확하다.					1 2 3 4 5	1 2 3 4 5	1 2 3 4 5
	• 교섭을 원활하게 처리하는 능력이 뛰어나다.					1 2 3 4 5	1 2 3 4 5	1 2 3 4 5
규율	• 여러 가지 규칙이나 지시명령을 잘 지키고 직장 질서의 유지에 노력한다.					1 2 3 4 5	1 2 3 4 5	1 2 3 4 5
	• 사내에서의 언행과 차림새가 항상 깨끗하다.					1 2 3 4 5	1 2 3 4 5	1 2 3 4 5
보고	• 보고의 시기, 내용이 모두 적절하며 나무랄 데 없다.					1 2 3 4 5	1 2 3 4 5	1 2 3 4 5
근태건강	• 지각 · 조퇴 · 결근은 하지 않는다.					1 2 3 4 5	1 2 3 4 5	1 2 3 4 5
	• 일이 있으면 야근 · 특근을 마다하지 않고 열심히 마무리한다.					1 2 3 4 5	1 2 3 4 5	1 2 3 4 5
	• 건강이 아주 양호하고 규칙적인 생활태도를 가졌다.					1 2 3 4 5	1 2 3 4 5	1 2 3 4 5
특기사항								

○ ○ ○ 노인복지센터

중요도: ⑳

직원성과평가서

1. 평가기간: 20　년　월　일 ～　월　일

2. 평가대상

성명	소속	직위	직급	임용일

3. 담당업무

연번	대상자명	등급	주요업무	서비스제공기간	비고

4. 근무실적 평가(50점)

연번	평가요소	매우 미흡 ①	미흡 ②	보통 ③	우수 ④	매우 우수 ⑤	점수	비고
1	업무난이도(20점)							⑤ → ④(5점씩 감산)
2	업무완성도(20점)							
3	업무지속성(10점)							⑤ → ④(2점씩 감산)
	합산점수							

5. 직무수행평가(50점)

연번	평가요소	매우 미흡 ①	미흡 ②	보통 ③	우수 ④	매우 우수 ⑤	점수	비고
1	겸손한 태도(20점)							⑤ → ④(5점씩 감산)
2	포용력(10점)							
3	친화력(10점)							⑤ → ④(2점씩 감산)
4	관찰력(10점)							
	합산점수							

6. 종합평가

종합점수	종합평가의견
	※직무지식·기술, 업무추진능력, 의사소통능력, 기타 등에 대해 기재

○○○노인복지센터

서식 2-43 **직무만족도평가서**

중요도: (상)

직무만족도평가서

작성일자: 20   년   월   일   작성자: (서명)

1. 현재 담당하고 있는 업무의 량은 적당한가

① 매우 적당하다   ② 적당하다   ③ 보통   ④ 적당하지 않다   ⑤ 매우 적당하지 않다

2. 제공하는 요양보호서비스 중 가장 힘들었던 활동은 무엇인가

① 신체활동지원   ② 개인활동지원   ③ 일상생활지원   ④ 정서지원   ⑤ 기타

3. 제공하는 요양보호서비스 중 가장 시간이 많이 드는 활동은 무엇인가

① 신체활동지원   ② 개인활동지원   ③ 일상생활지원   ④ 정서지원   ⑤ 기타

4. 나의 업무능력에 비해 현재 담당하고 있는 업무의 어려움은 어느 정도인가

① 매우 어렵지 않다   ② 어렵지 않다   ③ 보통   ④ 어렵다   ⑤ 매우 어렵다

5. 담당하고 있는 대상자와 가족과의 관계는 어떠한가

① 매우 긍정적이다   ② 긍정적이다   ③ 보통   ④ 부정적이다   ⑤ 매우 부정적이다

6. 나의 현 직무에 대한 만족도는 어떠한가

① 매우 만족한다   ② 만족한다   ③ 보통   ④ 만족하지 않다   ⑤ 매우 만족하지 않다

7. 담당업무 중 개선해야 할 것이 있다면 어떤 것인가

8. 희망하는 교육훈련 분야가 있다면 무엇인가

9. 앞으로 우리 기관에서 가장 하고 싶은 일이 있다면 어떤 것인가

10. 기타 건의사항

○○○노인복지센터

중요도: ⓢ

직원상담 기록지

소속		직급		직위		성명	
상담일자					상담장소		
상담내용							
개선사항							
기타 사항							

상담자   직위(직급):   성명: 서명:

○○○노인복지센터

서식 2-45 **재직증명서**

중요도: 상

재직증명서

인적사항	성명	한글	
		한자	
	주민등록번호		
	전화번호		
	주소		
소속		직위	
근무기간	년 월 일부터 년 월 일까지 (년 개월)		
용도			

위 사실이 틀림없음을 증명함.

20   년   월   일

○○○노인복지센터장

확인자	주소	
	전화번호	
※ 확인자인이 없으면 무효입니다.		

○○○노인복지센터

중요도: 상

경력증명서

발급번호:　　　　　　—

인적사항	성명	한글		주민등록번호	
		한자			
	주소				
경력사항	근무부서		최종직위		
	재직기간	년　월　일부터 년　월　일까지 (　년 　개월)			
용도			퇴직사유		

위 사실을 증명함.

20 　　 년 　 월 　 일

○○○노인복지센터장

확인자	주소	
	전화번호	
	※ 확인자인이 없으면 무효입니다.	

○○○노인복지센터

서식 2-47 **시말서**

시말서

발급번호: ＿

소속			
직위			
성명		주민등록번호	

　　위 본인은 직원으로서 제 사규를 준수하고 맡은 바 책임과 의무를 다하여 성실히 복무하여야 함에도 불구하고 기관의 관련 규정을 위반하였는 바 이에 시말서를 제출하고 그에 따른 처벌을 감수하며 차후 본건을 계기로 과오의 재발이 없을 것임을 서약합니다.

위반내용(상세히 기술 요함)

상기 기록사실에 허위가 없습니다.

20　　년　월　일

작성자:　　　　　　(서명 또는 인)
소속부서장:　　　　　(서명 또는 인)

○○○노인복지센터장 귀하

서식 2-48   사직서

중요도: ⑤

사직서

결재	담당	팀장	센터장

성명	
주민등록번호	
직위		직급	
사유	

상기 본인은 위 사유로 사직하고자 이에 사직서를 제출합니다.

사직서제출일: 년   월   일

퇴직상정일: 년   월   일

제출자: (인)

○○○노인복지센터장 귀하

※ 사직자는 사직(상정) 일부 15일 전에 사직서를 제출(도착)하도록 하여야 하며 승인 시까지 근무하여
  야 한다.

서식 2-49 퇴직자 관리카드

퇴직자 관리카드

결재	담당	팀장	센터장

사진	성명	한글	
		한자	
	전화번호(자택)		
	휴대전화 번호		
	퇴직 후의 주소		

주민등록번호	
소속	

직위		직급	
입사연월일		퇴직연월일	

근속기간	년 개월
퇴직사유	
향후 진로	

※ 기관기입사항

확인항목	확인사항	일자	비고
퇴직소득의 수급에 대한 신고서	☐	. . .	
급여소득원천징수표의 교부	☐	. . .	
퇴직소득원천징수표의 교부	☐	. . .	
직원증의 회수	☐	. . .	
대여피복류의 회수	☐	. . .	
대여비품의 회수	☐	. . .	※ 비품명 작성
대출도서 반납	☐	. . .	
대부금의 정산	☐	. . .	
퇴직급여의 지불	☐	. . .	
근로자명부(퇴직자명부)의 기입	☐	. . .	

○○○노인복지센터

중요도: 하

퇴직 각서

성명	
주민등록번호	
직위		직급	

상기 본인은 귀 _____센터에서 20____년 ____월 ____일자로 퇴직함을 확인함과 동시에

1. 요양보호사로서 재직 중 지득한 직무상 정보 및 기관에 대한 정보 비밀유지를 할 것이며
2. 서비스 제공 대상자의 개인정보를 절대로 누설하지 않을 것이며
3. 타 기관에 대상자를 소개 및 알선하는 행위를 하지 않을 것이며
4. 기관의 제반규정과 사규에 위배되는 행위와
5. 기관의 명예를 훼손하는 일체의 행위를 하지 않는다.

위 사항을 위배하였을 시는 기관의 어떠한 처벌도 감수하겠기에 자필 서명합니다.

년   월   일

위 본인: (인)

주민등록번호:

○○○노인복지센터장 귀하

중요도: 중

퇴직 증명서

인적사항	성명	한글		주민등록번호		—
		한자				
	주소					
	전화번호			휴대전화		
소속				최종직위		
입사일자						
퇴사일자						
퇴직사유						

상기인에 대해 위 사실을 확인합니다.

20   년   월   일

기관명:

확인자: (인)

주소:

전화번호:

○○○노인복지센터

　퇴직자 명부

중요도: (상)

퇴직자 명부

연번	퇴사일자	성명	부서	직위	주민등록번호	확인자	비고

○○○노인복지센터

중요도: 상

퇴직금 지급명세서

성명		생년월일		직책	
발생연월일			채용연월일		
재직기간		퇴직금총액			

산정내역					
임금산정기간		년 월	년 월	년 월	합계
임금내역	기본급				
	휴일근로수당				
	야간근로수당				
	주휴수당				
	기타 수당				
	3개월 임금 총액				
	1개월 평균임금				
퇴직금산정	월평균 임금 × 근무 연수				
	월평균 임금 × 잔여월수/12				
	월평균 임금 × 잔여일수/365				
	퇴직금액				
비고					

○○○노인복지센터

서식 2 - 54　퇴직금 지급대장

중요도: (상)

퇴직금 지급대장

연번	직종	성명	성별	주민등록번호	퇴직 일자	근무기간 (산정기간)	퇴직금액	수령 일자	수령자 성명	결재		
										담당	팀장	센터장

○ ○ ○ 노인복지센터

3 대상자관리

1) 목 적

장기요양보험제도는 사회복지서비스의 시장체제로의 변화를 가져오게 하여 대상자가 서비스 공급자를 선택하는 서비스 경쟁을 불러옴으로써 수혜자에서 고객으로 전환시켰다. 따라서 예전의 고객과는 차별화되고 전문화된 서비스로의 접근이 필요하다. 다양하고 복합적인 욕구와 문제를 가진 대상자에게 서비스와의 연결·조정을 통해 보호의 연속성을 확보하고, 문제해결을 위한 계획적인 개입을 통하여 욕구충족과 사회적 기능 향상을 도모하도록 한다. 대상자관리는 대상자를 변화시키고 대상자가 지역사회 내에서 안정된 노후생활을 영위할 수 있도록 체계적인 관리를 돕는다.

2) 업무내용의 구성

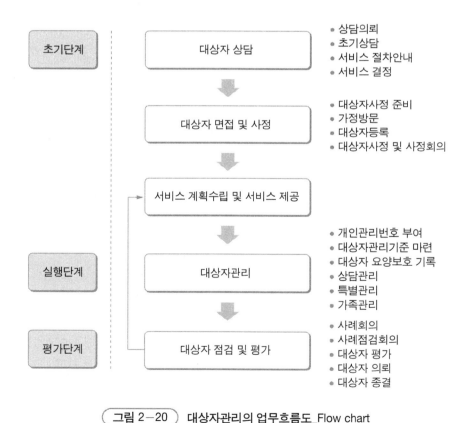

그림 2-20 대상자관리의 업무흐름도_Flow chart

[그림 2-20]는 대상자관리의 업무흐름을 Flow chart로 제시한 것이다. 업무흐름을 살펴보면 크게 대상자 상담, 대상자 면접 및 사정, 대상자관리, 대상자 점검 및 평가로 구성하였

다. 초기단계에서 이루어지는 대상자 상담은 상담의뢰, 초기상담, 서비스 절차 안내 및 서비스 결정으로 구성하였으며, 대상자 면접 및 사정에서는 대상자 사정 양식 준비, 가정방문, 대상자 등록, 대상자 사정 및 사정회의로 구분하였다. 다음으로 진행되는 서비스 계획수립 및 서비스 제공은 4. 서비스관리에서 다루었으므로 참고하기 바란다. 실행단계의 대상자관리에서는 개인관리번호 부여, 대상자관리 기준 마련, 대상자 요양보호기록, 상담관리카드, 특별관리프로그램, 가족관리프로그램으로 구성하여 소개하였으며, 평가단계의 대상자 점검 및 평가에서는 사례회의, 사례점검회의, 대상자 평가, 대상자 의뢰, 대상자 종결을 다루고 있다.

3) 업무내용

(1) 대상자 상담

① 상담 의뢰

- 장기요양보험제도는 전 국민을 대상으로 하는 수요자 중심의 사회복지서비스로 대상자의 범위가 다양할 수 있으나 우선적으로 장기요양등급 판정자로서 상담을 의뢰하는 대상자는 다음과 같다.

> **상담 의뢰 대상자**
> - 전제조건: 장기요양등급 1~3급 판정자 또는 예정자로서 방문요양서비스를 희망하는 자
> - 연령기준: 65세 이상 노인과 64세 이하 노인성질환을 가진 자
> - 소득기준: 국민기초생활수급자, 저소득 및 차상위 계층, 중산·서민층, 부유층
> - 동거형태별 기준: 가족동거, 노인부부, 독거노인, 조손세대, 노인과 독신자녀 세대 등
> - 요양보호사와의 관계: 가족(자녀, 자부)이 요양보호를 하는 자와 아닌 자

- 상담은 등급판정자 또는 예정자에게 서비스의 종류, 서비스 제공방법, 제공자, 비용 등을 안내하여 서비스 기관을 결정하도록 돕거나, 등급신청을 희망하는 자에게 장기요양서비스에 대한 안내와 등급신청절차 및 신청접수를 돕는 내용으로 상담할 수도 있다. 방문요양기관에 대한 정보가 부족한 상태인지라 대상자와 가족이 많은 서비스 기관 중에서 선택할 수 있도록 최대한 친절하고 상세한 상담이 필요하다.
- 대상자 모집 및 의뢰는 동사무소, 유관 기관(종합복지관, 병원, 보건소 등), 요양보호사 교육원 등의 소개, 지역주민 또는 지인 소개, 홍보매체 등을 통한 본인 직접 신청, 기관 직접 발굴 등으로 이루어지는데 서비스 수혜자의 추천으로 상담을 의뢰하는 경우도 있음으로 기관은 대상자의 만족도를 높일 수 있도록 철저한 대상자관리를 해야 한다.

－상담을 의뢰하는 대상자의 상담 목적에 따라 피상담자를 구분하고 이들에 대한 상담을 다음과 같이 실시하며, 모든 상담 의뢰자는 기관의 대상자로 연결될 수 있는 있음을 명심하고 상담에 임하여야 한다.

표 2－25 상담 의뢰자에 따른 상담내용

상담 의뢰자 구분		상담내용
상담 희망자	서비스 제공을 희망하는 자	초기상담 및 접수신청 안내
상담 거부자	서비스 제공을 원하지 않은 자	문의 상담 및 정보제공
	개인정보 제공을 원하지 않은 자	
상담 부적합자	대상자와 관련이 없는 일을 요구하는 자	부적합한 사유 설명과 문의상담
	성적인 욕구를 표출하거나 요구하는 자	
	심각한 감염질환자이거나 정신장애가 심한 자	
	개인성격, 특성으로 위험을 초래하는 자	

② 초기상담

－서비스 공급자인 기관을 선택하기를 희망하는 대상자와 가족에게 서비스 제공절차와 제공될 서비스 등을 안내하고 서비스 기관을 결정할 수 있도록 상담한다. 상담자는 상담을 하기 전에 상담 의뢰자의 유형을 파악하여 그에 맞는 상담을 실시하도록 한다. 주로 상담 의뢰자는 대상자 본인보다는 대상자의 가족이 요청하는 경우가 많으므로 가족과의 상담 시 유의할 사항 등을 알아두도록 한다. 서비스 제공을 희망하여 상담을 의뢰한 가족을 보면 크게 서비스 제공자가 가족인 경우와 아닌 경우로 나누어지는데 이에 따라서 상담을 실시해야 하며 서비스 제공자가 가족인 경우에는 서비스 제공관련 내용과 요양보호사 직원 채용관련 내용을 함께 상담하여야 한다.

－상담요청의 방법은 기관 직접방문(내방), 전화, 인터넷 등으로 이에 맞는 적절한 상담을 실시한다. 기관은 상담 시 사용할 자료(기관소개 및 서비스 안내지, 리플릿)를 제작하여 직접 방문 시 제공하며, 인터넷 상담은 답변내용 전송 또는 답변글 게재 등의 방법으로 실시하며 때에 따라서 상담자료를 Fax로 송부하는 등 적극적인 상담을 실시한다.

－상담할 내용(등급별 월 한도액, 서비스, 비용, 요양보호사 등 방문요양서비스 제공절차와 제출서류)과 상담요령을 상담지침(매뉴얼)으로 작성하여 직원교육 시 상담지침을 배부하여 효과적인 상담을 하도록 한다.

－온·오프라인을 통한 기관 방문자들을 위해서는 기관 홈페이지 또는 기관 내 게시판에 상담에 필요한 내용(기관소개, 서비스, 이용절차, 비용, 요양보호사 등)을 공개하여 방문자들이 볼 수 있도록 하며, 최대한 기관의 정보를 널리 알릴 수 있도록 한다. 또한 공단 홈페이지에 기관의 인력 및 시설 등 필요한 정보를 게시하고 변경내용이 있을

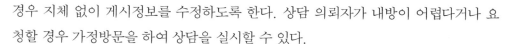

경우 지체 없이 게시정보를 수정하도록 한다. 상담 의뢰자가 내방이 어렵다거나 요청할 경우 가정방문을 하여 상담을 실시할 수 있다.

- 상담을 통해 의뢰자가 서비스 기관을 결정한 때에는 서비스 계약 등의 절차를 수행하기 위해 기관 직접 방문 또는 직원이 가정에 방문할 것인지를 확인하고 다음 절차를 진행한다. 상담 의뢰자가 서비스 결정을 하지 못하였거나 거부하였을 경우에는 상담일지에 기록하고 결정의 변화가 있으면 연락할 수 있도록 친절하게 안내하며 기관 소식지 또는 안내문 수신 여부를 확인해 둔다.

- 모든 상담은 상담 의뢰자의 유형과 상관없이 상담일지를 기록하며 초기상담 결과를 신청, 신청고려, 거부로 구분하여 작성해 두고 대상자 모집 및 홍보에 활용하도록 한다. 신청고려자, 거부자 모두 미래의 잠재적인 고객이 될 수 있으므로 친절한 상담과 관리도 필요함을 놓치지 말아야 한다. 또한 월별 상담실적을 분석하여 상담현황을 파악하고 그 효과성 등을 평가하여 상담횟수 및 신청률 등을 높이고 홍보실시에 대한 반응도 살펴보는 데 활용한다.

③ 서비스 절차 안내

- 상담 의뢰자가 원하는 서비스에 대한 이용절차를 상세하게 안내한다(서비스 신청 방법 및 신청서류, 서비스 계약서, 동의서, 서비스이용자 수칙 안내, 서비스 제공계획 및 공지, 서비스 비용납부 방법, 서비스 제공 횟수, 일자, 시간 조정 및 결정, 서비스 만족도 및 대상자 평가 등).

- 노인장기요양보험에 따른 요양서비스 제공절차를 안내한다(서비스 수가에 따른 비용 산출, 표준장기요양이용계획서 설명, 본인부담금과 공단지원금의 비율, 비용청구, 재가요양 서비스 월 한도액 사용방법, 공단의 서비스이용지원 등).

④ 서비스 결정

- 상담과정을 통해 대상자 또는 상담 의뢰자가 기관의 서비스 제공을 결정하게 되면 서비스이용신청서를 작성하고 서비스 계약을 진행한다. 서비스 계약은 계약문서를 준비하여 계약절차 및 방법에 따라 진행하고 이용자, 대리인, 제공기관이 각각 계약 문서를 보관한다.

- 서비스 계약이 이루어지면 대상자 면접 및 사정을 통해 대상자의 상태를 파악하고 제공할 서비스를 계획하는 등 세부적인 내용을 체크하고 논의한다.

(2) 대상자 면접 및 사정

대상자 면접 및 사정을 위한 가정방문과 면접(Intake)은 서비스 계약을 체결한 대상자에게 진행하는 업무과정으로 다음의 절차와 방법으로 진행한다. 여기에서의 면접 및 사정은 대상자를 선정하기 위함이 아니라 적합한 서비스 계획을 위해, 즉 케어관리(care management)를 위해 진행하는 것이다.

① 대상자 사정양식 준비

- 장기요양인정서와 표준장기요양이용계획서를 확인하고 참고하여 서비스 제공 계획을 준비한다.
- 노인성 질환 관련 진단서와 법정 전염성 관련 건강진단서 및 소견서를 체크한다.
- 사정양식, 디지털카메라, 기관안내지(리플릿), 직원명함 등을 지참하였는지 확인하고 준비한다.

> **가정방문 전 준비사항**
> - 사정양식으로 대상자초기면접카드, 대상자관리카드, 대상자욕구평가지를 준비한다.
> - 디지털카메라는 대상자의 명함사진을 찍기 위함이며 사전에 대상자와 가족에게 동의를 구한 뒤 촬영하고 jpg파일로 저장하여 대상자관리카드에 부착하고 보관하여 둔다.
> - 기관안내지: 리플릿, 전단지 형태의 기관 소개지를 지참한다.
> - 직원 명함: 방문한 면접자의 명함을 대상자와 가족에게 전달하여 신뢰감을 주도록 한다.

② 대상자 가정방문

- 대상자의 기초적인 정보(성명, 연령, 전화번호, 주소, 등급 등)을 취득한 후 초기면접을 실시하기 위해 직접 가정방문을 실시하는데 방문 전 대상자와 가족에게 연락하여 방문 일정을 협의하여 방문 일자를 결정한다.
- 최초방문의 경우 대상자에 대한 정보가 부족한 상태이기 때문에 불미스러운 일이나 위험한 상황이 발생할 수도 있으므로 이를 고려하여 2인 이상 직원이 방문하도록 한다. 이는 대상자에 대한 객관적이고 공평한 사정을 도울 수도 있다. 그러나 너무 많은 직원이 방문하는 것은 대상자와 가족이 부담스러워 하거나 불편해 할 수 있으므로 이를 고려하여 방문인원을 결정하도록 한다. 또한 대상자의 정보수집과 기관과의 라포 형성을 돕기 위한 가정방문 및 면접으로 방문자의 구성을 기관장, 관리자 등 기관의 상급자를 포함시키도록 하며, 가급적 기관장이 함께 방문하는 것이 좋다.
- 대상자 가정을 방문하여 실시하는 면접은 대상자가 처해 있는 환경과 기초배경 정보를 획득하고 문제 및 욕구를 파악하며 제공할 케어관리에 대해 대상자와 가족에게 설명하여 어떤 서비스를 제공받기를 원하는지 그들의 인지와 욕구여부를 확인하는 과정이다.

- 면접의 과정은 면대면 대화형식을 취하고 구조화된 초기면접카드를 사용하여 진행하며 주요내용은 다음과 같다.

> ☑️ **초기면접의 주요 내용**
> - 기본적인 인적사항과 장기요양인정사항
> - 생활, 경제, 가족, 주거사항
> - 대상자와 가족의 욕구, 문제
> - 기타 상담내용
> - 초기면접 담당자의 의견
> - 초기면접 이후 처리 결과

- 상담자가 사용할 초기면접카드는 완전히 숙지하여 대상자와 가족 앞에서 기록하기보다는 상담 후 정리하면서 작성해 두는 것이 좋으나 파악해야 할 내용을 누락시킬 우려가 있을 경우에는 대상자와 가족에게 설명한 후 기록해도 된다. 단, 면접 시 너무 상세하게 기록하면 자칫 대상자나 가족이 조사받고 있다는 느낌을 받아 신뢰형성에 장애가 될 수 있으므로 알고 있는 사항은 미리 기록하여 질문하지 않으며, 대상자와 가족 앞에서는 간단하게 기록하고 이후 사무실에 돌아와서 상세하게 기록한다.

③ 대상자 등록

- 서비스 계약이 완료되면 대상자 초기면접과 더불어 등록이 이루어지는데 등록된 대상자는 대상자관리카드를 작성하여 관리하도록 한다. 대상자관리카드는 개인별 파일을 만들어 대상자 관련 진행사항에 대한 내용을 함께 보관한다.
- 대상자에 관련된 기본적 증빙서류를 제출하도록 요청하여 서류 사본을 대상자관리카드와 함께 개인 파일에 보관한다(증빙서류: 장기요양인정서, 표준장기요양이용계획서, 건강진단서, 장애인카드, 수급자증명서, 주민등록증 등). 대상자관리카드를 목록화한 대상자연명부를 작성해 두어 전체 대상자 개인파일을 쉽게 검색하고 관리할 수 있도록 한다.
- 대상자 등록 절차 중 대상자 사진 촬영은 반드시 대상자와 가족에게 사전 동의(문서, 구두)를 구하여 디지털카메라로 대상자의 얼굴사진을 촬영하고 관리카드에 삽입·보관(jpg file 저장·보관)한다. 대부분 대상자의 명함사진이 오래되었거나 없는 관계로 명함사진을 요청하는 것이 대상자나 가족에게 번거로움과 경제적 부담을 줄 수 있으므로 직접 촬영하도록 한다.
- 대상자의 등록정보로 대상자의 인적사항, 장기요양관련사항, 가족사항, 경제생활, 주거생활, 일상생활, 타 서비스 여부, 진료상태, 약도와 교통편 등을 기록하며 등록정보에 변동이 있을 경우 그때그때 갱신하고, 1년 단위로 재조사하여 새로 작성해 둔다.

④ 대상자 사정

　－사정은 대상자의 욕구를 파악하고 욕구에 대응할 수 있는 서비스를 계획하기 위해 대상자의 특성, 신체적·경제적 주거환경, 심리적인 상태, 가족의 상황 등을 알아보고, 대상자의 복합적인 욕구와 상태를 정확하게 판단하여 개별화된 서비스를 제공하기 위해 반드시 실천해야 하는 과정이다.

　－가정방문을 하여 초기면접을 실시한 후 대상자 사정을 실시하여 면접시간과 노력을 줄이는 것도 좋으며 다시 일정을 수립하여 대상자 사정조사를 실시하여도 된다. 그러나 서비스 제공 시작 전에 이루어져야 함으로 빠른 시일 내에 진행하여야 하며 부득이하게 사정 전 서비스 제공이 이루어질 경우에는 최소한 서비스 제공일로부터 일주일 이내에 사정을 마치도록 한다.

　－대상자 사정은 자체적으로 기관에서 준비한 대상자욕구평가지(사정기록지)를 가지고 사정항목에 따라 파악함으로서 대상자의 어려운 부분 및 필요한 욕구수준을 객관적으로 평가하고 그 내용과 수준에 맞는 구체적인 서비스 계획과 서비스 제공결과에 대한 대상자의 변화 정도를 파악할 수 있도록 한다.

　－대상자 사정을 위한 대상자욕구평가지는 대상자의 건강수준 평가영역, 기본 요양서비스 제공에 필요한 평가영역, 대상자 상태 측정을 통한 전문적인 서비스 제공영역, 대상자의 능력 및 기능 상태에 따른 필요서비스 욕구 파악영역으로 구성하며 대상자 전체에게 사정을 실시한다. 이 결과는 대상자 개별케어계획과 서비스 제공계획에 반영되며 연 1회 실시하는 종합평가 시에도 대상자 평가도구로 사용하도록 한다. 대상자 사정을 위한 대상자 욕구평가 영역을 살펴보면 다음과 같다.

표 2-26　대상자 욕구평가 영역

영역	내용	평가자료
건강수준	대상자의 건강수준을 판단하기 위해 장애여부, 질병, 신체기관별 건강상태, 보조기구사용, 건상행위 등을 알아보고 대상자의 건강상태를 평가한다. 이 영역의 조사자는 간호사 또는 사회복지사가 진행하며 가급적 간호사가 진행하도록 한다.	• 대상자 건강수준 평가
기본요양수준	대상자의 신체적·정신적 측면을 객관적으로 평가하고 요양서비스 제공계획을 세우는데 표준화된 도구를 사용하도록 구성한 것으로 일상생활수행능력 평가를 토대로 수단적 일상생활수행능력, 인지기능, 행동변화, 간호처치, 재활, 신체통증을 파악하여 제공가능 요양 서비스를 계획·준비하도록 한다.	• 대상자 신체적 욕구평가

		• 대상자 영양상태 욕구 평가
전문요양수준	대상자의 상태 측정도구를 활용하여 대상자의 영양상태, 변비, 낙상위험, 우울, 의사소통, 욕창발생위험을 알아보고 그 결과를 반영하여 해당하는 대상자에게 적합한 서비스 제공을 통해 대상자의 기능향상 및 사고를 예방하도록 한다.	• 대상자 배설양상 평가 • 변비 사정척도 • 낙상위험 사정척도 • 의사소통 평가척도 • 한국판 노인 우울척도 • 욕창발생 고위험자 예측척도
서비스욕구수준	대상자 기능 및 상태에 따른 필요 서비스 영역에 대한 대상자와 가족의 욕구를 파악하여 서비스 제공 계획 수립에 반영한다.	• 서비스 욕구수준 평가

─대상자 사정을 위한 평가도구의 사용자는 사례관리를 할 수 있는 사회복지사 또는 간호사가 적합하나 기관의 여건에 따라 일정 경력과 능력을 갖춘 요양보호사를 훈련하여 담당하게 하여도 된다.

⑤ 대상자 사정회의(사례회의)
─대상자 가정방문을 통한 초기면접과 대상자 사정과정을 거친 후 사정회의를 실시한다. 초기면접카드, 대상자 욕구평가 결과내용, 대상자관리카드를 토대로 대상자의 가족사항, 주거상황, 경제상황, 건강상태, 사회적 관계 등 수집된 자료의 분석 및 정리를 통하여 대상자의 문제를 규명하고 유용한 서비스 제안, 대상자의 변화를 위한 개입방향 등을 논의한다.
─사정회의는 신규 대상자에게 실시하여 대상자와 가족의 욕구 및 문제를 사정하여 서비스 지원내용 및 방향(계획)에 대하여 논의하는 회의로 담당 사회복지사와 요양보호사가 참석하여야 하며, 사정회의 내용을 사례회의록에 기록하고 개인별 서비스 제공 계획과 개별케어계획 시에 반영하여 대상자와 가족에게 알린다.

(3) 대상자관리

대상자관리는 서비스의 수행과정에서 프로그램 및 상담 등의 관리를 실시하여 서비스 과정에서 발생하는 문제해결뿐 아니라 라포(Rapport)형성 및 대상자의 변화를 유도함으로써 서비스 만족도와 기관과의 관계 지속에 영향을 미치는 과정으로 중요하다고 할 수 있겠다. 대상자에 대한 철저한 관리는 서비스와 대상자, 가족을 체계적으로 관리하게 하고 서비스의 질 향상을 돕는 기능을 하며 이러한 관리과정에 관한 기록사항은 추후 대상자 재사정 및 평가에의 자료로 활용되기도 한다. 그리고 대상자관리에서 대상자 못지않게 가족이 관계형성 및 변화 유도에 중요한 역할을 함으로 가족대상관리 프로그램을 실시하여 대상자와 가족을 함께 관리하도록 하는 것이 필요하다.

① 개인관리번호 부여

　－대상자가 서비스 계약을 완료하고 대상자 등록을 하게 되면 개인관리번호를 부여하여 대상자 개인 파일을 구비한다. 부여된 개인관리번호를 각종 기관 양식에 활용하여 개인식별 정보인 주민등록번호의 유출을 막고 기관 내 등록 대상자의 관리를 효과적으로 수행할 수 있도록 한다.

　－개인관리번호는 연도분류번호, 등록번호의 순서로 부여하며 관리번호 예시는 다음과 같다.

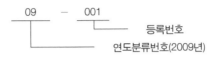

[예시] 개인관리번호

② 대상자관리기준 마련

　－대상자의 능력 및 지원체계, 문제, 욕구 등을 종합 평가한 대상자 사정의 결과를 토대로 대상자관리의 방향과 관리 형태를 정하여 사례회의 및 대상자관리 시기를 결정하고 이에 따른 정기적인 관리를 실시한다. 따라서 기관은 대상자관리 유형을 대상자 분류 기준에 따라 다음과 같이 관리의 유형을 마련하여 이에 맞는 관리방법을 정하여 실시하도록 한다.

표 2-27 대상자에 따른 관리유형

구분	대상자 분류 기준	관리방법	회의시기
단순형	대상자 사정결과 신체적·의료적 영역에서만 문제를 가진 사례로서 문제의 난이도가 낮아 단순 관리만 필요로 하는 경우	대상자 및 서비스 점검 수준의 관리 형태	분기별 1회 또는 격월 1회
기본형	대상자 사정결과 경제적·의료적·심리사회적 영역 중 한 가지 이상의 문제를 가진 사례로서 단순관리 이상의 관리를 필요로 하는 경우	대상자 및 서비스 점검 및 평가의 관리 형태	월 1회
집중형	대상자 사정결과 경제적·의료적·심리사회적 영역 중 두 가지 이상의 문제를 가진 사례로서 문제의 난이도가 높아 집중 관리와 지원이 필요한 경우	대상자 및 서비스 점검 및 평가, 다양한 자원동원 및 개입을 통한 집중 관리형태	월 1회 또는 수시

　－대상자관리 유형에서 정한 관리방법과 회의시기는 서비스 제공계획 및 점검 등과 맞물려 진행되는 것으로 따로 관리를 위한 관리를 한다기보다는 서비스 제공 흐름에 따라 진행되는 과정임으로 체계적인 서비스 전달 및 관리를 통한 효과적인 운영을

도울 것이다.

③ 대상자 요양보호 기록

- 방문요양서비스에 대한 업무기록은 현재 보건복지가족부에서 제시한 장기요양급여 제공기록지와 별도의 요양보호 기록일지가 있는데 장기요양급여제공기록지(방문요양)는 서비스 종류에 대한 제공시간중심의 기록으로 서비스의 양(급여횟수, 시간, 비용)을 파악하는 데 그친다. 대상자의 상태변화와 특이사항, 구체적인 서비스 내용 및 수행방법 등 서비스 제공활동에 대한 과정을 기록하기에는 미흡하므로 기관은 별도로 기록양식을 마련하여 문서화한다. 요양보호 기록일지는 효과적인 서비스를 위한 모니터를 할 수 있도록 그 증거를 마련하고, 서비스 제공자에게 책임성을 높이며 서비스의 중복성을 방지할 뿐 아니라 연속적이고 지속적인 서비스를 제공할 수 있도록 한다.
- 방문요양서비스를 제공하면서 대상자에게 나타는 신체적 · 심리적 · 정서적인 변화와 특이사항에 대해 면밀히 관찰하여 기록하며 서비스 활동코드별 구체적인 서비스 내용과 방법 등을 기록하여 지속적인 관리가 필요한 사항을 살펴보고 이를 관리할 수 있도록 함으로써 대상자 기능 및 욕구평가의 자료로 활용하게 하고 다음 서비스 계획을 수립하는데 돕는 등 대상자관리뿐 아니라 서비스관리까지 널리 활용하게 한다.
- 요양보호 기록은 업무수행 및 감독, 관리, 평가에 이르기까지 전반적으로 활용되는 필수 기록지로서 대상자의 상태변화에 대한 세심한 관찰과 서비스 제공을 실시한 후 필요한 사항을 빠짐없이 기록하여 보고 및 결재를 득한 후 개인별로 장기요양급여제공기록지와 함께 보관한다.

④ 상담관리

- 대상자를 담당하고 있는 사회복지사 또는 관리책임자는 전화 및 가정방문을 통해 대상자의 신체적 · 심리적 · 정서적 상태변화와 대상자의 욕구 및 문제에 대하여 지속적으로 상담하고 변화 및 문제해결을 위해 노력한다. 상담을 실시한 후에는 상담관리카드를 사용하여 상담내용을 기록한다. 대상자관리 유형과 상관없이 매월 정기적인 상담을 실시하여 서비스를 이용하는 데 불편을 최소화하고 서비스 제공에 대한 만족감을 높일 수 있도록 한다.
- 상담을 실시한 후에는 상담관리카드를 작성하고 보고 및 결재 절차를 마치면 개인별로 상담관리카드를 보관하여 종결에 이르기 전까지 지속적이고 체계적인 대상자관리를 하도록 한다. 또는 월별로 상담관리카드를 보관하여 관리할 수 있다.
- 상담관리카드는 대상자와 가족의 상담을 함께 기록할 수 있도록 하여 서비스 점검 시 대상자와 가족의 욕구와 문제 등을 보다 쉽게 파악할 수 있게 하고 대상자 중 의사소통이 어려운 경우에는 가족과 상담을 한다.

⑤ 특별관리

    ─대상자관리의 일환으로 대상자와 함께 특별한 날을 맞이하여 이를 기념하는 프로그램을 실시함으로써 대상자에게는 삶의 활력과 즐거움을 제공하고, 기관 및 직원과는 친밀감과 소속감을 높이도록 한다. 대상자를 위한 특별관리 프로그램으로는 생신잔치, 어버이날행사, 명절지내기, 절기행사, 연말보내기 등이 있으며 프로그램의 내용은 다음과 같다. 이외의 다양한 아이디어를 통해 재미있고 알찬 프로그램을 마련하여 제공하도록 한다.

• 생신잔치

    ─대상자관리카드에 실제 생년월일을 기록하여 대상자의 생신을 파악해 두었다가 생신잔치를 열어드린다. 생신잔치는 자신에 대한 애착심과 생활의 활력을 넣어 드리고 기관 및 직원과의 친밀감 형성을 통해 신뢰를 높여줌으로 소박하게 열어 드리도록 한다. 기관의 예산 사정에 맞게 생신잔치를 계획하고, 예산이 부족할 경우에는 생신카드와 작은 선물, 초코파이 케이크 등을 준비하여 적은 예산으로 큰 감동을 줄 수 있도록 준비하며 대상자가 많을 경우에는 카드나 선물을 대량 구매하여 사용하는 방법도 있다. 대상자가 많지 않아도 계속해서 사용할 수 있는 선물이나 대상자에게 깊은 인상을 드릴 만한 생신잔치 프로그램을 계획하면 저비용 고감동의 효과를 볼 수 있다. 그리고 생신잔치 프로그램은 가족들과 상의하여 진행하고, 가족의 참여를 유도하여 함께 진행하도록 한다.

표 2─28 생신잔치 프로그램 소개

프로그램 내용	준비물
생신축하 노래 불러드리기	생신축하 노래 반주, 플레이어
생신 케이크 촛불 끄기와 자르기	케이크
생신 선물 전달	선물
생신카드 낭독 및 전달	생신카드
요양보호사 및 가족 재롱공연	공연준비
다함께 노래	노래 선곡(어르신이 좋아하는 노래)

• 어버이날 카네이션 달아드리기

    ─5월 8일 어버이날을 맞이하여 대상자에게 카네이션을 달아드리는 프로그램을 진행한다. 어버이날 당일이 서비스 제공일이 아닐 경우 어버이날 주간에 실시하며 카네이션 확보는 기관에서 담당하며 조화용 카네이션을 대량 구매하거나 담당 요양보호사가 카네이션을 직접 만들어 달아드리는 등 다양한 방법으로 확보하여 대상자를 내 부모처럼 공경해 드리는 마음을 전달한다. 기관의 업무 일정 중 직원교육 또는 직원회의를 실시할 때 카네이션 만들기를 진행하여 미리 준비해 놓는 방법도 있다.

표 2-29 어버이날 카네이션 달아드리기 프로그램 소개

프로그램 내용	준비물
카네이션 만들기	직접 만들기, 기관구입
카네이션 달아 드리기	카네이션
어버이의 노래 불러드리기	어버이의 노래 반주, 플레이어
어르신에게 드리는 글 낭독	어르신에게 드리는 글
요양보호사 및 가족 재롱공연	공연준비
다함께 노래	노래 선곡(어르신이 좋아하는 노래)

- 명절(추석, 구정)지내기
  - 세배 드리기, 새해 소망카드 쓰기, 송편 빚기, 윷놀이 등 명절을 맞이하여 대상자의 상태와 욕구를 고려한 다양한 프로그램을 계획·진행한다. 대상자와 가족이 부담스럽거나 거부감이 들 수 있는 프로그램(선물 제공)은 제외시킨다.

- 정월대보름 맞이
  - 정월대보름을 맞이하여 부럼(호두, 땅콩) 깨기, 귀밝이술(포도주스 대체) 마시기, 복주머니 나누기 등을 준비하여 대상자와 함께 진행해 보고 옛날 추억을 떠올리며 이야기도 나누어 보는 시간을 갖는다.

표 2-30 정월대보름 맞이 프로그램 소개

프로그램 내용	준비물
부럼(호두, 땅콩) 깨기	부럼
귀밝이술 마시기	귀밝이술
복주머니 만들기	복주머니 종이접기 재료
노래부르기 '달타령'	가사, 반주, 플레이어
윷놀이	윷, 말판
정월대보름 이야기(어린시절 추억, 민속놀이 등)	이야기 주제

- 연말 크리스마스 보내기
  - 한해를 마무리하는 연말 송년파티와 크리스마스 성탄절 행사를 성탄절 주간에 실시한다. 크리스마스카드 전달하기, 사진 나누기, 크리스마스 캐롤 부르기 등 다양한 내용으로 진행한다. 사진은 미리 촬영하여 인화한 후 액자에 끼워 전달해 드리고 행사 계획 전에 대상자의 종교를 파악하여 행사 내용을 다르게 계획하여야 하며 기독교, 천주교 이외의 종교를 믿는 대상자에게는 크리스마스보다는 연말 분위기를 부각시켜 송년 프로그램으로 진행하도록 한다.

⑥ 가족관리
  - 가족관리 프로그램은 기관에 대한 신뢰감을 형성하여 서비스에 대한 이해를 돕고 대상자의 생활양식이나 습관 등 패턴을 습득하여 대상자에게 맞는 서비스를 제공하는

데 협조적인 역할을 해 준다. 이 프로그램의 대상은 대상자를 보호할 책임이 있는 자로서 대상자의 배우자, 자녀, 친척 또는 동거자를 포함한다. 대상자와 동거하지 않는 가족의 경우에도 프로그램에 참여할 수 있도록 하며, 가족이 적극적으로 참여할 수 있도록 가족에게 유용한 정보와 알차고 내실있는 프로그램을 실시한다.

─가족상담, 가족세미나, 가정통신문 발송 등을 통하여 노인의 특성 및 이해에 관한 교육, 새로운 정보 제공, 기관의 활동보고, 대상자의 서비스 이용 상황 전달 및 효과적인 간호방법 토의, 상호교류를 통한 유대관계 강화를 내용으로 프로그램을 실시함으로써 노인 부양에 따른 부담과 갈등을 해소하고, 노인 등을 효과적으로 간호할 수 있도록 돕고 기관에 대한 지속적인 관심과 적극적인 협조를 유도한다.

• 가족상담

─가족상담은 전화, 내방, 방문상담의 방법으로 진행한다.

─가족과의 상담은 대상자에 관한 서비스 제공 상황과 건강상태 등을 가족에게 전달해야 함으로 수시로 이루어진다고 볼 수 있다. 그러나 정기적인 상담으로 월 2회 이상 실시하도록 일정을 수립하며 월 1회는 가정방문을 통한 상담을 통해 가족과의 친밀한 유대관계 형성과 정기적인 모니터링이 될 수 있도록 한다. 가족상담을 실시할 때 대상자 및 서비스 상담을 병행하여 실시하여도 된다.

─가족상담을 실시한 후에는 상담관리카드를 작성하여 대상자의 제반문제에 대한 상담과 그에 따른 정보를 공유할 수 있도록 보관하고 그 내용을 대상자 및 서비스관리에 반영하는 등 가족과의 연계를 통한 갈등해소, 기관에 대한 관심유도, 가족의 욕구와 타협 등 원활한 서비스 제공이 이루어지도록 한다. 상담관리카드는 대상자 상담관리카드와 중복 사용하여도 되며 별도로 마련하여 작성하여도 된다.

• 가족교육

─가족을 대상으로 교육 및 세미나 등을 실시하여 대상자의 상태에 따라 필요한 정보를 가족에게 제공하여 효과적으로 수발해 드릴 수 있도록 돕고 대상자의 건강위험과 안전사고 발생을 방지하는 노력을 한다.

─가족대상 교육은 대상자를 수발하는 가족에게 필요한 실천적인 지식과 기술을 중심으로 하고 가족이 수발하는 데 겪는 고충과 스트레스에 대한 해소방법 등 가족의 심리적인 문제에도 관심을 기울인다. 노인의 특성과 이해, 노인 질환별 케어요령, 낙상예방교육, 감염관리교육, 치매어르신 간호요령, 가족의 스트레스 관리 등을 교육 주제로 하고 낙상 및 감염관리가 필요하다고 판단되는 대상자에게는 반드시 교육을 실시하도록 한다. 교육 형태에 따라 강사는 자격을 갖춘 내부직원 또는 외부전문 강사를 초빙하여 실시하고 강의 및 설명에 그치지 말고 가족이 알아야 할 필수적인 사항은 교육교재나 문서로 자료화하여 제공한다.

─교육 형태는 집합교육 또는 개별교육으로 실시하는데 교육 내용과 가족 참여여건에

따라 세미나, 워크숍, 강좌, 개별전달교육 등의 방법을 선택한다. 집합교육의 경우 가족의 참여의향을 사전에 파악하여 교육프로그램을 진행함으로서 교육 참석률, 교육비용, 교육진행 등 교육의 효과를 최대화하도록 한다. 참석자가 서비스를 제공받는 대상자의 과반수 이상 또는 20명 이상과 같은 기준을 정해서 추진하도록 하고 미참석자에 대한 추가교육 및 전달계획도 세워 둔다. 가족이 모두 한자리에 모이는 것이 어려움으로 교육을 실시할 때 간담회를 겸하여 실시하면 효율성과 효과성을 높일 수 있다. 그리고 시간이 너무 길어지면 여러 가지 사유(동거가족인 경우 대상자 수발문제, 비동거 가족의 경우 회사, 가정문제 등)로 인해 가족이 곤란해 질 수 있으므로 시간안배를 고려해야 한다.

—교육 진행과정, 교육내용, 결과 등에 대해 해당 양식에 맞춰 기록하고 그 문서를 보관하도록 한다. 가족 집합교육은 계획서와 보고서를 작성하고 개별교육을 실시하였을 때는 가족교육일지를 작성하며, 제공한 교육자료도 가족교육일지에 첨부하여 보관한다.

- 가족간담회
  —가족간담회는 가족들이 노인부양에 따른 부담과 갈등에 대해 서로 나누며 위안을 받을 수 있도록 하는 자리다. 서로 지지와 격려 등을 유도하고 기관과 서비스에 대한 다양한 의견을 통해 문제점과 개선방안을 모색하는 등 효과적인 노인 간호와 서비스 제공을 위한 모임이다. 가족간담회에서 다루어지는 내용은 다음과 같다.

 가족간담회에서 다루어지는 내용
- 가족 간 공감대 형성과 정보교환 및 공유
- 뇌졸중, 치매, 기타 노인성 질환 교육 및 상식, 새로운 정보 제공
- 대상자의 서비스 이용 상황 전달 및 효과적인 간호방법 토의
- 가족과 센터 간의 협조체계 구축(건의사항, 제안)

—가족간담회를 가족 간의 친목도모와 기관과의 결속력을 증대시킬 수 있는 가족들의 지지모임으로 발전하게 하여 기관 홍보와 대상자 모집 등에 든든한 후원자가 될 수 있도록 노력한다. 개최시기 및 횟수는 기관의 사정과 대상자 가족의 상황 등을 고려하여 결정하는데 반기별 또는 분기별 1회로 진행하는 것이 적당하다.
—간담회 추진과 진행, 결과 등에 대해서는 계획서와 보고서를 작성하고 회의내용은 회의록을 작성한다.

- 가정통신문 발송
  —대상자와 가족에게 기관 및 서비스에 대한 정보를 제공하기 위해 가정통신문을 제작하여 분기별 1회 발송해 드림으로서 최대한 서비스 이용에 불편함을 덜어드리도록 한다. 가정통신문도 기관과의 신뢰감 형성을 통해 서비스 만족도를 높여드리고 원활한

서비스 진행을 돕는다.

- 가정통신문은 서비스 제공 실태에 대한 현황, 가족의 역할안내, 최근의 노인장기요양보험 등 각종 정보와 동향, 기관의 업무일정과 알림사항 등의 내용으로 작성하여 기관 소식지로써의 역할을 수행할 수도 있다. 따라서 분량은 가정통신문으로만 사용할 경우에는 A4 규격용지 1~2장으로 하고, 기관 소식지를 겸할 경우에는 A4 규격용지 4장 이상으로 제작하여 활용하여도 된다.

- 전달방법은 우편발송, 요양보호사 방문 시 직접전달, 기관 내방 시 직접전달이 있으며 가족이 동거하지 않는 대상자는 가족의 주소로 우편 발송하고 따로 대상자에게 제공해 드린다. 우편발송의 경우 발송료가 발생함으로 예산계획 시 반영해 두어야 한다.

- 기관에서는 가정통신문을 제작하여 이를 발간 순서대로 보관해 두며 가정통신문 발송대장을 마련하여 발송대상자, 발송일자 등을 기록하여 발송 관리한다.

(4) 대상자 점검 및 평가

① 사례회의(case conference)

- 사례회의는 대상자 및 서비스관리의 객관성과 공정성, 전문성을 확보하기 위한 것으로 대상자와 관련된 모든 내용에 대한 조정이 사례회의에서 이루어진다. 사례회의는 서비스 계획 이행, 목표성취, 욕구 변화에 대해 점검과 평가하는 과정으로 사례관리의 대상자관리 기준(〈표 2−27〉 참고)에 따라 정기적·비정기적으로 실시한다.

- 사례회의는 대상자 및 서비스관리의 전 과정에 걸쳐 이루어지므로 사례회의에는 기관장, 사례관리자(사회복지사), 요양보호사가 참여하여 대상자 사정, 서비스 계획, 서비스 조정, 사례점검 및 평가를 실시한다. 사례회의는 회의 목적에 따라 크게 사정회의, 점검회의, 평가회의(또는 재평가회의)로 나누는데 각 사례회의 유형에 따른 회의 내용은 〈표 2−31〉과 같다.

표 2−31) 사례회의의 유형과 내용

사례회의 유형	회의내용	회의시기
사정회의	• 대상자 사정, 대상자관리 수준 결정 • 사례관리 목표와 개별케어계획 수립	최초 등록 시
점검회의	• 서비스 제공에 대한 점검 및 조정 • 서비스 제공계획 수립 및 수정 • 대상자의 상태 변화 파악	월 1회 *대상자관리 유형에 따라 실시함
평가회의(재평가회의)	• 대상자 상태 및 기능평가, 욕구평가 • 서비스 제공에 대한 평가	반기별 1회(6개월)
공통사항	기타 안건: 지난 사례회의 시간에 처리된 사안에 대한 경과보고 및 기타 안건사항에 대하여 토론	

② 사례점검회의

 -점검회의는 대상자의 상황과 제공되는 서비스의 질에 대해 지속적으로 점검하는 회 의로서 대상자에 대한 서비스 제공계획이 수립된 시점에서 욕구를 충족시킬 수 있는 필요한 자원이 확보되었는지 점검한다. 그리고 대상자에 대한 서비스 지원계획이 어느 정도 잘 이행되고 있는지를 점검하여 서비스와 지지의 산출결과를 검토한다.

 -점검회의는 대상자관리 유형에 따라 실시 계획을 세운다. 단순형은 분기별 1회 또는 격월 1회 실시하고 기본형은 월 1회 정기적인 회의를 실시한다. 집중형 사례의 경우에는 월 1회 정기회의를 갖고 필요에 따라 수시로 임시회의를 실시한다.

 -점검회의는 서비스 점검, 대상자 및 가족 상담 등 모니터링의 과정을 통해 얻은 결과에 대해 회의를 개최하여 논의하는 과정으로 진행내용은 다음과 같다.

> **점검회의 진행내용**
> • 사례소개: 사례회의 내용에 포함하는 사례에 대하여 소개하는 시간을 갖고 서비스 제공에 대한 점검 및 대상자의 서비스 제공에 따른 욕구충족 여부 등을 파악한다. 이때 회의 자료로 서비스 점검표, 대상자 상담관리카드, 요양보호 기록지, 서비스 제공 기록지를 활용한다.
> • 판정: 사례회의 구성원 간 상호 의견개진 후 전원의 찬성으로 대상자의 관리 수준, 서비스 제공에 대한 유지 및 수정 등을 결정한다.
> • 회의록 작성: 사례회의를 통하여 논의된 회의 내용은 사례회의록에 기록한다.

③ 대상자 평가(Evaluation)

• 대상자 욕구평가

 -대상자 평가는 대상자의 욕구변화 및 문제해결, 서비스 목표 달성, 서비스의 효율성과 효과성, 만족도 등을 측정하여 지속 관리를 위한 목표 설정 및 개입계획 등을 수립하는 데 필요한 과정이다. 대상자 평가에서는 대상자의 만족 및 효과, 대상자의 변화 등에 비중을 두고 평가를 실시한다. 이러한 대상자 평가는 서비스 제공 전에 대상자를 관찰·측정한 것을 기초선으로 정해 놓고 서비스 제공 후 대상자의 상태 및 욕구 등의 상황이 목표한 바대로 변화되었는지 관찰하여 측정한다.

 -대상자 평가의 측정방법은 객관적인 측정도구인 대상자 욕구평가지를 사용한 평가와 관찰 평가가 있는데 대상자 욕구평가는 대상자의 상태를 알아볼 수 있는 표준화된 척도를 사용하여 측정하며 서비스 초기상태와 비교하여 서비스 제공 후 측정결과를 살펴보는 것이다. 관찰 평가는 대상자의 욕구와 변화상황을 요양보호자가 관찰한 대로 평가하는 것이다. 대상자 관찰의 내용은 요양보호기록지 또는 사례회의의 내용을 통해 살펴볼 수 있다.

 -대상자 평가의 시기는 서비스 제공기간을 기준으로 6개월 단위로 실시하며 6개월이 경과되기 전에 종결하였을 경우에는 평가를 실시하지 않고 종결보고서에 대상자의

변화상황을 간략하게 기록한다.

- 사례평가(재평가)회의
  - 평가회의는 객관성과 공정성, 전문성을 기하기 위해 대상자와 관련된 모든 내용을 종합하여 반기별(6개월)로 정기적으로 실시해야 한다. 평가내용에 해당하는 각각의 평가도구를 사용하여 서비스 이행여부, 목표달성, 대상자의 욕구 및 문제해결, 서비스 만족도 등을 평가하고 평가결과에 대한 결정사항과 그 사유에 대한 기록은 사례관리평가서를 통해 작성한다. 평가회의 결과 서비스 수정, 계획 재수립, 서비스 유지, 서비스 의뢰를 결정하고 이행하도록 한다.
  - 서비스가 어느 정도의 효과를 나타냈는지, 현재의 서비스와 프로그램에 만족하는 지 등의 변화를 재사정하여 서비스 계획의 적절성을 재평가하고, 변화하는 개인의 욕구에 적절히 대응하기 위한 평가회의를 개최한다. 평가회의를 실시하기 위해서는 먼저 충실한 서비스 제공과 대상자 및 서비스관리 업무가 선행되어져야 한다. 평가회의에서 다루어지는 내용과 그에 따른 평가 자료를 제시하면 〈표 2−32〉와 같다.

표 2−32   평가회의 내용

평가회의 내용	평가자료
대상자에 대한 서비스 목표 계획과 비교한 목표 달성에 대한 평가	서비스제공현황표, 개별케어계획
서비스 계획대비 실행 여부 등 서비스 개입의 적절성에 대한 평가	서비스제공현황표
대상자(가족)의 욕구충족 및 문제해결, 대상자의 변화 등 효과성에 대한 평가	대상자 욕구평가지
대상자와 가족을 대상으로 서비스 전반에 대한 만족도 평가	만족도 설문지

  - 평가회의 결과에 대한 결정사항과 그 사유에 대한 기록은 사례관리평가서에 작성하고 결과에 따라 서비스 유지, 의뢰, 재계획 등의 조치를 취하고 대상자에게 적합한 서비스를 제공하도록 한다. 서비스 수정 및 유지 시 이를 반영하여 서비스 제공계획을 수정 또는 유지하여 서비스를 제공하도록 하며, 목표, 개입(실천방법) 등이 변화하여야 할 경우에는 재계획을 수립하여 개별케어계획을 변경하고 그에 따른 서비스 제공계획서를 재작성하여 서비스를 진행한다.
  - 평가의 기간은 6개월 단위로 실시하며 개인별 서비스 제공 기간에 따라 평가시기를 결정한다. 대상자가 6개월이 되기 전에 서비스를 종결할 경우 사례평가회의를 실시하지 않으며 이때에는 종결회의를 실시하고 사례종결보고서를 작성한다.

④ 대상자 의뢰
  - 대상자가 서비스를 제공받다가 다른 욕구와 문제가 발생할 수 있으므로 이럴 경우에 기관은 대상자 의뢰를 통해 새로운 서비스를 제공받을 수 있도록 의뢰 및 연계기관

의 리스트를 작성하여 보관해 두었다가 활용하는 것이 필요하다.

－대상자 의뢰가 필요한 경우는 다음의 의뢰(Refer) 사유에 해당할 경우 의뢰를 실시하 도록 한다. 기관은 적극적으로 의뢰를 실시하며 의뢰를 통해 서비스 종결이 되더라 도 잠재적인 대상자로 보고 사후관리를 실시한다.

> ☑️ 대상자 의뢰 사유
> • 대상자가 문제해결방법을 알지 못하거나 적절한 기관을 찾지 못할 경우
> • 지역적으로 우리 기관을 이용하기 어려운 지역에 거주할 경우
> • 대상자에게 필요한 서비스를 우리 기관에서 제공하지 못하는 경우
> • 대상자의 주변 환경 및 여건상 거주지 인근에 위치한 다른 유관기관에 의뢰해 야 할 경우
> • 기타 의뢰가 필요한 경우

－서비스 의뢰를 할 경우 서비스 의뢰서를 작성하여 공문을 통해 진행하며 기관에서는 의뢰자(Refer)명부를 기록하여 관리하도록 한다. 서비스 의뢰서에는 대상자의 기본 정보(성명, 연령, 등급, 주소, 연락처 등), 기능 및 심신, 사회적 상태, 제공한 급여내용, 일상생활 관련기호 및 특이사항 등을 작성하고, 급여제공과 관련한 정보를 구체적으 로 제공하여 원활하고 안전한 서비스의 제공이 이루어지도록 지원한다. 서비스 의뢰 기관에서 대상자에 대한 추가 자료를 요청할 경우 대상자의 동의를 얻어 제공할 수 있 으며 서비스 의뢰서 및 제공되는 모든 자료는 사본(원본대조필)으로 제공하도록 한다.

⑤ 대상자 종결(Termination)

－방문요양서비스는 유료 사회복지서비스로서 대상자가 서비스 기관을 선택하고 종결 하는 권한을 가지고 있어 서비스 계약을 했음에도 불구하고 다양한 종결 사유로 인 해 서비스 지속기간이 짧거나 서비스 제공의 연속성이 미약하여 기관의 사례관리 체 계를 지속하고 이행하는 데 어려움이 있을 수 있다.

－대상자가 종결하는 사유는 크게 대상자에 의한 종결, 직원에 의한 종결, 기타 사유에 의한 종결로 나누어 볼 수 있으며 구체적인 종결 사유는 〈표 2-33〉과 같다.

표 2-33) 대상자 종결사유

구분	구체적 사유
대상자에 의한 종결	대상자의 사망, 장기요양 등급외자 판정, 원거리 이주, 대상자의 의지결여, 서비스에 대한 불만, 타 서비스(단기보호, 요양원 등) 이관, 타 기관 이용, 서비스 거절 및 포기, 비용부담, 서비스에 대한 무리한 요구, 대상자의 위험특성 등
직원에 의한 종결	담당 요양보호사의 사직(사직의 경우 대상자가 요양보호사를 따라 서비스 기관을 이동할 수 있음), 본인과 부적합, 직원의 실책 등
기타 사유에 의한 종결	기관의 업무조정, 기관법인의 교체, 원칙변경 등

－대상자 종결사유 중 대상자의 사망, 대상자의 서비스 거부, 병원이나 장기요양시설로 장기간 입원(소), 서비스 종결회의를 통해 합당한 종결 사유가 발생할 경우에는 영구적 종결로 보아야 할 것이며 대상자의 건강상태 악화로 의료기관의 치료가 필요한 경우이거나 전염성 질환으로 인한 일시적 단절인 경우에는 일시적인 종결로 보고 종료 상황에 따라 업무를 처리하도록 한다.

－대상자의 요구에 의한 종결이 대부분을 차지하겠으나 기관에서 종결이 필요하다고 판단되는 경우 기관에 의해서 종결될 수도 있다. 종결이 확정되면 담당자 및 기관장이 종결상담을 실시하여 서비스 비용, 서비스 제공 관련 서류 등의 업무처리를 완료하고 사례종결보고서를 작성하여 보고절차에 의거 보고한다.

－사례종결보고서는 연도별로 파일을 생산하여 보관하고, 종결대상자명부를 마련하여 종결 대상자현황을 파악·분석하는 등 종결에 대한 대처방안을 모색하고 종결대상자에 대한 사후관리 계획을 수립한다. 종결대상자에게 정기적인 사후관리 상담, 감사카드 발송, 기관소식지 발송 등 지속적인 관심을 나타내어 종결하였지만, 기관에 대한 신뢰감과 친밀감을 심어줌으로써 종결 후에 대상자의 욕구와 그들의 상황이 변화하여 다시 계약한다든지 대상자의 지인에게 기관을 추천하는 등 종결이 또 다른 시작이 될 수 있고, 종결자도 잠재적인 고객이 될 수 있다는 생각을 가지고 유종의 미를 거두도록 한다.

4) 업무총괄

－대상자관리의 업무총괄에서는 업무내용의 구성(Flow chart)에 따라 직무내용을 분류하고 세부업무내용을 간략하게 제시하였으며 업무내용에 적합한 업무 부서를 '●'로 표시하였다. 업무부서는 관리책임, 관리실무, 요양보호, 행정사무로 나누었으며 이는 일반적인 구분으로 기관의 인력사항과 조직구조에 따라 업무 부서를 달리 구성할 수 있다. 또한 업무내용에 적합하다고 판단되는 업무 부서를 기관장이 임의로 조정할 수 있으므로 여기에서 제시한 업무총괄표를 참고하여 업무분장을 하는 데 활용하도록 한다.

－대상자관리의 업무내용은 크게 대상자 상담, 대상자 등록, 대상자 면접·사정, 대상자 관리, 대상자 점검 및 평가로 나누어 직무내용과 세부내용을 제시하였으며, 세부내용 중에는 담당해야 하는 업무가 공통 업무이거나 고유 업무인 경우가 있음을 밝혀둔다. 공통 업무와 고유 업무의 기준은 업무내용에 따라 기관장의 재량에 의해 탄력적으로 조정될 수 있다.

표 2-34　업무총괄표

시기	직무내용	세부내용	업무부서				비고
			관리책임	관리실무	요양보호	행정사무	
초기	대상자 상담	상담의뢰 및 문의	●	●		●	
		초기상담(서비스 이용절차 안내 등)	●	●		●	
		상담실적 작성 및 분석	●			●	
	대상자 등록	대상자 등록(대상자관리카드, 개인파일 준비)	●	●			
		대상자 연명부 작성 및 문서파일관리	●	●			
	대상자 면접·사정	대상자 사정양식준비	●				
		대상자 가정방문	●	●	●		
		초기면접카드(intake) 작성	●	●			
		대상자 사정(대상자욕구평가)	●	●			
		대상자 욕구평가지 작성 및 분석	●	●			
		사정회의 참석	●	●	●		
		사정회의 진행		●			
		사정회의록 작성		●			
실행	대상자관리	대상자관리 기준 및 매뉴얼 작성	●				
		일별 요양보호서비스 내용기록			●		
		일별 대상자 상태 관찰 및 기록			●		
		대상자 및 가족 상담 실시	●	●			
		상담관리카드 작성	●	●			
		특별관리프로그램 계획	●				
		특별관리프로그램 준비		●		●	
		특별관리프로그램 진행		●			
		특별관리프로그램 평가 및 보고		●			
		가족교육(간담회) 계획	●				
		가족교육(간담회) 준비		●		●	
		가족교육(간담회) 진행		●			
		가족교육(간담회) 평가 및 보고		●			
		가족상담 실시 및 상담관리카드 작성	●	●			
		가정통신문 작성		●			
		가정통신문 전달 및 발송			●	●	
		가정통신문 발송관리	●			●	
평가	대상자 점검 및 평가	대상자 상태 및 변화파악			●		
		사례점검회의 참석	●	●	●		
		사례점검회의 준비(회의자료)		●	●		
		사례점검회의 진행		●			

사례점검회의록 작성		●		
대상자 욕구(재)평가 실시		●		
대상자 욕구평가지 기록		●		
대상자 욕구평가결과 분석		●		
사례평가회의 참석	●	●	●	
사례평가회의 준비(회의자료)		●	●	
사례평가회의 진행		●		
사례관리평가서 작성		●		
의뢰여부 판단(의뢰결정)	●		●	
연계기관 리스트 확보		●		
연계기관 대상자 의뢰(서비스 의뢰서 작성)		●		
의뢰대상자 명부 작성		●		
의뢰대상자 관리	●	●		
종결의사 확인 및 보고		●	●	
종결상담 및 결정	●			
사례종결보고서 작성	●			
종결처리업무 실시(비용, 서류 등)		●	●	●
종결대상자 명부 작성		●		
종결자 사후관리 계획	●			
종결자 사후관리 실시		●		●

5) 업무서식

대상자관리에 필요한 업무서식을 다음과 같이 목록으로 작성하고 간략한 설명을 통해 이해를 돕고자 하였다. 대상자관리의 업무서식 총 35종에 대한 서식의 실례를 서식번호 순으로 나열하였으므로 업무수행 시 활용하도록 한다.

대상자관리를 위해 제시된 업무서식을 운영자가 보다 편리하게 사용할 수 있도록 업무서식의 중요도를 상·중·하로 표시하였다. 이를 참고하여 기관의 사정에 따라 적절하게 선택 또는 수정·변경하여 사용하도록 한다.

서식번호	중요도	서식명	내용
3-01	상	상담일지	상담실시 후 기록·접수함.
3-02	하	월 상담실적	월 상담실적 및 현황 파악함.
3-03	하	년 상담실적	년 상담실적 및 현황 파악함.
3-04	중	대상자 초기면접카드	서비스 결정 후 대상자의 개인정보 및 서비스 욕구를 파악함.

3-05	상	대상자관리카드(앞/뒤)	대상자 등록 시 인적사항, 가족사항, 경제상태 등 기록함.
3-06	상	대상자 연명부	등록대상자의 인적사항, 보호자 사항, 등록일, 종결일 기록함.
3-07	상	대상자 건강수준 평가	대상자명, 관리번호, 작성일자, 작성자를 작성하고, 장애유무, 질병유무, 질병종류, 수술경험, 의식상태, 정서상태, 의사소통상태, 활동 정도, 사용보조기구, 기본계측, 건강상태, 서비스 필요여부를 기록함.
3-08	상	대상자 신체적 욕구평가	대상자명, 관리번호, 작성일자, 작성자를 작성하고, 일상생활자립도, ADL, IADL, 인지기능, 간호, 문제행동, 재활영역, 신체통증을 기록함.
3-09	상	대상자 영양상태 욕구평가	대상자명, 관리번호, 작성일자, 작성자를 작성하고, 식사형태, 저작상태, 연하상태, 식사속도, 1일 식사횟수, 선호음식, 비선호음식, 식품알레르기, 간식여부, 증상, 기타 식습관, 영양평가를 기록함.
3-10	상	대상자 배성양상 평가	대상자명, 관리번호, 작성일자, 작성자를 작성하고, 방광배설(1일 배뇨횟수, 소변관련 약복용여부, 소변양상, 증상)과 장관계(배변주기, 소화제 사용여부, 대변양상, 증상) 내용을 기록함.
3-11	상	변비사정척도	대상자명, 관리번호, 작성일자, 작성자를 작성하고, 변비사정영역 8개 척도에 답변을 기재함.
3-12	상	낙상위험 사정척도 1 (Morse Fall Scale)	대상자명, 관리번호, 작성일자, 작성자를 작성하고, 낙상의 경험, 2차적 진단, 보행보조 등 6개 영역의 척도에 답변을 기재함.
3-13	상	낙상위험 사정척도 2	대상자명, 관리번호, 나이를 작성하며 사정시 일자를 기록하고 나이, 낙상과거력, 활동수준 등 8개 항목에 대한 답변을 간호사가 조사하고 기재함. 간호사 서명날인함.
3-14	중	낙상상황 보고서	대상자명, 관리번호, 나이, 발생일시, 확인일시, 의식상태, 활동기능, 발견자, 낙상유형, 낙상장소, 낙상사정활동, 낙상발생 상황, 중재, 낙상결과, 간호사보고여부, 보고일시, 보고자를 작성함.
3-15	상	의사소통 평가척도	대상자명, 관리번호, 작성일자, 작성자를 작성하고 회화, 인지력과 인식, 커뮤니케이션 영역의 12항목에 대해 조사하고 해당란에 기록함.
3-16	상	한국판 노인우울 척도	대상자명, 관리번호, 작성일자, 작성자를 작성하고 15개 척도에 대한 답변을 기록함.
3-17	상	욕창발생 고위험자 예측 척도	대상자명, 관리번호, 작성일자, 작성자를 작성하고, 감각지각력, 습기, 활동력, 이동성, 영양, 마찰과 밀리는 힘 6개 영역에 해당하는 답변을 기록함.

3－18	상	서비스 욕구수준 평가지	대상자명, 관리번호, 작성일자, 작성자를 작성하고, 기본요양서비스 5개 영역의 서비스에 대한 대상자와 가족의 욕구, 세부사항, 담당자 의견을 기록함. 기타 서비스가 있을 경우 서술함.
3－19	중	사례회의록	회의일시, 장소, 참석자, 논의내용, 결정사항 등을 기록함.
3－20	상	상담관리카드	등록대상자 및 가족과의 상담내용, 상담일시, 상담방법 등을 기록함.
3－21	상	가족상담일지	상담일자, 상담자, 피상담자와 대상자와의 관계, 상담방법, 상담내용을 작성하고 결과 및 조치사항을 기록함.
3－22	상	요양보호 기록일지	일자별 서비스 종류, 내용, 방법, 주요상태변화 및 특이사항 등을 기록함.
3－23	하	가족교육일지	가족을 대상으로 실시한 교육주제, 내용, 일시, 의견 등을 기록함.
3－24	하	가족교육 실시 현황표	대상자별 가족교육 실시일, 교육주제를 기록하여 교육현황 파악 및 관리함.
3－25	하	가정통신문	대상자와 가족에게 기관소식, 공지사항, 각종 정보를 제공하기 위한 통신문 제작함.
3－26	하	가정통신문 발송대장	가정통신문 발송 및 전달 일자, 횟수 기록 및 파악함.
3－27	하	가족교육(간담회) 계획서	실시목적, 목표, 참석인원, 장소, 일시, 내용, 주제, 예산, 준비일정 등 추진계획을 수립함.
3－28	하	가족교육(간담회) 보고서	실시개요, 내용, 준비일정, 정산내역, 평가내용, 진행사진 등 실시결과를 보고함.
3－29	상	사례관리 평가서	사례평가회의 시 평가내용, 평가결과, 평가자료를 기록함.
3－30	상	서비스 의뢰서	의뢰대상자의 개인정보, 의뢰사유, 서비스 제공내역, 대상자의 상황, 담당자의견 등 기록 후 의뢰기관에 전달함.
3－31	상	의뢰 대상자 명부	의뢰대상자명, 의뢰일, 의뢰기관, 의뢰사유, 처리결과를 기록하여 전체 의뢰대상자를 파악함.
3－32	상	연계기관리스트	서비스 연계 기관명, 전화번호, 담당자, 서비스 내용 등을 기록함.
3－33	상	사례종결보고서	종결자의 인적사항, 종결사유, 대상자의 상황, 사후관리 기록함.
3－34	상	종결 대상자 명부	연도별 종결대상자 성명, 종결사유, 종결일 등 기록하여 전체 종결대상자를 파악함.
3－35	하	종결자 사후관리대장	종결대상자에 대한 사후관리 시 내용, 일자 기록하여 관리현황을 파악함.

중요도: ㉞

상담일지

_____ 년도

	담당	팀장	센터장
결재			

번호	일자	상담 의뢰자	대상자 와의 관계	상담방법	상담내용	연락처	주소(거주지)	상담자	결과 조치	비고
				□ 전화 □ 방문 □ 내방 □ 기타						
				□ 전화 □ 방문 □ 내방 □ 기타						
				□ 전화 □ 방문 □ 내방 □ 기타						
				□ 전화 □ 방문 □ 내방 □ 기타						
				□ 전화 □ 방문 □ 내방 □ 기타						
				□ 전화 □ 방문 □ 내방 □ 기타						
				□ 전화 □ 방문 □ 내방 □ 기타						
				□ 전화 □ 방문 □ 내방 □ 기타						
				□ 전화 □ 방문 □ 내방 □ 기타						
				□ 전화 □ 방문 □ 내방 □ 기타						

* 결과조치: 신청, 신청고려, 거부

○○○노인복지센터

중요도: ⓗ

( )월 상담실적

결재	담당	팀장	센터장

1. 상담현황 단위: 명

구분	계	성별		피상담자 유형				
		남자	여자	본인	배우자	자녀	친척	친구/이웃
금월								
전월								
누계								

2. 상담방법

구분	계	전화	내방	방문	인터넷	팩스	기타
금월							
전월							
누계							

3. 상담내용

구분	계	이용문의	정보제공	장기요양	간호방법	직원채용	기타
금월							
전월							
누계							

4. 상담결과

구분	계	신청	신청고려	거부	기타
금월					
전월					
누계					

중요도: ⑨

(   )년 상담실적

결재	담당	팀장	센터장

구분	계	성별		피상담자유형				상담방법				상담내용			상담결과			
		남자	여자	본인	배우자	자녀	기타	전화	내방	방문	기타	이용문의	정보제공	기타	신청	신청고려	거부	기타
1월																		
2월																		
3월																		
1분기																		
4월																		
5월																		
6월																		
2분기																		
상반기																		
7월																		
8월																		
9월																		
3분기																		
10월																		
11월																		
12월																		
4분기																		
하반기																		
연계																		

○ ○ ○ 노인복지센터

서식 3-04　**대상자 초기면접카드**　　　　　　　　　　　　　중요도: ⑧

대상자 초기면접카드

상담자:

피상담자:　　　　　　　　　(대상자와의 관계:　　　)

초기면접일:

결재	담당	팀장	센터장

성명		성별		주민등록번호		
주소			전화번호(휴대전화)			
요양인정관리번호			등급		유효기간	
보호구분	□국민기초생활수급자　□의료수급　□차상위　□일반　□기타					
가족사항	동거유형	□독거(미혼, 이혼, 사별, 별거)　□노인부부 □기혼자녀(　　명)　□미혼자녀(　　명)　□노손(　　명)				
	주수발자	□무　□유				
주거상황	주거형태	□아파트　□연립빌라　□단독주택　□상가주택　□기타				
	소유형태	□자가　□전세　□월세　□무료　□임대APT　□기타				
대상자의 생활상황						
대상자의 문제						
대상자의 욕구 및 서비스	대상자의 욕구					
	가족의 욕구					
	서비스 제공 관련 욕구					
면접자의 의견						

○○○노인복지센터

중요도: ⑤

대상자관리카드

사진

관리번호:.

작성일자: 작성자:

대상자관리정보					
대상자 성명		성별		실제 생년월일	년 월 일 (음 · 양)
주민등록번호		종교		학력	
전화번호		휴대전화		한글해독	
주소					
보호구분	☐기초생활수급자 ☐의료수급 ☐차상위 ☐일반 ☐기타				
장기요양등급		요양인정점수		유효기간	
상담경로		최초상담일		서비스계약일	
동거유형	☐독거(미혼, 이혼, 사별, 별거) ☐노인부부 ☐기혼자녀(명) ☐미혼자녀(명) ☐노손(명)				
가족수발(케어자)	☐무 ☐유	대상자와의 관계		가족방문횟수	회

긴급연락처	관계	성명	거주 지역	연락처	휴대전화	비고

가계도	
사회적 관계도	

○○○노인복지센터

서식 3-05(2) **대상자관리카드(뒤)**

경제상태	□근로사업소득 □가족보조 □기초노령연금 □기초생활급여 □후원금 □연금저축				
	월소득		원	소득충분도	□부족 □적당 □충분

주거상태	소유형태	□자가 □전세 □월세 □무료 □임대APT □기타
	주거형태	□아파트 □연립빌라 □단독주택 □상가주택 □기타
	주거공간	면적(평) 층수(층) 방수(개)
		□거실 □주방 □화장실(수세식, 좌변, 재래식, 외부, 내부)
	난방	□기름 □연탄 □전기 □LPG □도시가스 □기타
	청결상태	□불결 □보통 □청결 특이사항.
	통풍상태	□불량 □보통 □양호 특이사항.
	채광상태	□불량 □보통 □양호 특이사항.
	안전 정도	□위험 □보통 □안전 안전손잡이 바닥재 안전콜벨 문턱 가구물품
	가전제품	□청소기 □전화기 □냉장고 □세탁기 □가스렌지 □전자렌지 □TV

일상하루생활 (day cycle)	

흥미활동	□TV보기 □대화하기 □원예활동 □장보기 □산책 □책 읽기 □기타( )

타 서비스 여부	

진료상태	의료기관명	질병명	통원빈도	약복용여부	비고

약도	

교통편	

○○○노인복지센터

중요도: 상

대상자 연명부

관리 번호	성명	성별	주민등록번호	지역	전화번호	인정관리 번호등급	관리 공단	보호 구분	보호자 성명	관계	전화번호	등록일 종결일	비고

○○○노인복지센터

서식 3-07 **대상자 건강수준 평가**

중요도: ⓢ

대상자 건강수준 평가

대상자명(성별)		관리번호	
작성일자		작성자	

장애유무	□무 □유	판정연도		장애종류(급수)		
질병유무	□무 □유	투병기간				
질병종류						
수술경험	□무 □유					
의식상태	□명료 □혼돈(졸린 상태) □반의식(질문, 통증) □무의식					
정서상태	□안정 □불안 □슬픔 □우울 □긴장 □거부 □기타					
의사소통 상태	□정상 □운동 불능증 □독서 불능증 □쓰기언어상실증 □발성장애 □구어장애 □에둘러 말하기 □작화증 □실어증					
활동정도	□자유로움 □자유롭지 못함 □마비: 부위 □감각 이상: 부위					
사용보조기구	□무 □지팡이 □휠체어 □의치 □보청기 □이동식변기 □보행보조기					
기본계측	체중		신장		혈압	체온

	시력	□정상 □부종 □감염 □통증 □분비물 □보조기 □기타
	청력	□정상 □통증 □이명 □분비물 □난청 □보조기 □기타
	구강	□정상 □백태 □구취 □충치 □의치 □저작장애 □기타
	호흡기계	□흉통 □객담 □각혈 □기침 □호흡곤란
	심혈관기계	□흉통 □부종 □부정맥 □청색증 □기타
	소화기계	□변비 □설사 □구토 □통증 □식욕부진 □변실금 □기타
	비뇨기계	□혈뇨 □빈뇨 □배뇨통 □배뇨곤란 □유치도뇨관/여성생식기계 □가려움 □통증
건강 상태	근 골격계	□요통 □부종 □관절통 □관절강직 □기타
	신경계	□두통 □졸도 □발작 □손발 떨림 □연하곤란
	피부	□정상 □발진 □건조 □소양감 □감염 □욕창(크기, 부위, 정도)
	수면	□정상 □잠들기 곤란 □자다 자주 깬다 □새벽기상 □낮졸음 □기타
	전신증상	□부종 □고열 □구갈 □체중 감소 □기타
	건상행위	□술(양/종류) □흡연(양, 흡연력) □운동습관
	약물부작용	□음식 □과거약물 □현재약물 □기타
서비스 필요여부		□호스피스 □문제행동대처 □간호를 위한 교육(낙상예방, 감염관리) □기타

○○○노인복지센터

서식 3-08　대상자 신체적 욕구평가　　　　　중요도: ⑧

대상자 신체적 욕구평가

대상자명(성별)		관리번호	
작성일자		작성자	

일상생활 자립도		와상도		□정상 □생활자립 □준 와상상태 □완전 와상상태
		치매(인지증) 정도		□자립 □불전자립 □부분의존 □완전의존

일상 생활 수행 능력	항목	기능자립			장애원인		수단 적 일상 생활 수행 능력	항목	기능자립		
		완전 자립	부분 도움	완전 도움	신 체	심 리			완전 자립	부분 도움	완전 도움
	① 옷 벗고 입기	□	□	□	□	□		① 집안일 하기	□	□	□
	② 세수하기	□	□	□	□	□		② 식사준비 하기	□	□	□
	③ 양치질하기	□	□	□	□	□		③ 빨래 하기	□	□	□
	④ 목욕하기	□	□	□	□	□		④ 금전관리	□	□	□
	⑤ 식사하기	□	□	□	□	□		⑤ 물건 사기	□	□	□
	⑥ 체위변경하기	□	□	□	□	□		⑥ 전화 사용하기	□	□	□
	⑦ 일어나 앉기	□	□	□	□	□		⑦ 교통수단 이용하기	□	□	□
	⑧ 옮겨앉기	□	□	□	□	□		⑧ 근거리 외출하기	□	□	□
	⑨ 방 밖으로 나오기	□	□	□	□	□		⑨ 몸단장하기	□	□	□
	⑩ 화장실 사용하기	□	□	□	□	□		⑩ 약챙겨 먹기	□	□	□
	⑪ 대변조절하기	□	□	□	□	□		항목			예
	⑫ 소변조절하기	□	□	□	□	□		방금 전의 일이나 이야기를 잊는다.			□
	⑬ 머리감기	□	□	□	□	□		오늘이 몇 월 며칠인지 모른다			□
	⑭ 발관리	□	□	□	□	□		자신이 있는 장소를 알지 못한다.			□
	⑮ 손발톱관리	□	□	□	□	□	인지 기능	자신의 나이나 생년월일을 모른다.			□
	⑯ 부분 목욕	□	□	□	□	□		지시를 이해하지 못한다.			□

행동 변화 영역	항목	예
	물건을 훔쳐 갔거나 해친다고 믿는다	□
	헛것을 보거나 환청을 듣는다	□
	기분이 처져 있으며 때로 울기도 한다	□
	밤에 사람을 깨우거나 아침일찍 일어난다	□
	도와주는 것에 저항한다.	□
	한 군데 가만있지 못하고 안절부절 한다	□
	길을 잃거나 헤맨 적이 있다.	□
	외출하면 집으로 혼자 들어올 수 없다	□
	분노, 폭언, 폭행 등 위협적인 행동을 한다	□
	혼자 밖으로 나가려 해서 눈을 뗄 수가 없다	□
	물건이나 옷을 망가트리거나 부순다	□
	의미없는 행동, 부적절한 행동을 한다	□
	돈이나 물건을 찾기 어려운 곳에 감춘다	□
	옷을 부적절하게 입는다	□
	대소변을 벽, 옷에 바른다(불결한 행위)	□

인지기능 (continued):
항목	예
주어진 상황에 판단력이 떨어져 있다.	□
의사소통이나 전달에 장애가 있다.	□
계산을 하지 못한다.	□
가족이나 친척을 알아보지 못한다.	□

간호 처치	□기관지절개간호　□흡인　□산소요법 □욕창간호　□경관영양　□암성통증간호 □도뇨관리　□장루간호　□투석간호 □당뇨 · 혈압관리　□일반간호　□당뇨발

재활 영역	우측상지	□완전장애 □불완전장애
	좌측상지	□완전장애 □불완전장애
	우측하지	□완전장애 □불완전장애
	좌측하지	□완전장애 □불완전장애
	어깨관절	□제한 좌/우/양관절
	팔꿈치관절	□제한 좌/우/양관절
	손목 및 수지관절	□제한 좌/우/양관절
	고관절	□제한 좌/우/양관절
	무릎관절	□제한 좌/우/양관절
	발목관절	□제한 좌/우/양관절

신체 통증	□무 □유

○○○노인복지센터

서식 3-09 대상자 영양상태 욕구평가

중요도: 상

대상자 영양상태 욕구평가

대상자명(성별)		관리번호	
작성일자		작성자	

식사형태	□일반식 □갈은식 □죽 □미음 □경관영양 □기타		
저작상태	□무엇이든 씹을 수 있다 □부드러운 것은 씹을 수 있다 □빠는 것이라면 가능하다 □씹을 수 없다, 씹을 일이 없다	연하상태	□무엇이든 삼킬 수 있다 □가끔 사래 들린다 □자주 심하게 사래 들린다 □삼킬 수 없다
식사속도	□보통 □빠름 □느림	1일 식사횟수	□3회 □2회 □1회 □기타
선호음식			
비선호음식			
식품알레르기	□무 □유(종류)		
간식여부	1일 회(종류)		
증상	□소화불량 □식욕저하 □우울증 □변비 □설사 □구토 □공복감 □불규칙한 식사 □편식 □치매		
기타 식습관			
영양평가	□양호: 건강 및 섭식, 영양 등에 문제가 없는 상태 □불량: 건강 및 섭식, 영양 등에 문제가 있어 세심한 관찰이 요구되는 상태 □심한불량: 극도의 건강 및 섭식, 영양 등에 문제가 있어 의료적 처치가 필요한 상태		

○○○노인복지센터

서식 3-10 대상자 배설양상 평가

중요도: ㉑

대상자 배설양상 평가

대상자명(성별)		관리번호	
작성일자		작성자	

방광배설	1일 배뇨횟수		소변관련 약복용여부	
	소변양상	색깔, 농도, 냄새		
	증상	□야뇨 □빈뇨 □과도한 소변량 □소변량 감소 □소변 강염 □실금		
장관계	배변 주기		소화제 사용여부	
	대변양상	색, 냄새, 형태, 묽기		
	증상	□설사 □변비 □치질 □출혈 □기타		

○○○노인복지센터

서식 3-11 변비사정척도

중요도: ㉑

변비사정척도(Constipation Assessment Scale)

대상자명(성별)		관리번호	
작성일자		작성자	

*최근 3일 동안 해당되는 사항에 체크			
척도	문제 없음(0)	약간의 문제(1)	심각한 문제(2)
1. 복부 팽만	□	□	□
2. 직장을 통과하는 가스양의 변화	□	□	□
3. 배변횟수의 감소	□	□	□
4. 액체변이 스며 나옴	□	□	□
5. 직장에 꽉 찬 느낌과 압력	□	□	□
6. 배변 시 직장의 통증	□	□	□
7. 배변크기의 감소	□	□	□
8. 급하지만 통변이 되지 않음	□	□	□
점수			
▶ 결과해석: 각 점수의 합이 0점은 변비 없음, 16점은 가장 심각한 변비상태, 만약 4번 항목에 문제가 있으면 변매복 의심.			

○○○노인복지센터

서식 3-12 낙상위험 사정척도 1

중요도: ⑧

낙상위험 사정척도(Morse Fall Scale) 1

대상자명(성별)		관리번호	
작성일자		작성자	

구분	척도		대상자 점수
1. 낙상의 경험	□ 무(0)	□ 유(25)	/
2. 2차적인 진단	□ 무(0)	□ 유(15)	/
3. 보행 보조	□ 보조기 사용 안함, 와상, 케어자 도움(0)		/
	□ 목발, 지팡이, 보행기(15)		
	□ 가구를 잡고 보행함(30)		
4. 정맥 수액요법 / 헤파린 락	□ 무(0)	□ 유(20)	/
5. 보행자세 / 이동	□ 정상 / 와상 / 부동(0)		/
	□ 허약함(10)		
	□ 장애가 있음(20)		
6. 정신상태	□ 자신의 기능수준에 대해 잘 알고 있음(0)		/
	□ 자신의 기능수준을 과대평가하거나 한계를 잊어버림(15)		
몰스 낙상 점수 / 백점환산 점수			/

▶ 결과해석: 총점 0~24 위험성이 없음, 25~50 낙상의 위험성이 낮음, ≥51 낙상의 위험성이 높음.

○○○노인복지센터

서식 3—13   낙상위험 사정척도 2

중요도: (상)

낙상위험 사정척도 2

대상자명(성별)		나이		관리번호	

분류	낙상위험 요인사정	점수	일자			
			/	/	/	/
나이	60세 미만	0				
	60~70세 미만	1				
	70~80세 미만	2				
	80세 이상	3				
낙상 과거력	없음	0				
	지난 1년 이내 낙상	1				
	지난 1~5개월 이내 낙상	2				
	지난 4주 이내 낙상	3				
활동수준	와상상태	0				
	1명 이상의 많은 도움으로 휠체어 이동가능 (지속적인 sitting 유지 어려움)	1				
	1명의 약간의 도움으로 휠체어 이동이 가능 (static standing이 가능)	5				
	보조기나 한 사람의 도움으로 보행 가능	8				
의식상태	oriented	0				
	uncheckable	2				
	oriented*2(사람, 장소)	4				
	oriented*1(사람)	6				
	disoriented	8				
의사소통	정상	0				
	청력상실	1				
	언어장애	2				
	청력 및 언어장애	3				
위험요인	수면장애, 배뇨장애, 설사, 시력장애, 어지러움, 우울, 흥분, 불안					
	없음	0				
	1~2대	1				
	3개	2				
	4개 이상	3				
관련질환	뇌졸중, 고혈압이나 저혈압, 치매, 파킨슨질환, 골다공증, 신장장애, 근골계질환(관절염포함), 간질					
	없음	0				
	1~2개	1				
	3~4개	2				
	5개 이상	3				
약물	A: 고혈압, 이뇨제, 강심제 B: 최면진정제, 항우울제, 항불안제, 항정신치료제, 항파킨슨제, 항전간제					
	A: 0개 B: 0~2개	0				
	A: 1~3개 B: 0~2개	1				
	A: 0개 B: 3~6개	2				
	A: 1~3개 B: 3~6개	3				
	합계					
	간호사 서명					

* 고위험군: 15점 이상, 개인간병고려: 20점 이상

서식 3-14 낙상상황 보고서

중요도: ㊂

낙상상황 보고서

관리번호		대상자명(성별)		나이	
발생일시	20 년 월 일		확인일시	20 년 월 일	
의식상태	□명료 □졸음 □혼돈 □반혼수 □혼수				
활동기능	□독립적 □부분적인 도움(보조기구사용 종류:) □항상 도움 필요 □와상				
발견자	□간호사 □요양보호사 □기타( )				
낙상유형	□침대에서 □의료장비 □의자에서 □보행 시 □기타( )				
낙상장소	□생활실 □화장실 □샤워실 □복도 □계단 □기타( )				
낙상사정 활동	침대 낙상 시	□보조난간은 올려져 있었는가? 예 아니요 □침대바퀴는 고정되어 있었는가? 예 아니요 □침상 위의 물건에 걸려 넘겨졌는가? 예 아니요 □억제대는 사용하고 있었는가? 예 아니요 □기타			
	미끄러지거나 넘어진 경우	□바닥에 수액이나 물이 있었는가? 예 아니요 □주변의 물건에 걸려 넘어졌는가? 예 아니요 □신발은 발에 맞는 것을 신고 있었는가? 예 아니요			
낙상발생 상황	※ 낙상 발생 상황을 간략하게 기록하여 주십시오.				
중재	□검사: □낙상위험을 예측한 기록이 있는가? 예 아니요 □어르신 및 요양보호사에게 낙상예방교육을 하였는가? 예 아니요 □낙상 후 수발활동 서술				
낙상결과	□손실없음 □어르신의 신체적 손상 □어르신의 경제적 손실 □기관의 경제적 손실				
간호사 보고여부	□간호사 없음 □연계의료기관 의뢰 □간호사 보고(중재:)				
보고일시	20 년 월 일		보고자	(서명)	

○○○노인복지센터

서식 3-15 의사소통 평가척도

의사소통 평가척도(Holden Communication 평가척도)

대상자명(성별)		관리번호	
작성일자		작성자	

영역	점수	0점	1점	2점	3점	4점
회화	1. 반응	누구와도 대화를 시작해 집중한다.	친한 사람에 대한 반응은 양호하다.	주위의 사람에게 어느 정도 반응. 자신이 먼저 대화를 시작하지 않는다.	혼란스러워하며 이해력이 부족하다.	거의 또는 전혀 대화가 이루어지지 않는다.
	2. 과거의 사건에 대한 관심	장기간 상세하게 과거의 사건에 대해 이야기한다.	그러 저럭 이야기 할 수 있다.	단편적, 조금 곤란한 묘사	혼란이 나타난다. 또는 관심을 나타내지 않는다.	반응 없다.
	3. 즐거움	상황과 달성에 따라 진심으로 기쁜 듯이 행동을 한다.	웃으며 관심을 나타낸다.	반응하지만 희미하게 웃거나 은밀한 표정을 지을 뿐이다.	거의 웃지도 않는다.	반응하지도 않고 울기만 한다.
	4. 유머	먼저 상황을 설정하거나 이상한 얘기를 한다.	이상한 상황이나 이야기를 즐긴다.	반응할 때까지 설명과 격려를 필요로 한다.	단지 주의사람에게 맞춰서 썩 웃는다.	반응 없다. 또는 거절
인지력과 인식	5. 이름	대부분의 사람의 이름을 말할 수 있다.	다수의 이름을 말할 수 있다.	항상 일깨워 주어야 한다.	자신의 이름밖에 모른다.	자신의 이름도 모른다.
	6. 일반적인 소재의식	일, 월, 날씨, 시간, 장소를 말할 수있다.	한가지나 두가지를 잊어버린 적이 있다.	노력하면 항상 두개는 바르게 얘기할 수 있다.	확실하지 않다. 겨우 하나 얘기할 수 있다.	매우 혼란스러워 한다.
	7. 일반적인 지식	최근의 사건에 대해서 잘 알고 있다. 일반적인 지식 양호하다.	특이한 사건만 알고 있다. 일반적 지식은 중간 정도다.	최근의 사건에 대해서 잘 모른다. 일반적인 지식이 부족하다.	대부분의 사건에 대해서 혼란스러워 한다. 불안, 혼란스러워 한다.	모든 것이 혼란스럽다. 반응 없다.
	8. 게임참가 능력	쉽게 게임 등 활동에 참가할 수 있다.	세세한 지도를 요구하지만 참가할 수 있다.	단순한 활동에만 참가할 수 있다.	불안해하거나 혼란스러워 한다.	참가할 수 없거나 하려고도 하지 않는다.
커뮤니케이션	9. 발언	문제없다.	약간의 망설임 또는 기묘한 단어를 사용한다.	조금만 말하고 주로 불평을 한다.	적절한 단어를 사용하지 않는다. 기묘한 발음, 끄덕임.	단어를 거의 또는 전혀 말하지않는다.
	10. 대화의욕	쉽게 대화를 할 수 있다.	똑바로 말하는데 노력이 필요하다.	이야기하듯이 하지만 필요한 것은 행동으로 전달한다.	웃는다. 운다. 공격적이다.	의욕 없다.
	11. 대상에 대한 흥미 반응	흥미를 가진다.	어렵지만 흥미를 보인다.	다소 흥미를 보이지만 애매하다.	대상을 거절한다. 노여워한다.	반응 없다. 이해할 수 없다.
	12. 의사소통의 성격	의견을 말한다. 똑바로 전달한다.	몸짓과 소리를 효과적으로 사용한다.	약간의 사람에게만 전달한다.	초조해하며 화낸다.	의욕 없다.
점수						점

▶ 결과해석: 15점 미만: 의사소통장애 경미, 모든 집단 활동 충분히 가능
　　　　　15~24점: 장애 정도 중간, 과제 많은 집단 활동 가능
　　　　　25점 이상: 장애 정도 심함, 상당히 기본적인 수준의 집단 활동 가능

○○○노인복지센터

서식 3-16 한국판 노인우울 척도(단축형)

한국판 노인우울 척도

대상자명(성별)		관리번호	
작성일자		작성자	

다음을 잘 읽고 요즘 자신에게 적합하다고 느끼는 답을 표시하시오.	예(1)	아니요(0)
* 1. 기본적으로 자신의 생활에 만족하십니까?	☐	☐
2. 전에 하던 취미생활이나 활동을 많이 중단했습니까?	☐	☐
3. 생활이 공허하다고 느낍니까?	☐	☐
4. 흔히 지루하게 느낍니까?	☐	☐
* 5. 보통 기분이 좋은 상태입니까?	☐	☐
6. 앞으로 불행한 일이 생길 것을 염려합니까?	☐	☐
* 7. 대부분의 경우 행복하다고 느낍니까?	☐	☐
8. 흔히 자신이 무료하다고 느낍니까?	☐	☐
9. 밖에 나가서 새로운 일을 하는 것보다 집에 있는 것을 더 좋아합니까?	☐	☐
10. 다른 사람보다 더 기억력에 문제가 있다고 생각하십니까?	☐	☐
* 11. 살아 있는 것이 행복한 일이라고 생각하십니까?	☐	☐
12. 자신이 가치 없는 인생이라고 생각하십니까?	☐	☐
* 13. 힘이 넘치는 상태입니까?	☐	☐
14. 자신의 상태가 희망이 없는 상태라고 느낍니까?	☐	☐
15. 다른 사람들이 당신보다 나은 상태라고 생각하십니까?	☐	☐
점수		

* 역문항: 1, 5, 7, 11, 13번 문항은 역문항임으로 역코딩이 요구됨.
▶ 결과해석: 검사결과 총점이 5점 이상이면 우울증(＋)

○○○노인복지센터

서식 3-17 욕창발생 고위험자 예측 척도(Braden 척도)

중요도: 상

욕창발생 고위험자 예측 척도(Braden 척도)

대상자명(성별)		관리번호	
작성일자		작성자	

구분영역	1점	2점	3점	4점
감각 지각력 압력과 관련된 불편감에 대해 의미 있게 반응할 수 있는 능력	□완전히 제한되어 있음. 의식의 저하 또는 진정작용으로 인해 통증 자극에 대한 반응이 없음(신음도 없고, 움찔하거나 움켜잡는 행동 보이지 않음) 또는 대부분의 신체 표면에서 통증을 지각하는 능력이 매우 제한되어 있음.	□매우 제한되어 있음. 통증자극에 대해서만 반응을 함. 신음을 하거나 안절부절못하는 행동 외에는 불편감을 전달할 수 없음 또는 신체의 절반 이상에서 통증을 지각하는 능력이 제한된 감각손상이 있음.	□약간 제한되어 있음. 언어적 명령에 반응을 하나 불편감이나 체위변경의 욕구자극이 항상 정당할 수는 없음. 1 또는 2개의 사지에서 통증이나 불편감을 직감하는 능력을 제한하는 감각손상이 있음.	□손상이 없음. 언어적 명령에 반응을 함. 통증이나 불편감을 지각하거나 표현하는데 제한을 할 수 있는 감각 결핍이 없음.
습기 피부가 습기에 노출된 정도	□지속적으로 습함. 피부가 발하는 소변 등에 의해 거의 지속적으로 습함. 환자를 이동하거나 자세를 변경할 때마다 젖어 있는 것이 발견됨.	□습함. 피부가 자주 젖어 있으나 언제나 젖어 있는 것은 아님. 근무조마다 최소 한번씩은 침구류를 갈아 주어야 함.	□가끔 습함. 피부가 가끔 젖어 있어 정기적으로 침구류를 갈아주는 것 이외에 하루에 한번 정도 추가로 갈아주어야 함.	□드물게 습함. 피부가 대부분 건조한 상태임. 침구류는 정기적으로만 갈아 줌.
활동력 신체적 활동 정도	□침상에 제한된 상태 (Bedfast) 침상에 제한되어 있음.	□의자에 제한된 상태 (Chairfast) 걸을 수 있는 능력이 없거나 심하게 제한되어 있음. 자신의 체중을 견디지 못하거나 도움이 있어야 의자나 바퀴의자로 이동이 가능함.	□가끔 걸음. 도움을 받거나 받지 않고서 낮동안 가끔 걸을 수 있으나 매우 짧은 거리임. 대부분의 시간을 침상이나 의자에서 보냄.	□자주 걸음. 최소 1일 2회 이상 걸어서 방 밖으로 나가거나 깨어 있는 동안 최소 2시간에 한번은 방안에서 걸음.
이동성 체위를 변경하고 통제할 수 있는 능력	□완전히 부동상태. 도움없이는 몸체나 사지의 위치를 조금도 변경할 수 없음.	□매우 제한적임. 때때로 몸체나 사지의 위치를 조금 변경할 수 있으나 독립적으로 자주 또는 의미 있는 변경을 할 수 없음.	□약간 제한적임. 몸체나 사지의 위치를 독립적으로 자주는 하나 약간 변경할 수 있음.	□제한이 없음. 도움 없이 크게 그리고 자주 체위 변경을 함.
영양 평소의 음식 섭취 양상	□매우 나쁨. 완전한 식사를 하는 적이 없음. 제공된 음식의 1/3 이상을 먹는 적이 거의 없음. 매일 단백질(고기, 치즈 등) 섭취량이 2단위(serving) 이하임. 액체로 된 영양보충식을 먹지 않음 또는 금식(NPO) 또는 맑은 유동식이나 정맥수액으로 5일	□부적절할 가능성 있음. 드물게 완전한 식사를 하고 대부분은 제공된 음식의 1/2 정도를 먹음. 매일 단백질 섭취량이 3단위임. 가끔 영양보충간식을 먹음 또는 최적의 양보다 적은 유동식 또는 경관영양투여를 받음.	□적절함. 대부분 식사를 1/2를 먹음. 매일 단백질 섭취량이 4단위임. 가끔 식사를 거부하나 영양보충 간식이 제공되면 취함. 또는 영양적 요구에 부합된 경관영양투여나 초이경구 영양(TNP)요법을 받고 있음.	□우수함. 매 식사의 대부분을 먹음. 식사를 거절하는 적이 없음. 매일 고기, 치즈 등 단백질 섭취량이 4단위 이상임. 가끔 시간에 간식을 먹음. 영양 보충간식이 필요하지 않음.
마찰과 밀리는 힘	□문제 이동 시 보통에서 최대한의 도움이 요구됨. 시트에 밀리지 않고 완전히 드는 것이 불가능함. 침대나 의자에서 자주 밀려 내려가 최대의 도움으로 자주 체위변경을 해 주어야 함. 거의 지속적인 마찰을 가져오는 경련성, 구축, 또는 동요가 있음.	□잠재적 문제 약하게 움직임 또는 최소한의 도움이 요구됨. 이동시 시트, 의자, 억제대 또는 다른 보조 장치들에 피부가 미끄러질 수 있음. 대부분의 시간을 의자나 침대에서 상대적으로 좋은 자세를 유지하나 가끔 밀려 내려감.	□명백한 문제 없음. 침대나 의자에서 독립적으로 움직이며 이동시 충분한 근력이 있어 완전히 들어서 움직임. 침대나 의자에서 항상 좋은 자세를 유지함.	점수

▶ 결과해석: 점수가 낮을 수록 욕창위험이 높음. 15~16경미한 위험, 12~14중증도 위험, 12미만 심각한 위험

서식 3-18   서비스 욕구수준 평가지

중요도: 상

서비스 욕구수준 평가지

대상자명(성별)		관리번호	
작성일자		작성자	

1. 기본요양서비스					
구분	서비스	대상자	가족	세부사항	담당자 의견
신체 활동 지원	세면 도움				
	구강관리				
	머리감기기				
	몸단장				
	식사도움				
	체위변경				
	이동도움				
	신체기능증진				
	화장실 이용				
일상 생활 지원	취사				
	청소 주변정리				
	세탁				
개인 활동 지원	외출시 동행				
	일상업무대행				
정서 지원	말벗하기				
	생활상담				
	의사소통 도움				
기타 지원	가족교육				
	가족간담회				
	문제행동대처				
	치매관리지원				
	호스피스				
2. 기타 서비스					

○○○노인복지센터

서식 3-19 사례회의록

중요도: (상)

사례회의록

결재	담당	팀장	센터장

일시		장소	
참석자		사례관리자	

대상자 성명		성별		생년월일	

주소				요양등급	

사례회의선정이유	
논의내용	
결정사항	
슈퍼비전	
첨부자료	

작성일:　　　　　　작성자:　　　　(인)

○○○노인복지센터

중요도: ㉠

상담관리카드

결재	담당	팀장	센터장

상담자		상담일자	20 년 월 일
피상담자		대상자와의 관계	

관리번호		대상자 성명		생년월일	
주소				전화번호	
요양인정번호		요양등급		유효기간	
보호구분	☐국민기초생활수급자 ☐의료수급 ☐차상위 ☐일반 ☐기타				
보호자성명		대상자와의 관계		전화번호-1	
동거가족		동거여부		전화번호-2	
서비스제공일				요양보호사성명	

상담방법	☐전화 ☐내방 ☐방문 ☐인터넷 ☐기타
상담유형	☐이용상담 ☐정보제공 ☐정서적 지지 ☐생활상담 ☐고충상담 ☐기타
상담내용	
상담자의 의견	
결과 및 조치사항	

○○○노인복지센터

가족상담일지

중요도: ⑤

가족상담일지

상담일자	20　년　월　일	상담자	
피상담자		대상자와의 관계	
상담방법	□전화　　□내방　　□방문　　□인터넷　　□기타		
상담내용			
결과 및 조치사항			

상담일자	20　년　월　일	상담자	
피상담자		대상자와의 관계	
상담방법	□전화　　□내방　　□방문　　□인터넷　　□기타		
상담내용			
결과 및 조치사항			

○○○노인복지센터

서식 3-22　요양보호기록일지

중요도: 상

요양보호 기록일지

결재	담당	팀장	센터장

관리번호		성명		등급	
서비스일시	20　　　년　　　월　　　일 (　　　)요일				

서비스 제공 사항 (○표시 또는 내용기재)																	
체중		Kg	혈압(BP)		mmhg	체온			℃	맥박		간호사체크					
세면		구강		몸청결						몸단장		피복교체					
얼굴	손발	양치	의치	샤워	청식	머리	부분	좌욕	통목욕	머리	손발톱	미용	상의	하의	양말	속옷	
식사			간식		투약	체위	이동도움		신체기능증진		화장실 이용			정서지원			
아침	점심	저녁	오전	오후	이름		보행	산책	운동	기구	배변	배뇨	기저귀	상담	말벗	도움	
메뉴, 식사량		메뉴, 식사량		취사		청소		세탁				개인활동					
				장보기	준비	조리	정리	방	기타	피복	요	이불	베개	외출	대행		
욕창관찰		□무　□유		욕창위치			기타										
세부사항																	
사용물품																	
자체프로그램		교육, 평가, 상담 등															
주요상태변화 및 특이사항																	
다음 계획																	
담당요양보호사				대상자 또는 보호자									서명				

○○○노인복지센터

중요도: 하

가족교육일지

결재	담당	팀장	센터장

관리번호		성명		주민등록번호	－
요양인정번호		요양등급		유효기간	

일시	
참석자	
교육장소	
강의자	
교육명	
교육내용	
비고	
작성일	작성자

○○○노인복지센터

서식 3-24 가족교육 실시 현황표

중요도: 하

가족교육 실시 현황표

관리번호	대상자명	등록일	종결일	교육 1	교육 2	교육 3	교육 4	비고

○○○노인복지센터

중요도: 하

○월호 가정통신문

① 기관 소식	미리 보는 기관 행사 및 소식, 공지사항
② 함께 나누는 소식	어르신 생신, 직원동정, 지난 달 행사, 나누고픈 이야기를 담습니다
③ 복지 뉴스	노인복지정책, 장기요양보험관련, 사례 등 소개

－ 기타 알림 글 또는 좋은 글을 소개합니다. －

잠시랑을 실천하는 ○○○노인복지센터 ○월호 가정통신문입니다.

로고 / ○○○노인복지센터 / 전화번호 / 홈페이지

서식 3-26 가정통신문 발송대장

가정통신문 발송대장

관리번호	대상자명	등록일	종결일	20 년												비고
				1	2	3	4	5	6	7	8	9	10	11	12	

○○○노인복지센터

서식 3-27 가족간담회 계획서

중요도: 하

가족교육(간담회) 계획서

작성일자: 작성자:

1. 목적:
2. 목표:
3. 대상:
4. 참석인원(예상참석인원):
5. 일시:
6. 장소:
7. 프로그램 내용

시간	진행내용	진행자	준비물	비고

8. 준비일정

구분	내용	일자	담당자	비고

9. 예산계획

항목	금액	산출근거	예산확보	비고

10. 평가계획

목표	평가지표	평가도구	평가방법	비고

○○○노인복지센터

중요도: 하

가족교육(간담회) 보고서

작성일자: 작성자:

1. 실시개요
    1) 목적:
    2) 목표:
    3) 대상 및 인원:
    4) 일시:
    5) 장소:

2. 실시프로그램

시간	진행내용	진행자	준비물	비고

3. 준비일정

구분	내용	일자	담당자	비고

4. 지출정산
    1) 지출금액
    2) 지출내역

항목	금액	산출근거	지출처	비고

5. 평가내용
6. 진행사진

〈제목〉	〈제목〉	〈제목〉

○ ○ ○ 노인복지센터

중요도: ⑤

사례관리 평가서

결재	담당	팀장	센터장

관리번호		성명		주민번호	—
주소				등록일	
요양인정번호		요양등급		유효기간	
서비스 내용				제공기간	
평가내용	목표달성	서비스 목표계획과 비교한 목표달성 여부			
	서비스 개입의 적절성	서비스 실행 정도, 서비스 계획과 일치			
	효과성	대상자 및 가족의 욕구 및 문제해결 정도, 대상자의 변화			
	만족도	대상자와 가족의 만족도			
평가결과	( ) 수정　　( ) 재계획　　( ) 의뢰　　( ) 유지				
평가자료					
평가일			담당자		

○○○노인복지센터

서식 3-30 서비스 의뢰서   중요도: 상

서비스 의뢰서

○ 작성일자:

관리번호		성명		주민번호	—
주소				전화번호	
요양인정번호		요양등급		유효기간	
보호구분	☐국민기초생활수급자 ☐의료수급 ☐차상위 ☐일반 ☐기타				
보호자		대상자와의 관계		전화번호	
의뢰사유					
서비스 제공내역					
대상자의 상황					
담당자의견					
담당자			연락처		
첨부자료	(1) 대상자관리카드				
대상자가 의뢰사실을 아는가? ☐예 ☐아니요 보호자(가족)가 의뢰사실을 아는가? ☐예 ☐아니요					

○○○노인복지센터

서식 3-31 의뢰 대상자 명부

중요도: 상

의뢰 대상자 명부

_____ 년도

연번	의뢰일	관리번호	성명	생년월일	보호구분	의뢰기관	의뢰사유	처리결과	담당자

○○○노인복지센터

서식 3-32 연계기관리스트

중요도: 상

연계기관리스트

_____ 년도

번호	기관명	전화번호	담당자	대상	서비스 내용	비고

○○○노인복지센터

중요도: ⑧

사례종결보고서

결재	담당	팀장	센터장

관리번호		성명		주민번호	－
주소				전화번호	
요양인정번호		요양등급		유효기간	
보호구분	□국민기초생활수급자　□의료수급　□차상위　□일반　□기타				
등록일		종결일		서비스 제공기간	

종결사유	□대상자에 의한 종결	□사망　　　□시설입소　　　□이주　　　□등급 외 판정 □위험특성　□무리한요구　□거절(포기)　□타 기관 이용 □기타
	□직원에 의한 종결	□사직　　　　　□직원실책　　　　　□본인과 부적합 □기타
	□기타 사유에 의한 종결	□원칙변경　□업무조정　□법적 처벌　□법인교체 □기타
	비고	

대상자의 변화상황	초기 상황	
	종결 상황	

사후관리	

작성일		작성자	

○○○노인복지센터

서식 3-34　　종결 대상자 명부　　　　　　　　　　　　중요도: 상

종결 대상자 명부

_____ 년도

연번	종결일	관리번호	성명	생년월일	보호구분	종결사유	작성자	비고

○○○노인복지센터

서식 3-35　종결자 사후관리대장

중요도: 하

종결자 사후관리대장

_____ 년도

연번	관리번호	성명	종결일	1	2	3	4	5	6	7	8	비고

○○○노인복지센터

4 서비스관리

1) 목 적

서비스관리는 의료·복지 서비스 및 장기요양서비스 등 다양하고 복합적인 욕구를 가진 대상자에게 대상자의 상태에 맞는 다양한 서비스를 체계적·연속적·통합적으로 제공하기 위해 사정, 계획, 개입 및 조정, 점검, 평가의 일련의 과정을 실시하는 것이다. 변화하는 대상자의 욕구 충족과 적정한 서비스 확보, 서비스 제공의 효율성 등 서비스의 연속성을 보장하는 포괄적인 서비스를 제공하고 관리할 수 있도록 한다. 나아가 비공식적인 보호체계와 대상자 간의 상호작용을 지지하고 촉진하여 대상자를 보호하는 기능을 강화하고 공식적인 자원체계와의 연계를 통해 자원통합 및 도움체계의 기능을 최대화하고자 한다.

2) 업무내용의 구성

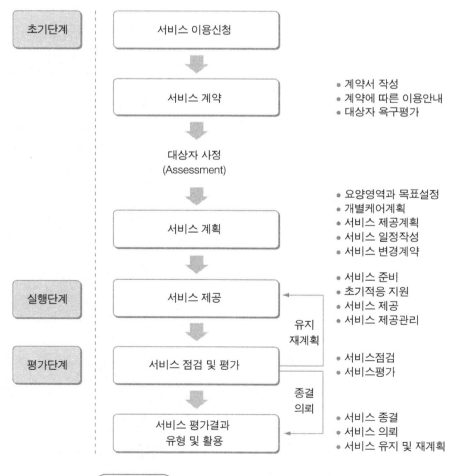

그림 2-21 서비스관리의 업무흐름도_Flow chart

[그림 2-21]은 서비스관리의 업무흐름을 Flow chart로 제시한 것이다. 업무흐름을 살펴보면 크게 서비스 이용신청, 서비스 계약, 서비스 계획, 서비스 제공, 서비스 점검 및 평가, 서비스 평가결과 유형 및 활용으로 구성하였다. 초기단계에서는 서비스 이용신청, 서비스 계약, 서비스 계획의 과정을 거치며, 서비스 이용신청 후 서비스 계약에서는 계약서 작성, 계약에 따른 이용안내와 행정처리, 대상자 욕구평가로 구성하였다. 다음으로 서비스 계획이 진행되는데 이전에는 대상자 사정이 이루어져야 한다. 대상자 사정은 이 장 3. 대상자관리에서 구체적으로 다루었으므로 참고하기 바란다. 서비스 계획으로 요양영역과 목표 설정, 개별케어계획(케어플랜), 서비스 제공계획, 서비스 일정작성, 서비스 변경계약을 소개하였다. 실행단계인 서비스 제공에서는 서비스 준비, 초기적응지원, 서비스 제공, 서비스 제공관리로 나누어 살펴보았다. 마지막으로 평가단계에서는 서비스 점검, 서비스 평가로 구분하였으며 서비스 평가결과 유형 및 활용의 내용으로는 서비스 종결, 서비스 의뢰, 서비스 유지 및 재계획을 작성하였다.

3) 업무내용

(1) 서비스 이용신청

- 서비스 이용 상담을 통해 대상자와 가족이 서비스 제공기관을 선택하게 되면 기관자체 이용신청서를 작성하여 이용결정을 확인한다.
- 서비스 이용을 결정한 대상자의 경우 서비스 실시일이 이용 결정일과 떨어져 있다고 하더라도 우선 이용신청서를 작성하게 하여 대기하는 동안 결정의 변화를 가져오지 못하도록 문서화하는 것이 좋으며, 기관 이용을 결정한 대상자가 실제 계약을 하지 않더라도 잠재적인 고객으로 간주하여 관리하는 데 활용하도록 한다.
- 신청인이 수급자 본인·가족, 사회복지전담공무원, 시장·군수·구청장이 지정한 자 이외의 이해관계인 경우에는 수급자 또는 보호자의 동의를 받는다.
- 상담자는 서비스 이용 상담 시 이용신청서를 비치하여 작성할 수 있도록 하며 상담 테이블에 마련해 놓거나 대상자 가정에 방문하여 상담을 할 경우에는 반드시 지참한다.
- 서비스 이용신청서는 접수번호를 부여하여 정리하고 서비스 이용신청자 명부를 작성하여 관리한다.

(2) 서비스 계약

① 계약서 작성

- 서비스 이용을 결정한 대상자와 가족, 기관은 서비스 이용계약서를 대상자의 상황에 맞는 계약 내용으로 구성하여 준비한다. 기관의 비급여서비스가 있을 경우 제공 계획을 알리고 별지에 동의서를 작성하며, 계약체결 시 다음과 같은 제출서류를 안내

하여 제출받도록 한다.

> ☑ 계약관련 제출서류
> - 장기요양인정서(사본)
> - 표준장기요양이용계획서(사본)
> - 건강진단서 또는 의사소견서(사본)
> - 주민등록증 각 1부(대상자, 보호자)
> - 기초생활 수급대상자의 경우 수급자증명서, 의료급여수급권자의 경우 의료보호증 1부

─계약자는 대상자(수급자) 또는 보호자(가족)와 제공기관으로 계약서를 2부 작성한 후 대상자(또는 가족)에게 발부한다. 작성할 때에는 계약 당사자의 서명 또는 날인을 반드시 확인하여야 한다. 서비스 계약에는 다음과 같은 내용을 기재하여야 하며 이에 대한 충분한 설명이 있어야 한다.

> ☑ 서비스 계약내용
> - 계약자: (갑)방문요양서비스 이용자, 보호자 또는 대리인, (을)서비스 제공기관
> - 계약기간: 이용자가 희망하는 이용기간으로 체결하되 장기요양인정 유효기간으로 체결
> - 서비스 제공: 서비스 제공계획수립, 전문인력 배치
> - 계약기간만료 등: 계약기간변경, 해약통지
> - 급여비용: 급여비용 산정 기준, 서비스 제공기관 비용청구
> - 급여내용의 변경: 계약내용 변경, 변경계약서 작성
> - 급여제공의 금지: 제공 또는 요구하지 않아야할 서비스의 범위
> - 통지의무: 서비스 제공 중 응급상황발생 시 통지, 이용자의 파산 등 보호에 문제발생 시 통지
> - 개인정보 보호의무: 개인정보보호 의무, 개인정보수집 및 활용에 관한 동의서
> - 손해배상책임보험: 서비스 실시 중의 사고 및 문제에 대한 배상책임
> - 분쟁해결방법: 합의에 의한 분쟁해결, 관련법규 및 관례처리
> - 서비스 불만, 호소에 대한 대응

─서비스 이용계약서의 제공기관 보관용을 대상자 개인파일에 함께 보관하는데 여기에 계약관련 제출서류와 서비스 제공에 따른 서약서, 동의서, 이용자의 권리를 첨부하고 서비스 이용계약서 관리대장에 기록해 둔다. 서비스 이용계약서 관리대장에는 대상자의 인적사항 뿐만 아니라 동의서 등의 제공여부를 기록한다.

② 계약에 따른 이용안내

• 서비스 제공에 따른 서약서

─서비스 계약이 체결되면 동시에 이용 서약서를 작성하여 계약서와 함께 보관한다.

- 대상자 또는 보호자로부터 대상자의 권리에 대해 설명하고 동의를 받는다.
- 대상자 존엄성에 따른 대상자의 사생활을 보호하기 위한 기관의 의무를 알려 준다.
- 「노인장기요양보험법 시행규칙」 제14조에 의거하여 이용자가 서비스 제공시 요청할 수 없는 행위를 명시하여 이용자가 서비스를 제공받기 위해 지켜야 할 수칙을 알려준다.
- 서비스 제공으로 인해 발생되는 문제에 대한 처리와 이용자의 의무를 알려주어 분쟁의 소지를 줄이고 서로 간의 의무를 강화하여 문제 발생을 줄이도록 노력한다.
- 서약서의 내용은 기관의 운영규정에 따라 상이할 수 있으므로 내용을 추가 및 삭제하여 기관에 맞게 작성하되 장기요양보험법 및 일반규정에 준용하여 기재하도록 한다.
- 서비스 제공에 따른 서약서를 작성할 때에는 기관, 대상자, 가족의 자필 서명을 확인해야 하며, 원본은 기관에 제출하고 사본을 대상자와 가족에게 제공한다. 이와 더불어 기관정보안내 자료를 함께 제공하여도 좋을 것이다. 이러한 문서 및 자료를 제공할 때에 기관의 예산이 허락한다면 그 범위 내에서 대상자가 보관해야 할 다양한 서류를 보관할 수 있도록 클리어 파일을 마련하여 전달해 드린다. 이외의 기관이 제공해야 할 자료가 서비스 제공 중에 발생함으로 분실방지 및 서비스관리를 위해서도 효과적이다.

- 개인정보 수집 및 활용에 관한 동의서
  - 대상자에 관한 개인정보를 수집하고 활용하는 데 있어 대상자와 보호자에게 그 목적 및 취급에 관한 사항을 알리고 정보제공주체인 대상자와 보호자(가족)가 가지는 권리를 충분히 설명하고 동의서를 받도록 한다. 동의서에는 반드시 대상자 또는 보호자의 자필 서명을 확인하여야 한다.
  - 동의서는 서비스 이용계약을 체결할 때 함께 서명하도록 하며 서비스 이용계약서와 함께 보관하고 서비스 이용계약서 관리대장에 동의서 확인여부를 기록하여 누락되지 않도록 관리한다.
  - 동의서는 1부를 작성하고 원본은 기관에서 보관하고 사본을 대상자(또는 가족)에게 발부한다. 대상자가 인지기능 저하 등으로 개인정보 동의에 대하여 의사표시를 할 수 없는 경우 보호자인 신청인이 서명 날인하여 동의서를 제출하도록 한다.

- 비급여서비스 동의서
  - 방문요양서비스 제공 중 발생하는 비급여서비스 항목에 대한 안내를 대상자와 가족에게 실시하며 대상자와 가족이 기관에서 자체적으로 제공하는 비급여서비스를 희망할 경우에 그 내역을 상세히 기록하여 동의서에 명시하도록 한다.
  - 비급여서비스는 기관 자체적으로 서비스의 다양성과 질을 높이기 위해 특별서비스를 마련하여 운영하는 것으로 적정한 서비스 비용을 산정하고 충분한 설명과 안내를 하여야 한다. 기관은 비급여서비스에 대해 대상자와 가족이 선택함에 있어 어떠한

강압과 불이익도 주어서는 아니되며 대상자와 가족에게 서비스 선택의 자율권을 최대한 보장하여야 한다.

－비급여서비스 제공에 따른 동의서뿐만 아니라 방문요양 표준서비스를 제공함에 있어서 서비스 제공기준과 범위에서 벗어날 경우에 그 내용과 사유를 상세하게 기록하여 동의서를 받아두어야 한다. 기관의 요청에 의해서가 아니라 대상자와 가족의 요구에 의해 서비스 제공방법을 달리하여 진행하는 것임을 입증할 수 있는 근거자료를 마련해 두는 것이다. 따라서 업무서식에서 제시한 비급여서비스에 대한 동의서는 내용에 따라 다양하게 변경하여 사용할 수 있다.

－동의서는 대상자(수급자), 보호자(가족)가 자필 서명한 후 원본은 기관에서 보관하고 사본을 대상자(또는 가족)에게 발부한다.

• 기관정보안내(Q&A)

－서비스 계약자인 대상자와 가족이 서비스를 제공받는 데 있어 발생할 수 있는 궁금증을 해소하기 위해 기관정보안내지(Q&A)를 일문일답 형식으로 작성하여 제공한다.

－기관을 운영하면서 서비스 상담 시 가장 많이 받은 질문 내용을 추려내어 이를 정리하여 Q&A를 작성해 두고 상담 시 제공하면 더욱 효과적으로 활용할 수 있다.

－기관정보 안내지는 계약서 관리대장에 제공여부를 체크하여 관리한다.

③ 대상자 욕구평가

－초기면접카드, 대상자관리카드, 대상자 욕구평가지, 측정도구를 사용하여 대상자의 기능 및 욕구평가를 실시하고, 이를 토대로 전문가적 판단을 위한 사례(사정)회의를 개최하여 대상자에게 적합한 요양서비스 제공계획을 수립하도록 한다.

－대상자의 기능상태 및 욕구조사는 대상자의 신체적 · 정신적 · 심리적 · 사회적 측면 등을 포함하는 일상생활 전반의 기능과 욕구 및 문제, 환경적 상황을 파악하고 대상자와 가족의 의견(욕구, 희망)을 명확하게 반영한다. 대상자의 기능상태, 부양 환경, 일상생활 자립 정도, 욕구, 희망 등을 종합적으로 판단한 후 방문요양 필요 영역을 선택한다. 이 경우 대상자의 자립지원을 위해 해결되어야 하는 문제를 고려하여 판단하고 서비스 제공 계획을 수립한다.

(3) 서비스 계획(planning)

건강보험관리공단의 장기요양관리요원이 신청 대상자를 방문하여 기능조사 및 욕구조사를 통해 등급판정이 이루어지면 장기요양인정자에게 장기요양인정서와 표준장기요양이용계획서를 송부한다. 장기요양인정서는 장기요양등급, 이용가능한 급여의 종류와 내용 등이 포함되며 표준장기요양이용계획서는 장기요양등급과 장기요양급여를 원활히 이용할 수 있도록 월 한도액 범위 안에서 기본적인 계획을 제시한다. 이것을 받은 장기요양인정자는 장기요양기관을 선택하여 장기요양인정서와 표준장기요양이용계획서를 제시하면 장기요양 기관은 표준장기요양이용계획서를 바탕으로 구체적인 서비스 제공계획을 제시하고 그에 따라 서비스를 제공하게 된다.

서비스 계획을 수립할 때에는 먼저 요양영역과 목표를 설정하고 개별케어계획을 수립한 후 월별 서비스 제공계획과 서비스 일정을 세운다. 서비스 제공에 변경이 발생할 경우에는 서비스 변경계약을 실시한다.

① 요양영역과 목표설정

－대상자 개인별 케어계획을 수립함에 있어 필요영역의 선택과 영역별 목표 설정은 매우 중요하다. 목표는 대상자의 능력과 환경을 고려하여 실현가능하며 구체적으로 수립하여야 하며 전적으로 전문가적 판단에 의해서 정해져서는 안된다. 대상자와 가족의 의견이 반영된 목표를 수립하여야 목표달성 및 서비스 수행에 효과성을 높일 수 있다.

－대상자와 가족의 문제 및 욕구의 우선순위에 따라 해결되어야 할 목표를 수립하는데 목표수립 시에는 방문요양 서비스에 대한 대상자의 욕구 정도, 대상자의 장애, 질환 특성의 정도, 대상자 잔존기능 정도, 가족의 수발 정도가 고려되어야 한다.

－기본요양영역과 전문요양영역별 서비스 목표는 〈표 2−35〉와 같으므로 이를 참고하여 목표를 수립하되 개입계획은 현실적이고 구체적이며 목표 달성을 측정할 수 있도록 계량화하도록 한다.

표 2−35   요양 필요영역과 서비스 목표

문제영역	관련 요인	서비스 목표
기본적 일상생활 활동	기본적 일상생활 활동 장애의 원인, 재활영역, 질병 및 증상, 의사소견서	• 현재 기능 상태를 호전시킨다. • 현재 기능 상태를 유지한다. • 질병상태를 집중 관리하여 기능상태 악화 및 합병증을 예방한다.
재활욕구	질병 및 증상, 재활욕구, 지원형태	• 현재기능상태를 호전시킨다. • 현재기능상태를 호전시킨다.
수단적 일상생활 활동	수단적 일상생활활동	• 수단적 일상생활수행능력을 증진시킨다. • 지원을 받아 수단적 일상생활이 가능해 진다.
의사소통	인지기능영역, 행동변화영역, 청력상태, 의사소견서	• 장애(청각장애, 표현장애, 언어장애－구음장애, 실어증, 실행증 등)의 원인을 파악하고 대처한다. • 장애(청각장애, 표현장애, 언어장애)에 대해 적절한 대처방법을 학습한다. • 사회적 고립감이 감소한다.

시각기능	시력상태, 의사소견서	• 시각기능 손상의 원인을 파악하고 대처한다. • 시각기능 손상에 대해 적절한 대처방법을 학습한다. • 사회적 고립감이 감소한다. • 위험요소제거, 환경개선 등으로 일상생활의 어려움을 감소시킨다.
인지기능	인지기능상태, 의사소견서	• 정확한 진단을 받아 대처한다. • 인지장애에 대한 적절한 대처방법을 학습한다. • 인지능력을 향상시킨다. • 가족들의 수발부담을 덜어준다(독거노인인 경우 규칙적인 수발을 받는다).
행동변화	행동변화영역, 우울과 불안, 질병 및 증상	• 행동변화 원인을 파악하고 적절한 치료 및 관리를 받는다. • 행동변화에 적절히 대처한다. • 행동변화로 인한 가족의 스트레스가 감소한다. • 사회적 교류기회를 제공하여 우울과 불안이 감소한다.
간호문제	질병 및 증상, 간호처치영역	• 문제에 대한 관리상태를 유지한다. • 문제의 악화 예방 또는 문제가 해결된다. • 합병증을 예방한다. • 욕창이 치유된다.
통증	암성통증, 질병 및 증상, 의사소견서, 투약상황	• 통증의 원인을 파악하고 대처한다. • 통증을 감소시킨다.
대변조절	화장실 사용하기, 대변조절하기, 장루간호	• 배변장애의 원인을 파악하고 대처한다. • 배변장애에 대한 적절한 관리를 받는다.
요실금	소변조절하기, 기본적 일상생활 활동 장애의 원인	• 요실금의 원인을 파악하고 대처한다. • 대상자에게 적절한 요실금 관리방법을 수립하고 이차적 감염을 예방한다.
지지체계	동거인, 지원형태	• 가족들의 수발부담을 덜어준다(독거노인인 경우 규칙적인 수발을 받는다). • 가족들의 수발능력을 증진시킨다. • 사회적 고립감을 해소한다.
환경평가	환경평가	• 대상자 가족이 위험한 환경요인을 인식하고 개선한다.

② 개별케어계획(care plan)

- 대상자의 욕구에 우선 기초하고 대상자의 능력과 보호제공자의 능력을 평가하여 대상자의 문제와 상황에 적합한 서비스의 수준, 서비스의 양과 질을 결정하기 위한 개별화된 계획을 수립하여야 한다.
- 개별케어계획은 사회복지사, 요양보호사 등이 모여 사례회의를 거쳐 수행 가능한 서

비스 목표를 설정하고 서비스의 방향과 계획을 결정한다. 그 내용은 구체적이고 이해성이 높아야 하며 서비스 계획을 대상자와 가족에게 설명하여야 한다.

- 대상자의 기능 및 건강상태, 보호제공자의 변화 등으로 개별케어계획에 변경이 필요할 경우 욕구평가 및 사례회의를 통해 재수립하며 특별한 사항이 없을 경우 6개월 또는 1년을 주기로 작성한다. 이때 대상자 욕구평가를 실시하고 대상자의 정보에 변경된 내용이 있을 시에는 대상자 관리카드를 재작성하고 함께 보관할 수도 있다.

- 개별케어계획은 대상자의 상황과 문제를 파악하여 대상자에게 필요한 서비스 영역과 목표 달성을 위한 개입방향을 알려주어 지속적인 서비스 실천을 도와주는 길잡이 역할을 하는 것이다. 따라서 매월 서비스 계획을 수립할 때 개별케어계획에 부합하는 서비스 제공계획을 수립하고 이를 실천할 수 있도록 노력해야 한다.

③ 서비스 제공계획

- 서비스 제공계획의 기본원칙은 서비스에 대한 계획수립이 이용자 중심이어야 하고 이용자의 변화하는 욕구와 능력에 대해 융통성 있게 대응해야 하며 서비스 계획 수립에 따른 서비스 계획표, 일정표를 작성하고 서비스를 제공한다.

- 서비스 제공계획 시에는 서비스 우선순위 및 목표에 따라 제공할 서비스 내용을 결정하고 장기요양표준이용계약서의 서비스 내용범위 내에서 제공하여야 하며 서비스 내용을 효과적으로 지원해 줄 수 있도록 서비스, 횟수, 일정을 결정한다. 이를 바탕으로 서비스 일정표를 포함한 서비스 제공계획서를 작성해야 한다.

- 방문요양서비스는 월 단위로 서비스를 제공하고 평가하며 서비스 비용을 납부하여 매월 서비스 제공결과와 성과평가를 실시한다. 따라서 대상자와 가족의 욕구를 반영하여 매월 서비스 제공계획서를 수립하며 이를 대상자와 가족에게 알려주고 동의를 받아 대상자와 가족의 알 권리를 존중하여야 한다. 제공한 서비스 제공계획서 1부는 기관에서 서비스 제공계획서 발송대장을 마련하여 직원이 대상자와 가족에게 계획서를 제공하는데 빠트리지 않도록 하고 기관은 제공근거를 명확하게 해야 한다.

- 서비스 제공계획서는 대상자의 욕구평가 결과를 반영한 개별케어계획서에 따라 서비스 종류, 내용, 횟수, 소요시간, 기간 등 구체적인 서비스 계획을 수립하고 대상자의 기능향상 및 유지 등의 목표달성을 이루도록 최선을 다해 서비스를 제공하여야 한다.

- 서비스 제공자인 요양보호사는 서비스 제공계획서를 지참하여 계획한 대로 수행할 수 있도록 하며 변경될 경우 변경내용을 사전에 보고하여 논의한 후 기록하고 이를 반영하여 서비스를 제공한다.

④ 서비스 일정 작성

- 서비스 일정표는 월 단위 서비스 제공계획서를 기초로 하여 월 서비스 일정(서비스

일자와 시간, 서비스 내용)을 제시하고 서비스 제공자 및 연락처, 제공주기, 제공일자, 서비스 비용, 서비스 횟수 등을 작성하는 것으로 대상자와 가족, 담당요양보호사에게 전달하여 서비스 제공에 차질이 없도록 최대한 활용한다. 서비스 제공 내용에 변동사항이 있을 경우에는 기관에 보고하고 대상자와 가족에게 알려주어 서비스 일정 및 내용을 조정할 수 있도록 한다.

- 서비스 제공계획서는 서비스 제공내용, 즉 서비스 제공종류, 제공방법, 제공과정을 중요하게 작성하는 반면 서비스 일정표는 횟수, 시간, 일자를 중심으로 작성하여 서비스 실행과정에 있어서 활용도가 높다고 할 수 있다. 또한 서비스를 제공하는 요양보호사에게는 업무일정표를 대신하여 사용하게 한다.

⑤ 서비스 변경계약

- 기관의 서비스 제공계획 담당자가 개별 대상자의 욕구조사 등을 통해 서비스 제공계획을 마련한 후에도 서비스가 변경되거나 계약이 갱신될 때는 적절하게 서비스 제공계획을 변경하기도 한다. 또한 서비스 이용계약서 상의 내용이 변경되거나 서비스 제공계획서의 내용 중 제공기간, 시간, 횟수, 서비스 세부내용, 비용 등이 실제 서비스 제공과 일치하지 않을 경우 변경내역과 사유를 기록하여 서비스 변경에 대해 기록한다.

- 평소에 요양보호사가 관찰한 내용이나 각종 업무기록을 통해 서비스 변경을 파악할 수 있으며, 서비스 제공계획 담당자가 가정방문을 하여 노인의 기능조사, 욕구조사를 실시하여 서비스 제공계획을 변경할 수 있다. 이러한 서비스 제공계획의 변경은 빈번하게 일어나는 사항으로 서비스 변경계약의 사유에서 제외시키고 서비스 제공계획서상의 내용이 서비스 이용계약서에 영향을 주는 내용일 경우에만 서비스 변경계약서를 작성하도록 한다.

- 서비스 변경계약서는 각 2부를 작성하고 이용자, 보호자(가족)에게 설명한 후 반드시 자필로 확인 서명을 받아 기관과 이용자가 각각 보관한다.

(4) 서비스 제공

- 서비스 대상자에게 서비스 제공계획과 서비스 일정표에 따라 서비스를 제공하도록 하며 서비스를 제공할 때 발생될 수 있는 장애에 대해서도 미리 염두해 두고 서비스 제공준비를 하도록 한다. 대상자가 서비스 제공에 대해 생소한 경우 부끄럽거나 불편하게 생각할 수도 있으므로 서비스의 필요성과 당위성에 대해 충분히 설명하여 대상자에게 즐거움과 도움이 된다는 것을 느낄 수 있도록 해야 한다. 그러므로 서비스를 제공할 때는 대상자에게 친숙한 것을 활용하여 효과성을 높이고, 대상자에게 익숙한 것들을 선택하고 편안한 분위기를 조성하여 서비스 제공자와의 친밀감 형성에

노력하여야 한다.

- 서비스 제공자의 서비스 실천에 대한 교육과 훈련의 부족으로 인한 미숙한 기술이 대상자와 가족의 오해를 갖게 하고 케어 전문가에 대한 신뢰를 떨어트려 서비스를 제공하는 데 상당히 어려워 질 수 있다. 서비스를 제공하기에 앞서 요양보호사는 스스로 지식과 기술을 습득하는 데 지속적인 노력을 해야 하며 이를 위해 기관은 신입 직원교육 및 직무교육을 실시해야 한다.

- 기관의 운영여건에 따라 실무관리자를 두어 초기 서비스 제공 시에 함께 동행하여 서비스 제공에 대한 만반의 준비를 한다. 또한, 일정 기간 동안 서비스 적용을 돕기 위한 실무훈련을 실시하여 대상자와 가족에게 서비스에 대한 만족감을 높이고 전문적인 서비스 제공에 대한 신뢰를 높이는 것도 바람직하다 하겠다. 그러나 이러한 서비스 제공 시스템을 구축하기 위해서는 전문 인력의 확보와 예산(인건비) 문제가 수반되므로 기관의 재정상황을 고려하여 신중하게 선택하도록 한다.

① 서비스 준비

- 서비스 준비는 서비스 실행에 대한 철저한 준비와 계획을 통해 실천 가능성을 높이고 돌발 상황에 대응하는 능력을 높여 서비스의 원활한 실행을 돕는다. 따라서 서비스 계획에 따라 실행 전 점검을 실시하고 상황에 따라서는 의사(주치의), 물리치료사, 영양사, 간호사 등 전문가의 의견을 수렴하여 적합성 여부를 판단하는 과정도 거치도록 한다. 그러나 방문요양기관의 인력설치기준과 운영상황에서 전문가의 의견을 얻기가 쉽지 않다. 기관은 촉탁의, 자문위원, 자원봉사자의 형태로 이들과의 협력관계를 맺도록 노력해야 한다.

- 서비스 제공 환경과 서비스에 필요한 물품이 어느 정도 확보되었는지 확인하고 부족하거나 없을 경우 대상자와 가족과 협의하여 대체 물품이나 방법을 강구하는 등 제공 방안을 모색한다. 서비스 제공 시 사용하는 물품과 구매 비용은 전액 대상자와 가족의 부담이므로 과도하게 요구하거나 강요하지 말아야 하며 현재 물품을 가지고 활용하도록 하며 저비용으로 해결할 수 있는 방안을 찾도록 노력한다.

- 대상자의 질환이나 증상, 상태에 따라 서비스에 필요한 지식과 기술을 재습득하며 서비스 제공 도중에도 틈틈이 지속적으로 노력하는 자세가 필요하다. 특히 치매대상자의 경우에는 제공 시 발생하는 여러 돌발 상황 처리에 대해 기관장, 의료진과의 논의가 필요하다. 또한 서비스 제공과정과 내용에 대한 대상자와 가족의 이해가 필요하므로 사전 서비스 제공과 관련된 충분한 의견 교환과 합의를 이루어 진행하도록 한다.

② 초기적응 지원

- 초기적응 지원은 각 영역별 요양서비스 제공절차와 제공방법을 하나하나 설명하면

서 서비스를 제공하고 대상자의 반응과 불편사항 등을 평가하여 이를 해결하는 방법을 찾아내는 과정으로 대상자에게 맞는 최적의 서비스를 제공할 뿐만 아니라 대상자, 가족 그리고 서비스 제공자 간의 적응도 함께 도모한다.

- 초기적응 시기에서는 추가적으로 대상자에 대한 세부적인 정보를 획득하고 이를 꼼꼼히 기록하여 대상자에게 맞춤 서비스를 제공하도록 한다. 이 시기는 약 1주에서 2주 정도로 이 시기에 서비스 만족도가 떨어질 우려가 있음을 대상자와 가족에게 사전에 설명하고 초기적응 시기를 성공적으로 마칠 수 있도록 협조를 구한다.

- 초기적응 시기에는 대상자 및 가족과의 상담을 실시하여 제공하는 서비스에 대한 불만사항을 알아내어 개선할 수 있도록 요양서비스 제공자와의 협의과정이 필요하다. 협의과정에서 요양서비스 제공자(요양보호사)와 이용자(대상자 및 가족)와의 관계에 불편함이 없도록 세심한 상담이 이루어져야 한다.

③ 서비스 제공

- 서비스 제공의 목적은 신체적·정신적인 이유로 독립적인 일상생활이 어려운 노인이 있는 가정에 방문하여 노인에게 안전하고 적합한 요양보호서비스를 제공하여 드림으로써 노인의 기본적인 욕구를 충족시켜 드리고 청결한 신체유지 및 쾌적한 환경 유지를 통해 인간다운 생활을 누릴 수 있도록 하는 데 있다.

- 서비스를 제공할 때 기관은 운영지침으로 서비스 제공지침을 마련하고 이에 의거하여 서비스를 제공하여야 한다. 서비스 제공지침의 내용으로는 서비스 제공원칙, 서비스 범위의 원칙, 서비스 제공절차, 목욕서비스 제공지침, 문제행동 대처지침 등을 마련하고 이를 따를 수 있도록 직원교육을 실시하고 업무매뉴얼을 배포하는 등 서비스 제공업무에 차질을 주지 않도록 하며 질 높은 서비스 수준을 유지할 수 있도록 한다.

- 서비스 제공에 따른 업무기록으로는 노인장기요양보험 시행규칙에서 제시한 장기요양급여제공기록지가 있으며 작성방법안내에 따라 기록하여 기관과 건강보험관리공단에 보고하는데 활용하고 기관에서는 기록한 문서를 잘 보관하도록 한다. 장기요양급여제공기록지 이외에 기관 자체적으로 별도의 서비스 기록지를 마련하여 서비스 제공 및 운영에 효과성을 높이도록 하는데 여기에서는 일일 세부 요양서비스 종류와 내용, 대상자의 주요상태 및 변화 등을 기록하는 요양보호 기록지를 사용하도록 한다. 그리고 체위변경, 식사, 복약 등 특별한 관리가 필요하다고 판단되는 대상자에게는 이와 관련한 서비스 제공에 따른 별도 기록지를 사용하도록 한다. 이 기록지에 대한 사용 여부는 기관에게 선택권이 있으며 제시한 기록양식을 그대로 채택하거나 수정하여 사용하여도 무관하다.

- 방문요양서비스에서 표준요양서비스 영역별로 제공절차에 따른 서비스 내용 및 방법을 신체활동지원서비스, 일상생활지원서비스, 개인활동지원서비스, 정서지원서비스, 기타 지원서비스 순으로 제시한다. 이 내용은 요양보호사표준교재를 참고하였으

며 기관에서는 요양보호 업무매뉴얼로 활용할 수 있다.

- 신체활동지원서비스
  - 신체활동지원서비스는 거동이 불편한 대상자에게 식사, 배설, 청결 등 인간의 가장 기본적인 욕구인 생리적 욕구를 충족시켜 드림으로 인해 인간다운 삶을 영위할 수 있도록 하며, 대상자의 질병 및 합병증 등을 예방하여 쾌적하고 건강한 생활을 유지할 수 있도록 돕는다. 신체활동지원서비스는 세면도움, 구강관리, 머리감기, 옷 갈아입히기, 목욕도움, 식사도움, 투약관리, 체위변경, 이동도움, 신체기능 유지증진, 화장실 이용하기(배변도움)의 서비스가 있으며 제공절차 및 내용은 다음과 같다.

- 신체활동지원서비스 - (1) 세면 도움

대상자확인/준비	• 대상자의 체온, 혈압, 안색, 기분, 통증유무 등 상태를 확인하고 서비스 절차를 설명한 후 동의를 구한다. • 요양보호사는 필요물품을 준비한다. • 서비스 제공 전 요양보호사는 손을 깨끗이 씻는다. 필요 시에는 일회용 장갑을 착용한다.
세면(면도)	• 물 온도를 확인하고 대상자의 잔존능력을 고려한 세면 도움 방법을 선택하여 진행한다. • 3자 닦기, 눈곱제거, 귀지정리, 콧물과 코안 청결, 입술, 볼, 목 씻기, 면도를 실시한다. • 마른 수건으로 물기 제거, 피부유연제(로션, 오일)를 바른다.
손발 씻기	• 비누를 이용해 손과 손가락 사이, 발가락 사이 닦기, 대야 또는 방수포를 제거한다. • 손톱(둥근 모양으로 자르기), 발톱(엄지발톱부터 일자로 자르기)을 정리하고 마사지한다. • 손톱, 발톱에 상처나지 않도록 정리하고 주위의 염증이나 감염여부 등을 확인한다.
정리	• 사용한 물품 세척 및 제자리에 정리(손톱/발톱깎이 소독, 면도기 세척)한다. • 요양보호사는 손을 씻는다. • 대상자에게 서비스에 대해 만족하였는지 확인한다. • 장기요양급여 제공기록지, 요양보호기록지를 작성한다.

- 신체활동지원서비스 - (2) 구강관리

대상자확인/준비	• 대상자의 체온, 혈압, 안색, 기분, 통증유무 등 상태를 확인하고 서비스 절차를 설명한 후 동의를 구한다. • 구강상태(염증, 구취, 의치 등)를 확인한다. • 요양보호사는 필요물품을 준비한다. • 서비스 제공 전 요양보호사는 손을 깨끗이 씻는다. 필요 시에는 일회용 장갑을 착용한다.

구강관리	• 목에서 가슴부위까지 수건을 대고 양치액을 삼키지 않도록 앉아서 하거나 머리를 높게 하여 음식물이 남아있는지 확인하고 물로 헹군다. • 대상자의 잔존능력을 고려한 구강도움 방법을 선택하여 진행한다. • 소금물로 치아, 입천장, 볼, 혀를 닦아준다. • 치약을 사용하여 칫솔질을 한다. • 치실을 사용하여 치아표면이나 치아 사이의 프라그나 치석을 제거한다. • 가그린 등을 사용하여 마무리한다. • 입 안이 깨끗해 질 때까지 헹구어 내고 마른 수건으로 입주위를 닦는다. • 바세린 또는 입술 보호제를 바른다.
의치(틀니)관리	• 의치는 칫솔을 이용하여 닦고 찬물로 헹군다. • 의치 삽입 전 잇몸마사지를 실시하고 삽입위치를 확인하고 삽입한다. • 의치 세정제, 물이 담긴 보관용기에 보관한다(분실되지 않도록 일정한 장소보관)
정리	• 사용한 물품 세척 및 제자리에 정리한다. • 요양보호사는 손을 씻는다. • 대상자에게 서비스에 대해 만족하였는지 확인한다. • 장기요양급여 제공기록지, 요양보호기록지를 작성한다.

• 신체활동지원서비스 – (3) 머리감기

대상자확인/준비	• 대상자의 체온, 혈압, 안색, 기분, 통증유무 등 상태를 확인하고 서비스 절차를 설명한 후 동의를 구한다. • 요양보호사는 필요물품을 준비한다. • 서비스 제공 전 요양보호사는 손을 깨끗이 씻는다. 필요 시에는 일회용 장갑을 착용한다.
머리감기	• 물 온도와 실내온도를 확인하고 대상자의 상태와 잔존능력을 고려한 머리감기를 진행한다. • 머리의 장신구 제거, 귀 솜으로 막는다. • 침대에서 진행할 경우 방수포, 머리감기 튜브를 사용한다. • 소량의 샴푸를 사용하여 머리와 두피를 손가락 끝 또는 손바닥으로 마사지 후 헹군다. • 마른수건으로 물기를 제거하고 헤어드라이어로 머리를 말린다.
머리단장하기	• 자고 일어났을 때, 외출할 때 대상자의 기호에 따라 머리모양을 정리한다. • 대상자에게 거울을 제공하여 머리모양을 확인시켜 드린다. • 이·미용(파마, 컷트, 염색) 손질을 원할 경우 가족에게 알려 진행시킨다.
정리	• 사용한 물품을 정리한다. • 요양보호사는 손을 씻는다. • 대상자에게 서비스에 대해 만족하였는지 확인한다. • 장기요양급여 제공기록지, 요양보호기록지를 작성한다.

• 신체활동지원서비스 – (4) 옷 갈아 입히기

대상자확인/준비	• 대상자의 체온, 혈압, 안색, 기분, 통증유무 등 상태를 확인하고 서비스 절차를 설명한 후 동의를 구한다. • 요양보호사는 필요물품(갈아입을 속옷, 겉옷)을 준비한다. • 서비스 제공 전 요양보호사는 손을 깨끗이 씻고 따뜻하게 유지하도록 한다. 겨울에는 의복의 보온도 유지한다. 필요 시에는 일회용 장갑을 착용한다.

옷 갈아입히기	• 실내 온도를 확인하고 대상자의 상태와 잔존능력을 고려하여 진행한다. • 신체 노출로 인한 수치심을 느끼지 않도록 주의한다. • 개인의 생활리듬, 신체동작, 대상자의 취향 등을 고려한 의복을 선택한다. • 벗기: 건강한 쪽 ⇨ 마비된 쪽 • 입기: 마비된 쪽 ⇨ 건강한 쪽
세탁하기	• 갈아입은 속옷 및 겉옷은 대상자와 가족과 상의하여 세탁한다. • 의류소재, 세탁물의 양에 따라 세탁방법을 결정하여 세탁하고 건조대에 넣어 건조시킨다.
정리	• 요양보호사는 손을 씻는다. • 대상자에게 서비스에 대해 만족하였는지 확인한다. • 장기요양급여 제공기록지, 요양보호기록지를 작성한다.

• 신체활동지원서비스 - (5) 목욕도움

－목욕서비스는 기관의 내부 운영지침인 서비스 제공지침에 의거하여 진행하며 대상자의 상태에 따른 목욕방법을 선택하되 대상자의 안전을 고려하여야 한다. 대상자가 중할 경우에는 의료진의 지시를 받아 진행하며 보호자인 가족은 반드시 동석하도록 한다.

대상자확인/준비	• 대상자의 체온, 맥박, 혈압, 기분, 통증유무 등 상태를 확인하고 서비스 절차를 설명한 후 동의를 구한다. • 요양보호사는 필요물품을 준비한다. • 대상자의 신체기능 및 건강상태에 따른 목욕방법을 선택하여 준비한다. • 실내온도와 물 온도를 확인하고 체온이 떨어지지 않도록 주의한다. • 필요 시에는 미용 고무장갑을 착용한다.
목욕방법 선택	1. 이동목욕 • 대상자 가정의 목욕실로 이동하여 욕조, 샤워의자를 사용하여 목욕한다. • 거동가능 대상자의 경우 대상자가 희망할 경우 대중목욕 시설에서 목욕한다. 이 경우 가족의 동반을 요구하여 2인 이상이 보조하여야 한다. • 와상노인의 이동목욕은 목욕침대 또는 샤워트롤리를 설치하여 실시한다. 2. 침상목욕 • 전신 청식, 부분 청식을 실시하여 몸 청결을 유지한다. 3. 방문목욕 • 대상자의 상태가 중하거나 가정의 목욕시설, 환경이 열악할 경우 방문목욕서비스를 신청하여 기계욕이 가능한 목욕차량을 이용한 목욕을 하거나 일반적인 방문목욕을 실시하도록 한다.
목욕하기	• 탈의 후 신체 상태를 확인하고 목욕물을 재확인하여 목욕을 실시한다. • 커튼이나 스크린 등을 이용하여 수치심을 느끼지 않도록 한다. • 세안, 면도, 머리감기, 몸 닦기, 몸 헹구기 순서로 실시한다. • 마른 수건으로 물기를 재빨리 닦아내고 피부 보습제 또는 오일을 바른다. • 기저귀를 착용하고 속옷, 겉옷, 양말을 입는다. • 머리를 말리고 수분을 보충한 다음 가장 편안한 자세를 취하여 휴식을 하도록 한다.

정리	• 대상자의 상태(피로감, 어지러움 등)를 확인한다. • 사용한 물품 세척 및 정리, 의복, 타올 등 세탁, 목욕실을 청소한다. • 대상자에게 서비스에 대해 만족하였는지 확인한다. • 장기요양급여 제공기록지, 요양보호기록지를 작성한다.

• 신체활동지원서비스 – (6) 식사도움

식사 준비	• 대상자의 질병, 영양상태, 섭취능력(저작능력, 연하능력) 등 욕구평가 결과에 따른 식사형태를 선택하여 준비한다. • 대상자에게 선호와 기호에 맞는 식단을 작성한다(월간 또는 주간 식단표 작성). • 식재료 파악 후 장을 본다(신선한 식재료 구매). • 대상자에게 적합한 조리방법을 선택하여 조리한다. • 쾌적하고 편안한 식사환경을 조성한다.
대상자확인/준비	• 대상자 손을 씻는다(침상의 경우 세숫대야에 물을 받거나 물수건 사용). • 식사 전 배뇨, 배변 확인, 입 안을 물로 헹구거나 물을 마신다 . • 치매노인의 경우 주위가 산만하지 않도록 한다. • 요양보호사는 손을 씻거나 필요 시 일회용 장갑을 착용한다.
식사하기	• 수저사용 여부 확인하여 식사지도 및 수발을 한다. • 식사관찰을 한다(식사량, 식사속도, 편식, 연하 및 저작상태 등). • 마비가 있을 때는 식사 후 불편한 쪽 입 안의 음식물을 확인한다. • 비위관 영양주입일 경우에는 비위관이 새거나 역류되지 않도록 개폐여부를 확인하고 주입조절기로 속도를 조절한다. 주입이 끝났을 때 30~60cc 정도의 물을 부어 튜브의 막힘과 잔여 영양물에 의한 부패를 방지한다. • 식사 후 30분 정도 자리에 앉아 있게 하여 소화를 돕는다.
정리	• 입 안의 음식물을 헹구게 한다. • 칫솔, 치약 준비를 한 후 양치를 돕고 가그린을 사용한다. • 의치를 관리한다. • 비경구 식사요양의 경우 튜브주변 관리 및 입술보호제를 사용하여 관리한다. • 식사 주위 환경을 정리하고 청결을 유지하도록 청소를 한다. • 대상자에게 편안한 자세를 취하게 하여 휴식하도록 한다. • 요양보호사는 식기세척, 남은 음식물 보관 및 관리 등 주방의 위생관리를 한다. • 정리를 끝낸 후 요양보호사는 손을 씻는다. • 대상자에게 서비스에 대해 만족하였는지 확인한다. • 장기요양급여 제공기록지, 요양보호기록지를 작성한다. • 요양보호기록지에 식사형태(비경구/경구, 다진식, 일반식, 유동식, 특이식), 식사메뉴, 식사량(예: 1/3), 간식종류, 섭취량을 기록한다. • 대상자의 상태에 따라 개인별 식사관리기록지를 따로 사용할 수 있다.

• 신체활동지원서비스 – (7) 투약관리

대상자확인/준비	• 정기적인 복약여부 및 시기를 확인하고 약포장지의 표면에 대상자의 이름을 확인한다. • 요양보호사는 손을 씻은 후 대상자의 자세를 높이고 반 좌위를 취하게 한다.

투약 돕기	• 대상자에게 투약절차를 설명한다. • 처방된 양만큼 투약한다. • 약이 장관에서의 흡수를 용이하게 하도록 충분한 수분을 제공한다. • 입을 벌리게 하거나 질문을 하여 전부 투약되었는지 확인한다.
정리	• 약품을 제자리에 정리한다. • 요양보호기록지를 작성한다. • 요양보호기록지에 투약 시간(예: 13:30), 약 종류(예 위장약, 안약 등)를 기록하고 약복용을 시행하지 못했을 경우 ×표를 한다. 복약자기관리교육 대상자는 세부사항에 기록하여 자기관리교육 실시 내용을 기록한다. • 대상자의 상태에 따라 개인별 투약관리기록지를 따로 사용할 수도 있다.

• 신체활동지원서비스－(8) 체위변경

대상자확인/준비	• 대상자의 상태를 확인하고 서비스 절차를 설명한다. • 체위변경 시간과 체위 자세를 확인하고 다음 체위변경 시간을 체크한다. • 요양보호사는 손을 씻은 후 필요물품을 준비한다. 필요 시에는 일회용 장갑을 착용한다.
체위변경	• 1~2시간마다 체위를 변경한다. • 시트 교체, 송풍, 땀 닦기, 압박혈액 풀기 등 주변을 환기시킨다. • 침상마사지, 관절운동을 실시한다. • 욕창베개로 자세를 고정한다. • 욕창방지용 매트 전원을 확인한다.
정리	• 교환한 시트는 가족과 상의하여 세탁한다. • 요양보호사는 손을 씻는다. • 장기요양급여 제공기록지, 요양보호기록지를 작성한다. • 대상자의 상태에 따라 개인별 체위변경기록지(욕창관찰기록)를 따로 사용할 수도 있다.

• 신체활동지원서비스－(9) 이동도움

대상자확인/준비	• 대상자의 상태를 확인하고 서비스 절차를 설명한다. • 대상자의 신체기능, 사용 공간, 체형 등에 맞는 적절한 장비인지 확인한다. • 사용보조기 사용방법이나 보조기 상태를 점검한다. • 이동장소 및 필요물품을 준비한다.
이동도움	1. 보행기구 이용 • 보행기 손잡이, 고무받침, 미끄럼 방지 양말과 신발 착용여부를 확인한다. • 침대바퀴를 고정시키고 설 수 있도록 하고, 대상자 앞에 보행기를 두고 대상자의 팔꿈치가 약 30도 구부러지도록 둔부 높이로 조절한 후 이동을 돕는다. 2. 보행벨트 사용 • 대상자에게 보행벨트를 착용하고 미끄럼 방지 양말과 신발 착용여부를 확인한다. • 대상자의 옆 또는 비스듬히 뒤쪽에 서서 벨트의 손잡이를 잡고 보조한다. 3. 지팡이 이용 • 지팡이 종류, 고무받침, 손잡이, 지팡이 길이 등 안전 여부와 미끄럼 방지 양말과 신발 착용여부를 확인한다.

	4. 휠체어 이동 • 휠체어 종류, 공기압, 에어방석, 등받이, 무릎덮개 등을 확인한다. • 대상자의 위관, 유치도뇨관, 튜브, 드레싱, 부목 등을 확인하고 당겨지거나 움직이지 않도록 한다. • 발판에 발이 오르도록 높낮이를 조절하고 팔이 바퀴 쪽으로 기울어지지 않도록 하며 양손을 무릎 위에 가지런히 두고 편안한 자세를 취하도록 한다. • 휠체어 이용에 따른 신체 억제 행위는 금지한다. 5. 요양보호사의 손을 잡고 이동한다.
정리	• 이동 보조기와 소지품을 확인하고 제자리에 정리해 둔다. • 대상자의 손을 씻기며 스스로 손을 닦지 못할 경우 물티슈를 사용한다. • 요양보호사는 손을 씻는다. • 장기요양급여 제공기록지, 요양보호기록지를 작성한다.

• 신체활동지원서비스 – (10) 신체기능 유지증진

대상자확인/준비	• 대상자의 신체기능 상태 및 ADL, IADL를 평가하고 훈련내용을 확인한다. • 대상자에게 훈련내용을 설명한 후 동의를 구한다.
신체기능훈련	• 관절운동, 근력증강운동, 연하운동, 상지기능 · 손가락정교성 운동 등을 한다. • 체조동작, 박수치기 등을 한다.
기본동작훈련	뒤집기, 일어나기, 앉아 있기, 일어서기, 서 있기, 균형 잡기, 걷기, 휠체어 조작 및 이동, 보장구 장착, 지켜보기를 한다.
일상생활동작훈련	• 식사동작(침상 내 이동, 식사하기, 양치질 등) • 배설동작(괄약근 조절, 배변 후 보조훈련 등) • 옷 갈아입기 동작(착의, 탈의) • 목욕 동작(욕조이동, 좌우이동, 앉은 자세유지, 몸 씻기 등) • 몸단장 동작(거울보기, 화장하기, 면도하기, 빗질하기 등) • 가사동작(상차리기, 간단 조리, 세탁기 사용, 방청소, 정리 정돈 등)
정리	• 대상자는 편안한 자세로 휴식을 취하도록 한다. • 훈련 기구를 정리 정돈한다. • 요양보호사는 손을 씻는다. • 장기요양급여 제공기록지, 요양보호기록지를 작성한다.

• 신체활동지원서비스 – (11) 화장실 이용(배변도움)

대상자확인/준비	• 대상자가 요의 및 변의를 요청할 때 즉시 도움을 준다. • 대상자의 상태에 따른 배변도움 방법을 확인한다. • 요양보호사는 손을 씻은 후 필요물품을 준비한다. 필요 시에는 일회용 장갑을 착용한다. • 대상자가 수치심을 느끼지 않도록 문 닫기, 스크린, 커튼을 친다.

배변도움	**1. 화장실 이용** • 낙상사고에 주의하면서 이동한다. • 화장실의 밝기, 바닥물기 제거, 화장실 앞 매트 제거를 확인한다. • 배변 관찰을 한다. • 뒤처리(닦아드리기, 비데 사용 등)를 한다. • 옷 입기를 한다. **2. 이동식 좌변기 사용** • 보행 또는 휠체어에서 이동식 좌변기로 이동한다. • 이동식 좌변기의 팔걸이에 물체가 걸리지 않도록 유의한다. • 배변 관찰을 한다. • 뒤처리(닦아드리기, 비데 사용 등)를 한다. • 옷 입기를 한다. **3. 침상배설 및 이동변기 사용** • 대상자가 스스로 배설할 수 있도록 배변, 배뇨지도를 실시한다. • 뒤처리(닦아드리기 등)한 후 옷을 입힌다. **4. 기저귀 사용** • 일상적인 배뇨, 배변 시간에 맞추어 자주 살펴보고 습기가 차지 않도록 젖었으면 바로 교체한다. • 피부의 발진, 상처 등을 관찰하고 이상이 있으면 가족과 상의하여 처치한다. • 뒤처리(물이나 티슈로 깨끗이 닦아드린 후 건조시킨다)한 후 옷을 입힌다. **5. 유치도뇨관 사용** • 소변이 담긴 주머니를 방광위치보다 높게 두지 않는다. • 감염증이 생기기 쉬우므로 주의한다. • 소변의 양, 혼탁유무를 확인하고 바닥에 닿지 않도록 한다. • 주머니를 깨끗이 비운다. • 소변이 나오지 않을 경우 줄 상태를 점검한다. **6. 인공항문 사용** • 대상자에게 편안한 자세를 취하도록 돕고, 배출을 위하여 결장누공이 있는 쪽으로 눕거나 의자에 일어나 앉도록 한다. • 위쪽 침구를 접어내리고 허리 밑에 방수포를 깔아 침구를 보호한다. • 냄새를 조절하기 위하여 방취파우더를 사용하며 배출통을 덮거나 변기를 자주 비운다. • 영구적인 인공항문을 가진 대상자는 스스로 할 수 있도록 격려한다. • 섬유질이 많은 식품을 섭취하도록 하며 설사나 변비를 일으킬 수 있는 음식은 피한다. • 인공항문 주변 피부를 세심히 관리한다.
정리	• 배설물을 즉시 처리하고 실내 환기 및 청결을 유지하도록 한다. • 대상의 손을 씻기며 스스로 손을 닦지 못할 경우 물티슈를 사용한다. • 배설 보조기 사용물품을 정리한다. • 요양보호사는 손을 씻는다. • 대상자에게 서비스에 대해 만족하였는지 확인한다. • 장기요양급여 제공기록지, 요양보호기록지를 작성한다. • 대상자의 가족 중 3인이 3일간 배설현황을 관찰하여 기록한다. • 대상자의 상태에 따라 개인별 배설관찰기록지를 따로 사용할 수 있다.

- **일상생활지원서비스**
  - 일상생활지원서비스는 대상자의 질병 및 장애로 인해 일상생활이 어려움으로 부족할 수 있는 식사 및 영양관리를 통해 질병의 악화 및 합병증을 예방하고, 쾌적하고 청결한 주거환경을 만들어 가능한 한 생활의 자립이 가능하도록 하여 대상자의 삶의 질을 향상시키고 건강한 생활을 할 수 있도록 돕는다. 일상생활지원서비스는 취사지원, 청소 및 주변정돈 지원, 세탁지원서비스가 있으며 제공절차 및 내용은 다음과 같다.

- **일상생활지원서비스－(1) 취사지원**

대상자확인	• 대상자의 질환 및 저작능력, 식사 시간, 식사형태 등을 파악한다. • 대상자의 의견과 욕구를 반영하여 서비스 내용과 방법을 결정한다. • 서비스 시간 내에 반드시 해야 할 일 등의 우선순위를 정하여 대상자에게 설명한 후 확인을 거친다.
식재료 준비	• 대상자의 의견을 충분히 듣고 좋아하는 식품을 우선적으로 선택하여 식단을 작성한다. • 냉장고 안의 품목을 확인하여 식재료리스트를 작성한 후 구입품목을 결정한다. • 활동이 가능한 대상자의 경우 동행하여 식재료를 구매한다. • 품목별 구매 장소(상점), 상표, 가격, 용량 등을 대상자가 원하는 것으로 하며 유통기한을 확인한다. • 필요한 양만 구매한다. • 식재료를 구입한 영수증과 잔돈을 대상자에게 주고 구매물건의 적절한 보관과 관리를 돕는다.
조리	• 대상자의 질환 및 음식섭취 능력에 따라 식재료를 준비한다. • 식단준비를 위해 물건을 사용하거나 이동시킬 때에 대상자의 동의를 얻은 후 진행한다. • 요양보호사는 모든 식품을 다루기 전 손을 씻는다. • 소화하기 어려운 음식이나 튀김류, 딱딱한 음식, 자극성이 강한 음식은 피하여 조리한다. • 식사 도중 물, 음료, 국 등을 조금씩 마실 수 있도록 싱겁게 조리한다. 1. 저작능력이 약한 대상자의 경우 • 조리방법, 음식의 선택 등을 통해 보완할 수 있다. • 부드럽게 섭취할 수 있도록 재료를 푹 끓이고, 다지거나 또는 믹서에 갈아서 준비한다. 2. 연하능력이 없는 대상자의 경우 • 부드러운 재료를 선택하고 충분히 끓여서 삼키기 쉽도록 준비한다. • 크기가 큰 재료는 먹기 쉽게 작은 크기로 잘라서 준비하며 부드러운 음식을 준비한다.
식사준비	• 대상자의 욕구와 신체기능에 따라 적합한 식사장소를 결정한다. • 대상자의 편안한 식사를 돕기 위해 반 좌위 자세를 취하도록 한다. • 주변 정리정돈, 환기 등을 통해 즐거운 식사 분위기가 될 수 있도록 한다. • 식욕을 돕기 위해 식재료 선택 시 음식의 색깔을(오색) 다양하게 구성한다. • 반찬의 수는 너무 많지 않게 하되 필수영양소를 골고루 섭취할 수 있도록 한다. • 싱겁게 드실 수 있도록 간장, 소금 등은 따로 그릇에 담아 두지 않는다.

식기 및 식품관리	1. 식기관리 • 요양보호사는 식사 및 조리에 사용한 식기를 세척한 제자리에 정리해 둔다. • 유리컵 → 수저류 → 기름기가 적은 밥그릇, 국그릇 → 반찬그릇 → 기름을 두른 후라이팬 순으로 설거지를 한다. • 세제 성분이 남아 있지 않도록 깨끗하게 헹군다. • 환경오염 예방과 자원절약을 위해 세제는 적당량만 사용한다. • 개수대, 가스레인지 밑의 수납장, 배수구, 찬장, 싱크대, 냉장고 안의 상태를 확인하고 더럽거나 냄새가 날 경우 깨끗이 닦고 위생관리를 돕는다. • 칼, 도마, 수세미, 행주, 고무장갑, 그릇, 식기류의 위생을 위해 깨끗이 닦고 건조, 살균 소독 등 철저한 관리를 한다. • 음식물쓰레기는 가급적 잘게 썰어 부피를 적게 하고 봉투에 넣어 처리한다. 2. 식품관리 • 조리된 음식이 남을 경우 용기에 담아 냉장 보관하고 가급적 빨리 섭취할 수 있도록 한다. • 부패, 변질된 음식, 유통기간이 지난 식품은 대상자에게 설명하고 폐기하도록 한다. • 쥐나 곤충 등이 접근하지 못하도록 음식보관에 유의한다.
정리	• 식사 후 입 주변을 닦아드리고 물을 드시게 하여 입 안의 음식물이 남지 않도록 한다. • 치매대상자의 경우 입안의 음식물이 남아있는지 확인한다. • 식사 직후 눕지 않도록 하며 앉은 자세로 20~30분을 유지하도록 한다. • 약복용 대상자의 경우 시간에 맞추어 약복용을 돕는다. • 구강청결, 손, 얼굴 씻기를 제공한다. • 식기와 식품의 위생관리를 위해 세척 및 정리정돈을 한다. • 모든 정리를 끝낸 다음 요양보호사는 손을 씻는다. • 대상자에게 서비스에 대해 만족하였는지 확인한다. • 장기요양급여 제공기록지, 요양보호기록지를 작성한다.

• 일상생활지원서비스－(2) 청소 및 주변정돈 지원

대상자확인/준비	• 대상자와 가족의 희망사항, 조건, 대상자의 신체기능 등을 충분히 고려한다. • 대상자와 가족이 서비스 수행 시 무리한 요구를 할 경우 사례회의를 통해 조정하며 대상자와 가족에게 충분한 설명을 하여 기관과 합의하도록 한다. • 남에게 보이고 싶지 않거나 알게 하고 싶지 않은 심리를 존중하여 사생활을 고려한다. • 대상자에게 서비스 절차를 설명한 후 동의를 구한다. • 대상자에게 사용할 물품에 대한 동의를 구한 후 준비한다. • 필요 시에는 일회용 장갑을 착용한다.
청소하기	1. 일반적인 공간(침실 외) • 청소 시간은 아침에 하는 것이 좋으나 서비스 제공시간에 맞추어 적당한 시간을 선택하여 실시한다. • 실내청소를 할 때 진공청소기나 젖은 걸레로 먼지를 제거해야 한다. • 창문을 열고 환기를 시킨 후 높은 곳에서 낮은 곳으로 청소한다.

- 청소기를 사용할 경우 배수구가 대상자를 향하지 않도록 주의하며, 가급적 대상자 주변은 청소기를 사용하지 않는 것이 좋다.
- 청소 시 거동이 가능한 대상자는 함께 청소하도록 유도하고 거동이 불편한 대상자는 다른 곳으로 이동시킨다.
- 쓰레기가 많은 경우 빗자루에 물을 묻혀 조심스럽게 쓸거나, 유리창 청소기의 고무로 밀어낸 후 걸레로 닦아내도록 한다.
- 창틀이나 문턱 등 먼지가 쌓이기 쉬운 곳에 주의하고 삐걱거리는 문은 기름칠을 해서 잘 여닫히도록 한다.
- 대상자가 이동시 넘어지지 않도록 전기코드, 물건 등을 잘 치운다.
- 대상자의 물건을 이동하거나 처분할 경우 대상자의 허락을 받아야 하며 이동시킨 물건은 대상자에게 위치를 반복 설명해 준다.
- 쓰레기는 매일 비우고, 대상자의 실수가 있는 경우도 있으므로 내용물을 잘 살펴 분류하여 버린다.

2. 화장실
- 습기가 많은 장소이므로 사용하지 않는 낮 시간에 충분히 환기시킨다.
- 바닥은 일주일에 한번 정도 소독 락스와 솔을 이용하여 문질러서 닦아준다.
- 양변기에 물때가 끼었을 때는 솔에 식초를 묻혀 변기 안쪽을 닦는다.
- 양변기나 세면대의 실리콘 띠에 생긴 검은 반점은 그 띠를 딸 화장실 휴지를 꼬아 얹고 그 위에 염소계 표백제(락스류)를 뿌리고 1~2시간 후에 물로 씻어 없앤다.
- 배수구는 뚜껑을 들어내 오물을 걷어 내고 뚜껑을 솔로 씻은 다음 배수구 속까지 문질러 물때를 씻어낸 뒤 락스를 희석한 물을 부어준다.

3. 쓰레기통 관리와 분리수거
- 쓰레기는 세균과 악취를 막기 위해서 매일 분리수거 후 정리한다.
- 쓰레기통은 비울 때마다 물로 씻어내고 잘 말리며 냄새가 나는 경우에는 알코올로 닦아낸다.
- 음식물 쓰레기는 매일 치운다.

4. 주방
- 개수대와 수납장, 배수구, 식기선반, 냉장고, 용기 등은 정리 후 깨끗이 닦아내고 건조시킨다.

물품 및 주변정돈	• 주변 정리정돈 시 대상자의 동의를 얻은 후에 물건을 이동한다. • 귀중품의 정리정돈은 대상자의 책임 하에 대상자가 할 수 있도록 한다. • 대상자의 의사를 분명하게 파악하고 천천히 의복, 물품 정리 및 교체, 불필요한 물품을 처분한다. • 계절과 기온의 변화에 따라 요구되는 물건을 수납·정리하여 놓아 이용하기 편하게 한다. • 대상자가 자주 사용하는 물건은 대상자의 손에 닿거나 잘 보이는 곳에 정리하고 대상자에게 위치를 알려드린다.
실내환경 관리	• 대상자의 신체기능 저하로 인한 사고를 막을 수 있는 안전한 환경을 만든다. • 현관, 거실, 대상자의 방, 부엌과 식당, 화장실, 욕실, 계단 등을 낙상위험 및 안전여부를 파악하여 개선하도록 한다. • 대상자의 건강이 유지되고 와상상태가 예방되는 환경을 만든다. • 안전한 환경개선은 간단한 것부터 시작하며 주택개조 등 대단히 번거로운 것까지 있을 수 있다.

	• 주택개조는 대상자의 경제적인 부담을 포함해 가구, 주택소유자, 연계기관 등을 고려하여 신중하게 진행한다. • 쾌적한 실내 환경을 조성하기 위해 1시간에 2회, 1~2분 정도 환기하며 대상자의 방 이외의 거실이나 사람들의 출입이 많은 방도 환기시킨다. • 실내온도는 여름 22~25℃, 겨울 18~22℃, 낮 20~23℃, 밤 18℃가 쾌적한 온도이나 개인차가 있으므로 가능한 본인의 의견을 들어서 한다. • 습도는 56~60%가 적합하며 장마 시 습도가 높아지면 제습기를 사용하고 겨울에는 난방기 사용으로 건조해지기 쉬우므로 젖은 수건이나 가습기를 사용한다. • 갑작스럽게 큰소리가 나지 않도록 주의하고 가능한 한 소음방지에 노력한다. • 자연채광이 일정하게 들어오는 장소를 선택하고 조명은 너무 밝으면 안정감과 편안함을 느낄 수 없게 되므로 목적에 따라 밝기를 조절한다. • 야간, 화장실, 계단, 복도 등은 조명을 켜두어 사고를 예방한다. • 침실에도 수면에 지장이 없을 정도의 조명을 이용한다.
정리	• 대상자는 편안한 자세로 휴식을 취하도록 한다. • 사용한 청소물품은 깨끗이 닦아 제자리에 놓아 둔다. • 요양보호사는 밖에 나가 유니폼이나 앞치마를 털어내고 손을 씻는다. • 대상자에게 서비스에 대해 만족하였는지 확인한다. • 장기요양급여 제공기록지, 요양보호기록지를 작성한다.

• 일상생활지원서비스-(3) 세탁지원

대상자확인/준비	• 세탁방법과 세탁물은 대상자의 습관과 결정을 존중하여 선택한다. • 대상자의 침구 및 의류를 확인하여 교체한다. • 대상자와 가족이 서비스 수행 시 무리한 요구를 할 경우 사례회의를 통해 조정하며 대상자와 가족에게 충분한 설명을 하여 기관과 합의하도록 한다. • 남에게 보이고 싶지 않거나 알게 하고 싶지 않은 심리를 존중하여 사생활을 고려한다. • 세탁물을 확인하여 간단한 수선이 필요한 경우 수선 후 세탁한다. • 대상자에게 서비스 절차 및 사용 물품에 대한 동의를 구한 후 준비한다. • 필요 시에는 일회용 장갑 및 고무장갑을 착용한다. • 요양보호사의 보건 위생을 위해 마스크를 한다.
침구, 의류세탁	• 베개, 시트, 모포의 커버는 피부에 직접 닿는 부분이므로 항상 청결해야 한다. • 3~5일에 한번은 건조하고 청결한 침구류로 교환하며 더러워졌을 경우는 수시로 교환한다. • 교환 중에는 먼지가 발생하므로 환기에 유의한다. • 이불, 요는 적어도 한 달에 한 번씩은 세탁, 교환한다. • 매트리스, 모포, 베개는 필요할 때마다 자주 햇볕에 말려 일광 소독을 하면 자외선에 의한 살균 소독의 효과가 있다. • 침구류와 의류에 실금, 하혈 등 건강 이상이 있는지 확인하고 이상이 있는 경우 대상자와 가족, 시설장 또는 의료인에게 알린다. • 속옷은 매일, 겉옷은 2~3일에 한번 교환하며 젖었거나 더러워졌을 경우에는 즉시 교환한다.

세탁하기	• 세탁물을 옷감의 종류, 색상, 세탁방법(손빨래, 세탁기빨래, 드라이클리닝)에 따라 분류한다. • 세탁시간은 10~20분이 적당하며 섬유의 종류나 오염의 정도에 따라 조절한다. • 오염이 심한 세탁물은 불림세탁이나 부분세탁을 병용한다. • 면직물 속옷이나 행주, 걸레 등은 삶게 되면 때도 잘 빠지고 살균효과가 있다. • 탈수 시간은 의류에 따라 조절해야 하며 지나친 탈수는 주름이나 의류손상의 원인이 되므로 소재나 의류에 따라 시간을 선택한다. • 세탁물의 비눗기를 먼저 탈수시킨 후 헹굼을 하고 2~3회가 적당하며 마지막 헹굼에서 섬유유연제로 헹구면 감촉이 부드럽게 된다. • 냄새가 심한 세탁물은 헹굼이 끝난 후 붕산수에 담가두었다가 헹구지 않고 탈수하여 건조하면 냄새가 없어진다. • 탈수가 끝나면 주름을 펴서 형태를 바로잡아 곧바로 말린다. • 세탁물의 품질표시를 확인하고 제품별 건조방법에 따른다.
세탁 후 관리	1. 피복정리 • 건조가 끝난 피복류는 손으로 매만져서 용도별로 분류한다. • 의복류, 침구류, 주택장식용 직물로 분류한다. • 의복은 외출복과 평상복, 부속품, 소품, 양말로 분류한다. 2. 다림질 • 착용 중 또는 세탁 후 생긴 구김살을 없애고 필요한 부분에 주름을 세워 피복의 형태를 정비한다. • 수분이 필요한 부분은 먼저 분무기로 고르게 전체에 물을 뿌린다. • 다림질 후 습기가 남아 있으면 구김, 변형이 되므로 완전 건조시킨다. 3. 보관하기 • 오래 보관하거나 장마로 인해 의류나 침구가 눅눅해졌으면 건조하고 맑게 갠 날 바람이 잘 통하는 그늘에서 거풍시킨다. • 양복장이나 서랍 같은 용기에 방습제를 넣어 습기 차는 것을 방지한다. • 모 섬유나 견 섬유와 같이 흡습성이 큰 천연섬유는 높은 온도와 습도에서 해충의 피해를 받기 쉬우므로 보관할 때는 방충제를 넣어 주는 것이 안전하다. • 방충제는 한 가지만을 사용하고 공기보다 무거우므로 위쪽에 두며 포장된 상태에서 꺼내 천이나 신문지에 싸서 넣는다.
정리	• 사용한 물품은 깨끗이 닦아 제자리에 놓아 둔다. • 대상자가 원할 경우 피복리스트에 보관 장소를 적어 잘 보이는 곳에 붙여둔다. • 요양보호사는 밖에 나가 유니폼이나 앞치마를 털어내고 손을 씻는다. • 대상자에게 서비스에 대해 만족하였는지 확인한다. • 장기요양급여 제공기록지, 요양보호기록지를 작성한다.

• 개인활동지원서비스
  ─개인활동지원서비스는 대상자의 신체적·정신적 어려움으로 일상생활을 하기 곤란한 대상자에게 다양한 편의를 위한 지원서비스를 제공하여 생활에 보다 편리함을 드림으로써 안전한 생활을 할 수 있도록 돕는다. 개인활동지원서비스는 외출동행, 일상업무대행, 정보제공의 서비스가 있으며 제공절차 및 내용은 다음과 같다.

• 개인활동지원서비스－(1) 외출동행(장보기, 병원, 나들이, 물품구매, 방문서비스)

대상자확인/준비	• 대상자가 요청할 경우 대상자의 욕구 및 건강상태를 확인하고 지원계획을 세운다. • 대상자와 가족이 서비스 수행 시 무리한 요구를 할 경우 사례회의를 통해 조정하며 대상자와 가족에게 충분한 설명을 하여 기관과 합의하도록 한다. • 외출지원계획을 수립하고 대상자와 가족과 충분히 논의하여 결정한다. • 요양보호사는 사전 점검 및 필요한 물품을 준비한다. • 대상자의 가정에 아무도 없을 경우 기관에 외출을 알린다.
동행 전	• 대상자의 외출목적을 파악한다. • 대상자가 외부상황에 맞는 외출을 준비하도록 지원한다. • 외출 당일 날씨를 확인하고 눈, 비, 너무 덥거나 추운 날, 황사, 오존주의보가 발령된 날은 외출을 삼간다. • 동행 장소의 위치를 파악하고 이용할 교통정보를 확인한다. • 이동방법, 소요시간, 안전 및 편의시설, 날씨 및 건강에 따른 가변요인을 고려한 동행계획을 세우고 준비한다. • 동행 지원에 소요되는 경비를 알려주고 준비할 수 있도록 돕는다. • 대상자의 식사여부, 대소변 등을 확인하여 진행한다. • 대상자의 거동상태를 충분히 고려하여 이동보조기구 및 장비를 점검한다. • 필요한 준비물이나 개인소지품, 복용약품 등을 점검한다.
동행 중	• 대상자가 편안하게 외출을 하도록 원조한다. • 대상자가 필요로 하는 편의시설 및 이용서비스를 신속하게 지원한다. • 예기치 못한 외부요인을 파악하고 대상자의 상황을 고려하여 진행한다. • 대상자가 계획한 외출에 변동이 있는 겨우 상의하여 상황에 맞게 지원한다. • 대상자의 건강상태를 관찰하며 동행하며 이상이 있을 경우 즉시 귀가하거나 인근병원으로 옮기는 등 조치를 취한다. • 대상자의 갈증, 대소변 등을 수시로 확인하며 진행한다. • 차량탑승, 계단이용 등 대상자의 안전사고가 발생하지 않도록 각별한 주의를 하여야 하며, 가급적 요양보호사는 밀착시켜 안전하게 지원한다. • 요양보호사는 대상자에게 이동상황을 설명하면서 진행한다.
동행 후	• 외출하고 돌아오면 환기를 한다. • 대상자의 손발과 세안을 할 수 있도록 준비한다. • 평상복으로 갈아입고 휴식을 취하도록 한다. • 대상자의 건강상태를 확인하고 이상 증상이 없는지 파악한다. • 외출 시 착용한 소지품 및 의복 등을 제자리에 보관한다. • 외출 시 분실한 물품이 없는지 확인한다.
정리	• 요양보호사는 손을 씻는다. • 대상자에게 외출동행이 의도된 대로 만족하였는지 확인한다. • 기관이나 가족에게 외출종료를 보고한다. • 외출동행에 따른 지출내역서를 대상자와 가족에게 제공한다. • 장기요양급여 제공기록지, 요양보호기록지를 작성한다. • 외출동행기록지를 따로 작성하여 사용할 수 있다.

• 개인활동지원서비스－(2) 일상업무대행(물품구매, 약 타기, 은행, 관공서 서비스)

대상자확인/준비	• 대상자가 요청할 경우 일상 편의에 대한 대행서비스를 제공한다. • 대상자와 가족이 서비스 수행 시 무리한 요구를 할 경우 사례회의를 통해 조정하며 대상자와 가족에게 충분한 설명을 하여 기관과 합의하도록 한다. • 대행업무에 대해 대상자, 가족과 충분히 논의하여 대상자를 대신해서 해당 업무 진행이 가능한지 유무를 확인한다.
대행 전	• 대상자의 업무대행의 의도를 확인한다. • 업무대행 전 준비해야 할 기본적인 정보나 자료, 경비를 점검한다. • 일상업무대행서비스의 내용 및 일정을 안내한다. • 업무대행과 관련하여 대상자에게 충분한 정보를 제공하고 요구되는 사항들에 대한 협조를 구한다. • 업무대행에 따른 비용이 발생할 경우 대상자와 가족에게 알려주고 준비할 수 있도록 한다.
대행 중	• 대상자의 업무대행이 원활하게 이뤄지고 있음을 수시로 확인시켜 신뢰감을 제공한다. • 대상자의 확인을 요구할 경우 대상자와 담당자를 연계하여 업무대행을 지원한다. • 대상자의 업무대행 중 자신의 업무를 병행하지 않도록 주의한다. • 업무대행에 필요한 대상자의 개인소지품을 분실하지 않도록 주의한다. • 업무대행 완료를 증빙하는 자료를 정확하게 확인한다.
대행 후	• 업무대행의 진행과정 및 처리결과를 이해하기 쉽게 전달한다. • 업무대행 완료시 대상자의 개인물품이나 처리결과에 따른 서류 등을 대상자에게 안전하게 전달한다.
정리	• 대상자나 가족에게 일상업무대행 종료를 보고한다. • 대상자가 업무를 의뢰한 것에 대해 만족하였는지를 확인한다. • 불만족으로 인해 재요청되는 경우 대상자와 충분히 상의하고 업무대행을 진행한다. • 해당정보에 대한 자료를 다양한 방법으로 검색하거나 유관기관에 연계하여 준다. • 업무대행에 따른 지출내역서를 대상자와 가족에게 제공한다. • 장기요양급여 제공기록지, 요양보호기록지를 작성한다. • 일상업무대행기록지를 따로 작성하여 사용할 수 있다.

• 개인활동지원서비스－(3) 정보제공

대상자확인/준비	• 대상자가 요청할 경우 관심 갖는 정보가 무엇인지 파악하여 지원계획을 세운다. • 대상자가 무리한 요구를 할 경우 사례회의를 통해 조정하며 대상자와 가족에게 충분한 설명을 하여 기관과 합의하도록 한다. • 정보제공에 따르는 지출비용이 발생하는 경우 대상자와 가족에게 알리고 동의를 구한다.
제공 전	• 해당정보에 대한 정보 검색방법을 다양하게 확보한다. • 대상자의 개인특성(장애, 읽기·쓰기·가능여부)을 고려하여 자료 수집을 진행한다. • 수집한 자료들을 보기 쉽고 이해하기 쉽게 정리한다.

제공 중	• 대상자의 관심정보가 가족과 관련하여 민감한 경우 깊숙이 관여하지 않는다. • 관심정보에 대해 수집한 내용이 추측이나 예상한 것이 아닌 정확한 출처에 의한 정보이어야 한다. • 관심정보에 대해 수집한 다양한 자료를 대상자의 개별특성을 고려하여 전달한다. • 정보에 대한 충분한 인지가 이루어질 수 있도록 충분한 시간을 가지고 지원한다.
제공 후	• 관심정보에 대한 충분한 습득이 이루어졌는지에 대해 확인한다. • 해당정보에 대해 견학 또는 체험을 하고 싶은 욕구가 있는지 확인한다. • 추가로 알고 싶어 하는 정보가 더 있는지 알아보고 지원한다.
정리	• 대상자에게 정보제공이 의도된 대로 만족하였는지 확인한다. • 대상자와 가족에게 정보제공에 따른 지출내역서를 제공한다. • 장기요양급여 제공기록지, 요양보호기록지를 작성한다. • 정보제공기록지를 따로 작성하여 사용할 수 있다.

- 정서지원서비스

 - 정서지원서비스는 거동이 불편하여 주로 가정에서 생활하시는 대상자에게 일상적인 안부에서부터 말벗 및 생활상담, 의사소통 도움서비스 등을 제공하여 의사소통 욕구를 충족시켜드리고 일상욕구를 파악하여 적절한 서비스를 제공함으로서 대상자의 심리적인 안정을 돕고 제한적인 대인관계의 폭을 넓혀 주어 즐거운 노후생활을 영위할 수 있도록 돕는다. 정서지원서비스는 말벗하기, 생활상담, 의사소통도움의 서비스가 있으며 제공절차 및 내용은 다음과 같다.

- 정서지원서비스 - (1) 말벗하기

대상자확인/준비	• 대상자의 기분, 건강상태 등을 확인한다. • 대상자의 가치관, 상황, 행동유형을 파악하며 의사소통을 곤란하게 하는 장애나 질병이 있을 경우 그 특징을 파악한다. • 요양보호사는 웃음과 여유를 잃지 않고 편안하고 안정된 태도로 임한다.
말벗하기	• 요양보호사는 인사와 함께 자신을 소개한다. • 대화하기 편안한 내용의 주제를 가지고 부드럽게 대화를 시작한다. • 건강에 대한 염려와 격려, 안부, 대상자의 욕구 파악을 통해 대화를 실시한다. • 대상자의 변화, 욕구, 문제 등 일상 생활상에 필요에 대해 이야기를 나눈다. • 편안하게 옆에 앉으며 눈인사나 손을 잡아주어 편안함을 준다. • 이야기를 나누면서 손짓, 몸짓, 표정, 시선 등의 비언어적인 방법도 사용한다. • 대상자의 욕구에 즉각적으로 대응하며 부드러운 어조와 태도로 심리적인 위안감을 제공한다. • 대상자의 이야기를 잘 듣고 귀 기울이고 있음을 눈짓, 몸짓, 대화를 통해 반응을 보인다. • 대상자가 알아들을 수 있도록 쉬운 표현으로 천천히 정확하게 말한다. • 대화하는 속도와 분량은 대상자의 의사를 충분히 반영하여 한다. • 대상자의 안색을 살피며 감정의 변화에 따라 대화 중단 및 유지를 조절한다. • 자연스럽게 대화를 하면서 서비스로 연결하며 진행한다. • 대화가 끝나면 겸손하게 인사를 한다.

제공 중	• 대상자의 프라이버시 보호를 위해 개인정보는 비밀을 유지한다. • 장기요양급여 제공기록지, 요양보호기록지를 작성한다.

• 정서지원서비스 - (2) 생활상담

대상자확인/준비	• 대상자를 확인한다. • 대상자가 요청하거나 생활상에 필요한 내용을 전달한다. • 대상자가 스스로 할 수 있는 생활에 대한 방법을 알려준다.
생활상담	• 요양보호사는 인사와 함께 자신을 소개한다. • 신체활동지원서비스와 관련하여 스스로 할 수 있는 서비스 내용, 방법 및 요령 등을 알려준다. • 식사, 복약 요로감염, 낙상예방, 욕창 예방 등 조언 및 지도가 필요할 경우 실시한다. • 일상생활지원서비스 중 가사지원서비스와 관련한 서비스 내용, 방법 등을 알려주어 자립생활을 지원한다. • 종교가 동일할 경우 종교생활에 대한 이야기를 나눈다. 다를 경우에는 종교에 대한 언급을 피한다. • 생활상담이 끝나면 겸손하게 인사를 한다.
정리	• 대상자의 프라이버시 보호를 위해 개인정보는 비밀을 유지한다. • 장기요양급여 제공기록지, 요양보호기록지를 작성한다.

• 정서지원서비스 - (3) 의사소통 도움

대상자확인/준비	• 대상자의 기분, 건강상태 등을 확인한다. • 대상자의 가치관, 상황, 행동유형을 파악하며 의사소통을 곤란하게 하는 장애나 질병이 있을 경우 그 특징을 파악한다. • 대상자의 의사소통 욕구와 요청에 따라 의사소통 도움을 실시한다. • 의사소통 도움방법에 따라 필요한 물품을 준비한다.
의사소통 도움	• 요양보호사는 인사와 함께 자신을 소개한다. • 대상자에게 대신 읽어주기, 대신 써주기, 대신 말해주기 등의 도움을 실시한다. • 대상자의 욕구를 파악하여 원하는 서비스를 제공한다. • 심리적인 지원, 조언 등을 통해 대상자에게 심리적인 안정을 드린다. • 적당한 반응이 보이면 얼른 반응을 보이고 공감을 표현한다. • 공감을 표현할 때 손을 잡아주거나 몸을 앞으로 구부려 대상자의 이야기를 진지하게 듣고 있음을 보인다. • 부정적인 말이나 '괜찮다' '힘내라' '기운내라'라는 등의 표현은 대상자가 힘겨워할 때는 피한다. • 대상자가 편안하게 이야기할 수 있도록 관심과 지지를 표현한다. • 내용에 대한 해결방안은 혼자서 해결하지 않고 기관장, 의료인, 가족과 상의한다. • 대화가 끝나면 겸손하게 인사를 한다.
정리	• 대상자의 프라이버시 보호를 위해 개인정보는 비밀을 유지한다. • 대상자에게 의사소통 도움이 원하는 대로 만족하였는지 확인한다. • 방문요양서비스 제공기록지, 요양보호기록지를 작성한다.

- **기타 서비스**
  - 기타 서비스에는 여가지원, 호스피스, 문제행동대처의 서비스가 있으며 제공절차 및 내용은 다음과 같다.

- **기타 서비스—(1) 여가지원**
  - 가정에서 제한적 생활을 하시는 대상자에게 여가지원서비스를 제공하여 일상에서의 스트레스를 해소하게 하고 생활의 활력과 심리적·사회적 안정을 드림으로서 즐거운 생활을 할 수 있도록 돕는다. 여가지원서비스의 제공절차 및 내용은 다음과 같다.

대상자확인/준비	• 대상자를 확인한다. • 여가 및 취미생활에 대한 욕구와 요청이 있는 경우 지원계획을 세운다. • 서비스 수행 시 소요되는 비용을 대상자와 가족에게 알리고 동의를 구한다. • 여가서비스의 절차와 내용을 설명하고 동의를 구한 후 필요한 물품을 준비한다.
여가지원서비스	• 요양보호사는 인사와 함께 자신을 소개한다. • 음악활동을 실시한다. • 미술활동을 실시한다. • 야외활동을 실시한다. • 종교활동(성경책 읽기 등)을 실시한다. • 문학활동(독서, 토론 등)을 실시한다. • 원예활동(화초기르기, 꽃꽂이 등)을 실시한다. • 요리활동을 실시한다. • 레크리에이션 활동(게임, 퀴즈 등)을 실시한다.
정리	• 대상자는 손을 씻고 편안한 자세로 휴식을 취하도록 한다. • 대상자에게 여가서비스에 대해 만족하였는지 확인한다. • 여가서비스에 따른 지출내역서를 대상자와 가족에게 제공한다. • 장기요양급여 제공기록지, 요양보호기록지를 작성한다. • 여가지원서비스기록지를 따로 작성하여 사용할 수 있다.

- **기타 서비스—(2) 호스피스**
  - 임종을 앞둔 대상자와 그 가족을 대상으로 남은 생애동안 인간다운 생활을 유지하면서 생을 정리하게 도와드리고 가족의 고통과 슬픔을 함께 나누며 경감할 수 있도록 돕는다. 호스피스 서비스의 제공절차 및 내용은 다음과 같다.

대상자확인/준비	• 호스피스 대상자 여부를 확인한다. • 호스피스 대상자는 의사의 확진이 이루어진 경우이며 가족과 상담하여 진행한다. • 대상자와 가족과 논의하여 호스피스 계획을 수립한다.
호스피스 관리	• 요양보호사는 인사와 함께 자신을 소개한다. 〈대상자관리〉 • 영적 돌보기 • 신체적 돌보기(통증) • 심리 사회적 돌보기 〈가족 관리〉 • 가족 지원

정리	• 대상자의 프라이버시 보호를 위해 개인정보는 비밀을 유지한다. • 호스피스 관리 및 대상자의 상태 등을 가족에게 보고한다. • 장기요양급여 제공기록지, 요양보호기록지를 작성한다.

- 기타 서비스 - (3) 문제행동대처
  - 치매 또는 문제행동을 가지고 있는 대상자에게 서비스 제공 시 발생하는 여러 돌발 상황을 처리함으로서 대상자와 가족을 안정시키고 문제행동 대처요령을 습득할 수 있도록 돕는다. 문제행동대처에 대한 서비스 제공절차 및 내용은 다음과 같다.

대상자확인/준비	• 대상자의 행동변화를 확인한다. • 대상자의 행동변화에 대해 기관장, 의료진 등과 논의하여 진행한다. • 가족과 상담하여 문제행동 대처계획을 수립한다.
문제행동 대처	• 치매행동 발생 시 대처한다. • 배회행동 발생 시 대처한다. • 불결행위 발생 시 대처한다. • 폭력, 폭언행위 발생 시 대처한다. • 우울증, 무관심, 고립 발생 시 대처한다. • 망각, 환각, 착각, 망상 발생 시 대처한다. • 성적행동 발생 시 대처한다. • 일몰증후군 발생 시 대처한다. • 식사거부 발생 시 대처한다. • 수면장애 발생 시 대처한다. • 목욕거부 발생 시 대처한다. • 그 밖의 문제행동 발생 시 대처한다.
정리	• 대상자의 프라이버시 보호를 위해 개인정보는 비밀을 유지한다. • 문제행동 및 대처방법에 대해 가족에게 보고한다. • 증상이 심할 경우 의사와 상의하여 항정신성 의약품 투약을 가족과 상의한다. • 항정신성 의약품 투약 관리를 실시한다. • 장기요양급여 제공기록지, 요양보호기록지를 작성한다.

④ 서비스 제공관리

- 서비스 제공 상담
  - 서비스 제공 상담은 서비스 제공 중에 정기적으로 대상자와 가족을 대상으로 상담을 실시하여 대상자의 문제와 욕구를 사정하여 실제적인 실천계획을 수립하고 다양한 서비스를 제공하는 데 있어 발생할 수 있는 서비스 및 대상자의 변화와 문제를 신속하게 발견하고 돌발 상황을 수시로 점검하여 빠른 시일 내에 조정 및 해결함으로써 원활한 서비스 제공이 이루어질 수 있도록 하는 데 그 목적이 있다.
  - 요양보호사는 서비스 종료 직후 대상자와 가족에게 서비스에 대한 만족도, 서비스 수행절차에 대한 건의사항 등을 확인하여 다음 서비스 계획에 반영하고 조정이 어려울 경우 대상자와 가족에게 상세한 설명을 통해 이해할 수 있도록 도와야 한다.

　　―서비스 관리자는 정기적으로 서비스 제공에 대한 전반적인 사항을 확인하고 서비스 대상자와 제공자인 요양보호사를 대상으로 서비스 제공 상담을 실시하여 필요 시 그 내용을 전달하여 수정 및 보완할 수 있도록 함으로써 서비스 실행을 높이고 서비스의 질적 향상을 도모할 수 있도록 한다.

• 서비스 제공현황 관리

　　서비스 계획 및 일정표에 의해 서비스가 제공되면 제공된 서비스의 내용에 따라 관련 일지를 작성함으로써 서비스 제공관리를 실시한다. 제공되는 서비스 관련 기록지는 〈표 2-36〉과 같으며 이를 토대로 하여 대상자별 월 서비스 제공 현황표를 작성한다.

표 2-36　서비스 제공 관련 기록지

서식	작성내용	출처
장기요양급여 제공기록지	• 실시 일자별 서비스 종류와 시간 기록	보건복지가족부 별지 제12호 서식
요양보호기록지	• 서비스의 구체적인 내용, 방법, 시간 등 기록 • 대상자의 주요상태 및 특이사항 • 다음 서비스 계획 시 반영할 사항	기관자체 작성서식
기타 기록지	• 대상자의 상태에 따라 서식을 적용하며 월별로 관리할 수 있도록 서비스별 세부사항을 기록함. • 기타 관리기록지 　㉮ 식사관리기록지 　㉯ 투약관리기록지 　㉰ 체위변경기록지 　㉱ 배설관찰기록지 　㉲ 개인활동지원기록지 　㉳ 외출동행기록지 　㉴ 일상업무대행기록지 　㉵ 정보제공기록지 　㉶ 여가지원기록지	기관자체 작성서식

　　―서비스 제공주기가 월 단위로 이루어짐으로 월 서비스 제공 현황표를 작성하여 대상자에게 제공한 서비스 내용을 월별로 파악할 수 있도록 한다. 월 서비스 제공 현황표는 대상자와 관련한 모든 서비스 제공에 대한 관리를 하도록 한다. 또한 서비스 실행 및 서비스 계획의 이행 여부 등을 파악할 수 있어 서비스 점검 및 평가 시 자료로 활용한다.

　　―서비스 제공 사항을 국민건강보험관리공단 노인장기요양보험 기관프로그램에 접속하여 등록을 마치고 대상자별 서비스 제공 내역서를 출력하여 서비스 제공 기록지와의 일치여부를 확인하고 출력문서의 형태로 보관해 둔다.

- 서비스 제공 총괄일정 작성
  - 서비스 제공 관리를 위해 서비스 대상자의 제공 담당자, 제공시간 등을 파악할 수 있도록 월단위로 일정표를 작성하여 계획대로 서비스 제공이 이루어지고 있는지 일일, 주별, 월별로 점검을 할 수 있도록 하며 서비스 제공 상담, 점검, 방문 일정 등 기타 업무 계획을 세우는 데 활용한다.
  - 서비스 제공일정표는 관리자가 작성하고 활용하는 것으로 이를 통한 서비스 점검과 업무 관리를 할 수 있으므로 서비스관리 차원에서 사용하면 효과적이다. 또한 대상자와 가족에게 서비스 제공계획서와 서비스 일정표를 함께 제공하여 서비스 제공일과 내용에 대해 인지할 수 있도록 돕는다.

(5) 서비스 점검(Monitoring)

- 서비스 점검은 케어계획대로 서비스가 제공되고 있는지 지속적인 점검을 수행하여 기존의 케어계획이 대상자에게 만족스러운지 또는 계획을 수정하여야 할 필요가 있는지를 모니터링을 통하여 알아봄으로써 책임감 있는 서비스 수행과 대상자의 욕구 충족을 증진시키는 활동이다.
- 케어계획에 따른 실행계획(서비스 제공계획서)에서 정해진 서비스의 전달과 수행이 잘 이루어지고 있는지를 관리자가 서비스 점검표를 사용하여 대상자에 대한 서비스와 지원계획이 적절하게 이행되고 있고, 그 결과가 역행적인지 성공적인지 확인하고 바라는 결과는 없는지를 검토한다.
- 구조화된 서비스 점검표는 월 2~3회 실시하며 점검 횟수에 따라 실시방법을 2회는 전화 상담을 통해 서비스 점검자 자신의 판단에 근거하여 실시하고, 1회는 관리자가 직접 방문하여 실시하도록 한다. 가급적 월 1회 가정방문을 원칙으로 하여 철저히 지킬 수 있도록 방문일정표를 작성하여 실행도를 높이도록 한다.
- 서비스 점검은 서비스에 대한 모니터링과 욕구변화 모니터링, 기타 불편사항 모니터링으로 나누어 실시하며 서비스 모니터링은 서비스 제공 일정을 지키는 정도, 서비스 내용에 대한 정확성 및 충실도, 요양보호사에 대한 만족도를 ① 매우 만족, ② 만족, ③ 보통, ④ 불만족, ⑤ 매우 불만족의 5점 척도(①②③④⑤)로 표시하고 세부내용은 간략하게 작성하도록 한다. 이러한 종합적인 모니터링을 통한 점검 결과는 서비스 제공에 반영한다.
- 서비스 점검표는 사례관리 유형에 따라 매월 또는 분기별로 사례점검회의를 실시할 때 검토 자료로 활용한다.

(6) 서비스 평가(Evaluation)

평가과정은 서비스 제공의 효과성과 효율성을 측정하는 것이다. 대상자의 욕구와 문제해결 정도를 다루는 대상자 평가와 서비스 개입의 적절성과 목표 달성에 대한 서비스 효과 평가 그리고 대상자와 가족의 만족도를 평가함으로서 대상자와 관련된 모든 내용을 종합적으로 평가한다. 이러한 평가는 사례평가회의를 통해 이루어지며 정기적으로 실시하여 대상자의 욕구 및 문제해결과 서비스 과정에서 나타나는 새로운 문제에 대처하여 대상자에게 최상의 서비스를 제공하도록 노력한다.

① 서비스 평가
  – 대상자에게 제공된 서비스에 대한 평가는 우선 대상자에 대한 서비스 계획이 적합한지, 결과목적이 달성되었는지, 제공된 서비스가 효과적이었는지를 확인한다. 이를 평가하기 위해서는 대상자 사정을 통한 개별케어계획, 서비스 제공계획서를 작성하여야 하며 서비스 실행 후에 서비스 제공 기록지, 요양보호기록지 등을 작성하여 실천을 뒷받침할 자료를 생성해야 한다. 서비스 제공과정이 잘 수행될 수 있도록 관리자는 서비스 점검표, 상담기록 등을 통해 철저한 관리를 하여야 할 것이다. 이 모든 과정이 원활하게 진행되었을 때 이를 검증할 수 있는 서비스 평가가 실현된다.
  – 대상자에 대한 서비스 계획이 실현가능한 제공계획으로 대상자에게 적절한 서비스인가를 평가하고 계획대비 실행여부를 객관적 수치로 계량화하여 목표가 어느 정도 달성되었는지를 알아본다. 이를 확인하기 위해 서비스 제공계획서 또는 서비스 일정표와 서비스 실행 후 작성하는 월 서비스 제공 현황표를 비교 분석하여 평가한다.

표 2–37) 서비스 평가의 내용

평가내용	평가자료
대상자에 대한 서비스 목표 계획과 비교한 목표 달성에 대한 평가	서비스 제공현황표, 서비스 제공계획서, 서비스 일정표
서비스 계획대비 실행 여부 등 서비스 개입의 적절성에 대한 평가	서비스 제공현황표, 개별케어계획

  – 평가 시기는 서비스 제공기간이 6개월 경과되면 실시하고 사례평가회의를 열어 서비스 제공의 적절성과 서비스 제공에 따른 효과성(대상자 및 가족의 욕구 및 문제 해결 정도와 대상자의 변화 정도), 만족도 등 대상자에 대한 종합적인 평가를 실시한다. 종합적인 평가 내용을 반영하여 사례관리평가서를 작성하고 평가결과에 따라 서비스 유지 및 조정 등을 실시한다.

② 만족도 평가
  – 대상자에게 제공되는 모든 서비스는 대상자에게 만족을 주기 위해 제공되는 것으로 매우 중요하다고 할 수 있다. 만족도 평가는 대상자와 가족을 대상으로 서비스 제공

계획, 서비스와 제공계획의 이행, 대상자에게 전달되는 서비스와 지원의 효과에 대해 만족하는 정도를 평가한다.

－만족도 평가는 기관의 이용 어르신 및 가족을 대상으로 서비스에 대한 만족도를 알아보고 이용자의 의견 및 욕구 등을 수렴하여 서비스의 질 향상을 기함으로서 기관 운영 및 발전 계획의 수립토대를 마련하는 데 그 목적이 있어야 한다. 또한 조사목표를 명확하게 세워 달성될 수 있도록 실행계획을 수립하는 것이 필요하다. 조사 목표는 일반적으로 다음과 같은 내용을 포함하며 조사목표를 계량화하여 나타낼 수 있다.

> ☑ 조사목표
> • 기관 이용 어르신 및 가족의 전반적인 서비스 이용 만족도 수준을 측정한다(전체 이용자 및 가족대상 ○○명 실시).
> • 서비스 개선에 대한 이용자의 관심과 의견을 파악한다(개선계획 수립).
> • 조사 분석 자료를 요양보호사 등 직원의 성장과 학습의 기회로 활용한다(교육교재 발간, 직원교육 1회 실시).
> • 서비스 제공에 따른 문제점을 개선하여 서비스의 질을 향상시킨다(질 향상 계획 수립).
> • 조사결과를 반영하여 기관의 질 향상 계획을 수립한다(질 향상 계획 수립).

－평가내용은 서비스 내용, 계획의 적절성, 결과 목적달성, 효과성, 만족도에 대한 내용으로 구조화된 설문지를 사용한다. 평가도구로 사용될 만족도 조사 설문지에는 다음과 같은 평가내용으로 구성하여 기관에 맞게 작성한 후 사용하도록 한다.

표 3-38 평가도구의 구성

구분	평가내용
응답자 구분 및 일반사항	응답자의 구분(이용자 본인, 보호자) 이용자의 일반적인 사항, 보호자의 인구통계관련 사항
이용자의 건강 및 장기요양보험	이용자의 등급, 최초 등급판정시기, 이용자의 건강문제로 인한 가족 및 타인의 수발기간, 주수발자, 일일평균 돌보는 시간
인지경로 및 신청이유	인지경로, 신청이유, 제공기관 선택이유
서비스 제공	현재 이용하고 있는 서비스 종류, 서비스 이용기간, 이용 빈도, 이용회수
서비스 내용	서비스 영역별 만족도
서비스 제공과정	신청접수, 계약관련 사항, 이용자의 권리인지여부
계획의 적절성	서비스 제공회수, 주기, 시간에 대한 만족도
결과 목적달성	서비스 계획 이행도
효과성	서비스 제공에 따른 효과성
만족도	서비스 제공인력의 실천기술 및 실천 정도, 서비스, 가족과의 관계
서비스 욕구	서비스 개선사항 및 기타 욕구

　－만족도 조사는 일대일 면접방법을 원칙으로 하나 대상자가 치매 등의 사유로 인하여 불가능할 때는 조사에서 제외할 수 있다. 평가대상은 서비스 수혜자인 대상자와 가족(주 수발자)으로 하며 가족의 경우 가족의 사정에 따라 전화조사, 우편조사를 실시할 수 있다.

　－만족도 조사는 직접 서비스를 제공하는 요양보호사에 의해 전달하기 보다는 다른 어떤 사람에 의해 전달되도록 하는 것이 긍정적 평가에 대한 압력을 막을 수 있는 방법이 되며, 답변의 확실성을 보장받기 위해서는 익명으로 하는 것이 좋으나 가정방문 또는 전화를 통한 조사를 실시하게 되면 답변자의 정보가 공개될 수 밖에 없음으로 조사자의 선정이 중요하다. 이러한 조치에도 불구하고 설문조사는 답변자가 자신에게 미칠 영향을 생각하여 긍정적인 평가를 할 수도 있으나 부정적인 평가를 하기도 한다는 점을 충분히 고려해야 할 것이다.

　－평가 시기는 서비스 제공기간이 6개월이 경과되면 실시하는 것으로 6개월이 경과되지 않아도 기관이 정한 만족도 평가시기에 맞춰 실시하도록 한다. 보통 6개월 또는 1년 단위로 만족도 조사를 실시하고 있다. 만족도 조사를 실시한 후에는 조사결과를 분석하고 사례평가회의 시 평가내용을 반영하여 종합적인 평가가 이루어지도록 한다.

　－기관에서 제공하는 서비스에 대한 자체 만족도 조사는 개별적인 만족도를 평가할 뿐 아니라 기관의 서비스에 대한 만족도를 알아볼 수 있는 자료로 개인별 조사결과를 반기별 또는 연도별로 종합하여 분석해 봄으로서 기관을 이용하는 대상자와 가족의 전반적인 만족도 현황을 살펴볼 수 있다.

　－이용자 및 가족을 대상으로 하는 만족도 조사 실시에 대한 안내문을 사전에 발송하여 이용자와 가족의 협조를 구하고 조사대상, 조사방법, 조사자 확보 등 만족도 조사 계획을 수립하여 진행하고 조사결과 분석 및 보고를 통해 기관이 제공하는 서비스의 질 향상에 도움이 되도록 그 결과를 반영한다. 평가에서 도출된 비효율, 비능률을 제거하여 운영의 다양한 측면에서 부족한 부분의 개선과 발전에 향상성을 기하도록 한다.

(7) 서비스 평가결과 유형 및 활용

① 서비스 종결

　－서비스 종결은 곧 대상자 종결을 의미하는 것으로 기관이 평가를 통해 서비스 종결을 결정하는 경우는 없으며, 대상자와 가족의 의사 및 사정에 따라 종결을 하게 됨으로 종결되지 않도록 서비스의 질 향상과 서비스 만족도를 높일 수 있도록 지속적인 노력이 필요하다. 서비스 종결이 결정되면 사례종결보고서를 작성하여 종결처리를 실시한다.

　－서비스 계약기간이 종료될 시점, 기관은 서비스 계약 종결 및 서비스 연장에 대해 대상자 또는 가족에게 알리고 재계약 의사를 확인하며, 대상자가 서비스 종결을 원할

경우에는 종결확인서를 작성하여 서비스 이용을 종료하고, 만약 서비스 연장을 원할 경우 서비스 계약서를 재작성한다. 대상자의 건강상태가 악화되었거나 높은 등급으로 변경되어 타 급여를 원할 경우 지역 내 이용할 수 있는 서비스에 대한 안내를 실시하여 편리하게 이용할 수 있도록 지원한다.

② 서비스 의뢰
　　－서비스 의뢰는 대상자에게 현재의 서비스가 부적합하다고 판단되거나 대상자에게 필요한 서비스를 소속 기관에서 제공하지 못하는 경우 다른 기관에서 서비스를 제공받도록 의뢰하는 것이다. 그리고 기관에서 제공할 수 있는 서비스는 유지하면서 대상자의 일상생활에 필요하다고 판단되어지는 타 서비스 제공을 위해 관련기관을 찾아보고 의뢰하여 제공받을 수 있도록 노력함으로서 대상자의 전반적인 문제와 욕구를 충족시켜드리는 것이다. 이는 자칫 서비스 종결로 이어질 수 있으나 대상자 중심의 서비스 제공을 위해서는 이러한 결정을 내릴 수 있어야 하며 서비스 종결보다는 대상자의 서비스만족도를 높이는 결과를 낳을 확률이 더 높다는 확신을 갖고 진행하도록 한다.
　　－서비스 의뢰에 대한 결정과 의뢰과정은 대상자와 가족에게 알려야 하며, 의뢰 후 제공 및 관리에 대한 전 과정에 대해서는 개입하지 않는다. 다만, 서비스 제공이 잘 이루어지도록 대상자와 관련된 서비스 정보를 의뢰 기관에 제공하여 서비스 제공을 최대한 돕는다.
　　－서비스 의뢰 시 의뢰서를 작성하여 처리하며 의뢰과정에 따라 발생한 문서는 보관하여 둔다.

표 3-39　의료 및 장기요양서비스 연계

분류	서비스 종류	대상 및 연계상황
의료 서비스	종합전문요양기관	대상자와 가족이 적극적인 치료, 검사를 원할 때 급성기 질환 발생 시
	요양병원	만성기 질환의 악화 시 뇌졸중, 파킨슨 질환의 재발 및 악화 시 대상자와 가족이 의학적 치료, 검사 등을 원할 때
	의료기관 가정간호	전문 가정간호 필요 시
재가 장기요양 서비스	방문요양	대상자의 현 상황을 감안하여 노인장기요양등급의 급여 한도액 범위 내에서 활용 가능한 서비스 안내 서비스 기관 소개
	방문간호	
	방문목욕	
	주·야간보호	
	단기보호	
	복지용구대여	

지역노인 보건복지 서비스	가사간병도우미	기초생활수급자이면서 등급 외 A형, B형 노인 재가노인복지서비스(방문요양, 주ㆍ야간보호, 단기보호)를 받고 있는 경우 제외
	노인돌보미	가구 평균소득이 전국가구평균 소득의 150% 이하인 자면서 등급 외 A형, B형 재가노인복지서비스를 받고 있는 경우는 제외
	독거노인생활관리사 파견사업	등급 외 A형, B형, 독거노인 우선 선정 가사간병도우미, 노인돌보미, 재가노인복지서비스를 받고 있는 경우 제외
	보건소 맞춤형 방문건강관리	등급 외 A형, B형 사업순위에서 우선적으로 사업대상으로 선정
	보건소 치매조기검진	등급 외 A형, B형 대상자 중에서 인지기능과 문제행동에서 이상이 있다고 판단되는 경우 치매조기검진 사업대상에서 우선권 부여
	노인복지관, 사회복지관	등급 외 A형, B형 목욕서비스, 기능회복지원, 건강증진지원 등

* 출처: 국민건강보험공단(2010), 방문요양서비스 가이드라인.

③ 서비스 유지 및 재계획

- 대상자의 욕구와 문제해결을 위해 설정된 계획의 목표달성이 이루어지지 않았거나 대상자의 기능 및 욕구상태가 기존의 서비스가 계속해서 필요하다고 평가된 경우 계획에 따른 서비스는 별다른 변화 없이 지속적으로 제공하게 된다. 방문요양서비스에서는 대상자가 최중중 1등급보다는 낮은 등급이지만 중중의 상태가 많아 서비스 유지의 평가결과가 더 많을 것으로 보인다.

- 대상자 사정을 통해 수립된 개별케어계획과 서비스 제공계획에 따른 서비스 제공이 대상자의 욕구 충족과 문제해결로 인해 해당 서비스의 제공이 불필요하게 되었을 경우, 즉 계획의 목표 달성으로 인해 대상자의 상태 변화를 가져오게 한 것으로 해당 서비스를 종결하고 대상자에게 적합한 다른 서비스를 서비스 필요 우선순위와 대상자의 욕구를 반영하여 조정한다. 또한 서비스는 필요하나 대상자와 가족의 요구로 이를 종결하게 될 수도 있다. 이러한 경우 반드시 대상자와 가족과의 논의를 거쳐 결정하여야 하며 개별케어계획과 서비스 제공계획서에 이를 반영한다.

- 서비스 제공 결과 대상자에게 적절한 서비스 계획과 이행으로 대상자의 상태가 악화되거나 향상될 경우 이에 맞는 새로운 서비스 계획이 이루어져야 한다. 이와 반대로 대상자의 상태가 악화되어 추가 서비스 및 변경이 요구될 경우에도 서비스 계획의 재수립이 요구되는데 이 두 가지 경우 모두 기존의 개별케어계획 및 서비스 계획이 변경되어야 한다. 이때 의료적 진단이 필요하다고 판단되어지는 경우에는 기관장, 간호사 등 의료진과의 논의를 거치도록 하며 가족과 충분히 협의하여 결정하도록 한다.

4) 업무총괄

－서비스관리의 업무총괄에서는 업무내용의 구성(Flow chart)에 따라 직무내용을 분류하고 세부업무내용을 간략하게 제시하였으며 업무내용에 적합한 업무 부서를 '●'로 표시하였다. 업무부서는 관리책임, 관리실무, 요양보호, 행정사무로 나누었으며 이는 일반적인 구분으로 기관의 인력사항과 조직구조에 따라 업무 부서를 달리 구성할 수 있다. 또한 업무내용에 적합하다고 판단되는 업무 부서를 기관장이 임의로 조정할 수 있으므로 여기에서 제시한 업무총괄표를 참고하여 업무분장을 하는 데 활용하도록 한다.

－서비스관리의 업무내용은 크게 서비스 이용신청, 서비스 계약, 서비스 계획, 서비스 제공, 서비스 점검 및 평가, 서비스 평가결과 유형 및 현황으로 나누어 직무내용과 세부내용을 제시하였으며 세부내용 중에는 담당해야 하는 업무가 공통 업무이거나 고유 업무인 경우가 있음을 밝혀둔다. 공통 업무와 고유 업무의 기준은 업무내용에 따라 기관장의 재량에 의해 탄력적으로 조정될 수 있다.

표 3－40 업무총괄표

시기	직무내용	세부내용	관리책임	관리실무	요양보호	행정사무	비고
초기	서비스 이용신청	이용신청 응대	●	●		●	
		이용신청 관련서식 마련	●				
		이용신청서 작성업무	●	●		●	
		이용신청자명부 작성업무		●		●	
	서비스 계약	이용계약 관련서식 마련	●	●			
		계약상담 및 계약서 작성업무	●	●			
		계약내용 결정 및 최종협의	●				
		장기요양인정서와 표준장기요양이용계획서 확인		●		●	
		계약관련 제출서류 확보	●	●			
		계약에 따른 이용안내 및 설명	●				
		서비스 이용계약서 관리대장 작성		●			
		서비스 제공에 따른 서약서 작성 및 관리		●			
		개인정보수집 및 활용에 관한 동의서 작성 및 관리		●			
		비급여서비스 동의서 작성 및 관리		●			
		기관정보안내지(Q&A) 작성		●			

		기관정보안내지(Q&A) 제공	●	●	●	●	
		서비스 이용계약서 관리대장 점검 및 관리	●				
		장기요양급여 계약내역서 공단보고 및 등록		●		●	
		서비스 계약에 따른 행정처리		●		●	
	서비스 계획	서비스 영역 및 목표 설정	●				
		서비스 계획을 위한 사례회의 진행		●			
		사례회의 참석	●	●	●		
		사례회의 결과 보고		●			
		개별케어계획 작성 및 보고		●			
		개별케어계획 결재	●				
		개별케어계획 서류보관 및 관리		●			
		서비스 제공계획서 수립 및 작성		●			
		서비스 제공계획을 위한 상담 및 논의		●			
		서비스 제공계획서 대상자 및 가족 전달			●		
		서비스 제공계획서 보관 및 관리		●			
		서비스 일정표 작성		●			
		서비스 일정표 대상자 및 가족 전달			●		
		서비스 일정변경 사항 확인		●	●		
		서비스 일정표 보관 및 관리		●			
		서비스 계약변경내용 확인		●			
		서비스 변경계약서 작성		●			
		서비스 변경계약서 설명 및 확인서명 확보			●		
실행	서비스 제공	서비스 제공을 위한 서식 및 제공계획 준비		●			
		서비스 제공을 위한 제공환경 및 필요물품 준비			●		
		서비스 제공을 위한 대상자 및 가족과 사전 설명 및 의견합의		●	●		
		서비스 제공 준비 최종점검	●				
		서비스 제공방법 및 절차 등 설명		●			
		서비스 제공을 위한 대상자 및 가족관련 정보확보			●		
		서비스 제공방법 및 내용 등에 대한 조정			●		
		초기적응을 위한 이용자(대상자, 가족) 상담		●			
		신체활동지원－세면도움 서비스 준비			●		
		신체활동지원－세면도움 서비스 제공			●		
		신체활동지원－세면도움 서비스 정리			●		
		신체활동지원－세면도움 서비스 기록			●		

신체활동지원－구강관리 서비스 준비			●	
신체활동지원－구강관리 서비스 제공			●	
신체활동지원－구강관리 서비스 정리			●	
신체활동지원－구강관리 서비스 기록			●	
신체활동지원－머리감기 서비스 준비			●	
신체활동지원－머리감기 서비스 제공			●	
신체활동지원－머리감기 서비스 정리			●	
신체활동지원－머리감기 서비스 기록			●	
신체활동지원－ 옷 갈아 입히기 서비스 준비			●	
신체활동지원－ 옷 갈아 입히기 서비스 제공			●	
신체활동지원－ 옷 갈아 입히기 서비스 정리			●	
신체활동지원－ 옷 갈아 입히기 서비스 기록			●	
가사지원－세탁 서비스 준비			●	
가사지원－세탁 서비스 제공			●	
가사지원－세탁 서비스 정리			●	
가사지원－세탁 서비스 기록			●	
신체활동지원－목욕도움 서비스 준비			●	
신체활동지원－목욕도움 서비스 제공			●	
신체활동지원－목욕도움 서비스 정리			●	
신체활동지원－목욕도움 서비스 기록			●	
방문목욕서비스 연계여부 논의			●	
방문목욕서비스 의뢰		●	●	
신체활동지원－식사도움 서비스 준비			●	
신체활동지원－식사도움 서비스 제공			●	
신체활동지원－식사도움 서비스 정리			●	
신체활동지원－식사도움 서비스 기록			●	
월 식사관리 기록			●	
식단표 확보 및 전문가 자문		●		
식단표 작성			●	
신체활동지원－투약관리 서비스 준비			●	
신체활동지원－투약관리 서비스 제공			●	
신체활동지원－투약관리 서비스 정리			●	
신체활동지원－투약관리 서비스 기록			●	
투약관리 사항 기록			●	
신체활동지원－체위변경 서비스 준비			●	
신체활동지원－체위변경 서비스 제공			●	
신체활동지원－체위변경 서비스 정리			●	

신체활동지원－체위변경 서비스 기록			●	
체위변경사항 기록			●	
욕창 관찰 및 기록			●	
신체활동지원－이동도움 서비스 준비			●	
신체활동지원－이동도움 서비스 제공			●	
신체활동지원－이동도움 서비스 정리			●	
신체활동지원－이동도움 서비스 기록			●	
복지용구(보조기구)서비스 설명			●	
복지용구(보조기구)서비스 안내			●	
복지용구(보조기구)서비스 의뢰		●		
신체활동지원－신체기능 유지증진 서비스 준비			●	
신체활동지원－신체기능 유지증진 서비스 제공			●	
신체활동지원－신체기능 유지증진 서비스 정리			●	
신체활동지원－신체기능 유지증진 서비스 기록			●	
신체활동지원－화장실 이용 서비스 준비			●	
신체활동지원－화장실 이용 서비스 제공			●	
신체활동지원－화장실 이용 서비스 정리			●	
신체활동지원－화장실 이용 서비스 기록			●	
신체활동지원－유치도뇨관 사용자 감염관리			●	
배설관찰 및 기록			●	
일상생활지원－취사지원 서비스 준비			●	
일상생활지원－취사지원 서비스 제공			●	
일상생활지원－취사지원 서비스 정리			●	
일상생활지원－취사지원 서비스 기록			●	
식재료리스트 작성 및 관리			●	
일상생활지원－청소 및 주변정돈 지원 서비스 준비			●	
일상생활지원－청소 및 주변정돈 지원 서비스 제공			●	
일상생활지원－청소 및 주변정돈 지원 서비스 정리			●	
일상생활지원－청소 및 주변정돈 지원 서비스 기록			●	
일상생활지원－세탁지원 서비스 준비			●	

일상생활지원-세탁지원 서비스 제공		●		
일상생활지원-세탁지원 서비스 정리		●		
일상생활지원-세탁지원 서비스 기록		●		
외출동행계획 수립		●		
개인활동지원-외출동행 서비스 준비		●		
개인활동지원-외출동행 서비스 제공		●		
개인활동지원-외출동행 서비스 정리		●		
개인활동지원-외출동행 서비스 기록		●		
외출동행결과 기록 및 이용자 보고		●		
일상업무대행 서비스 계획 수립		●		
개인활동지원-일상업무대행 서비스 준비		●		
개인활동지원-일상업무대행 서비스 제공		●		
개인활동지원-일상업무대행 서비스 정리		●		
개인활동지원-일상업무대행 서비스 기록		●		
일상업무대행 서비스 결과기록 및 이용자 보고		●		
정보제공 계획 수립		●		
개인활동지원-정보제공 서비스 준비		●		
개인활동지원-정보제공 서비스 제공		●		
개인활동지원-정보제공 서비스 정리		●		
개인활동지원-정보제공 서비스 기록		●		
정보제공결과 기록 및 이용자 보고		●		
정서지원-말벗하기 제공		●		
정서지원-생활상담 제공		●		
정서지원-의사소통 도움 제공		●		
여가지원서비스 계획	●	●		
여가지원서비스 준비		●		
여가지원서비스 제공		●		
여가지원서비스 정리		●		
여가지원서비스 기록		●		
호스피스지원 계획	●	●		
호스피스지원 준비		●		
호스피스지원 제공		●		
호스피스지원 정리		●		
호스피스지원 기록		●		
문제행동대처 계획	●	●		
문제행동대처 준비		●		

		문제행동대처 제공			●		
		문제행동대처 정리			●		
		문제행동대처 기록			●		
		서비스 제공 상담		●			
		상담일지 작성		●			
		서비스 제공 현황 총괄관리	●				
		월 서비스제공 현황표 작성		●			
		세부 관찰기록지 관리		●			
		세부 관찰기록지 작성			●		
		서비스 제공내역 공단 전산보고				●	
		서비스 제공 총괄일정표 총괄관리	●				
		서비스 제공 총괄일정표 작성		●			
평가	서비스 점검 및 평가	서비스 점검 계획 수립	●	●			
		서비스 점검지도 및 관리	●				
		서비스 점검 실시(방문, 전화)		●			
		서비스 점검 가정방문 계획 및 실시		●			
		서비스 점검 가정방문일정표 작성		●			
		서비스 점검표 작성		●			
		서비스 점검 결과 보고		●			
		서비스 점검 결과 확인	●				
		서비스 평가 계획 수립	●	●			
		서비스 평가기준 및 방법 마련	●				
		서비스 평가 준비		●	●		
		서비스 평가 실행		●	●		
		서비스 평가회의 계획 수립	●				
		서비스 평가회의 준비		●			
		서비스 평가회의 참석	●	●	●	●	
		평가결과 보고		●			
		서비스 평가결과 확인	●				
		평가결과 반영여부 확정	●				
		평가결과 반영		●	●	●	
		만족도 평가 계획	●	●			
		만족도 평가준비(관련서식, 안내문작성 등)		●			
		만족도 평가 실시안내			●		
		만족도 평가 실행		●		●	
		만족도 평가 설문지 회수				●	●
		만족도 평가 분석 및 보고		●			

만족도 평가결과 확인	●				
만족도 평가결과 반영여부 확인	●				
만족도 평가결과 반영	●	●	●	●	
평가결과 반영		●	●		
서비스 종결상담, 사후관리		●			
서비스 평가 결과	서비스 의뢰 결정	●	●	●	
유형 및 활용	서비스 의뢰 절차안내 및 진행		●			
	서비스 의뢰기관 조사 및 확보		●			
	서비스 의뢰 결과 진행사항 파악		●			
	서비스 의뢰 진행인지 및 상황관찰			●		
	서비스 유지 및 재계획 결정	●	●	●		
	서비스 유지에 따른 서비스 제공			●		
	서비스 재계획 논의	●	●	●		
	서비스 재계획 수립		●			
	서비스 재계획에 따른 서비스 제공			●		
	서비스 평가회의록 작성 및 보고		●			
	서비스 평가에 대한 사후조치		●			

5) 업무서식

서비스관리에 필요한 업무서식을 다음과 같이 목록으로 작성하고 간략한 설명을 통해 이해를 돕고자 하였다. 서비스관리의 업무서식 총 33종에 대한 서식의 실례를 서식번호 순으로 나열하였으므로 업무수행 시 활용하도록 한다.

서비스관리를 위해 제시된 업무서식을 운영자가 보다 편리하게 사용할 수 있도록 업무서식의 중요도를 상·중·하로 표시하였다. 이를 참고하여 기관의 사정에 따라 적절하게 선택 또는 수정·변경하여 사용하도록 한다.

서식 번호	중요도	서식명	내용
4-01	중	서비스 이용 신청서	신청인의 인적사항, 수급대상자의 인적사항을 파악하고 이용회망 서비스, 대상자 구분, 가족 및 친족에 의한 요양서비스 신청자 여부 기록
4-02	상	서비스 이용 신청자 명부	연도별 서비스 이용신청자의 인적사항, 접수번호, 서류 제출사항을 기재하여 신청자현황 파악
4-03	상	서비스 이용 계약서	계약서 발급번호, 서비스 제공기관, 이용자, 이용자의 보호자의 개인사항, 계약기간, 계약내용(서비스 제공, 계약기간, 비용, 통지사항 등)을 명시하고 당사자 서명 날인

4-04	상	서비스 이용계약서 관리대장	연번, 계약일, 발급번호, 계약대상자의 인적사항을 기재하고 관련 동의서 및 안내지 제공여부 기록
4-05	상	서비스 제공에 따른 서약서	서비스 제공관련 이용자의 수칙, 비용납부방법, 제공기관의 의무 등을 명시한 서약서에 이용자, 보호자 서명날인
4-06	상	이용자의 권리	이용자가 알아야 할 권리를 문서화하여 제시
4-07	상	개인정보 수집 및 활용에 관한 동의서	개인 정보수집의 범위, 수집정보의 활용범위를 제시하고 이용자와 신청인 서명 날인
4-08	상	동의서	비급여서비스 내용, 비용, 서비스 제공방법 및 수가 이외의 비용 부담여부 등을 기재하고 이용자와 신청인(보호자)의 동의확인(서명날인)
4-09	중	기관정보 Q&A	방문요양서비스의 신청대상, 등급외자 서비스 제공여부, 서비스 제공기간, 비용, 수행인력 등에 대한 질문과 답변 내용 작성
4-10	중	개별케어계획	관리번호, 대상자 성명, 성별, 생년월일, 장기요양등급, 주요질환을 기록하고 서비스 영역별 평가결과, 대상자 및 보호자의 욕구를 체크하여 현재 대상자의 문제 상황, 서비스 목표, 서비스 개입 내용 및 방법을 작성하여 서비스 방향제시
4-11	상	서비스 제공계획서	제공계획서 발급번호, 대상자의 관리번호, 성명, 등급, 요양인정관리번호, 장기요양요원(요양보호사)을 기록하고 해당월 서비스 제공기간, 제공일, 제공주기, 총 제공시간을 작성한 후 서비스 영역별 제공할 서비스 종류와 세부내용, 제공주기, 서비스 비용을 기재하여 대상자와 보호자에게 알리고 서명
4-12	상	서비스 제공계획서 발송대장	발급번호, 관리번호, 성명을 발급 번호순으로 작성하고 발송일자, 발송방법을 기재하여 대상자 및 보호자에게 제공함.
4-13	상	서비스 일정표	1개월 단위로 제공되는 서비스 일자에 제공시간, 서비스 종류를 작성하여 일정을 제시하고 서비스 제공현황(담당 요양보호사, 연락처, 급여내용, 주기, 제공일)과 서비스 비용(급여종류, 서비스 시간, 수가, 횟수, 본인부담액) 기재
4-14	상	서비스 변경 계약서	계약당사자 및 보호자의 성명, 연락처, 주소, 주민등록번호를 기재하고 기존계약내역과 변경내역을 작성한 후 서비스 이용자, 보호자(대리인), 서비스 제공기관의 서명 날인을 득함.
4-15	상	장기요양급여제공 기록지	보건복지가족부 별지 제12호 서식으로 장기요양기관기호, 기관명, 등급, 성명, 주민등록번호, 장기요양인정번호를 기록하고 서비스 일자별 서비스 제공시간(분 단위)을 서비스 별로 표기함. 서비스 시작과 종료시간과 대상자의 특이상태를 기록함.

4-16	상	요양보호 기록일지	대상자 관리번호, 성명, 장기요양등급, 서비스 일자, 시작시간, 종료시간을 기재하고 체중, 혈압, 체온, 욕창관찰여부, 서비스 실시여부를 체크하고 세부내용 및 방법, 대상의 주요상태, 담당자의 의견 또는 보호자 전달사항을 기록함.
4-17	중	식사관리기록지	대상자 관리번호, 성명, 성별, 장기요양등급, 생년월일을 기재하고 일자별 식사시간, 메뉴, 식사량, 식사형태, 간식 제공여부 및 내용을 월 단위로 작성
4-18	중	식단표	대상자 관리번호, 성명, 성별, 장기요양등급, 생년월일, 식사형태를 기재하고 일자별 메뉴(국, 밥, 반찬), 간식을 월 단위로 작성하여 작성일자, 작성자 서명 날인
4-19	중	투약관리기록지	대상자 관리번호, 성명, 성별, 장기요양등급, 생년월일을 기재하고 복약방법, 자가투약 여부, 약물부작용 반응여부 및 내용을 작성한 후 일자별로 복약시간, 복약제명 기록
4-20	중	체위변경기록지	대상자 관리번호, 성명, 성별, 장기요양등급, 생년월일을 기재하고 체위구분별 자세번호를 참고하여 일자별 체위변경시간대에 자세번호를 작성, 욕창위험평가 결과내용과 간호사의견을 기재하여 욕창 관찰 및 위치 작성
4-21	중	배설관찰기록지	대상자 관리번호, 성명, 성별, 장기요양등급, 생년월일을 기재하고 진단명, 진단일자, 배변형태, 배설관찰자(가족 등), 요양보호사 성명을 작성, 3일간의 배설 관찰 내용을 시간대별로 작성하여 대상자의 배설량 및 배설 관련 사항 파악
4-22	중	식재료리스트	대상자 관리번호, 성명, 성별, 장기요양등급, 생년월일을 기재하고 재료명, 크기, 수량, 단위, 보관 장소를 작성하여 식재료를 관리함.
4-23	중	외출동행기록지	대상자 관리번호, 성명, 성별, 장기요양등급, 생년월일을 기재하고 외출목적, 외출일자, 소요시간, 목적지, 교통편, 지출내역, 날씨, 대상자의 건강상태, 준비물, 가족동행여부, 서비스 제공결과 및 의견을 작성하여 작성자, 본인 또는 보호자 확인 서명함(보고용으로 작성하고 계획 시 활용하도록 함).
4-24	중	일상업무대행 기록지	대상자 관리번호, 성명, 성별, 장기요양등급, 생년월일을 기재하고 업무구분, 일자, 소요시간, 목적지, 교통편, 지출내역, 대행업무 목적, 준비물, 가족동행여부, 처리결과 내용, 전달자료, 대상자의 의견 및 만족도를 작성한 후 작성자, 본인 또는 보호자 확인 서명함(보고용으로 작성하고 계획 시 활용하도록 함).
4-25	중	정보제공기록지	대상자 관리번호, 성명, 성별, 장기요양등급, 생년월일을 기재하고 의뢰일자, 정보제공일자, 정보의뢰내용, 정보검색방법, 지출내역, 정보제공내용, 첨부자료, 대상자의 의견 및 만족도를 작성한 후 작성자, 본인 또는 보호자 확인 서명함(보고용으로 작성하고 계획 시 활용하도록 함).

4-26	상	서비스 제공 현황표	대상자 관리번호, 성명, 성별, 장기요양인정번호, 장기요양등급, 요양보호사 성명을 기재하고 서비스 일자별, 서비스별 실시결과를 체크한 후 서비스 제공결과에 대한 월 평가를 실시함. 월 평가는 서비스 일수, 시간, 내용에 대한 계획과 실행결과를 기록한 후 계획목표대비 성과평가를 함.
4-27	중	서비스 제공 총괄일정표	대상자 총인원, 일반수발과 가족수발인원을 기재하고 순번, 관리번호, 대상자 성명, 담당 요양보호사 성명, 제공시간을 작성한 후 제공일자에 표시하여 월간 전체 대상자의 서비스 제공 일정 관리
4-28	상	서비스 점검표	대상자 관리번호, 성명, 생년월일, 장기요양담당자, 조사자, 점검일자를 기재하고 점검일자별 점검방법과 서비스 점검내용, 욕구변화에 대한 내용, 기타 불편사항을 작성함. 조사자의 의견과 점검결과를 기록하여 매월 서비스를 관리함.
4-29	상	가정방문일정표	매월 가정방문 일정을 대상자 관리번호, 성명, 방문시간을 기재하고 방문 담당자, 연락처, 방문 대상자의 수, 일반 수발자의 수와 가족수발 대상자의 수를 기록함.
4-30	상	이용자 만족도 조사 안내문	이용만족도 조사에 대한 인사 글과 조사개요, 문의 및 담당자를 기재하고 조사 전에 대상자 및 보호자에게 알림.
4-31	중	이용자 만족도 조사 계획서	작성자, 작성일자를 기재하고 조사목적, 조사목표, 조사개요(조사대상 및 인원, 조사기간, 조사방법, 조사도구, 조사장소, 조사내용), 진행인력, 진행일정, 소요예산계획, 준비계획을 작성함. 조사설문지, 조사안내문, 조사집계표 등을 첨부문서로 제시하여 철저히 준비함.
4-32	상	이용자 만족도 조사 설문지	조사표일련번호, 조사일자, 조사자, 조사방법을 기재하고 Ⅰ. 설문응답자, Ⅱ. 이용자의 일반적인 사항, Ⅲ. 보호자의 인구통계관련 사항, Ⅳ. 이용자의 건강 및 장기요양보험, Ⅴ. 방문요양서비스 제공관련 사항, Ⅵ. 방문요양서비스 영향 및 욕구에 대한 질문을 작성함.
4-33	상	이용자 만족도 조사 결과분석 및 보고서	작성자, 작성일자를 기재하고 조사목적 및 목표, 조사내용 및 방법으로 조사대상, 조사기간 및 방법, 조사내용, 조사도구, 분석방법을 작성함.

서식 4-01 서비스 이용 신청서 　　　　　중요도: 중

서비스 이용 신청서

접수번호: 20　　　－

신청인	성명		주민등록번호		대상자와의 관계	
	주소				이메일주소	
	자택전화			휴대전화		
수급 대상자	성명			주민등록번호		
	장기요양 등급			장기요양인정 번호		
	주소					
	전화번호		(휴대전화)			
	이용희망 서비스	□방문요양　□방문목욕　□방문간호　□주·야간보호　□단기보호 □복지용구　□시설				
	구 분	□기초수급자　□의료급여수급자　□차상위경감자　□일반				
가족수발여부		□동거가족　□비동거가족　□타인				

상기와 같이 ○○○장기요양기관 방문요양서비스 이용을 신청합니다.

년　　월　　일

신청인:　　　　　　　　　　(서명 또는 인)
이용자(또는 보호자):　　　　　　　(서명 또는 인)

○○○노인복지센터장 귀하

구비 서류	(1) 주민등록증 1부 (2) 기초생활 수급대상자의 경우 수급자증명서, 의료급여수급권자의 경우 의료보호증 1부 (3) 장기요양인정서, 표준장기요양이용계획서 사본

서식 4-02 서비스 이용 신청자명부

중요도: 상

서비스 이용 신청자명부

_____ 년도

연번	접수번호	신청일	대상자	주민등록번호	연락처	신청자	관계	연락처	서류 제출사항				비고
									1	2	3	4	
제출서류	1. 주민등록증 1부(이용자 본인) 2. 기초생활 수급대상자의 경우 수급자증명서, 의료급여수급권자의 경우 의료보호증 1부 3. 장기요양인정서 사본 4. 표준장기이용계획서 사본												

○○○노인복지센터

서식 4-03 서비스 이용 계약서

중요도: ⑤

서비스 이용 계약서

1. 방문요양서비스 이용자(갑)
   성명: (인) (주민등록번호:)
   주소:
   연락처:

2. 대리인(보호자)('갑'과의 관계:)
   성명: (인) (주민등록번호:)
   주소:
   연락처:

3. 서비스 제공기관(을)
   기관명: (대표자: 인)
   주소:
   연락처:

4. 계약기간: 년   월   일 ~   년   월   일

5. 급여종류, 내용 및 금액에 대하여는 '을'이 계획하고, '갑'과 '갑과의 관계'가 동의하여 작성된 '방
   문요양서비스제공계획서'에 의거하여 진행된다.

상기 당사자(이하 '갑' '을'이라 한다) 또는 대리인은 다음 계약내용에 의거하여 노인장기요양보험
(방문요양서비스)계약서를 작성하고 기명날인 후, 각각 1통씩 보관한다.

제1조 (서비스 제공)
   ① '을'은 '갑'의 생활 및 건강사정 후 사례회의를 통해 '갑'의 일상생활에 필요한 적정한 방문요양
      서비스 제공계획을 세운다(방문요양서비스 제공계획서 작성).
   ② '을'은 방문요양서비스 제공계획에 '갑'과 '갑'의 보호자에게 충분히 설명하여 동의를 취한 뒤
      서비스를 제공한다(방문요양서비스 제공계획서 및 동의서 수령).
   ③ '을'은 방문요양서비스의 지속성이 최대한 보장되도록 전문 인력을 배치한다.

제2조 (계약기간 및 계약의 만료 등)
   ① 이 계약의 효력기간은 상기의 기간 동안 발생하며, 당사자 간 협의에 따라 계약기간을 변경할
      수 있다.
   ② 이 계약은 '갑'의 사망이나, '갑'과 '을'의 해약 통지로 종료된다.
   ③ 이 계약은 다음 각 호에 해당하는 경우 해약할 수 있다.
      –'갑'과 '을'이 계약 해지를 통지한 때. 다만, 해약의 통지는 7일 전에 하여야 한다.
   ④ 단, 일시적인 병원 입원, 시설입소, 사망, 규정위반에 의한 정지 등의 경우에는 이 계약의 효
      력을 일시정지 할 수 있다.

제3조 (노인장기요양급여비용)
   ① 노인장기요양급여비용은 노인장기요양급여 수가기준에 의한다.

② 노인장기급여비용 중 본인부담액과 등급별 월 이용 한도액을 초과하는 비용, 수가에 포함되지 않은 항목의 비용은 '을'의 청구에 의해 '갑'과 '갑'의 보호자가 지급한다.

제4조 (노인장기요양급여내용의 변경)

① 서비스 제공과정에서 '을'의 부주의 또는 실수로 인하여 계약서에 기록된 사항을 충족시키지 못하거나 '갑'과 '갑'의 보호자의 합리적인 요구사항을 충족시키지 못하는 경우 '을'은 '갑'과 '갑'의 보호자의 요구에 따라 급여내용을 변경할 수 있다. 다만, 계약서에 포함되지 않은 요구사항은 급여내용의 변경사항으로 보지 아니한다.

② 계약기간 및 노인장기요양급여비용의 변경 등 주요내용이 변경되는 경우에는 해당사항에 대해 '변경계약서'를 별도 작성한다.

제5조 (장기요양급여의 제공 금지)

「노인장기요양보험법 시행규칙」 제14조에 의거하여 수급자와 장기요양기관은 장기요양급여를 제공받거나 제공할 경우에는 다음 각 호의 행위를 요구하거나 제공하여서는 아니 된다.

－수급자의 가족을 위한 행위
－수급자 또는 그 가족의 생업을 지원하는 행위
－그 밖에 수급자의 일상생활에 지장이 없는 행위

제6조 (통지사항)

① '을'은 '갑'에 대한 서비스 제공에 있어 응급상황 등 필요한 경우 '갑'의 보호자에게 연락을 취하여야 한다.

② '갑'과 '갑'의 보호자는 주소 또는 연락처 등이 변경되었거나 금치산 또는 파산선고 등을 받아 '갑'의 보호 의무를 다하지 못할 사유가 발생 하였을 때는 즉시 서면으로 '을'에게 통지하여야 한다.

제7조 (개인정보 보호의무)

① '을'은 '갑'의 개인정보를 관계 규정에 따라 보호하여야 한다.

② '을'은 방문요양서비스 제공에 필요한 '갑'의 개인정보 자료를 수집하고 활용하며 동 자료를 노인장기요양보험 운영주체 등에게 관계규정에 따라 요구, 제출할 수 있다.

③ '을'의 개인정보 수집 및 활용에 대한 '갑'의 승낙은 '개인정보 제공 및 활용에 관한 동의서' 서면으로 한다.

제8조 (손해배상책임)

서비스 실시 중에 '을'의 고의적인 귀책사유로 발생한 '갑'의 손해에 대하여는 '을'은 '갑'에게 배상한다. 다만, 천재지변, 제3자의 귀책사유로 인한 손해에 대해서는 배상책임을 지지 아니한다. '갑'과 '갑'의 보호자가 '을'에게 손해를 끼친 경우에도 또한 같다.

제9조 (분쟁해결방법)

본 방문요양 이용계약과 관련하여 발생한 분쟁에 대하여 '갑' '갑'의 보호자가 합의에 따라 원만히 처리하며, 만약 당사자 간 합의에 도달하지 못한 경우에는 기관의 운영규정을 준용하거나 관련법규나 일반관례에 따른다.

20   .   .   .

○○○노인복지센터

중요도: ⓢ

서비스 이용계약서 관리대장

연번	계약일	발급 번호	대상자	주민등록번호	보호자	연락처	개인 정보 동의서	이용 서약서	기타 동의서	이용자의 금지	비고

○○○노인복지센터

중요도: ⓢ

서비스 제공에 따른 서약서

서비스 이용자와 보호자는 다음과 같은 사항에 대해 동의하며, 이행할 것을 약속한다.

(1) 방문요양서비스 제공 계획은 제공자와 이용자의 상호 협의한 내용임을 확인하였으며, 이에 동의한다.

(2) 요양서비스 제공 계획은 이용자와 제공자의 상호협의 한 내용이며 매월 재작성을 원칙으로 한다.

(3) 서비스 제공에 있어 문제 및 어려움이 있을 경우 서비스 이용자와 제공자와의 상호 협의를 통하여 조정이 가능하다.

(4) 신청 서비스에 대해 양질의 서비스를 제공하기 위해 노력하고 이용자의 생활환경을 쾌적하고 안전하게 할 수 있도록 최선을 다하도록 한다.

(5) 요양서비스를 제공받는데 있어 이용자에 대한 권리를 최대한 존중하고 보호한다.

(6) 급여비용 중 본인부담액과 등급별 월이용 한도액을 초과하는 비용, 수가에 포함되지 않은 항목의 비용은 별도로 이용자가 전액 부담한다.

(7) 급여비용의 본인부담액(급여비용의 15%)과 별도 본인부담액은 서비스 개시 전에 납부한다.
　납부방법 : 직접수납, 계좌이체(농협 200000－00－000000 예금주: ○○장기요양기관)

(8) 서비스를 계획한 횟수만큼 진행하지 못한 경우, 선납한 비용의 잔액은 익월 본인부담액에서 차감하여 납부함을 원칙으로 한다(단, 이용자가 환급을 원할 경우 환급 신청 후 14일 이내에 계좌이체를 통한 환급을 원칙으로 한다).

(9) 제공자는 요양서비스와 관련하여 이용자와 보호자에게 필요한 교육 및 상담 등 프로그램을 실시할 수 있으며 이용자와 보호자는 적극 참여한다.

(10) 「노인장기요양보험법」에 의거하여 ① 수급자의 가족을 위한 행위, ② 수급자 또는 그 가족의 생업을 지원하는 행위, ③ 그 밖에 수급자의 일상생활에 지장이 없는 행위는 요구해서는 안된다.

(11) 대상자가 없으면 서비스를 제공하지 않으며 간호행위 등 의료서비스는 포함되어 있지 않다.

(12) 신상의 어려움이나 경제적인 변동이 있을 경우 서비스 제공자에게 알리며, 어려움을 해결하기 위해 같이 노력한다.

(13) 서비스 이용자의 당일 건강상태에 따라 계획된 서비스가 제공되지 않을 수 있다는 것을 알고 있다.

(14) 서비스 이용자 및 보호자는 기관과 직원에게 서비스 제공과 관련하여 제반 상황을 고려하지 않은 무리한 요구를 하지 않아야 하며, 모든 문제는 대화로 해결할 수 있도록 노력한다.

(15) 서비스 이용자의 평소 건강상태가 매우 중한 경우 서비스 제공자는 서비스 제공 시 주수발자의 동반을 요구할 수 있으며, 주수발자는 이에 응하여야 한다.

(16) 서비스 제공 직후 서비스 이용자는 제공받은 서비스에 대해 확인하고 서명날인 한다.

20　년　월　일

■ 서비스 이용자:　　　　　　(인)　　■ 이용자 보호인(대리인):　　　　　(인)
　(주민등록번호:　　　　　　　　)　　　(주민등록번호:　　　　　　　　　)

○○○노인복지센터

서식 4-06 **이용자의 권리**

중요도: (상)

이용자의 권리

○○○노인복지센터 방문요양서비스를 제공받는 이용자는 다음과 같은 권리를 가진다.

(1) 이용자는 존엄한 존재로서 대우받고 존중과 존경받을 권리를 가진다.

(2) 이용자는 자신의 생활습관과 생활방식을 존중받고 침해받지 않을 권리를 가진다.

(3) 이용자의 삶의 질을 증진시키기 위해 잔존능력을 유지하고 자립능력을 향상시키기 위한 질 높은 서비스를 받을 권리를 가진다.

(4) 이용자는 서비스에 대한 충분한 정보를 제공받아 서비스를 선택하고 자신의 삶을 스스로 결정할 수 있도록 자기결정권을 존중받을 권리를 가진다. 단, 서비스 사정, 계획에 있어 일부 제한될 수 있으며 제공자는 이용자에게 최상의 이익이 될 수 있도록 한다.

(5) 이용자는 생명과 신체에 위험을 초래할 가능성이 높거나 증상완화 및 의료적 목적 달성을 하기 위한 경우를 제외하고는 신체적 제한 및 학대를 받지 않을 권리를 가진다.

(6) 이용자는 자신의 가정에서 개인적 일상생활의 자유와 독립을 보호받으며 개인정보 및 사생활에 대한 비밀을 보장받을 권리를 가진다.

(7) 이용자는 서비스 제공기간 동안 서비스 내용 및 자신의 건강상태 등에 대한 충분한 설명과 정보를 제공받을 권리를 가진다.

(8) 이용자는 불평을 제기하고 이를 해결해 줄 것을 요구할 권리를 가지며 자신의 생각과 의견을 자유롭게 표현할 권리를 가진다.

(9) 이용자의 청결하고 쾌적한 생활환경을 유지하며 신체적·정서적으로 안전한 서비스를 제공받을 권리를 가진다.

○○○노인복지센터

서식 4-07 개인정보 수집 및 활용에 관한 동의서   중요도: ㈜

개인정보 수집 및 활용에 관한 동의서

---

1. 방문요양서비스 이용자
   성명: (주민등록번호:)
   주소:
   연락처:

2. 대리인(보호자)
   성명: (주민등록번호:)
   주소:
   연락처:

　　　　상기 본인(이용자/대리인)은 ○○○노인복지센터 방문요양서비스를 실시하기 위해
　　서비스 이용자에 대한 다음의 개인정보를 제공하고 활용하는 것에 동의한다.

(1) 정보수집의 범위
   －기본정보
   －개인이력
   －질병관련 이력
   －요양서비스 제공을 위한 욕구조사
   －기타 요양계획 수립과 관련한 정보 등

(2) 수집정보의 활용범위
   －요양서비스 제공의 연속성을 위하여 제공기관 간의 서비스 연계와 관련한 사항에 관한 정보
   　제공
   －노인장기요양보험 운영주체에 개인급여제공 등과 관련한 자료의 제공

　　　　　　　　　　　　　20　　　년　　월　　일

　　　　　　　　　　　이용자:　　　　　　　　(인)
　　　　　　　　　　　신청인:　　　　　　　　(인)

　　　　　　　　　○○○노인복지센터장 귀하

서식 4-08 동의서

중요도: (상)

동의서

1. 방문요양서비스 이용자
   성명: (주민등록번호:)
   주소:
   연락처:

2. 대리인(보호자)
   성명: (주민등록번호:)
   주소:
   연락처:

   상기 본인(이용자/대리인)은 ○○○노인복지센터 방문요양서비스를 실시함에 있어
   다음의 제공 사항에 대해 동의한다.

(1) 비급여 서비스
   −종류:
   −내용:
   −비용:

(2) 서비스 제공
   −외출동행서비스 중 병원 동행 시 소요되는 일체의 경비를 이용자가 전액 부담한다.
   −목욕도움 서비스를 대중목욕탕에서 수행할 경우 이에 소요되는 경비 전액을 이용자가 부담한다. 또한 대상자의 중한 상태에 따라 보호자(가족)의 동행을 요구할 수 있다.

                    20   년   월   일

                    이용자: (인)
                    신청인: (인)

                    ○○○노인복지센터장 귀하

서식 4─09 기관정보 Q&A

중요도: 중

기관정보 Q&A

방문요양서비스에 대한 궁금증을 풀어 드립니다.

Q. 방문요양서비스의 신청대상은 어떻게 되나요?
A. 고령이나 노인성질환 등의 사유로 혼자서 일상생활이 어려운 사람을 대상으로 하며 이를 위해 서는 건강보험관리공단으로부터 장기요양등급을 신청하여 1등급, 2등급, 3등급을 받아야 서비 스를 제공받을 수 있습니다.

Q. 장기요양등급을 받지 못한 경우에도 서비스를 제공받을 수 있나요?
A. 장기요양등급을 받지 않았거나 등급외자인 경우에 비용을 내더라도 서비스를 받을 수 없습니 다. 이 경우에는 노인보건복지사업의 신청대상이 되는지 알아보거나 개인적으로 수발해 드릴 방법을 찾아야 합니다.

Q. 요양서비스 제공기간은 어떻게 되나요?
A. 장기요양등급의 유효기간은 1년이며 갱신 신청을 통해 등급판정을 받은 경우 계속해서 요양서 비스를 제공받을 수 있습니다. 유효기간 내에서 장기요양기관과 서비스 계약을 체결하여 서비 스를 제공받으시면 됩니다.

Q. 재가요양서비스를 받다가 다른 기관이나 시설로 이동할 수 있나요?
A. 다른 재가요양서비스 기관이나 주·야간보호, 단기보호, 시설로 이동할 수 있습니다. 단, 3등급 대상자는 시설로 이동할 수 없으며, 건강보험관리공단에 문의하여 시설 이용여부를 확인하여 야 합니다.

Q. 월비용은 얼마이며 어떻게 납부하나요?
A. 장기요양보험 수가기준에 의거하여 대상자의 등급에 따라 원하시는 서비스 시간 및 횟수를 결 정하시면 총비용이 산정되며 총비용의 15%를 대상자가 부담합니다. 재가서비스 등급별 월 한 도액을 준수하며 초과하여 서비스를 선택할 경우 초과 금액은 100% 대상자가 부담합니다. 비 용 납부는 서비스계약 체결기관에 선불로 납부하시고 영수증을 받으시면 됩니다. 이 비용에는 의료비, 생활물품 구입비, 외출비, 식재료비 등은 포함되어 있지 않습니다.

Q. 요양서비스는 누가 수행하나요?
A. 요양보호사 국가자격증을 소지한 직원 1명이 방문하여 서비스를 제공해 드립니다.

Q. 요양서비스를 종결하고자 할 경우 어떻게 하나요?
A. 종결을 원하실 경우 기관에 말씀하시고 비용 정산을 완료하면 종결됩니다. 종결 후 다시 서비스 를 받고자 할 경우 재신청하시면 됩니다.

○○○노인복지센터

서식 4-10 개별케어계획

중요도: ㉗

개별케어계획

결재	담당	팀장	센터장

관리번호				성명		성별	남 / 여

장기요양등급	생년월일

주요 질환	

영역	서비스	평가 결과	욕구		현재 상황	목표	개입
			대상자	보호자			
신체 활동 지원	세면 도움	☐	☐	☐			
	구강관리	☐	☐	☐			
	머리감기기	☐	☐	☐			
	몸단장	☐	☐	☐			
	피복교체	☐	☐	☐			
	목욕도움	☐	☐	☐			
	식사도움	☐	☐	☐			
	체위변경	☐	☐	☐			
	이동도움	☐	☐	☐			
	신체기능증진	☐	☐	☐			
	화장실 이용	☐	☐	☐			
일상 생활 지원	취사	☐	☐	☐			
	청소·주변정리	☐	☐	☐			
	세탁	☐	☐	☐			
개인 활동 지원	외출 시 동행	☐	☐	☐			
	일상업무대행	☐	☐	☐			
정서 지원	말벗하기	☐	☐	☐			
	생활상담	☐	☐	☐			
	의사소통도움	☐	☐	☐			
가족 지원	가족교육	☐	☐	☐			
	가족간담회	☐	☐	☐			
기타	문제행동대처	☐	☐	☐			
	치매관리지원	☐	☐	☐			
	호스피스	☐	☐	☐			
	가정통신문발송	☐	☐	☐			
작성일자	20 년 월 일				작성자		(인)

○○○노인복지센터

중요도: ⓢ

(　　)월 서비스 제공계획서

_____ 귀하 발급번호:

관리번호		성명		(남 / 여)	
요양인정관리번호		등급		요양보호사	
서비스제공기간					
제공일		제공주기		총제공시간	

서비스 제공내역	서비스종류	주기	내용
□ 신체활동지원			
□ 일상생활지원			
□ 개인활동지원			
□ 정서지원			
□ 가족지원			
□ 기타			

서비스비용	수가(A)	횟수(B)	총비용액(C=A×B)	본인부담액(C×15%)
	합계금액			
	월 한도액		초과금액	

위와 같이 ○○○노인복지센터 방문요양서비스 제공계획을 알려드립니다.

년　월　일

이용자:　　　　　　　　　(인)
보호자(신청인):　　　　　　(인)

○○○노인복지센터/전화번호

서식 4-12 서비스 제공계획서 발송대장

중요도: ⑨

서비스 제공계획서 발송대장

20 　　　년도　　　월

발급번호	관리번호	성명	발송일자	발송방법	비고

○○○노인복지센터

서식 4-13   서비스 일정표

중요도: 상

(   )월 서비스 일정표

관리번호		성명	(남 / 여)
장기요양 담당자		작성일자	

일	월	화	수	목	금	토
분	분	분	분	분	분	분

□ 서비스 제공현황

담당자	연락처	급여내용	주기	제공일

□ 서비스 비용

급여종류	서비스 시간	수가	횟수	본인부담액

○○○노인복지센터/연락처

중요도: 중

서비스 변경 계약서

1. 방문요양서비스 이용자
　성명:　　　　　　　　　　(주민등록번호:　　　　　　　　　　)
　주소:
　연락처:

2. 대리인(보호자)
　성명:　　　　　　　　　　(주민등록번호:　　　　　　　　　　)
　주소:
　연락처:

3. 변경사유 및 내역

기존내역	
변경내역	

상기 사항을 20　년　월　일부터 변경하여 적용합니다.

20　년　월　일

○ 서비스 이용자:　　　　　　(인)

○ 대리인(보호자):　　　　　　(인)

○ 서비스 제공기관:　　　　　　(인)

○○○노인복지센터

서식 4—15 장기요양급여제공기록지[별지 제12호 서식] 〈신설 2008. 6. 11〉　　　　중요도: ⑧

장기요양급여제공기록지(방문요양)

장기요양 기관기호		장기요양 기관명			장기요양등급		
수급자 성명		주민등록 번호			장기요양 인정번호		
년 월/일	/	/	/	/	/	/	/
세면 도움							
구강관리							
머리감기기							
몸단장							
옷 갈아입히기							
목욕도움							
식사도움							
체위변경							
이동도움							
신체기능 유지 · 증진							
화장실 이용하기							
취사							
청소 및 주변정돈							
세탁							
외출 시 동행							
일상업무 대행							
말벗, 격려 및 위로							
생활상담							
의사소통 도움							
기타							
총 급여 제공시간							
시작 / 종료							
비고							
장기요양요원 성명(인 또는 서명)							
본인 또는 보호자 성명(인 또는 서명)							

* 세부 서비스 별로 제공된 급여제공 시간을 분으로 표기합니다.

* 위 서비스 이외 각 기관 특성 상 중요 서비스로 판단되는 경우는 그 내용과 제공시간을 기타 란에 기재합니다.

* 비고란은 대상자의 특이상태 등을 기록합니다.

　　　　　　　　　　　　　　　　　중요도: 상

요양보호 기록일지

관리번호				성명		장기요양등급	
서비스일자	년　월　일		시작시간	:		종료시간	:
체중		Kg	혈압(BP)	mmhg		체온	℃
욕창관찰	□무　□유		욕창위치			기타	
요양보호사			(인)	본인 또는 보호자			(인)

서비스	실시	세부내용	대상자의 주요상태	비고
세면 도움	□			
구강관리	□			
머리감기기	□			
몸단장	□			
옷 갈아입히기	□			
목욕도움	□			
식사도움	□			
체위변경	□			
이동도움	□			
신체기능 유지 · 증진	□			
화장실 이용하기	□			
취사	□			
청소 및 주변정돈	□			
세탁	□			
외출 시 동행	□			
일상업무 대행	□			
말벗, 격려 및 위로	□			
생활상담	□			
의사소통 도움	□			
기타	□			
담당자의 의견				
보호자 전달사항				

○○○노인복지센터

서식 4-17 식사관리기록지

중요도: 중

(   )월 식사관리기록지

관리번호					성명			성별	남 / 여
장기요양등급					생년월일				
일	일자	아침	점심	저녁	식사시간	메뉴	식사량	식사형태	간식	비고
1일	/				:					
2일	/				:					
3일	/				:					
4일	/				:					
5일	/				:					
6일	/				:					
7일	/				:					
8일	/				:					
9일	/				:					
10일	/				:					
11일	/				:					
12일	/				:					
13일	/				:					
14일	/				:					
15일	/				:					
16일	/				:					
17일	/				:					
18일	/				:					
19일	/				:					
20일	/				:					
21일	/				:					
22일	/				:					
23일	/				:					
24일	/				:					

※ 식사형태: 일반식, 다진식, 유동식(미음, 죽, 스프, 우유 등), 특이식(당뇨, 고혈압, 저콜레스테롤, 신부전 등)

○○○노인복지센터

서식 4-18 식단표

중요도: 중

( )월 식단표

관리번호			성명		성별	남 / 여
장기요양등급			생년월일			
식사형태	□경구 □비경구 / □일반식 □다진식 □유동식( ) □특이식( )					
요일	월	화	수	목	금	비고
일자	/	/	/	/	/	
식사						
간식						
요일	월	화	수	목	금	비고
일자	/	/	/	/	/	
식사						
간식						
요일	월	화	수	목	금	비고
일자	/	/	/	/	/	
식사						
간식						
요일	월	화	수	목	금	비고
일자	/	/	/	/	/	
식사						
간식						
요일	월	화	수	목	금	비고
일자	/	/	/	/	/	
식사						
간식						
작성일자			작성자			(인)

○○○노인복지센터

서식 4 - 19 　**투약관리기록지**　　　　　　　중요도: (중)

(　　)월 투약관리기록지

관리번호			성명		성별	남 / 여
장기요양등급		생년월일				
복약지도내용	약1: 고혈압(식후 1시간 후 1알씩 일 2회 복용, 부작용 및 과민반응 시 가족, 의사에게 보고)					
자가투약 여부	없음					
약물부작용 반응	가끔 소화불량을 호소함.					

일	일자	복약시간		약1	약2	일	일자	복약시간		약1	약2
1일	/	식전 식후	:			16일	/	식전 식후	:		
2일	/	식전 식후	:			17일	/	식전 식후	:		
3일	/	식전 식후	:			18일	/	식전 식후	:		
4일	/	식전 식후	:			19일	/	식전 식후	:		
5일	/	식전 식후	:			20일	/	식전 식후	:		
6일	/	식전 식후	:			21일	/	식전 식후	:		
7일	/	식전 식후	:			22일	/	식전 식후	:		
8일	/	식전 식후	:			23일	/	식전 식후	:		
9일	/	식전 식후	:			24일	/	식전 식후	:		
10일	/	식전 식후	:			25일	/	식전 식후	:		
11일	/	식전 식후	:			26일	/	식전 식후	:		
12일	/	식전 식후	:			27일	/	식전 식후	:		
13일	/	식전 식후	:			28일	/	식전 식후	:		
14일	/	식전 식후	:			29일	/	식전 식후	:		
15일	/	식전 식후	:			30일	/	식전 식후	:		

※ 약복용 ○표, 약복용 시행되지 않은 경우 ×표, 약물 부작용 및 과민반응 ★표, 약1 검정색펜, 약2 파란색펜 사용

○○○노인복지센터

중요도: 중

(   )월 체위변경기록지

관리번호					성명			성별	남 / 여
장기요양등급					생년월일				
체위구분		자세1	자세2	자세3	자세4		자세5	자세6	
		좌측위	앙와위	우측위	복위		반좌위	휠체어/의자	
욕창위험 평가					간호사의견				

일	일자	시간대별 체위변경 자세														비고	욕창관찰 및 위치
		7:00	8:00	9:00	10:00	11:00	12:00	13:00	14:00	15:00	16:00	17:00	18:00	19:00	20:00		
1일	/																
2일	/																
3일	/																
4일	/																
5일	/																
6일	/																
7일	/																
8일	/																
9일	/																
10일	/																
11일	/																
12일	/																
13일	/																
14일	/																
15일	/																
16일	/																
17일	/																
18일	/																
19일	/																
20일	/																
21일	/																
22일	/																
23일	/																

○○○노인복지센터

서식 4-21　배설관찰기록지　　　　　　　　　　　　중요도: 중

(　　)월 배설관찰기록지

관리번호				성명			성별	남 / 여
장기요양등급				생년월일				
진단명				진단일자				
배변형태	□화장실 이용(이동식 좌변기)　□침상배설　□기저귀　□유치도뇨관 □인공장루(요루)							
배설관찰자				요양보호사				

일	일자	시간		7:00	8:00	9:00	10:00	11:00	12:00	13:00	14:00	15:00	16:00	17:00	18:00	19:00	20:00
1일	/	젖어있음															
		마름															
		배설량	대변														
			소변														
		기저귀교환															
		의복교환															
		관찰자															
2일	/	젖어있음															
		마름															
		배설량	대변														
			소변														
		기저귀교환															
		의복교환															
		관찰자															
3일	/	젖어있음															
		마름															
		배설량	대변														
			소변														
		기저귀교환															
		의복교환															
		관찰자															

※ 젖어있음(● 소량, ● 다량), 마름 ○, 대변양상(N1, N2, N3 정상변, D1, D2, D3 설사, R 지림, E1 E2 E3 관장) 소변양상(大 계란 3개, 中 계란 2개, 小 계란 1개)

○○○노인복지센터

서식 4-22　식재료리스트

중요도: 중

식재료리스트

관리번호		성명		성별	남 / 여
장기요양등급		생년월일			

재료명	크기	수량	단위	보관장소	비고

○○○노인복지센터

중요도: 중

외출동행기록지

관리번호		성명		성별	남 / 여
장기요양등급		생년월일			

외출목적	□장보기　□병원　□나들이　□물품구매　□방문　□산책　□기타		
일자	20 　년　월　일(　　)	소요시간	
목적지		교통편	
지출내역	내역	금액	비고
	합계금액	원	
날씨			
대상자의 건강상태			
준비물			
가족동행여부			
동행결과			
비고			
작성자	(인)	본인 또는 보호자	(인)

○○○노인복지센터

서식 4-24 일상업무대행기록지

중요도: 중

일상업무대행기록지

관리번호		성명		성별	남 / 여
장기요양등급		생년월일			

대행업무구분	□장보기 □병원 □은행 □물품구매 □관공서 □기타		
일자	20 년 월 일( )	소요시간	
목적지		교통편	
지출내역	내역	금액	비고
	합계금액	원	
대행업무 목적			
준비물			
가족동행여부			
처리결과			
전달자료			
대상자의 의견 및 만족도			
비고			
작성자	(인)	본인 또는 보호자	(인)

○○○노인복지센터

중요도: 중

정보제공 기록지

관리번호		성명		성별	남 / 여
장기요양등급		생년월일			

의뢰일자	20 년 월 일		제공일자	20 년 월 일	
정보의뢰내용					
정보검색방법					
지출내역	내역		금액		비고
	합계금액		원		
정보제공내용					
첨부자료					
대상자의 의견 및 만족도					
비고					
작성자		(인)	확인자		(인)

○○○노인복지센터

서식 4-26 서비스 제공 현황표

중요도: (상)

(   )월 서비스 제공 현황표

결재	담당	팀장	센터장

관리번호		성명		성별	남 / 여
장기요양인정번호		장기요양등급		요양보호사	

일수	일자	신체활동지원											일상생활지원			개인활동지원		정서지원			기타
		세면	구강	머리	몸단장	피복교체	목욕	식사	체위변경	이동	신체기능	화장실	취사	청소	세탁	외출	업무대행	말벗	생활상담	의사소통	
1																					
2																					
3																					
4																					
5																					
6																					
7																					
8																					
9																					
10																					
11																					
12																					
13																					
14																					
15																					
16																					
17																					
18																					
19																					
20																					

□ 서비스 제공 성과평가

평가	계획	실행	목표대비(%)	평가내용
서비스 일수				
서비스 시간				
서비스 내용				

○○○노인복지센터

서식 4—27 서비스 제공 총괄일정표

중요도: 중

( )월 서비스 제공 총괄일정표

결재	담당	팀장	센터장

대상자	명	일반수발	명	가족수발	명

순번	관리 번호	대상자 요양보호사	제공 시간	1주 월 화 수 목 금 토 일	2주 월 화 수 목 금 토 일	3주 월 화 수 목 금 토 일	4주 월 화 수 목 금 토 일

○○○노인복지센터

서식 4-28 **서비스 점검표**

중요도: ⑤

(　　)월 서비스 점검표

결재	담당	팀장	센터장

관리번호		성명		생년월일	.　　.　　.
장기요양담당자		조사자		점검일자	.　　.　　.

일자	방법	서비스 모니터링			욕구변화 모니터링		기타 불편사항
		서비스 이행 정도	서비스 내용 정확성 및 충실도	요양보호사에 대한 만족도	기능상태 변화	생활환경 변화	
/	□방문 □전화	1 2 3 4 5	1 2 3 4 5	1 2 3 4 5			
/	□방문 □전화	1 2 3 4 5	1 2 3 4 5	1 2 3 4 5			
/	□방문 □전화	1 2 3 4 5	1 2 3 4 5	1 2 3 4 5			
조사자의 의견							
점검결과	□서비스 유지　　□서비스 계획변경　　□재방문상담　　□기타						

○○○노인복지센터

서식 4-29 가정방문일정표

중요도: 상

(　　　)월 가정방문일정표

담당자			연락처			
대상자	명	일반수발	명	가족수발		명

월	화	수	목	금	토
/	/	/	/	/	/
/	/	/	/	/	/
/	/	/	/	/	/
/	/	/	/	/	/
/	/	/		/	/

○○○노인복지센터

중요도: ⑧

이용자 만족도조사 안내문

안녕하십니까? ○○○노인복지센터입니다.

20○○년 상반기 방문요양서비스에 대한 이용자 만족도를 알아보고자

다음과 같이 설문조사를 실시하고자 합니다.

개인적으로 바쁘신 줄 압니다만,

방문요양서비스의 발전을 위해 적극적인 협조를 부탁드립니다.

(1) 조사대상: 대상자 및 가족 ○○명

(2) 조사기간: 20   년   월   일 ~   월   일

(3) 조사방법: 전화, 방문, 우편

(4) 조사도구: 이용자 만족도 설문지

(5) 조사자: 실습생 ○○명

(6) 설문지회신 방법: 우편조사 대상자는 응답한 설문지를 보내드린 봉투와 우표를 사용하여

발송해 주시면 됩니다.

위와 같이 설문조사를 위해 방문할 경우에는 담당자가 유선으로 미리 연락을 드린 후 방문하오며

조사자는 신분증을 착용하여 신분을 확인시켜드릴 것입니다.

기타 궁금하신 사항은 문의하여 주시면 상세히 상담해 드리도록 하겠습니다.

귀하의 가정에 평안과 행복이 항상 깃드시길 바랍니다.

문의: ○○○-○○○○ 담당: ○○○

20   년   월   일

직인

○○○노인복지센터

중요도: ⑧

이용자 만족도조사 계획서

작성자: 작성일자:

1. 조사목적

ㅇㅇㅇ노인복지센터의 이용 어르신 및 가족을 대상으로 서비스에 대한 만족도를 알아보고 이용자의 의견 및 욕구 등을 수렴하여 서비스의 질 향상을 기하며 이를 통해 기관운영 및 발전 계획의 수립토대를 마련하고자 한다.

2. 조사목표

(1) 기관 이용 어르신 및 가족의 전반적인 서비스 이용 만족도 수준을 측정한다.

(2) 서비스 개선에 대한 이용자의 관심과 의견을 파악한다.

(3) 조사 분석 자료를 요양보호사 등 직원의 성장과 학습의 기회로 활용한다.

(4) 서비스 제공에 따른 문제점을 개선하여 서비스의 질을 향상시킨다.

(5) 조사결과를 반영하여 기관의 질 향상 계획을 수립한다.

3. 조사개요

(1) 조사대상 및 인원

(2) 조사기간

(3) 조사방법

(4) 조사도구

(5) 조사장소

(6) 조사내용

4. 진행인력

구분	소속	인원	담당역할	비고

5. 진행일정

구분	세부내용	6월										7월									
		21	22	23	24	25	26	27	28	29	30	1	2	3	4	5	6	7	8	9	10

6. 예산계획

항목	금액	산출근거	예산확보	비고

7. 준비계획

구분	세부내용	담당자	기간	비고

8. 첨부

(1) 조사설문지

(2) 설문조사 사전 안내문

(3) 조사집계표

서식 4－32(1) 이용자 만족도조사 설문지 1

중요도: ⑤

○ ○ ○ 노인복지센터

20　　년 이용자 만족도 조사

조사표일련번호			
조사일자		조사방법	□방문 □전화 □내방 □기타(　　　)
조사자			

기관주소

담당자:　　　　　　　　　　　　　　　　연락처:

서식 4-32(2)　이용자 만족도조사 설문지 2　　중요도: ⑤

이용자 만족도조사 설문지

안녕하십니까? ○○○노인복지센터입니다.
본 설문지는 방문요양서비스를 제공받고 있는 어르신 및 가족이 서비스에 대해 얼마나 만족하고 있는지 알아봄으로서 방문요양서비스를 개선·발전시키기 위한 자료로 활용할 것입니다.
귀하께서 응답하신 내용은 통계법 제13조(비밀의 보호) 및 14조(통계작성사무 종사자 등의 의무)에 의거하여 비밀이 보장됩니다. 성실히 답변해 주시면 감사하겠습니다.

20　　년　　월

1. 설문응답자는 누구입니까?
☐이용자 본인　☐보호자

2. 이용자의 일반적인 사항

연령	대	성별	남/ 여	최종학력	
보호구분	☐일반 ☐기초생활수급자 ☐의료급여수급자 ☐차상위자				
가구형태	☐독거 ☐부부 ☐아들가족과 함께 ☐딸가족과 함께 ☐미혼자녀와 함께 ☐손자녀와 함께				
주거상태	☐자가 ☐전세 ☐월세 ☐무료 ☐기타				

3. 보호자의 인구통계관련 사항

연령	대	성별	남/ 여	최종학력	
이용자와의 관계	☐배우자 ☐아들 ☐며느리 ☐딸 ☐사위 ☐손자녀 ☐기타( )				
동거여부	☐독거 ☐부부 ☐아들가족과 함께 ☐딸가족과 함께 ☐미혼자녀와 함께 ☐손자녀와 함께				

4. 방문요양서비스 이용자의 건강 및 장기요양보험
(1) 이용자의 장기요양등급은 몇 등급입니까?
　☐1등급　☐2등급　☐3등급
(2) 장기요양 등급 최초 판정시기는 언제입니까? (　　)년도
(3) 이용자께서 현재의 질병으로 가족 및 타인의 수발을 필요로 하였던 기간은 어느 정도입니까?
　☐1년 미만　☐1~3년　☐4~6년　☐7~10년　☐11년~15년　☐16년 이상
(4) 이용자(어르신)를 돌보아 주는 주수발자는 누구입니까?
　☐배우자 ☐아들 ☐딸 ☐며느리 ☐사위 ☐친척 ☐없다(본인) ☐5번 문항으로 ☐기타( )
　↳ 5-(1) 주수발자의 일일 평균 돌보는 시간은 몇 시간입니까? (　　)시간
(5) 방문요양서비스 이외의 현재 이용하고 있는 서비스는 무엇입니까? 모두 표시 하세요.
　☐방문목욕 ☐방문간호 ☐주(야)간보호 ☐단기보호 ☐복지용구 ☐없다 ☐기타( )

5. 방문요양서비스 제공

(1) 방문요양서비스를 신청한 가장 주된 이유는 무엇입니까?
　　□ 경제적인 부담을 줄이기 위해
　　□ 어르신의 신체수발에 대한 가족의 부담을 줄이기 위해
　　□ 가족의 사회활동 참여를 높이기 위해
　　□ 주변의 권유
　　□ 전문적인 서비스를 받기 위해
　　□ 기타(　　　　　　　　　　　　)

(2) 현재 이용하고 있는 서비스 제공기관을 선택하게 된 가장 큰 이유는 무엇입니까?
　　□ 거리가 가까워서　□ 지인의 추천　□ 요양보호사교육원 소개　□ 홍보물　□ 기타(　　　　)

(3) 본 기관에서의 서비스 이용기간은 어느 정도 되었습니까?
　　□ 1개월 미만　□ 1개월~3개월　□ 4개월~6개월　□ 7개월 이상

(4) 서비스를 제공하고 있는 요양보호사는 이용자와 어떤 관계입니까? □ 타인 □ 가족

(5) 서비스 제공과정 및 내용에 관한 사항

| 5. 매우 그렇다　　4. 어느 정도 그렇다　　3. 보통이다　　2. 거의 그렇지 않다　1. 전혀 그렇지 않다 |

문항	5	4	3	2	1	해당 없음
5-(1) 서비스 신청 접수 시 친절하게 응대해 주었다.						
5-(2) 계약서 작성 시 중요한 사항에 대해 충분히 설명해 주었다.						
① 계약내용(기간, 비용 등)						
② 손해배상책임보험						
③ 개인정보보호 등 이용자의 권리						
④ 서비스 내용 및 이용방법						
5-(3) 계약 시 귀하의 의견이 충분히 반영되었다.						
5-(4) 약속한 서비스 일자를 잘 지킨다.						
5-(5) 약속한 서비스 시간을 잘 지킨다.						
5-(6) 제공하는 신체활동지원서비스(세면, 구강관리, 식사도움, 배설도움, 옷 갈아입히기 등)가 만족스럽다.						
5-(7) 제공하는 일상생활지원서비스(외출동행, 일상업무대행)가 만족스럽다.						
5-(8) 제공하는 가사생활지원서비스(취사, 청소, 세탁)가 만족스럽다.						
5-(9) 제공하는 정서지원서비스(말벗,생활상담, 의사소통도움)가 만족스럽다.						
5-(10) 서비스를 제공하면서 알게 된 개인적 비밀을 잘 지킨다.						
5-(11) 서비스를 제공할 때 어르신의 개인 프라이버시 및 자존심을 존중해 준다(예: 기저귀를 갈거나 목욕할 때 등).						
5-(12) 건강상태가 나쁘거나 사고가 났을 때 가족 등에게 연락을 해 주었다.						
5-(13) 요양보호사가 서비스 욕구 및 필요사항을 물어본다.						
5-(14) 불만사항이나 욕구사항을 적절하게 반영해 준다.						

6. 수행 인력에 대한 질문입니다.

↳ 6-(1) 서비스를 제공하는 요양보호사에 대한 생각

문항	5	4	3	2	1
6-1-(1) 친절하다.					
6-1-(2) 성실하다.					
6-1-(3) 전문가로서 충분한 능력을 가지고 있다.					

↳ 6-(2) 행정인력(사회복지사, 간호사, 사무원 등)에 대한 생각

문항	5	4	3	2	1
6-2-(1) 친절하다.					
6-2-(2) 성실하다.					

7. 현재 방문요양서비스의 요양비용(본인부담금)에 대해 어떻게 생각하십니까?
　　□ 저렴하다　□ 적당하다　□ 비싸서 부담스럽다　□ 기타(　　　　　　　)

8. 현재 이용하고 있는 방문요양서비스 주당 횟수에 대해 어떻게 생각하십니까?
　　□ 부족하다(↳ 희망횟수 ＿＿＿회)　□ 적당하다　□ 너무 많다(↳ 희망횟수 ＿＿＿회)

9. 현재 이용하고 있는 방문요양서비스 회당 제공시간에 대해 어떻게 생각하십니까?
　　□ 부족하다(↳ 희망횟수 ＿＿＿시간)　□ 적당하다　□ 너무 많다(↳ 희망횟수 ＿＿＿시간)

10. 방문요양서비스에 대해 전반적으로 만족하십니까?
　　□ 매우 만족한다　□ 어느 정도 만족한다　□ 보통이다
　　□ 거의 만족하지 않는다　□ 매우 만족하지 않는다

11. 방문요양서비스 영향 및 욕구
　(1) 방문요양서비스를 통해 이용자 및 보호자에게 미친 주된 도움은 무엇입니까?
　　□ 이용자의 건강유지에 도움이 되었다.
　　□ 이용자가 매우 만족스러워 한다.
　　□ 경제적 수발부담이 경감되었다.
　　□ 이용자의 생활환경이 향상되었다.
　　□ 가족관계가 좋아졌다.
　　□ 별로 도움이 되지 않았다.
　　□ 기타(　　　　　　　　　　　　　　　　　　　　　)
　(2) 방문요양서비스를 제공받으면서 느끼는 문제점이나 바라는 사항이 있으시면 말씀해 주시기 바랍니다.

설문에 응답해 주셔서 감사드립니다.

○○○노인복지센터

중요도: (상)

이용자 만족도조사 결과분석 및 보고서

작성자: 작성일자:

1. 조사목적 및 목표
(1) 조사목적
(2) 조사목표

2. 조사내용 및 방법
(1) 조사대상

구분	참여인원(조사대상)	설문지 응답자 수	설문지 회수율
인원/백분율			

(2) 조사기간 및 방법
(3) 조사내용

구분	문항 수	내용
설문응답자	1	설문응답자(이용자 본인 또는 보호자)
이용자의 일반적 사항	6	연령, 성별, 최종학력, 보호구분, 가구형태, 주거상태
보호자의 인구통계관련 사항	5	연령, 성별, 최종학력, 이용자와의 관계, 동거여부
이용자의 건강 및 장기요양보험	5	장기요양등급, 최초 등급판정시기, 가족 및 타인의 수발 필요기간, 이용자의 주수발자 현황, 현재 이용서비스
방문요양서비스 제공	10	신청이유, 서비스제공기관 선택이유, 서비스 이용기간, 요양보호사와의 관계, 서비스 제공과정 및 내용에 관한 사항(14), 수행인력에 관한 사항(5), 요양비용(본인부담금), 서비스 이용빈도, 이용시간, 서비스의 전반적인 만족도
방문요양서비스 영향 및 욕구	2	이용자 및 보호자에게 미친 주된 도움정도, 서비스의 문제점 및 욕구
계	29	

(4) 조사도구
(5) 분석방법

3. 조사결과 분석
(1) 설문응답자

〈표 1〉 응답자 분포

구분	빈도(명)	백분율(%)	분석내용
이용자 본인			
보호자			
계			

(2) 이용자의 일반적 사항

〈표 2〉 이용자의 일반적 사항분포

구분	항목	빈도(명)	백분율(%)	분석내용
연령	60대			
	70대			
	80대			
	90대 이상			
성별	남자			
	여자			
최종학력	초졸			
	중졸			
	고졸			
	대졸 이상			
보호구분	일반			
	기초생활수급자			
	의료급여수급자			
	차상위자			
가구형태	독거			
	부부			
	아들가족			
	딸가족			
	미혼자녀			
	손자녀			
주거상태	자가			
	전세			
	월세			
	무료			
	기타			
계				

(3) 보호자의 인구통계관련 사항

〈표 3〉 보호자의 인구통계관련 사항분포

구분	항목	빈도(명)	백분율(%)	분석내용
연령	60대			
	70대			
	80대			
	90대 이상			
성별	남자			
	여자			
최종학력	초졸			
	중졸			
	고졸			
	대졸 이상			

이용자와의 관계	배우자		
	아들		
	며느리		
	딸		
	사위		
	손자녀		
	기타		
동거여부	독거		
	부부		
	아들가족		
	딸가족		
	미혼자녀		
	손자녀		
계			

(4) 방문요양서비스 이용자의 건강 및 장기요양보험법(표 4~8)

〈표 4〉 노인장기요양등급 분포

구분	빈도(명)	백분율(%)	분석내용
1등급			
2등급			
3등급			
계			

〈표 5〉 등급판정 최초시기

구분	빈도(명)	백분율(%)	분석내용
2008년			
2009년			
2010년			
계			

〈표 6〉 가족 및 타인의 수발을 필요로 하였던 기간

구분	빈도(명)	백분율(%)	분석내용
1년 미만			
1년~3년			
4년~6년			
7년~10년			
11년~15년			
16년 이상			
계			

〈표 7〉 주수발자 현황

구분	빈도(명)	백분율(%)	분석내용
배우자			
아들			
딸			
며느리			
사위			
친척			
없다(본인)			
기타			
계			

〈표 7-1〉 일일 평균 돌보는 시간

구분	빈도(명)	백분율(%)	분석내용
5시간 미만			
6시간~10시간			
11시간~15시간			
16시간~20시간			
21시간 이상			
계			

〈표 8〉 현재 이용하고 있는 서비스

구분	빈도(명)	백분율(%)	분석내용
방문목욕			
방문간호			
주(야)간보호			
단기보호			
복지용구			
기타			
없다			
계			

5. 방문요양서비스 제공〈표 9~18〉

〈표 9〉 신청이유

구분	빈도(명)	백분율(%)	분석내용
경제적인 부담을 줄이기 위해			
수발부담을 줄이기 위해			
가족의 사회활동 참여를 높이기 위해			
주변의 권유			
전문적인 서비스를 받기 위해			
기타			
계			

〈표 10〉 본 서비스 제공기관 선택이유

구분	빈도(명)	백분율(%)	분석내용
거리가 가까워서			
지인의 추천			
요양보호사교육원 소개			
홍보물			
기타			
계			

〈표 11〉 본 기관에서의 서비스 이용기간

구분	빈도(명)	백분율(%)	분석내용
1개월 미만			
1개월~3개월			
4개월~6개월			
7개월 이상			
계			

〈표 12〉 요양보호사와의 관계

구분	빈도(명)	백분율(%)	분석내용
타인			
가족			
계			

〈표 13〉 서비스 제공과정 및 내용에 관한 사항

문항	평균점수	분석내용
서비스 신청접수 시 친절응대		
계약서 작성 시 계약내용 설명		
① 계약내용(기간, 비용 등)		
② 손해배상책임보험		
③ 개인정보보호 등 이용자의 권리		
④ 서비스 내용 및 이용방법		
계약시 의견 반영		
서비스 일자 준수		
서비스 시간 준수		
신체활동지원서비스에 대한 만족		
일상생활지원서비스에 대한 만족		
가사생활지원서비스에 대한 만족		
정서지원서비스에 대한 만족		
개인정보 비밀유지		
개인사생활보호 및 자존심 존중		
건강상태변화 및 사고발생 시 가족연락		
요양보호사가 서비스 욕구 및 필요사항 파악여부		
불만사항, 욕구사항 적절반영		
합계		

〈표 14〉 수행인력

문항		평균점수	분석내용
요양보호사에 대한 의견	친철도		
	성실도		
	전문성		
	계		
행정인력에 대한 의견	친철도		
	성실도		
	계		

〈표 15〉 요양비용(본인부담금)

구분	빈도(명)	백분율(%)	분석내용
저렴하다			
적당하다			
비싸서 부담스럽다			
기타			
계			

〈표 16〉 서비스 횟수(주)

구분	빈도(명)	백분율(%)	분석내용
부족하다			
적당하다			
너무 많다			
계			

〈표 16-1〉 희망횟수

구분	빈도(명)	백분율(%)	분석내용
주 1회~2회			
주 3회~4회			
주 5회			
주 6회~7회			
계			

〈표 17〉 서비스 시간

구분	빈도(명)	백분율(%)	분석내용
부족하다			
적당하다			
너무 많다			
계			

〈표 17-1〉 희망 시간

구분	빈도(명)	백분율(%)	분석내용
주 1회~2회			
주 3회~4회			
주 5회			
주 6회~7회			
계			

〈표 18〉 방문요양서비스 전반적인 만족도

구분	빈도(명)	백분율(%)	평균	분석내용
매우 만족한다				
어느 정도 만족한다				
보통이다				
거의 만족하지 않는다				
매우 만족하지 않는다				
계				

6. 방문요양서비스 영향 및 욕구〈표 19~20〉

〈표 19〉 이용자 및 보호자에게 미친 주된 도움 정도

구분	빈도(명)	백분율(%)	분석내용
이용자의 건강유지			
이용자의 만족			
경제적 수발부담 경감			
이용자의 생활환경 향상			
가족관계 향상			
별로 도움되지 않았음			
기타			
계			

〈표 20〉 문제점

7. 제언 및 차후계획

8. 조사진행 내용

(1) 진행일정

구분	일자	세부내용	담당

(2) 결산

구분	금액	내역	예산확보

5   정보관리

1) 목 적

장기요양기관에서 취급하는 이용자의 개인정보, 기관입소절차 및 이용안내 등의 기관정보, 기관에 필요한 운영정보는 기관 운영에 있어 일반적인 정보부분으로 이를 얻고 관리하며 공개하는 등의 정보관리 활동은 반드시 필요하다. 기관은 기관의 목표달성을 수행하고 관련된 관리업무와 이용자와 고객관련 업무 등을 위한 일련의 의사결정 혹은 문제해결과정에 필요한 정보관리를 위해 보다 효율적이고 효과적으로 수행해 줄 수 있는 방법을 마련하여 활용하도록 해야 한다. 이러한 정보관리는 기관별 목적과 현황에 알맞은 정보관리 체계를 기획·운영하게 하여 운영의 기반을 마련하는 데 토대가 된다.

2) 업무내용의 구성

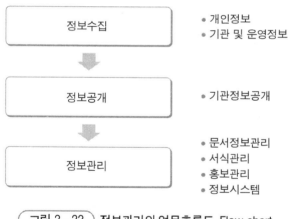

(그림 2-22) 정보관리의 업무흐름도_Flow chart

[그림 2-22]는 정보관리의 업무흐름을 Flow chart로 제시한 것이다. 정보관리의 업무내용의 흐름을 크게 정보수집, 정보공개, 정보관리로 구성하였으며 정보수집에서는 개인정보와 기관 및 운영정보로 나누어 작성하였고 정보공개에서는 기관정보의 공개에 대한 내용을 소개하였다. 정보관리는 문서정보관리, 서식관리, 홍보관리, 정보시스템으로 구성하였다.

3) 업무내용

(1) 정보수집

- 장기요양기관의 많은 정보를 주제에 따라 유용하게 사용할 수 있도록 모아놓는 것이 좋다. 크게 이용자의 개인정보와 기관정보, 운영관리정보로 나누어 놓고 목록화하거나 자료화하여 정보활용 및 관리를 하도록 한다. 우선 이용자의 개인정보는 표준장기요양이용계획서, 장기요양인정서, 이용신청서, 이용계약서, 입소서류, 상담서류와 같이 최초 이용에 따르는 정보를 파악하고 이용자에 대한 인적사항, 건강상태, 가족사항 등을 문서화하여 서비스 이용에 필요한 기본적인 정보를 획득한다. 이러한 정보는 서비스 제공과 이용만족을 위해 지속적으로 활용되는 정보다.
- 기관에 대한 자세한 정보는 기관의 운영목적, 설립시기, 운영자, 운영방침 등 운영개요와 시설현황, 기관의 특징, 약도, 이용절차, 서비스 내용 등을 수집하고 정리하여 둔다. 기관정보에 변경이 있을 경우에는 신속하게 처리해 두어야 하며 기관에 대한 정보를 공개할 때 기본적으로 공개되어지는 부분임으로 기관정보를 잘 갖추고 있어야 한다.
- 기관은 운영하는데 있어서 다양한 운영관리를 수행하고 있으며 이를 수행하기 위해 필요한 정보를 수집·활용하여야 한다. 이에 필요한 정보는 직원관리, 물품관리, 회계예산관리 또는 재무관리, 시설관리로 세분화되어 지며 기관을 효율적이고 효과적으로 운영할 수 있도록 구축과 활용을 중심으로 한 정보관리를 마련해 두도록 한다.
- 기관을 운영하는데 필요한 많은 정보에 대해서는 앞 장에서 주제별로 조직운영관리, 대상자관리, 서비스관리, 인적자원관리를 각각 소개하였다. 취급해야 할 정보의 종류와 내용, 사용서식 등을 나열하여 실제적인 활용에 용이하도록 구성하였으므로 정보수집에 도움이 될 것으로 생각된다.

(2) 정보공개

- 기관에서 취급하는 정보는 크게 개인정보, 기관정보, 운영정보가 있는데 모든 정보를 공개하는 것은 아니며 특히 개인정보 및 서비스 제공 중 알게 된 이용자의 내용에 대해서는 비밀 유지 및 보호를 해 주어야 한다. 여기에서 공개되어지는 정보자원은 이용자와 기관 간의 자유계약에 필요한 기관정보의 공개로 장기요양보험제도의 도입이후 이러한 기관의 정보공개는 예전에 비해 더욱 중요하게 여겨지고 있다.
- 공개되어지는 정보의 내용은 일반적으로 기관에 대해 알리기 위한 정보로 기관장 소개, 운영목적 및 목표, 설립연월, 기관연혁, 기관운영가치, 미션, 기관시설현황, 직원현황, 프로그램 등을 공개한다. 이러한 정보는 인쇄물이나 사진, 동영상으로 제작하여 다양한 방법으로 지역사회에 공개한다. 「노인장기요양보험법」 제34조 장기요양

기관 정보의 안내 등에서도 장기요양기관은 수급자가 장기요양급여를 쉽게 선택하도록 하고 장기요양기관이 제공하는 급여의 질을 보장하기 위하여 장기요양기관별 급여의 내용, 시설·인력 등 현황자료 등을 공단이 운영하는 인터넷 홈페이지에 게시하여야 한다고 명시되어 있다. 홈페이지에 법정 필수 제시 내용 이외에도 방문요양기관의 특화된 내용, 행사, 일상 운영현황 등을 제시함으로써 기관에 대한 홍보는 물론, 가족의 이해 및 협력을 구할 수 있다.

− 수집된 기관의 정보를 공개하는 방법은 인터넷, 기관 자체 발행 소식지, 신문·방송 등의 매스컴, 지역주민대상의 우편물, 버스 및 전철 내 광고, 현수막 등으로 활용하고 있는데 규모가 크거나 법인 또는 부설기관에서는 홈페이지, 온라인 카페, 블로그를 활용한 홍보로 인터넷 활용 비중이 높게 차지하고 있다. 기관 자체 소식지의 활용은 다소 낮은 편으로 이는 제작비, 제작기간, 인력의 투입량에 비해 효과성이 떨어지는 것으로 파악되고 있기 때문이다. 지역에서 활용할 수 있는 다양한 정보공개 매체를 조사하고 지역특성 및 현황을 잘 파악하여 공개방법과 대상을 선택하여야 효과성을 높일 수 있다.

− 다양한 방법을 활용한 기관의 정보공개는 곧 기관 홍보로 이어지며 이는 대상자를 모집하고, 널리 기관을 알리는 결과를 낳을 것이다. 더욱이 장기요양보험제도에 의한 복지서비스의 시장경쟁은 점차 기관 정보공개의 다양한 방법과 시도를 이루어지게 할 것임으로 기관의 인력, 예산 등을 파악하여 기관 정보공개에 대한 적극적인 대책을 마련하여야 한다.

(3) 정보관리

① 문서정보관리

− 어떤 업무를 일정한 수준으로 유지하고 정해진 규칙대로 시행하여 합리적이고 효율적인 업무를 수행할 수 있도록 문서관리를 실시한다. 문서는 업무상 취급되는 일체의 서류와 모든 기록을 의미하며 이러한 문서는 업무활동을 준비, 보조, 촉진하는 역할을 하는 동시에 기억과 의사전달 및 보존의 기능을 함으로써 능률적이고 기능적인 업무를 가능하게 한다.

− 문서의 종류에는 내부 조직 내에서 사업을 계획, 보고하거나 검토 및 결재를 득하기 위해 유통하는 내부문서(각종 서비스 제공 기록, 사업계획서 및 평가서, 주간·월간·연간 계획서 및 사업보고서 등)와 공공기관이나 외부 기관에 공적인 업무를 가지고 의사전달 및 보고 등을 발송하는 외부문서가 있다. 이러한 문서는 처리절차에 따라 접수문서, 배포문서, 발송문서, 보관문서, 폐기문서로 분류된다. 처리과정에 따라 문서관리대장을 마련하여 여러 종류의 문서들을 찾기 쉽게 순서화하고 담당자, 보관 장소 등을 기재하여 관리함으로써 효과적으로 문서를 관리한다.

- 문서를 처리함에 있어서는 문서의 내용이나 성질에 따라 그 처리기간이나 방법이 다를 수 있으나 효율적인 업무수행을 위해서는 당일 처리하는 것이 가장 바람직하다. 그리고 문서는 정해진 사무분장에 따라 각자가 직무범위 내에서 책임을 가지고 신속 정확하게 처리하여야 하며 문서규정에 따라 일정한 형식 및 요건을 갖추고 표준화된 방법과 절차에 따라 관리하여 문서 처리의 절차나 방법을 간결하고 합리적으로 만들어야 한다.
- 문서관리는 문서진행의 전반적인 과정, 즉 문서의 작성, 접수, 배부, 발송, 문서분류, 정리, 보관 및 보존, 폐기까지의 일련의 모든 과정을 수행하는 것이다.

• 문서의 작성
- 종합사회복지관, 노인복지회관 등 대부분의 기관에서는 주로 정부의 사무관리규정 (2004)에 의거하여 시행하고 있으므로 이를 준용하여 설명하도록 하겠다. 문서작성의 기본적인 사항으로 용지의 규격과 여백, 문서의 용어, 문서의 수정, 항목의 구분, 문서의 기안 작성 요령을 알아두고 이에 따라 작성하도록 한다.
- 용지의 규격과 여백을 표준화함으로써 문서의 작성분류, 편철, 보관, 보존이 용이하게 해야 한다. 용지의 규격은 도면, 통계표, 증명서류 기타 특별한 형식의 문서를 제외하고 가로 210㎜, 세로 297㎜ 크기의 종이를 세워서 사용하며 원칙적으로 흰색을 사용한다. 용지의 여백은 용지의 위 3㎝, 왼쪽 및 오른쪽 2.5㎝, 아래로부터 2.5㎝의 여백을 둔다.
- 문서의 용어는 한글 가로로 띄어 쓰며 표준말을 사용한다. 외래어는 고유명사 혹은 외국어가 아니면 표시하기 곤란한 것은 문교부제정 외래어 표기법에 의하여 병기할 수 있다. 지나친 경어는 피하며 불쾌감을 주지 않는 범위 내에서 경어를 생략할 수 있다. 숫자는 아라비아 숫자를 사용하고 계약서, 영수증 등 필요한 경우에는 한글 또는 한자사용이 가능하다. 일자 표시는 연, 월, 일의 글자표시를 생략하고 점(.)을 구분표시하며(예: 2010. 4. 14), 시간표시는 24시간제에 의하되 시, 분의 글자는 생략하고 (:)을 찍어 구분 표시한다.(예: 12:00) 12시간제의 경우에는 오전, 오후를 명시한다.
- 문자의 색채는 도표를 제외하고는 청색 또는 흑색을 사용하고 수정 또는 주의환기 등 특수한 때에는 적색을 사용한다. 문서의 일부분을 수정 또는 삭제할 때에는 삭제 전 또는 수정 전의 내용을 알 수 있도록 글자 중앙에 두선을 긋고 삭제자 또는 수정자가 삭제 또는 수정한 곳에 날인한다. 다만, 중요한 삭제 또는 수정사항이 있을 때에는 그 삭제 또는 수정란의 밖에다 '○○자 수정'이라고 표시하고 날인한다.
- 면의 표시는 문서가 두 장 이상 계속될 때에 문서의 하부 중앙에 전 면수와 그 면의 일련번호를 기입하고 첨부서류의 면의 표시는 따로 하여 전 면수는 생략한다.
- 문서는 기안문과 시행문 2종 서식을 사용하였으나 개정된 사무관리규정에서는 기안 문과 시행문을 통합하여 간소화하였다. 문서의 구성은 두문, 본문, 결문으로 구분되어 있으며 두문에는 기관명 및 수신자, 단체명(기관명), 문서번호, 시행일자, 경유, 받

는 곳 참고가 있으며 본문에는 제목 및 내용으로 문서의 제출목적과 첨부물에 대한 표시를 한다. 제목은 내용을 요약하여 간략 명료하게 표현해야 하며 내용은 쉬운 말로 간략하게 논리적으로 작성해야 한다. 결문에는 발신명의, 기안자, 검토자·협조자·결재권자의 직위 또는 직급 및 서명, 생산등록번호와 시행일자, 접수등록번호와 접수일자, 기관의 우편번호, 주소, 홈페이지주소, 전화번호, 모사전송번호, 공개구분으로 한다. 끝표시와 첨부표시는 본문이 끝나면 한자 띄어서(두타) '끝'을 쓰고 첨부물이 있을 때에는 본문 내용의 말미에서 줄을 바꾸어 '첨부'라고 기재하고 첨부물의 순위, 명칭 및 부수를 기재한 후 한자 띄고 '끝'자를 쓴다.

- 문서번호의 명칭 및 구성요소는 직제기준으로 하고 분류기호는 기관이 정하는 분류 방법에 따라 정한다(예: 요양팀－일련번호). 항목 구분의 순서는 〈표 2－41〉과 같이 쓰도록 한다.

표 2－41) 항목 구분의 순서

(1) 첫째 항목	1, 2, 3, 4 ········
가. 둘째 항목	가, 나, 다, 라 ········
1) 셋째 항목	1), 2), 3), 4) ········
가) 넷째 항목	가), 나), 다), 라) ········
(1) 다섯째 항목	(1), (2), (3), (4) ········
(가) 여섯째 항목	(가), (나), (다), (라) ········
①	①, ②, ③, ④ ········
㉮	㉮, ㉯, ㉰, ㉱ ········

- 직인은 인사발령장, 상장 및 각종 증명서류에 속하는 문서와 시행문에 날인하여야 하며 다만, 기관 내의 부서 상호 간에 수발되는 문서는 서명으로 할 수 있다. 그리고 동일한 문서를 인쇄하여 여러 부서에 발신하는 경우 경미한 문서에는 직인을 찍지 아니하고 직인생략의 표시를 시행문의 상부 중앙에 날인하여 시행한다. 이 경우에 직인생략의 결정은 문서통제자가 하고 기안부 상부 중앙에 날인한다. 전신, 전화에 의한 수발문서는 직인 또는 서명을 생략한 것으로 본다. 간인의 사용은 문서가 두 장 이상 연속되는 경우에는 그 합철되는 부분에 간인한다.

• 문서의 접수 및 결재
- 모든 문서는 문서담당부서(주로 총무과)에서 접수한다. 다만, 협조 전 및 업무처리 전, 납입고지서, 납부서 및 영수증, 금전·물품의 수불통지서, 지출에 관한 결의서, 공사의 청부, 물품의 매매, 대차, 운반 또는 노력의 공급에 관한 견적서 및 계약서, 청부인의 제 신청서류, 회계 사무에 속하는 문서, 기타 적당한 장부를 비치하고 이에 의하여 직접 수발함이 간편한 문서는 문서담당부서를 거치지 아니하고 문서작성부서에서 직접 접수 및 발송할 수 있다.

―문서담당부에서 문서를 접수한 때에는 문서접수대장에 기록하고 접수문서에는 문서처리인을 문서의 적당한 여백에 찍는다. 다만, 경유문서에는 문서처리인을 날인하지 아니하고 경유인 문서의 첫 장 시행 연. 월. 일 밑의 적당한 여백에 날인한다. 문서를 접수한 후에는 1시간 내로 분류하고 소관 담당부서 담당자에게 인계해야 한다. 소관 담당은 접수문서를 인수한 즉시 내용을 검토하고 최종결정권자의 선결 처리한다. 선결하는 결재권자는 그 문서의 처리기한 및 방법을 문서처리란에 기입 또는 구두 지시내용에 따라 신속하게 처리한다.

―전신, 전화에 의하여 발송한 문서를 접수한 때에는 송신자의 직위, 성명과 수신자의 직위, 성명을 기재하고 수신자가 서명해야 한다. 문서담당부서 이외의 부서에서 전신, 전화를 받아 작성한 문서는 지체 없이 문서담당부서에 인계하여 이를 접수하게 해야 한다.

―결재권의 결재는 결재란에 서명 또는 날인하며 필요에 따라 결재일시를 표시한다. 관련되는 1건 문서는 그 내용을 요약하여 일괄 결재를 받으며, 공람문서로서 서명란이 설정되어 있지 아니한 문서에는 적당히 여백에 서명란을 따로 설정하여 공람해야 한다. 결재권자가 그 내용에 관하여 의견을 달리할 때에는 부전지 또는 적당한 여백에 의견을 명시해야 하며 부결사유를 명시하여 재작성을 필요로 할 수 있다. 결재에는 전결, 대결, 후결, 선결, 후열이 있으며 결재자와 사무내용에 따라 결재를 득하도록 한다.

표 2-42 결재의 종류

구분	내용
전결	최고결정권자가 모든 건에 대해서 일일이 다 확인할 수 없으므로 각 사안의 중요도에 따라 해당직급의 중간관리자에게 결정권한을 위임하고 사안을 처리하도록 권한을 준 것을 의미하며 전결된 사항은 대표이사가 결재한 것과 동일한 효력을 가진다. 단, 모든 권한을 이양할 수 없기 때문에 위임 전결 규정을 만들어서 위임의 한계를 정한다.
대결	시급을 요하거나 불의의 돌발사태가 발생하였으나 최종 결재권자가 출장이나 휴가, 병가 등으로 장기간 부재 중이어서 결재나 지시를 받을 수 없는 경우에는 최종 결재권자의 직무를 대행할 수 있는 사람이 일시적으로 결재권자를 대신하여 결재를 받는 방법으로서 중요한 안건은 반드시 나중에 최종 결재권자의 후결을 받는 것이 일반적이다.
후결	통상적이고 주기적으로 발생하는 사안의 결재인 경우 최종결재권자가 출장, 휴가, 기타 부득이한 사유로 결재할 수 없는 경우에 최종 결재권자란에 후결의 표시를 하고 차하위자의 책임 하에 집행하고 난 후 최종결재를 받는 것이다. 그러나 권리, 의무에 관계되는 중요한 사항은 후결할 수 없다.
선결	부서나 기관의 의사를 결정할 권한이 있는 자가 직접 접수하여 그 의사를 결정하기 위한 최초의 결재다.
후열	중간 결재권자가 추랑, 휴가, 기타 부득이한 사유로 결재할 수 없는 경우에는 해당 중간결재란에 후열의 표시를 하고 최종결재권자의 결재를 득하고 난 후 집행하고 사후에 결재를 받는 것이다.

- 문서의 발송
  - 발신한 문서는 결재를 받은 후 소정의 서식에 따라 시행문을 작성하고 문서주관부서에서 발송한다. 발신한 문서는 1부를 작성하여 원본과 대조확인하고 발신일을 원본에 날인한 후 발신 처리한다. 문서주관부서에서는 문서를 발송할 때에 직인의 날인 또는 서명을 확인한 다음 문서발송대장에 기재하고 발송인을 찍은 후 기안문은 주무부서에 반환한다. 발신문서는 반드시 부본을 마련하여 별도의 발송대장을 비치하여 사용할 수 있다.
  - 문서의 통제는 주관부서의 장이 되며 직무보조를 위한 담당자를 둘 수 있다. 비밀문서를 제외한 모든 문서는 발송 전에 문서주관부서의 통제를 받아야 하며 문서통제자는 다음의 사항을 검토하고 기안지에 통제란에 문서통지인을 날인한다. 통제의 내용은 결재권자의 결재여부, 타 문서와 내용상의 중복 여부, 문서처리기한의 경과 여부, 첨부물의 확인, 관련부서 협조 누락 여부, 서식의 부합 여부 및 용어상 오자, 탈자 등 미비 여부, 직인생략의 가능 여부, 수신처 설정의 타당성, 기타 문서 시행에 필요한 사항이다. 검토결과 미비사항이 발견된 때에는 문서회송 전에 그 뜻을 기재하고 그 문서의 주관부서에 회송한다. 다만, 경미한 사항은 문서통제자가 수정할 수 있다.
- 문서의 보관 및 보존
  - 처리완결된 문서는 기능별 10진 분류방법에 따라 분류하되 일자 순에 따라 정리한다. 분류번호는 기관이 정하는 바에 따르나 분류코드-보존기간코드-문서순서코드로 정하여 사용한다(예: A5-001).
  - 문서의 편철은 처리가 끝난 문서를 문서철에 최근 문서가 위에 오르도록 묶는 것으로 문서는 안건마다 그 발생경과 및 완결에 관계되는 문서를 일괄하여 발생순으로 표지를 붙여 1건으로 합철한다. 보관철 내의 문서량은 200매(3㎝)를 기준으로 하며 보관철의 설정수가 많아 번잡할 경우에는 문서발생량과 성질에 따라 상위기능으로 통합하여 보관철을 설정하되 보관기간별로 구분해야 한다. 또는 같은 기능에 속하는 문서의 양이 많아 그 전부를 1개의 문서철에 편철할 수 없는 경우에는 월 단위 등으로 구분하여 수 개의 문서철에 나누어 철할 수 있다. 문서철의 면표시는 문서 아래 중앙에 일련번호(페이지번호)를 기입하되 밑에서부터 위로 기입한다. 문서의 색인목록은 문서철 첫 장에 첨부하거나 문서의 그 반대편에 색인목록표를 붙인다. 이때 문서색인목록은 개별 문서단위로 기재하되 각각의 문서 일련번호를 함께 표시하고 문서제목은 편철된 문서를 대표하는 기능명칭을 기재하고 필요시에는 부제목을 기재하도록 한다. 그리고 보관철의 조견표에는 문서분류번호, 기능명칭, 부제목, 보존기간 및 보존기관 완료일자를 기재한다.
  - 보관문서의 관리는 전자문서를 제외한 문서철을 분류별로 별도 라벨을 붙여 구분해주며 지정된 서류함(파일 캐비닛)에 보관하고 서류함 안의 보관철의 배열은 문서분류번호 순으로 조견표의 기재사항을 용이하게 볼 수 있도록 해야 한다. 서류함(캐비닛)

외부 또는 책꽂이 아래 첫 번째에도 동일한 라벨을 부착한다. 그리고 서류함에는 보관문서를 쉽게 찾아 볼 수 있도록 보관철 색인표를 비치해야 하며 보관 중인 보관철의 열람 대출 또는 복사는 직무수행상 필요란 직원에 한하고 중요한 사항은 기관장의 승인을 얻어야 한다.

− 미결문서의 보관에서 미결문서는 1건 철로 완결되지 아니한 문서로 업무담당별 미결문서 보관철에 1건으로 가철하여 완결될 때까지 지정된 서류함에 보관한다. 미결문서 보관철 색인표를 작성하고 담당자명을 명기하여 색출이 용이하도록 해야 한다.

− 문서의 보존은 문서의 성격별로 보존기간을 지정하여 보존하며 보존기간이 지났다 하더라도 폐기할 경우에는 기관장의 승인 후 폐기하여여 한다. 문서의 보존기간이 경과된 경우 문서원본은 폐기하되 문서파일을 CD로 보관할 수도 있다. 문서의 보존기간 및 기준을 제시하면 〈표 2−43〉과 같다.

표 2−43 보존기간 및 기준

구분	문서의 성격	문서종류
영구보존	기관 존립 상 기본 규정이 되는 문서 기관의 중요 재산에 관한 문서 임원 및 직원에 관한 주요문서 규정 예규 등의 제정, 개폐에 관한 원문서 기관의 연혁에 관한 문서 운영회의 및 정책 관련 문서	인허가, 등기, 등록, 소송, 계약 문서 운영규정, 자산비품 관련 자료 연혁기록부(연혁기록사진) 등
10년(준 영구)	예산, 결산, 회계 관련 문서(장부, 전표) 영구보존 이외의 업무수행 상 기본 문서	결산보고서, 총계정원장, 회계장부 등 공단 보조금 청구관련 문서 자산(비품)관리대장 운영계획서, 운영실적, 운영평가서
5년	운영관련 계획 문서 일반 업무 관계문서 운영 통계자료 예산, 감사 관련 문서 각종 조세 관련 문서 인사 관련 문서	사업계획 및 실적보고서 요양보호관련 기록지 감사자료 부가세 신고서 급여명세서, 퇴직정산서류 등
3년	주요업무 추진 계획 관계문서 운영계획 편성 관계문서 교육훈련 진행 문서 단순 업무처리에 관한 일반문서	회의록, 업무일지, 교육일지 안전점검일지, 공문 접수 및 발송대장 프로그램 계획서 및 보고서 업무계획표, 휴가신청서, 출근부 등

− 문서는 별도로 정한 것을 제외하고는 주무부서에서 정리하여 보관하며 기본적으로 처리과에서 1년간 보관한다. 1년이 경과하면 문서의 생산기관(담당부서), 보존기간 및 분류번호별로 편철하여 문서 보관 장소로 이관하여 보존기간이 만료될 때까지 보

관한다. 각 담당부서에서 비치·활용의 필요성이 있는 문서는 담당부서에 상시 비치하여 보존·활용하며 비공개 문서의 경우에는 잠금 기능이 있는 캐비닛에 별도 보관하도록 한다. 보존하는 문서는 각 담당부서에서 보존 기간별로 반드시 보존문서기록대장을 작성하여 보존한다.

• 문서의 폐기

－문서 보존기간이 끝나면 문서는 보존문서기록대장에 적색글씨로 폐기일자를 기입하고 폐기한다. 폐기되는 문서는 폐기인을 적색으로 날인해야 한다. 문서의 폐기 여부 결정은 담당부서장의 의견을 들어 중간관리자를 거쳐 관장 결재를 득한 후 폐기한다. 폐기방법은 분쇄기를 통해 완전 폐기하도록 한다. 비밀문서나 중요문서를 제외하고는 재생 활용할 수 있는데 재생 활용하는 폐문서에는 별도로 정하는 폐기인을 날인하여 보존문서와 명확히 구별되도록 한다.

② 서식관리

－서식은 서류를 꾸미는 일정한 방식으로 장기적으로 반복하여 사용되는 문서로서 정형화될 수 있는 문서는 특별한 사유가 있는 경우를 제외하고는 서식으로 정하여 사용한다. 서식은 크게 공통서식, 전용서식, 일시서식으로 구분할 수 있으며, 공통서식은 기관 전체 또는 여러 부서에서 동일한 목적과 용도에 계속적으로 사용하는 서식을 말한다. 전용서식은 특정부서에서 계속 반복적으로 사용하는 서식이며, 일시적 서식은 일시적인 업무 수행을 위하여 단기간에 한하여 사용하는 서식을 말한다.

－공통서식이나 전용서식은 서식관리대장을 작성하고 서식 비치함에 보관하여 수시로 사용할 수 있도록 하면 편리하다. 파일로 사용할 경우에는 컴퓨터 문서작업에 별도로 서식폴더를 두고 사용하도록 한다.

－서식을 제정 또는 개폐할 때에는 문서담당부서장의 승인을 받아 사용하여야 하며 다만, 내용의 변경을 가져오지 아니하는 범위 내에서의 수정과 활자의 크기를 변경하는 것은 승인없이 사용할 수 있다. 이 경우에는 사용 서식 초안 2부를 문서담당부서에 제출하여 알려야 하며 부득이한 경우가 아니라면 가급적 기관에서 정한 서식범위를 벗어나지 않도록 한다. 승인된 서식은 서식관리대장에 등록하고 서식초안을 비치하여 활용한다.

③ 홍보관리

－홍보는 조직이 그의 사회적 환경이 되는 대중과의 원활한 관계를 유지하고자 하는 제반 노력을 말한다. 사회복지조직의 입장에서는 조직을 둘러싼 이해당사자(대상자, 가족, 지역사회 등)들과 다양한 관계를 형성하는 노력을 의미하며 이러한 과정을 통해 자원을 개발하고 이용자를 확보하며 조직 생존을 위한 지지를 얻기도 한다. 장기요양기관에서의 홍보는 일반적으로 사회복지조직에서의 홍보와는 다른 접근으로 보다

많은 대중관계를 이루어야 할 것이며 이용자 확보의 중요한 역할을 한다. 그러기 위해서는 서비스를 접근하고자 하는 사람들에게 접근성을 높여 활용할 수 있도록 지역사회에 널리 홍보하여야 한다.

- 장기요양기관은 지금까지의 사회복지조직과는 다른 사회환경 속에 놓여있다. 사회복지조직은 적극적으로 대상자를 찾아 나설 필요성을 못 느끼는 경우가 많아 사회복지조직으로 하여금 홍보에 무관심하게 만드는 경향이 있었던 것이 사실이다. 그러나 장기요양기관은 복지서비스를 가지고 경쟁해야 하는 상황에 놓여 있다. 서비스 제공기관은 너무 많이 쏟아져 나와 있고 대상자는 한정되어 있어 이들을 확보하는 데 적극성을 보이지 않으면 안되는 상황인 것이다. 간혹 경쟁이 과열되어 홍보에 있어 정직성을 잃어버릴 수도 있겠으나 정직성이 결여된 홍보는 해서는 안된다.

- 잠재적인 사용자들에게 기관과 서비스의 존재를 인지하게 하는 것은 쉽지 않다. 기관과 서비스의 존재를 인지할 수 있도록 우선 홍보의 목표를 잘 세우고, 접촉하려고 하는 사람과 대상을 명확하게 하여야 하며 이용 가능한 기관의 인력 및 기술, 예산 등을 평가하여 돌아오는 이익과 투입되는 자원과 연관지어 검토해 봐야 한다. 또한 홍보에 관한 구체적인 기법을 잘 알고 이를 활용할 수 있어야 한다.

- 홍보의 목표는 기관이미지 PR, 서비스 및 프로그램 PR, 대상자 모집으로 이를 달성하기 위해 홍보활동의 매체로 시각적 매체, 청각적 매체, 시청각적 매체를 활용하고 있다. 이중 가장 효과적이라 판단되는 매체를 선택하여야 할 것이며 선택 시 기관의 예산 및 인력이 고려되어져야 한다.

• 시각적 매체
- 시각적 매체에는 신문, 잡지, 회보, 책자, 팸플릿, 보고서, 유인물, 사진, 전시회, 가두행진 등이 있다. 가장 흔하게 활용하는 시각적 매체는 지역생활신문 게재, 자체 팸플릿이나 리플릿을 제작하여 배포하는 것이다. 예산이 투입되더라도 기관 리플릿은 제작해 두는 것이 좋으며 지역사회와의 관계를 유지하는 데 유용하게 활용된다. 소식지 또는 책자를 발간하기도 하는데 이는 인력과 예산이 뒷받침되어야 함으로 간소하게나마 자체 제작하여 등록회원과 가족관리 차원에서 활용하는 것을 제안해 본다. 이외에는 포스터, 전단지를 제작하여 배포하는 것으로 배포지역을 정하여 일간신문에 전단지를 삽입하여 가가호호 홍보를 하거나 지역게시판(아파트, 상가 등)에 포스터를 부착한다. 요즈음에는 버스나 전철 내 광고판에 전단지를 부착하기도 하고 빌딩, 아파트, 상가 엘리베이터에 기관 홍보 스티커를 붙이는 방법도 실시하고 있다. 유동인구가 많은 지역에 현수막(플랜카드)을 게첨하기도 하는데 다른 매체에 비해 시각적 매체 활용이 가장 많이 사용되고 있다.

• 시청각 매체
- 시청각 매체에는 영화, 텔레비전, 비디오, 공개토론, 대중집회 등 시각과 청각을 이용하는 매체로 이를 통해 많은 사람들이 보고 들을 수 있도록 하는 것이다. 시청각 매

체는 단시간에 가장 효과적인 홍보를 할 수 있는 방법이기는 하나 영리를 목적으로 하는 장기요양기관에서 접근하기에는 다소 어려움이 있다. 비영리 조직인 사회복지 조직의 경우 특별한 프로그램이나 행사 등으로 무료로 보도될 수 있으나 장기요양기 관은 유료로 기관 PR을 목적으로 접근해야 하기 때문에 예산적으로 큰 부담이 있을 것이다. 이를 감수하고 활용하는 시청각 매체는 지역방송이나 지방정부에서 운영하 는 전광판 광고를 활용한다.

• 청각적 매체
　–청각적 매체는 이야기 좌담, 강연회, 라디오 등을 들 수 있다. 시청각 매체 못지않게 접근하기에 어려운 홍보매체 중의 하나로 장기요양기관에서는 거의 활용하기 힘들 것이다. 그러나 대상자 또는 가족, 직원 등 기관과 이해관계에 있는 사람들에 의해서 면대면으로 알려지는 홍보가 있다. 사람과 사람에 의해 전해지는 이러한 홍보도 매 우 효과적일 수 있으므로 이를 위해서는 기관 이미지, 직원의 역량, 서비스의 내용 등 이 우수하여야 한다.

• 온라인 매체
　–정보화 시대에서 온라인 매체는 빼놓을 수 없는 홍보전략 중의 하나다. 홈페이지를 제작하여 운영하거나 블로그, 카페를 활용하여 기관을 알릴 수 있다. 기관의 이용자 가 노인이라는 점만을 생각하여 시도하지 않을 수 있으나 서비스를 제공받기를 원하 는 기관을 선택하는 주결정자는 대상자의 가족임을 놓쳐서는 안된다. 장기요양기관 및 서비스와 관련한 유명한 웹사이트에 배너 형태로 광고를 할 수도 있다. 이렇게 인 터넷을 활용한 홍보에서는 이용자가 원하는 가치 있는 정보를 잘 정리하여 제공하는 것이 중요하다. 그리고 이용자가 참여할 수 있는 게시판과 댓글을 이용하는 것도 인 터넷 홍보를 잘 이용할 수 있는 방법이 된다.

④ 정보시스템
　–정보시스템이란 요양서비스에 필요한 정보제공이나 업무처리를 수행하도록 만들어 놓은 정보기술이다. 다양한 정보를 수집하고 분류하고 통합, 저장, 활용할 수 있도록 함으로써 정보관리를 보다 효율적이고 효과적으로 수행할 수 있도록 해 주는 기계시 스템이다. 방문요양기관에서 정보시스템을 구축하기 위해서는 하드웨어, 소프트웨 어, 데이터베이스 등의 정보기술과 이를 관리하고 사용할 수 있는 인력이 있어야 한다.
　–정보시스템을 활용하는 가장 큰 이유는 반복되는 업무를 간소화시키고 표준화시킴 으로써 빠른 업무처리를 할 수 있어 업무의 효율성을 도모할 수 있다는 것이다. 처음 에 자료와 정보를 입력하는 과정에서 많은 시간과 노력이 필요하지만 기초 작업이 완료되면 이를 활용하는 데 보다 효과적이다. 업무에 투입되는 시간과 노력을 대인 서비스에 투자하여 고객유치 및 관리업무를 더욱 효과적으로 수행함으로써 기관의 목적달성 및 업무성과를 높이도록 하며, 지역사회의 접근성을 강화시키는 업무를 함

으로써 지역사회로부터의 관심과 참여를 높이도록 한다.

- 장기요양기관에서 정보시스템을 구축하는 방법에는 두 가지 방법이 있다. 첫째 기관에 필요한 프로그램을 자체적으로 개발하는 방법으로 기관 직원이나 개발업체에 용역을 주고 개발하는 것이 있으며, 둘째 외부기관에서 이미 개발한 프로그램을 구입하여 기관의 특징과 상황에 맞게 프로그램을 수정하여 사용할 수 있다. 이 경우 프로그램의 업데이트, 유지보수를 위한 비용이 추가된다. 자체 개발이나 외부개발 프로그램 사용은 둘다 많은 예산이 들어가는 것이 사실이다. 따라서 기관의 규모에 따라 정보시스템 구축을 생각해 보는 것이 바람직하다고 생각한다. 엑셀서식이나 한글서식으로 기관을 운영할 수 있는 업무양식을 잘 준비해 놓고 활용하는 것으로도 정보시스템을 사용하는 효과를 볼 수도 있다.

- 정보시스템의 세부프로그램은 일반적으로 관리프로그램과 임상프로그램으로 나뉘어져 있는데 기관의 서비스 내용과 규모에 따라 세부프로그램의 종류는 다양할 수 있다. 관리시스템에는 이용자(입퇴)관리, 회계관리, 물품관리, 인사관리, 서비스관리가 있으며 임상시스템으로는 이용자사정관리, 서비스제공관리, 상담관리가 있다. 장기요양서비스 제공과 관련된 모든 정보를 입력, 수정, 조회, 통계처리 할 수 있도록 함으로써 많은 정보를 쉽게 검색, 관리할 수 있도록 해 준다.

4) 업무총괄

- 정보관리의 업무총괄에서는 업무내용의 구성(Flow chart)에 따라 직무내용을 분류하고 세부업무내용을 간략하게 제시하였으며 업무내용에 적합한 업무 부서를 '●'로 표시하였다. 업무 부서는 관리책임, 관리실무, 요양보호, 행정사무로 나누었으며 이는 일반적인 구분으로 기관의 인력사항과 조직구조에 따라 업무 부서를 달리 구성할 수 있다. 또한 업무내용에 적합하다고 판단되는 업무 부서를 기관장이 임의로 조정할 수 있으므로 여기에서 제시한 업무총괄표를 참고하여 업무분장을 하는 데 활용하도록 한다.

- 정보관리의 업무내용은 크게 정보수집, 정보공개, 정보관리로 나누어 직무내용과 세부내용을 제시하였으며 세부내용 중에는 담당해야 하는 업무가 공통 업무이거나 고유 업무인 경우가 있음을 밝혀둔다. 공통 업무와 고유 업무의 기준은 업무내용에 따라 기관장의 재량에 의해 탄력적으로 조정될 수 있다.

표 2-44   업무총괄표

직무구분	세부내용	업무부서				비고
		관리책임	관리실무	요양보호	행정사무	
정보수집	정보자원의 분류 및 목록화 작업		●			
	정보자원별 서류관리		●		●	
	기관정보 기록 및 관리		●			
	운영관리정보 총괄관리	●				
	개인정보취급 및 비밀유지		●	●	●	
	개인정보관리		●			
정보공개	기관정보 공개여부 검토	●				
	홈페이지 관리		●			
	인쇄물을 통한 공개 관리		●			
	정보공개 매체 조사		●			
	정보공개 매체 관리		●			
	정보공개 의뢰		●			
	정보공개 확인 및 실시현황 기록		●			
	정보공개 스크랩 관리		●			
정보관리	문서분류		●			
	문서작성관리지침 마련	●				
	문서작성		●	●	●	
	문서의 접수대장 기록				●	
	접수문서 이관 및 보관		●		●	
	문서발송대장 기록				●	
	발송문서 보관				●	
	문서 통제	●	●			
	보존문서 관리	●	●			
	보존문서 색인목록표 작성				●	
	보존문서기록대장 관리		●			
	미결문서 관리		●			
	서식관리대장 작성 및 관리		●			
	서식등록 및 변경 검토	●	●			
	서식비치		●		●	
	정보시스템 구축	●				
	정보시스템 활용		●		●	
	정보시스템 관리		●			
	정보시스템 유지보수		●			

5) 업무서식

정보관리에 필요한 업무서식을 다음과 같이 목록으로 작성하고 간략한 설명을 통해 이해를 돕고자 하였다. 정보관리의 업무서식 총 13종에 대한 서식의 실례를 서식번호 순으로 나열하였으므로 업무수행 시 활용하도록 한다.

정보관리를 위해 제시된 업무서식을 운영자가 보다 편리하게 사용할 수 있도록 업무서식의 중요도를 상·중·하로 표시하였다. 이를 참고하여 기관의 사정에 따라 적절하게 선택 또는 수정·변경하여 사용하도록 한다.

서식번호	중요도	서식명	내용
5-01	상	문서관리대장	보관·관리해야 될 문서에 관리번호, 문서명, 관리부서를 기재하고 보존기간, 보존장소, 상태를 작성하여 문서담당자에게 관리하게 함.
5-02	상	기안문	내부, 외부 문서를 통합문서로 작성하는 것으로 작성자가 문서내용, 수신자, 경유자, 제목, 시행일자, 시행연월일을 기재하여 사용함.
5-03	상	업무연락	문서번호, 수신, 일자, 참고, 제목, 내용을 작성하여 업무연락 시 사용함.
5-04	상	문서등록대장	문서생산 후 생산일자, 문서번호, 제목, 담당부서, 기안자, 수신처를 작성하여 문서등록을 실시함.
5-05	상	문서접수대장	외부문서 수신 시 접수일자, 문서번호, 건명, 발신처, 해당부서, 담당자를 작성하여 문서접수를 실시함.
5-06	상	문서색인목록	문서보관 파일링 시 문서번호, 제목, 일자, 페이지, 담당자 등을 기재한 후 파일 맨 앞에 Keeping함.
5-07	중	미결문서 색인목록	결재보류된 문서의 문서번호, 제목, 등록일자, 담당부서, 담당자를 기재함.
5-08	상	보존문서 기록대장	보존해야 할 문서의 문서번호, 문서명, 보존기간, 보존구역, 담당부서를 기재함.
5-09	상	서식 관리대장	사업부서별 사용서식의 서식분류번호, 서식명, 해당부서, 담당자, 상태 등을 기재하여 서식 관리함.
5-10	중	홍보매체 조사표	홍보기관 및 매체에 대한 정보를 조사하여 매체구분, 기관명, 담당자, 연락처, 홍보내용, 의뢰방법, 비용 등을 기재함.
5-11	중	홍보 의뢰현황	홍보의뢰 후 의뢰일자, 홍보매체, 홍보건명, 홍보처, 게재방법, 비용 등을 기재하고 홍보게재여부를 파악함.
5-12	중	홍보 실시현황	홍보게재 후 관리번호, 홍보매체, 홍보건명, 홍보처, 게재방법, 게재기간, 비용 등을 기재함.
5-13	중	홍보 스크랩	홍보게재 시 홍보매체, 홍보건명, 홍보처, 게재방법, 게재기간, 비용 등을 기재하고 홍보내용을 스크랩함.

중요도: (상)

문서관리대장

관리번호	문서명	관리부서	보존기간	보존장소	상태	확인일	확인자

○ ○ ○ 노인복지센터

서식 5－02 **기안문** 중요도: (상)

ㅇㅇㅇ노인복지센터

수신자
(경유)
제목

_____

ㅇㅇㅇ노인복지센터장

기안자   팀장   센터장
협조자
시행   과 － 01 (2010.   .   )   접수
우) ㅇㅇㅇ － ㅇㅇㅇ   서울시 ㅇㅇㅇ구 ㅇㅇㅇ동 ㅇㅇㅇ번지
전화 (ㅇㅇㅇ) ㅇㅇㅇ － ㅇㅇㅇㅇ   전송 (ㅇㅇㅇ) ㅇㅇㅇ － ㅇㅇㅇㅇ   / ******@*******.net / 공개

서식 5－03 **업무연락** 중요도: (상)

업무연락

문서번호	
수신	
일자	
참고	
제목	

홍보게재 시 홍보매체, 홍보건명, 홍보처, 게재방법, 게재기간, 비용 등을 기재하고 홍보내용을 스크랩함.

ㅇㅇㅇ노인복지센터
주소/ 전화번호

서식 5-04 문서등록대장

중요도: 상

문서등록대장

_____ 년도

연번	일자	문서번호	제목	담당부서	기안자	수신처	비고
1							
2							
3							
4							
5							
6							
7							
8							
9							
10							
11							
12							
13							
14							
15							
16							
17							
18							
19							
20							

○○○노인복지센터

서식 5—05 문서접수대장

중요도: 상

문서접수대장

_____ 년도

연번	접수일자	문서번호	건명	발신처	해당부서	담당자	비고
1							
2							
3							
4							
5							
6							
7							
8							
9							
10							
11							
12							
13							
14							
15							
16							
17							
18							
19							
20							

○○○노인복지센터

문서색인목록

중요도: ⑨

문서색인목록

_____ 년도

연번	문서번호	제목	일자	페이지	담당자	비고
1						
2						
3						
4						
5						
6						
7						
8						
9						
10						
11						
12						
13						
14						
15						
16						
17						
18						
19						
20						

○ ○ ○노인복지센터

서식 5-07 　미결문서 색인목록　　　　　　　　　　　　　　　　　중요도: ⓒ

미결문서 색인목록

_____ 년도

연번	문서번호	제목	등록일자	담당부서	담당자	비고
1						
2						
3						
4						
5						
6						
7						
8						
9						
10						
11						
12						
13						
14						
15						
16						
17						
18						
19						
20						

○○○노인복지센터

중요도: 상

보존문서 기록대장

_____ 년도

연번	문서번호	문서명	보존기간	보존구역	담당부서	비고
1						
2						
3						
4						
5						
6						
7						
8						
9						
10						
11						
12						
13						
14						
15						
16						
17						
18						
19						
20						

○○○노인복지센터

서식 5-09 서식 관리대장 중요도: (상)

서식 관리대장

_____ 년도

연번	서식분류번호	서식명	해당부서	담당자	상태	비고
1						
2						
3						
4						
5						
6						
7						
8						
9						
10						
11						
12						
13						
14						
15						
16						
17						
18						
19						
20						

○○○노인복지센터

중요도: 중

홍보매체 조사표

_____ 년도

연번	매체구분	기관명	담당자	연락처	홍보내용	의뢰방법	비용	비고
1								
2								
3								
4								
5								
6								
7								
8								
9								
10								
11								
12								
13								
14								
15								
16								
17								
18								
19								
20								

○○○노인복지센터

서식 5-11 **홍보 의뢰현황**

중요도: ㈜

홍보 의뢰현황

_____ 년도

연번	의뢰일자	관리번호	홍보매체	홍보건명	홍보처	게재방법	비용	게재여부	비고
1									
2									
3									
4									
5									
6									
7									
8									
9									
10									
11									
12									
13									
14									
15									
16									
17									
18									
19									
20									

○○○노인복지센터

중요도: 중

홍보 실시현황

_____ 년도

연번	관리번호	홍보매체	홍보건명	홍보처	게재방법	게재기간	비용	비고
1								
2								
3								
4								
5								
6								
7								
8								
9								
10								
11								
12								
13								
14								
15								
16								
17								
18								
19								
20								

○○○노인복지센터

서식 5—13 홍보스크랩

중요도: ⑧

홍보 스크랩

관리번호	
홍보매체	
홍보건명	
홍보처	
게재방법	
게재기간	
비용	

게재내용

○○○노인복지센터

6 일반관리

1) 시설환경관리

(1) 사무환경관리

사무환경은 직원들이 심리적으로 안정되고 쾌적한 상태에서 일 할 수 있는 적절한 환경을 조성해 주는 것으로 사무환경관리는 사무능률을 향상시키고 쾌적한 사무환경의 조성에 필요한 여러 가지 요소들을 관리하는 활동을 의미한다. 사무환경관리의 대상이 되는 것은 사무수행에 영향을 미치는 모든 주변 환경과 사무실 배치문제 그리고 채광과 조명, 색채, 온·습도와 공기조절, 소음 등의 물리적 환경으로 잘 정리되지 않거나 청결하지 않은 사무환경은 업무수행체계의 유지 의욕을 감퇴시키고 나아가 업무 효율을 저하시킬 우려가 다분하므로 사무환경관리를 위한 활동을 하여야 한다.

① 사무실 배치관리

책상, 서가, 회의탁자 OA기기 등 사무용 가구, 사무용품, 시설품 등의 효과적인 배열과 위치 선정을 통해 사무실 공간을 최대한 효율적으로 활용할 수 있도록 한다. 사무실 내에서의 과·팀의 위치를 어떻게 배치할 것인가 그리고 회의실, 탕비실, 상황실, 서고, 사무실 등의 각 실들을 일정한 건물 안에서 어떻게 배치하는가를 포함하여 관리하도록 한다.

② 주변 정리정돈

사무 처리의 간소화, 표준화, 과학화 못지않게 사무실에서의 정리정돈도 사무 처리를 보다 효율적으로 수행하기 위한 중요한 요인이 된다. 복사기와 PC, Fax 등 OA기기는 항상 청결하게 유지하고 OA기기 사용 후에는 항상 폐지를 정리하는 습관을 유지하여 이용자의 편의를 도모하도록 한다. 이면지와 폐지를 구분하여 정돈하고 이면지는 일정한 장소에 보관함을 설치하여 규격별로 분리 보관한다. 또한 이면지는 이면지표시를 한 후 이면지함에 넣어두어 사용하도록 한다.

책상 위 정돈은 퇴근 후, 외출할 경우에 특별히 정돈을 하도록 하는데 책상 위 보유 허용 물품인 전화기, 전화번호부, 메모지함, 사각휴지, 연필꽂이, 탁상시계 등을 가지런히 하며 문서, File, 결재판, 도서, 문방용품, 인주 등은 지정된 서랍에 보관하여 당일 필요한 것만 꺼내 써야 한다. 특히 File(파일)은 근무 중 캐비닛에서 꺼내어 사용 후 익일 계속 보아야 하는 경우에도 퇴근 시에는 캐비닛에 보관해야 한다. 회람이나 결재서류도 퇴근 시에는 일단 책상 서랍에 넣어 두었다가 다음날 출근 후 상대방 책상 위에 올려놓는다. 그리고 겨울잠바,

현장작업복, 여직원 스웨터 등은 옷걸이에 정리하고 책상이나 의자에 방치하지 않는다.

책상 주변은 항상 청결상태를 유지하도록 하며 가능하면 칸막이, 책상유리 등에 부착하는 부착물은 업무에 필요한 최소한의 자료로 한정하고 사용용도가 완료되었거나 장기간 사용으로 사무환경 미화에 불합리하면 제거하고 새로운 것으로 교체한다. 책상 및 책꽂이 보유 허용물품은 참고 도서류로 한정한다.

서가는 서가별로 서가번호 및 단번호 표시용 라벨을 부착하여 부서(팀) 간 서가 정리정돈을 효과적으로 하도록 한다. 서가는 개방서가와 밀폐서가로 나누고 규모에 따라 3단, 5단 서가를 사용한다. 〈표 2-45〉와 같이 서가별 사용 용도와 정리요령을 정하여 사용하게 하면 보다 효과적으로 정돈 및 관리할 수 있다.

표 2-45 서가별 용도 및 정리요령

종류(규격)		용도 및 정리요령
개방서가	3단	• 일반적인 사무 파일을 보관하도록 함. • 특별한 사유가 없는 한 대·중·소분류 코드 순으로 배열함. • 문서보관파일은 라벨 부착면이 앞을 향하도록 보관함. • 도서류는 지정서가에 통합 보관함. • 개방서가는 일반 비품을 비치하지 않도록 함.
	5단	
밀폐서가	3단	• 밀폐서가는 문이 부착되어 있어 시건장치가 가능함. • 샘플, 물품자료, 부피가 큰 총무, 사무용품을 보관함. • 보안을 요하는 개인정보문서 또는 중요서류를 보관함. • CD함은 근무 중에는 책상 위나 PC 옆에 보관하여 사용하고 퇴근 시에는 밀폐서가에 보관하여 반드시 시건장치를 하도록 함.
	5단	
사무용품함		• 문방구, 양식류 등 총무, 사무용품을 통합 보관하도록 함. • 총무, 사무용품의 크기나 양에 따라 5단, 10단을 병행 사용함. • 개인 책상 위에 개별 비치할 수 없으며 반드시 일정 장소에 집중 배치하여 공동사용이 가능하도록 함. • 각 서랍 전면 라벨에 내용물명을 기재하며 한 서랍에 두 종류 이상 보관 가능하며 이때에는 반드시 라벨에 모두 기재하도록 함.

③ 사무작업관리

사무작업의 효율화를 위해서는 사무 간소화를 기해야 한다. 사무 간소화는 불필요한 작업을 제거하고 남는 작업들을 최선의 순서에 의하여 재배열하고 직원이 올바른 방법을 적용하도록 하여 모든 종류의 작업을 체계적으로 분석하는 것을 우선으로 한다. 사무수행에 있어서 부적합한 자료, 장비, 시간과 공간을 제거하고 최선의 방법과 절차를 적용하여 사무의 생산성을 올리도록 한다.

사무의 간소화를 위해서는 사무작업에 대한 연구가 선행되어져야 한다. 사무실과 작업방법, 절차, 사무내용에 대하여 조사·연구하여 생산성을 향상시킬 수 있는 활동방법을 연구

한다. 사무처리에 필요한 작업조건이나 동작 등에서 최선의 사무방법을 찾아내어 개선하고 표준화한다. 또한 사무량을 계량적으로 측정해서 표준 사무시간을 설정해 둔다. 이러한 사무 측정의 결과를 토대로 사무 능률 향상에 영향을 줄 수 있는 사무의 내용, 방법, 절차를 분석하여 효율적인 사무작업에 대한 지속적인 관리를 실시한다.

(2) 안전관리

① 위험요인 관리

장기요양기관에서의 위험관리는 대상 노인을 케어함에 있어 부정적인 결과를 최소화하기 위한 노력으로 미리 예방하는 적극적인 자세가 필요하다. 장기요양기관에서의 위험 요인에는 낙상, 감염, 위험물품, 약물사고, 기타 안전사고를 들 수 있다.

낙상은 노인에게 있어 가장 중요한 문제임으로 서비스 제공 시 특히 유념해야 한다. 거주하고 있는 환경에 대한 낙상위험 여부를 확인하고 노인의 신체적인 요인을 파악하여 낙상위험으로부터 예방하는 자세와 노력을 기울여야 한다. 복도, 화장실, 거실 등 통상 이용하는 설비와 문턱, 손잡이, 바닥 미끄럼 등 낙상위험 요인이 있는지 조사하고 서비스 제공 시 이를 개선할 수 있도록 조치를 취하여야 한다. 또한 이동을 할 때 안전한 보조기구를 사용하고 안전을 위한 호출장치를 마련하거나 가족에게 낙상예방교육을 실시하여 직원 부재 시 사고위험으로부터 예방하도록 한다.

면역기능의 감소, 영양결핍, 만성질환으로 인해 감염에 걸릴 위험성이 높은 노인을 돌보는 것으로 폐렴과 요도감염, 감염된 욕창 등과 같은 하부 호흡기계 감염, 비뇨기계 감염, 피부와 점막 감염 등이 발생하지 않도록 위생관리 및 환경관리를 하도록 해야 한다. 기관은 감염관리에 대한 지침을 마련하고 이를 직원들에게 알리도록 해야 한다. 직원교육으로 강사를 섭외하여 감염관리 교육도 실시하며 노인의 감염방지 및 직원의 감염관리에 각별히 신경을 쓰도록 한다.

근무 중 사용할 수 있는 위험물품에 대한 사용 시에는 세심한 주의가 필요하다. 알코올, 과산화수소, 요오드 생산물, 머큐리, 표백제 등은 잠재적 위험요소가 된다. 사용한 후에는 반드시 지정장소에 보관하고 유해물질에 대한 표시를 명확하게 해 두어야 한다.

노인의 약물사용에 있어서도 직원의 관리를 요한다. 약물의 대사는 간을 통해 이루어지는데 노인은 간혈류 정도와 간효소 활동이 감소하여 약물의 혈장농도를 증가시키며 신장 기능의 감퇴로 약물배설이 느리게 진행되어 약물중독의 위험이 크다. 대개 여러 가지 질병으로 다량의 약물을 복용하는 경우가 많으므로 노인에게 처방된 약물을 제시간에 정해진 양을 드실 수 있도록 세심한 관찰과 약물복용관리가 필요하다.

낙상, 감염 등에 의한 사고 이외에도 서비스 제공 도중 예기치 못한 사고가 발생할 수 있다. 부축하다가 부상을 입거나 목욕물의 온도 조절 실패로 화상을 입는 등 사고가 일어날 경우에는 기관에 신속하게 보고하고 적절한 처리를 하도록 하여야 한다. 그리고 치매노인의

경우에는 여러 돌발 상황이 일어남으로 기관장, 사회복지사, 간호사 등과 의논하여 대처하
도록 하며 응급상황이 발생할 경우에는 우선순위에 맞게 응급처치를 제공하고 응급처치를
할 수 없거나 의료진에게 보고할 수 없는 상황인 경우에는 신속하게 119 구조대에 연락하여
가까운 의료기관으로 대상자를 옮기도록 조치한다.

② 직원안전관리

직원의 안전관리는 사고의 예방과 사고로부터 초래될 수 있는 개인적인 손상이나 경제적
인 손실을 경감하는 것으로 요양보호사가 의무적으로 고용되는 장기요양기관에서는 「근로
기준법」에 근거하여 직원의 기본적인 생활을 보장·향상시키고 관리의 효율성 및 민주성을
기하여야 한다. 직원의 안전과 건강을 지키는 것은 기관이 해야 할 당연한 의무로써 직원의
안전관리와 관련하여 법적인 보호를 해 주어야 한다. 법적 보호에는 산업안전보건법, 산업
재해보상보험법, 성추행으로부터 보호와 관련한 남녀고용평등과 일가정양립지원에 관한
법률(14조의2)과 성폭력범죄의 처벌 및 피해자보호 등에 관한 법률이 있으며 민간보험으로
는 배상책임보험, 상해보험이 있다.

2) 물품관리

(1) 목적 및 범위

물품관리는 업무수행을 위해 사용하는 물품을 효율적으로 관리하여 취급 및 보관 등의 업
무를 원활하게 수행하는 것을 목적으로 한다. 물품의 정의는 현금 및 제예금, 유가증권 및
부동산 이외의 것으로 비품 및 소모품을 말한다. 물품의 적정한 사용과 처분을 도모하기 위
하여 물품을 사용과 처분의 목적에 따라 기능별, 성질별, 기관별, 물품별로 분류할 수 있는
데 여기에서는 비품, 소모품, 도서, 소프트웨어로 분류한다.

비품은 그 품질현상은 변하지 아니하고 비교적 장기간 사용할 수 있는 물품으로 내구성
있는 사무기기 등 집기류를 포함하여 비품으로 본다. 전화설비(무선전화기, 인터폰 등), 경보
설비(비상경보기, 비상경보수신기 등), 음악설비(마이크, 스피커, 엠프, 녹음기 등), 전원설비(청소
기, 환풍기, 선풍기 등), 가구장치(사무용책상, 의자, 캐비닛 등) 등으로 비품을 분류한다. 소모품
은 그 품질이 사용됨으로써 소모되거나 파손되기 쉬운 물품을 말한다.

기관은 보유하고 있는 비품, 소모품, 도서, 소프트웨어를 분류표를 제작하여 구분해 두고
관리대장을 마련하여 관리하도록 한다.

(2) 물품관리자와 출납원

시설의 물품관리는 기관의 장이 하며, 경우에 따라 소속직원에게 물품관리에 관한 사무를
위임할 수 있다. 물품의 출납보관을 위하여 소속직원 중에서 물품출납원을 지정한다. 물품

관리자와 물품출납원은 선량한 관리자의 주의로써 사무에 종사하여야 한다.

　물품출납원은 기관의 장이 직원 중에서 임명하며 물품출납원은 물품의 출납과 보관 및 재물조사에 관한 사무를 담당한다. 물품관리자는 기관의 사무국장 또는 부장(관리직원)이 되며 사무 또는 사업의 목적과 용도에 따라서 사용하거나 사용 중인 물품의 관리에 관한 사무를 담당한다. 물품관리에 관한 제도와 사무를 정비 통일하고 물품의 증감과 현재액을 명백히 하며 또한 관리에 대하여 필요한 조정을 하여야 한다. 또한 물품관리의 적정을 기하기 위하여 물품출납원으로부터 그 소관에 속하는 물품의 상황에 관한 보고를 받거나 소속직원으로 하여금 실지감사를 행하게 하며 관리전환 등의 기타 필요한 조치를 할 수 있다. 물품관리자와 물품출납원은 재정 보증이 필요하다.

(3) 물품관리

　물품구입 및 출납, 관리는 대체적으로 다음과 같은 절차로 이루어진다.

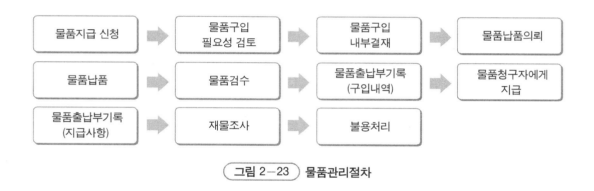

그림 2－23　물품관리절차

① 물품지급 신청

　물품을 필요로 하는 부서 또는 직원이 물품지급을 요청하는 내부결재(또는 물품지급청구서)를 작성하여 결재를 득하여야 한다. 지급신청을 할 경우에는 물품청구인은 현재 물품유무를 파악하고 예산계획을 확인하며 청구물품에 대한 시장조사를 통해 사용에 적합한 물품을 선택하여 지급신청을 하여야 한다.

② 물품구입 필요성 검토

　물품을 청구하는 사람은 물품출납원의 협조를 얻어야 하는데 이때 물품출납원은 현재 보관중인 물품의 유무를 확인하여 보관중인 물품이 있다면 그것을 우선 지급하되, 당해 물품이 없다면 필요성과 예산, 우선순위 등을 고려하여 구입한다.

③ 물품구입 내부결재

　물품을 외부로부터 구입해야 할 경우 물품구매 담당자는 물품구입 내부결재를 얻어야 한다. 일반적으로 시장조사를 실시하는데 조달청 가격 또는 여러 개소의 견적을 받아 저렴한 가격으로 구입할 수 있도록 한다. 시설공사의 경우에는 일반경쟁계약, 제한경쟁계약, 지명경쟁계약, 수의계약 중 하나를 선택하여야 한다. 경쟁계약을 하고자 할 경우 담당자는 어떤 방법을 선택할 것인지에 대해 결재를 받아 두어야 한다.

④ 물품납품의뢰

여러 개소의 견적서를 비교하여 가장 저렴한 가격의 물품을 청구하고 약속된 기간 내 물품을 납품하도록 통보한다.

⑤ 물품납품 및 검수

청구한 물품이 납품되면 담당자는 해당 물품인지 내역을 확인하고 검수조서를 작성하여 보고한다. 계약에 의한 물품구입의 경우 계약담당자는 계약상대자가 계약의 이행을 완료한 때에는 그 이행을 확인하기 위하여 계약서, 설계서, 기타 관계서류에 의하여 스스로 필요한 검사를 하여야 한다. 또한 전문적인 지식 또는 기술을 필요로 하거나 기타 부득이한 사유로 직접 검사를 할 수 없을 때에는 전문기관 또는 기술자로 하여금 필요한 검사를 하게 할 수 있다. 단 계약금액이 2천만원 이하의 계약인 경우, 매각 계약의 경우, 전기, 가스, 수도의 공급계약 등 그 성질상 검사 조서의 작성을 요하지 아니하는 경우에는 검사조서의 작성을 생략할 수 있다.

⑥ 물품출납부 기록

구입한 물품은 해당하는 물품대장(비품대장, 소모품대장, 도서대장, 소프트웨어대장)에 기록한다. 물품출납원은 구입 즉시 기재하여 구입물품의 누락이 발생되지 않도록 하며 물품명, 물품수량, 납품가격, 구입처 등을 알 수 있도록 기록해 둔다.

⑦ 물품청구자 지급

물품대장에 구입된 물품을 등록시킨 후 물품청구자에게 지급하는데 물품 수령자는 수령을 확인하는 표시로 물품대장(비품대장, 소모품대장 등)에 직접 서명하고 중요한 비품 등 필요한 경우 사용자의 보관증을 받을 수 있다.

⑧ 재물조사

물품 구입 및 사용을 하면서 수시로 물품을 관리하지만 물품 보존 상태를 파악하기 위해 기관에서는 연 1회 이상 재물조사를 실시하여야 한다. 재물조사는 물품관리자의 지시에 따라 물품출납원과 그 외 소속직원이 담당할 수 있으며 재물조사를 실시한 후에는 재물조사표를 작성하여 부착한다. 재물조사표에는 품명, 비품번호, 조사일, 담당자, 기관명 등이 표시되어야 한다. 〈표 2－46〉은 재물조사표의 예시다.

표 2－46　재물조사표

20　　　년　정기재물조사필	
품명	
비품번호	
운용부서	
관리(정)	
관리(부)	
조사자	
조사일자	
○ ○ ○ 노인복지센터	

⑨ 불용품 처리

물품관리자는 물품 중 그 사용이 불가능하거나 수리하여 다시 사용할 수 없게 된 물품이 있을 때에는 그 물품에 대하여 불용의 결정을 하여야 한다. 불용품의 처분방법에는 매각하거나 무상양여, 폐기할 수 있는데 불용품을 폐기할 경우에는 불용품폐기조서목록을 작성한다.

비품을 폐기 처리하는 경우는 다음과 같은 경우에 해당하며 이를 물품관리자에게 보고하여 처리과정을 거친다. 비품 중 장기사용으로 마모, 손괴 등으로 수리하여도 그 본래의 사용목적에 이용하지 못하게 될 경우, 수리 대상물의 예상 수리비용이 구입가격의 80% 이상에 해당하는 금액일 때 폐기를 결정한다.

⑩ 이동 및 이관, 대여

비품의 경우 물품관리자의 승인을 얻어 이동 및 이관, 대여할 수 있는데 사정에 따라 비품을 부서 간에 이동·이관을 할 때는 사전에 승인을 받아야 한다. 이동·이관 작업이 완료되면 즉시 비품대장에 현황을 수정하여야 하며 대여 시에는 물품대여대장에 이를 작성하여 물품파손 및 반납여부 등을 파악하여 비품을 관리한다.

비품수리를 요할 때에도 물품관리자에게 이를 보고하고 수리·의뢰를 실시하며 수리현황을 비품대장에 작성하여 관리하도록 한다.

⑪ 손망실 및 변상

비품을 망실, 훼손시켰을 경우 사용자는 그 사유를 12시간 내 물품관리자에게 손망실 보고를 한다. 발생부서의 관리책임자는 담당 물품의 관리에 관련된 자의 보고서에 의견을 기록 날인하여 2일 이내에 통제책임자에게 보고한다.

　기관의 물품을 고의 또는 과실로 훼손 또는 망실한 자는 그 손해를 변상하여야 하는데 변상액은 망실품의 경우에는 그 물품의 미상각잔액으로 하며, 훼손품의 경우에는 수리 가능품은 수리 후 결함없이 사용할 수 있도록 복원하는 비용 전액을 부담하고, 수리 불가능품의 경우에는 그 물품의 미상각잔액에서 훼손품의 처분으로 생기는 처분가액을 공제한 가액을 부담한다. 변상이 확정되면 그 날로부터 7일 이내 변상하여야 하고 변상방법은 물품관리자와의 협의를 통해 결정하도록 한다. 직원은 기관의 물품을 망실하거나 훼손하는 일이 없도록 각별히 신경을 쓰도록 한다.

(4) 소프트웨어 물품관리

　소프트웨어 관리의 목적은 기관이 보유한 소프트웨어를 효율적으로 관리하기 위하여 필요한 사항을 정하기 위함이다. 소프트웨어는 컴퓨터시스템에서 작업을 수행하기 위하여 사용되는 프로그램을 말하는데 저작권의 일종으로서 관리에 속한다. 물품관리에서 국가기관이 구매, 리스, 관리전환, 기증 등의 방법으로 취득·운용하고 있는 정보 소프트웨어와 사이트 라이센스 소프트웨어, 번들 소프트웨어는 제외한다.

　번들 소프트웨어를 제외한 사이트 라이센스 소프트웨어와 정본 소프트웨어를 대상범위로 관리하는데 여기에서 정본 소프트웨어는 구매하는 수량만큼 소프트웨어의 매체가 공급되는 소프트웨어를 말하며, 번들 소프트웨어는 컴퓨터에 탑재되어 공급되는 소프트웨어로서 컴퓨터와 수명 주기를 같이하는 소프트웨어를 말한다. 사이트 라이센스 소프트웨어는 소프트웨어의 사용권을 가지는 사용자의 수를 정하여 공급되는 소프트웨어이다.

　취득한 소프트웨어의 장부금액은 기준 유통가격으로 하여 관리하고 무상 성능향상판이 공급되거나 소프트웨어가 손상되었을 때에는 즉시 해당 소프트웨어의 성능을 향상시키거나 복원 등의 조치를 취하여야 한다. 사용연한은 구매한 소프트웨어와 수증 받은 소프트웨어는 계약 또는 수증 조건에 의한다. 컴퓨터를 폐기할 때에는 사용 가능한 정본 소프트웨어를 회수하여야 하며 사용할 필요가 없거나 사용할 수 없는 소프트웨어에 대하여는 불용의 결정을 하여야 한다. 이때 사용할 수 없는 소프트웨어는 폐기하도록 한다.

3) 차량관리

　장기요양기관의 차량 및 직원의 통합관리에 관한 세부사항을 마련하여 효율적이고 합리적인 물적 및 인적 관리를 도모하고 차량의 안전운행과 업무활용을 극대화하도록 한다. 차량은 기관의 사업수행을 위해 관리·운행하는 기관 소유로 등록된 차량으로 차량관리대장을 작성해두어야 하며 차량등록증과 함께 보관한다. 필요한 경우에는 기관장이 직원의 차량 중 적합한 차량을 지정하여 관리·운행하도록 할 수 있으며 지정된 차량은 관련유지비를 지급하도록 한다.

  지정된 기관차량은 업무 이외의 용무로 사용하지 않도록 하며 다른 일반차량과 구별하기 쉽게 차량 앞면 우측 상단과 뒷면 유리 중앙 하단에 기관 표시판을 탈·부착하기 쉬운 것으로 제작하여 차량에 부착한다. 가급적 차량의 색상은 노약자보호색인 노란색으로 하는 것이 좋다. 차량의 색상이 노란색이 아닐 경우에는 차량표시판의 색을 노란색으로 한다.

표 2-47 차량표시판

(마크) 노인장기요양보험 장기요양기관 **어르신보호차량** ○○○노인복지센터/전화번호	─바탕색: 노랑색(어린이·노약자보호색) ─글씨색: 검정색

  차량운행의 자격은 운행일 현재 인사규정에 의거하여 직원의 신분을 유지하고 있는 자로서 1종 또는 2종 보통 이상 운전면허증을 소지한 자로 제한한다. 다만, 차량이 가입된 자동차보험에서 연령을 제하는 경우 그에 해당하는 직원은 운전을 할 수 없으며 차량 담당자는 정·부를 각각 선임하여 책임감을 갖고 차량관리를 할 수 있도록 한다. 담당직원 '정'은 중간관리자로 정하며 차량운행계획 수립 및 조정, 차량관리상태 지도 및 점검을, 담당직원 '부'는 운전원으로 차량운행계획 및 공지, 차량의 운행, 수시 점검, 정기검사, 유류의 수불, 차량 관련 서류의 작성을 실시하여 차량관리 및 보관, 운영전반에 관한 사항을 관리하도록 한다.

  업무용으로 차량을 운영하는 담당직원 외 모든 직원은 차량운행일지를 작성하도록 한다. 차량운행일지에는 사용자, 사용목적, 운행지역 및 장소, 운행시간 등을 기재하여 차량을 사용할 직원에게는 차량사용 계획을 세울 수 있도록 하는 등 차량관리를 가능하게 해 준다.

  차량의 신규 구입 및 교체는 기관에서 집행하고 반드시 차량보험에 가입하고 운행하여야 하며 차량보험 계약사항을 기관용 또는 업무용으로 명시한다. 직원과 대상자에 대한 안전사고 발생 시 보험혜택이 가능하도록 조치하여야 하며 항상 직원과 대상자의 안전을 위해 안전운행과 교통법규 위반에 대한 안전교육을 철저하게 한다.

  차량을 운전할 직원이 반드시 지켜야 할 사항으로는 음주상태에서 운전을 해서는 안되며 직무수행에 필요한 사항 이외의 잡담을 하거나 운전 중 불필요하게 차량을 이탈해서는 안된다. 또한 타인에게 차량을 운전하게 하거나, 제동장치나 비상조치를 취하지 않고 차량을 이탈하거나, 차량열쇠를 차량에 둔 채 차량을 이탈하거나, 직무수행 이외의 장소로 변경 운행하거나, 기관장에게 허락없이 업무시간 외에 운전을 하거나 차량운행 시 교통법규위반 및 사고가 발생하는 행위를 해서는 안된다.

  유류비는 기관 인근의 주유소를 선정하여 차량운행에 불편함이 없도록 하고 유류 전용카드 등을 활용하는 것도 좋은 방법이다. 차량운행의 편리를 도모하기 위하여 일정한 장소에 주차공간을 확보하거나 지정해 두고 운행시간 경과 후에는 지정장소 및 차고시설에 보관하도록 한다. 기관차량의 안전운행을 위해서는 담당직원은 차량을 수시로 정비·점검하여야 하며 기관장은 이를 확인하여 필요한 조치를 강구하여야 한다. 차량의 일일점검결과 자체 기술로 정비가 불가능하거나 사고로 운행이 정지되었을 때, 기타 차량 성능 향상을 위하여 수리가 요구될 때는 운행을 중단하고 차량정비를 받도록 한다.

운전 중 사고가 발생할 경우 관리책임자 또는 기관장에게 즉시 보고하여야 하며 기관장의 지시에 따라 조속한 처리를 하도록 한다. 사고발생 일시 및 장소, 사고발생 시의 상황과 원인, 피해 및 사상자에 대한 조치, 피해자·가해자의 인적사항, 사상자의 인적사항, 기타 조치 및 요구사항을 파악하고 이를 구두 또는 서면(기관양식 또는 일반양식)으로 보고한다.

차량관리 책임자 또는 담당자는 차량운행 및 관리에 관한 차량관리대장, 차량운행일지, 차량정비대장, 유류수불대장, 차량점검대장을 비치하여 기록관리하여야 한다. 차량운행일지는 차량을 사용하는 직원이 운행 시 양식에 의거하여 직접 기록하고 차량관리자 또는 책임자가 일일 업무마감 시 정리하여 보고한다.

4) 서비스 이용지원

서비스 이용지원은 서비스를 보다 적절히 이용할 수 있도록 지원하는 다양한 활동이다. 대상자가 장기요양서비스를 이용하는 데 있어 불편이 없도록 원하는 내용을 원하는 만큼 제공하는 것으로 가능한 오랫동안 가정에서 지속적인 생활이 가능하도록 지원해야 한다. 서비스 이용지원은 대상자가 적절한 장기요양서비스를 제공받을 수 있도록 상담, 정보제공, 안내를 실시하고 지역사회 자원 활용 및 네트워크 관리로 구성된다.

(1) 대상자와 기관과의 관계

기관은 대상자의 욕구와 선택을 존중하여 종합적인 급여가 제공되는 이용자 중심의 서비스를 제공하도록 지원하여야 한다. 기관은 노인 및 노인 가족 수발자를 지원하여야 한다. 수발자들의 신체적·심리적·사회적 부담을 경감하여 줌으로써 노인을 위한 계속적인 보호를 제공할 수 있도록 도와야 한다. 대부분의 수발자에게 있어서 요양보호사는 일상생활의 일부다. 특히 사회복지사와 요양보호사는 수발자를 심리적으로 지지하는 방법을 알아야 하며, 반대로 그들에 의해서 지지되는 방법 또한 알아야 한다. 즉, 서비스 제공자와 수급자 간의 관계의 중요성을 인식하고, 효과적인 의사소통을 통하여 이들의 관계를 잘 활용하는 것이 이용 대상자에게 유용하다.

(2) 대상자와 지역사회 자원 활용

서비스를 이용하고 있는 대상자들은 현재 거주하고 있는 지역사회에서 친척, 친구, 이웃 등과 관계를 맺고 있다. 노인의 삶은 지역사회의 이웃들과 잘 통합되어진다면 더욱 풍요로울 것이다. 이러한 관계를 계속적으로 유지하고 강화할 수 있도록 도와야 한다. 또한 현재 서비스를 이용하고 있지는 않으나, 이용할 욕구를 잠재적으로 지니고 있는 대상자들도 지역사회가 제공하는 서비스를 인지하고 필요한 경우에 이용할 수 있도록 홍보하고 지원하여야 한다.

(3) 지역사회 자원망 관리

기관은 대상자를 지지할 수 있는 지역사회 자원망을 파악하고 효과적인 의사소통을 통하여 협력관계를 증진할 수 있어야 한다. 서비스를 이용하는 대다수의 노인들은 요양보호사 이외에 가정방문간호, 식사배달, 의원·병원 등 지역사회의 다양한 서비스를 이용하고 있을 수 있다. 따라서 노인에게 제공되는 서비스들 간의 연계성이 확보되어야 한다. 이들 가운데 요양보호사는 기관의 대상자 가정방문에 대한 정기적인 보고를 통하여 노인을 위한 서비스 제공 관련정보를 기록하고 관리함으로써 다른 노인 관련기관들과의 관계망을 형성할 수 있는 중심이 될 수 있다. 특히 이용 대상자와 주 수발자인 가족 그리고 기타 지지적 서비스를 고려하여 사례를 점검하는 것은 협력적인 관계망을 형성하기 위한 기본 과업이 될 수 있다.

지지적 서비스를 제공하기 위해서는 지역사회에 있는 복지서비스 체계 등과의 연계를 실시해야 한다. 우선 대상자에게 필요한 복지서비스를 제공하기 곤란한 경우 아래에 열거된 각종 복지서비스체계 및 행정기관과 연계하여 대상자가 적절한 복지서비스를 제공받을 수 있도록 노력해야 한다.

지역사회 자원

- 일선 행정기관을 통한 사회복지 전문요원
- 지역 내 보건소, 국·공립병원, 민간 병·의원 등 의료기관
- 사회복지수용시설(아동, 노인, 장애인, 여성, 정신질환자, 부랑인 등)
- 이용시설은 각종 복지관(아동, 청소년, 노인, 장애인, 여성 등)
- 재활기관 및 시설(자립서비스, 재활훈련, 교육상담 등)
- 전문상담기관(알코올, 치매, 중풍 기타 관련 심리상담 등)
- 지역 내 종교단체, 기업, 학교, 상조회, 부녀회 등 각종 사회단체(봉사단체 포함)
- 사회복지정보센터(사회복지협의회 부설)
- 기타

---

5) 업무총괄

― 일반관리의 업무총괄에서는 업무내용의 구성(Flow chart)에 따라 직무내용을 분류하고 세부업무내용을 간략하게 제시하였으며, 업무내용에 적합한 업무 부서를 '●'로 표시하였다. 업무부서는 관리책임, 관리실무, 요양보호, 행정사무로 나누었으며 이는 일반적인 구분으로 기관의 인력사항과 조직구조에 따라 업무 부서를 달리 구성할

수 있다. 또한 업무내용에 적합하다고 판단되는 업무 부서를 기관장이 임의로 조정
할 수 있으므로 여기에서 제시한 업무총괄표를 참고하여 업무분장을 하는 데 활용하
도록 한다.

 －일반관리의 업무내용은 크게 시설환경관리, 물품관리, 차량관리, 서비스 이용지원으
로 나누어 직무내용과 세부내용을 제시하였으며 세부내용 중에는 담당해야 하는 업
무가 공통 업무이거나 고유 업무인 경우가 있음을 밝혀둔다. 공통 업무와 고유 업무
의 기준은 업무내용에 따라 기관장의 재량에 의해 탄력적으로 조정될 수 있다.

표 2－48　업무총괄표

구분	내용	담당자				비고
		관리 책임	관리 실무	요양 보호	행정 사무	
시설환경관리	사무실 배치 및 물품 확보	●	●			
	사무실 정리정돈		●		●	
	사무실 청결유지		●		●	
	사무용품 배치		●		●	
	이면지 보관 및 관리		●		●	
	서류 및 파일 보관 및 관리		●		●	
	서가 라벨 부착 및 관리		●		●	
	서가별 사용 용도 및 정리요령 작성		●			
	사무작업 측정	●	●	●	●	
	사무작업 관리		●			
	위험요인 파악 및 관리	●	●			
	위험요인 예방교육		●	●	●	
	위험요인 발생 대처		●	●		
	직원안전사고 관리	●	●			
	직원안전사고 예방 및 교육		●	●	●	
물품관리	물품분류 및 관리	●	●			
	물품배치	●	●			
	물품지급신청				●	
	물품구입 결재	●	●			
	물품구입				●	
	물품납품 및 검수				●	
	물품관리대장 기록				●	
	물품출납		●	●	●	
	물품출납 관리				●	

	물품 재물조사				●	
	불용품 처리 및 기록관리				●	
	물품이동 관리		●			
	물품 손망실 관리				●	
	소프트웨어 물품분류 및 관리		●			
	소프트웨어 물품대장 기록				●	
	소프트웨어 손망실 관리				●	
	소프트웨어 물품 폐기		●			
차량관리	차량관리대장 관리				●	
	차량상태 점검 및 정비(검사)				●	운전원
	차량운행					운전원
	차량보험관리				●	
	차량유류관리				●	운전원
	차량관리대장 기록				●	운전원
서비스 이용지원	서비스 이용지원상담 및 정보제공		●	●		
	서비스 이용지원 상담기록		●	●		
	서비스 이용지원 관련회의		●	●		
	지역사회자원 조사		●			
	지역사회자원 연계		●			
	지역사회자원 관리		●			

6) 업무서식

일반관리에 필요한 업무서식을 다음과 같이 목록으로 작성하고 간략한 설명을 통해 이해를 돕고자 하였다. 일반관리의 업무서식 총 13종에 대한 서식의 실례를 서식번호 순으로 나열하였으므로 업무수행 시 활용하도록 한다.

일반관리를 위해 제시된 업무서식을 운영자가 보다 편리하게 사용할 수 있도록 업무서식의 중요도를 상·중·하로 표시하였다. 이를 참고하여 기관의 사정에 따라 적절하게 선택 또는 수정·변경하여 사용하도록 한다.

서식 번호	중요도	서식명	내용
6-01	상	비품관리대장	물품관리규정에 의한 비품에 대해 관리번호를 부여하고 품명, 규격, 수량, 단가, 구입일자, 수입별 구분, 사용처 등을 기재함.

6-02	상	소모품 관리대장	물품관리규정에 의한 소모품에 대해 관리번호를 부여하고 품명을 작성한 후 소모품별로 구입일자, 적요(규격, 모델명 등), 단가, 수량, 확보내용(구입, 후원, 확보처)을 기재하고 출고 시 출고일자, 수량, 잔고, 출고자, 사용처를 기재함.
6-03	상	소모품 색인목록	소모품별 관리번호, 품명, 규격을 작성하여 목록화함.
6-04	중	도서 관리대장	도서의 관리번호를 부여하고 도서명, 저자명, 출판사, 출판연도, 확보내용(구입, 기증), 보관장소, 상태 등을 기재함.
6-05	중	소프트웨어(S/W) 관리대장	소프트웨어프로그램 관리번호, 프로그램명, 구성, 수량, 단가, 구입일자, 확보내용(구입, 기증), 보관장소, 상태 등을 기재함.
6-06	중	물품망실신고서	망실된 물품에 대해 품명, 규격, 수량, 금액 등을 기재하고 신고일자를 작성하여 결재를 득함.
6-07	중	비품폐기대장	폐기비품의 비품번호, 품명, 규격, 수량, 구입가격, 구입일, 폐기일 등을 기재하고 폐기사유를 간략하게 작성 한 후 물품사진을 첨부하여 결재를 득함.
6-08	중	불용물품 폐기조서 목록	불용으로 인해 폐기되는 비품에 대해 비품번호, 품명, 규격, 수량, 취득연월일, 폐기연월일, 확인자 등을 기재함.
6-09	상	차량관리대장	기관등록 차량의 차량번호, 등록일자, 차종, 연식, 차대번호, 배기량, 보험사명, 보험종류, 보험기가, 보험료(원)을 기재함.
6-10	상	차량운행일지	운행차량의 차량번호, 운전원(관리자) 그리고 운행거리, 유류사용량, 보급량을 전일누계, 금일계, 금일누계로 기재하고 일일 사용자, 탑승자(인원), 용무, 목적지, 경유지, 운행거리, 운행시간(출발, 도착)을 작성한 후 관리자 또는 상급 보고자의 확인을 득함.
6-11	상	차량점검일지	점검일자, 차량번호, 차종(연식), 점검자, 구입일자, 검사일자를 기재하고, 점검내용으로 15가지 점검사항에 대한 점검결과, 조치사항을 작성함.
6-12	상	차량정비대장	차량번호, 차종(연식), 종합보험기간, 책임보험기간, 구입일자, 검사일자를 기재하고 정비내용은 월일, 수리품목, 세부수리내용, 수리비내역, 정비업체를 작성함.
6-13	상	유류수불대장	월일, 사용부서, 차량번호, 수령량, 불출량, 잔량, 수령자를 기재하고 결재를 득함.

서식 6-01　비품관리대장

중요도: ⓢ

비품관리대장

_____ 년도

관리 번호	품명	규격	수량	단가	구입 일자	수입별		사용처	비고
						구입	기증		

○○○노인복지센터

서식 6 – 02 **소모품 관리대장**

중요도: (상)

소모품 관리대장

관리번호									품명				

구입일자	적요	단가	수량	확보내용			출고		잔고	출고자	사용처
				구입	후원	확보처	일자	수량			

○ ○ ○ 노인복지센터

중요도: ㈑

소모품 색인목록

관리번호	품명	규격	비고	관리번호	품명	규격	비고

○○○노인복지센터

서식 6-04 **도서 관리대장**

도서 관리대장

_____ 년도

관리 번호	도서명	저자명	출판사	출판 연도	확보내용		보관 장소	상태	비고
					구입	기증			

○○○노인복지센터

서식 6─05　소프트웨어(S/W) 관리대장

중요도: ⓒ

소프트웨어(S/W) 관리대장

_____ 년도

관리 번호	S/W 프로그램명	구성	수량	단가	구입 일자	확보내용		보관 장소	상태	비고
						구입	기증			

○○○노인복지센터

서식 6-06 물품망실신고서

중요도: 중

물품망실신고서

결재	담당	팀장	센터장

다음과 같이 망실되었기에 보고합니다.

품명	규격	수량	금액	비고
망실사유				

20   년   월   일

○ ○ ○ 노인복지센터

중요도: 중

비품폐기대장

비품번호	품명	규격	수량	구입가격	구입일	폐기일	비고

폐기사유

물품사진

불용물품 폐기조서 목록

중요도: ㈜

불용물품 폐기조서 목록

비품번호	품명	규격	수량	취득연월일	폐기연월일	확인자	비고

○○○노인복지센터

　　　　　　　　중요도: ⑧

차량관리대장

번호	등록일자	차량번호	차종	차대번호	보험사명	보험종류	보험기간	비고
			연식	배기량			보험료(원)	

○○○노인복지센터

중요도: ⓢ

차량운행일지

결재	담당	팀장	센터장

20 년 월 일(요일)

차량번호	운전원(관리자)	운행사항		유류사용사항		비고
		구분	운행거리(km)	사용량(ℓ)	보급량(ℓ)	
		전일누계				
		금일계				
		금일누계				

사용자	탑승자(인원)	용무	목적지	경유지	운행거리(km)	운행시간		확인자
						출발	도착	

○○○노인복지센터

서식 6-11   차량점검일지   중요도: ⑨

차량점검일지

20 년 월 일(요일)

차량번호			차종(연식)		
점검자		구입일자		검사일자	

점검내용					
번호	점검사항		점검결과	조치사항	비고
1	핸들 조향상태				
2	브레이크 작동상태				
3	주차(사이드) 브레이크 작동상태				
4	엔진오일 상태				
5	브레이크액 상태				
6	미션오일 및 파워스티어링 오일 상태				
7	냉각수 보충 상태				
8	배터리 상태				
9	엔진시동 상태				
10	카브레타 상태				
11	타이어 공기압 및 마모상태				
12	변속(기어)장치 상태				
13	자동차문 등 차체 상태				
14	각부의 누설개소 상태				
15	정비 및 청소공구 보유상태				

○○○노인복지센터

서식 6-12　**차량정비대장**

중요도: ⑧

차량정비대장

차량번호			종합보험기간		
차종(연식)			책임보험기간		
구입일자			검사일자		

월일	수리품목	세부수리내용	수리비내역			정비업체	확인자
			수량	단가	금액		

(정비내용 — 위 표의 상단에 표기됨)

○○○노인복지센터

중요도: 상

유류수불대장

20　　　년도

월일	사용부서	차량번호	수령량	불출량	잔량	수령자	결재		
							담당	팀장	센터장

○○○노인복지센터

제 / 3 / 장
방문요양기관의 평가

1. 방문요양기관의 평가지침

2. 방문요양기관의 평가 준비사항

방문요양기관의 평가지침

1) 평가지표

대분류	중분류	소분류	연번	평가대상	평가요소	항목	점수
기관 운영	기관관리	운영원칙 및 체계	1	기관	급여제공 지침	기관은 급여제공을 위한 지침을 마련하고 비치합니다.	1
			2	기관	인계인수	기관은 급여제공직원 변경시 인계인수를 합니다.	1
			3	기관	자격요건	기관의 직원은 업무수행에 필요한 자격증을 가지고 있습니다.	1
	인적자원 관리	인력운영	4	기관	간담회	기관은 급여제공직원과 간담회를 매월 실시합니다.	2
			5	기관	경력직	기관전체 직원대비, 1년 이상 근무한 직원의 비율은 적정합니다(단, 시설장은 제외).	2
		직원의 후생복지	6	기관	건강검진	기관은 직원의 건강검진을 매년 실시하고 있습니다.	1
			7	종사자	포상 (복지제도)	직원은 포상이나 복지 혜택을 받고 있습니다.	1
			8	기관	적정한 급여	기관은 급여제공직원에게 적정한 급여를 제공합니다.	1
			9	기관	근로계약	기관은 직원과 근로계약을 체결하고, 이에 따른 급여를 제공합니다.	2
			10	종사자	계약에 따른 급여	직원은 근로계약서에 명시된 급여를 받습니다.	1
			11	기관	4대보험	기관은 건강보험, 국민연금, 고용보험, 산재보험에 가입합니다.	1
		직원교육	12	종사자	신규교육	급여제공직원은 신규교육을 급여제공 전에 받습니다.	2
			13	기관	급여제공 교육	기관은 직원에게 급여제공에 필요한 내용에 대한 교육을 실시합니다.	3
			14	종사자	업무범위 교육	직원은 기관으로부터 업무범위 및 부당한 요구에 대처하는 교육을 받습니다.	1
	정보관리	개인정보 보호	15	기관	개인정보 보호	기관은 직원에게 개인정보보호에 대한 교육을 실시합니다.	1

질관리	기관의 질 향상	16	기관	질 향상 계획	기관은 자체평가 결과에 따라 질 향상 계획을 세우고 수행합니다.	2
환경 및 안전	위생 및 감염관리	위생관리	17	수급자	청결한 방	수급자 방은 청결합니다.	2
		18	수급자	취사공간	취사공간은 위생적입니다.	2
	시설 및 설비관리	급여장비	19	수급자	복장	급여제공직원은 급여제공자임을 표시하는 복장을 착용합니다.	1
	안전관리	안전상황	20	기관	낙상예방	기관은 급여개시 전에, 수급자의 낙상위험도를 파악합니다.	2
권리 및 책임	수급자 권리	수급자의 알권리	21	수급자	낙상예방 자료	낙상예방에 대한 설명을 듣고, 자료를 제공받습니다.	1
			22	수급자	수급자 상담	기관의 시설장(관리자)으로부터 방문상담을 받습니다.	3
			23	수급자	직원소개	급여제공직원이 바뀌는 경우, 급여제공 전에 새로운 직원을 소개받습니다.	1
		기관책임	24	수급자	급여계약서 제공	급여계약을 체결할 때, 급여제공과 관련된 사항(급여제공계획, 비용 등)에 대해 설명을 듣고 부본을 받습니다.	2
	기관책임	관리자의 무	25	기관	수급자 파악	기관의 시설장(관리자)은 수급자의 상태를 파악하고 있습니다.	2
			26	기관	직원관리	기관은 급여제공직원의 업무만족도 및 문제점을 파악합니다.	2
			27	기관	근무 현황표	기관은 급여제공직원의 근무현황표를 작성합니다.	2
		윤리적 운영	28	수급자	시간준수	급여제공직원은 급여제공 시간을 준수합니다.	3
		명세서	29	기관	명세서 발부	기관은 장기요양급여비용 명세서를 제공합니다.	2
			30	기관	본인 부담금	기관은 수급자(보호자)에게 본인부담금을 받습니다.	3
		배상	31	기관	배상책임 보험	기관은 배상책임보험에 가입합니다.	2
		정보제공	32	기관	재가급여 연계	기관은 수급자의 상태에 따라, 다른 재가급여도 이용할 수 있도록 합니다.	2
			33	기관	홈페이지 게시 및 수정	기관은 인력 및 시설 현황 등을 공단홈페이지에 게시하고, 변경 시 지체 없이 수정합니다.	1
	급여개시	욕구평가	34	기관	수급자상태 욕구평가	기관은 급여개시 전에 수급자의 욕구평가를 실시합니다.	4

급여 제공 과정	급여제공	급여계획	급여반영	35	수급자	욕구반영	수급자의 개별적인 욕구를 반영한 급여를 제공받습니다.	3
		급여제공 기록		36	기관	표준장기요양 이용계획서	기관은 급여계약체결시 표준장기요양이용계획서를 반영합니다.	3
				37	기관	체계적급여 제공기록	기관은 수급자별로 기록을 관리합니다.	2
				38	종사자	급여제공 후 기록	급여제공직원은 급여제공 후 즉시 급여제공기록지를 작성합니다.	2
				39	수급자	급여내용 설명	급여제공직원은 수급자에게 급여내용을 설명하면서 제공합니다.	2
		질보장		40	수급자	직원변경	급여제공직원이 바뀌어도, 이전과 비교하여 동일한 급여를 제공받습니다.	2
		수분섭취		41	수급자	수분섭취	탈수예방에 대한 설명을 듣고, 자료를 제공받습니다.	2
		배설도움		42	수급자	배변도움 자료	배변도움에 대한 설명을 듣고, 자료를 제공받습니다.	2
		욕창예방 및 관리		43	기관	욕창평가	기관은 급여개시 전에, 수급자의 욕창위험도를 파악합니다.	2
				44	수급자	욕창예방 자료	욕창예방에 대한 설명을 듣고, 자료를 제공받습니다.	2
				45	수급자	안전한 체위변경	급여제공직원이 체위변경(또는 이동)을 도울 때, 피부 등에 상처를 입힌 적이 없습니다.	3
		신체구속 및 학대		46	수급자	노인학대 예방자료	노인학대예방 및 노인보호 신고기관에 대한 설명을 듣고, 자료를 제공 받습니다.	1
				47	수급자	노인학대 방지	기관의 직원에게 노인학대나 부당한 대우를 받은 적이 없습니다.	1
		예방		48	수급자	관절구축 예방	관절구축 예방에 대한 설명을 듣고, 자료를 제공받습니다.	2
		기능향상		49	수급자	기능회복 훈련	신체기능 유지·향상을 위한 급여를 제공받습니다.	3
급여 제공 결과	수급자 상태	수급자 관리		50	수급자	구강상태	수급자의 구강상태는 양호합니다.	1
				51	수급자	신체청결 상태	수급자의 신체청결 상태는 양호합니다.	2
				52	수급자	상태호전	수급자의 신체적·정신적 상태는 급여제공 후 호전되었습니다.	2
	만족도 평가	만족도 평가		53	기관	실시 및 결과반영	기관은 수급자(보호자)에 대한 만족도 조사를 연 1회 이상 실시하고, 그 결과를 반영합니다.	3

2) 가중치

각 평가항목은 그 중요도에 따라 가중치를 두어 평가의 총점이 100점이 되도록 구성하였는데 그 구체적인 내용은 〈표 3-1〉에 자세히 나와 있다. 기관에서는 평가를 준비함에 있어 각 문항의 점수들을 참고하여 포기할 것은 포기하고 대비할 것은 대비하는 지혜가 필요할 것이다.

표 3-1 평가항목 분류표 및 가중치

대분류	중분류	문항 수	점수	계
총합계		53	100	100
기관운영	기관관리	3	3	
	인적자원관리	11	17	23
	정보관리	1	1	
	질관리	1	2	
	합계	16	23	23
환경 및 안전	위생 및 감염관리	2	4	
	시설 및 설비관리	1	1	8
	안전관리	2	3	
	합계	5	8	8
권리 및 책임	수급자 권리	3	6	25
	기관 책임	9	19	
	합계	12	25	25
급여제공과정	급여 개시	1	4	
	급여 계획	1	3	36
	급여 제공	14	29	
	합계	16	36	36
급여제공결과	수급자상태	3	5	8
	만족도 평가	1	3	
	합계	4	8	8

2 방문요양기관의 평가 준비사항

　　지난 7월 발표된 방문요양기관의 평가지침은 기관운영, 환경 및 안전, 권리 및 책임, 급여제공과정, 급여제공결과 등 6개 대분류, 총 53개 항목으로 구성되었다. 평가는 그 대상에 따라 기관, 종사자, 수급자 대상 평가로 나눌 수 있는데, 먼저 기관 대상 평가항목이 총 26개로 가장 많은 비중을 차지하며(50점, 49.06%), 다음으로 수급자 대상 평가항목 22개(43점, 41.53%), 종사자 대상 평가항목 5개(7점, 9.43%)로 구성되었다(〈표 3-2〉 참고).

표 3-2 평가대상별 평가지표 재구성

평가대상	연번(점수)	항목수/점수	비중
기관	1(1), 2(1), 3(1), 4(2), 5(2), 6(1), 8(1), 9(2), 11(1), 13(3), 15(1), 16(2), 20(2), 25(2), 26(2), 27(2), 29(2), 30(3), 31(2), 32(2), 33(1), 34(4), 36(3), 37(2), 43(2), 53(3)	26/50	49.06%
종사자	7(1), 10(1), 12(2), 14(1), 38(2)	5/7	9.43%
수급자	17(2), 18(2), 19(1), 21(1), 22(3), 23(1), 24(2), 28(3), 35(3), 39(2), 40(2), 41(2), 42(2), 44(2), 45(3), 46(1), 47(1), 48(2), 49(3), 50(1), 51(2), 52(2)	22/43	41.51%
합계		53/100	100%

　　이 책은 평가항목 중 기관 대상 평가항목들을 중점적으로 다루고 있다. 종사자(요양보호사)를 대상으로 하는 평가와 수급자(보호자)를 대상으로 하는 평가는 평가위원이 그들을 방문하여 종사자와 수급자에게 직접 질문함으로써 확인하는 방식으로 평가가 진행된다. 이러한 평가의 특성으로 인해 종사자 및 수급자 대상 평가항목에 대해서는 많은 내용을 담지 못하고 원론적인 부분으로만 언급하고 있다. 그럼에도 불구하고 평가를 대비하여 다양한 자료와 서식들을 그 사례와 함께 제시하고 있으므로 평가를 대비하는 데 많은 도움이 될 것이다.

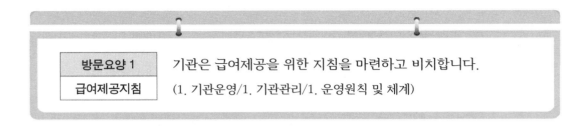

방문요양 1
급여제공지침

기관은 급여제공을 위한 지침을 마련하고 비치합니다.
(1. 기관운영/1. 기관관리/1. 운영원칙 및 체계)

(1) 평가방향

기관에서 급여제공을 위한 지침들을 마련하고 공개된 장소에 비치하여 직원들이 수시로 읽어볼 수 있도록 하는지 평가

(2) 평가방법

기관에 급여제공을 위한 4가지 지침이 있는지와 그러한 지침들을 공개된 장소에 비치하고 있는지 확인

(3) 평가 세부영역(평가대상: 기관)

세부영역	평가기준 내용	확인
급여제공지침	급여제공에 필요한 4가지 지침 유무와 비치 여부 확인	
	응급상황대응지침	예 □ 아니요 □
	감염관리지침	예 □ 아니요 □
	노인학대ㆍ폭력에 대한 예방 및 대응지침	예 □ 아니요 □
	윤리 및 성희롱 예방지침	예 □ 아니요 □

(4) 평가의 근거 및 자료

급여제공에 필요한 4가지 지침 유무와 비치여부 현장 확인

(5) 평가문항 척도

📋 기준

- 우수: 기관이 급여제공에 필요한 지침 4개를 구비하여 비치함.
- 양호: 기관이 급여제공에 필요한 지침 3개를 구비하여 비치함.
- 보통: 기관이 급여제공에 필요한 지침 2개를 구비하여 비치함.
- 미흡: 기관이 급여제공에 필요한 지침 1개 이하를 구비하여 비치함.

평가문항 평가척도	우수 □	양호 □	보통 □	미흡 □

평가를 위한 Tip　**항목점수 1점**

　평가항목 1은 기관에서 급여제공을 위한 지침을 마련하고 공개된 장소에 비치하여 직원들이 수시로 읽어볼 수 있는가를 확인하는 항목이다. 이 항목에서 언급하는 4가지 지침(응급상황대응지침, 감염관리지침, 노인학대·폭력에 대한 예방 및 대응지침, 윤리 및 성희롱 예방지침)은 이 책의 부록 [예시] 운영규정 및 운영지침에서 설명한 2. 윤리행동강령, 6. 노인학대예방지침, 7. 안전관리지침 중 응급상황대응, 감염예방관리 그리고 9.성희롱예방지침이 여기에 해당한다. 기관에서는 이 책의 조직운영관리에서 제시한 운영지침들을 프린트하여 급여제공 지침집으로 엮어 놓고 직원들이 수시로 읽어 볼 수 있도록 기관 사무실에 공개적으로 비치하여 평가를 대비하도록 한다. 급여제공 지침집은 다음과 같이 준비한다.

급여제공 지침집 예시

☐ 표지

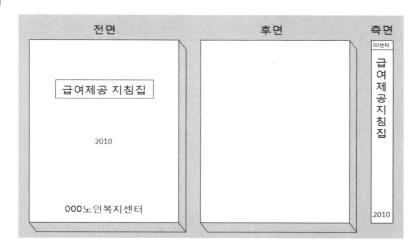

☐ 내부 첫 page
　〈급여제공 지침목록〉
　1. 윤리행동강령
　2. 개인정보관리지침
　3. 서비스 제공지침
　4. 직원교육지침
　5. 노인학대예방지침
　6. 안전관리지침
　　－낙상예방
　　－응급상황대응
　　－감염예방관리
　　－외출실종대응
　7. 고충처리지침
　8. 성희롱예방지침
☐ 각 지침마다 견출지를 부착하여 편의성을 제고한다.

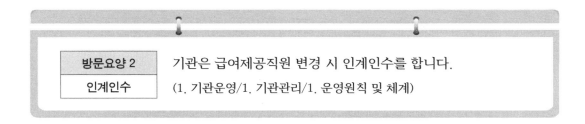

방문요양 2

인계인수

기관은 급여제공직원 변경 시 인계인수를 합니다.
(1. 기관운영/1. 기관관리/1. 운영원칙 및 체계)

(1) 평가방향

급여제공직원이 변경되더라도 계획된 급여의 양과 수준이 지속될 수 있도록 보장하는지 평가

(2) 평가방법

수급자에게 급여를 제공하는 직원이 여러 가지 사유(퇴직, 휴직, 로테이션, 10일 이상의 병가 등)로 변경되는 경우에 직원 간의 업무 인계인수를 한 서류를 확인

(3) 평가 세부영역(평가대상: 기관)

세부영역	평가기준 내용	확인
인계인수서	직원 간의 업무인계인수서 내용 확인 (필수확인사항: 담당수급자, 급여제공시 유의사항, 인계·인수자, 인계·인수일)	
	• 직원인계인수서 1 • 직원인계인수서 2 • 직원인계인수서 3 • 직원인계인수서 4	예 □ 아니요 □ 해당없음 □ 예 □ 아니요 □ 해당없음 □ 예 □ 아니요 □ 해당없음 □ 예 □ 아니요 □ 해당없음 □

(4) 평가의 근거 및 자료

업무 인계인수 내용이 들어있는 자료

(5) 평가문항 척도

📋 채점기준

• 우수: 직원의 업무 인계인수서가 모두 기록되어 있음.
• 양호: 직원의 업무 인계인수서가 60% 이상 기록되어 있음.
• 보통: 직원의 업무 인계인수서가 30% 이상 기록되어 있음.
• 미흡: 직원의 업무 인계인수서가 30% 미만 기록되어 있음.
• 해당없음: 업무 인계인수를 해야 할 직원의 변동이 없는 경우

평가문항 평가척도	우수 □	양호 □	보통 □	미흡 □	해당없음 □

평가를 위한 Tip　**항목점수 1점**

　　평가항목 2는 급여제공직원 변경 시 업무인계인수서를 작성하는지를 확인하는 항목이다. 여기서 급여제공직원은 대상자에게 서비스를 제공하는 요양보호사를 의미한다. 이 항목에서 확인하려는 것은 이직이나 기타 사유로 인하여 요양보호사의 변경이 발생할 경우 인계자와 인수자의 기본사항, 대상자 관련사항, 인계서류 목록, 인계 비품목록 등이 포함되어 있는 업무인계인수서를 작성하는가 하는 부분이다. 그러므로 기관은 다음 양식의 업무 인계·인수서를 작성하여 직원 인사관리철에 보관하고 평가시 평가위원에게 제시한다. 관련 내용은 이 책의 제2장 2. 인적자원관리에 자세히 설명되어 있다.

👆 인계인수서 예시

업무 인계·인수서

1. 인계자 인적사항

성명	홍길동	소속	요양팀
직위	요양보호사	직급	—

2. 인수자 인적사항

성명	이몽룡	소속	요양팀
직위	요양보호사	직급	—

3. 담당 수급자

연번	성명	등급	급여 제공 내용	유의사항
1	이수일	3등급	신체활동 지원, 일상생활지원, 정서지원	관절구축이 우려됨으로 예방운동 철저히 실시
2	심순애	3등급	신체활동 지원, 일상생활지원, 정서지원	당뇨로 인한 혈당관리 유의
3	김중배	2등급	신체활동 지원, 일상생활지원, 정서지원, 치매관리	치매로 인한 배회중 불해소 시 공격성향 보임.

4. 인계·인수 서류 목록

• 대상자 개별파일	• 서비스 제공 기록파일	…… 등

5. 비품 목록

• 체온계	• 카메라	…… 등

상기와 같은 사항을 인계·인수하였습니다.

2010 년　7 월　15 일

인계자: 요양보호사　홍길동　(인)
인수자: 요양보호사　이몽룡　(인)
입회자: 요양 팀장　성춘향　(인)

○ ○ ○ 노인복지센터

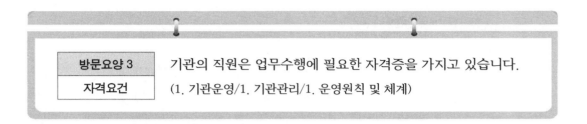

방문요양 3 | 기관의 직원은 업무수행에 필요한 자격증을 가지고 있습니다.
자격요건 | (1. 기관운영/1. 기관관리/1. 운영원칙 및 체계)

(1) 평가방향

양질의 급여를 제공하기 위해 직원이 전문성에 맞는 자격증을 소지하고 있는지 평가

(2) 평가방법

기관에서 업무수행을 하고 있는 직원들이 설치 신고상의 자격증을 가지고 있는지 확인

(3) 평가 세부영역(평가대상: 기관)

세부영역	평가기준 내용	확인
업무수행에 따른 자격증 확인	업무수행에 맞는 자격증 확인	
	• 직원자격증 1	예 ☐ 아니요 ☐
	• 직원자격증 2	예 ☐ 아니요 ☐
	• 직원자격증 3	예 ☐ 아니요 ☐
	• 직원자격증 4	예 ☐ 아니요 ☐

(4) 평가의 근거 및 자료

직원의 자격증을 확인

(5) 평가문항 척도

📋 채점기준

• 우수: 직원 모두가 업무수행에 맞는 자격증을 가지고 있음.
• 미흡: 직원 중 한 명 이상 업무수행에 맞는 자격증을 가지고 있지 않음.

평가문항 평가척도	우수 ☐	양호 ☐	보통 ☐	미흡 ☐

  평가항목 3은 직원의 자격사항에 대한 확인이다. 요양보호사는 국가공인자격으로 기관에서는 직원 채용 시 요양보호사의 자격증 사본은 제출받아 인사관리철에 보관하도록 하고 평가시 평가위원에서 제시하도록 한다.

👆 자격증 예시

제 20 - 호

요 양 보 호 사 자 격 증

성   명 :

주민등록번호 :

주   소 :

등   급 : 1급

위 사람은 「노인복지법」 제39조의 2 제 2항 · 제3항에 따른 요양보호사 자격이 있음을 인정함

20 년 월 일

경 상 북 도 지

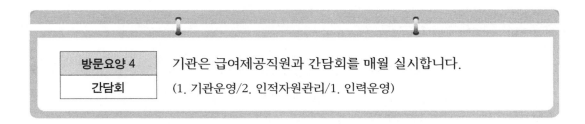

| 방문요양 4 | 기관은 급여제공직원과 간담회를 매월 실시합니다. |
| 간담회 | (1. 기관운영/2. 인적자원관리/1. 인력운영) |

(1) 평가방향

기관이 급여제공직원 간의 경험과 정보 등을 공유하고 애로사항 등을 들을 수 있는 간담회를 실시하는지 평가

(2) 평가방법

기관이 급여제공직원을 위한 간담회를 매월 실시하는지 확인

(3) 평가 세부영역(평가대상: 기관)

세부영역	평가기준 내용	확인
간담회 실시	간담회를 실시하는지 여부 확인 (필수확인사항: 실시일자, 참석자 서명, 간담회 내용 − 서명은 날인도 인정)	우수(매월) ☐ 양호(분기별 1회) ☐ 보통(반기별 1회) ☐ 미흡(미실시) ☐

(4) 평가의 근거 및 자료

2010년도 간담회 실시 자료 확인

(5) 평가문항 척도

📋 채점기준

- 우수: 급여제공직원을 위한 간담회를 매월 실시함.
- 양호: 급여제공직원을 위한 간담회를 분기별 1회 이상 실시함.
- 보통: 급여제공직원을 위한 간담회를 반기별 1회 이상 실시함.
- 미흡: 급여제공직원을 위한 간담회를 실시하지 않음.

평가문항 평가척도	우수 ☐	양호 ☐	보통 ☐	미흡 ☐

평가를 위한 Tip　　**항목점수 2점**

　평가항목 4는 직원간담회 확인사항이다. 이 항목은 기관이 서비스를 제공하는 요양보호사들과 매월 간담회를 통해 직원들의 고충이나 요구사항 등을 파악하고, 나아가 대상자에 대한 상태와 관리에 관한 의견을 교환하고 있는지를 확인하려는 것이다. 평가를 위해 기관은 매월 실시한 간담회 자료를 구비해야 하는데, 이는 직원간담회 회의록으로 대신할 수 있을 것이다. 평가를 위한 직원간담회 회의록에는 실시일자, 참석자 서명, 간담회 내용 등이 포함되어야 하는데 다음은 그 예다. 기관은 회의록 파일을 만들어 보관하고 있다가 평가위원에게 제시하도록 한다.

☞ 간담회 회의록 예시

(7)월 간담회 회의록

결재	담당	팀장	센터장

회의일시	2010. 7. 24(토)
회의장소	○○○노인복지센터 사무실
회의주제	7월 요양보호사 간담회
참석인원	17명(센터장 1명, 사회복지사 1명, 요양보호사 15명)
회의내용	• 요양팀장: 직원간담회의 개회를 알리다. • 센터장: 이렇게 직원간담회에 참석하여 주서서 감사한다. 여러분들의 적극적인 의견 개진을 기대하겠다. • 요양보호사 홍길동: 요양보호사로서 근무하는 데 대상자 가족들의 부당한 업무요청이 많이 있다. 우리가 해결하기에는 어려움이 있으므로 관리자나 센터장께서 대상자 또는 보호자와 통화하여 해결해 주기 바란다. • 센터장: 부당한 요구사항이 발생할 경우 지체 없이 유선으로 연락을 해 주면 본인이 처리하도록 하겠다. • 요양보호사 이몽룡: 김중배 어르신의 치매가 점점 더 심해지셔서 어떻게 해야 할 지 잘 모르겠다. 폭력성이 점점 증가하여 본인에게 욕설을 하고 화를 자주 내신다. • 요양팀장: 배회증이 해소되지 않아서 그럴 수 있다. 가까운 거리를 안전하게 함께 산책할 수 있는 방안을 찾아보고 그래도 좋아지지 않으면 보호자와 상담할 수 있도록 하겠다. • 요양보호사 ○○○: …….
회의결과	• 직원고충: 대상자 가족들의 부당한 요구에 대해서는 다시 한 번 모든 대상자를 대상으로 서비스 내용에 대한 안내를 실시하기로 함. • 특이한 행동을 보이는 대상자를 중심으로 가족상담을 실시하기로 함.
비고	
참석자 서명	이문열 (인)　　성춘향 (인)　　홍길동 (인)　　이몽룡 (인)　○○○ (인) ○○○ (인)　　○○○ (인)　　○○○ (인)　　○○○ (인)　○○○ (인) ○○○ (인)　　○○○ (인)　　○○○ (인)　　○○○ (인)　○○○ (인) ○○○ (인)　　○○○ (인)

작성일: 2010. 7. 24　　작성자: 홍길동　(인)

○○○노인복지센터

운영을 위한 Tip

　　많은 방문요양기관에서 계획서 작성이나 기안결재가 이루어지지 않는 관계로 앞에 제시한 간담회 회의록으로 대신하였지만, 복지관 등 기관에서는 직원간담회와 같은 프로그램의 진행은 먼저 계획서를 작성하고 그 계획서를 기안하여 기관장의 결재를 득한 후에 실시하도록 하고 있다. 또한 프로그램 실시 후에 회의록을 첨부한 결과보고서를 작성하여 기안 결재를 받고 있다. 다음은 그 예시다.

기안문 예시

○○○노인복지센터

수신자: 내부결재
(경유)
제목: 직원간담회 실시계획 보고

　　요양팀에서는 직원들의 고충 및 요구사항에 대한 의견수렴과 대상자관리를 위한 직원간담회를 붙임과 같이 실시하고자 합니다.

붙임. 직원감담회 계획서 1부. 끝.

○○○노인복지센터장

기안자　성춘향　　　　　　　　　　센터장　이문열
협조자
시행　요양팀-01 (2010. 7. 15.)　　접수
우) ○○○-○○○　○○○ ○○시 ○○구 ○○○동 ○○○번지
전화 (○○○) ○○○-○○○○　전송 (○○○) ○○○-○○○○　　/ *****@*******.net / 공개

사업계획서 예시

프로그램 실시계획서

작성자: 성춘향   작성일자: 2010. 7. 15.

1. 사업명: 직원간담회
2. 목적: 직원들의 고충 및 요구사항에 대한 의견수렴 및 대상자관리를 위함.
3. 추진개요

일시	2010. 7. 24(토) 오후 3~5시
장소	○○○노인복지센터 사무실
대상	○○○노인복지센터 요양보호사 및 관리자
인원	17명(센터장 1명, 사회복지사 1명, 요양보호사 15명)
예산	221,000원

4. 프로그램 내용

구분	진행내용	진행방법	준비사항	비고
인사	관리직원 및 요양보호사 소개	사회복지사 진행	다과	
간담회	고충 및 요구사항 업무수행 애로사항 등	사회복지사 진행	다과	
식사	회식	사회복지사 진행	식사장소 예약	

5. 추진일정

구분	일자	세부내용	담당자	비고
기안	2010. 7. 15.	기안보고 결재	성춘향	
홍보	2010. 7. 19.	간담회 통지	성춘향	
실행	2010. 7. 24.	간담회 실시	성춘향	
결과보고	2010. 7. 29.	결과보고서 제출	성춘향	

6. 수행인력

구분	성명	직위 및 소속	경력사항	비고
사업총괄	성춘향	팀장 / 요양팀	사회복지 3년	

7. 소요예산

구분	예산금액	산출근거	재원확보	비고
다과비	51,000원	3,000원 × 17명	센터 자체예산	
식사비	170,000원	10,000원 × 17명	센터 자체예산	
계	221,000원			

8. 평가계획

평가내용	평가지표	평가도구	평가방법	비고
참여도	인원	참석자 명부	%	
만족도	5점 리커트 척도	설문지	만족도 4.0 이상	

○○○노인복지센터

경과보고서 예시

프로그램 결과보고서

작성자: 성춘향   작성일자: 2010. 7. 15.

1. 사업명: 직원간담회
2. 목적: 직원들의 고충 및 요구사항에 대한 의견수렴 및 대상자관리를 위함
3. 개요

일시	2010. 7. 24(토) 오후 3~6시
장소	○○○노인복지센터 사무실
대상	○○○노인복지센터 요양보호사 및 관리자
인원	17명(센터장 1명, 사회복지사 1명, 요양보호사 15명)
결산	195,500원

4. 프로그램 내용

구분	진행내용	진행방법	준비사항	비고
인사	관리직원 및 요양보호사 소개	사회복지사 진행	다과	
간담회	고충 및 요구사항, 업무수행 애로사항 등	사회복지사 진행	다과	
식사	회식	사회복지사 진행	식사장소 예약	

5. 진행일정

구분	일자	세부내용	담당자	비고
기안	2010. 7. 15	기안보고 결재	성춘향	
홍보	2010. 7. 19	간담회 통지	성춘향	
실행	2010. 7. 24	간담회 실시	성춘향	
결과보고	2010. 7. 29	결과보고서 제출	성춘향	

6. 수행인력

구분	성명	직위 및 소속	경력사항	비고
사업총괄	성춘향	팀장 / 요양팀	사회복지 3년	

7. 실적

구분	목표	실적	달성률(%)	비고
참여도	17명	17명	100	

8. 결산

구분	계획예산금액	집행예산		증감	달성률(%)
		금액	산출근거		
다과비	51,000원	42,500원	2,500원×17명	▼ 8,500원	83.3
식사비	170,000원	153,000원	9,000×17명	▼ 17,000원	90.0
계	221,000원	195,500원		▼ 25,500원	88.5

9. 평가

평가내용	평가지표	평가도구	평가방법	비고
참여도	17명	참석자 명부	100%	
만족도	만족도 4.0 이상	설문지	만족도 4.21	

10. 증빙사진

간담회 사진	식사 사진

11. 첨부자료
   (1) 회의록   (2) 회의 참석자 명부

○○○노인복지센터

🏷 회의록 예시

회의록

결재	담당	팀장	센터장

☐ 업무보고회의　☐ 업무평가회의　☑ 기타	
회의일시	2010. 7. 24(토)
회의장소	○○○노인복지센터 사무실
회의주제	성춘향 요양팀장
참석자	17명(센터장 1명, 사회복지사 1명, 요양보호사 15명)
회의내용	• 요양팀장: 직원간담회의 개회를 알리다. • 센터장: 이렇게 직원간담회에 참석하여 주셔서 감사한다. 여러분들의 적극적인 의견 개진을 기대하겠다. • 요양보호사 홍길동: 요양보호사로서 근무하는 데 대상자 가족들의 부당한 업무요청이 많이 있다. 우리가 해결하기에는 어려움이 있으므로 관리자나 센터장께서 대상자 또는 보호자와 통화하여 해결해 주기 바란다. • 센터장: 부당한 요구사항이 발생할 경우 지체 없이 유선으로 연락을 해 주면 본인이 처리하도록 하겠다. • 요양보호사 이몽룡: 김중배 어르신의 치매가 점점 더 심해지셔서 어떻게 해야 할 지 잘 모르겠다. 폭력성이 점점 증가하여 본인에게 욕설을 하고 화를 자주 내신다. • 요양팀장: 배회증이 해소되지 않아서 그럴 수 있다. 가까운 거리를 안전하게 함께 산책할 수 있는 방안을 찾아보고 그래도 좋아지지 않으면 보호자와 상담할 수 있도록 하겠다. • 요양보호사 ○○○: …….
회의결과	• 직원고충 : 대상자 가족들의 부당한 요구에 대해서는 다시 한 번 모든 대상자를 대상으로 서비스내용에 대한 안내를 실시하기로 함. • 특이한 행동을 보이는 대상자를 중심으로 가족상담을 실시하기로 함.
비고	

작성일: 2010. 7. 24.　　　　작성자: 홍길동　　　　(인)

○○○노인복지센터

참석자 명부 예시

회의 참석자 명부

회의명	직원간담회
회의일자	2010. 7. 24(토)

번호	성명	직위	서명
1	이문열	센터장	
2	성춘향	요양팀장	
3	홍길동	요양보호사	
4	이몽룡	요양보호사	
5	○○○	요양보호사	
6	○○○	요양보호사	
7	○○○	요양보호사	
8	○○○	요양보호사	
9	○○○	요양보호사	
10	○○○	요양보호사	
11	○○○	요양보호사	
12	○○○	요양보호사	
13	○○○	요양보호사	
14	○○○	요양보호사	
15	○○○	요양보호사	
16	○○○	요양보호사	
17	○○○	요양보호사	
18			
19			
20			
참석인원	17 명	확인자	성춘향 (인)

○○○노인복지센터

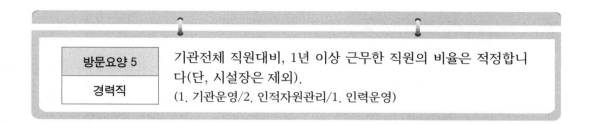

| 방문요양 5 | 기관전체 직원대비, 1년 이상 근무한 직원의 비율은 적정합니다(단, 시설장은 제외). |
| 경력직 | (1. 기관운영/2. 인적자원관리/1. 인력운영) |

(1) 평가방향

기관에서 수급자에게 양질의 급여를 안정적으로 제공하기 위하여 숙련성과 전문성이 있는 인력을 관리하는지 평가

(2) 평가방법

기관의 전체 직원 대비 1년 이내 당해 기관에서 퇴직한 직원의 비율을 확인

(3) 평가 세부영역(평가대상: 기관)

세부영역	평가기준 내용	확인
경력직 비율	기관에서 1년 이내 퇴직한 직원의 비율 • 1년 이내 퇴직한 직원 비율 _____ % • 전체 근로계약이 체결되어 있는 직원 수 _____ 명 • 1년 이내에 당해 기관에서 퇴직한 직원 수 _____ 명	우수(50% 미만) ☐ 양호(60% 미만) ☐ 보통(70% 미만) ☐ 미흡(70% 이상) ☐

(4) 평가의 근거 및 자료

평가일 당일 현재를 기준으로 기관의 전체 직원수(근로계약이 체결되어 있는 직원 수) 대비 1년 이내 퇴직한 직원의 수 비율을 산정하고 소수점 첫째자리에서 반올림함.

(5) 평가문항 척도

📋 채점기준

• 우수: 기관에서 1년 이내 퇴직한 직원의 비율이 50% 미만임.
• 양호: 기관에서 1년 이내 퇴직한 직원의 비율이 60% 미만임.
• 보통: 기관에서 1년 이내 퇴직한 직원의 비율이 70% 미만임.
• 미흡: 기관에서 1년 이내 퇴직한 직원의 비율이 70% 이상임.

| 평가문항 평가척도 | 우수 ☐ | 양호 ☐ | 보통 ☐ | 미흡 ☐ |

평가를 위한 Tip   **항목점수 2점**

평가항목 5는 직원 이직율을 보는 항목으로, 장기근무 직원이 많을수록 좋은 평가를 받게 된다. 장기근무 직원이 많다는 것은 기관의 처우가 좋다는 것을 예측하게 하고 또한 양질의 서비스를 수급자에게 안정적으로 제공할 수 있는 것으로 보기 때문이다. 기관에서는 평가위원들이 쉽게 확인할 수 있도록 다음의 직원임면대장을 작성하고 직원 인사관리대장 첫 장에 보관하여 평가시 위원에게 제시하도록 한다.

직원임면대장 예시

직원임면대장

번호	직종 또는 직위(급)	직책	성명	주민등록번호	임용일	면직일	업무경력	비고 (상근/비상근)
1	사회복지사	팀장	성춘향	750112-*******	2008.11.01		3년	상근
2	요양보호사		홍길동	651221-*******	2008.11.01			비상근
3	요양보호사		이몽룡	590221-*******	2008.11.01			비상근
4	요양보호사		○○○	******-*******	2008.11.01	2010.03.01		비상근
5	요양보호사		○○○	******-*******	2008.12.01			비상근
6	요양보호사		○○○	******-*******	2008.12.01			비상근
7	요양보호사		○○○	******-*******	2008.12.01	2010.03.01		비상근
8	요양보호사		○○○	******-*******	2008.12.01			비상근
9	요양보호사		○○○	******-*******	2009.02.01			비상근
10	요양보호사		○○○	******-*******	2009.02.01	2010.03.01		비상근
11	요양보호사		○○○	******-*******	2009.02.01			비상근
12	요양보호사		○○○	******-*******	2009.02.01			비상근
13	요양보호사		○○○	******-*******	2009.02.01			비상근
14	요양보호사		○○○	******-*******	2010.03.01			비상근
15	요양보호사		○○○	******-*******	2010.03.01			비상근
16	요양보호사		○○○	******-*******	2010.03.01			비상근
17	요양보호사		○○○	******-*******	2010.03.01			비상근
18	요양보호사		○○○	******-*******	2010.03.01			비상근
19								
20								

○ ○ ○노인복지센터

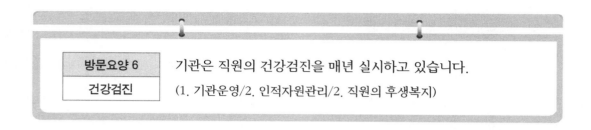

| 방문요양 6 | 기관은 직원의 건강검진을 매년 실시하고 있습니다. |
| 건강검진 | (1. 기관운영/2. 인적자원관리/2. 직원의 후생복지) |

(1) 평가방향

직원이 건강한 상태에서 급여를 제공할 수 있도록 건강검진을 실시하는지 평가

(2) 평가방법

기관의 전 직원이 건강검진을 매년 실시하는지 확인

- 건강검진은 최소한 국민건강보험공단에서 실시하는 직장인 건강검진 정도의 수준은 되어야 함.

(3) 평가 세부영역(평가대상: 기관)

세부영역	평가기준 내용	확인
건강검진	직원의 건강검진 실시여부 확인	
	• 직원 검진자료 1	예 □ 아니요 □
	• 직원 검진자료 2	예 □ 아니요 □
	• 직원 검진자료 3	예 □ 아니요 □
	• 직원 검진자료 4	예 □ 아니요 □

(4) 평가의 근거 및 자료

2010년도 직원들의 건강검진 실시 자료 확인(2010년도 건강검진 자료가 없는 경우에는 2009년도 건강검진 자료를 인정하고 신규직원은 채용 시 건강검진 자료를 인정)

(5) 평가문항 척도

📋 채점기준

- 우수: 직원 모두가 매년 건강검진을 실시함.
- 양호: 직원 60% 이상 매년 건강검진을 실시함.
- 보통: 직원 30% 이상 매년 건강검진을 실시함.
- 미흡: 직원 30% 미만 매년 건강검진을 실시함.

평가문항 평가척도	우수 □	양호 □	보통 □	미흡 □

평가를 위한 Tip | **항목점수 1점**

평가항목 6은 매년 직원의 건강검진 실시여부를 확인하는 항목이다. 건강검진은 직원의 후생복지 차원에서 기관에서 해 주는 것을 의미한다. 기관이 해마다 직원들의 건강검진을 실시하였다면 그 결과표를 직원 인사관리철에 보관하고 평가시 위원에게 제시하도록 한다.

👉 **건강검진표 예시**

경기도 광명시 철산3동 의료법인
           ○○병원

검진결과가 정상으로 판정되었더라도 지속적인
건강관리를 통해 현재의 건강을 계속 유지해 주시고,
판정결과가 질환의심인 경우는 반드시 2차검진을
2009년 1월 말까지 받으시기 바랍니다.

서울 금천구 가산동 ○○번지

○○노인복지센터 홍길동 귀하

일반건강검진 결과통보서 (1차검진)

국민건강보험공단

성 명	홍길동		주민등록번호		
사 업 장 명	○○노인복지센터		지 점 명		부서명

구분	검 사 항 목	관련질환	결과 2008 년	년	참 고 치 정상A(건강양호)	정상B(건강에 이상은 없으나 자기관리 및 예방조치 필요)
체위검사	신 장	비만	178 cm	cm		
	체 중		78 kg	kg		
	허리둘레		78 cm	cm	남 90미만,여 85미만	
	비 만 도		정상체중		①저체중 ②정상체중 ③비만1단계 ④비만2단계 ⑤비만3단계	
	시력 (좌/우)		1.5 / 1.5			
	청력 (좌/우)		정상 / 정상			
	혈압(최고/최저)	고혈압	123 / 80 mmHg	mmHg	120미만 / 80미만	120-139 / 80-89
요검사	요 당	신장질환 및 당뇨질환	음성		음 성	약양성 ±
	요 단 백		±		음 성	약양성 ±
	요 잠 혈		+1		음성	약양성 ±
	요 pH		5.0 pH	pH	5.5-7.5	5.0-5.4, 7.6-8.0
혈액검사	혈 색 소	빈혈 등	16.3 g/dL	g/dL	남:13-16.5 여:12-15.5	남:12-12.9, 16.6-17.5 여:10-11.9, 15.6-16.5
	혈당 (식전)	당뇨질환	87 mg/dL	mg/dL	100미만	100-125
	총콜레스테롤	고혈압,고지혈증,동맥경화	214 mg/dL	mg/dL	200미만	200-239
	AST(SGOT)	간장질환	29 U/L	U/L	40이하	41-50
	ALT(SGPT)		31 U/L	U/L	35이하	36-45
	감마지티피		36 U/L	U/L	남:11-63, 여:8-35	남:64-77, 여:36-45
8형 간 염 검 사		간장질환,간암	—	—		
흉부방사선검사	촬영구분	폐결핵,흉부질환 직촬	정상		정상, 비활동성	
심 전 도 검 사		고혈압,고지혈,심근경색동			정상	
진찰 및 상담	과거병력	각종 질환의 진찰 및 기초검사	무			외상 및 후유증 무
	생활습관		양호			일 반 상 태 양호
판 정	질환의심: 신장질환 정상B: 혈압관리 콜레스테롤관리 정밀검사 필요, 2차 수검요망					판정 의사 면허번호 ×××× 의 사 명 김×× (인)
소견 및 조치사항	2차검진을 요합니다(금식상관없이 병원방문)					
요양기관기호	31100×××		검진기관명	○○병원	검진장소 출장
검 진 일	20××. ××. ××		판 정 일	20××. ××. ××	통 보 일 20××. ××. ××

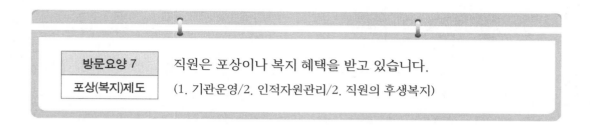

방문요양 7	직원은 포상이나 복지 혜택을 받고 있습니다.
포상(복지)제도	(1. 기관운영/2. 인적자원관리/2. 직원의 후생복지)

(1) 평가방향

기관이 직원에게 실질적인 포상이나 복지제도를 운영함으로써 직원의 처우를 개선하고 있는지 평가

(2) 평가방법

기관의 직원에게 포상이나 복지제도가 실제로 운영되고 있는지 확인

• 포상이나 복지제도 예시: 특별상여금 또는 상품권 지급, 우수직원 해외여행 등

(3) 평가 세부영역(평가대상: 종사자)

세부영역	평가기준 내용	확인
포상(복지) 제도	직원 포상(복지)제도의 실제적 운영을 확인	
	• 직원 방문 확인 1	예 ☐ 아니요 ☐
	• 직원 방문 확인 2	예 ☐ 아니요 ☐
	• 직원 방문 확인 3	예 ☐ 아니요 ☐
	• 직원 방문 확인 4	예 ☐ 아니요 ☐

(4) 평가의 근거 및 자료

직원에게 포상이나 복지제도의 실제 시행 여부를 질문

(5) 평가문항 척도

📋 채점기준

• 우수: 직원들 모두가 포상(복지) 제도가 시행되고 있다고 응답함.
• 양호: 직원들 60% 이상 포상(복지) 제도가 시행되고 있다고 응답함.
• 보통: 직원들 30% 이상 포상(복지) 제도가 시행되고 있다고 응답함.
• 미흡: 직원들 30% 미만 포상(복지) 제도가 시행되고 있다고 응답함.

평가문항 평가척도	우수 ☐	양호 ☐	보통 ☐	미흡 ☐

평가를 위한 Tip | **항목점수 1점**

평가항목 7은 직원 포상과 관련된 항목이다. 이 항목 역시 직원의 후생복지 관련 내용으로 직원에게 실질적인 포상이나 복지제도를 운영함으로써 직원의 처우를 개선하고 있는지를 보는 것이다. 이 항목은 기관에서 확인하는 것이 아니라 요양보호사에게 질문하여 확인하는 것으로, 기관에서는 포상이나 복지제도를 시행하지 않았더라도 신규직원 교육을 통해 포상제도가 있음을 교육할 필요가 있다. 직원 포상에 대하여는 이 책의 부록 '1. 운영규정'에 포함되어 있는데, 운영규정 중 인사규정 제5장 포상에 상세히 예시되어 있다. 기관은 신규직원 교육 시에 인사규정의 포상규정을 교육하고, 실제적으로 포상을 실시할 경우에는 공식적인 절차와 공개적인 포상으로 직원들이 이를 인지하고 있도록 해야 할 것이다.

포상을 너무 거창하게 생각할 필요는 없다. 포상의 내용에는 특별상여금, 성과급, 우수 직원 해외여행, 상장 및 상품권 지급 등 큰 예산이 들어가는 포상에서부터 작은 예산으로 할 수 있는 포상까지 다양하다. 직원들에 대한 포상은 작은 것부터 시행하되 포상을 시행할 때는 앞에서 언급한 대로 직원간담회 등 모든 직원들이 모인 자리에서 실시하여 그 내용을 숙지하도록 하는 것이 평가를 위해 중요하다.

운영을 위한 Tip

직원 포상의 경우 평가항목 4와 마찬가지로 공식적인 절차가 필요하고, 문서로 그 근거를 남기는 것이 바람직하다. 복지관과 같은 큰 기관에서는 직원 포상 역시 먼저 계획서를 작성하고 기안 결재를 득한 후에 실시하도록 하고 있다. 또한 포상 실시 후에 사진을 첨부한 결과보고서를 작성하여 기안 결재를 받고 있다. 자세한 내용은 평가항목 4의 예시를 참고하도록 하고, 그 내용만 포상으로 수정하여 사용하면 될 것이다.

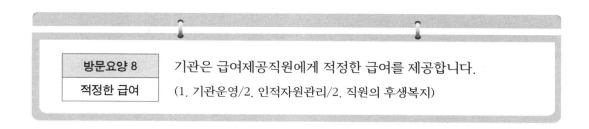

방문요양 8	기관은 급여제공직원에게 적정한 급여를 제공합니다.
적정한 급여	(1. 기관운영/2. 인적자원관리/2. 직원의 후생복지)

(1) 평가방향

기관이 요양보호사에게 적정한 수준의 인건비를 지급하여 안정된 고용환경에서 수급자를 돌볼 수 있도록 하는지 평가

(2) 평가방법

기관의 요양보호사가 적정한 수준의 시간급(시간급을 받지 않는 직원은 월급이나 연봉으로 산정)을 받고 있는지를 임금 대장을 통해 확인

• 적정한 수준의 시간급 산정기준(2009년 요양보호사 교육·자격제도 및 처우개선 방안 연구 보고서 참고)

기준	시간급(퇴직금과 4대보험 포함 시)	시간급(퇴직금이나 4대보험 등 미포함 시)
우수	6,500원 이상 (월급 104만원 이상, 연봉 1,248만원 이상)	7,500원 이상 (월급 120만원 이상, 연봉 1,440만원 이상)
양호	6,000원 이상~6,500원 미만 (월급 96만원 이상~104만원 미만, 연봉 1,152만원 이상~1,248만원 미만)	7,000원 이상~7,500원 미만 (월급 112만원 이상~120만원 미만, 연봉 1,344만원 이상~1,440만원 미만)
보통	5,000원 이상~6,000원 미만 (월급 80만원 이상~96만원 미만, 연봉 960만원 이상~1,152만원 미만)	6,000원 이상~7,000원 미만 (월급 96만원 이상~112만원 미만, 연봉 1,152만원 이상~1,344만원 미만)
미흡	5,000원 미만 (월급 80만원 미만, 연봉 960만원 미만)	6,000원 미만 (월급 96만원 미만, 연봉 1,152만원 미만)

(3) 평가 세부영역(평가대상: 기관)

세부영역	평가기준 내용	확인
적정한 급여	기관이 급여제공직원(신규 요양보호사 기준)에게 지급하는 시간급을 확인 (시간급 미지급시 월급 또는 연봉을 확인)	우수 □ 양호 □ 보통 □ 미흡 □ (상기표에 의거 계산)

(4) 평가의 근거 및 자료

기관이 급여제공직원(신규 요양보호사 기준)에게 지급한 임금대장 등을 확인

평가문항 평가척도	우수 □	양호 □	보통 □	미흡 □

방문요양 9	기관은 직원과 근로계약을 체결하고 이에 따른 급여를 제공합니다.
근로계약	(1. 기관운영/2. 인적자원관리/2. 직원의 후생복지)

(1) 평가방향

직원들이 안정된 고용환경에서 근무할 수 있도록 근로계약을 체결하고 이에 따른 급여(직원에게 지급되는 급료·수당 따위의 총칭을 의미)를 지급하는지 평가

(2) 평가방법

기관이 직원과 근로계약을 체결한 근로계약서와 임금 대장을 확인

- 기관의 시설장이라도 월급을 받는 고용관계에 있다면 근로 계약을 체결하여야 함.
- 근로계약서에 급여가 따로 명시되어 있지 않은 정규직은 급여지급에 대한 운영규정 등을 참고하여 급여제공 여부를 판단함.

(3) 평가 세부영역(평가대상: 기관)

세부영역	평가기준 내용	확인
근로계약서	직원의 근로계약서와 임금대장을 확인 • 직원 근로계약서와 임금 대장 1 • 직원 근로계약서와 임금 대장 2 • 직원 근로계약서와 임금 대장 3 • 직원 근로계약서와 임금 대장 4 (요양보호사의 경우 시간급 임금)	예 □ 아니요 □ 예 □ 아니요 □ 예 □ 아니요 □ 예 □ 아니요 □

(4) 평가의 근거 및 자료

직원의 근로계약서 및 서명, 임금 대장 확인(단, 근로계약서에 기간이 명시된 경우 기간이 유효한 근로계약서만 인정)

(5) 평가문항 척도

📋 채점기준

- 우수: 직원 모두의 근로계약서가 있고 이에 따른 급여를 제공받음.
- 양호: 직원의 60% 이상 근로계약서가 있고 이에 따른 급여를 제공받음.
- 보통: 직원의 30% 이상 근로계약서가 있고 이에 따른 급여를 제공받음.
- 미흡: 직원의 30% 미만 근로계약서가 있고 이에 따른 급여를 제공받음.

평가문항 평가척도	우수 □	양호 □	보통 □	미흡 □

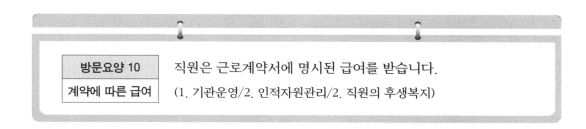

방문요양 10	직원은 근로계약서에 명시된 급여를 받습니다.
계약에 따른 급여	(1. 기관운영/2. 인적자원관리/2. 직원의 후생복지)

(1) 평가방향

기관이 직원에게 근로계약서에 명시된 급여(직원에게 지급되는 급료·수당 따위의 총칭을 의미)를 제대로 지급하여 직원이 안정된 생활을 유지하도록 하는지 평가

(2) 평가방법

직원에게 근로계약서에 명시된 급여를 제대로 지급받고 있는지 확인

- 근로계약서에 급여가 따로 명시되어 있지 않은 정규직은 급여지급에 대한 운영규정 등을 참고하여 급여제공 여부를 판단함.

(3) 평가 세부영역(평가대상: 종사자)

세부영역	평가기준 내용	확인
근로계약서에 명시된 급여	근로계약서에 명시된 급여제공 여부 확인	
	• 직원 방문 확인 1	예 □ 아니요 □
	• 직원 방문 확인 2	예 □ 아니요 □
	• 직원 방문 확인 3	예 □ 아니요 □
	• 직원 방문 확인 4	예 □ 아니요 □

(4) 평가의 근거 및 자료

직원에게 근로계약서에 명시된 급여를 제대로 지급받고 있는지 확인

(5) 평가문항 척도

📋 채점기준

- 우수: 직원들 모두가 근로계약서에 명시된 급여를 제대로 지급받고 있다고 함.
- 양호: 직원들 60% 이상 근로계약서에 명시된 급여를 제대로 지급받고 있다고 함.
- 보통: 직원들 30% 이상 근로계약서에 명시된 급여를 제대로 지급받고 있다고 함.
- 미흡: 직원들 30% 미만 근로계약서에 명시된 급여를 제대로 지급받고 있다고 함.

평가문항 평가척도	우수 □	양호 □	보통 □	미흡 □

| 평가를 위한 Tip | 항목점수 1점 | 항목점수 2점 | 항목점수 1점 |

평가항목 8, 9, 10은 직원급여의 적정성에 대한 평가다. 직원급여는 초기 근로계약을 체결할 당시 근로계약서에 명시해야 하는 것으로 직원들의 근로계약서와 임금대장을 통해 확인할 수 있다. 기관은 직원들과 매년 근로계약서 2부를 작성하여 서명 날인 한 후 1부는 기관이 인사관리철에 보관하고 1부는 직원이 보관하도록 한다. 이 항목 평가 시 기관은 근로계약서와 임금대장을 평가위원에게 제시하도록 한다. 시간급을 받지 않는 정규직의 급여지급 관련한 기준은 이 책의 부록 '1. 운영규정' 중 보수규정에 상세히 예시되어 있으므로 참고하여 만들어 사용하면 될 것이다. 특히 평가항목 10번은 기관에서 확인하는 것이 아니라 직원에게 질문하여 확인하는 것으로 급여와 관련한 내용을 직원에게 철저히 교육하여 평가에 대비하도록 한다.

⬇ 근로계약서 예시

근로계약서

사용자 ○○○노인복지센터를 '갑'이라 하고, 근로자 홍길동(주민등록번호: 651221−*******)을 '을'로 하여 다음과 같이 근로계약을 체결한다. '을'은 다음과 같이 '갑'이 정하는 내용의 근로를 성실히 제공하여 기관 업무가 원활히 이루어지도록 한다.

〈근로내용〉
1. 근로계약기간: 2008년 11 월 1 일부터 ~ 2009 년 10 월 31 일까지
2. 근로장소: ○○○노인복지센터 및 대상자 가정
3. 직종: 요양보호사
4. 업무의 내용: 수급자의 신체수발 및 일상생활 도움 등
5. 근로일/휴일: 매주 월~금요일(또는 매일단위) 근무, 주휴일 매주 토, 일요일
6. 근로시간: 근로일의 09:00부터 18:00까지(이용자의 서비스 제공계획에 준함)
7. 임금(시간급): 7,000원
8. 임금지급일: 근무시간에 따라 익월(주 또는 매일), 25일(휴일의 경우는 전일 지급)
9. 임금지급방법: '을'에게 직접지급( ), 예금통장에 입금(∨)

〈준수사항〉
1. '을'은 무단결근 시 무급으로 처리함을 원칙으로 하며 운영규정에 의해 처벌한다.
2. '을'은 허가 또는 정당한 사유 없이 근무 장소를 이탈하지 못한다.
3. '을'은 재중은 물론 퇴직 후라도 직무상 취득하게 된 '갑'의 업무상의 기밀과 직원 및 기관 이용자에 대한 정보를 제3자에게 누설하여서는 안된다.
4. '을'은 근무기간 중 본인의 과실 등 여타의 행위로 '갑'의 시설, 기구, 금전 등에 손해를 입힌 경우 지체 없이 배상하여야 한다.
5. '을'은 기관에서 실시하는 회의 및 직원교육에 참여하는 것을 원칙으로 한다.
6. 이용자에게 신체적 · 정신적 등 이상이 발생하였을 경우 기관에 신속히 보고하여 적절한 조치를 하여야 한다.

7. 외부 근무자는 근무 후 유선으로 기관에 근무보고를 하여야 한다.

8. '갑'은 본인부담금 면제, 수급자 빼내오기 등 불공정행위를 요양보호사에게 강요하거나 유도하지 않는다. 이를 어길 경우 요양보호사에게 거절할 권리가 있고, 또 그러한 거절행위로 불이익한 처우를 받지 않을 권리가 있음을 명시한다.

9. '갑'은 수급자 가족이나 수급자 본인에 의한 파출부와 같은 잡일 부탁이나 성적 괴롭힘, 잦은 교체 요구 등으로 갈등이나 문제가 발생하였을 경우 기관의 분쟁처리 및 고충해결절차에 따라 이를 해결하도록 한다. 또한 이로 인한 이유로 불이익한 처우를 받지 않을 권리가 있음을 명시한다.

〈계약해지〉

1. '갑'은 '을'에게 다음 각 호의 상가 발생하였을 때에는 〈근로내용〉 제1호의 기간에도 불구하고 본 계약을 해지할 수 있다.

2. '을'의 건강 또는 기타 사유 등으로 담당업무의 수행이 곤란할 때(의사진단에 한함)

3. '을'이 본 계약 조항을 위반하였을 때

〈퇴직금〉

1. 퇴직금은 법정퇴직금으로 매년 정산하여 지급한다.

2. 퇴직금 지급 시 본인의 퇴직적립금 범위 내에서 지급한다.

위와 같이 근로계약을 체결합니다.
2008 년 11 월 1 일

'갑' 사용자 　　　 : ○○○노인복지센터장 이문열　(인)
'을' 근로자 주소 : 서울시 구로구 ○○○동 111번지
'을' 주민등록번호: 651221−*******
'을' 직위 　　　　 : 요양보호사
'을' 성명 　　　　 : 홍 길 동　　　　　　(인)

🖐 임금대장 예시

(2010)년도 임금대장

관리번호:

성명	홍길동	주민등록번호	651221−*******	주소	서울시 구로구 ○○○동 111번지
연락처	010−1234−****		입사일	2008. 11. 01	퇴직일
임금계산기초사항	시급 7,000원		종사업무	요양보호	기능자격	요양보호사 1급

구분 월	근로 일수	산출근거				급여					급여총계 ①	공제액						공제액 총계②	실수령액 ①−②
		근로 시간	휴일 근로시간	야간 근로시간	주휴 시간	기본급	휴일 근로수당	야간 근로수당	주휴 수당	기타 수당		국민 연금	건강 보험	요양 보험	고용 보험	갑근세	주민세		
1	20	76				7000					532000								532000
2	20	75				7000					525000								525000
3	20	76				7000					532000								532000
4	20	76				7000					532000								532000
5	20	78				7000					546000								546000
6	20	75				7000					525000								525000
7																			
8																			
9																			
10																			
11																			
12																			
총계																			

○ ○ ○ 노인복지센터

월별 요양보호사 임금대장 예시

( )월 요양보호사 임금대장

연번	직위	성명	기본급	수당			계	공제액	차감 지급액	시간급
				휴일	야간	주휴				
1	직원	홍길동	532,000	0	0	0	532,000	23,940	508,060	7,000
2	직원	이몽룡	532,000	0	0	0	532,000	23,940	508,060	7,000
3	직원	○○○	546,000	0	0	0	546,000	24,570	521,430	7,000
4	직원	○○○	525,000	0	0	0	525,000	23,625	501,375	7,000
5	직원	○○○	532,000	0	0	0	532,000	23,940	508,060	7,000
6	직원	○○○	532,000	0	0	0	532,000	23,940	508,060	7,000
7	직원	○○○	525,000	0	0	0	525,000	23,625	501,375	7,000
8	직원	○○○	532,000	0	0	0	532,000	23,940	508,060	7,000
9										
10										
11										
12										
13										
14										
15										
16										
17										
18										
19										
합계			4,256,000				425,600	191,520	3,308,480	

○○○노인복지센터

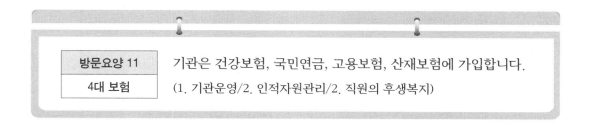

| 방문요양 11 | 기관은 건강보험, 국민연금, 고용보험, 산재보험에 가입합니다. |
| 4대 보험 | (1. 기관운영/2. 인적자원관리/2. 직원의 후생복지) |

(1) 평가방향

기관에서 일하는 직원이 건강보험 등 4대 보험에 가입하여 기본적인 사회보장제도의 혜택을 누리고 있는지 평가

(2) 평가방법

기관이 4대 보험에 가입하여 있는 자료나 문서 등을 확인

(3) 평가 세부영역(평가대상: 기관)

세부영역	평가기준 내용	확인
4대보험	기관의 4대보험 가입 여부 확인 (건강보험, 국민연금, 고용보험, 산재보험)	예 □　아니요 □

(4) 평가의 근거 및 자료

4대 사회보험(정보포털시스템〈www.4insure.or.kr〉 참고) 확인, 4대보험 가입증명서, 4대보험 납입증명서 확인

(5) 평가문항 척도

📋 채점기준

- 우수: 기관이 4대보험에 가입되어 있음.
- 미흡: 기관이 4대보험 중 하나라도 가입되어 있지 않음.

평가문항 평가척도	우수 □	양호 □	보통 □	미흡 □

평가를 위한 Tip | **항목점수 1점**

    평가항목 11은 직원의 후생복지와 관련하여 4대보험 가입 여부를 확인하는 항목이다. 기관에서는 직원들의 안정적인 고용보장과 후생복지를 위해 4대보험에 가입하고 그 증서를 비치하도록 되어있다. 가입확인은 사회보험 정보포털시스템 www.4insure.or.kr을 통해서 가능하며 평가위원의 확인을 위해 인터넷에 연결된 컴퓨터가 구비된 사무실에서 평가를 진행하는 것이 바람직할 것이다. 평가 시 기관에서는 4대보험 가입증서와 납입증명서를 평가위원에게 제시하도록 한다.

↱ 4대보험 신고서 예시

14181

| 수신자 : ○○○ 노인복지센터 | 고용보험 피보험자격 | ☑ 취득 **신고명세 통지서**
☐ 상실 (사 업 주 용) |

① 사업장관리번호 (하수급인관리번호)	12291890×××		
② 보험사무대행기관번호		③ 보험사무대행기관명	
④ 사 업 장 명 칭	○○○ 노인복지센터	⑤ 신 고 일 자	20 . .

일련 번호	피 보 험 자		⑧ 자격취득 ·상실여부	⑨ 자 격 취 득 일	⑩ 자 격 상 실 일
	⑥ 성 명	⑦ 생 년 월 일			
1	홍길동	600223-*******	취득	2010.04.01	
2	이몽룡	791026-*******	취득	2010.04.20	

본 통지서에 기재되지 않은 피보험자에 대한 신고명세는 고용보험 홈페이지(www.ei.go.kr)에서 고용보험가입자 목록을 조회하시면 확인할 수 있습니다.

「고용보험법」 제15조 제4항 및 동법 시행규칙 제6조에 따라 위와 같이 통지합니다.

20 년 월 일   **경인지방노동청 인천북부지청장**

고용지원센터	××× 종합고용지원센터	담 당 자	×××
주 소	인천광역시 계양구 계산동 ×××		
전 화 번 호	032-540-×××	F A X	0505-130-×××
문 서 번 호	××× 종합고용지원센터-B1-20100524×××		

4대보험 신고서 예시

사업장 가입자 명부

발급번호 : **JGD0237201004** ○○○   page : 1 / 1

※「건강보험 사업장 가입자명부」는 발급일 현재까지 가입 신고된 가입자 중 발급대상으로 요청한 가입자의 명부로『공공기관의 개인정보보호에 관한 법률 제10조』에 의거 발급·관리되고 있습니다.

※「건강보험 사업장 가입자명부」는 발급신청 시 명시한 목적 외의 용도로 이용이 불가능하며 개인정보가 불법적으로 유출되어 개인의 이익이 침해되는 일이 없도록 엄격히 보호 및 관리 하시기 바랍니다.

사업장명	○○○ 노인복지센터	사업장관리번호 - 단위사업장기호	
단위사업장명		1229189 -	

일련번호	증번호	가입자 주민번호	가입자 성명	자격취득일	자격상실일
1	80161	500209-1******	×××	2009.09.01	
2	80195	500723-2******	×××	2010.01.01	
3	80181	520307-2******	×××	2010.01.01	
4	80195	540610-2******	×××	2010.02.01	
5	80195	550710-2******	×××	2010.02.01	
6	80183	551224-1******	×××	2010.01.01	
7	80172	560104-2******	×××	2009.11.01	
8	80173	560110-2******	×××	2009.12.01	
9	80145	561215-2******	×××	2009.04.22	
10	80183	581113-2******	×××	2010.01.01	
11	80173	601221-2******	×××	2009.12.01	
12	80156	630124-2******	×××	2009.08.01	
13	80195	690414-2******	×××	2010.02.01	
14	80168	720217-2******	×××	2009.11.01	
15	80181	760117-1******	×××	2009.12.01	

발급일 기준 사업장 가입자(상실자) 발급 건수 총   15   명

※ 주민등록번호 중 일부는 개인정보보호를 위해 특수문자로 대체하였습니다.

20 . .

국민건강보험공단 이사장

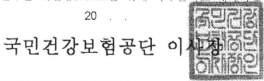

4대보험 신고서 예시

[별지 제3호서식] <개정 2007.12.31.>

(제1쪽 앞 면)

국민연금	☑사업장가입자자격취득신고서	
건강보험	☑직장가입자자격취득신고서	
고용보험	☑피보험자격취득신고서	

※ 처리기간·구비서류 및 기재요령은 뒷면과 제2쪽을 참고하시기 바라며, 건강보험의 경우 피부양자가 있을 때에는 제3쪽의 직장가입자자격취득신고서(피부양자가 있는 경우)에 작성하여 주시기 바랍니다.

※ 고용보험의 경우 임의가입대상 외국인근로자는 '고용보험 외국인 가입·가입탈퇴·피보험자격취득 신청서'로 신청하여 주시기 바랍니다.

사 업 장 관 리 번 호	122-91-

	보험사무 대행기관	번호		명칭		하수급인 관리번호 (건설공사 등의 미승인 하수급인에 한함)
사업장	사 업 장 명 칭	○○○ 노인복지센터		단위 사업장 명칭		영업소 명칭
	소 재 지	우편번호(403-) 인천시 부평구 부평동				
	전 화 번 호	032-503-		FAX번호	032-503-	휴대전화

성 명	영문성명 (외국인)	고용 형태	국민연금						건강보험(피부양자 신청 : 있음□, 없음□)										고용보험		
주민(외국인)등록번호	국적	체류자격	1.정규 2.비정규	소득월액 (원)	취득월 납부여부 1.희망 2.미희망	자격취득부호	자격취득일	특수직종부호	보수월액 (원)	자격취득부호	자격취득일	장애인·국가유공자		보험료감면부호	공무원·교직원		자격취득일	학력	직종	주소정근로시간
												종별부호	등급	등록일		회계명/부호	직종명/부호				
1			①정규 ②비정규		1	1	2010.			7	2010.							2010.			
2	☑국민연금		2		1	1	2010		☑건강보험(피부양자 신청 : 있음□, 없음□)	7	2010.						☑고용보험 2010.5.29			
3	□국민연금								□건강보험(피부양자 신청 : 있음□, 없음□)								□고용보험			
4	□국민연금								□건강보험(피부양자 신청 : 있음□, 없음□)								□고용보험			
5	□국민연금								□건강보험(피부양자 신청 : 있음□, 없음□)								□고용보험			

위와 같이 자격취득신고를 합니다.

20

신고인(사용자·대표자) :   (서명 또는 인)// □ 보험사무 대행기관 :   (서명 또는 인)

국민연금공단 이사장/국민건강보험공단 이사장/○○지방노동청(○○○○지청)장·귀하

*접수번호		*접수일		수수료 없음

---

20 . 월 국민연금 사업장가입자 자격변동 확인통지서

국민연금법 제23조 제1항 규정에 의하여 귀 사업장가입자에 대한 자격변동내역을 아래와 같이 통지하오니 사용자는 통법 제23조 제2항의 규정에 의하여 아래내용을 해당 가입자 또는 가입자이었던 자에게 반드시 통지하여야 합니다. 만약, 부득이한 사유로 통지할 수 없을 때에는 그 뜻을 우리공단에 알려야 합니다.

20 년 월 일

NPS 국민연금공단 이사장

사업장관리번호: 122-91-89088-0   사업장명칭: 노인복지센터   페이지: 54276

성 명	주민등록번호	변동사유	변동일자	취득/상실/납부예외·재개 등에 관한 소급분 내역		내용변경		퇴직금전환금	통지및 확인날인
				기준소득월액	월수	연금보험료	변경전	변경후	
×××	581113	취득	2010-01-01	900,000	2	162,000			
×××	551224	취득	2010-01-01	900,000	2	162,000			
×××	591006	취득	2010-01-01	900,000	2	162,000			
		소급분 연금 보험료		합계금액 :		486,000			
				— 이 하		여 백 —			

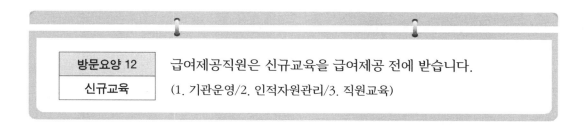

방문요양 12	급여제공직원은 신규교육을 급여제공 전에 받습니다.
신규교육	(1. 기관운영/2. 인적자원관리/3. 직원교육)

(1) 평가방향

기관이 채용계약 후 입사하는 직원들에 대한 신규교육을 신속히 실시하여 업무를 숙지한 상태에서 양질의 급여를 제공하도록 하는지 평가

(2) 평가방법

기관의 급여제공직원에게 급여제공 전에 급여제공방법에 대한 신규교육을 받았는지 직접 확인 .

- 신규교육 내용을 수급자 집으로 이동하는 중에 설명한 경우는 인정하지 않음.

(3) 평가 세부영역(평가대상: 종사자)

세부영역	평가기준 내용	확인
신규교육	급여제공직원에게 신규교육을 급여제공 전에 받았는지 여부 확인(필수확인사항: 수급자 상태, 응급상황 대처법, 기관비상연락망)	
	• 직원 방문 확인 1	예 □ 아니요 □
	• 직원 방문 확인 2	예 □ 아니요 □
	• 직원 방문 확인 3	예 □ 아니요 □
	• 직원 방문 확인 4	예 □ 아니요 □

(4) 평가의 근거 및 자료

기관의 급여제공직원에게 급여제공방법에 대한 신규교육을 받았는지를 직접 질문

(5) 평가문항 척도

📋 채점기준

- 우수: 급여제공직원 모두가 급여제공 전에 신규교육을 받음.
- 양호: 급여제공직원 60% 이상 급여제공 전에 신규교육을 받음.
- 보통: 급여제공직원 30% 이상 급여제공 전에 신규교육을 받음.
- 미흡: 급여제공직원 30% 미만 급여제공 전에 신규교육을 받음.

평가문항 평가척도	우수 □	양호 □	보통 □	미흡 □

평가를 위한 Tip | **항목점수 2점**

　평가항목 12는 신규 요양보호사에 대한 직원교육을 묻는 항목이다. 신규직원 채용 시 서비스 제공 전에 서비스 제공방법에 대한 신규교육을 실시하였는가를 확인하는 것으로 수급자에게 양질의 서비스를 제공하도록 확인하는 항목이다. 신규교육 내용을 수급자 집으로 이동하는 중에 설명하는 것은 인정하지 않는다고 명시되어 있듯이, 따로 시간을 내어 신규교육을 실시하였는가를 확인할 것이다. 평가에서 확인하고자 하는 항목은 먼저 기관의 비상연락망과 응급상황대처법 그리고 수급자의 상태에 관한 것이다. 비상연락망은 아래의 예와 같이 기관 전 직원을 대상으로 연락 체계도를 그리고, 직원 개인의 연락처를 명시한 후 프린트하여 게시판에 게시하도록 한다. 또한 이를 작은 사이즈로 프린트한 후 코팅 처리하여 직원들이 상시 가지고 다닐 수 있도록 제공하는 것도 하나의 방법이다. 응급상황대처법은 평가항목 1에서 언급한 것처럼 기관 운영지침에 있는 내용으로 신규직원교육 시 교육하도록 한다. 마지막으로 수급자의 상태에 관한 내용은 기관에서 보관 중인 대상자관리 파일을 가지고 교육하도록 한다. 특히 이 항목은 기관이 아니라 직원들에게 질문하여 확인하는 항목으로 기관에서는 신규직원에 대한 교육을 철저히 하고, 교육 후에는 서명확인을 받아 평가에 대비하는 것이 필요하다.

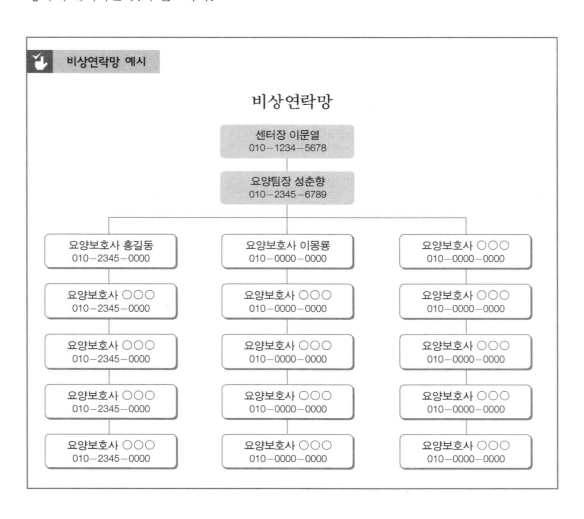

☞ 비상연락망 예시

비상연락망

센터장 이문열
010-1234-5678

요양팀장 성춘향
010-2345-6789

| 요양보호사 홍길동 | 요양보호사 이몽룡 | 요양보호사 ○○○ |
| 010-2345-0000 | 010-0000-0000 | 010-0000-0000 |

| 요양보호사 ○○○ | 요양보호사 ○○○ | 요양보호사 ○○○ |
| 010-2345-0000 | 010-0000-0000 | 010-0000-0000 |

| 요양보호사 ○○○ | 요양보호사 ○○○ | 요양보호사 ○○○ |
| 010-2345-0000 | 010-0000-0000 | 010-0000-0000 |

| 요양보호사 ○○○ | 요양보호사 ○○○ | 요양보호사 ○○○ |
| 010-2345-0000 | 010-0000-0000 | 010-0000-0000 |

| 요양보호사 ○○○ | 요양보호사 ○○○ | 요양보호사 ○○○ |
| 010-2345-0000 | 010-0000-0000 | 010-0000-0000 |

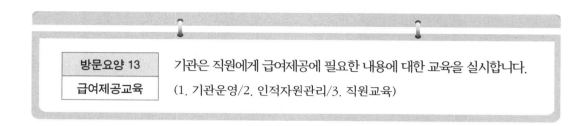

| 방문요양 13 급여제공교육 | 기관은 직원에게 급여제공에 필요한 내용에 대한 교육을 실시합니다. (1. 기관운영/2. 인적자원관리/3. 직원교육) |

(1) 평가방향

기관이 직원에게 수급자에게 양질의 급여를 제공하도록 필요한 교육을 실시하는지 평가

(2) 평가방법

기관이 직원에게 급여제공에 필요한 교육을 실시하였는지 확인

(3) 평가 세부영역(평가대상: 기관)

세부영역	평가기준 내용	확인	
급여제공교육	직원에게 급여제공에 필요한 4가지 교육 실시 여부 확인(필수 확인사항: 교육일자, 교육내용, 교육강사, 교육이수자서명)		
	응급상황대응 교육	예 ☐	아니요 ☐
	감염관리 교육	예 ☐	아니요 ☐
	노인학대 · 폭력에 대한 예방 및 대응 교육	예 ☐	아니요 ☐
	윤리 및 성희롱 예방교육	예 ☐	아니요 ☐

(4) 평가의 근거 및 자료

기관의 직원에게 실시한 2010년도 8월 31일 이전 교육자료 확인(2010년도 자료가 없는 경우는 2009년도 자료로 대체 확인)

(5) 평가문항 척도

📋 채점기준

- 우수: 기관이 직원에게 급여제공시에 필요한 교육 4개를 실시함.
- 양호: 기관이 직원에게 급여제공시에 필요한 교육 3개를 실시함.
- 보통: 기관이 직원에게 급여제공시에 필요한 교육 2개를 실시함.
- 미흡: 기관이 직원에게 급여제공시에 필요한 교육을 1개 이하 실시함.

| 평가문항 평가척도 | 우수 ☐ | 양호 ☐ | 보통 ☐ | 미흡 ☐ |

평가를 위한 Tip | **항목점수 3점**

평가항목 13은 평가항목 1에서 언급하였던 운영지침(급여제공에 필요한 내용)에 대한 직원 교육 실시여부를 확인하는 항목이다. 직원교육과 같은 프로그램을 시행할 경우 계획서, 기안, 결과보고서 등의 절차들을 밟는 것이 정석이지만, 방문요양기관의 특성상 이러한 절차를 생략하고, 기관장에게 구두로 보고할 수 있으며, 직원교육을 실시한 후에 교육에 대한 일지기록으로 평가를 대비할 수 있다. 아래는 직원교육일지의 예다.

방문요양기관의 특성상 직원교육과 간담회 등을 따로 하기에는 무리가 있다. 한 가지 방법은 직원간담회와 직원교육을 같은 날 시행하고 교육일지와 간담회 일지를 작성한 후 회의 참석자명부에 서명을 받아 보관하는 것으로 서류작업을 줄일 수 있을 것이다(평가항목 4, 운영을 위한 tip 참고).

👆 직원교육일지 예시

직원교육일지

결재	담당	팀장	센터장

교육일시	2010. 7. 17(토), 오전 10시~12시
교육장소	○○○노인복지센터 사무실
교육강사	성춘향 팀장
참석인원	15명(요양보호사)
교육내용	• 응급상황 대응교육 • 감염관리 교육 • 노인학대, 폭력에 대한 예방 및 대응교육 • 윤리 및 성희롱 예방교육
비고	
교육 참석자 서명	홍길동 (인) 이몽룡 (인) ○○○ (인) ○○○ (인) ○○○ (인) ○○○ (인) ○○○ (인) ○○○ (인) ○○○ (인) ○○○ (인) ○○○ (인) ○○○ (인) ○○○ (인) ○○○ (인) ○○○ (인)

작성일: 2010. 7. 17   작성자: 요양팀장 성춘향   (인)

○○○노인복지센터

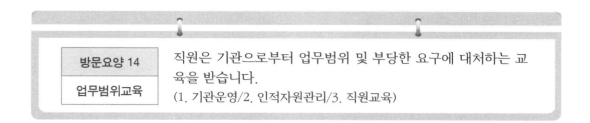

방문요양 14	직원은 기관으로부터 업무범위 및 부당한 요구에 대처하는 교
업무범위교육	육을 받습니다.
	(1. 기관운영/2. 인적자원관리/3. 직원교육)

(1) 평가방향

기관이 직원에게 명확한 업무범위와 수급자(보호자)의 부당한 요구가 있을 경우에 이에 대처하는 방법을 교육하여 직원의 권익이 보호되도록 함.

(2) 평가방법

기관이 직원에게 업무범위와 수급자의 부당한 요구에 대처하는 방법을 교육하는 지 확인

• 부당한 요구: 요양보호사의 경우 수급자(보호자)로부터 수급자 가족의 방 청소나 세탁 등 요양보호사의 업무범위와 관계없는 일들을 요구받는 것

(3) 평가 세부영역(평가대상: 종사자)

세부영역	평가기준 내용	확인
업무범위 등 교육	업무범위와 수급자의 부당한 요구에 대처하는 방법을 교육 받았는지 확인	
	• 직원 방문 확인 1	예 ☐ 아니요 ☐
	• 직원 방문 확인 2	예 ☐ 아니요 ☐
	• 직원 방문 확인 3	예 ☐ 아니요 ☐
	• 직원 방문 확인 4	예 ☐ 아니요 ☐

(4) 평가의 근거 및 자료

기관의 직원에게 업무범위와 수급자의 부당한 요구에 대처하는 방법을 교육받았는지 질문하여 확인

(5) 평가문항 척도

채점기준

• 우수: 직원 모두가 업무범위와 수급자의 부당한 요구 대처 방법을 교육받았음.
• 양호: 직원 60% 이상 업무범위와 수급자의 부당한 요구 대처 방법을 교육받았음.
• 보통: 직원 30% 이상 업무범위와 수급자의 부당한 요구 대처 방법을 교육받았음.
• 미흡: 직원 30% 미만 업무범위와 수급자의 부당한 요구 대처 방법을 교육받았음.

평가문항 평가척도	우수 ☐	양호 ☐	보통 ☐	미흡 ☐

평가를 위한 Tip　**항목점수 1점**

　　평가항목 14는 요양보호사의 업무범위와 그 범위를 벗어난 부당한 요구에 대처하는 교육 실시여부에 관한 항목이다. 요양보호사가 업무와 관련하여 어려움을 호소하는 것 중의 하나가 바로 수급자나 그 가족이 요양보호사를 파출부처럼 부린다는 것이다. 이 항목은 요양보호사의 업무범위에 대해 그리고 그 범위를 벗어난 부당한 업무 요구를 받았을 때 대처하는 방법을 교육 받았는지를 확인하려는 것이다. 다음에 예시한 지침은 이 책의 부록 '7. 운영지침_고충처리지침'에 제시한 자료로 직원 교육 시 이 자료를 배포하고 철저하게 교육하여 평가에 대비한다. 이 항목 역시 직원들을 대상으로 질문하여 확인하는 것으로, 평가 이전에 직원 교육과 이에 대한 확인이 필요하다.

⬇ 부당요구 대응지침 예시

직원 업무범위와 부당한 요구에 대한 대응지침

1. 요양보호서비스 업무범위의 원칙(생략, 지침참고)

2. 요양보호서비스에서 제공해서는 안되는 일
   ① 모든 의료행위, 활력징후 측정, 흡인, 위관영양, 관장, 도뇨, 욕창 관리 및 투약(경구약 및 외용약 제외)은 하지 않는다.
   ② 대상자 본인과 동거하는 가족을 위한 음식조리나 특별한 요리 등은 하지 않는다.
   ③ 대상자 집의 정원 잡초 뽑기, 대청소, 거실대형 유리 닦기, 마루의 왁스 칠하기 등은 하지 않는다.
   ④ 대상자의 부재 시에는 집을 방문하지 않아야 하며 다음 방문일을 적은 메모를 남겨두거나 연락을 취하여 방문일을 조정한다.
   ⑤ 대상자 본인과 동거하는 가족의 부업을 돕는 일은 하지 않는다.
   ⑥ 기타 대상자에게 제한되어 있지 않는 서비스는 하지 않는다.

   > • 「노인장기요양보험법 시행규칙」 제14조(장기요양급여의 범위 등)
   >   수급자와 장기요양기관은 장기요양급여를 제공받거나 제공할 경우에는 다음 각 호의 행위를 요구하거나 제공하여서는 아니된다.
   >   －수급자의 가족을 위한 행위
   >   －수급자 또는 그 가족의 생업을 지원하는 행위
   >   －그 밖에 수급자의 일상생활에 지장이 없는 행위

3. 부당한 요구에 대한 대응지침
   ① 서비스 계약 시 대상자와 가족에게 서비스 계약에 따른 서약서나 부당한 요구에 대한 대응지침을 제공하고 그 내용을 알려준다.
   ② 요양보호사는 대상자와 가족에게 요양보호서비스 범위가 아닌 행위를 제공해서는 안된다.
   ③ 대상자와 가족이 제공해서는 안되는 서비스를 요구할 경우에는 우선 그 요구가 업무범위를 벗어남을 설명한다. 그럼에도 불구하고 계속 요구할 시에는 즉시 시설장(관리자)에게 보고하여 불필요한 마찰을 피한다.
   ④ 대상자 또는 가족과 의견이 상충될 시에는 불필요한 마찰을 피하고 시설장(관리자)에게 보고한다.
   ⑤ 요양보호서비스 업무범위인지 불확실할 경우에는 시설장(관리자)에게 보고하여 상의한 후 서비스를 제공하도록 한다.

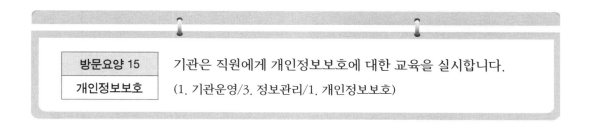

방문요양 15
개인정보보호

기관은 직원에게 개인정보보호에 대한 교육을 실시합니다.
(1. 기관운영/3. 정보관리/1. 개인정보보호)

(1) 평가방향

기관이 직원에게 개인정보보호의 중요성과 필요성을 알도록 개인정보보호에 대한 교육을 실시하는지 평가

(2) 평가방법

기관이 직원에게 수급자의 개인정보보호에 대한 교육을 실시하였는지 확인

(3) 평가 세부영역(평가대상: 기관)

세부영역	평가기준 내용	확인
개인정보보호 교육	개인정보보호에 대한 교육 실시 여부 확인(필수확인사항: 교육일자, 교육내용, 교육강사, 교육이수자서명)	예 ☐ 아니요 ☐

(4) 평가의 근거 및 자료

기관의 직원에게 실시한 2010년도 8월 31일 이전 교육자료 확인(2010년도 자료가 없는 경우는 2009년도 자료로 대체 확인)

(5) 평가문항 척도

📋 채점기준

- 우수: 기관이 직원에게 개인정보보호에 대한 교육을 실시함.
- 미흡: 기관이 직원에게 개인정보보호에 대한 교육을 실시하지 않음.

평가문항 평가척도	우수 ☐	양호 ☐	보통 ☐	미흡 ☐

평가를 위한 Tip **항목점수 1점**

평가항목 15는 직원이 개인정보보호의 중요성과 필요성을 알도록 하는 직원대상 개인정보보호에 대한 교육 실시 여부에 대한 확인이다. 평가항목 13에서와 마찬가지로 교육 실시후 그 근거자료로 교육일자, 교육내용, 교육강사, 교육이수자 서명을 포함하는 직원교육 일지를 작성하는 것으로 갈음한다. 기관은 평가 시 평가위원에게 직원교육 일지철을 제시하도록 한다. 교육과 관련한 자세한 내용은 이 책의 부록 '3. 운영지침_개인정보관리지침'을 참고하도록 한다.

평가항목 13과 마찬가지로 직원간담회와 직원교육을 같은 날 시행하고 교육일지와 간담회 일지를 작성한 후 회의참석자명부에 서명을 받아 보관하는 것으로 서류작업을 줄일 수 있다(평가항목 4, 운영을 위한 tip 참고).

직원교육일지 예시

직원교육일지

결재	담당	팀장	센터장

교육일시	2010. 7. 31(토), 오전 10시~12시
교육장소	○○○노인복지센터 사무실
교육강사	이문열 센터장
참석인원	15명(요양보호사)
교육내용	• 개인정보관리 지침교육
비고	
교육 참석자 서명	홍길동 (인) 이몽룡 (인) ○○○ (인) ○○○ (인) ○○○ (인) ○○○ (인) ○○○ (인) ○○○ (인) ○○○ (인) ○○○ (인) ○○○ (인) ○○○ (인) ○○○ (인) ○○○ (인) ○○○ (인)

작성일: 2010. 7. 31　　　작성자: 요양팀장 성춘향　(인)

○○○노인복지센터

방문요양 16	기관은 자체평가 결과에 따라 질 향상 계획을 세우고 수행합니다.
질향상계획	(1. 기관운영/4. 질 관리/1. 기관의 질 향상)

(1) 평가방향

기관이 지속적인 질 향상을 위하여 자체평가 결과에 따라 질 향상 계획을 수립하며 질 향상 활동을 전개하는지 평가

(2) 평가방법

기관의 자체평가 결과에 따른 질 향상 계획, 질 향상 활동과 관련한 문서 확인

- 자체평가: 정기평가 전에 공단에서 제공하는 자체평가 프로그램 또는 이에 준하는 기관을 자체적으로 운영, 환경 및 안전, 권리 및 책임, 급여제공과정, 급여제공결과의 영역에 대하여 실시하는 종합적인 평가를 말함.
- 질 향상 계획내용: 자체평가 결과에 따른 향후목표, 질 향상 추진 계획, 추진일정 등
- 질 향상 활동: 질 향상 계획에 따른 세부 활동내용
- 자체평가 결과에 따른 질 향상 계획과 그 계획에 따른 질 향상 활동 여부를 순차적으로 확인하고 자체평가를 하지 않은 기관은 평가 세부영역 모두 '아니요'가 됨.

(3) 평가 세부영역(평가대상: 기관)

세부영역	평가기준 내용	확인
자체평가 실시	자체평가 실시 결과 확인	예 □ 아니요 □
질 향상 계획	자체평가 결과에 따른 질 향상 계획 문서 확인	예 □ 아니요 □
질 향상 활동	질 향상 계획에 따른 질 향상 활동 확인	예 □ 아니요 □

(4) 평가의 근거 및 자료

2010년도 질 향상 활동계획 및 질 향상 활동 자료나 문서(2010년도 자료가 없는 경우는 2009년도 자료로 대체 확인)

(5) 평가문항 척도

📋 채점기준

- 우수: 평가 세부영역 모두 '예'를 받음.
- 보통: 평가 세부영역 중 두 개만 '예'를 받음.
- 미흡: 평가 세부영역 중 두 개 미만 '예'를 받음.

평가문항 평가척도	우수 □	양호 □	보통 □	미흡 □

평가를 위한 Tip ｜ **항목점수 2점**

평가항목 16은 기관이 지속적인 질 향상을 위하여 자체평가 결과에 따라 질 향상 계획을 수립하며, 질 향상 활동을 전개하는 지를 평가하는 항목이다. 평가방법은 기관의 자체평가 결과에 따른 질 향상 활동과 관련한 문서를 확인하는 것으로, 자체평가란 정기평가 이전에 공단에서 제공하는 자체평가 프로그램을 이용하거나 또는 이에 준하여 기관이 자체적으로 기관운영, 환경 및 안전, 권리 및 책임, 급여제공과정, 급여제공결과의 영역을 포함하는 평가 프로그램을 개발하여 실시하는 것을 의미한다. 질 향상 계획내용은 자체평가 결과에 따라 향후 목표, 질 향상 추진계획, 추진일정 등을 수립하는 것을 지칭하며, 질 향상 활동은 질 향상 계획에 따라 수행되는 세부 활동내용을 말한다. 자체평가 결과에 따른 질 향상 계획과 그 계획에 따른 질 향상 활동 여부를 순차적으로 확인하는 것으로 평가를 실시한다고 명시하고 있다.

지난 2009년 보건복지가족부에서 방문요양기관 평가를 고시했을 당시에는 공단에서 제시한 자체평가서를 기관에서 먼저 실시하여 그 결과를 제출하고 평가를 신청하도록 하였다. 하지만 2010년 7월 2일 고시된 평가계획에는 기존과 다르게 자체평가를 실시하지 않는 것으로 개정되었다.

이 항목에서 확인하고자 하는 것은 2009년 공단에서 제시했던 자체평가서나 아니면 이와 유사한 자체평가서를 기관에서 만들어 자체평가를 실시하였는가다. 기관에서는 어떤 형태이든 기관운영, 환경 및 안전, 권리와 책임, 급여제공과정, 급여제공결과의 영역을 모두 포함하는 자체평가서를 만들어 평가를 실시하고 그 결과를 문서로 작성하여야 평가를 대비할 수 있다. 자체평가서의 예는 다음과 같이 제시하고 있다.

이 항목에서 확인하고자 하는 것은 자체평가 결과에 다른 질 향상 계획 문서다. 기관에서는 자체평가를 실시하고 그 결과에 따른 질 향상 계획서를 문서로 작성하여 보관하고 있어야 평가를 잘 받을 수 있다. 기관에서는 아래에서 제시하는 질 향상 계획문서에 따라 평가의 결과를 반영한 질 향상 활동을 계획하는 문서를 구비하여 평가를 대비하도록 한다.

마지막으로 이 평가항목에서 확인하고자 하는 것은 작성된 질 향상 계획서에 의한 질 향상 활동의 실행여부다. 기관에서는 계획서에서 제시한 대로 그 활동을 하여야 하고 이를 확인할 수 있는 자료를 보관하여야 한다. 질 향상 계획서에 따라 기관에서는 미비한 부분을 수정·보완하고 그 결과물을 비치하여 근거로 제시할 수 있다. 예를 들면, 아래 자체평가서 예시에서 미비한 것으로 나타난 '감염관리지침'에 대하여 질 향상 계획에 명시한 대로 2010년 1월 20일까지 지침을 만들고, 그 내용을 직원들에게 교육한 후 교육일지를 작성, 비치함으로써 질 향상 활동의 근거를 마련할 수 있다. 다음은 자체평가표, 질 향상 계획서, 질 향상 활동의 근거 자료로써 감염관리 지침, 직원교육일지의 예시다.

자체평가표 예시

자체평가표

작성일: 2009 년   12 월   20 일   작성자: 성춘향

구분			세부영역	평가내용	평가
기관 운영	기관 관리	운영원칙 및 체계	운영지침	응급상황대응지침 감염관리지침 노인학대·폭력 예방 및 대응지침 윤리행동강령	☑예 ☐아니요 ☐예 ☑아니요 ☑예 ☐아니요 ☑예 ☐아니요
			직원인력기준 준수	자격증 소지	☑예 ☐아니요
		인적자원 관리	인력운영	간담회	정기적인 직원간담회 실시	☑예 ☐아니요
			직원후생 복지	건강검진	정기적인 건강검진	☑예 ☐아니요
				근로계약	근로계약체결	☑예 ☐아니요
					근로계약에 명시된 급여제공	☑예 ☐아니요
				4대보험	4대보험 가입	☑예 ☐아니요
			직원교육	신규직원교육	근로실시 전 신규직원교육	☐예 ☑아니요
				급여제공교육	급여제공시 필요한 교육	☑예 ☐아니요
				직원고충처리	직원의 고충처리 대응	☐예 ☑아니요
		정보	개인정보 보호	개인정보보호교육	개인정보보호교육 실시	☑예 ☐아니요
환경 안전	시설	급여장비	직원복장착용	직원 복장 착용여부	☑예 ☐아니요
	안전	안전상황	낙상위험파악	낙상위험도 측정 및 예방교육	☑예 ☐아니요
급여제 공과정	개시	욕구평가	욕구평가	수급자 욕구평가 실시	☑예 ☐아니요
	계획	급여계획	욕구반영	개별적인 욕구 급여반영 계획 수립	☑예 ☐아니요
	급여 제공	식사도움	식사도움	수급자의 상태에 따른 식사제공	☑예 ☐아니요
		배설도움	배변도움	배변도움설명 및 자료제공	☑예 ☐아니요
		욕창예방 관리	욕창위험도파악	욕창위험도 측정 기록 및 관리	☐예 ☑아니요
			안전한체위변경	체위변경 이동시 상처 및 안전 성 확인	☑예 ☐아니요
		신체구속 학대	노인학대예방	노인학대 예방지침 마련 및 공개	☑예 ☐아니요
		사례관리	사례관리회의	정기적인 사례관리 회의 실시	☐예 ☑아니요
급여제 공결과	만족도 평가	만족도 평가	만족도조사	만족도 조사 실시	☑예 ☐아니요
				결과 운영반영	☑예 ☐아니요

○ ○ ○노인복지센터

👆 **질 향상 계획서 예시**

질 향상 계획서

작성일: 2009년 12월 27일   작성자: 성춘향

구분		세부영역	목표	추진계획	추진일정	담당인력
기관운영	기관관리	운영원칙체계 운영지침	서비스 제공에 필요한 감염관리지침을 마련한다.	• 감염관리 자료확보 • 감염관리지침 작성 • 지침공개 및 교육	2009.12.28 ~ 2010.01.20	성춘향
	인적자원관리	직원교육 신규직원교육	근로실시 전 신규직원에 대한 교육을 실시한다.	• 신규직원교육지침 작성 • 신규직원교육 미이수자 명단확보 • 신규직원교육 일정수립 • 신규직원교육 실시	2010.01.10 ~ 2010.01.20	이몽룡
		직원고충처리	직원의 고충처리에 대한 상담 및 대응을 위한 지침을 마련한다.	• 고충처리지침 작성 • 고충처리서류 마련 • 고충처리 실태파악 • 고충처리 실시	2010.01.05 ~ 2010.01.25	성춘향
급여제공과정	급여제공	욕창예방관리 욕창위험도 측정 및 관리	욕창위험 대상자를 파악하여 욕창위험도를 측정하고 예방관리한다.	• 욕창위험도 측정도구 마련 • 욕창위험 대상자 파악 및 명단작성 • 욕창위험도 측정계획 수립 • 직원대상 욕창위험도측정 및 예방교육 실시 • 욕창위험도 측정을 위한 가정방문 실시 • 욕창위험기록지관리 • 욕창예방관리지침 마련 및 수급자 대상 욕창예방교육	2010.01.08 ~ 2010.02.10	이몽룡 담당요양보호사
		사례관리 사례관리회의	정기적인 사례관리를 실시한다.	• 사례관리 계획수립 • 사례회의 실시 • 사례평가 결과반영	2009.12.22 ~ 2009.12.29	변학도

○○○노인복지센터

👆 **질 향상 활동 근거 예시**

감염관리 지침

작성일: 2010년 1월 20일

작성자: 성춘향

1. 감염예방관리

1) 감염예방의 목적

재가노인 대상자 가정에서 요양보호서비스를 제공하는 요양보호사와 대상자와의 직접 접촉을 하거나 감염력이 있는 물질에 접촉할 가능성이 많기 때문에 평상 시 감염예방대책, 감염의 조기발견, 감염발생 시의 대응하는 지침을 마련하여 이를 예방하고자 한다.

2) 감염질환의 종류

감염이란 세균이나 바이러스, 곰팡이, 원생동물, 벌레와 같은 수많은 감염원들이 몸속으로 침입해 이들 감염원이나 그 독소에 의해 신체가 오염된 상태를 말한다. 면역력은 개인차가 있으나 노인이 되면 면역기능이 저하되고 스트레스, 부적절한 영양공급, 만성질환, 특정한 약물사용으로 인해 더욱 면역력이 떨어져 감염성질환이 증가한다.

감염의 증상은 감염이 발생한 부위에 특이적으로 나타나는 국소 증상이 있는데 발적, 통증, 부종, 열감, 삼출 및 배액의 증가가 있고 호흡기계 증상으로는 인후통, 기침, 객담량이나 색의 변화, 호흡곤란 등이 있다. 그 외에는 비뇨기계 증상으로 배뇨장애, 소변색의 변화가 나타날 수 있으며 피곤, 의욕상실, 두통, 근육통, 식욕상실, 발열, 안면홍조, 탈수, 빈맥, 발진, 쇼크 등의 증상이 나타나기도 한다.

감염질환의 종류에는 다음과 같은 대표적인 감염질환이 있다.

- 결핵
- B형, C형 간염
- 인간면역결핍(에이즈) 바이러스 감염
- 인플루엔자
- 접촉성 피부질환
- 전염병 및 식중독
- 폐렴
- 요로감염

3) 유치도뇨관 대상자의 감염관리

요로감염은 신장, 요관, 방광, 요도 등 요가 생성되어 배출되는 전 과정 중 어느 한 곳에 발생하는 감염을 총칭하며 하부요로의 감염을 말한다. 여성의 경우 항문과 요도가 가깝고 요도의 길이가 짧아 요로감염의 원인이 되며 노화로 인해 호르몬의 변화로 인한 질의 산도가 변화되어 질의 위축, 질 분비물의 감소, 질과 방광근의 쇠약 등으로 인해 방광염에 걸리기 쉽다. 남성의 경우에는 전립선 비대로 인해 요로감염이 발생되기도 한다. 유치도뇨관을 삽입한 노인의 경우 20~25% 정도가 요로감염으로 진행되는데 치료 후에도 재발률이 약 20% 정도로 보고되어 요로감염관리가 매우 중요하다.

① 원인
- 요실금으로 인한 요도구와 항문 주위의 분비물로 인한 오염
- 방광 수축력 감소
- 부적절한 카테터 삽입과정과 유치도뇨관 관리
- 장기간의 도뇨관 삽입

② 증상
- 증상이 없거나 경미
- 치골상부의 압통이나 요도구의 작열감
- 방광염의 경우 빈뇨, 급박뇨, 배뇨장애
- 요도감염의 1~2%는 균혈증으로 진행되어 고열, 옆구리 통증, 오한, 패혈성 쇼크

③ 감염관리
- 손 씻기를 잘한다.
- 요관이 당겨지지 않게 한다.
- 튜브가 꼬이거나 막히지 않도록 한다.

- 수집 병으로부터 소변이 역류되지 않도록 한다.
- 의자나 침대에 위치한 대상자의 수집 병을 방광보다 낮은 위치에 고정시키고, 바닥에 닿지 않게 주의한다.
- 대상자가 이동할 때는 수집 병을 잠그고 이동한다.
- 수집 병은 적어도 8시간에 한번은 비워 준다. 소변양이 많은 경우에는 더 자주 비운다.
- 소변이 나오지 않거나 요도주위로 새는 경우, 뇨관이 빠지는 경우, 요통이나 탁한 소변 또는 체온 상승이 있는 경우에는 간호사에게 알린다. 가정에서 발생하는 경우에는 서비스를 제공받고 있는 방문간호사 또는 진료기관 및 보건소에 알린다.

4) 감염예방을 위한 표준지침 _미국질병관리본부

이 지침은 혈액, 땀을 제외한 모든 체액, 분비물, 배설물, 손상된 피부, 점막 등에 적용되며 모든 대상자에게 이 원칙을 적용해야 한다.

- 혈액, 체액, 분비물, 배설물 또는 오염된 물질을 만진 후에는 장갑을 착용하더라도 손을 씻어야 한다. 대상자를 접촉한 전·후로는 손을 씻어 미생물이 다른 대상자나 주위환경을 오염시키는 것을 예방한다.
- 혈액, 체액, 분비물, 배설물 또는 오염된 물질을 취급할 때는 깨끗한 장갑을 착용한다. 점막이나 피부의 상처부위를 만지기 전에도 역시 깨끗한 장갑을 착용한다.
- 혈액, 체액, 분비물, 배설물 등이 튀거나 분출될 가능성이 있는 작업에서는 눈, 코, 입의 점막 부위를 가릴 수 있도록 마스크와 눈 보호구를 함께 착용하거나 안면을 가리는 형태의 안면 보호구를 착용해야 한다.
- 혈액, 체액, 분비물, 배설물 등이 튀거나 분출될 가능성이 있는 작업에서는 피부와 옷이 오염되는 것을 방지하기 위해 소독된 깨끗한 가운을 착용한다.
- 주사바늘, 메스, 기타 날카로운 장비를 취급하거나 세척하거나 폐기 처분할 때는 손상받지 않도록 주의한다. 사용한 주사바늘의 뚜껑을 다시 덮는 행위, 주사바늘을 신체의 일부분을 향하게 하여 들고 취급하는 행위, 두 손을 사용하여 주사바늘을 조작하는 행위는 절대로 하지 않는다. 사용한 일회용 주사기, 메스, 기타 날카로운 기구는 뚫리거나 찢어질 염려가 없는 견고한 지저용기에 폐기 처분한다. 이때 지정용기는 반드시 시술자의 바로 옆에 위치해야 한다.
- 주위 환경을 오염시킬 가능성이 있거나 개인위생이 불량한 대상자는 적절한 장소에 격리시켜야 한다.

5) 감염예방을 위한 행동지침

가정에서 서비스를 제공하는데 필요한 전염병과 식중독 등 감염예방을 위해 서비스 제공자는 다음의 사항을 준수하여야 하며, 기관장은 대상자의 감염 또는 식중독 등이 발생하거나 만연되지 않도록 직원교육 및 관리를 철저히 하여야 한다.

- 기관에서는 감염예방을 위한 행동지침을 마련하여 발생 시 대응책을 마련해 둔다.
- 기관에서는 직원을 대상으로 앞의 지침을 토대로 감염예방과 방지를 위한 교육을 실시하여야 하며, 특히 신규 채용 시에는 반드시 위생관리 등 교육을 실시하여야 한다.
- 기관에서는 직원채용 시 건강진단서를 제출받아 직원의 건강상태를 파악하고 감염질환 검사 및 예방접종을 시행하여야 한다.
- 기관은 서비스 계약 체결 시 대상자의 전염병에 관한 사항도 포함한 건강상태를 확인하여야 하며, 그 결과 전염병에 대한 병력이 있어도 특별한 경우를 제외하고는 서비스 제공을 거절하지 않아야 한다. 다만, 전염병 병력이 있는 대상자에 대해서는 직원에게 전염병에 대한 지식, 수발시 주의사항 등에 대하여 주지시켜야 한다.

- 대상자에게서 나오는 가래, 소변, 대변 등의 배설물을 처리할 때는 반드시 장갑을 착용하며 처리한 후 손을 씻는다.
- 대상자가 사용하는 물품에 혈액이나 체액이 묻은 경우 찬물로 닦고 더운 물로 헹구며 필요시 소독한다.
- 평상시 대책으로 직원의 위생관리를 철저히 하여야 한다. 물은 반드시 끊여 마시게 하며 용변 후 반드시 손 씻기를 하며 수시로(하루에 8~10회) 손을 깨끗이 씻어야 한다.
- 대상자의 위생관리를 철저히 한다. 목욕을 하게 함으로써 대상자의 피부에 있는 미생물을 제거하고 다른 사람에게 옮겨 가는 것을 막으며 누워있는 대상자의 경우에는 침상을 떠나 있는 시간이 적으므로 실금 등이 있거나 하면 침구가 불결해져서 미생물의 발생장소가 되기 쉬우므로 항상 침구의 위생관리를 한다.
- 대상자의 몸에 걸친 의류의 더러움을 없애는 방법, 표백제의 사용에 의한 소독방법을 잘 알아두고 청결관리에 유의한다.
- 오염된 세탁물은 격리 장소에 따로 배출하도록 하며 가정에서는 따로 세탁하도록 한다.
- 오염예방을 위해서 대상자의 가정환경을 살펴보고, 특히 화장실, 쓰레기통 등 오염원의 개선과 청결을 유지할 수 있도록 조치한다. 파리, 모기 바퀴벌레 등 해충구제를 하도록 하며 취사, 식사도구 등은 끊는 물에 소독하여 사용하여야 한다.
- 전염경로가 되는 날 음식, 찬 음식의 생식을 금지하고, 물수건 등의 공동사용은 하지 않아야 하며 오염구역은 소독을 실시하여야 한다.
- 가사 및 일상생활지원서비스 중 대상자의 식사도움을 위해 조리를 할 경우 직원의 개인위생을 철저히 한다. 깨끗한 물을 사용하여 조리하고, 조리 기구 및 시설의 청결을 유지함은 물론 음식물 보관 및 음식물 쓰레기 처리까지 주의를 기울인다. 특히 여름철에는 세균 및 바이러스 번식이 쉬우므로 세심한 관리가 필요하다.
- 감염환자가 발생할 경우에는 소속기관에 알리고, 가족과의 연락을 통해 의료기관에서 치료받을 수 있도록 안내한다.
- 노인에게서 나타나기 쉬운 질환에 대해 예방하기 위해 예방접종을 실시할 수 있도록 정보를 제공한다.

표 3-1 노인의 예방접종

인플루엔자	인플루엔자에 의한 사망자의 95%가 60세 이상으로 노인에게 흔한 감염병이다. 인플루엔자 백신의 효과는 40~70%로 조금 낮은 편이지만 매년 가을에 백신을 맞아 예방하도록 한다.
폐렴구균	폐렴구균 백신의 효과는 45세 이상에서 60% 정도이나 65세 이상 노인은 5년마다 1회 백신을 접종하는 것이 좋다.
파상풍	파상풍은 드문 질환이지만 주로 예방접종이 충분하지 않은 노인에서 발생함으로 성인용Td를 10년에 한번씩 접종하는 것이 좋다.

* 노인건강관리과정, 보건복지부 국립보건원훈련부(2001)

- 요양보호사 자신의 개인위생을 실천함으로써 감염으로부터 자신을 보호하고 대상자의 교차감염 위험도 감소시킬 수 있도록 한다.
- 요양보호사는 피부와 머리카락, 두피에 있는 미생물의 수를 감소시키고 성장을 억제시키기 위해 매일 샤워나 목욕을 하며 자주 칫솔질을 하여 치아 건강을 유지한다. 손은 자주 씻고 피부가 트거나 갈라지지 않도록 로션을 사용하며 손톱 밑에도 미생물이 모일 수 있으므로 가능한 손톱은 짧게 깎고 청결하게 한다. 가운이나 신발은 깨끗하게 유지하고 청소나 오염물질에 쓰던 장갑은 철저히 관리한다. 필요시 보호 장구(마스크, 가운, 장갑 등)을 착용한다.
- 요양보호사는 대상자와의 접촉 시 주의한다.

6) 감염발생시 대처요령

1. 감염발생	① 대상자의 감염 병력 및 현 상태를 알아 본다. ② 대상자의 상태변화에 민감하게 반응하고 이상 징후가 나타나면 조속히 조치를 취한다.
2. 보고	① 소속기관의 기관장 또는 의료인(간호사 등)에게 알리고 지시에 따른다. ② 대상자의 가족에게 알리고 빠른 시일 내에 의료기관에서 치료를 받도록 한다.
3. 치료	① 입원치료 또는 통원치료를 통해 완치될 때까지 치료를 받도록 한다. ② 대상자의 상태가 심각할 경우 격리치료를 받을 수도 있다. 이럴 경우 서비스를 중단하고 완치된 후 서비스를 개시하도록 한다.
4. 관리	① 감염질환에 대한 지식과 대처요령을 습득한 후 서비스를 제공한다. ② 대상자의 치료 경과를 지켜보며 완치 후 서비스를 시작한다.

✎ 직원교육일지 예시

직원교육일지

결재	담당	팀장	센터장

교육일시	2010. 1. 30(토)
교육장소	○○○노인복지센터 사무실
교육강사	이문열 센터장
참석인원	15명(요양보호사)
교육내용	• 감염관리지침 교육
비고	
교육 참석자 서명	홍길동 (인) 이몽룡 (인) ○○○ (인) ○○○ (인) ○○○ (인) ○○○ (인) ○○○ (인) ○○○ (인) ○○○ (인) ○○○ (인) ○○○ (인) ○○○ (인) ○○○ (인) ○○○ (인) ○○○ (인)

작성일: 2010. 2. 3   작성자: 요양팀장 성춘향   (인)

○○○노인복지센터

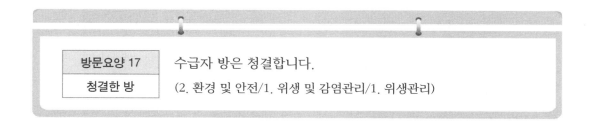

| 방문요양 17 | 수급자 방은 청결합니다. |
| 청결한 방 | (2. 환경 및 안전/1. 위생 및 감염관리/1. 위생관리) |

(1) 평가방향

급여제공직원이 수급자 방을 청결하게 유지하여 수급자가 쾌적한 환경에서 급여를 제공받는지 평가

(2) 평가방법

급여제공직원이 수급자 방(주로 거주하는 공간)을 청결하게 유지하는지 확인

(3) 평가 세부영역(평가대상: 수급자)

세부영역	평가기준 내용	확인
청결상태	수급자의 방이 청결한지 확인 (수급자 침구류, 방의 먼지 및 정리정돈 상태 등)	
	• 수급자 방문 확인 1	예 ☐ 아니요 ☐ 해당없음 ☐
	• 수급자 방문 확인 2	예 ☐ 아니요 ☐ 해당없음 ☐
	• 수급자 방문 확인 3	예 ☐ 아니요 ☐ 해당없음 ☐
	• 수급자 방문 확인 4	예 ☐ 아니요 ☐ 해당없음 ☐
	• 수급자 방문 확인 5	예 ☐ 아니요 ☐ 해당없음 ☐
	• 수급자 방문 확인 6	예 ☐ 아니요 ☐ 해당없음 ☐

(4) 평가의 근거 및 자료

수급자의 방을 직접 확인

(5) 평가문항 척도

채점기준

- 우수: 수급자 모두의 방이 청결함.
- 양호: 수급자의 60% 이상 방이 청결함.
- 보통: 수급자의 30% 이상 방이 청결함.
- 미흡: 수급자의 30% 미만 방이 청결함.
- 해당 없음: 수급자가 가사지원의 서비스를 받지 않는 경우

평가문항 평가척도	우수 ☐ 양호 ☐ 보통 ☐ 미흡 ☐ 해당없음 ☐

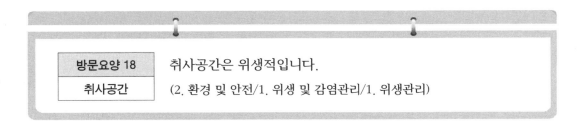

| 방문요양 18 | 취사공간은 위생적입니다. |
| 취사공간 | (2. 환경 및 안전/1. 위생 및 감염관리/1. 위생관리) |

(1) 평가방향

급여제공직원이 수급자의 취사공간을 위생적으로 유지하여 수급자가 안전한 환경에서 급여를 제공받는지 평가

(2) 평가방법

급여제공직원이 수급자의 취사공간을 위생적으로 관리(방금 식사를 마친 설겆이는 제외)하며 음식물 등을 안전하게 보관하고 있는지를 직접 확인

(3) 평가 세부영역(평가대상: 수급자)

세부영역	평가기준 내용	확인
위생적인 취사공간	수급자 취사공간의 위생상태 확인(냉장고 및 싱크대 청결, 행주, 정수기, 음식물의 곰팡이 유무 등)	
	• 수급자 방문 확인 1	예 ☐ 아니요 ☐ 해당없음 ☐
	• 수급자 방문 확인 2	예 ☐ 아니요 ☐ 해당없음 ☐
	• 수급자 방문 확인 3	예 ☐ 아니요 ☐ 해당없음 ☐
	• 수급자 방문 확인 4	예 ☐ 아니요 ☐ 해당없음 ☐
	• 수급자 방문 확인 5	예 ☐ 아니요 ☐ 해당없음 ☐
	• 수급자 방문 확인 6	예 ☐ 아니요 ☐ 해당없음 ☐

(4) 평가의 근거 및 자료

수급자 취사공간의 위생 상태를 직접 확인

(5) 평가문항 척도

📋 채점기준

- 우수: 수급자 모두의 취사공간이 위생적임.
- 양호: 수급자의 60% 이상 취사공간이 위생적임.
- 보통: 수급자의 30% 이상 취사공간이 위생적임.
- 미흡: 수급자의 30% 이상 취사공간이 위생적임.
- 해당 없음: 수급자가 가사지원의 서비스를 받지 않는 경우

평가문항 평가척도	우수 ☐	양호 ☐	보통 ☐	미흡 ☐	해당없음 ☐

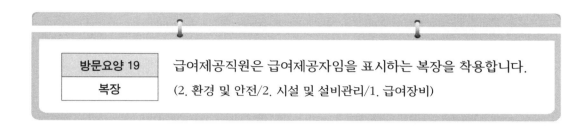

| 방문요양 19 | 급여제공직원은 급여제공자임을 표시하는 복장을 착용합니다. |
| 복장 | (2. 환경 및 안전/2. 시설 및 설비관리/1. 급여장비) |

(1) 평가방향

장기요양급여를 제공하는 전문직업인으로서 활동할 수 있는 사회적인 분위기 조성과 수급자 및 가족 등에 대해 장기요양급여 제공자임을 알리는지 평가

(2) 평가방법

급여제공직원으로 구별되는 복장(에이프런 착용 인정)을 착용하는지 확인

(3) 평가 세부영역(평가대상: 수급자)

세부영역	평가기준 내용	확인
복장 착용	급여제공자임을 확인할 수 있는 복장 착용	
	• 수급자 방문 확인 1	예 □ 아니요 □
	• 수급자 방문 확인 2	예 □ 아니요 □
	• 수급자 방문 확인 3	예 □ 아니요 □
	• 수급자 방문 확인 4	예 □ 아니요 □
	• 수급자 방문 확인 5	예 □ 아니요 □
	• 수급자 방문 확인 6	예 □ 아니요 □

(4) 평가의 근거 및 자료

수급자(보호자)에게 직접 질문

(5) 평가문항 척도

📋 채점기준

- 우수: 수급자(보호자) 모두가 직원이 복장을 착용한다고 함.
- 양호: 수급자(보호자) 60% 이상 직원이 복장을 착용한다고 함.
- 보통: 수급자(보호자) 30% 이상 직원이 복장을 착용한다고 함.
- 미흡: 수급자(보호자) 30% 미만 직원이 복장을 착용한다고 함.

평가문항 평가척도	우수 □	양호 □	보통 □	미흡 □

평가를 위한 Tip 항목점수 2점 항목점수 2점 항목점수 1점

평가항목 17, 18, 19는 평가위원이 수급자에게 직접 확인하는 항목이다. 방문할 수급자 선정은 아마도 수급자 명부를 보고 무작위로 추출하게 될 것이며, 그렇기 때문에 무엇보다도 평상 시 직원들의 서비스 제공과 관리가 매우 중요하다. 먼저 평가항목 17번과 18번은 청소와 위생에 관한 부분으로 급여제공 직원이 수급자 방을 청결하게 유지하여 수급자가 쾌적한 환경에서 급여를 제공 받는지, 취사공간을 위생적으로 유지하여 수급자가 안전한 환경에서 급여를 제공받는지에 대해 확인하는 항목이다. 구체적인 확인사항은 수급자의 침구류와 방의 먼지, 정리정돈 상태 등에 대한 육안 확인과 냉장고 및 싱크대 청결 상태, 행주, 정수기, 음식물의 곰팡이 유무다. 평가에 대비하여 기관은 요양보호사들이 방문요양서비스 제공시 방과 취사공간 등을 철저하게 위생적으로 유지·관리하도록 교육하고, 필요하다면 기관 관리자가 평가 이전에 직접 방문하여 확인하는 등 서비스관리에 집중해야 한다.

평가항목 19번은 장기요양급여를 제공하는 전문직업인으로서 활동할 수 있는 사회적인 분위기 조성과 수급자 및 가족 등에 대해 장기요양급여 제공자임을 알리는지를 평가하는 항목이다. 이를 위해 기관은 모든 요양보호사들에게 기관의 마크가 찍힌 에이프런이나 가운 등의 식별할 수 있는 유니폼을 지급하고 그 착용여부를 지속적으로 점검하여야 한다.

이 항목들과 같이 수급자를 대상으로 평가하는 항목들은 기관에서 철저하게 직원들을 교육하고 감독하는 것이 최선의 방법이다.

유니폼 예시

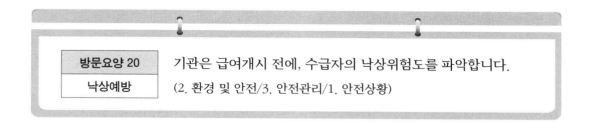

(1) 평가방향

수급자별 상태를 정확히 파악하여 낙상발생을 대비하고 낙상발생예방이 체계적으로 이루어지고 있는지 평가

(2) 평가방법

급여개시 전에 수급자별로 낙상위험도(반드시 도구를 사용하여 측정)가 기록되어 있는지 확인
• 낙상위험측정도구 예시: 별첨 참고

(3) 평가 세부영역(평가대상: 기관)

세부영역	평가기준 내용	확인
낙상위험도 파악	수급자별 낙상위험도 기록 확인 (필수확인내용: 작성일, 작성자, 수급자 이름) • 수급자 낙상위험도 자료 1 • 수급자 낙상위험도 자료 2 • 수급자 낙상위험도 자료 3 • 수급자 낙상위험도 자료 4 • 수급자 낙상위험도 자료 5 • 수급자 낙상위험도 자료 6	 예 □ 아니요 □ 예 □ 아니요 □ 예 □ 아니요 □ 예 □ 아니요 □ 예 □ 아니요 □ 예 □ 아니요 □

(4) 평가의 근거 및 자료

기관에서 급여개시 전에 실시한 수급자별 낙상위험도 기록 확인(단, 2010년도 정기평가는 8월 31일까지 실시한 낙상위험도 자료도 인정)

(5) 평가문항 척도

📋 채점기준

• 우수: 수급자 모두에게 낙상위험도 기록이 있음.
• 양호: 수급자 60% 이상 낙상위험도 기록이 있음.
• 보통: 수급자 30% 이상 낙상위험도 기록이 있음.
• 미흡: 수급자 30% 미만 낙상위험도 기록이 있음.

평가문항 평가척도	우수 □	양호 □	보통 □	미흡 □

※ 별첨: 낙상위험 측정도구 예시

(아래 도구는 예시일 뿐 기관에서 다른 도구를 사용하여도 상관없음)

→ Huhn의 낙상위험측정도구

수급자 이름:

구분	4점	3점	2점	1점	점수
연령		>80	70~79	60~69	
정신상태	때때로 혼란스러움/ 방향감각장애		혼란스러움/ 방향감각장애		
배변	소변, 대변 실금	조절능력 있지만 도움필요		유치도뇨관/ 인공항루	
낙상경험	이미 세 번 이상 넘어짐		이미 한 번 또는 두 번 넘어짐		
활동	전적으로 도움을 받음	자리에서 일어나 앉기 도움		자립/세면대, 화장실 이용	
걸음걸이 및 균형	불규칙/불안정, 서 있을 때와 걸을 때 균형을 거의 유지하지 못함	일어서기/걸을 때 기립성빈혈/혈액 순환문제	보행장애/보조도구 나 도움으로 걷기		
지난 7일간 약복용이나 계획된 약물	3개 또는 그 이상의 약 복용	두 가지 약복용	한 가지 약복용		
합계					

※ 합계 점수 해석

• 4점까지: 낙상위험 낮음.

• 5~10점: 낙상위험 높음.

• 11~24점: 낙상위험도 아주 높음.

년 월 일

작성자 (인)

평가를 위한 Tip   **항목점수 2점**

평가항목 20은 수급자별 상태를 정확히 파악하여 낙상발생을 대비하고 낙상발생 예방이 체계적으로 이루어지고 있는가를 평가하는 항목이다. 기관에서는 서비스 개시 전에 수급자의 낙상위험도를 측정하고 그 자료를 대상자 파일에 보관하여 평가시 제시하도록 한다. 낙상위험도 자료는 공단에서 제시한 것을 바탕으로 작성하였다. 아래는 그 예시다.

☞ **낙상위험 사정척도 예시**

낙상위험 사정척도
(Huhn Fall Scale)

대상자명(성별)	이수일		관리번호	2010－001
작성일자	2010. 7. 5		작성자	홍길동

구분	4점	3점	2점	1점	점수
연령	＞90	＞80	70~79	60~69	3
정신상태	때때로 혼란스러움/방향감각장애		혼란스러움/방향감각장애		2
배변	소변, 대변 실금	조절능력 있지만 도움필요		유치도뇨관/인공항루	1
낙상경험	이미 세 번 이상 넘어짐.		이미 한 번 또는 두 번 넘어짐.		2
활동	전적으로 도움을 받음	자리에서 일어나 앉기 도움		자립/세면대, 화장실 이용	3
걸음걸이 및 균형	불규칙/불안정, 서 있을 때와 걸을 때 균형을 거의 유지하지 못함.	일어서기/걸을 때 기립성빈혈/혈액순환문제	보행장애/보조도구나 도움으로 걷기		2
지난 7일간 약복용이나 계획된 약물	3개 또는 그 이상의 약복용	두 가지 약 복용	한 가지 약 복용		4
Huhn Fall Scale 합계					17

※ 결과해석
  4점까지: 낙상위험 낮음.
  5~10점: 낙상위험 높음.
  11~24점: 낙상위험도 아주 높음.

○ ○ ○ 노인복지센터

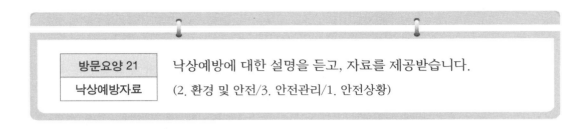

방문요양 21
낙상예방자료

낙상예방에 대한 설명을 듣고, 자료를 제공받습니다.
(2. 환경 및 안전/3. 안전관리/1. 안전상황)

(1) 평가방향

수급자의 낙상은 상태의 악화 및 사망으로 이어지는 위험한 것이기 때문에 수급자(보호자)에게 낙상발생 위험 정도를 미리 알리고 낙상에 주의하도록 하는지 평가

(2) 평가방법

기관의 직원이 수급자(보호자)에게 낙상예방에 대한 설명을 하고 자료를 제공했는지 확인

(3) 평가 세부영역(평가대상: 수급자)

세부영역	평가기준 내용	확인
낙상예방자료	낙상예방에 대한 설명 및 자료제공 여부 확인	
	• 수급자 방문 확인 1	예 □ 아니요 □
	• 수급자 방문 확인 2	예 □ 아니요 □
	• 수급자 방문 확인 3	예 □ 아니요 □
	• 수급자 방문 확인 4	예 □ 아니요 □
	• 수급자 방문 확인 5	예 □ 아니요 □
	• 수급자 방문 확인 6	예 □ 아니요 □

(4) 평가의 근거 및 자료

수급자(보호자)에게 낙상예방에 대한 설명을 들었는지 질문하고 자료 확인

(5) 평가문항 척도

📋 채점기준

• 우수: 수급자 모두가 낙상예방에 대한 설명을 듣고 자료를 제공받았음.
• 양호: 수급자 60% 이상 낙상예방에 대한 설명을 듣고 자료를 제공받았음.
• 보통: 수급자 30% 이상 낙상예방에 대한 설명을 듣고 자료를 제공받았음.
• 미흡: 수급자 30% 미만 낙상예방에 대한 설명을 듣고 자료를 제공받았음.

평가문항 평가척도	우수 □	양호 □	보통 □	미흡 □

평가를 위한 Tip　**항목점수 1점**

　　평가항목 21은 요양보호사가 수급자에게 낙상발생 위험 정도를 미리 알리고 낙상에 주의하도록 하는지를 평가하는 항목이다. 요양보호사가 수급자에게 낙상예방에 대해 설명하기 위해서는 요양보호사에 대한 낙상예방 교육이 선행되어야 한다. 낙상예방에 관한 구체적인 내용은 부록 '7. 운영지침_안전관리지침'에 낙상예방이 상세하게 설명되어 있으므로 직원교육 자료로 활용하도록 한다. 평가위원은 수급자를 방문하여 낙상예방에 관한 설명을 요양보호사로부터 들었는지를 확인하므로, 기관에서는 요양보호사로 하여금 수급자에게 다음과 같이 제시한 낙상예방관리 자료를 제공하며 낙상예방에 대해 설명하도록 한다.

👆 낙상예방관리 예시

낙상예방관리

(1) 낙상예방 환경정비
- 생활공간 공통사항
  - 늘어진 줄이나 전기줄, 바닥 여기저기에 있는 방석이나 카펫을 치운다.
  - 부득이 방바닥에 양탄자나 이불을 깔아야 한다면 가장자리를 잘 고정시킨다.
  - 전화기, 의자나 탁자 등 조그만 가구는 되도록 벽 쪽 익숙한 장소에 둔다.
  - 바닥재는 덜 미끄럽고, 탄성이 있어 넘어졌을 때의 충격을 흡수할 수 있는 재질을 이용하는 것이 좋다.
  - 낙상 위험이 있는 장애물, 문턱 등 단차를 없애거나 되도록 낮게 한다.
  - 가구는 모서리가 둥근 형태의 것을 사용하고, 벽 및 가구 표면에는 뾰족한 못 등 날카로운 것이 없어야 한다.
  - 모서리가 곡선으로 처리된 가구를 사용하거나, 모서리 쿠션, 모서리방지 안전 가드 등을 부착한다.
  - 누워있거나, 잠든 동안에는 항상 침대난간을 올려 고정해 둔다.
  - 바닥에 물이 떨어진 경우, 즉시 물기가 없을 때까지 닦는다.
  - 깨지기 쉬운 물건, 위험한 것들을 보관해 두는 보관함 및 캐비닛을 설치하고 열지 못하도록 잠금장치를 한다.
- 의복 및 신발 착용
  - 날씨가 추울 때는 가벼운 옷을 여러 겹 겹쳐 입어, 몸을 움추려 균형감각이 저하되지 않도록 한다(적정온도 및 습도: 18~22℃ / 40~70%).
  - 슬리퍼나 바닥이 미끄러운 신발은 신지 않는다.
  - 미끄럼 방지 양말을 신는다.
  - 굽이 낮고, 폭이 넓으며 미끄럽지 않은 고무바닥, 뒤가 막힌 신발을 신는다.
  - 보행에 어려움이 있을 경우, 보행(보조)차나 지팡이 등을 사용하도록 한다.
- 조명활용
  - 실내 적정조도: 200~300 Lux유지
  - 거실과 계단, 현관, 화장실은 항상 환하게 밝혀 두거나 사람이 있을 때만 켜지는 센서 등을 설치한다.
  - 자다가 한밤중에 일어날 때 켤 수 있도록 잠자리 옆에 미등을 마련해 둔다.

- 화장실
  - 벽과 변기 근처에 안전손잡이를 설치한다.
  - 욕조 안과 욕실 바닥에 미끄러지지 않도록 방수용 테이프를 붙이거나, 미끄럼 방지액을 도포한다.
  - 노인의 방은 별도의 세면대와 목욕탕이 마련되어 있거나 되도록 가까이 있는 것이 좋다.
- 부엌
  - 싱크대나 가스렌지 근처 바닥에는 미끄러지지 않도록 고무매트를 깔아 놓는다.
  - 물을 엎지른 경우에는 즉시 닦는다.

(2) 낙상시 처치
- 낙상했을 경우 당황하지 말고 노인을 안정시킨다.
- 노인이 낙상한 상황을 눈으로 확인하지 못했다면 의사를 표현할 수 있는 경우 상황을 묻고, 무리하지 않고 가장 편안한 상태로 있게 한다.
- 통증이 심한 경우 억지로 구부리거나 펴려고 하지 않는다.
- 요양보호사는 간호사 등 응급보고체계 윗 단계로 보고한다.
- 가장 가까운 가족 및 보호자에게 사고 사실을 반드시 알린다.
- 간호사는 출혈이 있으면 지혈하고, 환부를 부목 등으로 고정하고, 되도록 신속히 의료기관으로 옮긴다.

○ ○ ○노인복지센터

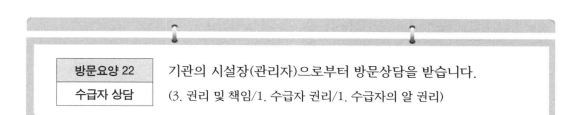

| 방문요양 22 | 기관의 시설장(관리자)으로부터 방문상담을 받습니다. |
| 수급자 상담 | (3. 권리 및 책임/1. 수급자 권리/1. 수급자의 알 권리) |

(1) 평가방향

수급자의 상태 변화 및 고충 상담을 위하여 기관의 시설장(관리자)이 정기적으로 방문하는지 평가

(2) 평가방법

기관의 시설장(관리자)이 수급자의 상태관찰 및 상담을 위하여 수급자의 집을 격월로 방문하는지 수급자(보호자)에게 확인

- 관리자: 수급자나 급여제공직원을 관리하는 중간 관리자도 포함되며 직원이 많은 기관은 중간 관리자 밑의 팀장급까지도 관리자로 볼 수 있음.

(3) 평가 세부영역(평가대상: 수급자)

세부영역	평가기준 내용	확인	
수급자 상담	수급자의 집에 격월로 방문하는지 확인		
	• 수급자 방문 확인 1	예 ☐	아니요 ☐
	• 수급자 방문 확인 2	예 ☐	아니요 ☐
	• 수급자 방문 확인 3	예 ☐	아니요 ☐
	• 수급자 방문 확인 4	예 ☐	아니요 ☐
	• 수급자 방문 확인 5	예 ☐	아니요 ☐
	• 수급자 방문 확인 6	예 ☐	아니요 ☐

(4) 평가의 근거 및 자료

수급자(보호자)에게 정기평가일 당일 기준 전 4개월 동안 2달에 한 번씩 시설장(관리자)의 방문을 받았는지 직접 질문

(5) 평가문항 척도

📋 채점기준

- 우수: 수급자(보호자) 모두가 시설장(관리자)이 격월로 방문한다고 함.

- 양호: 수급자(보호자) 60% 이상 시설장(관리자)이 격월로 방문한다고 함.
- 보통: 수급자(보호자) 30% 이상 시설장(관리자)이 격월로 방문한다고 함.
- 미흡: 수급자(보호자) 30% 미만 시설장(관리자)이 격월로 방문한다고 함.

평가문항 평가척도	우수 ☐	양호 ☐	보통 ☐	미흡 ☐

평가를 위한 Tip　**항목점수 3점**

　평가항목 22는 수급자의 상태 변화 및 고충 상담을 위하여 기관의 시설장(관리자)이 정기적으로 수급자를 방문하는지를 평가하는 항목이다. 평가위원은 평가항목 21과 마찬가지로 수급자에게 평가 당일 기준 전 4개월 동안 2달에 한 번씩 시설장(관리자)의 방문을 받았는지를 확인한다. 이 항목에 대비해서는 시설장 또는 관리자가 격월로 수급자를 실제로 방문하여 고충 상담과 상태파악을 진행하여야 하며 평가 이전에 기관에서 격월 1회 이상 시설장 또는 관리자가 방문상담을 실시하고 있다는 사실을 수급자에게 주지시키는 노력도 필요하다.

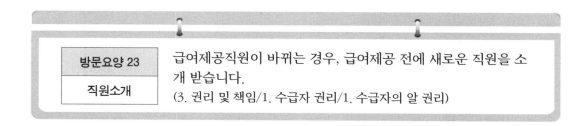

방문요양 23	급여제공직원이 바뀌는 경우, 급여제공 전에 새로운 직원을 소개 받습니다.
직원소개	(3. 권리 및 책임/1. 수급자 권리/1. 수급자의 알 권리)

(1) 평가방향

수급자에게 변경되는 급여제공직원을 사전에 소개함으로써 수급자의 알 권리를 보장하고 있는지 평가

(2) 평가방법

수급자(보호자)에게 급여제공직원 변경 시, 새로운 직원을 소개 받았는지를 확인

• 수급자(보호자)에게 유선으로 소개한 경우는 '아니요'로 평가하고 급여제공직원 변경이 없었던 경우는 '예'로 평가

(3) 평가 세부영역(평가대상: 수급자)

세부영역	평가기준 내용	확인
직원소개	급여제공직원 변경 시 새로운 직원 사전 소개 여부 확인	
	• 수급자 방문 확인 1	예 ☐ 아니요 ☐
	• 수급자 방문 확인 2	예 ☐ 아니요 ☐
	• 수급자 방문 확인 3	예 ☐ 아니요 ☐
	• 수급자 방문 확인 4	예 ☐ 아니요 ☐
	• 수급자 방문 확인 5	예 ☐ 아니요 ☐
	• 수급자 방문 확인 6	예 ☐ 아니요 ☐

(4) 평가의 근거 및 자료

수급자(보호자)에게 급여제공직원 변경 시 새로운 직원을 소개 받는지를 직접 질문

(5) 평가문항 척도

📋 채점기준

• 우수: 수급자 모두가 급여제공직원 변경시 새로운 직원을 사전에 소개 받음.
• 양호: 수급자 60% 이상 급여제공직원 변경시 새로운 직원을 사전에 소개 받음.
• 보통: 수급자 30% 이상 급여제공직원 변경시 새로운 직원을 사전에 소개 받음.
• 미흡: 수급자 30% 미만 급여제공직원 변경시 새로운 직원을 사전에 소개 받음.

평가문항 평가척도	우수 ☐	양호 ☐	보통 ☐	미흡 ☐

평가항목 23은 요양보호사 교체 시 수급자가 미리 소개를 받는지에 대해 확인하는 항목이다. 여러 가지 사유로 요양보호사의 변경이 필요할 경우, 기존의 요양보호사가 새로 일하게 될 요양보호사를 대동하여 수급자 집으로 방문하고, 요양보호사의 교체 내용을 설명하고 새로운 요양보호사를 소개함으로써 수급자의 알 권리를 보장하는 것이다. 이 항목에서는 수급자에게 새로운 요양보호사를 방문이 아닌 전화 등으로 소개하는 것은 인정하지 않는다.

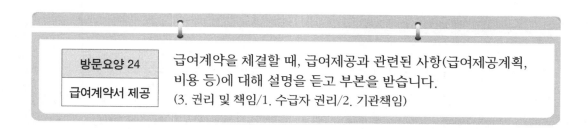

방문요양 24
급여계약서 제공

급여계약을 체결할 때, 급여제공과 관련된 사항(급여제공계획, 비용 등)에 대해 설명을 듣고 부본을 받습니다.
(3. 권리 및 책임/1. 수급자 권리/2. 기관책임)

(1) 평가방향

수급자(보호자)의 욕구를 반영하고 본인부담을 감안하여 급여를 계약하는 등 수급자(보호자)의 알 권리를 존중하는지 평가

(2) 평가방법

수급자(보호자)는 기관과 급여계약을 체결할 때 급여제공과 관련된 사항에 대하여 설명을 듣고 그 계약서 부본을 제공받는지 확인

(3) 평가 세부영역(평가대상: 수급자)

세부영역	평가기준 내용	확인
급여계약서 제공	급여계약시 급여제공관련 설명 여부와 계약서 부본 확인	
	• 수급자 방문 확인 1	예 ☐ 아니요 ☐
	• 수급자 방문 확인 2	예 ☐ 아니요 ☐
	• 수급자 방문 확인 3	예 ☐ 아니요 ☐
	• 수급자 방문 확인 4	예 ☐ 아니요 ☐
	• 수급자 방문 확인 5	예 ☐ 아니요 ☐
	• 수급자 방문 확인 6	예 ☐ 아니요 ☐

(4) 평가의 근거 및 자료

수급자(보호자)에게 직접 질문하고 계약서 부본(유효한 급여계약서) 확인

(5) 평가문항 척도

📋 채점기준

• 우수: 수급자(보호자) 모두가 급여제공 관련 설명을 듣고 계약서 부본을 수령함.
• 양호: 수급자(보호자) 60% 이상 급여제공 관련 설명을 듣고 계약서 부본을 수령함.
• 보통: 수급자(보호자) 30% 이상 급여제공 관련 설명을 듣고 계약서 부본을 수령함.
• 미흡: 수급자(보호자) 30% 미만 급여제공 관련 설명을 듣고 계약서 부본을 수령함.

평가문항 평가척도	우수 ☐	양호 ☐	보통 ☐	미흡 ☐

　평가항목 24는 기관과 수급자의 서비스 계약이 이루어 질 당시 급여제공계획과 비용 등에 관한 설명을 듣고 계약서를 제공받았는지를 확인하는 항목이다. 기관은 계약을 체결할 때 서비스 제공 계약서를 2부 작성하여 1부는 기관에서 대상자관리 파일에 보관하고, 1부는 수급자 또는 보호자에 주어 가정에서 보관할 수 있도록 해야 한다. 급여제공 계획과 비용에 관해서는 계약을 체결할 당시 대상자에게 자세히 설명하도록 한다. 이 항목 역시 평가위원이 수급자의 가정을 방문하여 확인하는 사항으로, 기관에서는 평가 전 수급자에게 안내하여 설명 및 보관여부를 확인하고. 필요하다면 서비스 이용계약서를 재발급하여 평가를 대비한다.

👆 서비스 이용 계약서 예시

발급번호:

서비스 이용 계약서

1. 방문요양서비스 이용자(갑)
   성　명: 이수일　　 (인) (주민등록번호: 310112－*******)
   주　소: 서울시 구로구 ○○○동 1번지
   연락처: 010－××××－××××

2. 대리인(보호자)('갑'과의 관계: 처)
   성　명: 김말순　　 (인) (주민등록번호: 331221－*******)
   주　소: 서울시 구로구 ○○○동 1번지
   연락처: 010－××××－××××

3. 서비스 제공기관(을)
   기관명: ○○○노인복지센터(대표자: 이문열　 인)
   주　소: 서울시 구로구 ○○○동 14번지
   연락처: 02) 6723－××××

4. 계약기간: 2010년 7월 1일 ～ 2011년 6월 30일

5. 급여종류, 내용 및 금액에 대하여는 '을'이 계획하고, '갑'과 '갑과의 관계'가 동의하여 작성된 '방문요양서비스제공계획서'에 의거하여 진행된다.

상기 당사자(이하 '갑' '을'이라 한다) 또는 대리인은 다음 계약내용에 의거하여 노인장기요양보험(방문요양서비스)계약서를 작성하고 기명날인 후, 각각 1통씩 보관한다.

제1조 (서비스 제공)
　① '을'은 '갑'의 생활 및 건강사정 후 사례회의를 통해 '갑'의 일상생활에 필요한 적정한 방문요양서비스 제공계획을 세운다(방문요양서비스 제공계획서 작성).
　② '을'은 방문요양서비스 제공계획에 '갑'과 '갑'의 보호자에게 충분히 설명하여 동의를 취한 뒤 서비스를 제공한다(방문요양서비스 제공계획서 및 동의서 수령).
　③ '을'은 방문요양서비스의 지속성이 최대한 보장되도록 전문 인력을 배치한다.

제2조 (계약기간 및 계약의 만료 등)

① 이 계약의 효력기간은 상기의 기간 동안 발생하며, 당사자 간 협의에 따라 계약기간을 변경할 수 있다.

② 이 계약은 '갑'의 사망이나, '갑'과 '을'의 해약 통지로 종료된다.

③ 이 계약은 다음 각 호에 해당하는 경우 해약할 수 있다.

　　-'갑'과 '을'이 계약 해지를 통지한 때. 다만, 해약의 통지는 7일 전에 하여야 한다.

④ 단, 일시적인 병원 입원, 시설입소, 사망, 규정위반에 의한 정지 등의 경우에는 이 계약의 효력을 일시정지 할 수 있다.

제3조 (노인장기요양급여비용)

① 노인장기요양급여비용은 노인장기요양급여 수가기준에 의한다.

② 노인장기급여비용 중 본인부담액과 등급별 월 이용 한도액을 초과하는 비용, 수가에 포함되지 않은 항목의 비용은 '을'의 청구에 의해 '갑'과 '갑'의 보호자가 지급한다.

제4조 (노인장기요양급여내용의 변경)

① 서비스 제공과정에서 '을'의 부주의 또는 실수로 인하여 계약서에 기록된 사항을 충족시키지 못하거나 '갑'과 '갑'의 보호자의 합리적인 요구사항을 충족시키지 못하는 경우 '을'은 '갑'과 '갑'의 보호자의 요구에 따라 급여내용을 변경할 수 있다. 다만, 계약서에 포함되지 않은 요구사항은 급여내용의 변경사항으로 보지 아니한다.

② 계약기간 및 노인장기요양급여비용의 변경 등 주요내용이 변경되는 경우에는 해당사항에 대해 '변경계약서'를 별도 작성한다.

제5조 (장기요양급여의 제공 금지)

① 「노인장기요양보험법 시행규칙」 제14조에 의거하여 수급자와 장기요양기관은 장기요양급여를 제공받거나 제공할 경우에는 다음 각 호의 행위를 요구하거나 제공하여서는 아니 된다.

가. 수급자의 가족을 위한 행위

나. 수급자 또는 그 가족의 생업을 지원하는 행위

다. 그 밖에 수급자의 일상생활에 지장이 없는 행위

제6조 (통지사항)

① '을'은 '갑'에 대한 서비스 제공에 있어 응급상황 등 필요한 경우 '갑'의 보호자에게 연락을 취하여야 한다.

② '갑'과 '갑'의 보호자는 주소 또는 연락처 등이 변경되었거나 금치산 또는 파산선고 등을 받아 '갑'의 보호 의무를 다하지 못할 사유가 발생하였을 때는 즉시 서면으로 '을'에게 통지하여야 한다.

제7조 (개인정보 보호의무)

① '을'은 '갑'의 개인정보를 관계 규정에 따라 보호하여야 한다.

② '을'은 방문요양서비스 제공에 필요한 '갑'의 개인정보 자료를 수집하고 활용하며 동 자료를 노인장기요양보험 운영주체 등에게 관계규정에 따라 요구, 제출할 수 있다.

③ '을'의 개인정보 수집 및 활용에 대한 '갑'의 승낙은 '개인정보 제공 및 활용에 관한 동의서' 서면으로 한다.

제8조 (손해배상책임)

서비스 실시 중에 '을'의 고의적인 귀책사유로 발생한 '갑'의 손해에 대하여는 '을'은 '갑'에게 배상한다. 다만, 천재지변, 제3자의 귀책사유로 인한 손해에 대해서는 배상책임을 지지 아니한다. '갑'과 '갑'의 보호자가 '을'에게 손해를 끼친 경우에도 또한 같다.

제9조 (분쟁해결방법)

본 방문요양 이용계약과 관련하여 발생한 분쟁에 대하여 '갑' '갑'의 보호자가 합의에 따라 원만히 처리하며, 만약 당사자 간 합의에 도달하지 못한 경우에는 기관의 운영규정을 준용하거나 관련법규나 일반관례에 따른다.

2010 . 6 . 30 .

○ ○ ○노인복지센터

월 서비스 제공계획서 예시

(7)월 서비스 제공계획서

이수일　귀하　　　　　　　　　　　　　　　　　발급번호: 2010－037

관리번호	2010－001	성명		이 수 일	(Ⓜ／ F)
요양인정관리번호	×××－××××	등급	3등급	요양보호사	홍길동
서비스 제공기간		2010. 7. 1 ～ 7. 31 (1개월)			
제공일	20일	제공주기	일 1회	총제공시간	80시간

서비스 제공내역	서비스 종류	주기	내용
신체활동지원	구강관리, 세면 도움	일 1회	
	목욕도움	주 1회	목욕실 이동, 샤워
일상생활지원	침구교체 및 세탁	주 1회	
	취사	일 1회	일반식, 식단표작성
개인활동지원	병원동행	월 1회	퇴행성 관절염 통원치료
정서지원			
가족지원	가족대상교육, 간담회	월 1회	낙상예방 1회, 감염관리 1회
기타	치매관리지원, 여가생활지원		

서비스 비용	수가(A)	횟수(B)	총비용액 (C=A×B)	본인부담액 (C×15%)
	방문요양 4시간 39,500원	20회	790,000원	118,500원
	합계금액	790,000원	본인부담 총액	118,500원
	월 한도액	814,700원	초과금액	－

위와 같이 ○○○장기요양기관 방문요양서비스 제공계획을 알려드립니다.

2010 년　6 월　30 일

이용자: 이 수 일　(인)

보호자(신청인): 김 말 순　(인)

○○○노인복지센터/전화번호

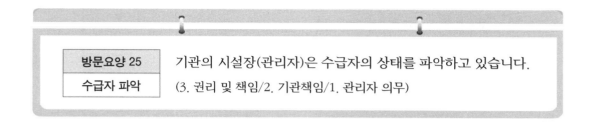

| 방문요양 25 | 기관의 시설장(관리자)은 수급자의 상태를 파악하고 있습니다. |
| 수급자 파악 | (3. 권리 및 책임/2. 기관책임/1. 관리자 의무) |

(1) 평가방향

기관의 시설장(관리자)이 수급자의 질 향상을 위하여 전반적인 상태를 파악하고 있는지 평가

(2) 평가방법

기관의 시설장(관리자)에게 수급자의 전반적인 상태에 대하여 알고 있는지 직접 질문하여 확인
• 수급자의 전반적인 상태: 급여제공내용, 연령, 가족관계, 질병 등

(3) 평가 세부영역(평가대상: 기관)

세부영역	평가기준 내용	확인
수급자 파악	시설장(관리자)에게 수급자의 전반적인 상태 질문 확인	
	• 수급자 상태 파악 질문 1	예 □ 아니요 □
	• 수급자 상태 파악 질문 2	예 □ 아니요 □
	• 수급자 상태 파악 질문 3	예 □ 아니요 □
	• 수급자 상태 파악 질문 4	예 □ 아니요 □
	• 수급자 상태 파악 질문 5	예 □ 아니요 □
	• 수급자 상태 파악 질문 6	예 □ 아니요 □

(4) 평가의 근거 및 자료

시설장(관리자)에게 수급자의 전반적인 상태를 직접 질문하여 확인

(5) 평가문항 척도

📋 채점기준

• 우수: 시설장(관리자)이 수급자 모두의 상태를 파악하고 있음.
• 양호: 시설장(관리자)이 수급자 60% 이상의 상태를 파악하고 있음.
• 보통: 시설장(관리자)이 수급자 30% 이상의 상태를 파악하고 있음.
• 미흡: 시설장(관리자)이 수급자 30% 미만의 상태를 파악하고 있음.

평가문항 평가척도	우수 □	양호 □	보통 □	미흡 □

평가를 위한 Tip | **항목점수 2점**

평가항목 25는 시설장(관리자)이 수급자의 질 향상을 위하여 급여제공내역, 연령, 가족관계, 질병 등 전반적인 상태를 파악하고 있는가를 확인하는 항목이다. 이 평가항목은 평가위원이 시설장(관리자)에게 질문하여 확인하는 항목으로 시설장(관리자)은 수급자 개개인에 대한 상태 및 제공서비스를 숙지하여야만 평가를 잘 받을 수 있다. 시설장(관리자)은 대상자관리카드를 통해 대상자의 상세내용을 파악하고 있어야 하는데, 이와 함께 아래의 예와 같은 양식을 준비하여 수급자들의 상태 및 제공 서비스 내역을 일목요연하게 정리하고 이를 숙지하는 것이 필요하다. 다음과 같이 예시된 대상자 실태표는 대상자의 일반적인 사항 이외에 질병 및 상태와 서비스 제공 내역 등을 간략히 정리한 것으로 시설장(관리자)이 대상자들의 현황을 파악하는 데 도움이 되는 서식이다.

👆 **대상자 실태표 예시**

대상자 실태표

관리 번호	성명	성별	인정번호 등급	보호 구분	대상자 질병 및 상태	가족사항	보호자 성명	관계	전화번호	등록일 종결일	서비스 제공 내역
2010 -001	이수일	남	L001*** 2등급	일반	중풍으로 인한 우측편마비 우측 대퇴부 욕창	기혼 배우자 동거	김말순	처	010-×××× -××××	10-07 -01	신체활동지원 (구강, 세면, 목욕 등) 일상생활지원 (취사, 세탁 등) 개인활동지원 (병원동행 등)
2010 -002	심순애	여	L001*** 3등급	일반	퇴행성 관절염으로 보행 어려움	사별 아들동거	이덕수	자	010-×××× -××××	10-07 -01	신체활동지원 (구강, 세면, 목욕 등) 일상생활지원 (취사, 세탁 등) 개인활동지원 (병원동행 등)
2010 -003	○○○	남	L001*** 3등급	일반	치매로 인한 인지 장애 배회증, 폭력적	기혼 아들동거	○○○	자	010-×××× -××××	10-07 -01	신체활동지원 (구강, 세면, 목욕 등) 일상생활지원 (취사, 세탁 등) 개인활동지원 (병원동행 등)
…	…	…	…	…	…	…	…	…	…	…	…

○○○노인복지센터

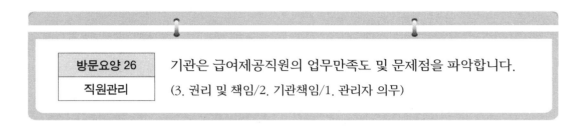

방문요양 26
직원관리

기관은 급여제공직원의 업무만족도 및 문제점을 파악합니다.
(3. 권리 및 책임/2. 기관책임/1. 관리자 의무)

(1) 평가방향

기관이 급여제공직원의 업무만족도나 문제점 등 전반적인 상태를 파악하여 관리하고 있는지 평가

(2) 평가방법

기관이 급여제공직원의 상태를 잘 파악하여 관리하고 있는지를 확인
- 급여제공직원의 관리내용: 상담일지, 업무만족도 및 문제점 파악, 성희롱 등의 고충, 직원 다면평가 등

(3) 평가 세부영역(평가대상: 기관)

세부영역	평가기준 내용	확인
직원관리	급여제공직원의 관리 여부 확인	
	• 직원 관리자료 1	예 □ 아니요 □
	• 직원 관리자료 2	예 □ 아니요 □
	• 직원 관리자료 3	예 □ 아니요 □
	• 직원 관리자료 4	예 □ 아니요 □

(4) 평가의 근거 및 자료

2010년도 기관의 급여제공직원의 관리 내용 확인

(5) 평가문항 척도

📋 채점기준

- 우수: 기관이 급여제공직원 모두를 관리함.
- 양호: 기관이 급여제공직원 60% 이상 관리함.
- 보통: 기관이 급여제공직원 30% 이상 관리함.
- 미흡: 기관이 급여제공직원 30% 미만 관리함.

평가문항 평가척도	우수 □	양호 □	보통 □	미흡 □

평가항목 26은 직원관리에 대한 항목이다. 이 항목은 급여제공직원(요양보호사)의 업무만족도나 문제점 등 전반적인 상태를 파악하여 관리하고 있는지를 평가한다. 평가 시 확인하게 될 직원관리자료로는 상담일지, 업무만족도 및 문제점 파악, 성희롱 등의 고충, 직원다면평가 등이다. 기관에서는 다음과 같이 제시하는 직원상담기록, 직무만족도평가, 성희롱 고충상담 기록, 직원근무평정 등의 서류를 구비하고 직원들을 관리하여 평가를 대비한다. 직원관리 방법은 정기적으로 직원 상담 및 평가 등을 실시하여 서식별 묶음철로 관리를 하는 것과 직원 개인별 파일을 만들어 관리하는 방법이 있으므로 기관의 특성에 맞게 활용할 필요가 있다. 다음은 고충상담일지, 직원상담기록지, 직원 만족평가서, 직원성과 평가서의 예시다.

고충상담일지 예시

고충상담일지

결재	담당	팀장	센터장

상담일자		2010. 7. 1.	상담방법	대면
신청자	구분	☑직원　□대상자　□보호자　□기타(　　　　　)		
	성명	홍길동	관계	본인
상담자	성명	성춘향	직위	팀장
의뢰내용	대상자의 부당한 요구로 인한 스트레스			
상담내용	수급자 본인 외 건강한 가족의 업무를 요구하는 대상자 가족으로 인해 스트레스가 많음. 교육받은 대로 대처하였으나 막무가내로 기관의 개입이 필요함.			
결과통보	관리자가 가족을 만나 해결하도록 함.			
비고				

○ ○ ○ 노인복지센터

직원상담기록지 예시

직원상담기록지

소속	요양팀	직급	직원	직위	요양보호사	성명	홍길동

상담일자	2010. 3. 5.	상담장소	센터 사무실

상담내용	• 담당 수급자의 집까지 거리가 너무 멀고, 교통편이 좋지 않아 힘듦을 토로함. • 대상자가 남자인데 요양보호사를 남자로 교체해 줄 것을 요구함.
개선사항	• 센터 내 남자 요양보호사 ○○○로 교체 조치함.
기타 사항	

상담자 직위(직급): 요양팀장   성명: 성춘향   서명:

○○○노인복지센터

직무만족평가서 예시

직무만족평가서

작성일자: 2010 년 6 월 30 일   작성자: 홍길동   (사인)

1. 현재 담당하고 있는 업무의 량은 적당합니까?

   ① 매우 적당하다   ② 적당하다   ③ 보통   ④ 적당하지 않다   ⑤ 매우 적당하지 않다

2. 제공하는 요양보호서비스 중 가장 힘들었던 활동은 무엇입니까?

   ① 신체활동지원   ② 개인활동지원   ③ 일상생활지원   ④ 정서지원   ⑤ 기타

3. 제공하는 요양보호서비스 중 가장 시간이 많이 드는 활동은 무엇입니까?

   ① 신체활동지원   ② 개인활동지원   ③ 일상생활지원   ④ 정서지원   ⑤ 기타

4. 나의 업무능력에 비해 현재 담당하고 있는 업무의 어려움은 어느 정도입니까?

   ① 매우 어렵지   ② 어렵지 않다   ③ 보통   ④ 어렵다   ⑤ 매우 어렵다
      않다

5. 담당하고 있는 대상자와 가족과의 관계는 어떠합니까?

   ① 매우 긍적적이다   ② 긍정적이다   ③ 보통   ④ 부정적이다   ⑤ 매우 부정적이다

6. 나의 현 직무에 대한 만족도는 어떠합니까?

   ① 매우 만족한다   ② 만족한다   ③ 보통   ④ 만족하지 않다   ⑤ 매우 만족하지
                                                                      않다

7. 담당업무 중 개선해야 할 것이 있다면 어떤 것입니까?

○○○○어르신의 현재 주 3회인 일상생활지원서비스를 주 2회로 바꾸었으면 좋겠다.

8. 희망하는 교육훈련 분야가 있다면 무엇입니까?

감염관리에 대해 교육을 들었지만 조금 더 구체적으로 다시 듣고 싶다.

9. 앞으로 우리 기관에서 가장 하고 싶은 일이 있다면 어떤 것입니까?

대상자를 모시고 나들이 가고 싶다.

10. 기타 건의사항

교통비를 지급해 주었으면 좋겠다.

○ ○ ○노인복지센터

직원성과평가서 예시

직원성과평가서

1. 평가기간: 2010 년 1 월 1 일 ~ 6 월 30 일

2. 평가대상

성명	소속	직위	직급	임용일
홍길동	요양팀	요양보호사	직원	2009. 6. 1.

3. 담당업무

연번	대상자명	등급	주요업무	서비스 제공기간	비고
1	이수일	3등급	신체활동, 일상생활지원	2010. 1. 1. ~ 6. 30.	
2	심순애	3등급	신체활동, 일상생활지원	2010. 2. 1. ~ 6. 30.	

4. 근무실적 평가(50점)

연번	평가요소	매우 미흡 ①	미흡 ②	보통 ③	우수 ④	매우 우수 ⑤	점수	비고
1	업무난이도(20점)			✓			10	⑤→④ (5점씩 감산)
2	업무완성도(20점)				✓		15	
3	업무지속성(10점)					✓	10	⑤→④ (2점씩 감산)
	합산 점수						35	

5. 직무수행평가(50점)

연번	평가요소	매우 미흡 ①	미흡 ②	보통 ③	우수 ④	매우 우수 ⑤	점수	비고
1	겸손한태도(20점)				✓		15	⑤→④ (5점씩 감산)
2	포용력(10점)					✓	10	
3	친화력(10점)					✓	10	⑤→④ (2점씩 감산)
4	관찰력(10점)			✓			6	
	합산 점수						41	

6. 종합평가

종합점수	종합평가의견
76	대상자와의 의사소통이나 친화력은 매우 높은 편이지만 대상자의 상태를 관찰하고 파악하는 부분이 다소 부족함.

○ ○ ○노인복지센터

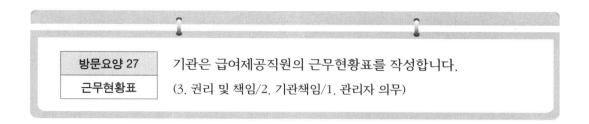

| 방문요양 27 | 기관은 급여제공직원의 근무현황표를 작성합니다. |
| 근무현황표 | (3. 권리 및 책임/2. 기관책임/1. 관리자 의무) |

(1) 평가방향

기관이 급여제공직원의 근무현황표 등을 만들어 효율적인 관리를 하고 있는지 평가

(2) 평가방법

기관에 급여제공직원의 근무현황표나 근무현황대장이 있어 급여제공직원별로 근무현황이 파악되고 있는지 확인

- 근무현황을 화이트보드나 달력 등에 기재한 경우는 인정하지 않음.

(3) 평가 세부영역(평가대상: 기관)

세부영역	평가기준 내용	확인
근무현황표	급여제공직원의 근무현황표나 근무현황 관리대장 확인(필수 기재사항: 급여제공직원 성명, 담당 수급자, 날짜 및 시간)	예 □ 아니요 □

(4) 평가의 근거 및 자료

2010년 6, 7, 8월 3개월간의 직원 근무현황표나 근무현황 관리대장 확인

(5) 평가문항 척도

📑 채점기준

- 우수: 급여제공직원의 근무현황표나 근무현황 관리대장이 있음.
- 미흡: 급여제공직원의 근무현황표나 근무현황 관리대장이 없음.

평가문항 평가척도	우수 □	양호 □	보통 □	미흡 □

평가를 위한 Tip   **항목점수 2점**

  평가항목 27은 기관이 급여제공직원의 근무현황표를 만들어 효율적인 관리를 하고 있는지를 평가하는 항목이다. 평가방법은 기관에 급여제공직원의 근무현황표나 근무현황대장이 있어 급여제공직원별로 근무현황이 파악되고 있는지를 확인하는 것으로, 근무현황을 화이트보드나 달력 등에 기재한 경우는 인정하지 않는다. 직원 근무현황 등에 관해서는 제2장 2. 인적자원관리 부분에 자세히 설명하고 있으며, 다음은 요양보호사 근무현황표의 예시다.

요양보호사 근무현황표 예시

요양보호사 근무현황표

2010 년 7 월

부서	요양팀	직책	요양보호사	성명	홍길동

							담당	팀장	센터장
1주	일자	/	/	/	7/1	7/2			
	대상자				이수일	이수일		전결	
	시간				09:00~13:00	09:00~13:00			
	대상자				심순애	심순애			
	시간				14:00~18:00	14:00~18:00			
2주	일자	7/5	7/6	7/7	7/8	7/9	담당	팀장	센터장
	대상자	이수일	이수일	이수일	이수일	이수일		전결	
	시간	09:00~13:00	09:00~13:00	09:00~13:00	09:00~13:00	09:00~13:00			
	대상자	심순애	심순애	심순애	심순애	심순애			
	시간	14:00~18:00	14:00~18:00	14:00~18:00	14:00~18:00	14:00~18:00			
3주	일자	/	/	/	/	/	담당	팀장	센터장
	대상자							전결	
	시간								
	대상자								
	시간								
4주	일자	/	/	/	/	/	담당	팀장	센터장
	대상자							전결	
	시간								
	대상자								
	시간								
5주	일자	/	/	/	/	/	담당	팀장	센터장
	대상자							전결	
	시간								
	대상자								
	시간								

○ ○ ○노인복지센터

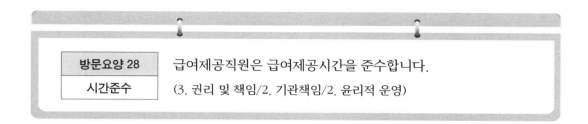

| 방문요양 28 | 급여제공직원은 급여제공시간을 준수합니다. |
| 시간준수 | (3. 권리 및 책임/2. 기관책임/2. 윤리적 운영) |

(1) 평가방향

급여제공직원이 급여제공시간을 준수하여 수급자에게 정확한 서비스를 제공하는지 평가

(2) 평가방법

급여제공직원이 수급자를 방문하여 급여제공을 할 때 급여제공시간을 준수하는지수급자 (보호자)에게 직접 확인

(3) 평가 세부영역(평가대상: 수급자)

세부영역	평가기준 내용	확인	
시간준수	급여제공직원의 시간 준수 여부 확인		
	• 수급자 방문 확인 1	예 ☐	아니요 ☐
	• 수급자 방문 확인 2	예 ☐	아니요 ☐
	• 수급자 방문 확인 3	예 ☐	아니요 ☐
	• 수급자 방문 확인 4	예 ☐	아니요 ☐
	• 수급자 방문 확인 5	예 ☐	아니요 ☐
	• 수급자 방문 확인 6	예 ☐	아니요 ☐

(4) 평가의 근거 및 자료

수급자(보호자)에게 직접 질문하여 확인

(5) 평가문항 척도

📋 채점기준

- 우수: 수급자(보호자) 모두가 급여제공시간을 지킨다고 함.
- 양호: 수급자(보호자) 60% 이상 급여제공시간을 지킨다고 함.
- 보통: 수급자(보호자) 30% 이상 급여제공시간을 지킨다고 함.
- 미흡: 수급자(보호자) 30% 미만 급여제공시간을 지킨다고 함.

평가문항 평가척도	우수 ☐	양호 ☐	보통 ☐	미흡 ☐

평가를 위한 Tip | **항목점수 3점**

평가항목 28은 요양보호사의 서비스 제공시간 준수를 확인하는 항목이다. 이 항목은 평가위원이 수급자에게 직접 확인하는 항목으로 평상 시 철저한 교육과 관리를 통해 요양보호사가 서비스 제공시간 준수를 생활화하도록 하는 것이 필요하다.

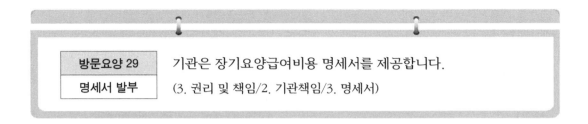

방문요양 29

명세서 발부

기관은 장기요양급여비용 명세서를 제공합니다.

(3. 권리 및 책임/2. 기관책임/3. 명세서)

(1) 평가방향

기관은 본인부담금, 공단부담금, 비급여 등이 기록된 장기요양급여비용 명세서 서식을 이용하여 급여비용에 대한 명세서를 발부함으로서 수급질서 확립에 기여하는지 평가

(2) 평가방법

기관에서 수급자(보호자)에게 발급한 장기요양급여비용 명세서 발부대장이나 서명부 등을 확인

- 장기요양급여비용 명세서: 「노인장기요양법 시행규칙」 별지 제24호 서식

    (기관 별도 서식인 경우 별지 제24호 서식의 내용을 모두

    포함하고 있어야 함. 단, 2010년도 평가에 국한에서 인정)

(3) 평가 세부영역(평가대상: 기관)

세부영역	평가기준 내용	확인
명세서 발부	장기요양급여비용 명세서 제공 여부 확인	
	• 수급자 명세서 제공 확인 1	예 □ 아니요 □
	• 수급자 명세서 제공 확인 2	예 □ 아니요 □
	• 수급자 명세서 제공 확인 3	예 □ 아니요 □
	• 수급자 명세서 제공 확인 4	예 □ 아니요 □
	• 수급자 명세서 제공 확인 5	예 □ 아니요 □
	• 수급자 명세서 제공 확인 6	예 □ 아니요 □

(4) 평가의 근거 및 자료

수급자에게 발급한 2010년도 장기요양급여비용 명세서 발부대장이나 서명부 등을 확인(명세서를 발송한 우편요금 영수증 등의 근거 자료도 명세서 발부로 인정)

(5) 평가문항 척도

📑 채점기준

- 우수: 기관이 모든 수급자의 장기요양급여비용 명세서를 발급함.
- 미흡: 기관이 수급자 한 사람이라도 장기요양급여비용 명세서를 발급하지 않음.

평가문항 평가척도	우수 □	양호 □	보통 □	미흡 □

[별지 제24호 서식]

장기요양급여비용 명세서				☐ 퇴소 ☐ 중간

장기요양 기관기호		장기요양기관명	
주소	☐☐☐－☐☐☐	사업자등록번호	

성명	장기요양 인정번호	급여제공기간	영수증 번호
		. . . ~ . .	

항목		금액	금액산정내역		
급 여	본인부담금 ①		총액 (급여＋비급여) ⑨ (③＋⑧)		
	공단부담금 ②				
	급여 계 ③(①＋②)		본인부담총액 ⑩ (①＋⑧)		
비 급 여	식사재료비 ④		이미 납부한 금액 ⑪		
	상급침실 이용에 따른 추가비용 ⑤		수납금액 ⑫ (⑩－⑪)	카드	
				현금영수증	
	이·미용비 ⑥			현금	
	기타 ⑦			합계	
			현금영수증		
			신분확인번호		
			현금승인번호		
	비급여 계 ⑧(④＋⑤＋⑥＋⑦)		※ 비고		

신용카드를 사용하실때	회원번호		승인번호		할부		사용금액	
	카드종류		유효기간		가맹점번호			

. . . .

장기요양기관명 :   대표자 :

* 이 명세서(영수증)는 「소득세법」에 따른 의료비 또는 「조세특례제한법」에 따른 현금영수증(현금영수증 승인번호가 기재된 경우) 공제신청에 사용할 수 있습니다. 다만, 지출증빙용으로 발급된 현금영수증(지출증빙)은 공제신청에 사용할 수 없습니다.
* 이 명세서(영수증)에 대한 세부내역을 요구할 수 있습니다.
* 비고란은 장기요양기관의 임의활용 란으로 사용합니다. 다만, 복지용구의 경우 품목과 구입·대여를 구분하여 기재하시기 바랍니다.

210mm×297mm [일반용지 60g/m² (재활용품)]

평가항목 29는 기관이 본인부담금, 공단부담금, 비급여 등이 기록된 장기요양급여비용 명세서 서식을 이용하여 급여비용에 대한 명세서를 발부함으로써 수급질서 확립에 기여하는지를 평가하는 항목이다. 장기요양급여비용 명세서는 공단에서 제공한 별지 제24호 서식을 사용하면 되고, 이와 관련하여 다음과 같이 제시된 명세서 발부대장을 작성하여 비치하는 것으로 평가를 대비할 수 있다. 서명부의 경우 수급자(보호자)에게 서명을 받는 것으로 방문요양서비스에서는 사용하기 어려움이 있어 제외하였다. 채점기준을 보면 모든 수급자의 장기요양급여비용 명세서를 발급한 경우 우수로 인정하지만 한 사람이라도 발급하지 않을 경우 미흡으로 평가되므로, 누락자가 발생하지 않도록 잘 준비하도록 한다.

☞ 장기요양급여비용 명세서 발부대장 예시

장기요양급여비용 명세서 발부대장

결재	담당	팀장	센터장

발급번호	발급일	수급자 관리번호	성명	발송일	발송처	확인자
명10-001	10.01.01	2010-001	이수일	10.01.01	서울시 구로구 구로동 ○○-○번지	
명10-002	10.01.01	2010-002	심순애	10.01.01	서울시 구로구 개봉동 ○○-○번지	
명10-003	10.01.01	2010-003	○○○	10.01.01	서울시 구로구 가리봉동 ○○-○번지	
명10-004	10.01.01	2010-004	○○○	10.01.01	서울시 구로구 구로동 ○○-○번지	

○○○노인복지센터

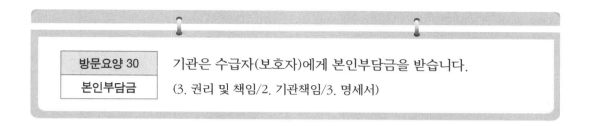

방문요양 30	기관은 수급자(보호자)에게 본인부담금을 받습니다.
본인부담금	(3. 권리 및 책임/2. 기관책임/3. 명세서)

(1) 평가방향

기관이 수급자(보호자)가 장기요양급여를 이용할 경우 부담해야 하는 본인부담금을 받고 있는지 평가

(2) 평가방법

기관이 수급자(보호자)에게 본인부담금을 받은 본인부담금 수납대장 확인
- 본인부담금 수납대장:「노인장기요양법 시행규칙」별지 제34호 서식
   (기관 별도 서식인 경우 별지 제34호 서식의 내용을 모두
   포함하고 있어야 함. 단, 2010년도 평가에 국한에서 인정)

(3) 평가 세부영역(평가대상: 기관)

세부영역	평가기준 내용	확인
본인부담금	수급자의 본인부담금 납부 여부 확인	
	• 수급자 납부확인 1	예 ☐ 아니요 ☐
	• 수급자 납부확인 2	예 ☐ 아니요 ☐
	• 수급자 납부확인 3	예 ☐ 아니요 ☐
	• 수급자 납부확인 4	예 ☐ 아니요 ☐
	• 수급자 납부확인 5	예 ☐ 아니요 ☐
	• 수급자 납부확인 6	예 ☐ 아니요 ☐

(4) 평가의 근거 및 자료

기관의 2010년도 본인부담금 수납대장 확인

(5) 평가문항 척도

📋 채점기준

- 우수: 기관이 모든 수급자에게 본인부담금을 받음.
- 미흡: 기관이 수급자 한 명 이상 본인부담금을 받지 않음.
- 해당 없음: 기관에 본인부담금을 납부하는 수급자가 없음(기초생활수급권자).

평가문항 평가척도	우수 ☐	양호 ☐	보통 ☐	미흡 ☐

[별지 제34호 서식]

본인부담금 수납대장

연번	월 일	성명	대상자구분	수납금액(원)			
				계	급여	비급여	
					본인부담금	금액	항목
1							
2							
3							
4							
5							
6							
7							
8							
9							
10							
11							
12							
13							
14							
15							
16							
17							
18							
19							
20							
총계							

년

210mm×297mm [일반용지 60g/m² (재활용품)]

    평가항목 30은 기관이 수급자에게 본인부담금을 받고 있는지를 평가하는 항목이다. 기관은 공단에서 제시한 별지 제34호 서식 본인부담금 수납대장을 비치하여 평가 시 평가위원에게 제시한다. 다음은 그 예시다.

본인부담금 수납대장 예시

본인부담금 수납대장

7월 본인부담금 수납대장							
2010 년							
연번	월 일	성명	대상자 구분	수납금액(원)			
				계	급여	비급여	
					본인부담금	금액	항목
1	7/1	이수일	일반	118,500	118,500		
2	7/1	심순애	일반	118,500	118,500		
3	7/5	○○○	일반	148,125	148,125		
4	7/6	○○○	일반	118,500	118,500		
5	7/6	○○○	기초수급	0	0		
6	7/7	○○○	차상위	59,250	59,250		
7	7/9	○○○	일반	118,500	118,500		
8	7/9	○○○	일반	118,500	118,500		
9	7/9	○○○	일반	148,125	148,125		
10	7/9	○○○	일반	118,500	118,500		
11	7/10	○○○	일반	118,500	118,500		
12	7/10	○○○	차상위	59,250	59,250		
13	7/10	○○○	차상위	59,250	59,250		
14	7/10	○○○	기초수급	0	0		
15	7/10	○○○	일반	148,125	148,125		
16							
17							
18							
19							
20							
총계				1,451,625	1,451,625		

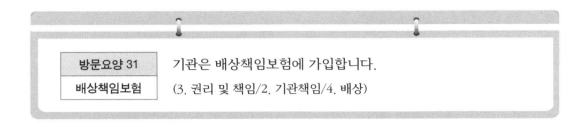

방문요양 31 | 기관은 배상책임보험에 가입합니다.
배상책임보험 | (3. 권리 및 책임/2. 기관책임/4. 배상)

(1) 평가방향

기관의 급여제공직원이 수급자에게 급여를 제공하는 과정에서 발생하는 사고를 보상해주는 전문직업 배상책임보험에 가입하였는지 평가

(2) 평가방법

기관의 전문직업 배상책임보험 증서 내역을 확인

- 전문직업 배상책임보험: 급여제공직원이 수급자에 대한 급여제공과정 중에 발생한 사고에 대하여 보상함(동거가족 요양보호사는 제외).

(3) 평가 세부영역(평가대상: 기관)

세부영역	평가기준 내용	확인
배상책임보험	기관의 전문직업 배상책임보험 가입 여부 확인	예 □ 아니요 □

(4) 평가의 근거 및 자료

기관의 가입기간이 유효한 전문직업 배상책임보험 가입증서 현장 확인(평가일 현재 가입되어 있다면 인정함)

(5) 평가문항 척도

📋 채점기준

- 우수: 기관이 가입기간이 유효한 전문직업 배상책임보험에 가입함.
- 미흡: 기관이 가입기간이 유효한 전문직업 배상책임보험에 가입하지 않음.

평가문항 평가척도	우수 □	양호 □	보통 □	미흡 □

평가를 위한 Tip | 항목점수 2점

평가항목 31은 기관의 전문직업 배상책임보험 가입여부를 확인하는 항목이다. 전문직업 배상책임보험은 요양보호사가 수급자에게 서비스 제공 시 발생하는 사고에 대하여 보상하는 보험으로 기관에서는 의무적으로 가입하여야 한다. 4대보험과 마찬가지로 전문직업 배상책임보험 가입증서를 구비하고 평가 시 제시하도록 한다.

🔻 전문직업 배상책임보험 증서 예시

재가장기요양기관 단체배상책임보험 가입증명서

1. 가 입 번 호 (Number) :   9PO×××

2. 보험피보험자 (Insured) :   ×××노인복지센터 (122-91-×××)

3. 증권번호 (Policy Number) :   F2009037×××

4. 서비스내역/인원 수   **방문요양 & 방문목욕 (7명)**

5. 보험기간 (Policy Period) :   **2009. 07. 12(24:00)~ 2010. 06. 30(24:00)**

6. 보상한도액 (Limit of Liability) :   대인 1억원/1억원 (1청구당 / 총 보상한도)
     대물 3백만원/1천만원 (1청구당 / 총 보상한도)

7. 공제금액 (Deductible) :   20만원 – 1청구당

8. 보험료 (Flat Premium) :   **287,000 （원)**

9. 보험조건 (Terms & Conditions) :

    1) 영업배상책임보험 보통약관

    2) 시설소유(관리)자 특별약관

    3) 노인복지시설 보장 추가특별약관

    4) 날짜인시오류 보장 제외 추가약관

    5) 담보지역 및 재판관할권 : 대한민국

본 가입증명서는 상기 영업배상책임보험에 가입하였음을 증명하며, 기타 자세한 사항에 대해서는 현대해상이 약정한 보험계약에 준함을 확인합니다.

2009. 07. 10
×××화재보험주식회사

대표이사 사 장   ×××·×××

계약담당	☎ 02-723-××× Fax. 0505-505-×××

※ 사고발생 시 모든 보상은 해당 계약의 보험가입조건과 약관내용에 따라 결정됩니다.

×××화재보험

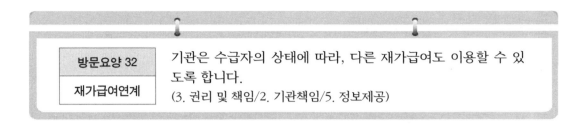

방문요양 32

재가급여연계

기관은 수급자의 상태에 따라, 다른 재가급여도 이용할 수 있도록 합니다.
(3. 권리 및 책임/2. 기관책임/5. 정보제공)

(1) 평가방향

기관이 수급자의 상태에 따라 다른 재가급여도 이용하도록 하여 수급자에게 적정한 급여가 제공되도록 하는지 평가

(2) 평가방법

기관이 수급자의 상태에 따라 다른 재가급여와 적절하게 연계하고 있는지 확인

(3) 평가 세부영역(평가대상: 기관)

세부영역	평가기준 내용	확인
재가급여연계	다른 재가급여 기관과 연계한 자료 확인	예 □ 아니요 □

(4) 평가의 근거 및 자료

2010년도 수급자를 다른 재가급여 기관과 연계한 자료 확인

(5) 평가문항 척도

📋 채점기준

• 우수: 수급자를 다른 재가급여 기관과 연계한 자료가 있음.
• 미흡: 수급자를 다른 재가급여 기관과 연계한 자료가 없음.

평가문항 평가척도	우수 □	양호 □	보통 □	미흡 □

평가를 위한 Tip **항목점수 2점**

평가항목 32는 기관이 수급자의 상태에 따라 다른 재가급여도 이용하도록 하여 수급자에게 적정한 급여가 제공되도록 하는지 평가하는 항목이다. 다음은 이 책의 제2장 3. 대상자 관리에서 제시하고 있는 수급자연계와 관련된 서식이다. 의뢰대상자 명부만 갖추어도 평가를 받는 데 큰 어려움은 없겠지만, 연계기관 리스트까지 갖출 수 있다면 더 좋을 것이다.

✓ 의뢰대상자 명부 예시

의뢰대상자 명부

2010 년도

연번	의뢰일	관리번호	성명	생년월일	보호구분	의뢰기관	의뢰사유	처리결과	담당자
1	10−07−15	2010−007	이기수	29−01−13	일반	××× 방문목욕	목욕서비스 필요	연계됨	성춘향
2	10−07−31	2008−012	이명호	31−05−16	수급자	○○○ 데이케어	주·야간 보호 필요	연계됨	성춘향

○○○노인복지센터

연계기관리스트 예시

연계기관리스트

2010 년도

번호	기관명	전화번호	담당자	대상	서비스 내용	비고
1	×××방문목욕	02)6225—××××	김수로	장기요양 1~3등급	방문목욕서비스	
2	○○○ 데이케어	02)6227—××××	이황	장기요양 1~3등급	주·야간보호서비스	
3	△△△요양원	02)62278××××	이순신	장기요양 1~3등급	시설급여	
4	A노인전문병원	02)6222—××××	류성룡	노인성질환자	의료서비스	
5	☆☆☆방문간호	02)6224—××××	김유신	장기요양 1~3등급	방문간호서비스	
6	@@노인복지센터	02)6223—××××	문익점	장기요양 1~3등급	방문요양, 방문목욕, 주·야간보호서비스	

○○○노인복지센터

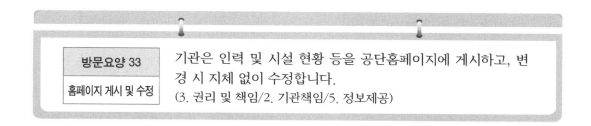

| 방문요양 33 | 기관은 인력 및 시설 현황 등을 공단홈페이지에 게시하고, 변경 시 지체 없이 수정합니다. |
| 홈페이지 게시 및 수정 | (3. 권리 및 책임/2. 기관책임/5. 정보제공) |

(1) 평가방향

수급자(보호자)의 기관선택 및 급여내용 선택에 도움을 주고 장기요양기관 급여의 질을 보장하고자 공단홈페이지에 기관의 인력 및 시설 등 필요한 정보를 제공하는지 평가

(2) 평가방법

공단홈페이지 게시정보가 모두 충족하는지 현장에서 인터넷을 통해 확인

- 시·군·구를 통한 게시 항목: 주소, 전화번호, 직원현황, 시설현황, 급여종류
- 장기요양기관 게시 항목: 사진, 홈페이지 주소, 교통편, 주차시설, 비급여항목, 현원, 예약 대기자현황, 공지사항
- 시·군·구를 통한 게시 항목은 시·군·구에 변경 등의 신고 자료가 있는 경우는 인정

(3) 평가 세부영역(평가대상: 기관)

세부영역	평가기준 내용	확인
급여이용 정보제공	공단홈페이지에서 게시 내용 확인	예 □　아니요 □
변경내용수정	변경시 지체 없이 수정	예 □　아니요 □

(4) 평가의 근거 및 자료

공단홈페이지(www.longtermcare.or.kr), 시·군·구 신고자료 확인

(5) 평가문항 척도

📋 채점기준

- 우수: 평가 세부영역 모두 '예'를 받음.
- 보통: 평가 세부영역 중 하나만 '예'를 받음.
- 미흡: 평가 세부영역 모두 '아니요'를 받음.

평가문항 평가척도	우수 □	양호 □	보통 □	미흡 □

평가를 위한 Tip | **항목점수 1점**

평가항목 33은 기관이 신속하게 자신의 정보를 제공하고 있는가를 보는 항목이다. 평가를 대비하여 기관은 공단홈페이지(www.longtermcare.or.kr)에 게시된 사진, 홈페이지 주소, 인력이나 시설 현황 등에 변동이 있을 경우 수정하도록 한다. 기관의 홈페이지를 가지고 있는 경우 역시 평가를 대비해 모든 내용을 업데이트 하는 것이 필요하다. 또한 시·군·구 신고 자료에 변동이 있을 경우 지체 없이 시·군·구에 변경신고서를 제출하고 그 사본을 공문철에 보관하고 있다가 평가 시에 평가위원에게 제시한다.

⬇ 기관현황 예시

장기요양기관 정보

기관 상세정보

요양기관	재가장기요양센터 ○○○센터	장기요양기관기호	31123000×××
지정일자	2008. 10. 31.	설치신고일자	
홈페이지 주소	www.××××care.net	전화	02-929-××××
주소(지도보기)	(130-110) 서울시 동대문구 신설동 ×××		
제공급여 종류	방문요양, 방문목욕		
급여종류별 조회			
정원	해당없음	현원	해당없음

교통 및 주차시설현황

교통편	전철:
주차시설	건물 내 주차장 4대 수용

직원현황

총원	관리책임자	사무국장	사회복지사	의사		간호요원			요양보호사			사무원
				전임	촉탁	간호사	간호조무	치과위생	1급	2급	유예	
174	1	0	0	0	0	0	0	0	172	0	0	1

비급여 항목

비급여 종류	내용	산출근거	금액	단위	비고
해당 사항 없음					

시설규모

대지	
건물면적	28
소유형태	임대

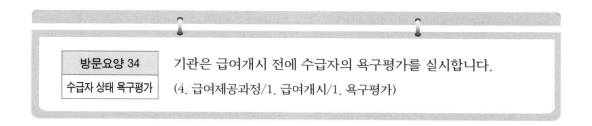

기관은 급여개시 전에 수급자의 욕구평가를 실시합니다.
(4. 급여제공과정/1. 급여개시/1. 욕구평가)

(1) 평가방향

수급자(보호자) 개개인의 욕구를 반영하고 기관이 제공할 수 있는 범위 및 등급 한도액 범위 내에서 수급자에게 적합한 급여를 제공하기 위하여 급여개시 전에 욕구평가를 실시하는지 평가

(2) 평가방법

급여개시 전에 수급자의 욕구평가를 실시하는지 기관에서 욕구평가 관련 자료 확인

- 신체적 욕구평가: 일상생활동작 수행능력 등
- 질병 욕구평가: 과거병력, 현 진단명 등
- 인지상태 욕구평가: 정신상태, 감정 등
- 의사소통 욕구평가: 청취능력, 발음능력 등
- 영양상태 욕구평가: 음식섭취패턴, 배설양상 등
- 가족 및 환경적 욕구평가: 가족상황, 거주환경 등

(3) 평가 세부영역(평가대상: 기관)

세부영역	평가기준 내용	확인
욕구평가	급여개시 전 수급자에 대한 6개 영역의 욕구평가 실시 여부 확인(6개 영역: 신체상태, 질병, 인지상태, 의사소통, 영양상태, 가족 및 환경상태)	
	• 수급자 욕구평가 자료 1	예 ☐ 아니요 ☐
	• 수급자 욕구평가 자료 2	예 ☐ 아니요 ☐
	• 수급자 욕구평가 자료 3	예 ☐ 아니요 ☐
	• 수급자 욕구평가 자료 4	예 ☐ 아니요 ☐
	• 수급자 욕구평가 자료 5	예 ☐ 아니요 ☐
	• 수급자 욕구평가 자료 6	예 ☐ 아니요 ☐

(4) 평가의 근거 및 자료

욕구평가기록자료(코미차트, 케어플랜, 욕구사정 등)
(단, 2010년도 정기평가는 8월 31일까지 실시한 욕구평가 자료도 인정)

(5) 평가문항 척도

📋 채점기준

- 우수: 모든 수급자의 6개 영역 욕구평가 실시 자료가 있음.
- 양호: 수급자 60% 이상 6개 영역 욕구평가 실시 자료가 있음.
- 보통: 수급자 30% 이상 6개 영역 욕구평가 실시 자료가 있음.
- 미흡: 수급자 30% 미만 6개 영역 욕구평가 실시 자료가 있음.

평가문항 평가척도	우수 ☐	양호 ☐	보통 ☐	미흡 ☐

평가를 위한 Tip | 항목점수 4점

평가항목 34는 수급자 개개인의 욕구를 반영한 급여를 제공하기 위해 급여 개시 전에 욕구평가를 실시하는지를 평가하는 항목이다. 이 항목을 통해 신체상태, 질병, 인지상태, 의사소통, 영양상태, 가족 및 환경상태 등 6개 영역의 욕구평가 실시여부를 확인한다. 이 책에서는 제2장 3. 대상자관리에서 대상자의 욕구상태 평가지를 각 영역별로 구체적으로 설명하고, 그 서식을 예시로 제공하고 있으므로, 이를 참고로 기관을 운영하면 큰 무리는 없을 것이다. 만약 서류들이 너무 많아 구비하기가 어렵다면 다음에 제시하는 약식 자료를 활용하여 평가를 준비할 수 있다. 2010년 정기평가에서는 8월 31일까지 실시한 욕구평가 자료도 인정하기 때문에 기관에서는 지금이라도 욕구평가를 실시하고 평가를 대비하도록 한다.

대상자 욕구평가지 예시

대상자 욕구평가지

작성일자: 2010 년 1 월 5 일　　작성자: 성 춘 향

장기요양등급	3등급	관리번호	2010-001
대상자명	이 수 일	성별/연령	남 / 만 76 세

		일상생활수행능력(ADL)			수단적 일상생활수행능력(IADL)			
	항목	완전자립	부분도움	완전도움	항목	완전자립	부분도움	완전도움
1. 신체상태	① 옷 벗고 입기		✓		① 집안일 하기			✓
	② 세수하기		✓		② 식사준비			✓
	③ 양치질하기	✓			③ 빨래하기			✓
	④ 목욕하기			✓	④ 금전관리		✓	
	⑤ 식사하기	✓			⑤ 물건사기			✓
	⑥ 체위변경하기		✓		⑥ 전화사용		✓	
	⑦ 일어나 앉기		✓		⑦ 교통수단이용			✓
	⑧ 옮겨앉기		✓		⑧ 근거리외출			✓
	⑨ 방 밖으로나오기			✓	⑨ 몸단장		✓	
	⑩ 화장실 사용하기		✓		⑩ 약챙겨먹기		✓	
	⑪ 대변조절	✓						
	⑫ 소변조절	✓						
	와상도	☐정상 ☐생활자립 ☑준와상상태 ☐완전와상상태						

2. 질병상태	과거병력	뇌졸중
	현병력(투병기간)	고혈압(5년), 관절염(9년)

3. 인지상태	치매(인지증) 정도	☑자립 ☐불완전자립 ☐부분의존 ☐완전의존
	정서상태	☑안정 ☐불안 ☐슬픔 ☐우울 ☐긴장 ☐거부 ☐기타

4. 의사소통상태	의사소통	☑정상 ☐운동 불능증 ☐독서 불능증 ☐쓰기언어상실증 ☐발성장애 ☐구어장애 ☐에둘러말하기 ☐작화증 ☐실어증
	청력	☐정상 ☐통증 ☐이명 ☐분비물 ☐난청 ☑보조기 ☐기타
	시력	☐정상 ☐부종 ☐감염 ☐통증 ☐분비물 ☑보조기 ☐기타

5. 영양상태	식사형태	☐일반식 ☑갈은식 ☐죽 ☐미음 ☐경관영양 ☐기타		
	특이사항	☐없음 ☐소화불량 ☑식욕저하 ☐구토 ☐공복감 ☐기타		
	저작상태	중	연하상태	중
	배설양상	☐야뇨 ☑빈뇨 ☐실금 ☐소변감염 ☐변비 ☐설사 ☐기타		

6. 가족/환경적	가족수발(케어자)	☐무 ☑유(김말순, 대상자와의 관계: 처)		
	가족관계(동거여부)	부부동거	가족방문횟수	자녀방문 월 2회
	사회적 관계	종교생활(교회)		

○○○노인복지센터

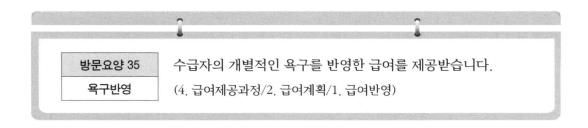

| 방문요양 35 | 수급자의 개별적인 욕구를 반영한 급여를 제공받습니다. |
| 욕구반영 | (4. 급여제공과정/2. 급여계획/1. 급여반영) |

(1) 평가방향

기관에서 수급자에게 급여를 제공할 때에 수급자의 개별적인 욕구를 반영하여 급여를 제공하는지 평가

(2) 평가방법

기관이 수급자의 개별적인 욕구를 실제 급여제공과정에서 반영하는지를 수급자(보호자)에게 확인

- 부당한 요구(수급자 가족을 위한 설거지 및 세탁물 처리 등) 제외

(3) 평가 세부영역(평가대상: 수급자)

세부영역	평가기준 내용	확인
욕구반영	수급자의 개별적인 욕구를 반영한 급여제공 유무 확인	
	• 수급자 방문 확인 1	예 □　아니요 □
	• 수급자 방문 확인 2	예 □　아니요 □
	• 수급자 방문 확인 3	예 □　아니요 □
	• 수급자 방문 확인 4	예 □　아니요 □
	• 수급자 방문 확인 5	예 □　아니요 □
	• 수급자 방문 확인 6	예 □　아니요 □

(4) 평가의 근거 및 자료

수급자(보호자)에게 질문하여 확인

(5) 평가문항 척도

📋 채점기준

- 우수: 수급자(보호자) 모두가 개별욕구를 반영한 급여를 제공받음.
- 양호: 수급자(보호자) 60% 이상 개별욕구를 반영한 급여를 제공받음.
- 보통: 수급자(보호자) 30% 이상 개별욕구를 반영한 급여를 제공받음.
- 미흡: 수급자(보호자) 30% 미만 개별욕구를 반영한 급여를 제공받음.

평가문항 평가척도	우수 □	양호 □	보통 □	미흡 □

평가를 위한 Tip　　**항목점수 3점**

　평가항목 35는 기관에서 수급자에게 급여를 제공할 때 부당한 요구를 제외한 수급자의 개별적인 욕구를 반영하여 급여를 제공하는지를 평가하는 항목이다. 이 항목 역시 평가위원이 수급자에게 직접 확인하는 항목으로, 기관에서는 평상 시에 수급자의 욕구를 확인하고 그에 맞도록 서비스를 제공하는 것이 필요하다. 요양보호사들에게 수급자의 욕구를 확인할 수 있도록 수시로 교육하고, 개별적인 욕구가 파악될 경우 지체 없이 보고하여 그에 맞는 서비스가 제공되도록 관리함으로써 평가를 대비한다.

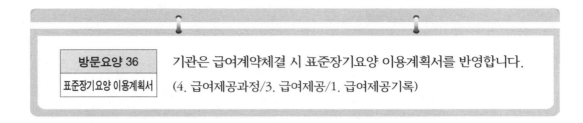

방문요양 36
표준장기요양 이용계획서

기관은 급여계약체결 시 표준장기요양 이용계획서를 반영합니다.
(4. 급여제공과정/3. 급여제공/1. 급여제공기록)

(1) 평가방향

수급자(보호자)의 욕구를 반영하고, 필요한 급여를 제공받을 수 있도록 기관이 표준장기요양 이용계획서에 따른 급여를 제공하는지 평가

(2) 평가방법

기관이 급여계약체결 시 표준장기요양 이용계획서 내용을 반영하여 급여를 제공하는지 확인(단, 최근 급여계약 체결과 최근 표준장기요양 이용계획서를 우선 반영)

- 장기요양급여비용: 표준장기요양 이용계획 및 비용(횟수 및 제공시간의 총합)
  (예시: 주 3회 2시간(총 6시간)의 급여를 주 2회 3시간(총 6시간)으로 이용하는 경우 인정함)
- 표준장기요양 이용계획서: 「노인장기요양법 시행규칙」 별지 제7호 서식 별첨 참고

(3) 평가 세부영역(평가대상: 기관)

세부영역	평가기준 내용	확인
표준장기요양 이용계획서	급여계약체결시 표준장기요양 이용계획서 반영여부 확인 (필수확인내용: 표준장기요양 이용계획 및 비용)	
	• 수급자 계획서 반영기록 자료 1	예 □ 아니요 □
	• 수급자 계획서 반영기록 자료 2	예 □ 아니요 □
	• 수급자 계획서 반영기록 자료 3	예 □ 아니요 □
	• 수급자 계획서 반영기록 자료 4	예 □ 아니요 □
	• 수급자 계획서 반영기록 자료 5	예 □ 아니요 □
	• 수급자 계획서 반영기록 자료 6	예 □ 아니요 □

(4) 평가의 근거 및 자료

표준장기 이용계획서, 급여계약체결 당시 관련 기록자료 확인(단, 2010년도 정기평가는 8월 31일까지 표준장기요양 이용계획서를 반영한 자료도 인정)

(5) 평가문항 척도

📋 채점기준

- 우수: 모든 수급자에게 표준장기요양 이용계획서에 따른 급여를 제공함.
- 양호: 수급자 60% 이상 표준장기요양 이용계획서에 따른 급여를 제공함.
- 보통: 수급자 30% 이상 표준장기요양 이용계획서에 따른 급여를 제공함.
- 미흡: 수급자 30% 미만 표준장기요양 이용계획서에 따른 급여를 제공함.

평가문항 평가척도	우수 □	양호 □	보통 □	미흡 □

※ 별첨: 별지 제7호 서식 「표준장기요양 이용계획서」

장기요양인정번호 L

표준장기요양 이용계획서

본 서식은 본인(가족)의 희망에 따라 자율적으로 장기요양기관과 계약하여 적정한 장기요양급여를 원활히 이용할 수 있도록 하기 위한 급여이용 계획서입니다.

성명	이수일	주민등록번호	****** — ******
장기요양등급	3 등급	발급일	2010 — 01 — 07
재가급여(월 한도액)	1월당　814,700 원	본인일부부담금(율)	재가급여　15 %
시설급여　노인요양시설	1일당　원		
노인전문요양시설	1일당　원		시설급여　%
노인요양공동생활가정	1일당　원		

장기요양 필요 영역 및 주요 기능상태	장기요양 목표
• 신체기능: 6년 전부터 퇴행성 관절염으로 병원치료를 받아왔으며 무릎 통증 및 하지 근력 약화로 낙상위험이 있음. 치매검사를 보건소에서 하고 신경정신과 방문, 치매로 이야기 듣고 약복용 중, 평상 시 어지럽다고 함. • 인지기능: 방금 전에 들었던 이야기나 일을 잊고 날짜, 장소를 알지 못하고 계산을 하지 못함. • 통증: 무릎 통증 호소함.	기능상태 악화방지 및 합병증예방 기초체력 유지와 질병예방 가족수발부담경감 인지장애에 대한 적절한 대처방법의 학습 인지능력향상
장기요양 필요 내용	• 세면 도움, 구강관리, 몸청결, 머리감기기, 몸단장, 목욕도움, 이동도움, 화장실 이용 • 취사, 청소 및 주변정리정돈, 세탁 • 외출동행, 병원안내 및 동행
수급자 희망급여	방문요양
유 의 사 항	• 재가급여 서비스로는 방문요양, 방문목욕, 방문간호, 주·야간보호서비스, 단기보호, 복지용구 구입, 대여가 있습니다. 장기요양 등급을 인정받은 분의 선택에 따라 서비스 이용하실 수 있습니다. • 월 한도액을 넘을 시에 한도액을 넘는 금액은 전액 본인 부담하셔야 합니다. 급여 계약 시 한도액을 넘지 않도록 유의하시기 바랍니다.

표준장기요양 이용계획 및 비용

급여 종류	횟수	장기요양 급여비용	본인부담금
방문요양	주 5 회 (240분)	790,000 원	118,500 원
		원	원
합계		790,000 원	118,500 원
복지용구			

☎ — —　　지사　　담 당 자
국민건강보험공단 이사장 (직인)

　　평가항목 36은 기관이 수급자의 욕구를 반영하고 필요한 급여를 제공받을 수 있도록 표준장기요양 이용계획서에 따른 급여를 제공하는지를 평가하는 항목이다. 평가방법은 급여계약 체결 시 표준장기요양 이용계획서 내용을 반영하여 급여를 제공하는지 확인하게 되는데, 수급자의 표준장기요양 이용계획서와 급여체결 당시 관련 기록 자료를 확인하게 된다. 표준장기요양 이용계획서는 공단에서 제공한 제7호 서식으로 수급자가 계약을 위해 기관방문시 지참하게 되는 서식이다. 앞에서는 실제 사례를 기입한 표준장기요양 이용계획서를 제시하였고, 아래는 그 표준장기요양 이용계획서의 내용을 반영한 서비스제공계획서의 예시다.

☞ 월 서비스 제공계획서 예시

(7)월 서비스 제공계획서

　　이수일　　귀하　　　　　　　　　　　　　　　　　발급번호:

관리번호	2010-001	성명	이 수 일	(Ⓜ / F）	
요양인정관리번호	×××-××××	등급	3등급	요양보호사	홍길동
서비스 제공기간	2010. 7. 1 ~ 7. 31 (1개월)				
제공일	20일	제공주기	일 1회	총제공시간	80시간

서비스 제공내역	서비스 종류	주기	내용
□신체활동지원	구강관리, 세면 도움	일 1회	
	목욕도움	주 1회	목욕실 이동, 샤워
□일상생활지원	침구교체 및 세탁	주 1회	
	취사	일 1회	일반식, 식단표작성
□개인활동지원	병원동행	월1회	퇴행성 관절염 통원치료
□정서지원			
□가족지원	가족대상교육, 간담회	월 1회	낙상예방 1회, 감염관리 1회
□기타	치매관리지원, 여가생활지원		

서비스비용	수가(A)	횟수(B)	총비용액(C=A×B)	본인부담액(C×15%)
	방문요양 4시간 39,500원	20회	790,000원	118,500원
	합계금액 790,000원		본인부담 총액	118,500원
	월 한도액 814,700원		초과금액	―

위와 같이 ○ ○ ○장기요양기관 방문요양서비스 제공계획을 알려드립니다.

2010 년　6 월　30 일

이용자: 이 수 일　　(인)

보호자(신청인): 김 말 순　　(인)

○ ○ ○노인복지센터/전화번호

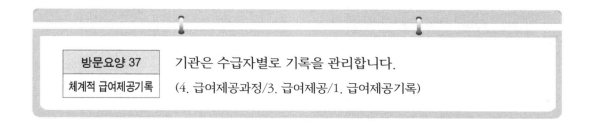

방문요양 37	기관은 수급자별로 기록을 관리합니다.
체계적 급여제공기록	(4. 급여제공과정/3. 급여제공/1. 급여제공기록)

(1) 평가방향

수급자의 상태 및 급여제공 상황을 알아볼 수 있도록 수급자에 관한 기록을 수급자 별로 관리하는지 평가

(2) 평가방법

수급자관련 기록을 수급자별로 체계적으로 편철하여 관리하고 있는지 확인
• 급여계약서, 욕구평가결과지, 급여제공기록지 등

(3) 평가 세부영역(평가대상: 기관)

세부영역	평가기준 내용	확인
수급자별 관리	수급자별 편철 관리 여부 확인	
	• 수급자 편철관리 자료 1	예 ☐　아니요 ☐
	• 수급자 편철관리 자료 2	예 ☐　아니요 ☐
	• 수급자 편철관리 자료 3	예 ☐　아니요 ☐
	• 수급자 편철관리 자료 4	예 ☐　아니요 ☐
	• 수급자 편철관리 자료 5	예 ☐　아니요 ☐
	• 수급자 편철관리 자료 6	예 ☐　아니요 ☐

(4) 평가의 근거 및 자료

2010년도 수급자별 관리자료 확인

(5) 평가문항 척도

📋 채점기준

• 우수: 기관에서 모든 수급자별로 기록을 관리함.
• 양호: 기관에서 60% 이상 수급자별로 기록을 관리함.
• 보통: 기관에서 30% 이상 수급자별로 기록을 관리함.
• 미흡: 기관에서 30% 미만 수급자별로 기록을 관리함.

평가문항 평가척도	우수 ☐	양호 ☐	보통 ☐	미흡 ☐

평가를 위한 Tip | **항목점수 2점**

평가항목 37은 수급자의 상태 및 급여제공 상황을 알아볼 수 있도록 수급자에 관한 기록을 수급자별로 관리하는지를 평가하는 항목이다. 이 평가에서 확인하고자 하는 수급자관리 서류로는 급여계약서, 욕구평가결과지, 급여제공기록지 등이 있는데 이러한 자료들을 개인별로 잘 편철하여 관리하고 있는지를 확인하게 된다. 대상자 관리파일과 대상자 서비스 관리파일에 들어갈 서류의 목록은 다음과 같다. 자세한 내용은 제2장 3. 대상자관리와 4. 서비스관리 부분에 자세히 나와 있으니 참고하도록 한다.

대상자 관리파일 예시

□ 표지

□ 대상자 관리파일(서류 List)
- 대상자관리카드
- 장기요양인정서 사본
- 표준장기요양 이용계획서 사본
- 주민등록증 사본
- 수급자 증명서(해당자)
- 서비스 이용계약서
- 서비스 제공계획서
- 대상자 욕구평가지

□ 대상자 서비스 관리파일(서류 List)
- 서비스 일정표
- 서비스 제공기록지

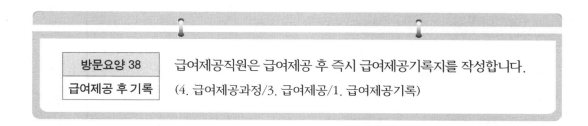

| 방문요양 38 | 급여제공직원은 급여제공 후 즉시 급여제공기록지를 작성합니다. |
| 급여제공 후 기록 | (4. 급여제공과정/3. 급여제공/1. 급여제공기록) |

(1) 평가방향

급여제공직원이 급여제공 후 즉시 급여제공기록지를 작성해야 하는 의무를 준수하는지 평가

(2) 평가방법

기관의 급여제공직원은 수급자들에 대한 급여제공기록지를 급여제공 후에 즉시 작성하고 있는지 확인

(3) 평가 세부영역(평가대상: 종사자)

세부영역	평가기준 내용	확인
급여제공 후 기록	급여제공기록지 즉시 작성 여부 확인(필수기재사항: 작성일, 급여제공내용, 작성자 서명, 본인 또는 보호자 서명)	
	• 직원 방문 확인 1	예 ☐　아니요 ☐
	• 직원 방문 확인 2	예 ☐　아니요 ☐
	• 직원 방문 확인 3	예 ☐　아니요 ☐
	• 직원 방문 확인 4	예 ☐　아니요 ☐

(4) 평가의 근거 및 자료

급여제공직원을 대상으로 정기평가 당일 기준 전 2주 급여제공기록지 확인

(5) 평가문항 척도

📋 채점기준

• 우수: 급여제공직원들 모두가 급여제공기록지를 즉시 작성함.
• 양호: 급여제공직원들 60% 이상 급여제공기록지를 즉시 작성함.
• 보통: 급여제공직원들 30% 이상 급여제공기록지를 즉시 작성함.
• 미흡: 급여제공직원들 30% 미만 급여제공기록지를 즉시 작성함.

평가문항 평가척도	우수 ☐	양호 ☐	보통 ☐	미흡 ☐

평가를 위한 Tip **항목점수 2점**

평가항목 38은 급여제공직원이 급여제공 후 즉시 급여제공기록지를 작성해야 하는 의무를 준수하고 있는지를 평가하는 항목이다. 이 항목은 평가위원이 요양보호사를 대상으로 정기평가 당일 기준 전 2주의 급여제공기록지를 확인하여 평가하게 된다. 기관에서는 평가를 대비하여 요양보호사에 대한 철저한 교육을 통해 급여제공기록지를 즉시 작성하도록 한다.

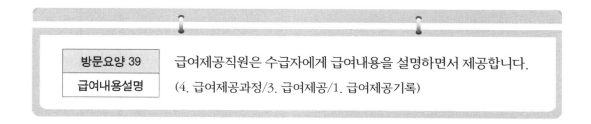

방문요양 39
급여내용설명

급여제공직원은 수급자에게 급여내용을 설명하면서 제공합니다.
(4. 급여제공과정/3. 급여제공/1. 급여제공기록)

(1) 평가방향

수급자(보호자)에게 급여제공내용을 사전에 설명함으로써 수급자의 알 권리를 존중하고 필요시 수급자가 할 수 있는 행위를 스스로 하도록 유도하는지 평가

(2) 평가방법

수급자(보호자)에게 급여제공직원이 급여제공내용을 설명하면서, 급여를 제공하는지 질문하여 확인

(3) 평가 세부영역(평가대상: 수급자)

세부영역	평가기준 내용	확인
급여내용설명	급여제공내용 설명 여부 확인	
	• 수급자 방문 확인 1	예 ☐ 아니요 ☐
	• 수급자 방문 확인 2	예 ☐ 아니요 ☐
	• 수급자 방문 확인 3	예 ☐ 아니요 ☐
	• 수급자 방문 확인 4	예 ☐ 아니요 ☐
	• 수급자 방문 확인 5	예 ☐ 아니요 ☐
	• 수급자 방문 확인 6	예 ☐ 아니요 ☐

(4) 평가의 근거 및 자료

수급자(보호자)에게 직접 질문하여 확인

(5) 평가문항 척도

📋 채점기준

- 우수: 급여제공직원 모두가 수급자에게 급여제공내용을 설명함.
- 양호: 급여제공직원 60% 이상 수급자에게 급여제공내용을 설명함.
- 보통: 급여제공직원 30% 이상 수급자에게 급여제공내용을 설명함.
- 미흡: 급여제공직원 30% 미만 수급자에게 급여제공내용을 설명함.

평가문항 평가척도	우수 ☐	양호 ☐	보통 ☐	미흡 ☐

평가를 위한 Tip **항목점수 2점**

평가항목 39는 수급자에게 급여제공내용을 사전에 설명함으로써 수급자의 알 권리를 존중하고 필요 시 수급자가 할 수 있는 행위를 스스로 하도록 유도하는지를 평가하는 항목이다. 이 항목은 평가위원이 수급자에게 직접 확인하게 된다. 그러므로 기관에서는 요양보호사들에게 서비스 제공 전 서비스 내용 설명에 대한 교육을 철저히 하여 평가를 대비하여야 한다.

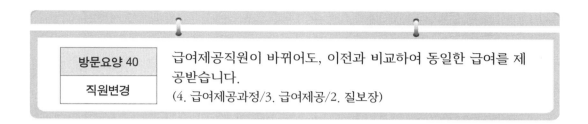

방문요양 40	급여제공직원이 바뀌어도, 이전과 비교하여 동일한 급여를 제공받습니다.
직원변경	(4. 급여제공과정/3. 급여제공/2. 질보장)

(1) 평가방향

급여를 제공하는 직원이 변경되는 경우에도 기관은 수급자에게 동일한 질의 급여를 보장하고 있는지 평가

(2) 평가방법

수급자(보호자)에게 급여제공직원의 변경에도 불구하고 동일한 급여를 제공받았는지 질문하여 확인

(3) 평가 세부영역(평가대상: 수급자)

세부영역	평가기준 내용	확인	
동일한 급여제공	직원 변경 시 동일한 급여제공 여부 확인(단, 직원변경이 없는 경우 서비스 질이 보장되었다고 판단하여 '예'로 함)		
	• 수급자 방문 확인 1	예 ☐	아니요 ☐
	• 수급자 방문 확인 2	예 ☐	아니요 ☐
	• 수급자 방문 확인 3	예 ☐	아니요 ☐
	• 수급자 방문 확인 4	예 ☐	아니요 ☐
	• 수급자 방문 확인 5	예 ☐	아니요 ☐
	• 수급자 방문 확인 6	예 ☐	아니요 ☐

(4) 평가의 근거 및 자료

수급자(보호자)에게 직접 질문하여 확인

(5) 평가문항 척도

📋 채점기준

- 우수: 수급자 모두가 급여제공직원 변경시 동일한 급여를 제공받음.
- 양호: 수급자 60% 이상 급여제공직원 변경시 동일한 급여를 제공받음.
- 보통: 수급자 30% 이상 급여제공직원 변경시 동일한 급여를 제공받음.
- 미흡: 수급자 30% 미만 급여제공직원 변경시 동일한 급여를 제공받음.

평가문항 평가척도	우수 ☐	양호 ☐	보통 ☐	미흡 ☐

평가를 위한 Tip | **항목점수 2점**

평가항목 40은 급여를 제공하는 직원이 변경되는 경우에도 기관은 수급자에게 동일한 질의 급여를 보장하고 있는지를 평가하는 항목이다. 이 항목 역시 평가위원이 수급자에게 직접 확인하게 된다. 단, 직원변경이 없는 경우는 서비스의 질이 보장되었다고 판단한다. 기관에서는 직원 변경이 있을 경우, 직원에 대한 철저한 교육을 통해 동일한 서비스를 제공할 수 있도록 해야 할 것이다.

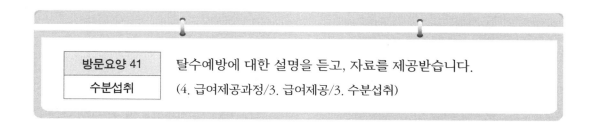

| 방문요양 41 | 탈수예방에 대한 설명을 듣고, 자료를 제공받습니다. |
| 수분섭취 | (4. 급여제공과정/3. 급여제공/3. 수분섭취) |

(1) 평가방향

수급자에게 평상 시 충분한 수분공급의 필요성을 설명함으로써, 사전에 탈수예방에 대한 노력을 하도록 유도하는지 평가

(2) 평가방법

기관의 직원이 수급자(보호자)에게 탈수예방에 대한 설명을 하고 자료를 제공했는지 확인 (목욕 전)

(3) 평가 세부영역(평가대상: 수급자)

세부영역	평가기준 내용	확인
수분섭취	탈수예방에 대한 설명 및 자료제공 여부 확인	
	• 수급자 방문 확인 1	예 ☐ 아니요 ☐
	• 수급자 방문 확인 2	예 ☐ 아니요 ☐
	• 수급자 방문 확인 3	예 ☐ 아니요 ☐
	• 수급자 방문 확인 4	예 ☐ 아니요 ☐
	• 수급자 방문 확인 5	예 ☐ 아니요 ☐
	• 수급자 방문 확인 6	예 ☐ 아니요 ☐

(4) 평가의 근거 및 자료

수급자(보호자)에게 탈수예방에 대한 설명을 들었는지 질문하고 자료 확인

(5) 평가문항 척도

📋 채점기준

- 우수: 수급자 모두가 탈수예방에 대한 설명을 듣고 자료를 제공받았음.
- 양호: 수급자 60% 이상 탈수예방에 대한 설명을 듣고 자료를 제공받았음.
- 보통: 수급자 30% 이상 탈수예방에 대한 설명을 듣고 자료를 제공받았음.
- 미흡: 수급자 30% 미만 탈수예방에 대한 설명을 듣고 자료를 제공받았음.

평가문항 평가척도	우수 ☐	양호 ☐	보통 ☐	미흡 ☐

평가를 위한 Tip **항목점수 2점**

평가항목 41은 수급자에게 평상 시 충분한 수분공급의 필요성을 설명함으로써, 사전에 탈수예방에 대한 노력을 하도록 유도하는지를 평가하는 항목이다. 이 항목 역시 평가위원이 수급자에게 직접 확인하는 항목으로, 기관은 요양보호사에게 탈수예방에 대한 교육을 실시하고, 그 내용을 수급자에게 설명하도록 교육하며, 수급자 제공 자료를 만들어 수급자에게 배포하도록 함으로써 평가를 대비할 수 있다. 다음은 탈수예방관리에 대한 자료의 예다.

✋ 탈수예방관리 자료 예시

탈수예방관리

1) 원인
나이가 들면서 세포 내액이 감소하여 결국 전체 체액의 감소를 일으킨다. 노인의 갈증감각 저하와 여러 가지 건강문제들이 탈수를 일으키기 쉬운 상태로 만들어지며 이 감소는 젊은 사람에게는 문제가 되지 않으나 노인에게는 생명을 위협할 정도로 치명적일 수 있다.

2) 증상
- 혼돈, 원기부족, 건조한 혀와 점막, 맥박 증가, 소변농축의 증상이 있다.
- 피부가 탄력성이 없고, 식욕부진, 원인모를 미열, 두통, 현기증, 구역질 호소, 목의 갈증이 있다.
- 수분의 부족은 노인에게 감염, 변비, 방광팽창의 감소, 수분전해질 불균형을 초래한다.

- 수분 손실량(체중기준)에 따른 증상
- 1~2%: 갈증, 불쾌감, 식욕 감소
- 3~4%: 운동 수행 능력 감소(20~30%), 소변량 감소, 구토감, 무력감
- 5~6%: 체온 조절 능력 상실, 맥박의 증가, 호흡의 증가, 정신집중 장애
- 8%: 현기증, 혼돈, 극심한 무력감
- 10~11%: 열사병 상태, 사망의 위험

3) 예방방법
- 탈수증상이 없는지 항상 관찰한다. 발열 시나 설사가 계속되고 있을 때에는 특히 주의한다.
- 수분, 식사의 섭취량 및 배설량을 항상 관찰하고 필요 시에는 기록한다. 이때 섭취량과 배설량에 표준을 두고 관찰하며, 노인이 사용하고 있는 찻잔, 컵 등의 용량을 계산해 놓으면 섭취량은 쉽게 알 수 있다.
- 탈수가 일어나기 쉬운 상황을 만들지 않는다. 즉, 실내온도 및 습도를 정상으로 유지하고(온도: 16~20도, 습도: 40~60%), 강한 맛을 내는 음식은 탈수를 일으키기 쉬우므로 싱거운 맛을 내게 한다.
- 갈증감각이 저하되므로 갈증이 나지 않아도 하루 6~8컵(1500~200cc)의 수분을 섭취하도록 한다.

-조금이라도 경구적으로 수분을 섭취하도록 방법을 강구한다.
-메뉴 중에서 국물이나 수프 등 수분이 많은 음식을 섭취하도록 하고, 과일을 선택할 경우에는 과일즙이 많은 것을 선택한다.
-식사 때나 식후에 반드시 차 또는 물 같은 것을 마시도록 권한다.
-일상적으로 마시기에 익숙한 음료(엽차 등)를 식사 이외에 언제든지 마실 수 있도록 몸 가까이 준비해 둔다.
-야간에 잦은 소변을 보는 것이 싫어서 의식적으로 수분을 섭취하지 않는 경우도 있으므로 기상 이후부터 저녁식사 때까지 조금 많은 수분을 섭취하도록 하고, 저녁식사 이후부터 취침시간까지는 수분의 섭취를 삼가도록 권한다.
-수분의 섭취를 싫어하는 사람에게는 좋아하는 음료를 마련하여 하루에 의도적으로 일정 시간을 할애하여 수분을 섭취할 수 있는 기회를 마련해 준다.
-목욕 후나 운동 후, 땀이 많은 계절에는 의도적으로 수분을 섭취할 시간을 마련한다.
-치매나 우울증이 있는 노인인 경우 돌보는 사람이 충분한 수분 섭취를 시킨다.
-요실금 노인에게서 수분제한을 하지 않도록 하며, 고농축된 소변은 방광을 불수의적으로 수축시켜 요실금을 유발할 수 있다.

• 수분섭취를 감소시키는 원인
-갈증감각의 감소
-요실금이 있는 노인에게서 요실금에 대한 우려
-움직이기 힘든 노인
-치매나 우울증 등이 있는 노인
-오심, 구토, 위장관 문제가 있는 노인

○○○노인복지센터

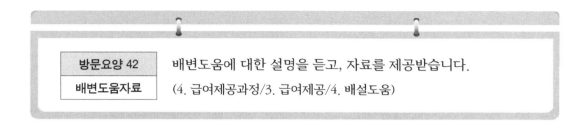

방문요양 42

배변도움자료

배변도움에 대한 설명을 듣고, 자료를 제공받습니다.

(4. 급여제공과정/3. 급여제공/4. 배설도움)

(1) 평가방향

평상 시 수분섭취 부족과 소량식사 및 운동제한 등으로 발생할 수 있는 변비 등을 사전에 예방하기 위해 수급자(보호자)가 관리하도록 하는지 평가

(2) 평가방법

기관의 직원이 수급자(보호자)에게 배변도움에 대한 설명을 하고 자료를 제공했는지 확인 (목욕 전)

(3) 평가 세부영역(평가대상: 수급자)

세부영역	평가기준 내용	확인
배변도움	배변도움에 대한 설명 및 자료제공 여부 확인	
	• 수급자 방문 확인 1	예 □ 아니요 □
	• 수급자 방문 확인 2	예 □ 아니요 □
	• 수급자 방문 확인 3	예 □ 아니요 □
	• 수급자 방문 확인 4	예 □ 아니요 □
	• 수급자 방문 확인 5	예 □ 아니요 □
	• 수급자 방문 확인 6	예 □ 아니요 □

(4) 평가의 근거 및 자료

수급자(보호자)에게 배변도움에 대한 설명을 들었는지 질문하고 자료 확인

(5) 평가문항 척도

📋 채점기준

- 우수: 수급자 모두가 배변도움에 대한 설명을 듣고 자료를 제공받았음.
- 양호: 수급자 60% 이상 배변도움에 대한 설명을 듣고 자료를 제공받았음.
- 보통: 수급자 30% 이상 배변도움에 대한 설명을 듣고 자료를 제공받았음.
- 미흡: 수급자 30% 미만 배변도움에 대한 설명을 듣고 자료를 제공받았음.

평가문항 평가척도	우수 □	양호 □	보통 □	미흡 □

평가를 위한 Tip　**항목점수 2점**

　평가항목 42는 평상 시 수분섭취 부족과 소량식사 및 운동제한 등으로 발생할 수 있는 변비 등을 사전에 예방하기 위해 수급자(보호자)가 관리하도록 하는지를 평가하는 항목이다. 이 항목 역시 평가위원이 수급자에게 직접 확인하는 항목으로, 기관은 요양보호사에게 배변도움에 대한 교육을 실시하고, 그 내용을 수급자에게 설명하도록 교육하며, 수급자 제공 자료를 만들어 수급자에게 배포하도록 함으로써 평가를 대비할 수 있다. 다음은 배변도움관리에 대한 자료의 예다.

 **배변도움 자료 예시**

배변도움관리

1. 변기사용 돕기

　(1) 휠체어를 이용하여 화장실로 이동할 경우

　　① 침상 가까이에 침상과 평행하게 휠체어를 놓는다.

　　② 노인을 침대에 걸터 앉힌 후 노인의 발 사이에 요양보호사의 발을 넣는다. 노인의 허리를 끌어 안고 들어 올리며 회전하여 휠체어로 옮긴다.

　　③ 편마비 노인인 경우 건강한 쪽에 둔 휠체어의 손잡이를 잡게 한 후 노인의 몸을 지지한다.

　　④ 다시 반대편 손잡이로 손을 옮기도록 하고 노인의 건강한 발을 중심으로 90도 회전시켜 휠체어에 앉힌다.

　　⑤ 깊게 앉도록 몸을 뒤로 밀어주고 발판에 발을 얹는다.

　　⑥ 화장실로 이동한 후 휠체어의 브레이크를 걸고 발판을 접은 후 노인의 허리를 감아 일으켜 세운다. 그 후 노인의 몸을 90도로 회전시켜 변기 앞에 세우고 내의를 내린 후 변기에 앉힌다.

　　⑦ 노인 옆에 호출기를 두고 도움이 필요할 시 요청하도록 알린다.

　　⑧ 배설을 마친 후 손을 씻도록 한다.

　(2) 이동형 변기를 사용할 경우

　　① 노인을 확인하고 방법을 설명한다.

　　② 손을 씻고 일회용 장갑을 낀다.

　　③ 침대와 이동식 좌변기를 높이가 같도록 맞춘다. 가능하면 이동형 변기 앞에 안전을 위해 미끄럼 방지 매트를 깔아 준다.

　　④ 편마비의 경우 이동식 좌변기는 건강한 쪽으로 30~45도 각도로 놓는다. 노인을 부축하여 변기에 앉힌다.

　　⑤ 배설 중에는 하반신을 수건으로 가려주거나 무릎덮개로 덮어준다.

　　⑥ 화장지를 변기 안쪽에 깔아주거나 음악을 틀어주어 용변 보는 소리가 나는 것을 예방한다.

　　⑦ 호출기를 손 가까이 두어 도움 요청 시 혹은 배변종료 시 즉시 알리도록 한다.

⑧ 배설 후 배설물을 즉시 처리하고 환기를 시킨다.
⑨ 노인의 손을 씻게 하고 요양보호사는 장갑을 벗고 손을 씻는다.

2. 침상배변 · 배뇨돕기

① 손을 씻은 후 일회용 장갑을 낀다.
② 변기는 따뜻한 물로 데워서 침대 옆이나 의자 위에 놓는다.
③ 용변 보는 소리가 나는 것을 방지하기 위해 변기 밑에 화장지를 깔고 TV를 켜거나 음악을 틀어 놓는다.
④ 노인을 바로 눕힌 상태로 무릎을 세운 후 발에 힘을 주어 요양보호사의 왼손으로 노인의 허리를 가볍게 들어 올려 둔부 밑에 방수포를 깔아준다.
⑤ 허리 아래 부분을 무릎덮개로 늘어뜨린 후 바지를 내린다.
⑥ 소변기 대기
  • 남성의 경우
    －손을 사용할 수 있을 경우 소변기를 주고 스스로 댈 수 있도록 한다.
    －흐르지 않게 소변기의 입구를 높게 댄다.
    －옆으로 누운 자세에서 댄다.
  • 여성의 경우
    －밑에 기저귀 등을 깔면 보다 편안하게 소변을 볼 수 있다.
    －소변기의 입구가 밀착하도록 대어 준다.
    －소변기를 뗄 때에는 입구를 내리지 않고 음부에 따라 떠올리는 것처럼 한다.
  • 노인이 협조할 수 없는 경우
    －노인을 옆으로 돌려 눕힌 후 둔부에 변기를 대어 놓고 변기 위로 노인을 돌려 눕힌다.
    －그후 침대를 올려주어 노인이 배에 힘을 주기 쉬운 자세로 취해 준다.
    －여성의 경우 회음부위에 화장지를 대어 소변이 튀지 않도록 한다.
  • 노인이 협조할 수 있는 경우
    －요양보호사가 허리 밑에 왼손을 넣어 노인이 둔부를 들도록 한다.
    －오른손으로 변기를 밀어 넣어 항문이 변기중앙에 오도록 한다. 이때 수건을 말아 허리 밑에 두면 편안하다.
⑦ 배변하기
  －노인의 손 가까이에 화장지와 호출기를 두고 밖에서 기다린다.
⑧ 배변 뒤처리 하기
  • 노인이 스스로 할 수 있는 경우
    －노인이 허리를 들어 올릴 수 있는 경우 허리를 올리게 한 후 변기를 뺀다.
    －노인이 허리를 들어 올릴 수 없는 경우 옆으로 돌아 누이고 변기를 뺀다.
    －스스로 닦을 수 있게 화장지를 준비해 준다.
  • 노인이 스스로 할 수 없는 경우
    －배설이 끝난 것을 확인한 후 무릎덮개를 걷어내고 침대머리를 낮춘다. 화장지로 회음부나 항문부위를 닦는다. 한 손으로 노인의 허리를 들어 올리고 다른 손으로 변기를 뺀다.
    －회음부와 둔부를 따뜻한 수건이나 물티슈를 이용하여 앞에서 뒤를 잘 닦아준다.
    －노인이 허리를 들지 못하면 옆으로 뉘어서 한다.
⑨ 방수포를 걷어낸 뒤 일회용 장갑을 벗고 노인의 손을 씻도록 한다.

⑩ 옷과 이불을 정리한다.

⑪ 손을 씻고 배설물의 특이사항이 있는 경우 의료진에게 알린다.

3. 기저귀 교환

① 손을 씻은 후 일회용 장갑을 낀다.

② 기저귀를 교환해야 한다고 설명하고 스크린 혹은 커튼을 친다.

③ 면덮개를 이불 위에 덮은 후 면덮개는 남겨두고 이불만 다리 아래로 접어 내린다.

④ 면덮개 아래에서 윗 옷을 오목 가슴 아래까지 올리고 바지를 내린다.

⑤ 기저귀가 노출되면 기저귀의 고정테이프를 분리하고 기저귀의 안쪽 면끼리 접어 배설물을 안으로 말아 넣는다. 노인을 옆으로 돌려 눕히고 더러워진 기저귀를 뺀다.

⑥ 회음부 둔부 및 항문부위를 따뜻한 물수건으로 닦고 회음부는 반드시 앞에서 뒤로 닦는다. 마른 수건으로 물기를 바로 건조시킨다.

⑦ 발적 및 욕창이 있는지 둔부 주변부터 꼬리뼈 부분까지 살핀다. 혈액순환을 돕기 위해 가볍게 두드린다.

⑧ 노인이 옆으로 누운 상태에서 새 기저귀와 커버를 둔부 밑에 댄 다음 돌려서 천정을 보고 눕게 하고 기저귀의 테이프를 붙여 고정한다.

⑨ 바지를 입히고 윗옷을 내린다. 침구의 주름을 펴서 정리한다.

⑩ 면덮개 위로 이불을 덮은 후 면덮개를 빼고 사용한 물품을 정리한다.

⑪ 일회용 장갑을 벗고 손을 씻는다.

⑫ 대소변의 색깔 및 냄새, 양상이 특이하거나 이전과 많이 다른 경우, 피부발적 등 욕창증상이 있는 경우 간호사 및 촉탁의에게 알린다.

4. 유치도뇨관 사용돕기

(1) 확인사항

① 유치도뇨관을 통한 감염이 생기기 쉬우므로 감염예방을 위한 관리에 세심한 주위를 기울여야 한다.

　－적정 간격으로 유치도뇨관 및 소변주머니를 교체한다.

　－소변이 담긴주머니를 잠시도 방광위치 아랫배보다 높게 두지 않는다. 소변이 다시 방광으로 역류되어 감염이 생기기 쉽기 때문이다.

　－소변 냄새와 양, 불편감 등을 잘 관찰하고 이상이 있을 경우 신속히 처치를 한다.

② 유치도뇨관을 통해 소변이 제대로 나오는지와 소변량, 색깔을 방문 시마다 확인한다.

③ 연결관이 꺾여 있거나 고정부위로 인해 방광 내 소변이 정체되면 압박감을 느끼게 되고 방광 내 풍선이 커서 자극을 주는 경우도 있으므로 노인이 호소하는 불편감을 간호사에게 잘 알린다.

④ 특별한 지시가 없는 한 수분섭취를 권장한다. 지시가 있을 경우 수분섭취량과 배설량을 체크하고 기록한다.

⑤ 소변주머니는 체크 후 바로 비워주어 냄새가 나지 않도록 한다. 항상 주변을 청결하게 한다.

⑥ 침대에서 자유로이 움직일 수 있으며 보행도 가능함을 알려준다.

⑦ 유치도뇨관을 강제로 제거하면 요도점막에 손상을 입히므로 지나치게 잡아당겨지지 않도록 한다.

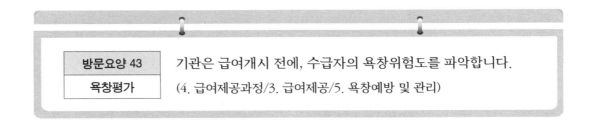

| 방문요양 43 | 기관은 급여개시 전에, 수급자의 욕창위험도를 파악합니다. |
| 욕창평가 | (4. 급여제공과정/3. 급여제공/5. 욕창예방 및 관리) |

(1) 평가방향

수급자의 욕창예방목적으로 욕창발생위험 평가도구를 이용하여 욕창위험도를 조사하는지 평가

(2) 평가방법

급여개시 전에 수급자별 욕창위험도를 파악하고 있는지 확인
• 욕창위험측정도구 예시: 별첨 참고

(3) 평가 세부영역(평가대상: 기관)

세부영역	평가기준 내용	확인
욕창위험도 파악	급여개시 전에 실시한 욕창위험도 측정 기록 확인 (필수기재사항: 작성일, 작성자, 수급자 이름)	
	• 수급자 욕창위험도 자료 1	예 ☐ 아니요 ☐
	• 수급자 욕창위험도 자료 2	예 ☐ 아니요 ☐
	• 수급자 욕창위험도 자료 3	예 ☐ 아니요 ☐
	• 수급자 욕창위험도 자료 4	예 ☐ 아니요 ☐
	• 수급자 욕창위험도 자료 5	예 ☐ 아니요 ☐
	• 수급자 욕창위험도 자료 6	예 ☐ 아니요 ☐

(4) 평가의 근거 및 자료

기관에서 급여개시 전에 실시한 수급자별 욕창위험도 측정기록 확인(단, 2010년도 정기평가는 8월 31일까지 실시한 욕창위험도 자료도 인정)

(5) 평가문항 척도

📋 채점기준

• 우수: 수급자 모두에게 실시한 욕창위험도 측정기록이 있음.
• 양호: 수급자 60% 이상 실시한 욕창위험도 측정기록이 있음.
• 보통: 수급자 30% 이상 실시한 욕창위험도 측정기록이 있음.
• 미흡: 수급자 30% 미만 실시한 욕창위험도 측정기록이 있음.

| 평가문항 평가척도 | 우수 ☐ | 양호 ☐ | 보통 ☐ | 미흡 ☐ |

※ 별첨: 욕창위험도 측정도구 예시

　(아래 도구는 예시일 뿐 기관에서 다른 도구를 사용하여도 상관없음)

　→ 욕창위험도 평가도구 예시−Braden scale

이름:

구분	척도	내용	점수
감각 인지 정도	1. 감각 완전 제한됨 (완전히 못느낌)	의식수준이 떨어지거나 진정/안정제 복용/투여 등으로 통증자극에 반응이 없다(통증자극에 대해 신음하거나 주먹을 쥔다거나 할 수 없음). 신체 대부분에서 통증을 느끼지 못한다.	
	2. 감각 매우 제한됨	통증자극에만 반응(신음하거나 불안정한 양상으로 통증이 있음을 나타냄) 또는 신체의 1/2 이상에 통증이나 불편감을 느끼지 못한다.	
	3. 감각 약간 제한됨	말로 지시하면 반응하지만, 체위변경을 해달라고 하거나 불편하다고 항상 말할 수 있는 것은 아니다. 또는 사지에 통증이나 불편감을 느끼지 못한다.	
	4. 감각 손상없음	말로 지시하면 반응을 보이며 통증이나 불편감을 느끼고 말로 표현할 수 있다.	
습기 여부	1. 항상 젖어있음	피부가 땀, 소변으로 항상 축축하다.	
	2. 자주 젖어있음	늘 축축한 것은 아니지만 자주 축축해져 8시간에 한번은 린넨을 갈아주어야 한다.	
	3. 가끔 젖어있음	가끔 축축하다. 하루에 한번 정도 린넨 교환이 필요하다.	
	4. 거의 젖지않음	피부는 보통 건조하며 린넨은 평상 시 대로만 교환해 주면 된다.	
활동 상태	1. 항상 침대에만 누워 있음	도움없이는 몸은 물론 손, 발을 조금도 움직이지 못한다.	
	2. 의자에 앉아 있을 수 있음	걸을 수 없거나 걷는 능력이 상당히 제한되어 있다. 체중부하를 할 수 없어 의자나 휠체어로 이동 시 도움을 필요로 한다.	
	3. 가끔 걸을 수 있음	낮동안에 도움을 받거나 도움 없이 매우 짧은 거리를 걸을 수 있다. 그러나 대부분의 시간은 침상이나 의자에서 보낸다.	
	4. 자주 걸을 수 있음	적어도 하루에 두 번 방 밖을 걷고, 방 안은 적어도 2시간 마다 걷는다.	
움직임	1. 완전히 못움직임	도움없이는 신체나 사지를 전혀 움직이지 못한다.	
	2. 매우 제한됨	신체나 사지의 체위를 가끔 조금 변경시킬 수 있지만 자주하거나 많이 변경시키지 못한다.	
	3. 약간 제한됨	혼자서 신체나 사지의 체위를 조금이기는 하지만 자주 변경시킨다.	
	4. 제한없음	도움 없이도 체위를 자주 변경시킨다.	

영양 상태	1. 매우 나쁨	제공된 음식의 1/3 이하를 섭취한다. 단백질(고기나 유제품)을 하루에 2회 섭취량 이하를 먹는다. 수분을 잘 섭취 안함. 유동성 영양보충액도 섭취하지 않음. 또는 5일 이상 동안 금식상태이거나 유동식으로 유지한다.	
	2. 부족함	제공된 음식의 1/2를 먹는다. 단백질(고기나 유제품)은 하루에 약 3회 섭취량을 먹는다. 가끔 영양보충식이를 섭취한다. 또는 유동식이나 위관영양을 적정량 미만으로 투여 받는다.	
	3. 적당함	식사의 반 이상을 먹는다. 단백질(고기나 유제품)을 하루에 4회 섭취량을 먹는다. 가끔 식사를 거부하지만 보통 영양보충식이는 섭취한다. 또는 위관영양이나 TPN으로 대부분의 영양요구량이 충족된다.	
	4. 양호함	대부분의 식사를 섭취하며 절대 거절하는 일이 없다. 단백질(고기나 유제품)을 하루에 4회 섭취량 이상을 먹으며 가끔 식간에도 먹는다. 영양보충식이는 필요로 되지 않는다.	
마찰력과 응전력	1. 문제있음	움직이는 데 중정도 이상의 많은 도움을 필요로 한다. 린넨으로 끌어당기지 않고 완전히 들어 올리는 것은 불가능하다. 자주 침대나 의자에서 미끄러져 내려가 다시 제 위치로 옮기는 데 많은 도움이 필요로 된다. 관절구축이나 강직, 움직임 등으로 항상 마찰이 생긴다.	
	2. 잠정적으로 문제있음	자유로이 움직이나 약간의 도움을 필요로 한다. 움직이는 동안 의자억제대나 린넨 또는 다른 장비에 의해 마찰이 생길 수 있다. 의자나 침대에서 대부분 좋은 체위를 유지하고 있지만 가끔은 미끄러져 내려온다.	
	3. 문제없음	침대나 의자에서 자유로이 움직이며 움직일 때 스스로 자신을 들어 올릴 수 있을 정도로 충분한 근력이 있다. 침대나 의자에 누워 있을 때 항상 좋은 체위를 유지한다.	
합계			

※ 해석: (Braden, 2001)
- 19-23 위험 없음.
- 15-18 약간의 위험 있음.
- 13-14 중간 정도의 위험 있음.
- 10-12 위험이 높음.
- 9 이하 위험이 매우 높음.

년 월 일
작성자   (인)

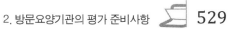

평가를 위한 Tip   **항목점수 2점**

    평가항목 43은 수급자의 욕창예방목적으로 욕창발생위험 평가도구를 이용하여 욕창위험도를 조사하는지를 평가하는 항목이다. 2010년도 정기평가는 8월 31일까지 실시한 욕창위험도 자료도 인정하므로, 기존에 욕창위험도를 평가하지 않은 기관은 공단에서 제시한 Braden 척도(평가지침 별첨 자료)를 사용하든지, 아니면 다음과 같이 제시한 욕창발생 고위험자 예측척도(Braden척도)를 사용하여 급여개시 전에 수급자의 욕창위험도를 파악하고 그 자료를 대상자 개별파일에 보관하도록 한다. 참고로 공단에서 제공한 Braden scale을 사용할 경우, 다음 예시와 같이 점수라고 되어 있는 란의 영역별 셀을 병합하고 해당하는 척도의 번호를 점수란에 기입한 후, 그 점수의 합을 계산하여 분석하도록 한다. 예를 들어, 감각인지 정도 영역에서 '2. 감각 매우 제한됨'일 경우 점수란에 2라고 기입한다.

☝ 공단제공 Braden scale 사용 예시

			이름: 이 수 일
구분	척도	내용	점수
감각 인지 정도	1. 감각 <u>완전</u> 제한됨 (완전히 못느낌)	의식수준이 떨어지거나 진정/안정제 복용/투여 등으로 통증 자극에 반응이 없다(통증자극에 대해 신음하거나 주먹을 쥔다거나 할 수 없음). 신체 대부분에서 통증을 느끼지 못한다.	2
	✔ 감각 <u>매우</u> 제한됨	통증자극에만 반응(신음하거나 불안정한 양상으로 통증이 있음을 나타냄) 또는 신체의 1/2 이상에 통증이나 불편감을 느끼지 못한다.	
	3. 감각 <u>약간</u> 제한됨	말로 지시하면 반응하지만, 체위변경을 해달라고 하거나 불편하다고 항상 말할 수 있는 것은 아니다. 또는 사지에 통증이나 불편감을 느끼지 못한다.	
	4. 감각 <u>손상없음</u>	말로 지시하면 반응을 보이며 통증이나 불편감을 느끼고 말로 표현 할 수 있다.	
		－ 중략 －	
마찰력과 응전력	✔ 문제<u>있음</u>	움직이는 데 중정도 이상의 많은 도움을 필요로 한다. 린넨으로 끌어 당기지 않고 완전히 들어 올리는 것은 불가능하다. 자주 침대나 의자에서 미끄러져 내려가 다시 제 위치로 옮기는 데 많은 도움이 필요로 된다. 관절구축이나 강직, 움직임 등으로 항상 마찰이 생긴다.	1
	2. 잠정적으로 문제<u>있음</u>	자유로이 움직이나 약간의 도움을 필요로 한다. 움직이는 동안 의자억제대나 린넨 또는 다른 장비에 의해 마찰이 생길 수 있다. 의자나 침대에서 대부분 좋은 체위를 유지하고 있지만 가끔은 미끄러져 내려온다.	
	3. 문제<u>없음</u>	침대나 의자에서 자유로이 움직이며 움직일 때 스스로 자신을 들어 올릴 수 있을 정도로 충분한 근력이 있다. 침대나 의자에 누워 있을 때 항상 좋은 체위를 유지한다.	
		합계	17

※ 해석: (Braden, 2001)
- 19－23　위험 없음.
- 15－18　약간의 위험 있음.
- 13－14　중간 정도의 위험 있음.
- 10－12　위험이 높음.
- 9 이하　위험이 매우 높음.

2010년   7월   10일
작성자   홍 길 동   (인)

↓ 욕창발생 고위험자 예측 척도 예시

욕창발생 고위험자 예측 척도
(Braden 척도)

대상자명(성별)	이 수 일 (남)	관리번호	2010-001
작성일자	2010. 07. 15.	작성자	홍 길 동

구분영역	1점	2점	3점	4점
감각 지각력 압력과 관련된 불편감에 대해 의미 있게 반응할 수 있는 능력	☐완전히 제한되어 있음 의식의 저하 또는 진정작용으로 인해 통증 자극에 대한 반응이 없음(신음도 없고, 움찔하거나 움켜잡는 행동 보이지 않음) 또는 대부분의 신체 표면에서 통증을 지각하는 능력이 매우 제한되어 있음.	☐매우 제한되어 있음 통증자극에 대해서만 반응을 함. 신음을 하거나 안절부절못하는 행동 외에는 불편감을 전달할 수 없음 또는 신체의 절반 이상에서 통증을 지각하는 능력이 제한된 감각손상이 있음.	☑약간 제한되어 있음 언어적 명령에 반응을 하나 불편감이나 체위변경의 욕구자극을 항상 전달할 수는 없음. 1 또는 2개의 사지에서 통증이나 불편감을 지각하는 능력을 제한하는 감각손상이 있음.	☐손상이 없음 언어적 명령에 반응을 함. 통증이나 불편감을 지각하거나 표현하는데 제한을 할 수 있는 감각 결핍이 없음.
습기 피부가 습기에 노출된 정도	☐지속적으로 습함 피부가 발하는 소변 등에 의해 거의 지속적으로 습함. 환자를 이동하거나 자세를 변경할 때마다 젖어있는 것이 발견됨.	☑습함 피부가 자주 젖어 있으나 언제나 젖어 있는 것은 아님. 근무조마다 최소 한번씩은 침구류를 갈아 주어야 함.	☐가끔 습함 피부가 가끔 젖어 있어 정기적으로 침구류를 갈아주는 외에 하루에 한번 정도 추가로 갈아주어야 함.	☐드물게 습함 피부가 대부분 건조한 상태임. 침구류는 정기적으로만 갈아 줌.
활동력 신체적 활동 정도	☐침상에 제한된 상태 (Bedfast) 침상에 제한되어 있음.	☐의자에 제한된 상태 (Chairfast) 걸을 수 있는 능력이 없거나 심하게 제한되어 있음. 자신의 체중을 견디지 못하거나 도움이 있어야 의자나 바퀴의자로 이동이 가능함.	☑가끔 걸음 도움을 받거나 받지 않고서 낮동안 가끔 걸을 수 있으나 매우 짧은 거리임. 대부분의 시간을 침상이나 의자에서 보냄.	☐자주 걸음 최소 1일 2회 이상 걸어서 방 밖으로 나가거나 깨어있는 동안 최소 2시간에 한번은 방 안에서 걸음.
이동성 체위를 변경하고 통제할 수 있는 능력	☐완전히 부동상태 도움없이 몸체나 사지의 위치를 조금도 변경할 수 없음.	☐매우 제한적임 때때로 몸체나 사지의 위치를 조금 변경할 수 있으나 독립적으로 자주 또는 의미있는 변경을 할 수 없음.	☑약간 제한적임 몸체나 사지의 위치를 독립적으로 자주주는 하나 약간 변경할 수 있음.	☐제한이 없음 도움 없이 크게 그리고 자주 체위변경을 함.
영양 평소의 음식 섭취 양상	☐매우 나쁨 완전한 식사를 하는 적이 없음. 제공된 음식의 1/3 이상을 먹는 적이 거의 없음. 매일 단백질(고기, 치즈 등) 섭취량이 2단위(serving) 이하임. 액체로 된 영양보충간식을 먹지 않음 또는 금식(NPO) 또는 맑은 유동식이나 정맥수액으로 5일	☐부적절할 가능성 있음 드물게 완전한 식사를 하고 대부분은 제공된 음식의 1/2 정도를 먹음. 매일 단백질 섭취량이 3단위임. 가끔 영양보충간식을 먹음 또는 최고의 양보다 적은 유동식 또는 경관영양 투여를 받음.	☐적절함 대부분 식사를 1/2을 먹음. 매일 단백질 섭취량이 4단위임. 가끔 식사를 거부하나 영양보충 간식이 제공되면 취함. 또는 영양적 요구에 부합된 경관영양투여나 초이경구 영양(TNP)요법을 받고 있음.	☑우수함 매 식사의 대부분을 먹음. 식사를 거절하는 적이 없음. 매일 고기, 치즈 등 단백질 섭취량이 4단위 이상임. 가끔 시간에 간식을 먹음. 영양 보충간식이 필요하지 않음.
마찰과 밀리는 힘	☐문제 이동 시 보통에서 최대한의 도움이 요구됨. 시트에 밀리지 않고 완전히 드는 것이 불가능함. 침대나 의자에서 자주 밀려 내려가 최대한의 도움으로 자주 체위변경을 해주어야 함. 거의 지속적인 마찰을 가져오는 경련성, 구축, 도는 동요가 있음.	☐잠재적 문제 약하게 움직임 또는 최소한의 도움이 요구됨. 이동시 시트, 의자, 억제대 또는 다른 보조 장치들에 피부가 미끄러질 수 있음. 대부분의 시간을 의자나 침대에서 상대적으로 좋은 자세를 유지하나 가끔 밀려 내려감.	☑명백한 문제 없음 침대나 의자에서 독립적으로 움직이며 이동 시 충분한 근력이 있어 완전히 들어서 움직임. 침대나 의자에서 항상 좋은 자세를 유지함.	점수　18

▶ 결과해석: 점수가 낮을수록 욕창위험이 높음. 15~16 경미한 위험, 12~14 중증도 위험, 12 미만 심각한 위험

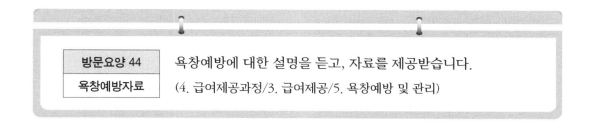

| 방문요양 44 | 욕창예방에 대한 설명을 듣고, 자료를 제공받습니다. |
| 욕창예방자료 | (4. 급여제공과정/3. 급여제공/5. 욕창예방 및 관리) |

(1) 평가방향

수급자(보호자)에게 마비 또는 구축 등으로 인하여 움직임에 제한이 있는 경우에 발생하는 욕창에 대한 대비를 할 수 있도록 하는지 평가

(2) 평가방법

기관의 직원이 수급자(보호자)에게 욕창예방에 대한 설명을 하고 자료를 제공했는지 확인
- 욕창발생가능부위: 별첨 참고

(3) 평가 세부영역(평가대상: 수급자)

세부영역	평가기준 내용	확인
욕창예방자료	욕창예방에 대한 설명 및 자료제공 여부 확인	
	• 수급자 방문 확인 1	예 □ 아니요 □
	• 수급자 방문 확인 2	예 □ 아니요 □
	• 수급자 방문 확인 3	예 □ 아니요 □
	• 수급자 방문 확인 4	예 □ 아니요 □
	• 수급자 방문 확인 5	예 □ 아니요 □
	• 수급자 방문 확인 6	예 □ 아니요 □

(4) 평가의 근거 및 자료

수급자(보호자)에게 욕창예방에 대한 설명을 들었는지 질문하고 자료 확인

(5) 평가문항 척도

📋 채점기준

- 우수: 수급자 모두가 욕창예방에 대한 설명을 듣고 자료를 제공받음.
- 양호: 수급자 60% 이상 욕창예방에 대한 설명을 듣고 자료를 제공받음.
- 보통: 수급자 30% 이상 욕창예방에 대한 설명을 듣고 자료를 제공받음.
- 미흡: 수급자 30% 미만 욕창예방에 대한 설명을 듣고 자료를 제공받음.

평가문항 평가척도	우수 □	양호 □	보통 □	미흡 □

〈별첨: 욕창발생가능부위〉

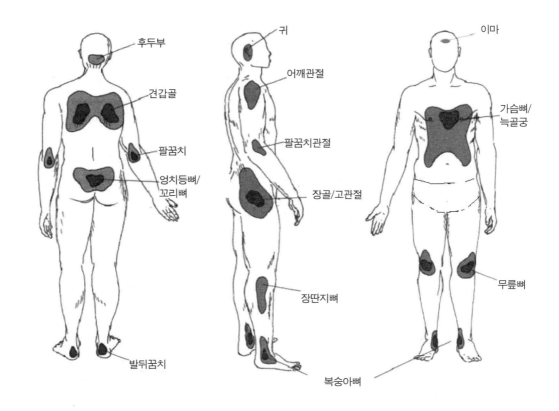

평가항목 44는 수급자(보호자)에게 마비 또는 구축 등으로 인하여 움직임에 제한이 있는 경우에 발생하는 욕창에 대한 대비를 할 수 있도록 하는지를 평가하는 항목이다. 이 항목 역시 평가위원이 수급자에게 직접 확인하는 항목으로, 기관은 요양보호사에게 욕창예방에 대한 교육을 실시하고, 그 내용을 수급자에게 설명하도록 교육하며, 수급자 제공 자료를 만들어 수급자에게 배포하도록 함으로써 평가를 대비할 수 있다. 다음은 욕창예방관리에 대한 자료의 예다.

욕창예방 자료 예시

욕창예방관리

1) 정의
　욕창이란 침대, 의자 혹은 석고붕대 같은 외부물질과 뼈 돌출 부위 간에 지속적인 압박으로 혈액공급이 부족해서 (특히 산소와 영양분의 부족) 발생하는 것으로 신체대사 노폐물이 세포 내에 쌓여 조직괴사가 일어나는 것을 말한다. 증상은 피부가 붉어지고, 물집이 생기며, 짓무르고, 궤양, 피부의 괴사 등이 나타나는 것으로 심할 경우 세균이 혈관 속에 들어가 패혈증을 일으켜 사망할 수도 있다.

2) 욕창 호발부위
- 양 무릎 사이나 발목, 어깨뼈, 척추, 머리 뒷부분, 발꿈치, 천골 등과 같이 체중이 집중되는 곳
- 피하 층과 근육 층에 위축으로 연조직과 모세혈관 압력이 증가된 곳

3) 욕창 위험요인
- 부동: 마비 대상자나 극심하게 허약 상태 및 부동 등으로 운동성이 감소된 대상자는 스스로 압력을 제거하는 능력이 없으므로 지속적인 압력을 받게 된다.
- 부적절한 영양: 체중 감소, 근육 위축 및 피하지방 감소 등의 현상이 나타나 피부와 뼈 사이의 완충지대가 감소하게 되어 욕창 발생 가능성이 커진다.
- 요·변실금: 습기로 인한 피부 연화는 표피의 손상을 일으키고 미생물을 번식시켜서 피부 통합성을 파괴하고 감염을 일으킨다.
- 몸에 꽉 끼는 옷을 입는 경우
- 우울하거나 의욕이 없어서 움직임이 적은 경우
- 대상자를 잘못 들어 올리거나 침대에서 잘못 잡아 끈 경우

4) 욕창의 단계
- 1단계: 피부는 분홍색 혹은 푸른색이다. 누르면 색깔이 일시적으로 없어지며 딱딱하고 열감이 있다. 이 시기에 마사지를 함으로써 욕창의 진행을 예방할 수 있다.
- 2단계: 피부가 갈라지고 물집이 생기고 조직이 많이 상한다.
- 3단계: 깊은 욕창이 생기고 괴사조직이 많이 발생한다.
- 4단계: 골과 근육까지 괴사가 미친 경우다. 이 단계가 되면 대상자의 전체적인 건강상태가 매우 나빠지기 쉽다.

5) 욕창 예방 간호

- 욕창 증상 초기 대처법
  - 약간 미지근한 물수건으로 찜질하고 마른 수건으로 물기를 닦아낸다.
  - 주위를 나선형을 그리듯 마사지 하고 가볍게 두드린다.
  - 미지근한 바람으로 건조시킨다.
  - 춥지 않을 때에는 30분 정도 햇볕을 쪼인다.
    ◦ 매일 아침, 저녁으로 대상자의 피부상태를 점검한다. 피부에 벌겋게 일어난 부위는 없는지, 있다면 그 부위가 자세를 바꾸어도 그대로인지 등을 확인한다.
    ◦ 젖은 침대 시트는 바로 교체하고 피부에 오염물질이 묻어 있으면 재빨리 부드러운 천이나 스펀지, 자극이 없는 비누, 미지근한 물을 사용하여 씻고 말린다.
    ◦ 특정 부위에 압력이 집중되지 않도록 규칙적으로 자세를 바꾸어 준다. 침대에서는 적어도 두 시간에 한 번씩 몸을 돌려 눕혀주고, 의자에서는 그보다 두 배 정도 자주 자세를 바꾸어준다.
    ◦ 침대 시트에 주름이 있거나 빵 부스러기 등이 떨어져 있으면 마찰을 일으킬 수 있으므로 수시로 점검한다.
    ◦ 피부를 주무르는 것은 삼간다.
    ◦ 뜨거운 물주머니는 피부에 화상을 입힐 수 있으므로 조심한다.
    ◦ 뼈 주위를 보호하고 무릎 사이에는 베개를 끼워 마찰을 방지한다.
    ◦ 몸에 꽉 끼는 옷과 단추 달린 스커트나 바지는 피한다.
    ◦ 손톱에 긁히는 일이 없도록 손톱을 짧게 자른다.
    ◦ 피부에 이상이 생기면 바로 간호사 등에게 보고한다.
    ◦ 신체의 약한 부위에 압력이 가는 것을 덜어줄 특수 매트리스와 베개를 장만한다.
    ◦ 대상자가 균형 있는 식사를 할 수 있게 돕는다.
    ◦ 천골부위 욕창 예방을 위해 도넛 모양의 베개를 사용하는 경우가 있으나 이는 오히려 압박을 받는 부위의 순환을 저해할 수 있으므로 삼간다.

※ 욕창발생가능부위

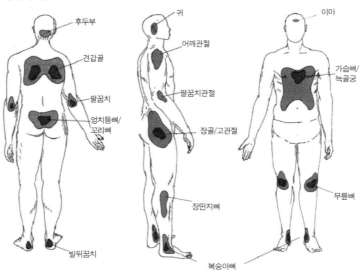

○ ○ ○ 노인복지센터

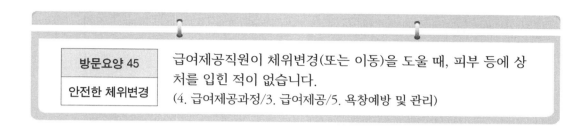

| 방문요양 45 | 급여제공직원이 체위변경(또는 이동)을 도울 때, 피부 등에 상처를 입힌 적이 없습니다. |
| 안전한 체위변경 | (4. 급여제공과정/3. 급여제공/5. 욕창예방 및 관리) |

(1) 평가방향

마비 또는 구축 등으로 거동에 불편함을 느끼는 수급자의 체위를 안전하게 변경하거나 이동시 끌어당김으로서 피부가 벗겨지는 상황 등을 예방하는지 평가

(2) 평가방법

수급자(보호자)에게 급여제공직원이 안전한 체위변경 또는 이동시 피부에 상처(골절 포함)를 입히지 않았는지 확인

(3) 평가 세부영역(평가대상: 수급자)

세부영역	평가기준 내용	확인
안전한 체위변경	체위변경 또는 이동 시 안정성 유무 확인	
	• 수급자 방문 확인 1	예 □ 아니요 □
	• 수급자 방문 확인 2	예 □ 아니요 □
	• 수급자 방문 확인 3	예 □ 아니요 □
	• 수급자 방문 확인 4	예 □ 아니요 □
	• 수급자 방문 확인 5	예 □ 아니요 □
	• 수급자 방문 확인 6	예 □ 아니요 □

(4) 평가의 근거 및 자료

수급자(보호자)에게 직접 질문하거나 필요시 피부 등을 관찰

(5) 평가문항 척도

📋 채점기준

- 우수: 수급자 모두가 체위변경 또는 이동시 상처를 입지 않음.
- 양호: 수급자 60% 이상이 체위변경 또는 이동시 상처를 입지 않음.
- 보통: 수급자 30% 이상이 체위변경 또는 이동시 상처를 입지 않음.
- 미흡: 수급자 30% 미만이 체위변경 또는 이동시 상처를 입지 않음.
- 해당없음: 수급자가 체위변경 또는 이동에 제한이 없음(치매 등).

| 평가문항 평가척도 | 우수 □ | 양호 □ | 보통 □ | 미흡 □ | 해당없음 □ |

평가를 위한 Tip **항목점수 3점**

평가항목 45는 마비 또는 구축 등으로 거동에 불편함을 느끼는 수급자의 체위를 안전하게 변경하거나 이동 시 끌어당김으로써 피부가 벗겨지는 상황 등을 예방하는지를 평가하는 항목이다. 이 항목 역시 평가위원이 수급자에게 직접 확인하는 항목으로, 기관은 요양보호사에게 체위변경 및 이동 시 안정성에 관한 철저한 교육을 실시하여 혹시 있을지 모르는 경미한 사고를 예방함으로써 평가를 대비하여야 한다.

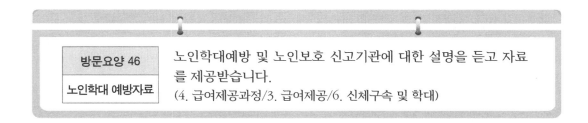

| 방문요양 46 노인학대 예방자료 | 노인학대예방 및 노인보호 신고기관에 대한 설명을 듣고 자료를 제공받습니다.
(4. 급여제공과정/3. 급여제공/6. 신체구속 및 학대) |

(1) 평가방향

수급자(보호자)에게 노인학대예방 및 신고기관에 대한 설명과 정보를 제공함으로써, 평상시 수급자의 인권을 존중하는지 평가

(2) 평가방법

기관의 직원이 수급자(보호자)에게 노인학대예방 및 노인보호 신고기관에 대한 설명을 하고 자료를 제공했는지 확인

(3) 평가 세부영역(평가대상: 수급자)

세부영역	평가기준 내용	확인
노인학대 예방자료	노인학대예방 및 노인보호 신고기관에 대한 설명 및 자료제공 여부 확인	
	• 수급자 방문 확인 1	예 □　아니요 □
	• 수급자 방문 확인 2	예 □　아니요 □
	• 수급자 방문 확인 3	예 □　아니요 □
	• 수급자 방문 확인 4	예 □　아니요 □
	• 수급자 방문 확인 5	예 □　아니요 □
	• 수급자 방문 확인 6	예 □　아니요 □

(4) 평가의 근거 및 자료

수급자(보호자)에게 노인학대예방 및 노인보호 신고기관에 대한 설명을 들었는지 질문하고 자료 확인

(5) 평가문항 척도

📋 채점기준

• 우수: 수급자 모두가 노인학대예방 및 노인보호 신고기관에 대한 설명을 듣고 자료를 제공받음.

- 양호: 수급자 60% 이상 노인학대예방 및 노인보호 신고기관에 대한 설명을 듣고 자료를 제공받음.
- 보통: 수급자 30% 이상 노인학대예방 및 노인보호 신고기관에 대한 설명을 듣고 자료를 제공받음.
- 미흡: 수급자 30% 미만 노인학대예방 및 노인보호 신고기관에 대한 설명을 듣고 자료를 제공받음.

평가문항 평가척도	우수 □	양호 □	보통 □	미흡 □

평가를 위한 Tip | **항목점수 1점**

평가항목 46은 수급자(보호자)에게 노인학대예방 및 신고기관에 대한 설명과 정보를 제공함으로써, 평상 시 수급자의 인권을 존중하는지를 평가하는 항목이다. 이 항목 역시 평가위원이 수급자에게 직접 확인하는 항목으로, 기관은 요양보호사에게 노인학대예방에 대한 교육을 실시하고, 그 내용을 수급자에게 설명하도록 교육하며, 수급자 제공 자료를 만들어 수급자에게 배포하도록 함으로써 평가를 대비할 수 있다. 다음은 노인학대예방관리에 대한 자료의 예다.

👆 **노인학대예방 자료 예시**

노인학대예방관리

1) 노인학대 예방의 목적

고령사회로 급속하게 진입하고 있는 우리사회에서 나타나는 다양한 노인문제를 대처하기 위해 시행되고 있는 노인장기요양서비스의 실천에 있어 서비스 제공자, 수혜자 그리고 수혜자의 가족에서 발생할 수 있는 노인인권(학대)의 문제를 예방 및 대응함으로써 노인과 그 가족이 인간다운 생활을 영위할 수 있도록 인권관점에 기반을 둔 서비스와 실천을 이행하고자 한다.

2) 노인학대의 개념과 유형

- 노인학대의 개념
  - 노인에 대하여 신체적·정신적·성적 폭력 및 경제적 착취 또는 가혹행위를 하거나 유기 또는 방임을 하는 것을 말한다(「노인복지법」 제1조의 3호).

• 노인학대의 유형

유형	정의
신체적 학대	물리적인 힘 또는 도구를 이용하여 노인에게 신체적 손상, 고통, 장애 등을 유발시키는 행위
언어 · 정서적 학대	비난, 모욕, 위협, 협박 등의 언어 및 비언어적 행위를 통하여 노인에게 정서적으로 고통을 주는 행위
성적 학대	성적 수치심 유발행위 및 성희롱, 성추행 등 노인의 의사에 반하여 강제적으로 행하는 모든 성적 행위
재정적 학대	노인의 자산을 노인의 동의 없이 사용하거나 부당하게 착취하여 이용하는 행위 및 노동에 대한 합당한 보상을 제공하지 않는 행위
방임	부양의무자로서의 책임이나 의무를 의도적 혹은 비의도적으로 거부, 불이행 혹은 포기하여 노인의 의식주 및 의료를 적절하게 제공하지 않는 행위
자기방임	노인 스스로 의식주 제공 및 의료 처치 등의 최소한의 자기 보호관련 행위를 의도적으로 포기 또는 비의도적으로 관리하지 않아 심신이 위험한 상황 또는 사망에 이르게 하는 행위
유기	보호자 또는 부양의무자가 노인을 버리는 행위 월별 입소비용 미납 등의 사유로 노인에 대한 특별한 보호조치 없이 퇴소시키는 행위

3) 노인학대예방지침
• 노인은 존엄한 존재로써 존경받고 대우받을 권리가 있으며 어떠한 학대도 받아서는 안 된다는 인식을 하여야 한다.
• 노인학대 의심사례나 위급한 사례의 경우 기관에 보고하고 노인학대 관련기관에 협조 요청을 한다.
• 노인학대 발생의 경우 법적으로 신고할 의무가 있으므로 이를 이행하도록 한다.

4) 노인학대 신고
• 보건복지콜센터 129
• 시 · 군 · 구 노인복지담당부서의 관계공무원 또는 노인복지상담원
• 경찰 112
• 노인보호전문기관 국번－1389

번호	명칭	지정기관 (운영법인)	전화 팩스번호
1	중앙노인보호전문기관	사단법인 인구보건복지협회	02)3667－1389 / 02)2634－5023
2	서울노인보호전문기관	(재)까리따스수녀회유지재단	02)3472－1389 / 02)523－1043
3	부산동부노인보호전문기관	사회복지법인 청광	051)468－8850 / 051)468－8851
4	부산서부노인보호전문기관	사회복지법인 불국토	051)867－9119 / 051)865－0446
5	대구노인보호전문기관	사회복지법인 함께하는 마음재단	053)472－1389 / 053)476－1081
6	인천노인보호전문기관	인구보건복지협회인천지회	032)426－8792 /032)426－8794
7	광주노인보호전문기관	사회복지법인 베데스다	061)655－4157 / 061)655－4158
8	대전노인보호전문기관	사회복지법인대전카톨릭사회복지회	042)472－1389 / 042)472－1392
9	울산노인보호전문기관	사회복지법인 통도사자비원	052)265－1389 /052)257－1889

10	경기노인보호전문기관	재단법인 성모성심수도회	031)735-3790 / 031)735-3795
11	경기북부노인보호전문기관	재단법인 성모성심수도회	031)821-1461 / 031)821-2246
12	강원노인보호전문기관	대한불교 천태종복지재단	033)253-1389 / 033)242-1389
13	충북노인보호전문기관	재단법인청주교구천주교회유지재단	043)259-8120 / 043)259-8127
14	충북북부노인보호전문기관	재단법인청주교구천주교회유지재단	043)846-1380 / 043)846-1389
15	충남노인보호전문기관	(학교법인)동은학원	041)534-9222 / 041)534-9224
16	전북노인보호전문기관	사회복지법인 삼동회	063)273-1389 / 063)273-1287
17	전남노인보호전문기관	사회복지법인 순천성신원	061)742-3071 / 061)742-3079
18	경북노인보호전문기관	사회복지법인 기쁨의복지재단	054)248-1389 / 054)232-5677
19	경남노인보호전문기관	사회복지법인 금강	055)222-1389 / 055)221-8447
20	제주노인보호전문기관	제주도 노인복지관	064)757-3400 / 064)757-1389

○ ○ ○노인복지센터

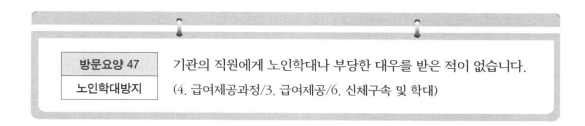

방문요양 47	기관의 직원에게 노인학대나 부당한 대우를 받은 적이 없습니다.
노인학대방지	(4. 급여제공과정/3. 급여제공/6. 신체구속 및 학대)

(1) 평가방향

기관의 직원이 수급자의 인격과 권리를 존중하는 건전한 급여를 제공하는지 평가

(2) 평가방법

수급자(보호자)가 기관의 직원에게 노인학대나 부당한 대우를 받은 적이 없었는지 확인

(3) 평가 세부영역(평가대상: 수급자)

세부영역	평가기준 내용	확인
노인학대방지	노인학대나 부당한 대우를 받은 적이 없었는지 여부 확인	
	• 수급자 방문 확인 1	예 ☐　아니요 ☐
	• 수급자 방문 확인 2	예 ☐　아니요 ☐
	• 수급자 방문 확인 3	예 ☐　아니요 ☐
	• 수급자 방문 확인 4	예 ☐　아니요 ☐
	• 수급자 방문 확인 5	예 ☐　아니요 ☐
	• 수급자 방문 확인 6	예 ☐　아니요 ☐

(4) 평가의 근거 및 자료

수급자(보호자)에게 기관의 직원으로부터 노인학대나 부당한 대우를 받은 적이 없었는지 질문

(5) 평가문항 척도

📋 채점기준

• 우수: 수급자 모두가 노인학대나 부당한 대우를 받은 적이 없었음.
• 양호: 수급자 60% 이상 노인학대나 부당한 대우를 받은 적이 없었음.
• 보통: 수급자 30% 이상 노인학대나 부당한 대우를 받은 적이 없었음.
• 미흡: 수급자 30% 미만 노인학대나 부당한 대우를 받은 적이 없었음.

평가문항 평가척도	우수 ☐	양호 ☐	보통 ☐	미흡 ☐

평가를 위한 Tip　　**항목점수 1점**

　　평가항목 47은 기관의 직원이 수급자의 인격과 권리를 존중하는 건전한 급여를 제공하는 지를 평가하는 항목이다. 이 항목 역시 평가위원이 수급자에게 직접 확인하는 항목으로, 기관은 요양보호사에게 노인학대 및 부당한 대우를 하지 않도록 철저하게 교육함으로써 혹시 있을지 모를 불상사를 예방하고, 지속적인 지도감독을 통해 평가를 대비하여야 한다.

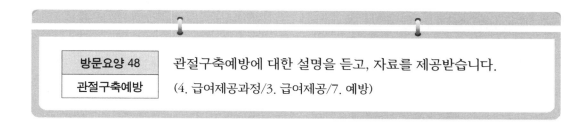

방문요양 48	관절구축예방에 대한 설명을 듣고, 자료를 제공받습니다.
관절구축예방	(4. 급여제공과정/3. 급여제공/7. 예방)

(1) 평가방향

수급자(보호자)에게 관절구축에 대한 정보를 제공함으로써 수급자(보호자)가 관절구축 예방에 노력하는지 평가

(2) 평가방법

기관의 직원이 수급자(보호자)에게 관절구축예방에 대한 설명을 하고 자료를 제공했는지 확인

(3) 평가 세부영역(평가대상: 수급자)

세부영역	평가기준 내용	확인	
관절구축예방	관절구축예방에 대한 설명 및 자료제공 여부 확인		
	• 수급자 방문 확인 1	예 □	아니요 □
	• 수급자 방문 확인 2	예 □	아니요 □
	• 수급자 방문 확인 3	예 □	아니요 □
	• 수급자 방문 확인 4	예 □	아니요 □
	• 수급자 방문 확인 5	예 □	아니요 □
	• 수급자 방문 확인 6	예 □	아니요 □

(4) 평가의 근거 및 자료

수급자(보호자)에게 관절구축예방에 대한 설명을 들었는지 질문하고 자료 확인

(5) 평가문항 척도

📋 채점기준

- 우수: 수급자 모두가 관절구축예방에 대한 설명을 듣고 자료를 제공받음.
- 양호: 수급자 60% 이상 관절구축예방에 대한 설명을 듣고 자료를 제공받음.
- 보통: 수급자 30% 이상 관절구축예방에 대한 설명을 듣고 자료를 제공받음.
- 미흡: 수급자 30% 미만 관절구축예방에 대한 설명을 듣고 자료를 제공받음.

평가문항 평가척도	우수 □	양호 □	보통 □	미흡 □

평가를 위한 Tip   항목점수 2점

평가항목 48은 수급자(보호자)에게 관절구축에 대한 정보를 제공함으로써, 수급자(보호자)가 관절구축예방에 노력하는지를 평가하는 항목이다. 이 항목 역시 평가위원이 수급자에게 직접 확인하는 항목으로, 기관은 요양보호사에게 관절구축예방에 대한 교육을 실시하고, 그 내용을 수급자에게 설명하도록 교육하며, 수급자 제공 자료를 만들어 수급자에게 배포하도록 함으로써 평가를 대비할 수 있다. 다음은 관절구축 예방관리에 대한 자료의 예다.

👆 관절구축예방 자료 예시

관절구축예방관리

1. 정의 및 종류
관절구축이란 수동적(다른 사람이나 기계 또는 외부의 힘에 의하여 이루어지는) 관절 운동이 비정상적으로 제한되는 경우를 말한다. 대개 관절 주위의 연부조직의 제한으로 발생되나, 더욱 진행되면 건, 인대, 근육과 관절까지도 침범하며, 치료하지 않고 방치해 두는 경우에는 관절강직에까지 이르게 된다. 관절이나 주변 조직의 병리학적 변화가 일어나는 해부학적 위치에 따라 관절인성, 근육인성, 연부조직과 피부인성 구축으로 나눈다.

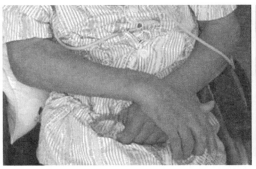
뇌졸중으로 팔굽관절, 손목관절, 손가락관절 구축

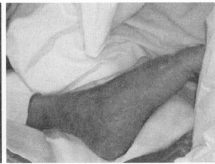
척추손상에 의한 마비로 발목관절 구축

2. 관련 질병
- 관절인성 구축: 퇴행성 관절 질환, 결합조직병(류마티스 관절염, 신경병 관절병증 등), 동통, 염증
- 근육인성 구축: 근디스트로피, 염증성 근육질환, 직접적 근육 손상, 신경병증에 의한 경직 및 마비
- 연부조직과 피부인성 구축: 결합조직병(전신성 경화증 등), 피부 손상(손상, 화상, 감염 등), 건염, 윤활낭염

3. 치료방법
구축의 치료는 그 원인에 따라 다르게 이루어진다. 오랜 시간 움직이지 못하여 발생한 구축의 경우에는 관절구축을 예방하기 위하여 적어도 하루에 한두 차례 관절 운동과 관절구

축을 예방하는 적절한 자세를 유지해 주는 것이 매우 중요하며, 관절구축의 위험성이 높은 경우 더 많은 횟수의 관절 운동이 필요할 수 있다. 일단 구축이 발생한 경우에는 관절 운동을 해야 하는데, 가능하다면 스스로 능동(active) 운동을 하는 것이 좋다. 그러나 때로는 능동보조(acive-assistive) 운동과 수동(passive) 운동을 해야 할 경우도 있다.

모든 구축 증세에 관절 운동이 유용한 것은 아니다. 뼈 자체의 문제때문에 생기는 관절 운동제한, 관절 내의 유리체, 연골의 급성손상, 골절과 탈골이 있는 경우에는 오히려 관절 운동을 피해야 한다. 또한 과도한 관절 운동은 조직에 손상을 주어 연부조직이 더욱 두꺼워져 구축이 심해지고 탈골 등을 조장할 수 있어 주의해야 한다. 관절 운동만으로 구축된 관절을 충분히 늘여주지 못하는 경우 연부조직에 열치료를 시행한 후 관절을 늘여주는 신장 운동을 할 수 있고, 운동점 차단술이나 신경 차단술의 방법으로 근경직을 약화시킨 후 신장 운동을 하기도 한다. 또한 구축된 관절을 가능한 범위 내에서 최대한 늘인 후 석고 고정을 하고 2~3일 간격으로 다시 관절을 최대로 늘이고 석고 고정을 하는 반복적이고 연속적인 방법을 사용하기도 한다.

이러한 여러 가지 방법의 적극적인 보존치료에도 불구하고 관절구축이 충분히 호전되지 않을 경우에는 수술치료를 고려할 수 있다. 그 예로는 관절낭 유리술, 건 연장술 등이 있다.

4. 관절가동범위

(1) 완관절의 정상가동범위

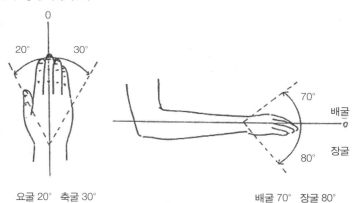

요굴 20° 측굴 30°   배굴 70° 장굴 80°

(2) 주관절의 정상가동범위

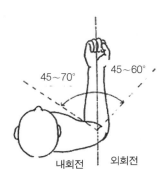

내회전 45~70° 외회전 45~60°

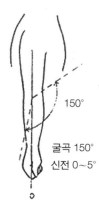

굴곡 150° 신전 0~5°

(3) 견관절의 정상가동범위

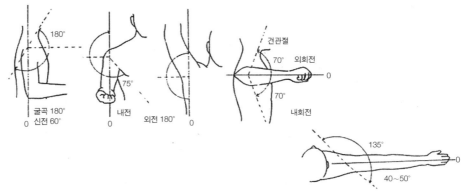

굴곡 180°   신전 60°   내전 75°   외전 180°   외회전 70°   내회전 70°

(4) 경추의 정상가동범위

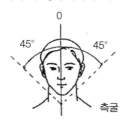

측굴 45°

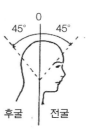

전굴 45°   후굴 45°

(5) 요추의 정상가동범위

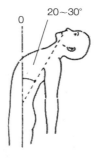

후굴 20~30°

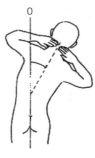

측굴 50°

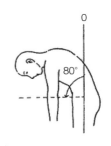

전굴 80°

(6) 고관절부의 정상가동범위

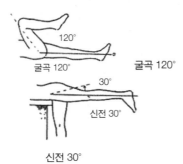

신전 30°

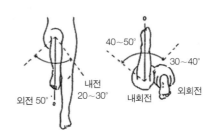

외전 50°   내전 20~30°   내회전 30~40°   외회전 40~50°

(7) 슬관절의 정상가동범위

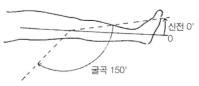

신전 0° 굴곡 150°

(8) 족관절의 정상가동범위

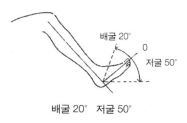

배굴 20° 저굴 50°

외반 5° 내반 5°

○ ○ ○노인복지센터

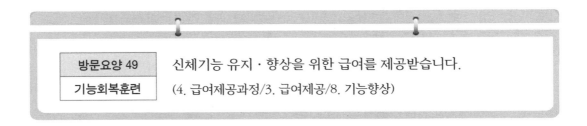

방문요양 49 / 기능회복훈련

신체기능 유지 · 향상을 위한 급여를 제공받습니다.
(4. 급여제공과정/3. 급여제공/8. 기능향상)

(1) 평가방향

수급자 스스로 할 수 있도록 지원하기 위하여 신체의 기능을 유지 · 향상시키는 급여를 제공하는지 평가

(2) 평가방법

수급자(보호자)에게 급여제공직원이 신체기능의 유지 · 향상(기본동작 및 일상생활 동작 향상 등)을 위한 적절한 급여를 제공하였는지 확인
- 기본동작훈련: 기본동작평가, 뒤집기, 일어나기, 앉아 있기, 일어서기, 서 있기, 균형, 이동, 휠체어 조작 및 이동, 보행, 보장구 장착 등 지켜보기 등 훈련
- 일상생활동작훈련: 식사동작, 배설동작, 옷 갈아 입기동작, 입기동작, 목욕동작, 몸단장동작, 이동동작, 요리동작, 가사동작 등 훈련

(3) 평가 세부영역(평가대상: 수급자)

세부영역	평가기준 내용	확인
자활능력향상	신체기능유지 · 향상을 위한 급여제공 여부 확인	
	• 수급자 방문 확인 1	예 ☐ 아니요 ☐
	• 수급자 방문 확인 2	예 ☐ 아니요 ☐
	• 수급자 방문 확인 3	예 ☐ 아니요 ☐
	• 수급자 방문 확인 4	예 ☐ 아니요 ☐
	• 수급자 방문 확인 5	예 ☐ 아니요 ☐
	• 수급자 방문 확인 6	예 ☐ 아니요 ☐

(4) 평가의 근거 및 자료

수급자(보호자)에게 직접 질문

(5) 평가문항 척도

📋 채점기준

- 우수: 수급자 모두가 신체기능 유지 · 향상을 위한 적절한 급여를 제공받음.
- 양호: 수급자 60% 이상이 신체기능 유지 · 향상을 위한 적절한 급여를 제공받음.
- 보통: 수급자 30% 이상이 신체기능 유지 · 향상을 위한 적절한 급여를 제공받음.
- 미흡: 수급자 30% 미만이 신체기능 유지 · 향상을 위한 적절한 급여를 제공받음.

평가문항 평가척도	우수 ☐	양호 ☐	보통 ☐	미흡 ☐

평가를 위한 Tip　　**항목점수 3점**

평가항목 49는 일상생활을 수급자 스스로 할 수 있도록 지원하기 위하여 신체의 기능을 유지 · 향상시키는 급여를 제공하는지를 평가하는 항목이다. 신체활동의 유지 · 향상을 위한 서비스는 뒤집기, 일어나기, 앉아 있기, 일어서기, 서 있기, 균형, 이동, 휠체어 조작 및 이동, 보행, 보장구 장착, 지켜보기 등을 훈련하는 기본동작훈련과 식사동작, 배설동작, 옷 갈아 입기동작, 입기동작, 목욕동작, 몸단장동작, 이동동작, 요리동작, 가사동작 등의 일상생활동작 훈련으로 나눌 수 있는데, 요양보호사는 수급자에게 서비스 제공 시 수급자가 스스로 일상생활을 유지할 수 있도록 이러한 훈련을 제공하는 것이 필요하다. 이 항목 역시 평가위원이 수급자에게 직접 확인하는 항목으로, 기관은 요양보호사에게 신체기능의 유지 · 향상을 위한 적절한 급여를 제공하도록 교육하고 지속적으로 지도 · 감독하여 평가를 대비한다.

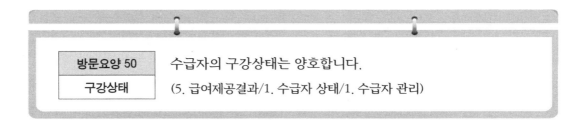

| 방문요양 50 | 수급자의 구강상태는 양호합니다. |
| 구강상태 | (5. 급여제공결과/1. 수급자 상태/1. 수급자 관리) |

(1) 평가방향

급여제공직원이 평상 시 수급자의 구강관리를 하여 수급자의 구강상태가 양호한지 평가

(2) 평가방법

수급자(보호자)에게 급여제공직원이 수급자의 구강(혀, 치아, 입술, 잇몸, 틀니상태 등)관리를 하고 있는지 확인
- 구상상태 확인: 백태, 입술 건조, 점막 이상, 틀니상태 등

(3) 평가 세부영역(평가대상: 수급자)

세부영역	평가기준 내용	확인
구강관리	수급자의 구강상태가 양호한지 확인	
	• 수급자 방문 확인 1	예 ☐ 아니요 ☐
	• 수급자 방문 확인 2	예 ☐ 아니요 ☐
	• 수급자 방문 확인 3	예 ☐ 아니요 ☐
	• 수급자 방문 확인 4	예 ☐ 아니요 ☐
	• 수급자 방문 확인 5	예 ☐ 아니요 ☐
	• 수급자 방문 확인 6	예 ☐ 아니요 ☐

(4) 평가의 근거 및 자료

수급자(보호자)에게 직접 확인

(5) 평가문항 척도

📋 채점기준

- 우수: 수급자 모두의 구강 관리상태가 양호함.
- 양호: 수급자 60% 이상의 구강 관리상태가 양호함.
- 보통: 수급자 30% 이상의 구강 관리상태가 양호함.
- 미흡: 수급자 30% 미만의 구강 관리상태가 양호함.

평가문항 평가척도	우수 ☐	양호 ☐	보통 ☐	미흡 ☐

평가를 위한 Tip　항목점수 1점

    평가항목 50은 급여제공직원이 평상 시 수급자의 구강관리를 하여 수급자의 구강상태가 양호한지를 평가하는 항목이다. 평가위원은 수급자를 방문하여 백태, 입술 건조, 점막 이상, 틀니상태 등 수급자의 구강상태를 직접 확인하여 평가하게 된다. 그러므로 기관은 요양보호사에게 수급자 구강관리의 중요성을 인식시키고 지속적으로 관리할 수 있도록 교육하여 평가를 대비한다.

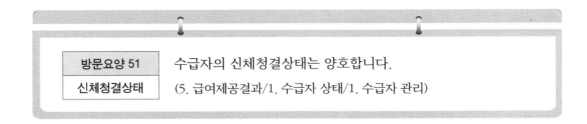

| 방문요양 51 | 수급자의 신체청결상태는 양호합니다. |
| 신체청결상태 | (5. 급여제공결과/1. 수급자 상태/1. 수급자 관리) |

(1) 평가방향

급여제공직원이 수급자의 피부 및 두발 등의 관리를 하여 수급자의 신체청결상태가 양호한지 평가

(2) 평가방법

급여제공직원이 수급자의 피부 및 두발 등의 적절한 신체활동 지원을 하고 있는지 확인
- 신체청결상태확인: 피부 및 두발 청결 상태, 팔다리 각질유무, 손·발톱상태, 옷 소매단 등

(3) 평가 세부영역(평가대상: 수급자)

세부영역	평가기준 내용	확인
신체청결상태	수급자의 신체청결상태가 양호함을 확인	
	• 수급자 방문 확인 1	예 ☐ 아니요 ☐
	• 수급자 방문 확인 2	예 ☐ 아니요 ☐
	• 수급자 방문 확인 3	예 ☐ 아니요 ☐
	• 수급자 방문 확인 4	예 ☐ 아니요 ☐
	• 수급자 방문 확인 5	예 ☐ 아니요 ☐
	• 수급자 방문 확인 6	예 ☐ 아니요 ☐

(4) 평가의 근거 및 자료

수급자의 신체상태 확인

(5) 평가문항 척도

📋 채점기준

- 우수: 수급자 모두의 신체청결상태가 양호함.
- 양호: 수급자 60% 이상의 신체청결상태가 양호함.
- 보통: 수급자 30% 이상의 신체청결상태가 양호함.
- 미흡: 수급자 30% 미만의 신체청결상태가 양호함.

평가문항 평가척도	우수 ☐	양호 ☐	보통 ☐	미흡 ☐

평가를 위한 Tip **항목점수 2점**

평가항목 51은 급여제공직원이 수급자의 피부 및 두발 등을 관리함으로써 수급자의 신체
청결상태가 양호한지를 평가하는 항목이다. 평가위원은 수급자를 방문하여 피부 및 두발
청결상태, 팔다리 각질 유무, 손발톱 상태, 옷 소매단 등 수급자의 신체청결상태를 직접 확
인하여 평가하게 된다. 그러므로 기관은 요양보호사에게 수급자 신체청결관리의 중요성을
인식시키고 지속적으로 관리할 수 있도록 교육하여 평가를 대비한다.

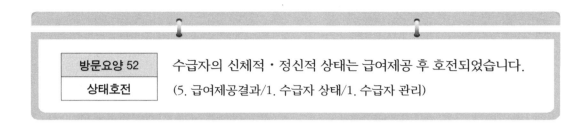

방문요양 52
상태호전

수급자의 신체적·정신적 상태는 급여제공 후 호전되었습니다.
(5. 급여제공결과/1. 수급자 상태/1. 수급자 관리)

(1) 평가방향

계획적인 급여를 지속적으로 제공하여 수급자의 상태가 유지 및 호전되었는지 평가

(2) 평가방법

급여제공직원이 급여를 제공한 후 수급자의 상태가 호전되었는지 확인

(3) 평가 세부영역(평가대상: 수급자)

세부영역	평가기준 내용	확인
상태호전	수급자의 신체적·정신적 상태 호전 유무 확인	
	• 수급자 방문 확인 1	예 □ 아니요 □
	• 수급자 방문 확인 2	예 □ 아니요 □
	• 수급자 방문 확인 3	예 □ 아니요 □
	• 수급자 방문 확인 4	예 □ 아니요 □
	• 수급자 방문 확인 5	예 □ 아니요 □
	• 수급자 방문 확인 6	예 □ 아니요 □

(4) 평가의 근거 및 자료

수급자(보호자)에게 급여제공 후 상태 호전 여부 질문

(5) 평가문항 척도

📋 채점기준

• 우수: 수급자 모두가 급여제공 후 상태가 호전됨.
• 양호: 수급자 60% 이상 급여제공 후 상태가 호전됨.
• 보통: 수급자 30% 이상 급여제공 후 상태가 호전됨.
• 미흡: 수급자 30% 미만 급여제공 후 상태가 호전됨.

평가문항 평가척도	우수 □	양호 □	보통 □	미흡 □

평가를 위한 Tip   **항목점수 2점**

평가항목 52는 계획적인 급여를 지속적으로 제공하여 수급자의 상태가 유지 및 호전되었는지를 평가하는 항목이다. 이 항목 역시 평가위원이 수급자에게 직접 급여제공 후 상태 호전 여부를 확인하게 된다. 그러므로 기관은 평상 시 요양보호사의 서비스 제공에 대한 관리를 철저히 하여 수급자의 상태가 악화되지 않도록 관리하여 평가를 대비한다.

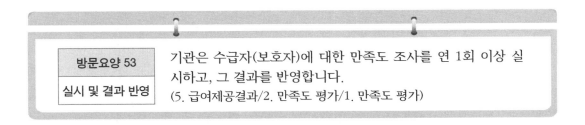

| 방문요양 53 실시 및 결과 반영 | 기관은 수급자(보호자)에 대한 만족도 조사를 연 1회 이상 실시하고, 그 결과를 반영합니다.
(5. 급여제공결과/2. 만족도 평가/1. 만족도 평가) |

(1) 평가방향

수급자(보호자) 대상으로 정기적인 만족도 조사를 실시하여 기관이 제공하는 서비스의 질 향상에 도움이 되도록 그 결과를 반영하는지 평가

(2) 평가방법

수급자(보호자)를 대상으로 실시한 만족도 조사 자료 확인
- 기관이 자체 개발한 만족도 조사 도구 인정
- 방문요양 만족도 조사 설문지 예시: 별첨 참고

(3) 평가 세부영역(평가대상: 기관)

세부영역	평가기준 내용	확인
만족도조사	작성일이 기재된 만족도 조사 연 1회 이상 실시 여부 확인	예 ☐ 아니요 ☐
결과 반영	만족도 조사 결과 반영 여부 확인	예 ☐ 아니요 ☐

(4) 평가의 근거 및 자료

2010년도 만족도 조사 및 결과 반영 자료 확인(2010년도 자료가 없는 경우는 2009년도 자료로 대체 확인)

(5) 평가문항 척도

📋 채점기준

- 우수: 평가 세부영역 모두 '예'를 받음.
- 보통: 평가 세부영역 중 하나만 '예'를 받음.
- 미흡: 평가 세부영역 모두 '아니요'를 받음.

평가문항 평가척도	우수 ☐	양호 ☐	보통 ☐	미흡 ☐

※ 별첨: 방문요양 만족도 조사 설문지 예시

영역	질문	전혀 그렇지 않다	그렇지 않다	보통 이다	그렇다	매우 그렇다	해당 없음
서비스 계약	1. 직원은 계약서 작성 시 중요한 사항에 대해 충분히 설명해 주었다(계약내용, 기간, 비용, 손해배상책임, 개인정보보호, 서비스 내용 및 이용방법 등).						
	2. 계약서 작성 시 직원의 설명은 알기 쉬웠다.						
	3. 장기요양서비스 계약 시 귀하의 의견이 충분히 반영(존중)되었다.						
서비스 내용 및 과정	4. 요양보호사는 약속한 날짜와 시간을 잘 지킨다.						
	5. 요양보호사가 제공하는 신체활동지원서비스(세면, 구강관리, 머리감기기, 목욕, 식사도움, 체위변경, 화장실 이용, 옷 갈아 입히기 등)는 만족스럽다.						
	6. 요양보호사가 제공하는 일상생활지원 등의 서비스(취사, 청소, 세탁, 외출 시 동행, 말벗, 생활상담 등)는 만족스럽다.						
	7. 요양보호사는 서비스를 제공하면서 알게 된 개인적 비밀을 잘 지킨다.						
	8. 요양보호사는 서비스를 제공할 때 어르신의 개인 프라이버시 및 자존심을 존중해 준다(예: 기저귀를 갈거나 목욕을 할 때 등).						
	9. 요양보호사는 어르신이 원하는 서비스를 원하는 때에 제공해 준다.						
	10. 건강상태가 좋지 않거나 예상치 못한 사고가 났을 때 가족 등에게 연락을 해 주었다.						
	11. 계약서에서 정해진 대로 서비스(서비스 내용이나 횟수)가 제공되고 있다.						
	12. 서비스를 제공하는 요양보호사의 태도는 만족스럽다.						
	13. 요양보호사는 전문가로서 충분한 능력을 갖추고 있다.						
	14. 현재 이용하고 있는 방문요양의 횟수는 적당하다.						
	15. 현재 이용하고 있는 방문요양의 시간은 적당하다.						
	16. 현재의 서비스 제공기관을 앞으로도 계속 이용하고 싶다.						
불만 및 희망사항 반영여부	17. 어르신이 무엇을 원하고 필요로 하는지에 대해 요양보호사는 자주 물어보고 신경을 써준다.						
	18. 불만사항이나 요구사항을 요양보호사에게 부담 없이 말할 수 있다.						
	19. 요구사항을 적절하게 반영해 준다.						
전반적 만족도	20. 이용하고 있는 방문요양서비스에 대하여 전반적으로 만족한다.						

작성일: 년   월   일

평가항목 53은 수급자(보호자)를 대상으로 정기적인 만족도 조사를 실시하여 기관이 제공하는 서비스의 질 향상에 도움이 되도록 그 결과를 반영하는지를 평가하는 항목이다. 평가방법은 기관이 자체 개발한 만족도 조사 도구나 공단에서 제시한 별첨 예시를 가지고 연 1회 이상 만족도 조사를 실시하였는지와 그 결과를 반영하였는지를 확인하게 된다. 만족도 조사에 관해서는 이 책의 제2장 4. 서비스관리에서 자세히 설명하고 있으며 설문지 예시도 함께 제공하고 있지만 사실 방문요양기관에서 그렇게 하기란 쉽지 않을 것이다. 그러므로 다음에서는 본 평가를 대비한 간단한 만족도 조사 방법과 분석 그리고 결과반영에 대한 예를 제시하겠다.

☞ 만족도 조사 보고서 작성 Tip

기관에서 위 만족도 조사지를 가지고 조사를 실시하고 나면, 가장 먼저 해야 할 작업이 각 문항들의 평균을 내는 작업이다. 조사 담당자는 다음 표와 같이 각 질문 문항에 대한 응답자의 점수 평균을 기록하고, 영역별 평균과 전체 평균을 기록하도록 한다.

영역	질문	평균
서비스계약	1. 직원은 계약서 작성 시 중요한 사항에 대해 충분히 설명해 주었다(계약내용, 기간, 비용, 손해배상책임, 개인정보보호, 서비스 내용 및 이용방법 등).	4.71
	2. 계약서 작성 시 직원의 설명은 알기 쉬웠다.	4.52
	3. 장기요양서비스 계약 시 귀하의 의견이 충분히 반영(존중)되었다.	4.20
	서비스 계약 영역 평균	4.48
서비스 내용 및 과정	4. 요양보호사는 약속한 날짜와 시간을 잘 지킨다.	3.72
	5. 요양보호사가 제공하는 신체활동지원서비스(세면, 구강관리, 머리감기기, 목욕, 식사도움, 체위변경, 화장실 이용, 옷 갈아 입히기 등)는 만족스럽다.	4.10
	6. 요양보호사가 제공하는 일상생활지원 등의 서비스(취사, 청소, 세탁, 외출 시 동행, 말벗, 생활상담 등)는 만족스럽다.	4.03
	7. 요양보호사는 서비스를 제공하면서 알게 된 개인적 비밀을 잘 지킨다.	4.51
	8. 요양보호사는 서비스를 제공할 때 어르신의 개인 프라이버시 및 자존심을 존중해 준다(예: 기저귀를 갈거나 목욕을 할 때 등).	3.85
	9. 요양보호사는 어르신이 원하는 서비스를 원하는 때에 제공해 준다.	4.19
	10. 건강상태가 좋지 않거나 예상치 못한 사고가 났을 때 가족 등에게 연락을 해 주었다.	4.24
	11. 계약서에서 정해진 대로 서비스(서비스 내용이나 횟수)가 제공되고 있다.	4.61
	12. 서비스를 제공하는 요양보호사의 태도는 만족스럽다.	4.10
	13. 요양보호사는 전문가로서 충분한 능력을 갖추고 있다.	3.80
	14. 현재 이용하고 있는 방문요양의 횟수는 적당하다.	4.51
	15. 현재 이용하고 있는 방문요양의 시간은 적당하다.	4.42
	16. 현재의 서비스 제공기관을 앞으로도 계속 이용하고 싶다.	4.12

	서비스 내용 및 과정 영역 평균	4.17
불만 및 희망사항 반영여부	17. 어르신이 무엇을 원하고 필요로 하는지에 대해 요양보호사는 자주 물어보고 신경을 써준다.	4.31
	18. 불만사항이나 요구사항을 요양보호사에게 부담 없이 말할 수 있다.	3.92
	19. 요구사항을 적절하게 반영해 준다.	4.10
	불만 및 희망사항 반영여부 영역 평균	4.11
전반적 만족도	20. 이용하고 있는 방문요양서비스에 대하여 전반적으로 만족한다.	4.20
	전반적 만족도 영역 평균	4.20
	전체 평균	4.21

만족도 평균을 기록하는 작업을 마쳤다면 이제는 조사결과보고서를 작성할 차례다. 만족도 조사 결과보고서에는 조사의 목적, 조사대상, 조사일시, 조사방법, 분석결과, 결론 및 제언 등의 내용이 포함되어야 한다.

만족도 조사 결과보고서

1. 조사의 목적
   본 기관의 방문요양서비스 질 향상

2. 조사 대상
   우리 ○○○노인복지센터를 이용하는 방문요양서비스 수급자 15명

3. 조사일시
   2009년 12월 10일~20일

4. 조사방법
   일대일 면접 설문조사(조사자: 사회복지사 성춘향)

분석결과를 작성할 때는 먼저 전체 평균을 언급해 주고, 4개 영역별 만족도 평균을 보여주는 표를 제시한 후 각 영역별 평균에 대한 구체적인 설명을 해 준다. 만족도 평균점수가 5점 척도의 중간 값인 3점이 넘으면 일반적으로 만족한다고 볼 수 있다. 이와 같이 절대적인 점수를 통한 분석도 중요하지만 각 평균들 간의 차이나 전체 평균과의 상대적 차이를 살펴볼 필요가 있다.

---

5. 분석결과
   본 기관에서는 2009년 대상자 만족도 조사를 서비스 계약, 서비스 내용 및 과정, 불만 및 희망사항 반영여부 그리고 전반적 만족도라는 4개의 영역에서 20개 문항으로 실시하였다. 조사결과 전체 평균은 4.21로 대상자들은 본 기관의 방문요양서비스에 대해 전반적으로 만족하는 것으로 나타났다. 4개의 영역 중 서비스 계약 영역은 평균 4.48로 만족도가 가장 높게 나타난 반면, 불만 및 희망사항 반영여부 영역은 4.11로 가장 낮게 나타났다(표 3-2 참고).

표 3-2 4개 영역별 만족도

영역	평균
서비스 계약	4.48
서비스 내용 및 과정	4.17
불만 및 희망사항 반영여부	4.11
전반적 만족도	4.20
전체 평균	4.21

세부적으로 살펴보면, 먼저 '서비스 계약' 영역은 평균 4.48로 상대적으로 가장 높은 만족도를 보였는데, 그중에서 '1. 직원은 계약서 작성 시 중요한 사항에 대해 충분히 설명해 주었다'에 대한 항목이 4.71로 가장 높았고, 그 다음 높은 항목으로는 '2. 계약서 작성 시 직원의 설명이 알기 쉬웠다'(평균 4.52)로 나타났다. 반면, '3. 서비스 계약 시 귀하의 의견이 충분이 반영되었다'에 대한 의견은 4.20으로 객관적으로는 만족할 만한 수준으로 나왔지만 서비스 계약 영역의 평균인 4.48보다 낮아 대상자의 의견을 반영하는 부분에 있어서 좀 더 많은 배려가 필요한 것으로 나타났다(표 3-3 참고).

표 3-3 서비스 계약 영역 세부 만족도

영역	질문	평균
서비스 계약	1. 직원은 계약서 작성 시 중요한 사항에 대해 충분히 설명해 주었다(계약내용, 기간, 비용, 손해배상책임, 개인정보보호, 서비스 내용 및 이용방법 등).	4.71
	2. 계약서 작성 시 직원의 설명은 알기 쉬웠다.	4.52
	3. 장기요양서비스 계약 시 귀하의 의견이 충분히 반영(존중)되었다.	4.20
서비스 계약 영역 평균		4.48

다음으로 '서비스 내용 및 과정 영역'은 4.17로 4개의 영역 중 두 번째로 낮은 점수를 보였다. 본 영역에서는 '11. 계약서 대로 서비스가 제공되고 있다'는 항목이 4.61로 가장 높게 나타났으며, 다음으로 '7. 요양보호사의 비밀보장' 항목과 '14. 방문요양 횟수가 적당하다'는 항목이 4.51로 두 번째로 높게 나타났다. 반면 '4. 요양보호사의 시간준수'에 관한 항목은 3.72로 가장 낮게 나타났으며, 다음으로 '13. 요양보호사의 전문성' 항목이 3.80으로 낮게 나타났다. 이러한 분석결과로 미루어 볼 때, 요양보호사의 시간 준수에 대한 교육을 강화하고 이를 방지할 수 있는 방안을 강구해야 하며, 요양보호사의 전문성을 위한 추가적인 보수교육을 실시할 필요가 있다(표 3-4 참고).

표 3-4 서비스 내용 및 과정 만족도

영역	질문	평균
서비스 내용 및 과정	4. 요양보호사는 약속한 날짜와 시간을 잘 지킨다.	3.72
	5. 요양보호사가 제공하는 신체활동지원서비스(세면, 구강관리, 머리감기기, 목욕, 식사도움, 체위변경, 화장실 이용, 옷 갈아 입히기 등)는 만족스럽다.	4.10
	6. 요양보호사가 제공하는 일상생활지원 등의 서비스(취사, 청소, 세탁, 외출 시 동행, 말벗, 생활상담 등)는 만족스럽다.	4.03
	7. 요양보호사는 서비스를 제공하면서 알게 된 개인적 비밀을 잘 지킨다.	4.51
	8. 요양보호사는 서비스를 제공할 때 어르신의 개인 프라이버시 및 자존심을 존중해 준다(예: 기저귀를 갈거나 목욕을 할 때 등).	3.85
	9. 요양보호사는 어르신이 원하는 서비스를 원하는 때에 제공해 준다.	4.19
	10. 건강상태가 좋지 않거나 예상치 못한 사고가 났을 때 가족 등에게 연락을 해 주었다.	4.24
	11. 계약서에서 정해진 대로 서비스(서비스 내용이나 횟수)가 제공되고 있다.	4.61
	12. 서비스를 제공하는 요양보호사의 태도는 만족스럽다.	4.10
	13. 요양보호사는 전문가로서 충분한 능력을 갖추고 있다.	3.80
	14. 현재 이용하고 있는 방문요양의 횟수는 적당하다.	4.51
	15. 현재 이용하고 있는 방문요양의 시간은 적당하다.	4.42
	16. 현재의 서비스 제공기관을 앞으로도 계속 이용하고 싶다.	4.12
서비스 내용 및 과적 영역 평균		4.17

'불만 및 희망사항 반영여부' 영역은 4개 영역 중 가장 낮은 만족도를 보이고 있다. '17. 어르신의 욕구를 요양보호사가 자주 묻고 신경 쓴다'는 항목은 4.31로 비교적 높게 나타났다. 다음으로 '19. 요구사항을 적절하게 반영해 준다'는 항목이 4.10으로 나타났지만, 전체 평균(4.21)보다 낮게 나타났다. 특히 '18. 불만이나 요구사항을 부담 없이 말할 수 있다'는 항목은 3.92로 매우 낮게 조사되었기 때문에 수급자(보호자)들의 불만이나 요구사항 등을 포함한 소통을 강화하기 위한 구체적인 방안이 모색되어야 한다(표 3-5 참고).

표 3-5 불만 및 희망사항 반영여부 만족도

영역	질문	평균
불만 및 희망사항 반영여부	17. 어르신이 무엇을 원하고 필요로 하는지에 대해 요양보호사는 자주 물어보고 신경을 써준다.	4.31
	18. 불만사항이나 요구사항을 요양보호사에게 부담 없이 말할 수 있다.	3.92
	19. 요구사항을 적절하게 반영해 준다.	4.10
불만 및 희망사항 반영여부 영역 평균		4.11

마지막으로 '전반적 만족도'는 4.20으로 만족도 전체 평균(4.21)보다 조금 낮게 나타나고 있다.

표 3-6 전반적 만족도

영역	질문	평균
전반적 만족도	20. 이용하고 있는 방문요양서비스에 대하여 전반적으로 만족한다.	4.20
전반적 만족도 영역 평균		4.20

6. 결론 및 제언

만족도 조사결과 전체 평균은 4.21로 나타났으며, 본 기관의 방문요양서비스에 대해서 대상자들은 대체적으로 만족하는 것으로 볼 수 있다. 영역별로는 '서비스 계약' 영역(4.48) '전반적 만족도'(4.20), '서비스 내용 및 과정' 영역(4.17), '불만 및 희망사항 반영여부' 영역(4.11) 순으로 나타났다. 세부항목 가운데 가장 높은 점수를 받은 항목은 '1. 직원은 계약서 작성 시 중요한 사항에 대해 충분히 설명해 주었다(계약내용, 기간, 비용, 손해배상책임, 개인정보보호, 서비스 내용 및 이용방법 등)'이며 4.71로 나타났고, 이어 '11. 계약서에서 정해진 대로 서비스(서비스 내용이나 횟수)가 제공되고 있다'(4.61), '2. 계약서 작성 시 직원의 설명은 알기 쉬웠다'(4.61) 순으로 나타났으며, 가장 낮은 점수를 받은 항목은 '4. 요양보호사는 약속한 날짜와 시간을 잘 지킨다'(3.72)이며, 이외에도 '13. 요양보호사는 전문가로서 충분한 능력을 갖추고 있다'(3.80), '8. 요양보호사는 서비스를 제공할 때 어르신의 개인 프라이버시 및 자존심을 존중해 준다(예: 기저귀를 갈거나 목욕을 할 때 등)'(3.85), '18. 불만사항이나 요구사항을 요양보호사에게 부담 없이 말할 수 있다.'(3.92)의 순으로 낮게 나타났다.

이러한 결과를 미루어 볼 때, 계약담당 직원의 경우 대상자 및 보호자들의 만족도가 가장 높았고, 요양보호사들의 서비스에 대해서는 대체적으로 만족하지만, 요양보호사가 개인의 프라이버시를 존중해 주는 것과 불만 또는 요구사항을 요양보호사에게 편하게 이야기하는 부분은 상대적으로 낮은 만족도를 보이고 있으며, 특히 요양보호사의 시간엄수와 전문가로서의 능력에 대해서는 만족도가 가장 떨어졌다.

향후 기관에서는 요양보호사에 대한 교육과 관리를 강화하여 약속시간을 철저히 지키도록 지도하고, 대상자에 대한 세심한 배려를 통해 대상자들이 불만과 요구사항을 편하게 이야기할 수 있도록 분위기를 조성하도록 해야 할 것이다. 특히 차년도 사업계획에 업무수행과 관련한 수준 높은 직무교육 실시를 반영하여 요양보호사들의 능력 배양을 도모하는 것이 필요하다.

결과반영 근거 제시를 위한 Tip

만족도 조사결과의 반영 여부를 확인하기 위하여 그 근거자료를 평가위원에게 제시하여야 한다. 다음에 제시된 직원교육일지는 만족도 조사 분석결과에 따라 상대적으로 만족도가 떨어지는 항목들 중에서 직원역량강화 및 수급자와의 약속시간 준수에 관한 심화교육 실시결과를 기록한 직원교육일지 서식이다. 기관에서는 다음의 예시를 참고하여 만족도 조사결과에 따른 다양한 교육을 실시하고 그 반영 근거로서 교육일지를 작성하여 평가를 준비할 수 있다.

직원교육일지

결재	담당	팀장	센터장

교육일시	2010. 2. 17(토)
교육장소	○○○노인복지센터 사무실
교육강사	성춘향 팀장
참석인원	15명(요양보호사)
교육내용	• 요양보호사 심화 직무교육 • 응급상황 대응교육 • 감염관리 교육 • 노인학대, 폭력에 대한 예방 및 대응교육 • 윤리 및 성희롱 예방교육 • 직업윤리와 자세(약속 시간준수)
비고	
교육 참석자 서명	홍길동 (인)　　　이몽룡 (인)　　　○○○ (인)　　　○○○ (인)　　　○○○ (인) ○○○ (인)　　　○○○ (인)　　　○○○ (인)　　　○○○ (인)　　　○○○ (인) ○○○ (인)　　　○○○ (인)　　　○○○ (인)　　　○○○ (인)　　　○○○ (인)

작성일: 2010. 2. 17.　　　작성자: 요양팀장 성춘향　　(인)

○○○노인복지센터

부록

[예시] 운영규정 및 운영지침

1. 운영규정

2. 윤리행동강령

3. 개인정보관리지침

4. 서비스 제공지침

5. 직원교육지침

6. 노인학대예방지침

7. 안전관리지침

8. 고충처리지침

9. 성희롱예방지침

예시 1 　운영규정

운영규정

2009년 9월 1일 제정

제1장 총 칙

제1조 (목적) 이 규정은 (□□□법인에서 운영하는) ○ ○ ○방문요양센터(이하 '센터'라 한다)의 운영에 필요한 기본사항을 정함으로써 체계적이고 합리적인 업무수행과 근무능률의 향상을 기하여 센터의 발전에 기여함을 목적으로 한다.

제2조 (적용시설) 이 규정은 (□□□법인에서 운영하는) ○ ○ ○방문요양센터에 적용한다.

제3조 (적용범위) 센터의 운영에 관하여는 법령과 정관 및 별도의 규정으로 정한 경우를 제외하고는 이 규정이 정하는 바에 따른다.

제4조 (제규정) 센터장은 센터의 관리 운영에 필요한 운영, 조직 및 직제, 인사관리, 복무, 보수, 여비, 재무회계, 그밖에 필요한 규정을 (□□□법인 이사회의 의결을 거쳐) 제정, 시행한다.

제5조 (규정준수 의무) 센터 전 직원은 이 규정을 준수하여 상호 협력하며, 센터의 발전과 직원의 복리 증진에 노력한다.

제6조 (상위법 당연적용) 이 운영규정에서 규정하지 않았거나 규정하였더라도 상위 규정이나 법에 위반될 경우 상위 규정이나 법에 당연 적용을 받는다.

제2장 재 정

제7조 (재정) 센터의 재정은 본인부담금, 장기요양보험수가(법인전입금), 사업수익금, 후원금, 기타 수입으로 충당한다.

제8조 (회계연도) 센터의 회계 연도는 정부의 회계 연도에 의한다.

제3장 사 무

제9조 (조직 및 업무분장) 센터의 조직 및 업무분장에 관하여는 따로 규정하는 바에 따른다.

제10조 (직원의 인사) 직원의 인사에 관하여는 따로 규정하는 바에 따른다.

제11조 (직원의 복무) 직원의 복무에 관하여는 따로 규정하는 바에 따른다.

제12조 (직원의 보수) 직원의 보수에 관하여는 따로 규정하는 바에 따른다.

제13조 (직원의 여비) 직원의 여비에 관하여는 따로 규정하는 바에 따른다.

제14조 (회계관리) 센터의 회계관리에 관하여는 따로 규정하는 바에 따른다.

제15조 (물품관리) 센터의 물품관리에 관하여는 따로 규정하는 바에 따른다.

제16조 (문서관리) 센터의 문서관리에 관하여는 따로 규정하는 바에 따른다.

제4장 보 칙

제17조 (세칙) 센터장은 센터 사업을 수행함에 있어 필요한 세부사항은 별도의 지침으로 정하여 시행할 수 있다.

제18조 (규정의 재정 · 개폐)

① 센터 운영규정의 제정 및 개폐에 대한 입안은 센터에서 작성하여 센터장에게 제출하여야 한다(□□□법인 이사회에 제출하여야 한다).

② 제정 및 개폐는 센터장의 결재를 득한한다(득한 후 □□□법인 이사회에서 심의 의결한다).

③ 센터의 근무여건 등을 고려하여 제정 및 개정할 수 있다.

제19조 (준용규정) 이 규정에 정하지 아니한 사항은 관계법령이나 통상관례에 의한다.

제20조 (규정의 효력) 이 규정은 시행일 이전에 입사한 직원도 본 규정 효력에 적용한다.

부 칙

본 규정은 센터장의 허가를 득한 날부터(□□□법인 이사회의 승인을 받는 날부터) 시행한다.

조직 및 직제 규정

2009년 9월 1일 제정

제1조 (목적) 본 규정은 ○ ○ ○방문요양센터(이하 '센터'라 한다) 운영규정 제9조에 정하는 바에 따라 센터의 업무를 효율적으로 집행하기 위하여 필요한 조직 및 업무분장에 관한 사항을 규정함을 목적으로 한다.

제2조 (기구 및 조직)

① 센터의 기구는 목적사업의 수행에 편리하도록 편성한다.

② 센터의 조직 및 직제는 센터 특성사업에 따라 가감할 수 있다.

③ 센터의 조직구성은 〈별지 1〉과 같다.

④ 센터의 조직구성 및 조직표를 매년 작성하여 첨부한다.

제3조 (직제)

① 센터의 직제는 다음 각 호와 같이 한다.

- 센터장: (□□□법인 이사회의 인준을 받은 후 임명되며) 본 센터의 대표자로 사업 실무의 총책임자가 된다.
- 사회복지사: 센터장을 보좌하며 센터의 직원을 지도감독하고, 예산, 사업, 지원 관리를 계획하고 집행을 총괄한다.
- 요양보호사: 사회복지사의 지도, 감독에 따라 수혜자에게 서비스를 제공한다.

② 센터는 필요에 따라 실장, 대리, 주임 등의 직제를 둘 수 있다.

제4조 (직원의 자격기준)

① 직원의 자격기준은 〈별지 2〉와 같다.

② 직원이라 함은 센터 인사규정의 절차에 따라 정식으로 채용된 자로서 수습기간을 포함하여 정규근무를 하는 자를 말한다.

제5조 (직원과 정원)

① 센터 직원의 정원은 사업의 변동, 예산 허용범위 내에서 확보할 수 있다.

② 직원의 정원은 센터장이 정한다.

제6조 (업무분장)

① 부서별·담당자별로 별도의 분담표를 작성하여 센터장의 결재를 받은 후 업무를 실행한다. 매년 작성하여 별도 비치한다.

② 센터장은 센터의 효율적인 업무수행을 위하여 필요하다고 인정할 때에는 각 부서의 분장업무를 조정할 수 있다.

제7조 (업무집행) 센터의 모든 업무는 별도의 규정을 제외하고는 센터장의 재가를 얻어 집행한다.

부 칙

본 규정은 센터장의 허가를 득한 날부터(□□□법인 이사회의 승인을 받는 날부터) 시행한다.

〈별표 1〉 조직도

그림 4-1 조직도

〈별지 2〉 직원의 자격기준

구분	경력 및 자격기준
센터장	• 사회복지사 자격증 소지자로서 사회복지사업에 10년 이상 근무한 경력이 있는 자 • 사회복지관련 단체에서 부장급 이상의 직에 5년 이상 근무한 경력이 있는자 • 국가공무원 또는 지방공무원 6급직 이상으로 사회복지분야에 5년 이상 근무한 경력이 있는자 • 기타 이와 동등한 자격이 있다고 중앙교회 운영이사회에서 인정한 자
실장(팀장) 사회복지사	• 사회복지사 자격증 소지자로서 사회복지사업에 7년 이상 근무한 경력이 있는자 • 사회복지관련 단체에서 팀장급 이상의 직에 3년 이상 근무한 경력이 있는 자 • 국가 공무원 또는 지방공무원 7급직 이상에서 사회복지분야에 3년 이상 재직한 자 • 기타 이와 동등한 자격이 있다고 센터장이 인정한 자
사회복지사	사회복지사 자격증 소지자
요양보호사	요양보호사 자격증 소지자
물리치료사	물리치료사 자격증 소지자
간호사	간호사 또는 간호조무사 자격증 소지자
서무, 회계, 취사원 운전기사 등	• 해당분야 자격소지자 또는 실무경험자 • 이와 동등한 자격이 있는 자

※ 센터장은 업무의 형태를 고려하여 정규직 및 비정규직(일용직)으로 직원을 고용할 수 있다.

인사규정

2009년 9월 1일 제정

제1장 총칙

제1조 (목적) 이 규정은 ○○○방문요양센터(이하 '센터'이라 한다) 운영규정 제12조에 정하는 바에 따라 센터 직원의 임용, 보직, 징계, 포상, 기타 인사관리의 기준을 정하여 공정하고 효율적인 인사관리를 목적으로 한다.

제2조 (적용) 직원의 인사에 관하여는 다른 규정에 특별히 정한 것을 제외하고는 이 규정이 정하는 바에 의한다.

제3조 (용어정의) 본 규정에서 사용하는 용어의 정의는 다음과 같다.

① 인사: 직원의 임면과 관련되는 일체의 사항을 말한다.

② 임면: 직원의 임용(신규채용), 보직, 승진, 승급, 겸임, 휴직, 직위해제, 전보, 복직, 전직, 면직, 파면, 파견을 말한다.

③ 직위: 1인의 직원에게 부여할 수 있는 직무와 책임을 말한다.

④ 직급: 직무종류의 난이성과 책임도가 유사한 직위로서 임용, 보수, 기타 인사관리에서 동등하게 취급하는 것을 말한다.

⑤ 보직: 직원을 일정한 부서에 배치하여 해당 직무에 종사하게 함을 말한다.

⑥ 승진: 승급과 승호를 총칭하여 하는 말이다.

⑦ 승급: 일정한 재직기간의 경과 및 규정에 의하여 현재의 직급이 상위직급으로 승진 임용되는 것을 말한다.

⑧ 승격: 승급이나 승호없이 상위 직위에 발령하는 것을 말한다.

⑨ 승호: 일정한 재직기관의 경과 및 본 규정에 의하여 현재의 호봉이 상위호봉으로 임용되는 것을 말한다.

⑩ 전보: 동일한 직급 내에서의 보직 변경을 말한다.

⑪ 대기: 징계 및 기타 사유로 인하여 보직을 맡지 아니하는 것을 말한다.

⑫ 면직: 직원의 자격의 상실을 말한다.

⑬ 복직: 휴직, 직위해제 또는 정직 중에 있는 직원을 직위에 복귀시키는 것을 말한다.

제4조 (인사의 원칙) 센터는 직원의 능력 및 자질을 공정하게 평가하여 보직, 승진, 이동 등 인사관리 전반에 합리적이고 효율성을 기함으로써 인재를 양성하고 직원의 동기유발을 촉진하고 이에 상응하는 공정한 보상관리를 한다.

제5조 (인사권) 근로자의 채용, 보직 등 인사에 관한 일체의 권한은 센터장에게 귀속된다. 또한 센터장이 필요하다고 인정한 때에는 서면 또는 구두로 부서장에게 그 일부를 위임할 수 있다.

제6조 (직원의 구분) 센터 직원의 직군은 다음 각 호에 정하는 바와 같다.

① 일반직: 전문직, 사무직, 기능직 등의 업무를 수행하는 직군으로 센터의 운영규정에 준한다.

② 촉탁직: 특수한 전문지식과 기술을 요하는 업무를 수행하게 하기 위하여 전문지식 및 기술을 가진 자에게 계약기간을 정하여 업무를 부여하는 직군

③ 계약직: 특정한 업무를 수행하게 하기 위해 계약기간을 정해 업무를 부여한 직군

④ 일용직: 기능직, 단순 노무 또는 센터의 업무에 필요하다고 인정되는 일에 종사하는 비정규직군

제7조 (직종구분) 직원의 직종은 다음과 같이 구분할 수 있다.

① 센터장

② 사회복지사

③ 요양보호사

제8조 (인정경력)

① 직원의 호봉산정에 필요한 경력인정 범위는 사회복지시설 공통업무지침 및 관련 법규를 준용한다.

② 직원의 호봉산정에 필요한 경력연수의 계산방법은 월, 일까지로 한다.

③ 두개 이상의 경력이 중복되는 경우에는 본인에게 유리한 경력 하나만을 인정한다.

④ 센터의 재정사정 등에 따라 부득이한 경우에는 인정경력을 약간 조정할 수 있다.

제9조 (경력의 증명 및 전력 조회)

① 경력의 증명은 인사발령을 위한 구비서류로 제출된 경력증명서에 의한다(국민건강보험공단자료, 금융기관 보수입금내역, 세무서 근로소득납세증명 등은 객관적 증빙자료로 인정할 수 있음).

② 군복무경력으로 다음 각 호에 해당되는 경우에는 이를 당해 지방병무청 또는 각 군본부 등에 전력 조회하여 승급제한기간 또는 무관후보생기간을 확인하되 3월 이내에 완료하도록 한다.

• 복무기간이 불명확한 경우

• 복무기간이 현저하게 장기인 경우

• 전역근거가 불명확한 경우

• 하사관(본인의 지원에 의하지 아니하고 임용된 하사관 제외), 준사관, 장교로서 무관후보생기간이 하사관, 준사관 또는 장교의 복무기간에 포함되어 있거나 기타 무관후보생기간을 확인할 필요가 있는 경우

• 기타 병적 사항이 불명확한 경우

③ 기타 유사경력

• 유사경력은 반드시 전력조회를 실시하여 경력을 확인하여야 한다.

• 유사경력(외국경력 포함)의 조회확인은 임용일로부터 3월 이내에 완료함을 원칙

으로 한다.

④ 전력조회는 경력증명서(기타 증빙자료)를 발급한 기관을 대상으로 한다.

⑤ 전력조회시 경력 인정과 관련된 사항을 확인한다.

제10조 (호봉획정 및 승급 시행절차) 호봉획정 및 승급은 센터장이 규정에 의거하여 시행한다.

제11조 (인사위원회 운영)

① 센터 직원 인사관리의 적정을 기하기 위하여 센터장은 인사 문제를 다루기 위하여 인사위원회를 둘 수 있다.

② 인사위원회의 구성은 다음과 같다.

- 위원장: 센터장
- 위원: 각 부서장급 이상의 간부 직원
- 간사: 사회복지사

③ 인사위원회는 다음의 사항을 심의한다.

- 직원의 상벌에 관한 사항
- 직원의 신규채용에 공개채용이 어렵다고 판단되는 사항
- 수습기간 중 또는 수습기간 만료 시에 직무를 감당하기 부족하다고 인정되는 사항
- 직원의 소청 및 고충처리에 관한 사항
- 운영규정에서 인사위원회의에 위임된 사항
- 기타 센터장이 필요하다고 부의하는 사항

제12조 (인사위원회의)

① 회의는 위원장이 소집하고 의장이 된다.

② 필요하다고 인정될 때에는 관계자를 출석시켜 의견 진술이나 해명의 기회를 부여한다.

③ 재적위원 3분의 2 이상의 출석과 출석위원 3분의 2 이상의 찬성으로 결정한다.

④ 위원회의 회의는 비공개를 원칙으로 하며. 회의 참가자는 비밀을 유지하여야 한다.

⑤ 위원장은 심의사항이 위원과의 이해관계가 있을 경우에는 회의에 참석시키지 아니한다.

⑥ 의장은 의결권을 가지며 가부동수일 경우 결정권을 갖는다.

제2장 임용

제13조 (채용의 원칙)

① 직원의 신규채용은 센터에서 실시하는 서류전형, 채용시험 또는 면접에 의한 공개채용을 원칙으로 한다. 다만, 센터장이 업무수행 상 특별히 필요하다고 인정할 경우는 인사위원회의 심의를 거쳐 제한할 수 있다.

② 다음 각 호의 1에 해당하는 자에 대하여는 인사위원회의 심의를 거쳐 고시 및 전형을 면제할 수 있다.

- 공개 경쟁시험에 의하여 임용하는 것이 부적당한 경우에는 동종 직무에 관한 자격증 또는 면허를 취득한 자 및 일정한 기술, 기능 또는 경력을 가진 자를 임용하는 경우
- 1, 2, 3급 직원, 경력자의 채용, 공개채용에 의한 결원보충이 곤란한 특수한 직무에 종사할 자를 채용하는 경우
- 단순기능직
- 기타 일시적인 특정 업무수행에 필요한 자

③ 센터장이 인력 수급 상 필요하다고 인정할 때에는 특별 채용할 수 있다.

④ 신규 채용자에 대하여는 지체 없이 신원조회 및 경력조회를 실시하여야 한다.

제14조 (임용권자)

① 직원의 채용 및 보직 등 인사에 관한 일체의 권한은 센터장에게 귀속된다.

② 직원은 운영규정에 따라 센터장이 임명한다.

제15조 (임용기준)

① 직원의 신규채용은 경력을 환산하여 적용한다.

② 채용예정 직무에 관련한 자격증 소지자로 자격등급, 기타 능력의 실증에 의하여 행한다.

③ 직원의 채용, 승진, 포상, 업무전환, 휴직, 징계, 해고, 정년퇴직 등 인사사항의 결정은 공정성, 객관성을 기한다.

제16조 (전형방법) 전형은 서류심사, 면접심사, 신체검사로 함을 원칙으로 하되 필요에 따라서 전형방법을 추가 또는 생략할 수 있다.

제17조 (채용의 결격사유) 다음 각 호에 해당하는 자는 센터 직원으로 임용될 수 없으며, 채용된 후라도 다음 각 호에 해당할 경우에는 즉시 근로계약을 해지한다.

① 금치산자 또는 한정치산자

② 파산선고를 받고 복권되지 아니한 자

③ 금고이상의 형을 받고 그 집행이 종료되거나 집행을 받지 아니하기로 확정된 날로부터 3년이 경과하지 아니한 자

④ 법률 또는 법원의 판결에 의하여 자격이 상실되거나 정지된 자

⑤ 전직 근무기관에서 징계처분에 의한 파면 또는 파직된 날로부터 2년이 경과되지 아니한 자

⑥ 병역법상의 병역의무를 기피중인 자

⑦ 경력 또는 학력, 이력 사항 등을 허위로 작성하여 채용된 자

⑧ 기타 사회통념상 사회복지사업 수행이 곤란하다고 인정되는 자

제18조 (채용 시 제출서류)

　① 직원의 임용 및 채용에 필요한 구비서류는 다음 각 호와 같다.

- 이력서(사진포함) 1부
- 주민등록등본 1부
- 경력증명서(경력자에 한함) 1부
- 병역관련 확인 서류(남성/주민등록초본) 1부
- 자격 또는 면허증사본(소지자에 한함) 1부
- 최종학교 졸업증명서 1부
- 성적증명서(대학원 졸업자의 경우 학부성적증명서 포함) 1부
- 자기소개서 1부
- 건강진단서 또는 채용신체검사서(채용이 확정된 자) 1부
- 재정(신원)보증보험증서(채용확정 이후 센터에서 요구하는 자)

　② 채용 시 제출서류는 센터 사정에 따라 추가 또는 생략할 수 있으며, 채용 후 7일 이내에 제출하여야 한다.

제19조 (계약채용) 센터장은 예산의 범위 내에서 정식 직원이 아닌 자를 계약에 의하여 일정기간 종사하는 연구 및 기타 업무에 계약직원으로 종사하게 할 수 있다.

제20조 (촉탁임명) 특수한 전문지식과 기술을 요하는 업무를 처리하기 위하여 소요지식 기술을 가진 자에게 일정기간 그 업무를 촉탁할 수 있다.

제21조 (수습기간)

　① 직원을 신규로 채용하는 경우에는 3개월간의 수습기간을 둔다.

　② 일정한 경력을 인정하여 채용된 경력직원과 기타 특수한 사유가 있는 자에 대하여는 임용권자의 승인을 받아 수습기간을 단축 또는 면제할 수 있다.

　④ 정식직원으로 채용한 자에 대하여는 수습기간을 근속연수에 포함한다.

　⑤ 수습기간 중에 있는 직원은 수습기간 만료 2주 전에 상급직원으로 하여금 수습직원 평가를 하여 근태, 업무수행의 가능성, 적성, 능력, 건강 등이 직무를 감당하기 부족하다고 인정될 경우에는 채용발령을 취소할 수 있으며, 수습직원 평가 이전에 채용상의 중대한 결격사유가 발생할 경우에는 시기와 관계없이 채용을 취소할 수 있다.

　⑥ 수습기간 동안 직원으로서의 일부권리를 제약받을 수 있다.

　⑦ 수습기간 중의 임금은 따로 정할 수 있다.

제22조 (근로계약)

　① 직원으로 채용된 자는 근로계약서에 서명, 날인하여 근로계약을 체결하여야 한다.

　② 센터는 근로계약 체결 시에는 근로자에 대하여 임금, 근로시간, 기타 근로조건을 명시한다.

제23조 (퇴사)

① 퇴사는 퇴사자가 원하는 퇴직일 30일 이전에 사직서를 제출하여 업무의 인수인계에 차질이 없도록 한다.

② 제출서류(사직서, 업무인계서, 건강보험 카드, 신분증 반납 등)

제3장 승진 및 승급

제24조 (승진)

① 직원의 승진은 직종별로 하위직급에서 재직하는 직원을 임용하되 현 직급, 근무연수, 경력, 근무성적, 포상, 징계 등을 종합 평가하여 센터장이 후보자를 선정하여 운영내규에 따라 임명한다.

② 승격시기는 매년 1월 1일 또는 7월 1일을 원칙으로 하며 특별 사유가 발생할 경우는 그러하지 아니하다.

제25조 (승급)

① 직원의 승급은 정기승급으로 한다.

② 직원의 승급기간은 1년으로 하되 승급은 매년 1월 1일과 7월 1일자로 이를 시행한다.

③ 징계처분을 받은 자는 일정기간 승급을 보류할 수 있다.

④ 직원의 호봉 간의 승급에 필요한 최저기간은 1년으로 하며 이 경우 승급에 반영되지 아니한 잔여기간은 다음 승급기간에 산입한다.

제26조 (근무평정)

① 직원에 대하여는 매년 일정한 기간을 기준으로 하여 근무성적과 적성을 평정할 수 있다. 다만, 센터장이 필요하다고 인정할 때에는 일정 직급 이상은 이를 생략할 수 있다.

② 센터장은 직원에 대하여 근무사항, 교육훈련사항, 경력사항 및 직무수행 상 공로가 인정된 훈장 및 포상의 경우 점수를 가점 평정하여 승진, 임용, 전보 등 각종 인사관리에 반영할 수 있다.

③ 근무평정 방법 및 기타 필요한 사항에 대하여는 센터장이 따로 정하는 방법에 의한다.

④ 평정자는 피 평정자의 상급 감독자로 하고, 그 확인자 및 평정자의 상급자의 범위는 센터장이 정한다.

⑤ 평정자 및 확인자가 근무성적을 평정함에 있어 특별한 사정이 없는 한 평정대상 직원의 총 평점이 동일하지 않도록 평정하여야 한다.

⑥ 근무성적 평정의 내용은 공개하지 않는다.

제4장 신분보장

제27조 (휴직)

① 센터장은 다음 각 호의 1에 해당하는 경우에는 휴직을 명할 수 있다.

- 일신상의 사정 또는 법적 이유로 16일 이상 업무수행이 어려울 때
- 업무상 부상 또는 상병으로 1월 이상의 요양을 요할 때: 그 필요기간
- 업무 외의 부상 또는 상병으로 1월 이상의 요양을 요할 때: 3개월 이내
- 신체상, 정신상의 장애로 업무수행이 곤란하다고 판정되었을 때: 3개월
- 형사사건으로 기소되었을 때: 1개월
- 병역법 등에 의하여 징소집에 응할 때: 그 기간
- 기타 전 각 호에 준하는 특별한 사유가 있어 휴직의 필요성이 불가피하다고 인정될 때: 3개월
- 부상 및 질병으로 인한 경우에는 진단서를 첨부하여야 한다.

② 직원의 휴직기간은 3개월 이내로 하고 그 기간 내에 휴직조건이 해소되지 않으면 그 사유를 증명하는 서류를 첨부하여 3개월 이내에 1회에 한하여 연장승인을 받아야 하며, 그렇지 아니할 때는 자연 해직된 것으로 본다.

③ 전항의 휴직기간은 근속연수에 산입한다. 다만, 본 규정이 정한 기간 내에 복직원을 제출하지 아니한 자와 병역법에 의한 군입대는 그러하지 아니한다.

④ 휴직기간 중에는 임금을 지급하지 아니한다.

제28조 (휴직자의 의무)

① 휴직자는 휴직기간 중에도 센터의 규정을 준수하여야 한다.

② 휴직자는 휴직기간 중 센터장의 허락 없이 타직에 종사할 수 없다. 센터의 사전허락 없이 타 직장에 임용된 경우는 임용일부터 당연 퇴직한 것으로 간주한다.

③ 휴직된 자는 직원의 신분을 보유하나 직무에 종사하지 못한다.

제29조 (휴직의 절차) 직원이 휴직하고자 할 때는 적절한 증빙서류와 함께 예상되는 휴직일수와 상황을 명확히 기재한 휴직원을 사전에 제출하여 센터장의 허가를 받아야 한다.

제30조 (육아휴직)

① 센터는 생후 1년 미만의 영아를 가진 직원이 그 영아의 양육을 위하여 휴직(이하 '육아휴직'이라 한다)을 신청하는 경우 허용한다. 다만, 다음의 경우에는 그러하지 아니한다.

- 육아휴직을 개시하고자 하는 날 이전에 센터에서의 계속근로기간이 1년 미만인 직원
- 동일한 영아에 대하여 배우자가 육아휴직(다른 법령에 의한 육아휴직을 포함한다) 중인 직원
- 동일한 영아에 대하여 육아휴직을 한 적이 있는 직원, 다만, 배우자의 사망, 부상, 질병 및 신체적·정신적인 장애 또는 이혼 등으로 인하여 당해 영아의 양육

이 곤란하게 된 경우에는 그러하지 아니한다.

② 제1항의 규정에 의한 육아휴직기간은 산전, 산후 유급휴가 기간을 포함하여 1년 이내로 하며 이 기간은 근속기간에 포함된다.

③ 센터는 육아휴직을 이유로 불리한 처우를 하여서는 아니 된다.

④ 육아휴직 신청서에는 육아휴직기간의 첫날과 마지막 날을 명기하여야 하며, 육아휴직기간의 마지막 날은 영아가 생후 1년이 되는 날을 초과하여서는 아니 된다.

⑤ 육아휴직을 신청하고자 하는 직원은 노동부령이 정하는 육아휴직 신청서를 휴직개시 1주일 이전에 센터에 제출하여야 한다.

⑥ 센터는 육아휴직을 이유로 해고, 그 밖의 불리한 처우를 할 수 없으며 육아휴직동안은 당해 직원을 해고할 수 없다. 다만, 사업을 계속할 수 없는 경우에는 그러하지 아니한다.

⑦ 센터는 육아휴직 종료 후에는 휴직 전과 동일한 업무 또는 동등한 수준의 임금을 지급하는 직무에 복귀시키며, 육아휴직기간은 근속연수에 포함한다.

⑧ 기타 육아휴직에 관한 사항은 본 규정의 휴직사항을 준용한다.

제31조 (휴직자의 처우)

① 휴직자는 직무에 종사하지 아니하더라도 직원으로서의 신분은 보유하므로 센터의 제 규정을 준수하여야 한다.

② 휴직자가 전항을 위반하거나 센터의 허가 없이 다른 사업장에 종사할 경우 징계 또는 해고할 수 있다.

③ 휴직기간 중에는 임금을 지급하지 아니함을 원칙으로 한다.

제32조 (복직)

① 휴직자는 휴직기간 만료일 7일 전까지 복직원을 제출하여야 하며, 그러하지 않을 때에는 복직의 의사가 없는 것으로 간주하여 의원 사직한 것으로 처리한다. 다만, 군복무로 휴직 중인 자는 전역일로부터 30일 이내로 한다.

② 60일 이상의 장기 휴직자 중 복직을 희망하는 직원은 휴직 기간 30일 전에 복직 희망일을 서면으로 제출하여야 하며, 30일 전까지 복직원을 제출하지 않는 경우 복직의사가 없는 것으로 인정하여 자연퇴직으로 간주한다.

③ 휴직기간이 만료되거나 만료 전이라도 휴직사유가 해소되었을 때에는 복직할 수 있다.

제33조 (당연면직) 직원이 다음 각 호의 1에 해당하는 경우 당연 면직으로 한다.

① 사망하였을 경우

② 정년에 달한 경우

③ 본인의 신분상의 원인으로 사직원을 제출하여 처리된 후의 경우

④ 근로계약 기간이 만료된 경우

제34조 (직권면직) 직원이 다음 각 호에 해당할 때에는 센터장은 인사위원회의 심의를 거쳐

직권에 의하여 면직시킬 수 있다.

① 신체, 정신상의 장애로 인해 직무를 감당할 수 없다고 인정된 자

② 위법, 부당한 업무처리를 하거나 직무와 관련하여 직권으로 부당한 요구 또는 손해를 끼쳤을 때

③ 직무수행 능력의 현저한 부족으로 근무성적이 극히 불량하거나 사업성과가 극히 부진할 때

④ 휴직기간의 만료 또는 사유가 소멸한 후에도 업무에 복귀하지 아니하거나 직무를 담당할 수 없을 때

⑤ 출근성적이 심히 불량(불규칙)하거나 무단결근이 7일 이상이 된 때

⑥ 업무상의 비밀을 누설하여 센터에 손해를 끼친 자

⑦ 고의 또는 부주의로 중대한 사고를 발생시킨 자

⑧ 고객과 중대한 물의를 야기하여 센터의 명예를 심각하게 훼손한 경우

⑨ 센터장의 허가 없이 다른 직업에 종사하는 자

제35조 (의원면직) 직원이 퇴직하고자 하는 경우에는 퇴직일 30일 전에 사직원을 제출하여야 하며, 센터장의 허가를 받은 후 센터의 효율적인 업무 인수인계를 위해 성실히 노력하여야 한다. 서류상으로 업무 인수인계서를 작성하여 결재를 득한다.

제36조 (일반면직)

① 센터가 다음과 같은 사유로 운영상의 어려움이 있을 경우 직원을 면직시킬 수 있다.

- 직제와 정원의 개편 또는 자치단체의 예산 및 보조금 감소로 인하여 센터 운영상 감원의 필요성이 불가피한 경우
- 운영과 기술의 변경으로 기존 부문의 직원이 필요하지 않게 된 때

② 제1항의 경우에 센터는 우선적으로 다음과 같은 노력을 하여야 한다.

- 감원을 피하기 위해 운영의 혁신 또는 새로운 사업의 전개
- 필요 없게 된 부문의 직원을 다른 부문으로 우선적으로 배치할 것과 새로운 사업부문으로의 배치
- 신규채용 금지

③ 제2항에 불구하고 기관이 불가피하게 해고하여야 할 경우 해고대상자의 선정순위는 다음과 같다.

- 사업의 폐지, 부문의 폐지, 축소의 경우 당해 사업팀의 직원
- 당해 종업원 중에서 재산이 많아 생활에 지장이 없는 자
- 근무성적이 불량한 자

④ 제2, 3항에 불구하고 센터는 해고를 피하기 위한 방법 및 해고의 기준 등에 관하여 직원을 대표하는 사회복지사(이하 직원대표)와 성실하게 협의하여야 한다.

⑤ 제2항 및 제3항의 경우 필요한 경우 그 기준을 변경할 수 있다.

제37조 (직위해제) 센터장은 다음 각 호의 1에 해당하는 직원에 대하여 다음기간 만료 시까지 직위를 부여하지 않을 수 있다.

　① 직무수행 능력이 부족하거나 근무성적이 극히 불량한 자 또는 직무태도가 극히 불성실한 자: 3개월 이내

　② 징계의결이 요구 중인 자: 징계의결 확정 시까지

　③ 형사사건으로 기소된 자: 확정판결 또는 징계의결 확정 시까지

제38조 (직위해제의 효력)

　① 직위가 해제된 자는 근무에 종사하지 못하며 최고 3개월까지는 통상임금의 60%를 지급한다.

　② 전항의 규정에 의해 직위해제 된 자가 3개월이 경과하여도 직위를 부여받지 못한 경우에는 경과한 날에 당연 퇴직한다.

　③ 제44조 제3항에 의하여 직위해제 된 자가 무죄 석방된 경우에 해제기간 중의 통상임금을 소급하여 지급한다.

제39조 (서리, 직무대리 겸직) 센터장은 다음 각 호의 서리, 직무대리 겸직을 발령할 수 있다.

　① 직위에 보직하고자 하는 해당자가 업무수행 능력이 있다고 인정될 때까지 서리(대우)로 발령한다.

　② 해당 직위자가 장기간 유고시에는 차 하위자를 직무대리로 발령하거나 동급 직위자를 겸직 발령할 수 있다.

제40조 (인원정리) 센터의 경영상 감원이 불가피할 경우 다음의 각 호와 같이 한다.

　① 퇴직을 지원하는 자, 수습직, 단기근속자 순으로 정한다.

　② 1년 이상 근무한 자원 퇴직자에게는 퇴직금 이외에 퇴직위로금으로 통상임금 3개월 분을 지급할 수 있다. 단, 1년 미만 근무자의 경우에는 1개월 분의 임금을 퇴직위로금으로 지급할 수 있다.

제41조 (의사에 반한 신분조치) 직원은 형의 선고, 징계처분, 직무수행에 필수적인 자격요건의 결격 또는 이 규정에서 정하는 사유에 의하지 아니하고 의사에 반하여 휴직, 직위해제, 면직 등 불이익한 처분을 받지 않는다.

제5장　포상

제42조 (신상필벌의 원칙)

　① 상은 크게 많이 주고 벌은 엄하게 적게 준다.

　② 상벌은 직원 가운데 뚜렷한 공적을 세우거나 과오를 저지른 직원에 대해 공적이나 과오의 내용 및 그것이 센터에 미치는 효과의 정도를 감안하여 적용하되, 동일한 공적이나 과오에 대해서는 거듭하여 상벌을 행하지 아니한다.

제43조 (포상) 직원 중 업무를 충실히 행하였거나 공헌한 공적이 현저한 자와 외부인사로서 본 센터 발전에 기여한 공적이 많은 자에 대하여 포상을 행할 수 있다.

제44조 (인사기록) 직원의 상벌에 관한 사항은 이를 인사기록카드 및 관계대장에 기록하여야 한다.

제45조 (포상구분) 포상은 다음과 같이 구분하며, 상패와 부상을 지급한다.

① 공로상: 센터 발전과 위상 정립에 공적이 현저한 직원에 대하여 포상한다.

- 본 센터 및 재단 발전에 공이 현저한 자
- 본 센터 지원을 위한 자원개발 실적이 우수한 자
- 업무개선에 업적이 우수한 자
- 외부 포상을 통해 센터의 명예를 높인 자
- 기타 이에 준하는 공로가 인정된 자

② 모범상: 근면 성실한 업무 태도로 타의 모범이 되는 우수직원에 대하여 포상한다.

- 근무성적이 우수하고 타의 모범이 되었을 때
- 명랑한 직장분위기 조성에 기여한 자
- 화재, 도난, 기타 재해를 미연에 방지하거나 비상사태를 당하여 그 조치가 탁월했던 자
- 효행, 선행, 봉사, 희생 등 미담의 주인공
- 기타 이에 준하는 공로가 인정된 자

③ 근속상: 근속기간 중 징계사실이 없는 직원에 대하여 포상한다.

- 5년 근속상
- 7년 근속상
- 10년 근속상
- 기타 필요시 11년 이상의 장기근속상 등

④ 기타상

- 외부 포상을 통해 센터의 명예를 높인 자
- 기타 이에 준하는 공로가 인정된 자

제46조 (포상시기) 포상시기는 센터 개관기념일 또는 주요 공식행사시 실시함을 원칙으로 한다. 다만, 필요하다고 인정될 때에는 즉시 행할 수 있다.

제47조 (포상인원) 근속상 · 공로상은 인원제한이 없으며, 모범상 인원은 직원 수의 20% 이내로 한다.

제48조 (포상절차)

① 직원의 포상은 인사위원회의 심의를 거쳐 센터장이 이를 행한다.

② 포상하고자 할 때에는 공적조서를 작성한다.

③ 필요한 경우 공적조서에 해당 관련 자료를 첨부할 수 있다.

제49조 (포상방법)

① 포상은 그 공로에 따라 상장, 상패로 행하고 부상으로 상품, 특별보너스, 특별휴가를 줄 수 있으며 문서를 통해 이를 시행한다.

② 포상은 공적의 경중에 따라 포상방법에 차등을 두며, 인사고과에 반영한다.

제6장 징 계

제50조 (징계) 직원이 과오를 저지를 때에는 인사위원회의 심의를 거쳐 징계처분할 수 있다.

제51조 (징계의 종류 및 효력) 징계는 그 경중에 따라 경고, 견책, 감봉, 정직, 해고 등으로 구분한다.

① 경고: 경위서를 받고 장래를 훈계하여 경고한다.

- 직원 근무평정결과가 극히 불량한 경우와 직무수행을 태만히 하여 부과된 책임을 다하지 못하거나 운영규정 위반, 사고 또는 질서를 문란하게 할 우려 등이 있을 때, 이를 시정 또는 예방하기 위하여 시말서를 징구한 후 정당한 사유가 없다고 인정된 때에는 경고장을 발하여 경고 처분한다. 그러나 시말서 제출 거부 등의 이유로 징구할 수 없을 경우 이를 생략하고 미징구 사유를 기록한 후 경고장을 발부한다.
- 1년 중 동일한 사유로 인한 경고 2회는 징계위원회 심의를 거쳐 견책으로 간주할 수 있다.
- 시말서 징구는 사회복지사 이상이 행할 수 있으며, 경고처분은 센터장이 행한다.

② 견책

- 규정 제53조에 정한 징계사유에 해당하는 자로서 경과실로 인하여 징계 사유를 일으켰을 경우 또는 감독자로서 통상의 주의의무를 태만히 하여 사고의 미연방지와 조기발견을 못한 것이 명백하다고 인정되는 경우에는 견책처분하며 1년 중 동일한 사유로 인한 견책 2회는 감봉 1개월로 본다.
- 견책을 받은 직원에 대하여는 징계일로부터 6개월간 승진 · 승급을 제한한다.

③ 감봉

- 규정 제62조에 정한 징계사유에 해당하는 자로서 중대한 과실로 인하여 징계사유를 일으켰을 경우 또는 현저한 감독 불충분으로 사고발생 근원을 조성한 경우에는 감봉 처분한다.
- 감봉은 직원의 급여를 감액 지급하는 것으로서,
  - 감봉기간은 3개월을 한도로 한다.
  - 기간 중 급여의 감액범위는 감급 1회의 액이 평균임금 1일분의 반액 이내로 하고 그 총액은 월 평균임금 총액의 10분의 1 이내로 한다.
- 감봉을 받은 직원에 대하여는 징계처분 종료일부터 12개월간 승진 · 승급을 제한한다.

④ 정직

- 규정 제53조에 정한 징계사유에 해당하는 자로서 고의 또는 중대한 과실로 인하여 징계사유를 일으켰을 경우로서 개전의 정이 있고 정상을 참작할 여지가 있는 동시에 계속 근무하게 하여도 지장이 없다고 인정되는 때와 면직여부를 결정하기 곤란한 때에는 정직한다.

- 정직은 직원으로서의 신분은 보유하나 직무에 종사하지 못하는 경우로서 정직 기간은 3개월 이내로 한다.
- 정직을 받은 직원에 대하여는 다음과 같은 불이익을 병과 한다.

구분	내용
급여	정직기간 중 기본급을 제외한 제수당은 지급하지 않는다.
상여금	정직기간은 상여금을 지급하지 않는다.
승진	징계종료 후 18개월간 승진·승급을 제한한다.
근속기간산정	정직기간은 근속기간에 포함하지 않는다.

⑤ 징계해고(면직) 규정 제53조, 57조에 정한 징계사유에 해당하는 자로서 고의 또는 중대한 과실로 인하여 징계사유를 일으켰을 경우로서 그 결과가 중대하고 장차 근무를 보장할 수 없다고 인정되는 때에 해고 할 수 있다. 다만, 개전의 정이 농후하고 타 기관에 근무하기에 지장이 없다고 인정되는 경우에는 의원면직으로 할 수 있다.

제52조 (징계의 예외)

① 직원이 행한 행위가 징계사유에 미치지 아니하고 조직의 질서유지에 위배될 수 있는 경미한 행위를 한 경우 부서장은 해당직원에게 지적사항을 시정하고 반성의 계기가 되도록 시말서를 쓰게 하는 '주의'를 줄 수 있으며, 이 경우에는 징계의 예외로 한다.

② 동일한 행위로 인한 '주의'가 연간 3회 이상이거나 '주의'의 누계 회수가 연간 5회에 달한 때에 부서장은 이를 센터장에게 보고하여 징계에 회부하여야 한다.

제53조 (징계사유) 센터는 직원이 다음 각 호의 1에 해당하는 때에는 징계한다.

① 센터의 제규정에 위반되는 행위를 한 자

② 정당한 이유 없이 계속하여 3일 이상 결근하거나, 지각 또는 결근이 빈번한 자

③ 출근부에 대리 서명하거나 또는 근로시간을 허위로 조작한 자

④ 근로시간 중에 취침하거나, 도박, 음주, 사내폭행 행위를 한 자

⑤ 사기 또는 부정한 방법으로 채용되었음이 발견된 자

⑥ 정당한 이유 없이 센터가 발행한 문서, 도면, 제증명서 및 기타 각종 서류를 위조, 변조하거나 다른 사람에게 대여, 유용하게 한 자

⑦ 허가 없이 센터의 문서, 센터 등을 외부에 유출하거나 관람시킨 자

⑧ 허가 없이 출입금지 장소에 출입한 자

⑨ 고의 또는 과실로 센터의 기물, 집기 등을 훼손시킨 자

⑩ 센터 내에서 센터장의 승인 없이 센터의 이익에 반하는 불온유인물 및 서류 등을 배포하거나, 직원을 선동·규합하는 행위를 한 자

⑪ 센터의 공금을 유용한 자

⑫ 고의 또는 과실로 센터에 피해를 주거나 센터의 명예를 추락시킨 자

⑬ 업무상의 정당한 지휘, 명령에 불복종하거나 직장의 경영 질서를 문란하게 한 자

⑭ 안전 및 보건상의 의무를 위반한 자

⑮ 직장 내 성희롱행위를 한 자

⑯ 센터 이용자로부터 금품, 향응을 받은 자

⑰ 사전허가 없이 근무장소를 이탈하거나 직무를 태만한 자

⑱ 기타 사회통념상 징계에 처하는 것이 적합하다고 인정되는 경우의 자를 징계할 수 있다.

제54조 (징계절차) 직원의 징계는 인사위원회의 심의를 거쳐 센터장이 이를 행한다.

제55조 (징계의 통보 및 출석)

① 직원이 징계사유에 해당하여 전항과 같은 징계를 행하고자 할 때에는 센터는 적어도 징계 의결 3일 전에 일시·장소를 지정 통보하여야 하고, 해당 직원에게 진술할 기회를 부여하여야 한다.

② 인사위원회에서는 징계사안이 중대할 경우 징계대상자의 출석을 요구할 수 있으며, 최종의견을 진술할 기회를 줄 수 있다.

③ 인사위원회는 심의기일에 심의를 개시하고 징계대상자에 대하여 징계요구에 대한 사실과 기타 필요한 사항을 질문할 수 있다.

④ 징계대상자가 출석을 거부할 경우에는 서면심사만으로 징계심의를 할 수 있다.

제56조 (소명의 기회부여) 징계위원회는 징계대상자에게 소명의 기회를 부여하여야 한다. 단, 징계대상자가 징계위원회 출석통보를 받고도 불응하는 경우에는 소명할 의사가 없는 것으로 간주한다.

제57조 (해고사유) 센터는 다음 각 호의 1에 해당하는 직원을 해고할 수 있다.

① 사기 및 중요한 경력을 속이거나 부정한 방법으로 채용된 자

② 근무성적, 능률이 불량한 자로서 취업이 부적당하다고 인정되며 개전의 가망이 없는 자

③ 1년에 3회 이상의 견책 이상의 징계처분을 받았거나, 3일 이상 계속하여 무단결근을 한 자 또는 월간 5일 이상 무단결근한 자

④ 센터장의 승인 없이 다른 사업장에 취업한 자

⑤ 고의 또는 중대한 과실로 센터의 건물 또는 기계, 기구 등을 파괴한 자

⑥ 신체 또는 정신적 장애로 담당업무를 감당할 수 없는 자

⑦ 센터의 공금을 유용, 착복, 배임하거나, 센터의 물품을 무단유출 한 자

⑧ 업무상의 기밀을 유출하여 센터에 손해를 끼친 자

⑨ 공갈, 협박 또는 폭행 등으로 업무집행을 방해한 자

⑩ 상사의 정당한 업무명령에 불복종한 자 또는 직장의 경영 질서를 문란하게 하는 자

⑪ 형사상의 사건으로 유죄판결을 받은 자 또는 법률상 공민권이 정지·박탈당한 자

⑫ 징계에 의하여 면직이 결정된 자

⑬ 법령 또는 본 규칙에 의하지 아니하고 센터 내에서 불온문서를 배포하거나 시위·집회 등에 참여한 자

⑭ 복직원을 제출하지 아니하고 센터의 출근 촉구에 불응한 자

⑮ 수습기간 중 업무 적응이 곤란하여 채용이 부적당하다고 인정된 자

⑯ 사업운영상 감원이 필요할 때

⑰ 고의 또는 중대한 과실로 안전보건상의 의무를 위반하여 센터에 재산상의 손해를 끼친 자

⑱ 센터 내 성희롱행위를 한 자로서 그 정도가 중대하거나 또는 반복하는 자

⑲ 기타 전 각 호에 준하는 부득이한 사유가 있는 자

제58조 (해고의 제한)

① 센터는 정당한 사유 없이 직원을 해고, 정직, 감봉, 기타 징벌을 행하지 아니한다.

② 센터는 직원이 업무상 부상 또는 질병의 요인을 위한 휴업기간과 그 후 30일간, 산전·후의 여자직원의 휴업기간과 그 후 30일간에는 해고할 수 없다.

제59조 (해고의 예고)

① 센터는 직원을 해고하고자 할 때는 적어도 30일 전에 예고하여야 한다.

② 예고하지 아니하고 해고할 때는 30일분의 통상임금을 지급한다.

③ 천재·사변 기타 부득이한 사유로 사업계속이 불가능한 경우 또는 근로자가 고의로 사업에 막대한 지장을 초래하거나 재산상 손해를 끼친 경우에는 해고의 예고 없이 해고할 수 있다.

제60조 (해고 예고의 적용제외) 센터는 다음 각 호의 1에 해당하는 자에게는 해고 예고의 규정을 적용하지 아니한다.

① 일용직원으로서 3월을 계속 근로하지 아니한 자

② 2월 이내의 기간을 정하여 사용된 자

③ 월급제 직원으로서 채용 후 6월이 되지 못한 자

④ 계절적 업무에 6월 이내의 기간을 정하여 사용된 자

⑤ 수습기간 중에 있는 자

제61조 (본인에 준하는 징계) 타 직원의 징계에 해당하는 행위에 대하여 방조, 공모, 교사 또는 선동하였을 경우 본인에 준하여 징계한다.

제62조 (징계의 사면) 징계처분을 받은 자가 개전의 정이 뚜렷하고, 센터 발전에 기여한 공이 현저할 때 또는 센터장이 징계사면의 필요성이 있다고 인정할 때에는 센터장의 결재를 받아 징계처분 사실을 사면할 수 있다.

제7장 부 임

제63조 (부임)

① 직원이 신규임용 등 인사발령 통지를 받은 때에는 임명일자에 새로 보직된 업무에 임하여야 한다.

② 인사이동 명령을 받은 직원은 이를 거부할 수 없으며 거부하면 해고 사유가 된다.

제64조 (사무인계)

① 직원이 해외출장, 교육, 직무이동 등으로 그 직무를 담당할 수 없을 때에는 그 당해 업무를 후임자 또는 직무 대행자에게 인계하여야 한다.

② 직원이 전보, 퇴직, 휴직 또는 근무상의 변동이 있을 때에는 담당업무, 보관문서, 비품, 업무의 접수, 종결, 미결 등의 진행사항을 상세히 열거한 인계서를 작성하여 후임자 또는 상사가 지정하는 자에게 인계하여야 한다.

③ 사무인계자는 3통을 작성하여 인계, 인수자가 각 1통씩을 소지하고 1통은 주관부서에 보관한다.

④ 사무인수인계 후 사무인계에 대한 책임은 인수자가 진다.

제8장 퇴 직

제65조 (퇴직원) 직원이 일신상의 사정으로 퇴직하고자 할 때에는 퇴직일로부터 1월 전에 퇴직사유 및 퇴직일을 기재한 퇴직원을 센터장에게 제출하여야 한다.

제66조 (정년퇴직)

① 센터장의 정년은 65세로 한다.

② 센터장을 제외한 직원은 60세로 한다.

③ 직원이 정년에 달한 날이 1월에서 6월 사이에 있을 경우에는 6월 30일, 7월에서 12월 사이에 있을 경우에는 12월 31일에 각각 당연 퇴직한다.

④ 정부에서 지정하는 정년의 범위 내에서 중앙교회 운영이사회의 의결을 거쳐 정년을 연장할 수 있다(단, 최고 5년을 초과할 수 없다).

제67조 (퇴직금)

① 센터는 1년 이상 계속하여 근로한 직원이 퇴직한 때에는 계속근로연수 1년에 대하여 평균임금의 30일분을 퇴직금으로 지급한다.

② 센터는 직원의 요구가 있는 경우 제1항의 규정에도 불구하고 직원이 퇴직하기 전에 당해 직원이 계속 근로한 기간에 대한 퇴직금을 미리 정산하여 지급할 수 있다. 이 경우 미리 정산하여 지급한 후의 퇴직금을 위한 계속근로연수는 정산시점부터 새로이 가산한다.

제68조 (금품청산) 센터는 직원의 사망 또는 퇴직한 경우에는 그 지급사유가 발생한 날로부터 14일 이내에 임금, 보상금 기타 일체의 금품을 지급한다. 다만, 센터의 재정형편상 지급하지 못하는 경우에는 직원과의 합의에 의하여 지급기일을 3월 이내에서 연장할 수 있다.

제9장 일용직

제69조 (근로직종) 센터는 업무의 효율성을 위하여 기능직 또는 단순 노무에 종사하는 인력

을 비정규직으로 채용할 수 있다. 직종으로는 취사원, 생활보조원, 관리인, 환경미화원, 미용사, 기능교사, 운전기사, 센터에서 필요로 하는 직종 등이 있다.

제70조 (임용권자) 센터장이 직접 근로계약서에 의하여 임용한다.

제71조 (임용절차) 일용직 고용 내부결재에 의하여 임용한다.

제72조 (근로계약의 체결) 근로계약 체결 시 근로 제공사항과 근로조건, 근로시간, 임금의 지급관계 등을 근로계약서에 의하여 명확히 한다.

제73조 (계약기간) 계약기간은 매년 1년 단위 또는 6개월 단위로 체결한다.

제74조 (임금지급) 임금은 매월 근무일수에 따라 센터장이 정한 지급일에 지급한다.

제75조 (근로시간) 1일의 근로시간은 휴게시간을 제하고 8시간을 초과할 수 없다.

제76조 (장부비치) 일용직 근로자에 대한 근로계약서와 일용직 사역부를 작성하여 비치한다.

제77조 (각종 보험가입) 국민연금, 국민건강보험, 고용보험, 산재보험은 근로자의 복지향상을 위하여 관련 법률에 의하여 가입하도록 한다.

부 칙

본 규정은 센터장의 허가를 득한 날부터(□□□법인 이사회의 승인을 받는 날부터) 시행한다.

복무규정

2009년 9월 1일 제정

제1장 총칙

제1조 (목적) 이 규정은 ○○○방문요양센터(이하 '센터'라 한다) 운영규정 제13조에 정하는
바에 따라 센터에 근무하는 직원의 근로조건을 규정하여 직장의 질서를 유지하며, 업
무수행의 능률향상과 직원의 복지를 증진하는 데 그 목적을 둔다.

제2조 (적용범위) 직원의 복무에 관하여는 다른 규정에서 특별히 정한 것을 제외하고는 이 규
정이 정하는 바에 의한다.

제3조 (성실 의무) 전 직원은 이 규정에 정한 사항을 성실히 준수할 의무를 지니며, 센터는 본
규정의 근무조건을 보장하여야 한다.

제4조 (신분보장) 직원은 형의선고, 징계처분 또는 이 규정에 정하는 사유에 의하지 않고는
그 의사에 반하여 면직되지 아니한다.

제5조 (복무사항) 직원은 다음 각 호의 사항을 준수하여야 한다.

① 센터의 제반 규정을 준수하며 업무는 신속·정확히 처리한다.

② 공사를 구분하고, 상호 인격을 존중하며 예의와 우애를 지켜야 한다.

③ 항상 센터의 이념과 운영 방침을 이해하고 그 목적 달성을 위해 적극 협력해야 한다.

④ 다른 직원의 업무를 방해하거나 퇴직을 강요해서는 아니 된다.

⑤ 센터 내에서 음주, 고성, 방가, 소요, 폭행, 협박, 단체 등의 행위를 해서는 아니 된다.

⑥ 센터 내에서 업무와 관계없는 집회 또는 시위 등 단체 활동을 해서는 아니 된다.

⑦ 허가 없이 센터 내에서 정치활동 또는 유인물의 게시·배포 및 유언비어의 날조,
유포를 하여서는 아니 된다.

⑧ 허가 없이 센터 내에서 기부 또는 모금행위를 하여서는 아니 된다.

⑨ 허가 없이 외부인을 출입시키거나, 외부인에게 센터의 촬영을 하게 하여서는 아니
된다.

⑩ 허가 없이 센터의 명칭, 물품, 금품을 사적인 목적에 사용하지 못하며, 업무상의
권한을 남용하여서는 아니 된다.

⑪ 허가 없이 센터의 문서, 비품 등을 센터 외로 반출하거나, 업무 외에 사용 또는 다
른 사람에게 대여하여서는 아니 된다.

⑫ 센터와 거래관계에 있는 자로부터 일체의 사례, 증여 또는 향응을 받거나 부당한
금품의 대차를 하여서는 아니 된다.

⑬ 센터장의 허가 없이 자기 근무지를 이탈하여서는 아니 된다.

⑭ 직장의 청결, 도난, 화재의 방지를 위한 제반 센터의 보호에 적극 협력하여야 한다.

⑮ 근무시간 중에 사적 행위를 하여서는 아니 된다.

⑯ 직원은 센터의 물품을 아끼고 절약하는 자세를 갖으며, 불필요한 물품의 구매와 그 요청을 해서는 아니 된다.

제6조 (신고의무) 직원은 이력사항에 변경이 있을 때에는 그 사유 발생 일로부터 7일 이내에 센터에 신고하여야 한다.

제7조 (손해배상) 직원이 고의 또는 과실로 인하여 센터에 손해를 발생시켰을 때에는 이를 배상하여야 한다.

제8조 (금지사항) 직원은 센터를 이용한 영리사업에 종사할 수 없고, 타인에게 부당한 이익을 주는 행위를 할 수 없고, 직무와 관련하여 직접 또는 간접으로 금품을 수수할 수 없다.

제9조 (비밀유지 의무) 직원은 재직 중은 물론 퇴직 후에도 직무상 알게 된 비밀을 엄수하여야 한다.

제10조 (품위유지의 의무) 직원은 신의를 지키고 품위를 유지하여 센터의 명예를 손상하는 행위를 하여서는 아니 되며, 센터의 명의나 직명을 사사로이 악용하지 말아야 한다.

제2장 근무시간 및 휴게시간(상근비상근)

제11조 (직장 이탈금지의 의무) 직원은 허가 또는 정당한 사유 없이 직장을 이탈하지 못한다.

제12조 (근무시간)

① 직원의 근무시간은 휴게시간을 제외하고 1일 8시간, 1주일 44시간으로 한다.

② 센터는 사무처리상 필요하다고 인정할 때에는 직원들과 합의 하에 근무시간 이외의 시간이나 공휴일의 근무를 명할 수 있다.

③ 휴게시간은 근무시간에 포함되지 않으며 실제 근무시간 4시간인 경우에는 30분 이상, 8시간 근무하는 경우에는 1시간 이상의 휴게시간을 근무시간 도중에 하되 식사시간을 포함한다.

④ 시업시간, 종업시간, 휴게시간은 다음과 같다. 단, 계절에 따라 변경할 수 있다.

- 시업시간: 09시 00분
- 종업시간: 18시 00분(토요일은 13시 00분)
- 휴게시간: 12시 00분 ~ 13시 00분

⑤ 종무시간이 13시인 경우에는 중식시간을 두지 않는다.

⑥ 휴식시간 이용은 센터의 근무 질서와 규율에 지장을 초래하지 아니하는 범위 내에서 자유로이 활용할 수 있으나 센터 내에서 휴식하는 것을 원칙으로 한다.

⑦ 센터의 업무특성상 상기 근무시간 및 휴게시간 범위 내에서 센터의 사정에 따라 근무시간 및 휴게시간을 변경할 수 있다.

⑧ 임산부와 18세 미만자는 22시부터 06시까지의 사이 및 휴일에 근로시키지 못하며 휴일근무에 종사시키지 못한다. 다만, 당해 근로자 동의와 노동부장관의 인가를 얻은 경우에는 그러하지 아니한다.

제13조 (출장시 근무시간) 직원이 출장 기타 센터 외에서 근무하는 경우에 근무시간을 산정하기 곤란한 때에는 1일 8시간 근무한 것으로 본다. 다만, 센터가 미리 별도로 지시를 하였을 경우에는 예외로 한다.

제14조 (근로시간, 휴게와 휴일의 적용 제외) 본 규정에서 정한 근로시간, 휴게 및 휴일에 관한 규정은 다음 각 호의 1에 해당하는 직원에게는 적용하지 아니한다.

① 관리, 감독의 지위에 있는 자

② 단속적으로 근로에 종사하는 자로서 노동부장관의 승인을 받은 자

③ 기밀의 사무를 취급하는 자

제15조 (출·퇴근 및 결근)

① 직원은 근무 시간 전에 자신의 출근여부를 확인할 수 있도록 하여야 한다.

② 퇴근은 정시까지 업무를 하고 서류, 기계, 기구 등을 정리·점검·정비한 후에 행한다.

③ 직원이 질병 또는 기타 부득이한 사유로 사전 허가를 얻지 못하고 결근 한 때에는 전화 기타의 방법으로 우선 그 사유를 인사관리 주무부서에 연락하고 그 익일까지 결근계를 제출하여야 한다. 다만, 병고로 계속 3일 이상 결근한 경우에는 의사의 진단서를 첨부하여야 한다.

④ 전항의 규정에 의한 결근 일수는 그 사유에 따라 이를 제23조의 규정에 의한 연차유급휴가 일수로 계산하되 결근계를 제출하지 아니하였을 경우 무단결근으로 간주한다.

제16조 (지각 및 조퇴)

① 직원은 질병 또는 기타 부득이한 사유로 조퇴하고자 할 때는 조퇴계를 제출하여 센터의 사전 승인을 받아야 한다.

② 직원이 업무상의 이유로 사전에 상사의 허가를 받았거나 부득이한 사유로 인정될 때에는 지각으로 간주하지 않으며, 지각의 경우 지각계를 제출한다.

③ 전항의 규정에 의한 지각 일수는 그 사유에 따라 징계조치 및 인사고과에 반영하는 등의 제재를 할 수 있으며, 이를 제23조의 규정에 의한 연차유급휴가일수로 계산하되 승인을 받지 않은 지각·조퇴는 무단 지각, 조퇴로 간주한다.

제17조 (외출)

① 직원이 공·사적으로 외출하는 경우에는 출장신청서 및 외출계를 제출하여 사전 승인을 받아야 한다.

② 센터의 사전승인을 받지 않은 외출은 무단외출로 간주하며, 무단 조퇴·외출이 월 3회에 달하였을 경우에 제재할 수 있다.

제18조 (공민권 기타 권리행사)

① 센터는 직원이 근무시간 중에 선거권 기타 공민권의 행사 또는 공익직무를 집행하기 위하여 필요한 시간을 청구하는 경우에는 거부하지 못한다. 다만, 그 권리행사

또는 공익직무를 집행함에 지장이 없는 한 청구한 시간을 변경할 수 있다.

② 근무시간 중에 선거권 기타 공민권의 행사 또는 공익직무를 집행하기 위하여 사용한 시간은 센터의 재량으로 근로시간으로 인정하여 통상임금을 지급할 수 있다.

③ 예비역, 보충역 훈련 및 민방위 훈련으로 인한 때에는 그 기간 및 시간(단, 훈련통지서를 제출하는 경우에 한함)을 근로시간으로 인정한다.

제3장 휴일 및 휴가

제19조 (휴일) 센터는 다음과 같이 휴일을 정하고 이를 유급으로 한다.

① 주휴일
- 1주간의 소정근로일수를 개근한 직원에 대해서 1주일에 평균 1회의 유급휴가를 준다.
- 주휴일은 매주 일요일을 원칙으로 하며 센터의 근무체계 및 직종에 대하여 1주일을 신축적으로 운영할 수 있다. 다만, 1주간의 소정근로일수를 개근하지 아니한 직원에게는 무급휴일로 한다.

② 유급휴일
- 법정휴일
- 정부가 지정한 임시 공휴일
- 센터장은 필요 시 유급 휴일을 실시할 수 있다.

③ 센터는 업무상 막대한 지장이 있거나 특별한 사정이 있을 경우에는 본 규칙에서 정한 휴일에 근무를 하고 당초 휴일로부터 7일 이내의 다른 날을 휴일로 대체할 수 있다.

제20조 (휴가)

① 직원의 유급휴가는 월차유급휴가, 연차유급휴가, 특별휴가, 포상휴가, 출산휴가, 기타휴가로 구분한다.

② 직원은 휴가 중에 긴급 시 연락이 가능하도록 연락체계를 유지하여야 한다.

③ 휴가를 실시함에는 그 담당사무를 사전에 인계하여 업무의 연속성을 유지하여야 한다.

제21조 (휴가일수의 계산)

① 월차유급휴가, 연차유급휴가, 경조휴가 및 기타 휴가는 별개의 요건에 따라 운영되므로 그 휴가일수의 계산은 휴가 종류별로 따로 계산한다.

② 휴가기간 중의 공휴일은 그 휴가일에 산입하지 않는다.

제22조 (휴가기간의 산출)

① 휴가의 산출에서 연차유급휴가는 입사일로부터 1년으로 한다. 다만, 연차휴가는 센터의 형편상 회계연도를 기준으로 할 수 있다(1. 1.~12. 31.).

② 직원이 업무상의 부상 또는 질병으로 휴업한 기간과 산전, 산후의 여성이 「근로기

준법」 제60조의 규정에 의하여 휴업한 기간 및 센터의 귀책사유로 휴업한 기간은 이를 출근한 것으로 한다.

제23조 (월차유급휴가)

① 사용자는 전월 만근 근로자에 대해 1일의 유급휴가를 주어야 한다.

② 제1항의 규정에 의한 유급휴가는 근로자의 자유의사로 1년간에 한하여 적치하여 사용하거나 분할하여 사용할 수 없다.

제24조 (연차유급휴가)

① 사용자는 1년간 개근한 근로자에 대하여는 10일, 9할 이상 출근한 자에 대하여는 8일의 유급휴가를 주어야 한다.

② 사용자는 2년 이상 계속 근로한 근로자에 대하여는 1년을 초과하는 계속근로연수 1년에 대하여 제1항의 휴가에 1일을 가산한 유급휴가를 주어야 한다. 다만, 그 휴가 총일수가 20일을 초과할 경우에는 그 초과하는 일수에 대하여는 통상임금을 지급하고 유급휴가를 주지 아니할 수 있다.

③ 사용자는 제1항 및 제2항의 규정에 의한 유급휴가는 근로자의 청구가 있는 시기에 주어야 하며 그 기간에 대하여는 취업규칙이나 기타로 정하는 바에 의한 통상임금 또는 평균임금을 지급하여야 한다. 다만, 근로자가 청구한 시기에 유급휴가를 주는 것이 사업운영에 막대한 지장이 있는 경우에는 그 시기를 변경할 수 있다.

④ 근로자가 업무상의 부상 또는 질병으로 휴업한 기간과 산전, 산후의 여자가 제30조의 규정에 의하여 휴업한 기간은 제1항의 규정의 적용에 있어서는 출근한 것으로 본다.

⑤ 제1항 및 제2항의 유급휴가는 1년간 행사하지 아니한 때에는 소멸된다. 다만, 사용자의 귀책사유로 사용하지 못한 경우에는 그러하지 아니하다.

제25조 (연차유급휴가 공제) 결근일수와 휴직일수, 정직일수는 이를 연차유급휴가일수에 산입한다. 다만, 법령에 의한 의무수행이나 공무상 질병 또는 부상으로 인하여 휴직한 경우에는 공제하지 않는다.

제26조 (연차유급휴가 계획 및 휴가) 센터장은 직원에 대하여 업무에 지장이 없도록 연차유급휴가계획을 수립하여 실시하여야 한다.

① 부서장은 기관의 업무형편을 고려하고, 연차유급휴가가 균형 있게 연중 분산 실시되도록 연차유급휴가계획을 수립하여야 한다.

② 개인별 법정연차유급휴가 일수의 범위 안에서 1회당 7일 이내의 연차유급휴가를 허가하되 다음과 같은 『특별한 사유』가 있는 경우에는 본인의 법정연차유급휴가 일수 안에서 필요한 기간에 대하여 허가할 수 있다.

• 연차유급휴가를 활용하여 공무 외의 목적으로 국외 여행을 하는 경우
• 병가기간을 모두 사용한 후에도 직무를 수행할 수 없거나 계속 요양이 필요한 경우

- 직원이 센터장으로부터 허가받은 자기개발교육으로 출석 수업에 참여하는 경우
- 기타 상당한 이유가 있다고 허가권자가 인정하는 경우

③ 연차유급휴가는 오전 또는 오후의 반일단위로 허가할 수 있으며, 반일연차유급휴가 2회는 연차유급휴가 1일로 본다. 이때 반일연차유급휴가는 휴가신청서에 반일 연차유급휴가로 기재한다.

④ 직원은 개인별 연차유급휴가일수 범위 안에서 연차유급휴가·외출·조퇴 등의 방법으로 대학 또는 대학원에서 수학할 수 있으며, 이 경우 센터장의 허가를 사전에 득하여야 한다.

제27조 (휴가기간의 산출) 직원이 업무상의 부상 또는 질병으로 휴업한 기간과 산전·산후의 여성이 「근로기준법」 제60조의 규정에 의하여 휴업한 기간 및 센터의 귀책사유로 휴업한 기간은 이를 출근한 것으로 한다.

제28조 (특별휴가)

① 센터는 직원에게 다음 각 호의 경·조사 또는 특별한 사정이 발생되었을 때에는 청원에 의하여 특별 유급휴가를 허가 할 수 있다.

구분	대상	일수
결혼	본인 결혼	7
	자녀 결혼	2
	본인 및 배우자의 형제자매	1
출산	배우자의 출산	1
회갑	본인 및 배우자 회갑	5
	본인 및 배우자의 부모 회갑, 칠순	1
사망	배우자, 본인 및 배우자 직계존속	5
	자녀 및 자녀의 배우자	5
	본인 및 배우자 조부모	3
	본인 및 배우자의 형제자매	3
	본인 및 배우자의 형제자매의 배우자	3
	본인 및 배우자의 부모의 형제자매	1
탈상	배우자 본인 및 배우자의 직계존속 자녀 및 자녀의 배우자	1
기타	본인이 수재, 화재 기타 중대한 재해를 당했을 때	1 ~ 5일
	그 외 센터장이 필요하다고 인정하는 경우	1 ~ 3일

② 일용직, 아르바이트 등의 계약직 직원은 적용하지 아니한다.

③ 센터장의 재량으로 경조휴가비를 지급할 수 있다.

④ 휴가를 실시함에 있어 원격지일 경우에는 실제 필요한 왕복소요일수를 가산할 수 있다.

⑤ 경조휴가 기간과 유급휴가(주휴일, 법정휴일)가 겹친 경우 경조휴가를 사용한 것으로 본다.

⑥ 경·조사 휴가는 발생하는 날로부터 시작된다.

⑦ 경·조사 휴가를 얻고자하는 직원은 위의 사항을 증명할 수 있는 청첩장, 부고장 등을 첨부하여야 한다.

제29조 (포상휴가) 인사규정이 정하는 바에 의하여 포상휴가를 센터장이 허가할 수 있다.

제30조 (출산휴가)

① 임신 중인 여직원에 대하여는 그 출산의 전후를 통하여 90일의 출산휴가를 허가하여야 한다. 다만, 출산휴가는 산후에 45일 이상이 확보되도록 한다.

② 임신 중인 여직원의 청구가 있는 경우에는 경미한 근로에 전환시켜야 한다.

③ 제1항의 규정에 의한 휴가 중 최초 60일은 유급으로 한다.

④ 센터는 휴가종료일 기준으로 6개월 이상 근속한 여성직원이 남녀고용평등법 제18조 및 고용보험법 제55조의 7에 의거 제2항의 유급 60일의 휴가를 초과하는 휴가일수에 대하여 노동부로부터 산전 후 휴가급여를 지급 받을 수 있도록 각종 지원을 하여야 한다.

제31조 (공가) 센터는 직원에게 다음 각 호의 1에 해당하는 경우 필요하다고 인정되는 기간을 공가를 준다.

① 선거권, 공민권 행사 또는 관계관서로부터 소환 또는 출두요구가 있을 때 필요한 기간

② 예비역 보충역 훈련 및 민방위 훈련으로 인한 대에는 그 기간 및 시간(단, 훈련통지서를 제출하는 경우에 한함)

③ 천재지변, 교통차단 등의 사유로 출근이 불가능할 때

제32조 (병가)

① 직원이 다음 각 호의 1에 해당하는 경우에는 연 60일의 범위 안에서 병가를 허가할 수 있다. 다만, 공무상 질병 또는 부상으로 요양 중일 때에는 그 기간을 6개월까지 연장할 수 있다.

• 공무상의 질병 또는 부상으로 인하여 직무를 수행할 수 없을 때, 단 질병 또는 부상의 원인이 업무와 직접적으로 관련이 없을 때에는 연월차의 사용은 인정하되 연월차를 초과하는 병가에 대해서는 무급으로 한다.

• 전염병의 일환으로 인하여 그 직원의 출근이 다른 직원의 건강에 영향을 미칠 우려가 있을 때

② 병가일이 7일 이상일 때에는 의사의 진단서를 7일 미만인 때에는 진료비 영수증사본을 제출하여야 한다.

제33조 (휴가의 신청) 직원이 휴가를 하고자 할 때에는 3일 전에 소속 상사의 허가를 받아 휴가신청서를 제출하여야 한다. 다만, 사전에 허가를 얻지 못할 부득이한 사정이 있는

경우에는 사후에 승인을 얻어야 한다.

제34조 (휴가시기 변경) 센터는 직원이 청구한 시기에 유급휴가를 주는 것이 사업운영에 막대한 지장이 있는 경우에는 그 시기를 변경할 수 있다.

제35조 (휴가사용권)

① 직원은 월차유급휴가를 적치하여 사용할 수 없고, 연차유급휴가는 1년간 행사하지 아니하면 휴가청구권은 소멸한다. 다만, 센터의 귀책사유로 사용하지 못한 경우에는 그러하지 아니한다.

② 센터의 업무상 사유로 직원의 동의를 얻어 휴가를 주지 아니하고 근무시켰을 때에는 잔여일수에 대하여 연말에 소정의 연차유급휴가보상수당을 지급한다.

제4장 당 직

제36조 (당직)

① 직원은 업무의 필요에 따라 당직근무를 하여야 한다.

② 당직근무는 근로의 연장으로 보지 아니한다.

③ 당직자에게는 소정의 수당을 지급할 수 있다.

제37조 (당직 및 근무시간)

① 당직은 다음과 같이 구분하여 근무한다.

- 평일당직: 정규 근무 시간 후 정해진 시간까지 순번에 의해 선정된 직원이 근무하는 것을 말한다. 평일에는 정규 근무 시간 종료 후 21:30시까지를 원칙으로 하며, 센터 여건에 따라 시간 조정이 가능하다.
- 휴일당직: 공휴일에 정규 근무 시간에 준해 근무함(09:00~18:00)을 원칙으로 하며, 센터 여건에 따라 시간 조정이 가능하다.

② 센터장은 휴일당직자에 한하여 실비 또는 평일근무일을 휴무로 대체하여 보상할 수 있다.

제38조 (당직의 유예) 다음 해당자는 당직을 유예할 수 있으며 그 기준은 센터장의 판단과 기준으로 정한다.

- 2급 이상 직원
- 만 21세 이하, 만 50세 이상인 직원
- 그 외 센터장이 인정하는 직원

제39조 (임무 및 준수 사항) 당직자는 다음 사항을 준수하여야 한다.

- 당직 당일의 퇴근 시 시건 확인 및 기타의 안전 조치
- 당직 당일의 휴게시간 중 사무실의 보전
- 대외적인 업무처리
- 비상사태 발생 시 응급조치 및 연락망 가동

- 문서 접수 및 중요 업무의 연락
- 당직 근무 중 긴급을 요하는 사태 발생 시에는 상급자에게 연락하여 필요 조치를 지시 받는다.
- 기타 사고의 예방 조치

제40조 (당직자 금지사항)

① 당직 근무자는 음주, 도박, 기타 직원의 품위를 손상하거나 근무에 지장이 있는 행위를 하여서는 아니 된다.

② 당직 근무자는 취침 등으로 본 근무 자세를 벗어나서는 안된다.

제41조 (당직명령 및 변경)

① 센터장은 직원에게 당직근무 3일 전까지 이를 본인에게 통보하여야 한다. 단, 조를 편성하여 순번에 의해 순환하는 당직의 경우 이를 통보한 것으로 간주한다.

② 당직근무 중 접수한 문서는 당직일지에 기재하고 당직업무 주관자 및 후임자에게 인계한다.

제42조 (당직 근무의 비품)

① 당직근무일지

② 주요 연락처 및 비상연락망

③ 기타 당직 근무에 필요한 비품

제43조 (근무 태만자) 당직 근무의 근무 태만자는 징계 조치된다.

제5장 출 장

제44조 (국내출장)

① 직원이 업무수행을 위하여 출장하고자 할 때에는 미리 출장신청서를 제출하여 센터의 승인을 얻어야 한다. 다만, 통상적인 출장의 경우는 출장신청서를 생략한다.

② 출장직원이 출장 업무를 마치고 귀관하였을 때에는 지체 없이 그 내용에 대하여 상사에게 보고하여야 한다.

③ 출장직원은 업무수행을 위하여 전력을 다하여야 하며 사무(私務)로 시간을 소비하여서는 안된다.

제45조 (국외출장)

① 직원이 국외에 출장하고자 할 때에는 센터장의 승인을 받아야 한다.

② 출장용무를 마치고 귀국한 때에는 지체 없이 상급자에게 복명서를 제출하여야 한다.

제46조 (출장여비) 출장에 대하여는 여비규정이 정하는 바에 의하여 예산의 범위 안에서 출장여비를 지급할 수 있다.

제6장 복리 · 교육 및 기타

제47조 (건강진단)

① 직원의 건강을 위하여 정기적으로 건강진단을 시행하여야 하며 진단의 명을 받은 직원은 부득이한 경우를 제외하고는 이를 거부할 수 없다.

② 건강진단 결과 치료를 요하는 직원에 대하여는 치료를 위한 적절한 조치를 취하여야 한다.

제48조 (위생대책) 센터는 보건위생을 위하여 방역 기타 조치를 취하며, 직원은 이에 순응하여야 한다.

제49조 (질병보고) 직원은 업무에 지장을 주는 질병이 발생한 것을 알았을 때 즉시 상급자에게 보고하여야 한다.

제50조 (안전관리) 센터 모든 직원은 센터 사업에 필수적인 안전관리에 만전을 기해야 한다.

제51조 (재해보상)

① 센터는 직원이 공무로 인하여 사망, 부상 또는 질병 등으로 재해를 입었을 때에는 「근로기준법」 또는 산업재해보상보험법이 정하는 바에 의한 보상을 행한다. 또한 센터장이 필요하다고 인정하는 경우 결재를 통해 이와는 별도로 보상할 수 있다.

② 재해치료기관은 국 · 공립 병원으로 한다. 다만, 부득이한 경우는 센터장의 승인을 받아 다른 치료기관에서 치료를 받을 수 있다.

③ 재해보상은 산재보험에 준하여 처리한다. 다만, 산재보험처리로 부족하다고 인정되는 경우에는 센터에서 적절한 보상을 할 수 있다.

④ 센터는 업무 외의 재해에 대하여는 본 규정에 정한 보상책임을 지지 아니한다.

제52조 (조력의무) 센터는 직원이 업무상 재해를 당했을 경우에는 보험급여의 신청 및 수령 기타 상병상태를 신속히 회복시키기 위한 필요한 사항에 대하여 조력하여야 한다.

제53조 (남여고용평등)

① 직원의 모집 및 채용에 있어서 여성에게 남성과 동등한 기회를 준다.

② 동일한 사업 내의 동일 가치의 업무에 대하여는 동일한 임금을 지급한다. 다만, 직종차이에 따른 임금차이는 차별로 보지 아니한다. 동일 가치의 노동의 기준은 노동수행에서 요구되는 기술, 노력, 책임 및 작업조건 등으로 한다.

③ 직원의 교육, 배치, 승진에 있어서 여성인 것을 이유로 남성과 차별대우를 하지 아니한다.

④ 직원의 정년과 해고에 관하여 여성인 것을 이유로 남성과 차별하지 아니한다.

⑤ 센터는 근로여성의 혼인, 임신 또는 출산을 퇴직사유로 예정하는 근로계약을 체결하지 아니한다.

⑥ 센터는 생후 1년 미만의 영아를 가진 근로여성 또는 그를 대신한 배우자인 근로자가 그 영아의 양육을 위하여 휴직을 청구하는 경우에는 이를 허용한다. 다만, 생후

1년 미만의 영아에 대하여 육아휴직을 한 적이 있는 직원이 다시 그 영아의 양육을 위한 육아휴직을 청구한 경우에는 이를 허용하지 아니한다.

⑦ 제6항의 규정에 의한 육아휴직은 1년 이내로 하되, 당해 영아가 생후 1년이 되는 날을 초과할 수 없다.

제54조 (직장 내 성희롱 금지)

① 센터는 상급자 또는 직원이 직장 내의 지위를 이용하거나 업무와 관련하여 다른 직원에게 성적인 언어나 행동으로 또는 이를 조건으로 고용상의 불이익을 주거나 또는 성적 굴욕감을 유발하게 하여 고용환경을 악화시키지 않도록 한다.

② 전 직원은 직장 내 성희롱이 발생하지 않도록 적극 노력하며, 이를 위반한 자에 대하여 인사위원회를 통해 적절한 징계를 취한다. 또한 성희롱 예방을 위하여 연 1회 이상 직원교육을 실시한다.

③ 직장 내 성희롱 예방교육은 1년에 1회 이상 실시한다. 성희롱 예방교육에는 다음과 같은 내용을 교육한다.

- 직장 내 성희롱에 관한 법령
- 직장 내 성희롱 예방에 대한 센터의 방침에 관한 사항
- 직장 내 성희롱 발생 시의 처리절차 및 조치기준
- 직장 내 성희롱 피해근로자의 고충상담 및 구제절차
- 기타 직장 내 성희롱 예방에 필요한 사항

④ 직장 내 성희롱 판단 기준의 예시

- 성적인 언어나 행동에 의한 예시
  - 육체적 행위: 신체부위의 접촉 등
  - 언어적 행위: 음란한 농담 등 상스러운 이야기
  - 시각적 행위: 음란한 사진, 그림, 낙서, 출판물 등
  - 기타 사회통념상 성적 굴욕감을 유발하는 것으로 언어나 행동
- 고용상의 불이익을 주는 것의 예시 위협적 · 적대적인 고용환경을 형성하거나 성적 굴욕감으로 업무능률을 저해하는 것

제55조 (고령자고용)

① 고령자의 범위는 고용촉진법이 정하는 바에 따른다.

② 고령자의 고용은 법이 정하는 기준 고용율 이상의 고령자를 고용하도록 한다.

③ 고령자의 적합 직종은 법에서 정하는 바에 따르며 센터의 사정을 고려하여 채용을 결정할 수 있다.

제56조 (정년퇴직자의 재고용)

① 센터는 정년에 도달한 자가 센터에 다시 취업하기를 희망하는 때에는 그 직무수행능력에 적합한 직종에 재고용 하도록 노력한다.

② 센터는 고령자인 정년 퇴직자를 재고용함에 있어 당사자 간의 합의에 의하여 「근

로기준법」 제28조의 규정에 의한 퇴직금과 동 법 제48조에 의한 연차유급휴가 일
수계산을 위한 계속 근로기간 산정에 있어 종전의 근로기간을 제외하고 임금의 결
정도 종전과 달리한다.

제57조 (중식제공) 센터는 직원에게 급량비 또는 중식을 제공하여야 하며, 급량비를 지급받
고 센터의 식당을 이용하는 경우 직원은 일정액을 납부하여야 한다. 또한 시간 외 근
무를 할 경우 식사를 제공할 수 있다.

제58조 (작업용품) 센터는 업무에 필요한 작업복 및 작업용품을 필요에 따라 지급한다.

제59조 (직원교육) 직원교육은 내부교육과 외부교육으로 구분한다.

제60조 (외부교육 신청)

① 센터는 직원의 자질향상과 사회복지 업무의 전문성을 높이기 위해 직원의 직무와
관련된 외부교육을 파견한다.

② 전문분야의 업무를 수행하는 직원은 본인의 판단에 따라 자율적으로 교육을 신청
할 수 있으며, 업무와 관련된 교육이어야 한다.

③ 센터장은 직무특성, 교육기회의 형평성, 예산 등을 고려하여 직원의 외부교육을
지원할 수 있다.

부 칙

본 규정은 센터장의 허가를 득한 날부터(□□□법인 이사회의 승인을 받는 날부터) 시행한다.

보수규정

2009년 9월 1일 제정

제1장 총칙

제1조 (목적) 이 규정은 ○○○방문요양센터(이하 '센터'라 한다) 운영규정 제14조에 정하는 바에 따라 센터에 근무하는 직원의 보수에 관하여 필요한 사항을 규정하여, 직원의 장기근속을 유도하고 전문성을 제고함으로써 노인의 복지증진에 기여하도록 권장함을 목적으로 한다.

제2조 (용어의 정리) 본 규정에서 사용하는 용어의 정의는 다음과 같다.

① '보수'라 함은 봉급과 기타 각종 수당을 합산한 금액을 말한다.

② '봉급'이라 함은 직무의 곤란성 및 책임의 정도와 재직기간 등에 따라 직급별, 호봉별로 지급되는 기본급여를 말한다.

③ '수당'이라 함은 직무여건 및 생활여건 등에 따라 지급되는 부가급여를 말한다.

④ '승급'이라 함은 일정한 재직기간의 경과에 의하여 현재의 호봉보다 높은 호봉을 부여하는 것을 말한다.

⑤ '보수의 일할 계산'이라 함은 그 달의 보수를 그 달의 일수로 나누어 계산하는 것을 말한다.

⑥ '월평균 급여'이라 함은 1년간의 보수총액을 12월로 나누어 계산하는 것을 말한다.

제3조 (적용) 센터 직원의 보수는 다른 규정에서 특별히 정한 것을 제외하고는 이 규정이 정하는 바에 의한다. 다만, 별도의 계약에 의한 것은 제외한다.

제2장 보수

제4조 (보수의 산정기준)

① 보수의 계산은 매월 1일부터 그 달 말일까지로 한다.

② 특별한 규정이 있는 경우를 제외하고는 신규임용, 퇴직, 기타 징계처분에 의한 감봉의 경우에는 일할계산 지급한다.

제5조 (보수계산) 보수는 특별한 규정이 있는 경우를 제외하고는 매월 1일부터 그 달 말일까지 계산하며, 신규 채용·승진 또는 기타 징계처분에 의한 감봉 등 발령일, 처분일을 기준으로 그 월액을 일할 계산하여 지급한다.

제6조 (보수의 지급방법) 보수는 각 직원의 개인 통장에 무통장 입금을 원칙으로 지급하되, 급여 명세표를 본인에게 전달한다. 기타 부득이한 사유로 인하여 본인에게 직접 지급할 수 없을 때에는 본인이 지정하는 자에게 지급할 수 있다.

제7조 (보수지급일)

　　① 직원의 급여는 매월 25일에 지급한다. 다만, 부득이한 사유가 있을 시에는 25일 전후 3일 내로 지급할 수 있다.

　　② 지급일이 토요일, 공휴일인 경우에는 그 전일에 지급할 수 있다.

　　③ 일용직, 계약직은 별도로 정한 날에 지급한다.

제8조 (수습직원의 임금) 수습직원은 그 기간 동안 별도로 책정된 임금을 지급할 수 있다. 단, 수습직원의 임금이 법정최저임금에 미달해서는 아니 된다.

제9조 (수당의 예외인정) 계약직 직원의 경우 위 사항을 준용하지 않고 최초계약 조건에 따라 별도로 책정된 임금을 지급한다.

제10조 (인정경력 및 호봉획정) 인정경력 및 호봉획정은 인사규정 제8조·제10조에 정하는 바에 따른다.

제11조 (휴일근로수당) 근로자가 휴일에 근로하였을 경우 휴일근로수당으로 통상임금의 1/2을 가산하여 지급할 수 있다.

제12조 (비상시 지급) 센터는 다음 각 호의 1에 해당하는 경우에는 근로자의 청구에 의하여 기왕의 근로에 대한 임금을 지급할 수 있다.

　　① 근로자의 사망, 퇴직과 해고할 경우

　　② 근로자 또는 그 수입에 의하여 생계를 유지하는 가족이 결혼, 출산, 상병 및 재해를 당하거나 사망하여 비용이 필요한 경우

제3장 봉 급

제14조 (봉급)

　　① 센터 직원의 월 봉급액은 〈별지 1〉의 봉급표를 최저기준으로 한다. 단, 직원의 처우개선 등을 위하여 필요하다고 인정되는 경우 별도의 추가액을 확보, 지급할 수 있다.

　　② 센터장은 매년 봉급표를 재확정한다. 다만, 변동사항이 없는 경우에는 그러하지 아니한다.

　　③ 전항에 의한 봉급 기준 확정은 센터 운영여건에 따라 책정할 수 있다. 이 경우 기존의 봉급월액보다 적어서는 아니 된다.

제15조 (봉급계산) 신규채용, 승진, 승급 및 기타 어떠한 경우의 임용에 있어서도 봉급은 발행일을 기준으로 하여 월액을 일할 계산하여 지급한다.

제4장 호봉획정 및 승급

제16조 (호봉획정 및 승급시행권자) 호봉획정 및 승급은 센터장이 시행한다.

제17조 (인정경력 및 초임호봉의 획정, 경력연수 산정)

① 인정경력은 관련 사회복지시설 근무경력, 군복무근무경력(무관후보생 경력은 제외), 공무원경력 및 타 사회복지시설, 간호사(간호조무사 포함), 물리치료사의 병(의)원, 특수학교 교사의 관련분야 근무경력, 시설관리자의 관련분야 근무경력으로 한다. 다만, 자치구 및 운영법인의 재정사정 등에 따라 근무경력에 한해서 호봉합산을 일정기간 배제할 수 있다.

② 직원을 신규 채용하는 경우에는 초임호봉을 획정한다.

③ 초임호봉의 획정은 1호봉으로 하되, 근무경력이 있는 경우에는 경력별 근무기간 1년을 각각 1호봉씩으로 하여 산정한다.

③ 호봉획정에 반영되지 아니한 1년 미만의 잔여기간이 있을 때에는 그 기간을 다음 승급기간에 산입한다.

제18조 (승급 및 승진)

① 호봉 간의 승급에 필요한 기간은 1년으로 하며, 호봉은 매년 1월 1일자, 7월 1일자로 승급한다.

② 승진에 관한사항은 센터장의 인사권에 의하여 승진한다.

제5장 수당

제19조 (수당의 지급)

① (직무수당) 정규직원에게 봉급 외에 월봉급액의 10%를 직무수당으로 지급한다.

② (교통급식비) 센터장을 제외한 정규직원에게 월 10만원의 교통급식비를 지급한다.

③ (가계보조수당) 센터장을 제외한 정규직원에게 월 8만원의 가계보조 수당을 지급한다.

④ (가족수당) 정규직원 중 부양가족 4인 이내의 범위에서 부양가족 1인당 월 20,000원의 가족수당을 지급한다. 단, 부양가족을 확인할 수 있는 주민등록 등본 또는 초본을 관련부서에 제출하여야 한다.

〈부양가족의 범위〉

- 배우자(사실혼 제외)
- 본인 및 배우자의 60세 이상(여자 55세 이상)의 직계존속과 60세 미만의 직계존속 중 폐질상태가 심한 자
- 본인 및 배우자의 20세 미만의 직계비속 및 20세 이상의 직계비속 중 폐질상태의 정도가 심한 자
- 부양의무자와 동일 주소 또는 거소에서 실제로 생계를 같이해야 함.
- 부부직원일 때 수원시 보조금을 지급받는 사회복지센터에 종사하는 부부직원은 일방에게만 가족수당 지급
- 배우자가 공무원 및 정부투자기관에 근무하는 경우 미지급

⑤ (직책수당) 정규직원 중 센터장, 부장, 팀장, 팀장 등의 직책을 부여받고 임무를 수

행하는 직원에게 매월 직책수당을 지급한다.

- 센터장: 500,000원
- 사회복지사: 100,000원

⑥ (효도휴가비) 정규직원에게 매년 명절(설, 추석)이 속하는 달의 월 봉급의 50%를 효도휴가비로 지급한다.

⑦ (체력단련비) 정규직원에게 매년 4월, 7월 월 봉급의 50%를 체력단련비로 지급한다.

⑪ (자체수당) 제1항에서 제7항까지의 규정에 의한 수당 이외에 당해 센터의 수행사업과 운영의 특수성을 감안하여 센터장의 결정에 따라(□□□법인 이사회의 결정에 따라) 자체부담으로 별도의 수당규정을 신설하여 지급할 수 있다.

⑩ (특수직 근무수당) 정규직원 5년 미만 월100,000원, 5년 이상 월150,000원을 지급한다.

⑫ (수당의 예외 인정) 계약직 직원의 경우 위 사항을 준용하지 않고 최초 계약 조건에 따라 별도로 책정된 임금을 지급한다.

⑬ (시간외 수당) 센터 사업의 특성에 따라 시간 외 근무를 요하는 직원에게 일정액의 수당을 지급할 수 있다(별도규정으로 정한다).

제20조 (기말수당)

① 예산의 범위 안에서 매년 3월, 6월, 9월, 12월의 보수지급일에 봉급의 100%를 기말수당으로 지급한다.

② 기말수당 지급기간 중 계속 근무하지 아니한 경우에는 근무일수에 따라 일할 계산하여 지급한다. 다만, 기말수당 지급기간 중 봉급지급일수가 15일 미만인 자는 이를 지급하지 아니한다.

③ 지급일의 제외: 면직, 휴직, 퇴직 또는 제적된 자에 대하여는 각각의 처분 월에 지급한다.

④ 지급기간: 기말수당을 지급하는 달의 말일(기준일) 이전과 전 기준일의 다음 날 이후의 사이(예: 6월에 지급되는 기말수당의 경우 전 기준일인 3월 31일의 다음 날인 4월 1일부터 기준일인 6월 30일 까지임)

제21조 (정근수당) 예산의 범위 안에서 근무년수에 따라 매년 1월과 7월의 보수 지급일에 다음과 같이 정근수당을 지급한다.

① 1월에 지급되는 정근수당은 1월 1일 현재 직원의 신분을 보유하고, 1월 1일 현재 봉급이 지급되는 자중 전년도 12월 1일 이전부터 계속 봉급이 지급되는 자에게 지급한다. 전년도 12월 1일자로 신규 채용되거나 봉급이 지급되지 않은 청원휴직자가 같은 날짜에 복직한 경우 전년도 12월 1일 '이전'에 포함되므로 정근이 지급되나, 12월 2일 이후에 신규채용 또는 복직된 경우에는 지급하지 아니한다.

② 7월에 지급되는 정근수당 7월 1일 현재 직원의 신분을 유지하고, 7월 1일 현재 봉

급이 지급되는 자중 당해연도 6월 1일 이전부터 계속 봉급이 지급되는 자에게 지급한다.

제22조 (기타수당) 센터장은 직원의 직무여건을 고려하여 센터의 재정사정 이내에서 별도규정의 기타수당을 지급할 수 있다.

제6장 퇴직금

제23조 (퇴직금의 지급)

① 센터의 직원에 대해서는 「근로기준법」 제28조의 규정에 의하여 1년에 30일분 이상의 보수를 적립하여 퇴직 시 지급한다. 근속기간이 1년 미만인 때에는 퇴직금을 지급하지 아니한다.

② 직원이 면직, 정년퇴직, 해임, 사망으로 인하여 퇴직하였을 때에는 퇴직금을 지급한다.

제24조 (퇴직금의 중간정산)

① 센터는 1년 이상 근무한 직원의 요청이 있는 경우에 재직 중이라도 퇴직금을 미리 정산 지급할 수 있다. 단, 이후의 퇴직금 산정은 중간정산 일을 기준으로 한다.

② 퇴직금 중간정산 이후 계속근로연수가 1년 미만인 경우에도 그 기간에 대하여는 1년 간의 퇴직금에 비례하여 퇴직금을 지급하여야 하며, 직원의 근로연수와 관계가 있는 다른 근로조건(승진, 승급, 상여금 등)에 있어서 계속근로연수는 단절되지 않는다.

③ 센터 운영을 종결하는 경우 퇴직금을 지급할 수 있다.

제25조 (퇴직금의 산정기준)

① 근무일수는 수습기간을 포함하여 입사일로부터 퇴사일까지 일할 계산한다.

② 퇴직금은 최종근무 3개월 평균급여를 기준으로 산출하여 지급한다.

※ 유의사항

• 임금총액이란 당해 기간 중에 근로의 대가로서 지급된 임금의 총액을 말한다.

• 총 일수는 근로한 총 일수가 아니고 역일에 의한 총 일수를 말한다.

제26조 (단체퇴직보험) 센터는 직원을 피보험자로 하여 단체퇴직보험에 가입하여 종사자의 퇴직 시에 일시금으로 수령하게 할 수 있다. 이 경우 전조에 의한 기존의 퇴직금액보다 적어서는 아니 된다.

제27조 (퇴직금 지급일) 퇴직금 지급은 퇴직일로부터 14일 이내에 지급함을 원칙으로 하되 당사자 간의 합의가 있는 경우에는 3개월까지 연장할 수 있다.

부 칙

본 규정은 센터장의 허가를 득한 날부터(□□□법인 이사회의 승인을 받는 날부터) 시행한다.

여비규정

2009년 9월 1일 제정

제1조 (목적) 이 규정은 ○○○방문요양센터(이하 '센터'라 한다) 운영규정 제15조에 정하는 바에 따라 직원이 공무로 국내·외 출장을 하는데 있어 소요되는 출장비의 지급에 관한 제반사항을 규정하는 것을 목적으로 한다.

제2조 (출장의 정의) 이 규정에서 출장이라 함은 출장명령에 의거 공무를 수행하기 위하여 근무처를 떠나 지역 또는 국외로 나가는 것을 말한다.

제3조 (출장의 성립) 출장은 출장신청서에 의하여 신고하고 출장승인을 받음으로써 이루어진다.

제4조 (보고이행) 출장복명은 출장완료 후 3일 이내로 서면으로 센터장에게 결과보고서 제출 또는 구두로 보고한다. 긴급한 사항은 즉시 보고하여야 한다.

제4조 (여비)

① 여비지급의 주관부서는 회계담당자로 한다.

② 여비는 〈별표 1〉에 의하여 정액 지급하되 교통비는 실비에 의한다.

③ 다음 각 호의 경우에는 제2항의 규정을 적용하지 아니한다.

- 항공여행이 필요한 경우에는 센터장의 별도 승인을 얻어야 한다.
- 직원이 6시간 이상의 당일에 해당하는 출장을 할 때에는 〈별표 1〉의 1식분 식비와 교통비에 상당하는 여비를 지급한다. 다만, 8시간 이상의 출장인 경우에는 1식분 식비를 추가로 지급한다.

④ 출장목적 및 행선지가 같은 지역을 상급자와 동행할 경우에는 하급자의 교통비는 상급자에 준하여 지급한다.

⑤ 〈별표 1〉에 의한 여비지급액은 센터장이 물가수준을 감안하여 조정할 수 있다.

제7조 (여비의 종류) 여비는 교통비(철도, 선박, 항공, 자동차), 숙박비, 식비, 일비의 4종류로 구분한다.

제5조 (일수의 변동) 예정된 출장일수의 변동이 발생 시에는 구두 상으로 차상급자의 승인을 받도록 하고 변동일수만큼의 여비 증감액은 출장 완료 후 정산하여 보고한다.

제8조 (여비지급)

① 출장명령을 받은 직원은 〈별지 1〉에 의거 소정의 여비를 지급할 수 있다.

② 본 규정에 의하여 산출된 여비는 개인에게 지급하고, 지급조서를 작성하여 이를 보관한다. 다만, 긴급을 요하거나 여비 계산이 곤란한 경우에는 개산급하고 출장 후 검산한다.

제9조 (여비의 공제 및 불지급)

① 센터에서 공용차량을 제공할 경우에는 교통비를 지급하지 아니하며, 차량수리비

및 유류대는 증빙서에 의해 지급한다. 단, 개인차를 사용할 경우에는 〈별지 1〉에 의거하여 지급한다.

② 초청 기타 사유에 의하여 여비의 일부 또는 전액을 초청자가 부담하거나, 여비 중 식박비 및 식비 등의 일부 또는 전액을 회비로 납부하는 경우에는 그 일부를 공제 또는 이를 지급하지 아니한다.

제11조 (시내출장 여비)

① 시내출장의 경우에는 제5조의 규정에 불구하고 출장에 따른 비용은 실비로 지급할 수 있다. 가급적 대중교통 수단을 이용하되 긴급을 요하는 사항일 경우 택시비를 지급할 수 있다.

② 출장지로 곧바로 출근하거나 출장지에서 바로 퇴근하는 경우에는 여비를 지급하지 않는다.

제12조 (해외출장여비) 직원의 해외 출장 여비는 공무원 여비 지급 기준에 의한다.

부 칙

본 규정은 센터장의 허가를 득한 날부터(□□□법인 이사회의 승인을 받는 날부터) 시행한다.

〈별지 1〉

(1) 국내 여비 정액표

(단위: 원)

구분	교통비	숙박비(1박)	식비(1식)	일비	당일출장	
					시내	시외
센터장	실비	실비	실비	20,000	실비	실비
사회복지사		실비	6,000	15,000	실비	실비

* 당일 출장일 경우에는 총무과에 비치된 출장여비신청서에 기록하여 매월 말에 결재를 득한 후 신청액을 지급한다.
* 숙박비는 센터장 1등급(호텔 무궁화 3개의 관광호텔 수준), 사회복지사 이하 2등급(모텔, 장급여관)으로 한다.

(2) 교통비

구분	자동차운임	철도운임	선박운임	항공운임
센터장	실비	새마을호 특실, KTX	페리호 특실	실비
사회복지사		무궁화호	페리호 일반실	

* 자가 차량을 이용할 경우 소형차 기준으로 10Km에 2,000원을 지급한다(소요된 유류비 영수증으로 대체할 수 있다).

회계관리규정

2009년 9월 1일 제정

제1장 총 칙

제1조 (목적) 이 규정은 ○ ○ ○방문요양센터(이하 '센터'라 한다) 운영규정 제16조에 정하는 바에 따라 재정관리의 엄정을 기하고 예산의 계획성 있는 집행과 효율적인 회계처리를 기함과 동시에 회계 관계 직원의 책임과 임무를 명확하게 규정함을 목적으로 한다.

제2조 (적용범위) 본 센터의 회계에 관한 업무에 대해 특별히 정한 경우를 제외하고는 이 규정이 정하는 바에 의한다.

제3조 (회계연도) 센터의 회계연도는 정부의 회계연도에 의한다.

제4조 (회계연도 소속구분) 센터의 수입 및 지출의 발생과 자산 및 부채의 증감 · 변동에 관하여는 그 원인이 되는 사실이 발생한 날을 기준으로 하여 연도소속을 구분한다. 다만, 그 사실이 발생한 날을 정할 수 없는 경우에는 그 사실을 확인한 날을 기준으로 하여 연도소속을 구분한다.

제5조 (회계서류의 보관 등) 회계서류의 보관, 열람, 보존 등은 문서관리규정에 의한다.

제6조 (회계법규 준용) 본 규정에 정하지 아니한 센터의 회계업무는 사회복지법인 재무회계규칙을 준용한다.

제2장 예산의 편성 · 집행과 통제

제7조 (예산 통합의 원칙) 모든 수입은 예산의 세입으로 모든 지출은 예산의 세출에 의하여 집행한다.

제8조 (예산의 편성 및 확정)

① 센터의 예산은 정부의 예산편성 지침에 따라 편성한다.

② 각 부서에서는 예산편성 지침에 의하여 사업계획안을 작성하여 책임자에게 제출하여야 한다.

③ 예산총괄 책임자는 각 부분별 사업계획서를 종합 심의, 조정하여 예산안을 편성한다.

제9조 (예산의 구분)

① 센터의 예산은 사업별로 구분 편성한다.

② 회계의 계정과목은 예산에 따른다.

제10조 (예산금액 단위) 예산금액 단위는 1,000원으로 하며, 1,000원 미만은 사사오입한다.

제11조 (예비비)

① 예측할 수 없는 지출에 충당하기 위해 세출예산에 1/100~3/100의 예비비를 계상할 수 있다.

② 예비비를 사용할 경우에는 그 사용이유 및 금액을 명시한 조서를 작성하여 센터장의 승인을 얻어야 한다.

제12조 (예산 불성립 시의 예산집행)

① 예산이 부득이한 사유로 인하여 회계연도개시 전까지 성립하지 아니한 때에는 당해 회계연도 예산에 계상된 것으로 보고 다음 각 호의 경우에는 전년도 실적 범위 내에서 집행할 수 있다.

- 직원의 급여와 센터 운영에 필요한 기본경비
- 시설의 유지비

② 전 항에 의하여 집행된 예산은 당해연도 예산이 성립되면 그 성립된 예산에 의하여 집행된 것으로 본다.

제13조 (예산의 전용)

① 센터장은 관·항·목 간의 예산을 전용할 수 있다(다만, 관 간의 전용은 □□□법인 이사회의 의결을 거쳐야 한다).

② 센터장은 제①항의 규정에 의하여 예산을 전용할 때에는 □□□법인 이사회에 보고하여야 한다.

제14조 (추가경정예산) 센터장은 회계연도 기간 내에 사업계획의 수정·변경이 부득이 하다고 인정할 때에는 중앙교회 운영이사회의 의결을 얻어 기정예산의 추가 또는 경정을 할 수 있다.

제15조 (예산의 목적 외 사용금지) 예산의 집행에 있어서 예산에 정한 목적 외에는 사용할 수 없다.

제16조 (예산의 통제)

① 예산통제는 금액통제를 원칙으로 한다. 다만, 필요에 따라서 사업, 항목, 물량 단위로 통제할 수 있다.

② 예산통제의 기준 시점은 발생 시점 또는 지출 원인 행위시점을 기준으로 한다.

제17조 (심사) 예산통제의 실효를 거두기 위하여 예산관리부서는 제 지출행위에 대하여 다음 사항을 확인하여야 한다.

① 예산범위 내의 집행

② 예산과목의 일치여부

③ 기타 필요하다고 인정되는 사항

제18조 (예산의 이월) 예산은 이사회의 의결을 거쳐 다음 연도에 이월하여 사용할 수 있다. 다만, 다음의 각 항에 한하여 이월 사용할 수 있다.

① 당해연도에 완료되지 아니한 공사비

② 계속사업비

③ 제조 또는 구매 중에 있는 자본예산

④ 결산일 현재 지출원인 행위를 필하고 집행되지 아니한 용역비 및 경비

제3장 회계처리와 장부 · 결의서 · 전표

제19조 (회계 담당자) 회계관리 업무의 객관성과 효율성을 제고하고 회계에 관한 독립의 업무를 담당하기 위하여 다음과 같이 회계직원을 둔다.

① 예산, 회계 총괄: 센터장

② 재무원: 센터장(또는 사회복지사)

③ 지출원: 사회복지사

④ 수입원: 사회복지사

제20조 (장부의 종류)

① 현금출납부

② 총계정원장

③ 수입금현황부

④ 비품대장

⑤ 소모품대장

⑥ 퇴직적립금장부

⑦ 후원금장부

⑧ 기타 보조장부

제21조 (장부의 기재원칙)

① 장부의 계정, 적요 및 금액은 결의서와 그 내용이 일치하여야 한다.

② 잔액의 대치구분을 요하는 때에는 이를 명확히 표시하여야 한다.

③ 오기의 정정은 정당한 절차에 의하여야 한다.

④ 정규란 이외의 기입은 하여서는 안된다.

제22조 (장부 등의 오기 정정)

① 장부의 오기사항은 당해 부분을 평행 2주선으로 말소하여 정정한다.

② 오기로 인하여 공란으로 할 필요가 있을 때에는 당해부분을 평행 2주선으로 말소하고 '공란'이라 주서한다.

③ 금액은 일행 중 일부가 오기일지라도 그 행 전부를 정정하여야 한다.

④ 정정 부분에는 반드시 정정자가 날인하여야 한다.

⑤ 정정 시에는 약품을 사용하거나 도말 또는 개서할 수 없다.

제23조 (장부의 마감, 폐쇄갱신 및 이월)

① 현금 출납장은 매일 마감한다.

② 수입장부와 지출장부는 매월 마감한다.

③ 장부 마감 시에는 미리 그 마감잔액을 관계장부와 대조 확인하여야 한다.

④ 거래가 종결되는 장부는 종결 시에 마감하여, 회계연도 초에 이월을 필요로 하는 장부는 결산일에 마감한다.

⑤ 회계장부의 매 회계연도 별로 결산 확정시에 폐쇄하며 차기에 사용할 수 없다. 다만, 정부의 성질상 계속 사용이 필요한 경우에는 예외로 할 수 있다.

⑥ 장부의 갱신을 연도 초에 행하고 회계연도의 기간 중에는 특별한 경우를 제외하고는 이를 갱신할 수 없다.

제24조 (장부검열)

① 재무원은 매월 장부검열을 하여야 한다.

② 지출원은 매일 증빙서류와 대조하여 장부기입을 확인하여야 한다.

제25조 (결의서의 종류와 내용)

① 수입에 관한 결의서는 수입결의서다.

② 지출에 관한 결의서는 지출결의서이며, 이는 증빙서류를 근거로 작성한다.

제26조 (결의서의 작성)

① 결의서의 합계금액은 이를 정정하지 못한다.

② 기재사항의 오기를 정정할 때에는 반드시 지출원, 수입원이 날인하여야 한다.

제27조 (결의서의 심사) 결의서에 의하여 회계장부에 전기할 때에는 지출원이 미리 다음 각 호의 사항을 심사하고 불미한 점이 있을 때에는 보완하여 처리한다.

① 결의서 기재사항의 오류 유무

② 관계자인의 누락 유무

③ 증빙서류의 내용금액과 일치여부

④ 회계처리 시기의 적정여부

⑤ 기타 미비사항의 유무

제28조 (증빙서류의 범위)

① 증빙서류는 거래사실의 경위를 입증하여 기장의 증거가 되는 서류로서 그 범위는 센터장이 정한다.

② 제①항의 규정에 의하여 정하지 아니한 증빙서라 할지라도 특별히 필요하다고 인정되는 경우에는 이를 증빙서류로 청부하여야 한다.

③ 증빙서류는 원본으로 구비하여야 한다. 다만, 원본에 의하기 곤란한 경우에는 그 사본으로 갈음하고 원본대조자가 이에 확인표시를 하여야 한다.

제29조 (증빙서류의 작성) 증빙서류는 지출결의서에 지출의 근거가 되는 영수증, 청구서 및 계약서의 첨부로써 작성한다.

① 증빙서류는 다음 각 호에 의하여 작성되어야 한다.

- 지출결의서
- 적요란에 지급의 뜻, 공사명, 품명 및 수량, 산출내역, 부분급 내용과 지급회수, 선급 및 개산급의 표시 등 필요한 사항을 명기하여야 한다.

② 영수증서

- 정당한 채권자가 지출결의서의 영수증란에 기명, 날인하거나 합계금액의 정정

이 없는 별지영수증서에 기명 날인한 것이어야 한다.

- 기관운영비, 직책보조비, 회의비 등은 부득이한 사유로 인하여 영수증을 청구하지 못하는 때에는 지급증으로 갈음할 수 있다.

③ 청구서: 청구서의 합계금액은 정정하지 못하며 그 명세는 계약서 등 다른 관계서류의 명세서와 일치하여야 한다.

④ 계약서: 계약서와 그 부속서류는 그 내용이 서로 부합되어야 한다.

⑤ 기타 증빙서류의 적요란에 사유 및 산출 내역을 기재하여야 한다.

제30조 (증빙서류의 생략) 오기 정정 또는 결산 시 계정안 대체 등과 같이 단순히 계산적 조작의 필요에 의하여 발생한 거래에 있어서는 그 결의로써 증빙서류에 갈음할 수 있다. 다만, 이 경우에는 결의서의 적요란에 사유 및 산출 내역을 기재하여야 한다.

제31조 (회계관리자의 책임)

① 센터장은 센터 운영에 관련되어 회계행위를 함에 있어서 선량한 관리자의 책임을 진다.

② 회계관리 직원이 위법 부당한 회계처리로 센터에 손실을 끼쳤거나 또는 공금을 망실하였을 경우에는 변상하여야 한다.

③ 회계관리 직원은 회계처리에 관하여 위법 부당한 명령과 요청은 이를 거부하여야 한다.

제4장 계 약

제32조 (계약)

① 계약 사무에 관하여는 다음을 준용한다.

- 사회복지법인 재무회계 규칙
- 국가를 당사자로 하는 계약에 관한 법률
- 국가를 당사자로 하는 계약에 관한 법률 시행령
- 국가를 당사자로 하는 계약에 관한 법률 시행규칙
- 지방재정법: 제7장 제59조~제63조
- 지방재정법시행령: 제7장 제70조~제71조 등

② 계약사무는 센터장이 담당한다.

③ 사회복지사는 계약사무에 관하여 센터장을 보좌한다.

제33조 (계약체결 방법)

① 일반경쟁입찰에 의한 계약: 공사나 물품의 매매·도급·임대차 등의 계약은 일반경쟁입찰에 부치는 것이 원칙이나, 입찰참가기회의 확대하는 이점이 있는 반면, 부적격업체의 과다 응찰로 입찰 집행의 경쟁과 열 및 부실공사 등의 우려가 있다.

② 제한경쟁입찰에 의한 계약: 계약의 목적, 성질, 규모 등에서 공사의 경우 도급한도

액, 실적, 기술 보유, 상황, 재무상태 등을, 물품제조의 경우 설비, 기술보유상황, 실적 등 일정기준에 해당하는 성실하고 능력 있는 자를 입찰에 참가시키는 계약을 말한다.

③ 수의 계약: 계약의 목적·성질·규모 등을 고려하여 계약담당직원이 선택한 특정 인과 체결하는 계약을 말하는 것으로서 계약상대자가 1인이거나, 계속공사로 인 해 새로운 입찰절차가 불필요할 때, 긴급히 계약을 체결할 필요가 있을 때, 계약금 액이 소액인 때 계약하는 경우로서, 수의계약은 자본과 신용 및 기술·경험 등이 풍부한 계약상대자의 선택과 입찰 절차의 생략으로 행정 간소화를 기할 수 있으 나, 경쟁원리가 배제됨에 따라 계약담당직원의 자의성이 개입될 우려와 예산절감 에서도 부정적인 면이 있다.

제34조 (수의계약 요건) 센터는 특별히 규정한 경우를 제외하고 공사, 물품의 제조·구매, 용 역 등의 수의계약은 다음과 같은 사유에 한한다.

① 천재지변, 긴급한 행사, 비상재해 등으로 경쟁에 부칠 여유가 없을 경우

② 센터의 행위를 비밀리에 할 필요 시

③ 다른 국가기관, 지방자치단체와 계약 체결 시

④ 특정인의 기술, 용역 또는 특정한 위치·구조·품질·성능·효율 등으로 인하여 경쟁을 할 수 없는 경우

- 공사
  - 장래 시설물의 하자에 대한 책임구분이 곤란한 경우로 현재의 시공자와 계약
  - 작업상의 혼잡 등으로 동일 현장에서 2인 이상의 시공자가 공사할 수 없는 경 우로 현재의 시공자와 계약
  - 마감공사에서 직전 또는 현재의 시공자와 계약
  - 접적지역 등 특수지역의 공사로서 사실상 경쟁이 불가능
  - 특허공법에 의한 공사 및 건설(전력)기술관리법에 의하여 고시된 신기술(동법 에 의하여 지정된 보호기간에 한함)에 의한 공사 등 사실상 경쟁이 불가능
  - 당해 물품을 제조·공급할 자가 직접 그 물품을 설치 또는 조립하여 공사비 및 공사기간 면에서 계약기관에 유리한 경우

- 물품의 제조·구매
  - 특허·실용신안등록 또는 의장등록이 된 물품을 제조·구매(단, 일정한 규격 및 내용을 제시하여 제조하게 할 수 있거나 다른 물품의 구매로도 사업 목적을 달성 할 수 있는 경우를 제외함)
  - 이미 조달된 물품 등의 부품교환 또는 설비확충 등을 위하여 조달하는 경우로 서 당해 물품 등을 제조·공급한 자 이외로부터 제조·공급을 받게 되면 호환 성이 없게 되는 경우
  - 당해 물품의 생산자 또는 소비자가 1인

　　　　　―국산 대체 불가능한 품목으로 이미 도입된 외자시설·기계·장비의 부분품 구매
　　　•용역 등
　　　　　―특정인의 기술을 요하는 조사·설계·감리·특수측량·훈련·시설관리, 특정인과의 학술 연구 등을 위한 용역계약 또는 디자인 공모의 당선자와 체결하는 설계용역계약
　　　　　―특정인의 토지·건물 등 부동산 매입, 재산 임차 또는 특정인에게 임대
　　⑤ 추정가격이 5천만원(전문공사 4천만원, 전기·정보통신·소방공사 3천만원) 이하인 공사 또는 3천만원 이하인 물품의 제조·구매, 용역, 기타 계약
　　⑥ 다른 법률의 규정에 의한 특정사업자의 물품·재산 등 매입 또는 제조
　　　•물품의 생산자가 1인 뿐인 경우에 그 생산자로부터 제조·구매
　　　•중소기업진흥 및 제품구매촉진에 관한 법률에 의한 단체수의 계약 등
　　⑦ 기타 계약의 목적·성질 등의 불가피한 사유
　　　•특별 법인이 법률에서의 사업영위를 위해서 직접 생산하는 물품의 제조·구매 또는 용역계약을 하거나 직접물건을 매각 또는 임대
　　⑧ 분할 수의 계약
　　　•예정가격 또는 낙찰금액을 분할하여 계산할 수 있는 경우 그 가격 또는 금액보다 불리하지 아니한 금액의 범위 안에서 수인에게 분할하여 계약 체결
　　⑨ 기타 협회 등을 비롯한 사회복지시설·단체 간의 공동 물품구매·공동공사 등을 공동(협회)명의로 계약 체결 또는 협약한 후 이에 따라 이루어지는 센터에서의 계약 등은 수의계약 할 수 있다.
제35조 (견적서 제출 요구) 수의계약에 의하고자 할 때에는 2인 이상으로부터 견적서를 받아야 한다. 다만, 조달청 고시의 물품을 조달가격에 제조업체로부터 직접 구매할 경우이거나 다음의 경우에는 1인의 견적서를 받을 수 있다.
　　① 특정인의 기술·용역 또는 특정한 위치·구조·품질 등으로 경쟁할 수 없는 경우
　　② 중소기업진흥 및 제품구매 촉진에 관한 법률에 의한 단체수의계약
　　③ 재공고 입찰 등의 경우
　　④ 낙찰자가 계약을 체결하지 아니한 경우
　　⑤ 계약금액이 3천만원 이하인 경우
제36조 (견적서 제출 생략) 수의계약에 의하고자 할 때에 다음 각 호와 같은 경우에는 견적서 제출을 생략할 수 있다.
　　① 전기, 가스, 수도 등의 공급계약
　　② 추정가격이 10만원 미만인 물품의 제조·구매·임차 및 용역계약
제37조 (계약서 작성의 생략) 센터는 특별히 규정한 경우를 제외하고 공사, 물품의 제조·구매, 용역 등의 계약 시 다음과 같은 경우 계약서 작성을 생략할 수 있다. 단, 계약상대

자로부터 청구서 · 각서 · 협정서 · 승낙사항 등 계약 성립 증거가 될 수 있는 서류를 제출받아 이를 비치하여야 한다.

① 계약금액이 3천만원 이하인 계약

② 경매

③ 물품매각에서 매수인이 즉시 대금을 납부하고 그 물품을 인수

④ 전기 · 가스 · 수도의 공급계약 등 성질상 계약서 작성이 필요하지 아니한 때

제38조 (계약문서의 구성) 센터는 특별히 지정한 경우를 제외하고 공사, 물품의 제조 · 구매, 용역 등의 계약 시 물품구매 및 공사계약 일반조건이 명시된 계약서를 작성한다. 다만, 물품구매처 및 공사업체에서 사용하는 별도의 양식이 있는 경우에는 이로 대신할 수 있다.

제39조 (검사) 센터장은 계약상대자가 계약의 전부 또는 일부의 이행을 완료할 때에는 이를 확인하기 위하여 계약서 · 설계서 기타 관계서류에 의하여 검사하거나 소속직원에게 그 사무를 위임하여 필요한 검사를 하게 하여야 한다.

제40조 (검사조서 생략) 다음과 같은 경우 검사조서를 생략할 수 있다.

① 계약금액이 3천만원 이하인 계약의 경우

② 매각계약의 경우

③ 전기 · 가스 · 수도의 공급계약 등 그 성질상 검사조서의 작성을 필요로 하지 아니하는 계약의 경우

제5장 수입과 지출

제41조 (수납의 원칙)

① 수납은 현금, 자기앞수표, 송금수표, 신용카드에 의하여 수납함을 원칙으로 한다.

② 수입금이 납입되었을 때에는 수납부와 대조 확인하여 수입결의서를 작성 처리하여야 한다.

③ 수납은 수입원이 수납하여야 하며, 수납금은 그 다음날까지 금융기관에 여입하여야 한다.

제42조 (금전의 과부족 처리)

① 금전의 부족을 발견하였을 경우에는 그 경위를 조사하여 센터장에게 보고하여야 한다.

② 제①항의 경우에는 1주일이 경과하여도 그 원인을 발견하지 못할 때에는 취급자가 즉시 변상 조치하여야 한다.

③ 금전의 과오를 발견하였을 때에는 가수금으로 처리하여 그 원인을 규명하여 센터장에게 보고하여야 한다.

④ 제③항의 기수금 처리 후 1개월이 경과하여도 그 원인이 판명되지 아니할 경우 잡수입으로 처리하여야 한다.

제43조 (금전 지출의 원칙) 지출은 금전등록기, 세금계산서 · 계산서, On-line입금, 법인카드 결재에 의하여 행함을 원칙으로 한다. 다만, 전도금 지급, 소액지급, 급여, 여비와 기타 특별한 경우에는 예외로 할 수 있다.

① 1차 출납책임자는 회계담당을, 최종결재자는 센터장을 당연직으로 삼는다.

② 출납을 원하는 자는 관계증빙 서류를 제출한 후 센터장의 결재를 얻어 지출하여야 한다. 다만, 특별히 규정한 경우를 제외하고 통상적인 업무를 수행하기 위한 것으로 5만원 이하의 소액지출은 사회복지사의 결재로 대신할 수 있다.

③ 1차 출납책임자는 관계증빙 서류의 진위를 확인하여 상급자에게 보고하여야 한다.

④ 10만원 미만의 지출은 현금으로 지출할 수 있다.

⑤ 10만원 이상의 지출은 법인카드 · 금전등록기 또는 세금계산서 · 계산서를 발행 받아 집행하거나 On-line입금으로 집행한다.

⑥ 특별히 규정한 경우를 제외하고 물품구입 및 공사에 따른 지출 시에는 이중견적을 받아야 한다. 단, 물품구입의 경우 시중구매가격과 구입예정가격의 비교가 명확한 경우에는 견적서로 갈음한다. 또한 소식지 및 보고서 발행 등 연 1회 이상 정기적인 지출행위가 있을 영우 이중견적은 1년 단위로 받을 수 있다.

⑦ 지출원은 상용의 경비 또는 소액의 경비지출을 위하여 일정액의 현금을 보관할 수 있다.

⑧ 1차 출납책임자는 매월의 현금관리 업무를 정리한 후 일계표를 작성하여 보고한다. 다만, 전산회계처리에 의한 현금출납부와 현금잔고를 일일 보고하는 경우에는 현금출납부로써 이에 갈음할 수 있다.

제44조 (지출원인 행위의 준칙)

① 지출원인 행위는 지출재원이 확실한 것에 한하여 예산의 범위 내에서 하여야 한다.

② 지출원이 행하여야 한다.

제45조 (지출원인 결의서와 작성)

① 지출원인 행위를 할 때에는 지출원인 결의서를 작성하여야 한다. 다만, 지출원인 행위 결의서에 의하기 곤란한 경우에는 내부결의 문서로써 이에 갈음할 수 있다.

② 비용 예산 중 다음 각 호의 경비는 지출원인 행위 결의서 작성을 생략할 수 있다.

- 공공요금, 제세공과, 인건비, 여비, 기관운영비, 직책보조비, 협회비
- 법령규정 등 일정한 기준에 의한 경비
- 기타 정례적인 확정경비

제46조 (선급금과 개산급)

① 센터장은 업무의 성질상 필요하다고 안정된 경우에 한하여 선급금과 개산급을 지급할 수 있다.

② 선급금을 지급할 경우에는 다음과 같다.

- 외국에서 직접 구입하는 기계, 도서, 표본 또는 실험용 재료의 대가

- 정기간행물의 대가
- 토지 또는 가옥의 임대료와 용선료
- 운임
- 직원 중 특별한 사정이 있는 자에 대하여 지급하는 급여의 일부
- 관공서(정부투자기관관리기본법에 의한 정부투자기관 및 특별법에 의하여 설립된 특수 법인을 포함한다)에 대하여 지급하는 경비
- 외국에서 연구 또는 조사 중에 있는 자에 대하여 지급하는 경비
- 보조금
- 사례금
- 계약금액이 1천만원 이상인 공사나 제조 또는 물건의 매입을 하는 경우에 계약금액의 100분의 50을 초과하지 아니하는 금액
- 기타 사업을 실시하기 위하여 필요하다고 인정되는 경우

③ 개산급을 지급할 경우에는 다음과 같다.
- 여비 및 업무추진비
- 정부투자기관관리기본법에 의한 정부투자기관 및 특별법에 의하여 설립된 특수법인을 포함한 관공서에 대하여 지급하는 경비
- 보조금
- 소송비용

제47조 (후원금의 지출) 후원금은 후원자가 지정하는 용도로 사용한다. 단, 후원용도를 특별히 지정하지 않은 경우에는 센터 필요용도에 사용할 수 있다.

제48조 (업무추진비의 지출) 센터의 효율적 업무수행을 위하여 예산에 계상하는 업무추진비는 대외협력비, 기관운영비, 직책보조비, 회의비로 구분한다.

① 대외협력비는 유관기관과의 관계형성 및 발전을 도모하기 위한 제잡비로 필요 시 법인 지원 예산 범위 내에서 다음 각 호와 같이 임직원에게 월정액으로 지급할 수 있다.
- 센터장: 70만원 이하
- 사회복지사: 10만원 이하

② 기관운영비는 기관운영을 위하여 소요되는 제잡비로 필요 시 예산 범위 내에서 월 50만원 이하로 증빙서류를 첨부 사용할 수 있다.

③ 직책보조비는 직원의 직무수행에 소요되는 제잡비(후원자 개발 및 관리, 자원봉사자 개발 및 관리, 요보호대상자 관리, 강사관리, 타 기관 담당자 간 업무유대강화, 소소한 사무용품 구입, 직원관리비, 기타 공무와 직책수행을 위해 발생하는 제잡비) 등으로 필요 시 예산 범위 내에서 다음 각 호와 같이 임직원에게 월정액으로 지급할 수 있다.
- 센터장: 30만원 이하
- 사회복지사: 10만원 이하

④ 회의비는 센터 업무추진을 위한 사업계획 · 점검 · 평가 등의 회의, 직원 포상 · 징계 또는 인사에 관한 회의, 자원봉사자 · 후원자 등의 각종 회의 · 다과비 등에 소요되는 제잡비로 예산 범위 내에서 증빙서류를 첨부 사용할 수 있다.

제49조 (업무추진비의 지출금지) 업무추진비는 기관운영 및 그와 관련한 임직원의 직책수행과 회의 진행 등을 위한 제잡비로 공무와 명확한 관련이 있어야 하며, 센터의 공무와 관련이 없는 다음 각 호의 비용은 지출할 수 없다.

① 기관운영비는 센터장에게 어떠한 경우에도 월정액으로 지급할 수 없으며 사적인 경조비, 전별금 및 센터장 등 임직원이 개인자격으로 가입한 단체의 회비 등을 기관운영비에서 지출할 수 없다.

② 임직원의 퇴임행사 관련 경비는 간소하게 치러질 수 있도록 최소한의 경비만을 계상하고 전별금, 위로금, 기념품을 선물비용 등을 업무추진비에서 지출할 수 없다.

③ 사회복지시설 간의 업무유대 및 협조를 위한 비용이 아닌 것으로 명백한 센터 공무의 목적과 관련이 없는 개인 · 단체 또는 센터 운영법인이나 법인산하 시설을 위한 찬조금 및 물품 구입에 소요되는 비용을 기관운영비에서 지출할 수 없다.

제6장 결 산

제50조 (결산)

① 결산은 당해연도 센터 운영성과와 재정 상태를 파악할 수 있도록 명확하게 하여야 한다.

② 세입, 세출 결산은 회계연도 종료 후 2개월 이내에 이사회의 승인을 얻는다.

③ 결산은 필요 시 제 계정정리 등의 절차를 생략한 가결산 및 임시 결산을 실시할 수 있다.

제51조 (퇴직급여 충당금) 퇴직급여 충당금은 결산일 현대 실적으로 발생하거나 소요될 총액으로 한다. 다만, 예산의 과부족으로 불가피할 경우 차기 연도로 이월할 수 있다.

제52조 (수입 잉여금) 수입잉여금은 익연도의 세입예산에 이월 편입한다.

부 칙

본 규정은 센터장의 허가를 득한 날부터(□□□법인 이사회의 승인을 받는 날부터) 시행한다.

예시 2   운영지침_윤리행동강령

윤리행동강령

1) 윤리강령

(1) 윤리강령의 목적

장기요양사업을 수행하는 장기요양기관으로서 사회복지의 기본이념과 정신을 바탕으로 대상자의 삶의 질 향상과 건강한 가족, 지역사회를 만들어 가는데 사명을 다하며, 이를 실천하기 위해 전문적인 지식과 기술을 개발하고 사회적 가치를 실현하는 전문가로서 최선을 다할 수 있도록 한다. 인재의 적극 확충 및 육성에 노력하며 대상자, 동료, 기관 그리고 지역사회와 함께 조화와 협력을 이루어 정직하고 책임감 있는 사업을 수행하는 신뢰받는 기관이 되고자 한다.

따라서 복지환경의 변화와 사회적 요구에 보다 적극적으로 부응하고 보다 효과적인 실천과 운영을 위해서는 윤리경영의 이념과 원칙을 세워 기관과 직원 모두 이를 실천해 나갈 수 있도록 윤리강령, 행동강령, 행동준칙, 실천지침을 마련하여 철저히 숙지하고 이를 준수해 나갈 것을 다짐한다.

(2) 적용범위

이 윤리행동강령은 본 기관의 소속직원(계약직, 파견근무자 등) 전원에게 적용한다.

① 대상자(고객)

- 수급자는 서비스 고객임을 명심하고 모든 서비스 활동에 있어 대상자의 편에 서서 생각하고, 결정하며, 가치있는 삶을 영위할 수 있도록 최선을 다한다.
- 대상자에게 정직하고, 대상자의 의견을 존중하며 대상자와의 약속은 반드시 지킨다.
- 대상자의 사전 동의 없이 대상자의 정보를 목적과 다른 용도로 사용하지 않는다.

② 직원

- 직원은 기관운영에 관한 규정과 지침을 지키고 투명성과 성실성을 유지한다.
- 직원은 높은 윤리적 가치관에 따라 바르게 행동을 함으로써 기관의 명예와 개인의 품위를 유지하고 동료들이나 타 기관으로부터 존경과 신뢰를 받도록 한다.
- 직원은 일에 대한 사명감을 가지고 사랑과 봉사, 협동과 조화를 이루며 능동적 · 헌신적으로 기관에 공헌한다.

- 직원은 기관의 재산을 개인용도로 사용하지 않고, 업무상 알게 된 기관의 정보를 누설하지 않는다.
- 직원 상호 간의 선물제공, 연대보증 행위를 하지 않고, 무례한 언행이나 성희롱 등을 금하며 밝은 기관분위기를 만들어 나간다.
- 직원은 사회적 책임을 명심하며 기회와 위기에 적극적으로 대처하고, 사회복지사업 수행에 모범을 보인다.

③ 기관

- 기관은 복지사업 수행에 관한 법적인 기준에 따라 운영한다.
- 기관은 우월적 지위를 이용하여 부당한 요구를 하거나, 부정한 행위를 조장해서는 안된다.
- 기관은 직원에게 지연, 학연 및 성별 등에 관계없이 능력과 실력에 따라 공정한 대우를 한다.
- 기관은 직원 개개인의 인간으로서의 존엄과 가치를 깊이 인식하고, 직장생활의 질을 높이는 데 힘쓴다.
- 기관은 직원, 실습생 등에게 윤리강령의 취지와 정신을 설명하고, 이를 따를 것을 권장한다.

④ 국가와 사회

- 국가와 사회의 가치관을 존중하며 관련법규를 준수하고, 건전한 운영을 통하여 기관을 발전시킴으로써 지역사회와 주민생활의 질을 향상 시키고 국가발전에 이바지한다.
- 정치에 관여하지 않는다.
- 지역사회의 이익과 발전을 저해하거나 환경과 자원보호에 악영향을 미치는 활동에는 참여하지 않는다.
- 지역사회, 고객, 직원 나아가 주민의 안전을 위해 항상 노력하며, 교육과 훈련을 통해 사고예방에 힘쓴다.

2) 행동규범

윤리강령 행동규범의 기본정신으로 이해관계자별 책임과 의무, 기본윤리를 중심으로 대상자에 대한 자세, 직원에 대한 책무, 국가와 사회에 대한 책무, 직원의 윤리기준, 실습생 및 자원봉사자의 윤리기준, 지역사회에 대한 윤리기준을 제시하고 이를 실천하기 위해 행동방침을 규정하였으므로 이를 철저히 숙지하고 준수하여야 한다.

(1) 대상자에 대한 자세

- 대상자는 기관의 존립기반임을 명심하고 대상자의 만족을 모든 행동과 가치판단의 기준으로 삼는다.
- 항상 대상자의 입장에서 생각하고 행동하며 대상자에게 최고의 서비스를 제공하며 고객만족에 최선을 다한다.
- 대상자의 만족과 안전을 위하여 서비스관리에 최선의 노력을 다한다.
- 대상자와의 약속은 신중하게 판단하여야 하며 체결된 약속은 철저히 이행한다.
- 대상자를 응대할 때는 대상자의 의도를 적극적으로 파악하고 항상 공손하고 진실하게 행동하여 대상자로부터 신뢰감을 높인다.
- 대상자의 의견을 청취할 수 있는 채널을 개발하고 관리하여 대상자의 의견을 신속, 정확하게 처리한다.
- 대상자의 존엄성을 존중하며, 신체적 · 정신적 위협이나 폭력 · 고통 · 강압과 부당한 영향력을 행사하지 않는다.
- 대상자가 자신의 서비스 계획 및 평가에 참여하여 대상자가 자기결정권을 최대한 행사할 수 있도록 한다.
- 대상자가 이용하고 있는 서비스의 범위와 내용에 대해 정확하고 충분한 정보를 제공함으로써, 알 권리를 인정하고 존중해야 한다.
- 대상자의 개인정보에 대해 철저히 비밀을 유지하며, 대상자의 동의 없이 사용하거나 공개하지 않는다.
- 대상자를 성별 · 인종 · 학력 · 종교 · 연령 · 장애 등의 이유로 차별하지 않고, 공정하고 성실하게 서비스를 제공한다.
- 대상자의 이익을 최대한 대변하여 대상자의 권익이 보호될 수 있도록 한다.
- 대상자와 어떠한 상황에서도 금전적 · 성적 관계 등 부적절한 관계를 가져서는 안된다.

(2) 직원에 대한 책무

- 인간존중
  - 기관은 직원의 인격과 개성을 존중한다.
  - 직원 개개인의 능력을 존중하고 공정한 기회를 제공함으로써 직원의 자아실현의 장이 되도록 한다.
- 공정한 대우
  - 기관은 직원의 능력과 자질에 따라 공평한 기회를 제공하고 학연, 지연, 성별, 종교 등의 이유로 차별대우를 하여서는 아니 된다.
  - 적재적소의 원칙, 능력주의 원칙을 고수하고 기관에 대한 공헌도와 노력에 따라 정당하고 공정하게 평가하고 보상한다.

- 업무를 수행함에 있어서 원칙과 기본에 충실하고 최선을 다하였으나, 불가피하게 발생한 실수에 대해서는 최대한 배려한다.

- **근무환경**
  - 기관은 직원이 쾌적하고 안전하게 근무할 수 있도록 근무환경을 조성한다.
  - 기관은 근무환경을 안전하고 위생적으로 조성하고 안전사고 예방에 최선을 다한다.

- **자기 계발 지원**
  - 기관은 직원들이 업무와 관련된 기술을 연마하고 계발하는 것을 장려하고 적극 지원한다.
  - 기관은 창조적 사고와 능력을 발휘할 수 있도록 최선의 여건을 조성한다.
  - 기관은 체계적인 인적자원관리를 통해 우수한 인력을 발굴, 채용하여 우수한 인재로 육성한다.
  - 기관은 개인의 역량과 의사를 업무에 최대한 반영하여 개인의 업무능력을 지속적으로 향상시킬 수 있는 기회를 제공한다.

- **직원관리**
  - 기관은 직원을 독립된 인격체로서 존중하고 개개인이 주인의식을 바탕으로 일에 대한 긍지와 보람을 가질 수 있도록 한다.
  - 기관은 직원 개인의 능력과 자질에 따라 균등한 기회를 부여하고, 성별·인종·학력·종교·연령·장애 등을 이유로 차별 대우하지 않는다.
  - 기관은 개인의 역량과 성과에 따른 적절하고 합리적인 보상을 통하여 동기를 부여한다.
  - 기관은 모든 분야에서 직원의 능력을 공정하게 평가하고 이를 인사고가에 반영하는 체계를 마련한다.
  - 기관은 직원과 상호신뢰와 이해를 바탕으로 건전하고 발전적인 기관 분위기를 조성하도록 힘쓴다.
  - 기관은 직원과 원활한 의사소통 수단을 마련하여 기관 내의 갈등을 사전에 해소할 수 있도록 노력한다.

(3) 국가와 사회에 대한 책무

- 기관은 국가 및 지역사회의 일원으로서 기초질서 및 제반법규를 철저히 준수하다.
- 기관은 사회적 책임 및 역할을 깊이 인식하고 국가 및 지역사회의 발전에 공헌한다.
- 기관은 합리적인 절차와 투명경영 체계를 확립하여 적법한 기관운영을 하는 데 최선을 다한다.
- 기관은 국가와 지방자치 단체 등에서 부과되는 조세 및 각종 의무를 성실히 수행한다.
- 기관은 실습생 및 자원봉사 활동의 장을 제공하여 시민의 사회참여활동에 적극 지원한다.

- 기관은 자원의 낭비를 최대한 줄이고 업무수행 시 공해 및 오염방지를 위해 최선을 다한다.
- 기관은 시설물에 대한 정기점검을 철저히 하여 화재예방, 가스누출, 정전 등 안전관리에 만전을 기한다.

(4) 직원의 윤리기준

① 직원의 기본윤리
- 전문가로서의 자세
  - 직원은 사회복지의 기본가치인 인간존중의 가치를 지향해야 한다.
  - 직원은 전문가로서 최상의 서비스를 제공하기 위하여 다양한 교육 및 훈련을 통해 자기계발 및 성장을 도모한다.
  - 직원은 전문가로서 지식과 기술을 가지고, 자신이 맡고 있는 업무에 대해 의무와 책임을 다한다.
  - 사회복지사, 간호사, 요양보호사 등의 전문가는 각각의 전문영역의 윤리강령을 준수한다.
  - 직원은 전문적 판단과 가치에 따라 업무를 수행함에 있어 어떠한 부당한 압력에도 타협하지 않는다.
  - 직원은 기관의 정책과 사업목표 달성, 서비스의 효율성과 효과성 증진을 위해 노력해야 한다.
- 품위와 자질유지
  - 직원은 언행을 바르게 하여 기관의 품위를 유지하며, 기관의 이미지를 실추시키지 않는다.
  - 직원은 자신의 이익을 위해 사회복지 실천의 가치와 권위를 훼손해서는 안된다.
  - 직원은 노인복지종사자로서의 긍지와 자부심을 가지고 정직하고 성실한 사회생활을 한다.
  - 직원은 업무수행에 있어 사회로부터 지탄을 받을 수 있는 불법, 비윤리적인 행동을 하여서는 안된다.
- 공정한 업무수행
  - 직원은 기관의 운영목적과 목표를 공감하고 운영방침에 따라 성실하게 업무를 수행한다.
  - 직원은 끊임없는 자기계발로 기관이 요구하는 인재상에 부합되도록 노력하여야 한다.
  - 직원은 기관의 윤리강령과 운영규정을 숙지하고 반드시 이를 준수해야 한다.
  - 직원은 모든 업무를 정직하고 성실하게 수행하며 업무와 관련이 없는 사적인 행위

를 하지 않는다.

- 직원은 자신의 업무와 관련된 모든 사항과 기관 내에서 발생하는 사건, 사고 등은 적시에 사실에 근거하여 정직하게 보고하여야 한다.

• 정보보호 및 안전사고예방

- 직원은 업무와 관련하여 습득한 지식 및 정보를 공유하여 서비스의 질적인 향상을 도모하고 습득된 정보에 대하여 업무 외적으로 정보를 함부로 누설하지 않는다.
- 기관 퇴사 후에도 기관의 정보보호는 재직시와 동일하게 적용한다.
- 직원은 기관의 물적·지적 자산을 소중히 여기고 사적용도로 사용하지 않는다.
- 직원은 기관의 정보통신시스템과 관련된 자신의 ID(아이디)와 PW(비밀번호)에 대한 보안을 철저히 하여 타인에게 이를 알려주거나 자신을 대신하여 정보시스템에 접근, 사용하도록 해서는 아니되며 타인의 정보나 자료의 취득, 훼손, 도용 또는 누설하지 않도록 하여야 한다.
- 직원에 안전에 관련된 법규 및 기관안전관리지침을 철저히 준수하여 안전사고예방을 위해 노력한다.

• 정치관여 금지

- 직원은 기관의 자산, 자신의 직위, 기관의 명칭 등을 정치적 목적으로 사용하거나 근무시간에 정치활동을 하여서는 아니 된다.
- 직원은 개개인의 정치참여가 기관의 입장으로 오해받지 않도록 한다.

• 직원 간의 동료의식 고취

- 직원은 서로 존중과 신뢰로서 동료를 대하며 원활한 의사소통 및 업무협조로 기관의 발전에 기여한다.
- 직원은 상하급자 및 동료 간에 불손한 언행이나 비하하는 발언, 부정적 편견, 위협적이거나 적대적인 언어를 사용하지 않는 등 기본예의를 지킨다.
- 직원은 대상자의 이익과 권익을 증진시키기 위해 동료와 협력해야 한다.
- 직원 개인의 개성을 존중하고 동료 및 타 전문직 동료의 직무 가치와 내용을 인정, 이해하며 상호 간에 민주적인 직무관계를 이루도록 노력해야 한다.
- 직원 상호 간에 신의와 성실로 대함으로써 공동체의식과 따뜻한 동료의식을 고취하기 위해 노력한다.
- 직원 간 부정, 비리, 잘못된 관행을 묵인, 방임해서는 안 되며, 이를 알고도 신고하지 않는 자는 인사 상 불이익을 받을 수 있다.
- 동료의식을 저해하는 직원 상호 간의 금전거래행위는 하지 않는다.

• 성희롱 예방

- 직원 상호 간에 성적 수치심을 유발시키는 유혹이나 농담, 신체적 접촉 등을 통해 근무환경을 저해하는 행동을 하여서는 아니 된다.
- 직원은 성희롱이 개인의 인권침해 및 직장의 분위기를 저해하는 위법행위임을 인

식하고 이에 저촉되는 행위를 하지 않는다.]

② 슈퍼바이저의 윤리

- 슈퍼바이저는 기관의 운영과 장기요양사업에 대한 비전과 목표, 업무실천 전반에 대한 전문적 지도와 조언을 해야 한다.
- 슈퍼바이저는 개인적인 이익의 추구를 위해 자신의 지위를 이용해서는 안된다.
- 슈퍼바이저는 전문적 기준에 의해 공정하게 책임을 수행하며, 요양보호사 및 실습생에 대한 평가는 공유해야 한다.
- 슈퍼바이지는 슈퍼바이저의 전문적 지도와 조언을 존중해야 하며, 슈퍼바이저는 직원의 전문적 업무수행을 도와야 한다.
- 외부 슈퍼바이저는 기관의 슈퍼비전 계약사항을 준수해야 한다.

③ 관리자의 윤리

- 관리자는 기관의 비전과 미션을 달성하기 위한 경영방침과 실천전략을 마련한다.
- 관리자는 운영규정을 충분히 숙지하여 일관성 있게 적용한다.
- 관리자는 직원의 애로사항과 욕구를 파악하기 위해 정기적인 개별 면담이나 의사소통의 통로를 마련해 두어야 한다.
- 관리자는 직원의 업무지도 및 인사관리의 효율성을 기하기 위하여 자체적인 평가기준을 가지고 평가를 실시해야 하며 그 결과가 합당하게 반영될 수 있도록 하여야 한다.
- 관리자는 직원을 의사결정과정에 참여시켜야 하며, 실무담당자의 충분한 재량권을 확보해 주어야 한다.
- 관리자는 직원의 독창적 사고와 자율적 행동을 촉진하고 최고의 전문성을 갖추도록 자기계발 여건을 조성한다.

④ 실습생에 대한 윤리

- 기관은 요양보호사양성지침에 의거하여 실습계획을 수립하며 이를 철저히 준수한다.
- 기관 및 직원은 전문인으로써 예비요양보호사를 양성하는 데 이바지한다.
- 장기요양사업 현장에서의 실천기술의 전달과 현장경험을 제공하는 데 최선을 다한다.
- 실습생으로서 실습과정을 충실히 이행할 수 있도록 교육과 지도에 최선의 노력을 한다.
- 기관 및 직원은 실습생에 대하여 실습목적에 위배되는 적절하지 못한 업무를 지시해서는 안된다.
- 직원은 실습생에 대하여 인격적으로 대우하며 적절한 언행과 태도를 유지한다.
- 직원은 실습평가에 있어 학연, 지연 등의 친분과 지위를 배제하고, 개인의 능력과 실력을 기준으로 정당한 평가가 되도록 한다.

• 직원은 실습생의 처지를 악용하여 금전적인 이익을 위한 청탁 및 거래를 해서는 안
되며, 금품을 개인적으로 받지 않는다.

⑤ 자원봉사자에 대한 윤리

• 기관 및 직원은 자원봉사자에 대하여 인간으로서의 존엄성을 가지고 존중한다.

• 직원은 직무 수행과정에서 알게 된 자원봉사자의 비밀을 보장한다.

• 직원은 자원봉사자의 성별 · 인종 · 학력 · 종교 · 연령 · 장애 등의 이유로 차별해서
는 안된다.

• 직원이 자원봉사자를 대함에 있어 친절해야 하며, 적절한 언어와 호칭을 사용한다.

• 기관은 자원봉사자가 지속적으로 자원봉사활동이 가능하도록 관련된 기술을 교육하
고 능력을 개발하여 최대한 발휘할 수 있도록 지원한다.

• 기관 및 직원은 자원봉사자의 건의 및 의견에 경청하며 자원봉사자를 업무수행의 동
반자로서 대등한 관계로 인식한다.

• 자원봉사관리자는 자원봉사자 관리, 연계, 교육, 지원을 효율적이고 효과적으로 수
행하기 위해 관련 지식과 기술을 개발하며 다양한 교육을 통해 이를 적극 활용한다.

• 자원봉사관리자는 정확한 자원봉사 활동기록을 바탕으로 자원봉사활동확인서를
발급해야 하며, 개인적 친분이나 봉사자의 개인적 사정, 부탁으로 허위 발급하지
않는다.

• 직원은 자원봉사자와 금전적인 이익을 위한 관계를 형성하지 않으며 금품을 개인적
으로 받지 않는다.

(5) 실습생 및 자원봉사자의 윤리기준

① 실습생의 윤리

• 실습생은 실습의 가치요령을 충분히 이해하며 유효 적절한 실습에 임하는 자세를
가진다.

• 실습기관의 운영 전반에 대한 올바른 이해와 실습에 대한 인식을 충분히 갖도록 노
력한다.

• 기관과 지역사회에 적응하고 기관의 한 구성원으로 적극적인 협력과 친화적인 태도
를 취한다.

• 기관의 모든 내부 운영규정과 지침을 위반하는 일이 없도록 숙지하고 이를 실천한다.

• 기관의 직원과 실습생 상호 간에 존중하며 협력과 조화를 이루는 데 노력한다.

• 기관의 실습교육계획에 따라 성실하게 실습에 임하며 맡은 일에 책임감을 갖고 적극
적으로 수행한다.

• 실습 대상자의 존엄성을 존중하며, 신체적 · 정신적 위협이나 폭력 · 고통 · 강압과

부당한 영향력을 행사하지 않는다.

- 실습생으로서 단정한 외모와 품성을 유지하고 예의바른 태도와 언행을 갖추어야 한다.
- 안전사고 발생을 예방하기 위해 최대한 노력하며 사고발생 시에는 기관 및 직원에게 보고한다.
- 실습과 관련한 기관, 직원, 대상자 등의 정보는 외부에 발설하지 않으며 철저히 비밀을 유지한다.
- 실습과제, 기록물 등을 충실히 이행하며 기록에 위조, 변조 등이 없도록 한다.

② 자원봉사자의 윤리

- 대상자의 존엄성과 개성을 존중하며 대상자의 욕구와 수준에 적합한 서비스를 제공해야 한다.
- 대상자의 자주성과 독립성을 인정하고 문제해결에 있어 스스로 결정할 수 있는 권리를 가지고 있음을 존중한다.
- 자원봉사활동을 할 때에는 단정한 외모와 겸손한 태도를 가지고 충실히 책임과 의무를 다한다.
- 자원봉사자는 봉사활동의 한계를 분명히 하고 무리하지 않도록 활동에 임한다.
- 대상자와 합의 하에 봉사활동을 계획하고 진행하여 대상자의 욕구와 요구에 부응한다.
- 대상자와의 약속은 신중히 결정하고 약속한 사항은 반드시 지켜 신뢰받는 자원봉사가 되도록 하며 지키지 못할 경우에는 그 이유를 사전에 알린다.
- 자원봉사활동의 경과와 결과 등 모든 사항은 기록, 점검, 평가하여 자료를 남기며, 기관과 직원에게 보고하여 지도 및 강평을 받는다.
- 자원봉사활동 중에 알게 된 기관, 대상자에 대한 정보는 비밀을 유지하고 외부에 발설하지 않는다.
- 자원봉사활동을 계속하지 못할 경우에는 대상자에게 상처주지 않도록 관계를 신중하게 종결한다.
- 자원봉사 관련분야에 대한 전문적인 지식과 기술을 습득하여 자신의 성장을 위해 지속적인 노력을 기울인다.

(6) 지역사회에 대한 윤리기준

- 직원은 대상자에게 필요한 서비스를 제공하기 위해 지역사회 자원을 활용하고 개발한다.
- 지역사회 문제에 적극적인 관심을 가지고 지역사회와 연계 협력하여 지역사회 문제해결을 위해 적극적으로 노력한다.
- 지역사회 네트워크 구축과 적극적인 협력을 통해 지역복지 수준 향상에 기여하여 지역

복지의 중심센터로서의 역할을 수행한다.

- 장기요양기관으로서의 목적 사업뿐만 아니라 지역사회와의 발전을 위한 노력에 최선을 다한다.
- 기관은 정치에 관여하지 않으며 불법적인 정치 자금 및 편의를 제공하지 않는다.
- 유사 기관과의 경쟁관계를 상호 발전의 계기로 삼고 선의의 공정한 경쟁을 통하여 상생할 수 있도록 노력한다.
- 지역 내에서 타 기관과 평등한 입장을 취하고, 업무 상 필요한 정보는 절차에 따라 함께 공유할 수 있도록 한다.
- 협력기관과의 모든 거래는 계약조건 및 절차에 따라 수행하며 사전에 충분한 협의를 거쳐 시행한다.
- 거래업체 선정 시 자격을 구비한 업체에 대하여 공평한 기회를 제공하며, 객관적이고 공정한 평가 기준과 합리적 절차에 따른다.
- 우월적 지위를 이용하여 협력회사에 부당한 요구 등의 비윤리적 행동을 하여서는 아니된다.
- 지역사회 및 협력기관과의 상호협력관계를 형성하여 윤리경영에 동참할 수 있도록 한다.

3) 행동준칙

윤리강령 및 윤리강령 행동규범의 실천을 강화하기 위하여 윤리강령 행동준칙을 제정하여 전 직원의 윤리적 의사결정 및 행동의 원칙으로 삼는다. 따라서 모든 업무를 수행함에 있어 윤리강령 행동준칙에 의거 행동하여야 하며 이를 철저히 준수한다.

(1) 직무기본윤리

- 직원은 기관의 운영이념과 비전을 공감하고 이를 달성하기 위하여 최선을 다하는 것을 최우선의 가치와 원칙으로 삼는다.
- 모든 업무수행에 있어 직원의 의사결정과 행동이 기관 윤리운영의 명성과 신뢰에 직접적인 영향을 끼친다는 것을 명심하고 항상 '건전한 판단에 의한 올바른 행동'을 하여야 한다.
- 직원은 업무와 관련된 제반 법규, 윤리강령 및 내규 등을 준수하여 부여된 업무를 정당한 방법에 의하여 최선을 다하여 완수하여야 한다.
- 직원은 「노인장기요양보험법」의 내용을 항상 숙지하고 이에 위반되는 행위를 어떠한 경우에도 하지 아니한다.

(2) 공정한 직무수행

- 직원은 직무를 수행함에 있어서 지연·혈연·학연 등을 이유로 특정인에게 특혜를 주어서는 아니 된다.
- 직원은 자신이 수행하는 직무가 자신의 이해와 관련되거나 배우자를 포함한 4촌 이내의 친·인척과 관련되어 공정한 직무의 수행이 어렵다고 판단되는 경우에는 당해 직무의 기피 여부 등에 관하여 기관장, 사무국장 또는 과(실)장과 상담한 후 처리하여야 한다.
- 직무가 공정하게 처리될 수 있도록 문제해결 또는 직무교체 등의 필요한 조치를 하여야 한다.

(3) 이행 상충 시 행동원칙

① 이해상충 시 행동

- 직원은 개인 이익과 기관 이익이 상호 상충될 경우에는 기관이익을 우선하여 의사결정하고 행동한다.
- 직원은 이해 상충행위의 판단이 어려운 경우, 기관장, 사무국장 또는 과(실)장·팀장에게 자문을 할 수 있다.
- 직원은 업무수행 중 본 행동준칙에서 정하는 '이해 상충 행위'를 하여서는 아니 된다.

② 이해 상충 행위 금지

(타업 종사 및 참여 금지) 직원은 이해관계자와 관련된 기관 또는 이와 유사한 단체 등에 종사하여 업무에 지장을 주는 다른 업무를 겸직하여서는 아니 된다.

(불공정 행위 금지) 직원은 업무상 지득한 정보를 이용하여 타인과 결탁 또는 공모하여 불공정한 거래행위를 하여서는 아니 된다.

(기관 자산의 보호 및 목적외 사용금지) 직원은 기관 자산을 업무 외에 사적인 목적으로 사용하여서는 아니 되며, 자산의 분실, 오용 및 도난 등의 위험으로부터 안전하게 보호하도록 최선을 다해야 한다.

- 기관이 보유한 부동산과 각종 기기 등을 무단으로 사용하거나 외부로 반출하여서는 아니 된다.
- 법인카드와 각종 소모품 등을 개인 용도로 활용하여서는 아니 된다.
- 허위 증빙을 통하여 기관 자금 및 공단 청구금을 전용하거나 유용 또는 취득하여서는 아니 된다.

(정보 불법유출 금지) 대상자의 개인정보를 사전 승인없이 내외부에 유출하여서는 아니 되며, 업무상 지득한 기관의 비밀 또는 정보를 승인없이 내외부에 유출하여서도 아니 된다.

(불법 정보시스템의 사용금지) 직원은 기관의 정보시스템을 업무용도로 사용하여야 하고,

제3자의 지적재산권을 침해하는 행위를 하여서는 아니 된다.

- 기관의 정보시스템을 이용하여 게임, 도박 및 음란물 시청 등을 하지 아니 한다.
- 인터넷이나 복제 CD 등의 방법을 통하여 불법소프트웨어를 사용하여서는 아니 된다.
- 불법소프트웨어는 반드시 삭제하고 기관의 모든 소프트웨어는 정품만을 사용한다.

(인사 청탁 등의 금지) 직원은 자신의 인사에 관하여 영향을 미치기 위하여 타인으로 하여금 인사 업무를 담당하는 자에게 청탁을 하게 하여서는 안되며 또한 직위를 이용하여 다른 직원의 인사에 부당하게 개입하여서는 아니 된다.

(4) 부당이득의 수수금지

(이권 개입 등의 금지) 직원은 직위 또는 소속기관의 명칭을 이용하여 자신의 부당한 이익을 얻거나 타인이 부당한 이익을 얻도록 하여서는 아니 된다.

(알선·청탁 등의 금지) ① 직원은 자기 또는 타인의 부당한 이익을 위하여 다른 직원의 공정한 업무 수행을 저해하는 알선·청탁 등을 하여서는 아니 된다. ② 직원은 업무 수행과 관련하여 자기 또는 타인의 부당한 이익을 위하여 이해관계자에게 소개하여서는 아니 된다.

(금품 등을 받는 행위의 제한) ① 금품의 수취: 직원은 이해관계자로부터 원칙적으로 금품 등을 받아서는 아니 된다. 다만, 금품 등 수수처리지침에서 별도로 정한 경우에는 예외로 한다. 인지하지 못한 상태에서 불가피하게 금품을 받은 경우에는 즉시 반환해야 하며, 반환이 곤란한 경우에 금품 등 수수처리지침에 의거 처리하여야 한다. ② 향응접대 및 편의의 수취: 직원은 이해관계자로부터 향응접대나 편의 등을 제공 받아서는 아니 된다. 다만, 직원이 불가피하게 향응접대나 편의 등을 제공 받은 경우에는 금품 등 수수처리지침에 의거 처리하여야 한다.

(금전의 차용금지 등) 직원은 이해관계자로부터 금전을 차용하거나 부동산을 무상으로 대여 받아서는 아니 된다.

(경조사의 통지와 경조금품의 수수 제한 등) 직원은 이해관계자에게 경조사를 통지하여서는 아니 된다. 다만, 다음 금품 등 수수처리지침에서 별도로 정한 경우에는 예외로 한다.

(5) 위반행위의 처리

① 위반행위의 지시에 대한 처리

- 상급자가 자기 또는 타인의 부당한 이익을 도모하기 위하여 위반행위를 지시를 한 경우에는 그 사유를 기관의 장 또는 사무국장에게 소명하고 지시에 따르지 아니할 수 있다.
- 위 규정에 의한 지시의 불이행에도 불구하고 같은 지시가 계속될 때에는 위반행위 신고자 보호지침에 의거 처리하여야 한다.

② 위반여부에 대한 상담
- 직원은 직무를 수행함에 있어서 위반행위가 분명하지 아니 한 경우에는 기관의 장, 과(실)장, 팀장 또는 사무국장과 상담한 후 처리하여야 한다.
- 위반여부에 대한 상담이 원활하게 이루어질 수 있도록 전담자의 지정 등 필요한 조치를 취하여야 한다.

③ 위반행위의 신고와 확인
- 직원이 위반행위 사실을 알게 된 때에는 위반행위 신고자 보호지침에 의거 신고한다.
- 위반행위를 신고받은 전담자는 위반행위 신고자와 신고내용에 대하여 비밀을 보장하여야 하며, 위반행위 신고자가 신고에 따른 불이익을 받지 아니하도록 하여야 한다.
- 위반행위 신고사항에 대하여 자체 사실여부를 확인하고 사실로 확인된 경우 기관의 장 또는 사무국장에게 보고하여야 한다.

④ 조치
- 위반행위 신고 사항이 사실로 확인된 경우 신고자에게 보상금 지급 또는 승진 등 인사상 우대조치를 할 수 있다.
- 위반행위 내용을 신고받은 전담자는 기관의 장에게 보고하고, 위반행위 대상자에 대하여 필요한 조치를 취할 수 있다.

4) 실천지침

윤리강령 행동 준칙의 구체적인 절차 및 방법을 정하여 전 직원이 업무 수행함에 있어 실천지침에 의거하여 행동·처리하도록 하며 이를 철저히 준수한다.

(1) 윤리강령 세부지침

① 교육
- 기관은 이 준칙의 준수를 위하여 신입사원을 포함한 모든 직원에게 매년 1회 이상 교육을 실시하여야 한다.
- 교육은 관련 윤리 교육 전문기관에 위탁하여 시행할 수 있다.

② 윤리강령 실천 준수
- 윤리강령전담자를 지정하여 이 규정의 교육, 상담 등을 담당하도록 한다.

> - 윤리강령총괄전담원: 관리책임자
> - 윤리강령전담원: 과(실)장 또는 팀장

- 윤리강령전담자는 소속 직원에 대한 이 규정의 교육·상담 및 준수 여부의 점검에 관한 업무를 담당한다.
- 윤리강령전담자는 이 규정과 관련하여 상담한 내용에 대하여 비밀을 누설하여서는 안된다.
- 윤리강령전담자는 상담내용을 서식에 의하여 유지, 관리하여야 한다.

(2) 금품 등 수수처리지침

① 용어의 정의

- '선물'이라 함은 대가없이 제공되는 물품 또는 유가증권, 숙박권, 회원권, 입장권 그 밖에 이에 준하는 것을 말한다.
- '향응'이라 함은 음식물, 골프 등의 접대 또는 교통, 숙박 등의 편의를 제공하는 것을 말한다.

② 금품 등 수수행위의 제한

직원은 직무관련자로부터 금전·선물 또는 향응(이하 '금품 등'이라 한다)을 받아서는 아니 되며 다음의 사항은 금품 등 수수행위에서 제외한다.

- 채무의 이행 등 정당한 권원에 의하여 제공되는 금품 등
- 직무수행을 위해 부득이한 경우에 한하여 제공되는(1인당 3만원 이내의) 간소한 음식물 또는 통신·교통편의 등
- 직무와 관련된 공식적인 행사에서 주최자가 참석자에게 일률적으로 제공하는 교통·숙박 또는 음식물
- 불특정 다수인에게 배포하기 위한 기념품 또는 홍보용 물품
- 질병·재난 등으로 인하여 어려운 처지에 있는 직원을 돕기 위하여 공개적으로 제공되는 금품 등
- 직원 상조회 등에서 공개적으로 제공하는 금품 등
- 상급자가 하급자에게 위로·격려·포상 등 사기앙양을 목적으로 제공하는 금품 등
- 그밖에 원활한 직무수행 등을 위하여 기관장이 허용하는 범위 안에서 제공되는 금품 등

③ 금품 등 수수행위의 처리

- 금품 등 수수처리지침에 위반되는 금품 등을 받은 직원은 즉시 제공자에게 반환하거나, 즉시 반환이 불가능한 경우에는 그 사유를 명시하여 윤리강령전담자에게 보고하여야 한다.
- 보고받은 윤리강령전담자는 금품·수수행위 접수·처리대장을 작성하여 관리한다.

- 규정에 위반되는 금품 등을 제공받은 직원은 제공자에게 그 기준을 초과한 부분 또는 수수가 금지된 금품 등을 즉시 반환하여야 한다.
- 본 지침에 의하여 반환하여야 하는 금품 등이 멸실·부패·변질 등의 우려가 있거나 그 제공자나 제공자의 주소를 알 수 없는 등 반환하는 것이 어려운 경우에는 즉시 기관장 또는 윤리강령전담자에게 인도하여야 한다.
- 본 지침에 의하여 인도된 금품 등은 다음의 기준에 의하여 처리하여야 한다.
  - 멸실·부패·변질되어 경제적 가치가 없는 금품 등은 폐기처분한다.
  - 멸실·부패·변질될 우려가 있는 금품 등은 불우이웃돕기시설 등에 기증한다.
- 직원은 이해관계자에게 경·조사의 통지와 경조금품의 수수 행위를 해서는 아니 된다. 다만, 다음에 해당하는 경우는 예외로 한다.
  - 이해관계자가 친족인 경우의 통지
  - 신문·방송을 통한 통지
  - 회사 인터넷 홈페이지를 통한 통지

(3) 위반행위 신고자 보호지침

① 위반행위 신고

- 윤리강령 행동규범 및 행동준칙 등을 위반하는 직원에 대하여 이를 인지하였을 때 윤리행동강령 위반행위 신고서를 통해 접수, 처리하도록 한다.
- 신고대상은 업무와 관련하여 금품을 수수하거나 향응을 제공받는 행위, 자신의 직위를 이용해 부당한 이득을 얻거나 의무불이행에 따라 기관에 손실을 끼친 행위, 자기 또는 타인의 부당한 이익을 위해 다른 직원의 공정한 직무수행을 저해한 행위 등이다.
- 신고처리기간은 인지한 날 또는 신고한 날로부터 7일 이내에 처리하도록 하며 부득이한 경우 지연될 수 있다.
- 신고자는 내부 직원과 이해관계자 등을 포함하여 그 범위를 확대하여 위반행위에 대한 철저한 관리에 힘쓴다.

② 신고자 보호

- 신고자 보호측면에서 신고 시 신고방법은 윤리강령전담자 이메일 송부, 직접 전달 등 신고자가 원하는 방식으로 진행할 수 있다.
- 위반행위에 대해 신고를 받은 윤리강령전담자는 신고자에 대한 정보를 누설해서는 안되며, 이를 보호하기 위해 신고서 등 문서의 보관 및 관리에 보안을 철저히 한다.
- 신고자에 대한 신분보장, 비밀보장은 물론 어떠한 불이익도 주어서는 아니 된다.
- 기관장은 금지된 금품 등의 수수를 신고한 자에 대하여 인사상 또는 포상 등의 우대조치를 할 수 있다.

③ 위반자 조치

- 윤리강령총괄전담자는 윤리강령 및 행동규범, 행동준칙에 의한 세부시행 지침을 위반한 직원에 대하여 자체 징계규정에 의거 조치를 하여야 하며, 이 규정에서 정하지 아니한 위반사항에 대해서도 징계 등 조치를 할 수 있다.
- 위반사항에 대한 보고를 받은 소속기관의 장은 해당 직원에 대하여 윤리강령총괄전담자에게 징계 등 필요한 조치를 요구하여야 한다.
- 행동강령 위반행위를 한 직원이 자진 신고 시에는 정상을 참작하여 처분 양정을 감경할 수 있다.

5) 관련서식

윤리행동강령을 실시함에 있어 다음 각 호의 서식 및 서류를 비치하여 사용하도록 한다.

서식 번호	서식명	내용
2-01	윤리행동강령 상담기록 관리부	상담일시, 상담방법, 상담요청자의 개인정보(성명, 직위, 생년월일), 상담내용, 상담결과, 작성일자 작성 후 작성자 서명을 함.
2-02	금품·수수 및 접수·처리대장	접수연번, 접수일자, 제공 받은 자의 개인정보(소속, 성명, 연락처), 제공 받은 금품, 제공 받은 자, 제공자의 개인정보(성명, 생년월일, 연락처)를 작성하고 처리내용과 처리일자 기재 후 총괄전담자의 서명을 함.
2-03	윤리행동강령 위반행위 신고서	윤리행동강령 위반 시 신고자의 개인정보(성명, 주소, 연락처 등), 피신고자의 개인정보(성명, 소속, 직위), 신고내용을 서술하고 증빙자료를 첨부한 후 목록을 기재함.
2-04	부당한 지시 등에 관한 소명서	소명인의 개인정보(성명, 소속, 직위, 생년월일), 지시자의 개인정보(성명, 소속, 직위), 지시받은 내용, 소명내용을 작성하고 작성일자, 소명인의 서명을 함.
2-05	요양보호사 윤리강령	인간의 생명, 존엄, 기본적 인권 존중 등에 대한 자각을 위한 직업윤리의 내용으로 행동규범 8가지를 제시함.

서식 2-01　윤리행동강령 상담기록관리부

윤리행동강령 상담기록관리부

상담일시	20 년 월 일( ) : ～ :		상담방법	☐ 방문　　☐ 전화 ☐ 기타( )
상담요청자	성명		생년월일	
	소속		직위(직급)	
상담내용				
상담결과				
작성일자			작성자	(인)

○○○노인복지센터

금품 · 수수 등 접수 · 처리대장

번호	접수 일자	제공받은 자			제공받은 금품 등	제공 받은 일자	제공자			처리 내용	처리 일자	윤리강령 총괄전담 확인
		소속	성명	연락처			성명	생년 월일	연락처			

○○○노인복지센터

서식 2-03 윤리행동강령 위반행위 신고서

윤리행동강령 위반행위 신고서

신고자	성명		(서명)	주민등록번호	
	소속			전화번호	
	주소				
피신고자	성명			직위(직급)	
	소속				
신고내용					
증빙자료 목록	* 증빙자료 첨부				

○○○노인복지센터

서식 2-04 부당한 지시 등에 대한 소명서

부당한 지시 등에 대한 소명서

소명인	성명		생년월일	
	소속		직위(직급)	
지시자 (상급자)	성명		직위(직급)	
	소속			
지시받은 내용				
소명내용				
20 년 월 일 소명인 (서명)				

○○○노인복지센터

서식 2-05 요양보호사 윤리강령

요양보호사 윤리강령

(1) 요양보호사는 인종, 연령, 성별, 종교, 경제적 지위, 정치적 신념, 신체·정신적 장애, 기타 개인적 선호 등을 이유로 대상자를 차별대우하지 않는다.

(2) 요양보호사는 인도주의정신 및 봉사정신을 바탕으로 대상자의 인권을 옹호하고 대상자의 자기결정을 최대한 존중한다.

(3) 요양보호사는 지시에 따라 업무와 보조를 성실히 수행하고 업무의 경과와 결과를 시설장, 간호사 등에게 보고한다.

(4) 요양보호사는 효율적이고 안전한 업무를 수행하기 위해 지속적으로 지식과 기술을 습득한다.

(5) 요양보호사는 업무수행에 방해가 되자 않도록 건강관리, 복장 및 외모관리 등을 포함하는 자기관리를 철저히 한다.

(6) 요양보호사는 업무 수행 시 항상 친절한 태도와 예의바른 언행을 실천한다.

(7) 요양보호사는 대상자의 사생활을 존중하고 업무상 알게 된 개인정보는 비밀을 유지한다.

(8) 요양보호사는 업무와 관련하여 대상자의 가족, 의사, 간호사 등과 적극적으로 협력한다.

○○○노인복지센터

개인정보관리지침

1) 개인정보보호의 목적

방문요양서비스를 제공하는 기관의 수작업과 컴퓨터, 전화, 인터넷 등 디지털에 의하여 처리되는 개인정보의 보호를 위하여 그 취급에 관한 필요한 사항을 정함으로써 업무의 적정한 수행을 도모함과 아울러 대상자의 권리와 이익을 보호함을 목적으로 한다.

- 대상자와 관련된 개인정보를 수집·활용하는 데 있어 그 목적과 취급에 관한 사항을 알리고 정보제공의 주체인 대상자 또는 보호자가 가지는 권리를 보호한다.
- 개인정보에 대한 수집, 처리, 보관, 공개 등의 취급 및 관리체계를 마련한다.
- 개인정보의 비밀유지와 보안을 위한 공개지침과 관리방안을 마련한다.

2) 개인정보보호의 원칙

공공기관의 개인정보보호에 관한 법률과 경제개발협력기구(OECD 1980년)에서 개인정보 보호를 위한 원칙을 채택하여 권고하고 있다. 그 내용은 다음과 같다.

(1) 공공기관의 개인정보보호에 관한 법률(제3조의2)의 원칙

- 개인정보를 수집하는 경우 그 목적을 명확히 하여야 하고, 목적에 필요한 최소한의 범위 안에서 적법하고 정당하게 수집하여야 하며, 목적 외의 용도로 활용하여서는 아니 된다.
- 처리정보의 정확성 및 최신성을 보장하고, 그 보호의 안전성을 확보하여야 한다.
- 개인정보관리의 책임관계를 명확히 하여야 한다.
- 개인정보의 수집·활용 등 개인정보의 취급에 관한 사항을 공개하여야 하며, 개인정보 처리에 있어서 처리정보의 열람청구권 등 정보주체의 권리를 보장하여야 한다.

(2) 경제개발협력기구의 원칙

- **수집제한의 원칙**
  개인정보의 수집은 원칙적으로 제한되어야 하고 어떠한 개인정보도 적법하고 적당한 절차에 의하지 아니하고 수집되지 아니한다. 정보주체에게 통지하거나 동의를 얻어야 한다.

- **정보정확성의 원칙**

  개인정보는 그 이용목적에 부합된 것이어야 하고 이용목적에 필요한 범위 내에서 정확하고 완전하며 항상 최신의 것으로 보존되어야 한다는 것이다.

- **목적특정의 원칙**

  개인정보의 수집목적은 수집할 당시에 미리 특정되어 있어야 하고, 정보의 이용도 그 수집목적과 일치되어야 하며, 수집목적이 변경될 때마다 그 목적을 명확히 해야 한다. 이에 따라 정보주체는 개인정보가 수집목적에 적합하지 않을 경우 무명화해야 한다.

- **이용제한의 원칙**

  개인정보는 정보주체의 동의가 있거나 법률의 규정에 의한 경우를 제외하고 목적특정의 원칙에 의하여 특정된 목적 이외의 다른 목적으로 공개·이용·기타의 사용에 제공되어서는 안된다.

- **보안의 원칙**

  개인정보는 분실 혹은 불법적인 접근·훼손·파괴·사용·변조·공개 등의 위험으로부터 적절한 안전보호조치에 의해 보호되어야 한다.

- **공개의 원칙**

  개인정보의 처리와 관련된 정보처리장치의 설치·활용과 관련된 정책은 일반에게 공개되어야 한다. 또한 개인정보의 존재·성질 및 그 주요한 이용목적·정보관리자를 식별하고, 그 주소를 분명하게 하기위한 수단을 쉽게 이용할 수 있어야 한다.

- **개인참가의 원칙**

  개인은 자신에 관한 정보의 소재 여부에 관해 정보관리자 또는 기타의 사람으로부터 확인할 수 있고, 자신의 정보를 합리적 기간 내 합리적인 비용과 방법에 의하여 알기 쉬운 형태로 통지 받을 권리를 가진다. 또한 이러한 권리가 거부되었을 경우 그 이유를 요구하고 이의를 신청할 수 있으며 그 이의가 인정된 경우 그 정보의 파기·정정·보완을 요구할 수 있는 권리를 가진다.

- **책임의 원칙**

  정보관리자는 이상의 원칙을 준수할 수 있는 조치를 취할 책임을 진다. 이 책임에는 법적 제재뿐만 아니라 자율통제에 의한 책임도 포함된다.

3) 개인정보보호의 적용근거

공공기관의 개인정보보호에 관한 법률[일부개정 2008. 2. 29. 법률 제8871호]
공공기관의 개인정보파일 관리지침(2009. 4. 행정안전부)

4) 개인정보 및 사생활보호에 관한 사항

(1) 개인정보 및 사생활보호에 대한 노인의 권리

① 사생활 및 비밀보장에 대한 권리

노인의 사생활을 보장하고, 직무수행과정에서 얻은 비밀을 철저히 지켜야 하며, 질병과 치료, 통신, 가족 등과 같은 대상자의 사생활에 관한 정보나 기록을 사전 동의 없이 공개해서는 안된다. 다만, 인지능력이 제한된 노인의 경우에는 가족 등 관계자의 동의를 받은 후 대상자의 서비스 증진을 위한 전문적 목적에 한하여 정보를 공개할 수 있다. [노인복지시설 인권보호 및 안전관리지침]

② 개인정보 보호에 대한 권리
- 정보동의의 권리

  개인정보를 수집, 활용, 처리 등에 이용하고자 하는 경우 그 대상자로부터 동의를 받아야 하며 사전 동의 없이 이용할 수 없다. 동의를 얻고자 할 경우 수집·이용의 목적, 내용, 범위 등을 고지 및 명시하여야 한다.
- 동의철회의 권리

  대상자는 언제든지 이용자의 개인정보 수집에 대한 동의, 개인의 권리·이익 및 사생활을 현저하게 침해할 우려가 있는 개인정보 수집에 대한 동의, 개인정보의 이용 및 제공 등에 대한 동의를 철회할 수 있다. 그러나 서비스 제공을 위해서는 동의를 하여야 하며, 서비스 종결 이후라 하더라도 개인정보 및 서비스 정보에 대해 삭제 또는 파기를 요청할 수 없다(기관은 문서관리규정에 의해 처리보존함).
- 열람·정정청구의 권리

  자신의 개인정보에 대한 열람을 요구할 수 있으며 자신의 개인정보에 오류가 있는 경우에는 그 정정을 요구할 수 있다. 기관은 열람 또는 정정요구를 받으면 지체 없이 필요한 조치를 취하여야 하며 그 오류를 정정할 때까지 당해 개인정보를 제공 또는 이용하여서는 아니 된다.
- 개인정보 접근의 권리

  서비스내용, 이용료, 서비스담당자 등에게 통지하여 대상자와 가족이 정보에 접근할 수 있도록 한다.
- 정보개선조치요구의 권리

  대상자가 개인정보 동의 철회, 개인정보 열람 및 변경을 요구하였을 때 개인정보를 수집하는 방법보다 쉽게 이를 처리를 할 수 있도록 신속하고 정확한 조치방법을 제시하여야 한다.
- 개인정보보호 대리의 권리

  개인정보의 중요성에 대한 인식이 충분하지 않고 정보를 평가하거나 진위를 판단하는 능력이 부족한 대상자의 경우(인지능력이 부족한 치매대상자이거나 자신의 의사를 표현하지 못하는 상태에 있는 자를 포함함) 가족이나 친척 등 대리인을 지정하여 개인정보의 수집, 활용, 공개 등의 동의, 정정을 요구할 수 있다.

• 개인정보침해 시 구제의 권리

개인정보의 침해로 인해 실질적이고 물질적인 손실이 발생하거나 정신적 손해가 발생하였을 경우 기관에 적절한 조치나 보상을 요구할 수 있다. 이 경우 당해 기관의 고의 또는 과실이 없음을 입증하지 아니하면 책임을 면할 수 없으며 입증책임은 민사상 피해자에게 있지 아니하였으므로 서비스 제공자인 기관에게도 입증책임을 부과하여 피해의 구제를 강화한다.

(2) 개인정보침해 시 대처요령

개인정보보호법은 개인정보와 관련하여 발생된 분쟁사항을 직접 법원에 가지 않고 한국정보보호진흥원의 개인정보분쟁조정위원회에 분쟁의 조정을 신청할 수 있으며, 신청을 받은 날로부터 60일 이내에 이를 심사하여 조정안을 작성하여 이를 각 당사자에게 제시하고, 15일 이내에 그 수락여부를 조정위원회에 통보하여야 하고, 수락이 있는 경우 조정서를 작성하여 위원장 및 각 당사자가 이에 기명날인하면 합의가 성립된 것으로 본다.

* 한국정보보호진흥원 개인정보침해신고센터 ☎02-1336, www.e-privacy.or.kr, Fax.02-405-4729

(3) 개인정보 및 사생활보호를 위한 기관 및 직원의 준수사항

대상자의 개인정보와 사생활 보호 및 비밀보장에 대한 권리를 보호하기 위하여 방문요양기관과 종사자는 다음과 같은 원칙을 준수해야 한다.

• 개인정보보호의 중요성을 인식하기 위해 직원교육을 실시하고 개인정보보호를 위한 지침을 준수하도록 한다.

• 개인정보와 사생활에 관한 정보의 수집, 활용, 공개 등의 권리와 결정은 개인 자신에게 있음을 인식한다.

• 와상노인을 포함한 모든 대상자는 자신의 사적공간과 생활에 대한 권리를 갖는다.

• 개인의 사적공간은 존중되어야 하며 생활의 범주 안에서 자신의 공간에 대해서 전적으로 활용할 수 있는 권리를 갖는다.

• 개인의 신체가 공개되는 서비스 제공 시 종사자는 대상자에게 서비스의 내용을 설명하며(예: 이제부터 젖은 속옷을 갈아 드릴게요), 대상자가 수치심을 느끼지 않도록 적절한 조치를 취해야 한다.

• 종사자는 시설 내 업무와 관련되어 알게 된 대상자의 개인정보에 대해 비밀보장의 원칙을 준수해야 한다.

- 대상자의 개인기록과 의료기록은 열람이 통제된 곳에 보관되어야 하며, 대상자의 동의 없이 공개되거나 외부에 유출될 수 없다.
- 대상자의 개인정보(가족사, 개인의 현 상황, 의료정보 등)를 직원들이 쉽게 대화의 소재로 삼거나, 공동생활공간(거실 등)이나 외부에서 또는 본인이 없는 상태에서 거명하고, 관찰된 대상자의 가족 간의 관계를 대화의 소재로 삼는 등의 행위는 하지 않는다.
- 대상자의 개인정보 또는 서비스 제공 정보 등을 취급하는 정보는 정보파일이나 수작업에 의한 문서, 컴퓨터에 의해 출력된 인쇄문서 등을 모두 포함한다.
- 개인정보 처리를 행하는 기관의 직원이나 직원이었던 자 또는 기관으로부터 개인정보의 처리업무를 위탁받아 그 업무에 종사하거나 종사하였던 자는 직무상 알게 된 개인정보를 누설 또는 권한 없이 처리하거나 타인의 이용에 제공하는 등 부당한 목적을 위하여 사용하여서는 안된다.
- 개인정보를 누설 또는 권한 없이 처리하거나 타인의 이용에 제공하는 등 부당한 목적으로 사용한 자는 3년 이하의 징역 또는 1천만원 이하의 벌금에 처한다(공공기관의 개인정보보호에 관한 법률 제23조 제2항).

5) 개인정보 취급 및 관리사항

(1) 개인정보 적용분야 및 범위

개인정보는 생존하는 개인에 관한 정보로서 당해 정보에 포함되어 있는 성명·주민등록번호 및 화상 등의 사항에 의하여 당해 개인을 식별할 수 있는 정보(당해 정보만으로 특정 개인을 식별할 수 없더라도 다른 정보와 용이하게 결합하여 식별할 수 있는 것을 포함)를 말한다. 따라서 업무처리를 목적으로 보유·처리하고 있는 수작업 또는 전자적 형태의 개인정보에 대하여 적용한다. 컴퓨터 등에 의하여 처리되는 개인정보 중 통계법에 의해 수집되는 개인정보와 국가안전보장과 관련된 정보 분석을 목적으로 수집 또는 제공 요청되는 개인정보의 보호에 관하여는 적용하지 않는다.

(2) 개인정보수집의 범위

기관은 서비스 계약, 서비스 계획 등 서비스를 제공하기 위하여 필요한 개인정보를 정보주체의 동의에 의하여 목적달성에 필요한 최소한의 범위 내에서 수집한다. 다음 사항을 필수항목으로 하며 그 외 사항을 선택항목으로 한다.

구분	수집내용	이용목적
필수항목	• 개인의 일반정보(성명, 주민등록번호, 주소, 생년월일, 본적, 성별, 국적, 전화번호, 결혼여부, 종교, 학력, 동거상태) • 장기요양인정정보(장기요양인정번호, 유효기간, 등급) • 가족정보(가족관계, 가족의 성명, 직업, 연령, 전화번호 등) • 경제정보(재산상황, 소득, 주택소유) • 의료정보(개인의 병력, 의료, 장애, 신체기능, 건강사정 등) • 생활정보(일상생활, 취미 등) • 요양서비스관련정보(요양서비스 욕구, 서비스 계획수립 관련 정보)	서비스 제공에 따른 본인확인, 개인식별, 서비스 의사확인, 서비스 계획수립, 서비스 제공 등
선택항목	• 타 기관 및 단체의 후원, 서비스 제공여부 • 주거환경(주거시설, 생활용품) • 지역사회와의 관계망	사례관리, 타 기관 및 타 서비스 연계 등

(3) 개인정보 수집방법

개인정보 수집 시기는 서비스 계약을 위해 상담, 인테이크(Intake) 시 최초 발생하며 이후 서비스 계획 및 진행 시 수시로 수집활동을 한다. 수집방법은 서면양식을 통해 정보주체인 본인과 그 가족으로부터 획득하며 전화, 대면, 팩스의 형태로 진행할 수 있다.

(4) 개인정보수집·활용 동의

개인식별이 가능한 개인정보는 당해 이용자의 동의를 받은 후 수집, 활용, 처리할 수 있으며 동의를 얻고자 할 경우 사전에 수집·이용의 목적, 내용, 범위, 목적달성 후 처리방법 및 이의제기 절차 등에 대한 충분한 사전설명이 있어야 한다.

정보주체인 이용자에게 「개인정보 제공 및 활용에 관한 동의서」를 받도록 하며, 요양서비스 계약 시 작성하고 「개인정보보호를 위한 안내」를 함께 제공하여 정보주체인 이용자의 권리를 알려준다.

기관의 모든 수급자 또는 보호자에게 「개인정보 제공 및 활용에 관한 동의서」를 작성하게 하고 반드시 자필서명을 받도록 한다.

(5) 개인정보의 이용 및 제공

• 개인정보보호법 제10조 제3항에 기초하여 기관에 입력·보유된 모든 개인정보는 다음의 경우를 제외하고는 방문요양서비스 외의 목적으로 이용하거나 타인에게 제공하는 것을 금지한다.

> – 정보주체의 동의가 있거나 정보주체에게 제공하는 경우
> – 통계작성 및 학술연구 등의 목적을 위해 타인을 식별할 수 없는 형태로 제공하는 경우

> ─당해 범죄의 수사와 공소제기 및 유지, 법원의 재판업무수행을 위하여 필요한 경우
> ─정보주체의 동의표시·확인이 불가능한 상태지만 명백한 이익이 인정되는 경우
> ─「노인복지법」, 기타 다른 법률에 의하여 근거가 있는 경우

※ 다만, 정보 주체 또는 제3자의 생명·신체를 해할 우려가 있거나 권리와 이익을 부당하게 침해할 우려가 있는 경우에는 정보 제공을 금지한다.

- 다른 기관이 보유정보에 대하여 이용·제공을 요청한 경우 반드시 「처리정보 이용·제공대장」을 통해 이용·제공목적 및 범위 등을 제출하도록 한다.

- 다른 기관이나 개인에게 제공할 때는 사전에 다음 사항을 확인하여 종합적으로 판단한다.

> ─요청의 법령상 근거 또는 이용목적
> ─요청목적에 따른 제공항목의 적정성
> ─적절한 보안대책 등

- 보유 정보를 다른 기관에 제공하고자 할 때에는 최소한의 범위로 제한하며 보유기관의 동의 없이 당해 정보의 다른 기관 및 제3자에게 제공할 수 없도록 조치한다.

- 정보 보유 목적 외 또는 보유목적에 맞더라도 권한을 넘어서는 부당한 목적으로 내부 직원 등이 이용 또는 조회하지 못한다.

- 기관은 개인정보의 제공을 요청받거나 정보를 제공한 경우에는 아래의 사항을 기록·보관할 수 있는 개인정보의 제공 관련 접수 및 처리대장을 비치·관리한다.

> ─제공받는 기관이나 개인의 명칭
> ─이용목적
> ─법령상 제공근거가 있는 경우에는 그 근거
> ─제공하는 정보 항목 및 내용
> ─제공방법
> ─제공일자 및 정보이용기간
> ─수령자에 대해 사용목적 등에 제한을 가하거나 필요한 조치를 취할 것을 요청한 경우에는 그 내용

(6) 개인정보의 보유 및 처리

- 개인정보파일은 업무분장표 또는 정보시스템에 의해 처리하는 단위업무의 유형별로 구분하여 분류한다. 부서별 업무분장표에 따라 1인 또는 소수의 인원으로 구성된 팀에 분장되는 단위업무 또는 단위사업 수준으로 분류하여 「개인정보파일목록」을 작성하여 관리한다.

- 개인정보를 새로이 수집하거나 보유한 개인정보파일에 관한 사항이 변경될 경우 해당 개인정보파일 관리의 안전성을 위해 내부적인 정보전달 및 결재체계에 따라 보고하여 관리한다.

- 보유기관의 내부적 업무처리만을 위하여 사용되는 정보파일(내부적 업무는 소속 구성원

의 급여, 인사관리 등 업무효과가 해당 기관의 구성원에게만 미치는 업무임)은 정보관리자 또는 담당자를 두어 책임 있는 처리를 하도록 한다.
- 개인정보의 보유기간은 문서관리규정에 준하여 정하며 구체적인 보유기간이 명시되어 있지 않은 경우에는 개인정보 총괄부서의 협의를 거쳐 센터장의 결재를 통하여 산정한다.

(7) 개인정보 열람 및 조회

① 개인정보 열람
- 개인정보의 열람은 정보주체인 본인과 대리인만이 가능하며 타인의 정보는 열람할 수 없다.
- 개인정보에 대한 열람을 청구할 수 있는 열람창구를 마련하고 기관 홈페이지, 안내문 등을 통해 공지한다.
- 정보주체가 열람을 요청할 수 있도록 개인정보 열람청구서를 비치하며 열람청구를 받은 때에는 10일 이내에 조치한다.
- 공공기관이 보유하고 있는 개인정보의 경우 처리정보의 당사자인 정보주체 또는 대리인에게 열람을 제한할 수 없다.
- 개인정보보호법 제13조에 해당하는 다음의 사항은 열람을 제공할 수 있다.

  - 다른 법률에 의한 감사 또는 조사에 관한 업무
  - 학력, 기능 및 채용시험, 자격심사 등의 산정에 관한 업무
  - 개인의 생명·신체를 해할 우려가 있거나 개인의 재산과 기타의 이익을 부당하게 침해할 우려가 있는 경우

② 개인정보 정정
- 개인정보에 대한 변경 또는 수정사항, 보유기간 만료 등 보유 불필요, 삭제 청구가 발생되었을 때는 이를 반영하여 관리한다.
- 개인정보를 열람한 정보주체가 본인의 처리정보에 대하여 정정 및 삭제를 청구한 경우 즉시 조치해야 한다.
- 기관에서 비치한 문서를 통해 정보주체가 정정을 요청할 시에는 정당한 사유가 없는 한 10일 이내에 조치해야 한다.

(8) 개인정보관리

① 개인정보관리
- 개인정보 총괄부서는 보유·파기현황을 정기적(매월)으로 조사하여 그 결과를 기관의 개인정보관리지침에 포함하여 관리해야 한다. 정보주체에게 제공되는 개인정보

를 내부 문서수발 절차에 의한 경우라도 제3자에 의한 노출에 유의해야 한다.

> ─납부고지서, 민감한 개인정보의 내용
> ─주민등록번호 기재 금지 및 일부 삭제

- 개인정보가 포함된 사항의 문서 사용 시 목적달성 후 폐기하거나 계속 이용할 경우 식별할 수 없도록 조치한다.
- 개인정보를 컴퓨터로 저장한 폴더를 P2P 다운로드 사이트 공유 폴더로 지정하여 개인정보가 누출되는 사고가 발생하지 않도록 다음사항을 금지한다.

> ─불필요한 P2P 다운로드 사이트 사용금지
> ─침입차단시스템에서 해당 사이트 추가
> ─저장된 폴더 관리 철저(공유폴더 지정 금지)

- 개인정보 사무에 대해 인계인수할 때 다음의 사항을 정확하게 전달하여 숙지하도록 교육한다.

> ─개인정보 보호에 관한 기본지침
> ─위임전결 및 업무분장에 관한 주요사항
> ─통상적으로 제공하는 개인정보에 관한 사항
> ─개인정보 유출사례를 포함한 교육교재
> ─기타 개인정보보호업무 수행에 필요한 사항

② 개인정보 삭제 및 파기

- 개인정보의 보유목적 달성 등 해당 개인정보의 보유가 불필요하게 된 경우 해당 개인정보를 지체 없이 파기해야 한다.
- 개인정보를 삭제할 경우 재사용이 불가능하도록 영구 삭제해야 한다.
- 기관에서 비치한 문서를 통해 정보주체가 삭제를 요청할 시에는 정당한 사유가 없는 한 10일 이내에 조치해야 한다.
- 정보주체의 청구가 있어도 다른 법률에 따라 보유해야 하는 경우 해당 개인정보 항목에 대한 삭제를 거부할 수 있다.
- 삭제요청에 대한 제한 사유가 발생할 경우 결정의 내용 및 사유와 당해 결정에 대한 불복절차에 관한 사항을 기재한 결정통지서를 청구인에게 송부해야 한다.
- 개인정보 기록물 등을 파기할 경우 개인정보취급 담당자는 그 사실을 즉시 총괄부서의 장에게 통보하여야 한다.
- 개인정보 기록물 파기 시 다음의 사항을 주의하도록 한다.

> ─전자매체에 수록된 개인정보를 삭제 및 파기할 경우 화일 복구기술이 발달되고 있는 점을 감안하여 철저한 덧씌우기 등 재생이 불가하도록 조치하고 원본 및 백업본을 파기하도록 한다.
> ─컴퓨터 등의 불용처분 및 매각할 경우에는 저장된 내용을 완전 삭제하도록 조치한다.

─출력물 상태의 개인정보는 직접 파쇄 조치한 후 매각하도록 한다.

─출력물로 나타난 개인정보의 파기 시 매각할 경우에는 재생지 용도로만 활용해야 한다.

─폐·휴지 수집업자에 출력물의 원형으로 매각하는 것은 금지한다. 단, 원형으로 매각할 경우에는 제지공장의 용해작업을 현장에서 확인해야 한다.

6) 관련서식

개인정보관리지침에 의거하여 업무수행을 하기 위해서 다음 각 호의 서식 및 서류를 비치하도록 한다.

서식 번호	서식명	내용
3-01	개인정보파일목록	업무분야에 따라 취급하는 정보파일명 기재
3-02	개인정보 제공 및 활용에 관한 동의서	개인정보 이용목적, 정보수집의 범위와 내용, 활용범위 명시, 정보제공 및 활용에 대한 동의를 위한 본인과 대리인의 서명 또는 날인
3-03	처리정보 이용·제공대장	이용제공일자, 제공근거, 제공방법, 제공형태, 제공제목, 제공항목 및 내용 작성
3-04	처리정보 이용·제공 접수대장	정보처리 접수일자, 제공 받는 기관명, 파일명, 제공방법, 처리일자, 처리담당자, 처리관리자 등 정보이용·제공에 대한 접수사항 기재
3-05	개인정보 청구서	개인정보의 열람, 정정, 삭제 요청 시 청구인의 인적사항, 정보주체와의 관계, 정보주체의 인적사항, 청구내역(파일명칭, 내용), 담당자의 청구인에 대한 확인서명 기재
3-06	개인정보 통지서	정보의 열람, 정정, 삭제 청구에 대한 처리결과를 청구인에게 통지하는 것으로 개인정보파일명, 접수연월일 작성, 열람결정, 제한, 연기에 대한 결과내용, 담당자성명, 직급, 전화번호 등 기재하여 통지서 전달
3-07	위임장	정보주체인 본인 또는 대리인이 아닌 경우 위임받는 자의 인적사항, 위임자의 인적사항을 작성하여 정보열람, 정정, 삭제에 대한 위임 증명
3-08	개인정보보호에 대한 안내문	개인정보보호에 관한 권리, 기관 및 종사자의 준수사항 작성

서식 3-01 개인정보파일목록

개인정보파일목록

_____ 년도

연번	업무분야	개인정보파일명	관리자	담당자	비고
1					
2					
3					
4					
5					
6					
7					
8					
9					
10					
11					
12					
13					
14					
15					
16					
17					
18					
19					
20					

○○○노인복지센터

서식 3-02 | 개인정보 제공 및 활용에 관한 동의서

개인정보 제공 및 활용에 관한 동의서

1. 요양서비스 이용자

　　성명:　　　　　　　　(주민등록번호:　　　　　　)

　　주소:

　　연락처:

2. 대리인(보호자)

　　성명:　　　　　　　　(주민등록번호:　　　　　　)

　　주소:

　　연락처:

상기인은 방문요양서비스 제공을 위하여 다음의 개인정보 제공·활용에 동의한다.

(1) 이용목적	서비스 제공에 따른 본인확인, 개인식별, 서비스 의사확인, 서비스 계획수립, 서비스 제공업무 수행 등
(2) 정보수집	• 기본정보 • 개인이력 • 질병관련 이력 • 요양서비스 제공을 위한 욕구조사 • 기타 요양계획 수립과 관련한 정보 등
(3) 정보 활용	• 요양서비스 제공의 연속성을 위하여 제공기관 간의 서비스 연계와 관련한 사항에 관한 정보를 제공 • 노인장기요양보험사업 운영주체 등에 대한 자료의 제공

20　　년　　월　　일

　　　　　　　　이용자:　　　　　　(인)

　　　　　　　　신청인:　　　　　　(인)

○○○노인복지센터장 귀하

처리정보 이용 · 제공대장

파일명			
이용 · 제공받는 기관(개인)		연락처	
이용 · 제공일자		이용 · 제공주기	
이용 · 제공형태		이용 · 제공기간	
이용 · 제공방법			
이용 · 제공근거			
이용 · 제공목적			
이용 · 제공항목			
비고			
첨부사항			

○ ○ ○노인복지센터

서식 3—04 처리정보 이용 · 제공 접수대장

처리정보 이용 · 제공 접수대장

번호	접수 일자	파일명	제공 받는 기관명	이용제공 목적	제공방법	처리 일자	처리 담당자	처리 관리자
1								
2								
3								
4								
5								
6								
7								
8								
9								
10								

○○○노인복지센터

서식 3-05　개인정보 청구서

개인정보 청구서

제 　 호	☐ 열람　☐ 정정　☐ 삭제		(처리기간: 10일 이내)	
청구인	성명		전화번호	
	생년월일		정보주체와의 관계	
	주소			
정보주체의 인적사항	성명		전화번호	
	생년월일			
	주소			
청구내역	파일명칭			
	내용			
담당자의 청구인에 대한 확인서명				

「공공기관의 개인정보보호에 관한 법률」 제12조 제1항, 제14조 제1항에 따라

위와 같이 처리정보의 열람 · 정정 · 삭제를 청구합니다.

년　　월　　일

청구인　　　　　(서명 또는 인)

○○○노인복지센터 귀중

서식 3-06 개인정보 통지서

개인정보 통지서

□ 결정　□ 제한　□ 연기			
_____ 귀하 주소:			
제　　호			
개인정보파일명			
접수연월일			
통지내용	□ 열람	열람할 내용	
		열람일시	
	□ 제한	제한사유	
	□ 연기	연기사유	
		처리예정일시	

담당자	소속		직급	
	성명		전화번호	

그 밖의 안내사항	

(1) 「공공기관의 개인정보보호에 관한 법률」에 따라 귀하께서 청구하신 처리정보에 대하여 위와 같이 조치하였음을 알려드립니다.

(2) 결과의 내용에 불복하실 때에는 이 통지서를 받은 날로부터 90일 이내에 처분청 및 재결청에 행정심판을 청구하거나 법원에 행정소송을 제기할 수 있습니다.

년　월　일

○○○노인복지센터장　　　　(직인)

서식 3-07 위임장

위임장

위임받는 자	성명		전화번호	
	생년월일		정보주체와의 관계	
	주소			
위임자	성명		전화번호	
	생년월일			
	주소			

「공공기관의 개인정보보호에 관한 법률」 제16조에 따라

위와 같이 처리정보의 열람·정정·삭제 청구를 위임합니다.

년   월   일

위임자   (서명 또는 인)

○○○노인복지센터 귀중

서식 3-08 개인정보보호에 대한 안내문

개인정보보호에 대한 안내문

개인정보보호에 관한 권리

① 사생활 및 비밀보장에 대한 권리

노인의 사생활을 보장하고, 직무수행과정에서 얻은 비밀을 철저히 지켜야 하며, 질병과 치료, 통신, 가족 등과 같은 어르신의 사생활에 관한 정보나 기록을 사전 동의 없이 공개해서는 안된다. 다만, 인지능력이 제한된 노인의 경우에는 가족 등 관계자의 동의를 받은 후 노인이 서비스 증진을 위한 전문적 목적에 한하여 정보를 공개할 수 있다. [노인복지시설 인권보호 및 안전관리지침]

② 개인정보보호에 대한 권리

- 개인정보를 수집, 활용, 처리 등에 이용하고자 하는 경우 그 대상자로부터 동의를 받아야 한다.
- 서비스 제공 무효 시 개인정보에 대한 수집·활용에 대해 동의를 철회할 수 있다.
- 개인정보에 대해 열람·정정을 청구할 수 있다.
- 서비스 내용, 이용료, 서비스 담당자 등 대상자와 가족은 정보에 접근할 수 있다.
- 정보개선 및 조치요구 시 기관은 신속하고 정확하게 조치방법을 제시하여 처리하여야 한다.
- 개인정보보호에 관한 대리인을 지정하여 개인정보보호의 권리를 행사할 수 있다.
- 개인정보의 침해로 인해 실질적이고 물질적인 손실이 발생하거나 정신적 손해가 발생하였을 경우 기관에 적절한 조치나 보상을 요구할 수 있다.

개인정보보호에 관한 준수사항

개인정보와 사생활 보호 및 비밀보장에 대한 권리를 보호하기 위해 기관과 종사자는 다음과 같은 원칙을 준수한다.

- 개인정보보호의 중요성을 인식하며 개인정보보호를 위한 지침을 준수하도록 한다.
- 개인정보에 관한 수집, 활용, 공개 등의 권리는 대상자에게 있음을 인식한다.
- 와상노인을 포함한 모든 노인은 자신의 사적 공간과 생활에 대한 권리를 갖는다.
- 개인의 신체가 공개되는 서비스 제공 시 종사자는 대상자에게 서비스의 내용을 설명하며 수치심을 느끼지 않도록 적절한 조치를 취해야 한다.
- 기관 내 업무와 관련되어 알게 된 대상자의 개인정보에 대해 비밀보장의 원칙을 준수해야 한다.
- 대상자의 개인정보는 열람이 통제된 곳에 보관하며, 동의 없이 공개 및 외부에 유출될 수 없다.
- 개인정보(가족사, 개인의 현 상황, 의료정보 등) 및 가족관계 등을 대화의 소재로 삼지 않는다.
- 개인정보 처리를 행하는 기관의 직원이나 직원이었던 자 또는 기관으로부터 개인정보의 처리업무를 위탁받아 그 업무에 종사하거나 종사하였던 자는 직무상 알게 된 개인정보를 누설하거나 타인의 이용에 제공하는 등 부당한 목적을 위하여 사용하여서는 안된다.

○○○노인복지센터

예시 4 　운영지침_서비스 제공지침

서비스 제공지침

1) 서비스 제공의 목적

신체적·정신적인 이유로 독립적인 일상생활이 어려운 노인이 있는 가정에 방문하여 노인에게 안전하고 적합한 요양보호서비스를 제공하여 드림으로써 노인의 기본적인 욕구를 충족시켜 드리고, 청결한 신체유지 및 쾌적한 환경 유지를 통해 인간다운 생활을 누릴 수 있도록 한다.

2) 서비스 제공원칙

• **적극성의 원칙**

서비스 대상자의 요청을 기다리지 아니하고 적극적으로 서비스 요구를 발굴하여 필요한 서비스를 제공하고 대상자의 현재 상태를 관찰하여 상태 변화가 있을 경우 또는 의료적 진단이 필요할 경우 신속하게 그에 필요한 적절한 조치와 서비스를 제공하여야 한다.

• **능률성의 원칙**

요양보호의 대상자인 노인이 생활하고 있는 가정에서의 생활환경과 노인의 신체적·인지적 기능과 필요한 욕구상태 등을 면밀히 파악하여 노인의 신체적 기능을 회복, 유지하는 보건, 의료서비스 뿐만 아니라 노인과 보호자인 가족, 노인의 생활환경 전반에 대한 이해를 바탕으로 복지서비스를 제공하여 최소의 서비스 비용으로 최대의 효과를 거두는 효율적인 운영을 하여야 한다.

• **연계성의 원칙**

요양보호서비스의 계속성이 유지될 수 있도록 노인요양시설이나 병원이 서비스 또는 가정에서 제공받는 서비스가 단절되지 않고 일관성을 유지하며 지속적으로 제공되도록 해야 한다. 다른 기관이나 시설로 이송되었을 경우 대상자에게 제공되었던 서비스 및 정보가 연계되어 지속적이고 일관적인 서비스가 제공될 수 있도록 한다.

• **자립성의 원칙**

요양보호서비스를 제공할 때에는 대상자의 개인능력이 최대한 발휘될 수 있도록 대상자의 능력에 따른 서비스 제공이 필요하며 대상자의 모든 개인관리를 제공하는 것이 아니라 대상자와 함께 일상생활 수행에 대한 공동의 목표를 설정하고 점차적으로 수행능력이 향상될 수 있도록 돕는다. 대상자의 자립적 생활추구를 조성하고 최대한 대상자의 개인생활 양식을 존중하며 대상자의 권리를 보호한다.

- **안전성의 원칙**

  요양보호서비스가 가정에서 제공되므로 노인요양시설에 갖추어져 있는 여러 가지 설비 및 자원들이 부족하거나 전혀 갖추어져 있지 않은 환경에서 요양보호서비스를 제공해야 하는 경우가 빈번히 발생할 수 있다. 따라서 요양보호사는 대상자의 가정환경에 따라 다양한 현장상황을 이해하고 현장에서 가장 안전하고 효율적이며 편안한 요양보호서비스를 제공할 수 있도록 한다. 또한 의사, 간호사, 사회복지사 등 전문 인력이 부재한 상항에서 근무해야 하므로 대상자의 건강 및 안전에 만전을 기해야 한다.

3) 서비스 제공의 기본원칙

요양보호서비스 제공 시 요양보호사가 준수하여야 할 기본원칙은 다음과 같다.

- 대상자 개인의 삶을 존중하며 본인 및 가족들로부터 습득한 대상자의 성격, 습관 및 선호하는 서비스 등을 서비스 제공 개시 전에 반드시 확인하여 특별히 싫어하는 행동은 피하도록 한다.
- 가능한 한 대상자 자립생활을 할 수 있도록 대상자의 능력을 최대한 활용하면서 서비스를 제공하도록 한다.
- 서비스를 제공하기 전에 서비스 내용에 대해 대상자에게 충분히 설명한 후 대상자가 서비스 제공을 동의한 경우 제공하도록 한다. 다만, 대상자가 치매 등으로 인지능력이 없는 경우는 예외로 할 수 있다.
- 대상자의 개인정보 및 서비스 제공 중 알게 된 비밀을 누설하여서는 아니 되며, 대상자의 사생활을 보호하고 자유로운 의사소통을 보장하여야 한다.
- 대상자의 현재 상태를 관찰하면서 서비스를 제공하여야 하며 대상자의 현재 상태와 관계없이 기계적으로 서비스를 제공하거나 서비스를 제공받도록 강요하지 말아야 한다.
- 제공하는 모든 서비스 대상자에게만 제한하여 제공한다(서비스 내용: 신체활동지원서비스, 일상생활지원서비스, 개인활동지원서비스, 정서지원서비스, 방문목욕서비스).
- 대상자의 상태 변화 등으로 계획된 서비스 외에 추가적인 서비스 또는 서비스의 변경이 필요하거나 의료적 진단 등이 필요하다고 판단되는 경우 시설장, 사회복지사 등에게 신속하게 연락을 취하도록 한다.
- 대상자에게 의사소통 불능, 협조곤란 등의 이유로 신체적 학대나 언어적 폭행 등 정서적 학대를 하여서는 안된다.
- 대상자 또는 대상자의 가족과 의견이 상충될 시에는 불필요한 마찰을 피하고 시설장, 사회복지사 등에게 보고한다.
- 서비스 제공 시 예기치 못한 사고가 발생한 경우 소속된 시설장, 사회복지사 등에게 신

속하게 보고를 하여야 한다.

- 활력징후 측정, 흡인, 위관영양, 관장, 도뇨, 욕창관리 및 투약(경구약 및 외용약을 제외) 등을 포함하는 모든 의료 행위를 하지 않는다.
- 서비스 제공 도중 대상자에게 응급상황이 발생한 경우 응급처치의 우선순위에 맞게 응급처치를 제공하고 응급처치를 할 수 없거나 의사에게 보고할 수 없는 상황인 경우에는 가장 가까운 의료기관으로 대상자를 옮긴다.
- 치매 대상자 서비스 제공 시 발생하는 여러 돌발 상황 처리에 대해서는 시설장, 사회복지사 등과의 의논 하에 실시한다.
- 대상자로부터 서비스에 대한 물질적 보상을 받지 않는다.
- 대상자에게 지원을 주고받는 수직적 관계가 아닌 함께 한다는 상호 대등한 관계임을 인식해야 한다.

(1) 가사 및 일상생활지원의 기본원칙

① 일상생활지원서비스

- 대상자의 질환 및 특성에 대한 이해와 욕구를 파악하여 서비스를 제공한다.
- 대상자의 잠재능력을 파악하여 스스로 할 수 있도록 격려하고 유도한다.
- 스스로 할 수 없는 영역은 요양보호사가 전적으로 지원한다.
- 대상자의 욕구를 반영하여(대상자의 생활습관 및 방법을 존중) 서비스를 제공하되 서비스 시간(방문시간) 내에 반드시 해야 할 일 등의 우선순위를 정하여 대상자에게 내용을 설명한 후 확인을 거쳐 서비스를 제공한다.
- 요양보호사가 할 수 없다고 판단되는 일 일수록 그 이유를 자세히 설명하여 대상자가 무시 및 외면당한다고 느끼지 않도록 노력하는 배려가 요구된다.
- 서비스 제공 시 대상자의 생활습관 및 방법을 존중하여 진행하도록 한다.
- 서비스에 사용되는 생활용품은 대상자의 동의를 구하여 사용한다.
- 대상자의 생활용품은 반드시 대상자의 동의를 얻어 사용하고, 대상자의 의견을 존중하여 사용한다.
- 대상자의 생활용품은 아무리 작은 것이라도 함부로 옮기거나 버리지 않는다.
- 부득이 자리를 옮기거나 버려야 할 경우 대상자의 동의를 구한다.
- 거동이 불편하여 식사 및 밑반찬 서비스의 지원이 필요한지 파악한 후 관련기관에 지원 신청을 돕는다.
- 서비스 제공 시 대상자의 신체 및 심리변화에 주의하고, 특별한 변화가 발생하면 기관장, 간호사 등에게 보고한다.
- 서비스 제공 내용과 특이사항을 기록한다.
- 요양보호사는 대상자를 서비스를 받는 고객임을 항상 명심해야 한다.

- 밝고 상냥한 태도는 요양보호사와 대상자 모두를 기분 좋게 해 준다.
- 요양보호사는 유니폼(가운 및 앞치마, 신발)을 단정하게 착용한다.
- 모든 자원은 절약 차원에서 계획성 있게 꼭 필요한 만큼만 사용하도록 한다.
- 환경오염을 최소화하기 위해 일회용품 사용을 자제하고 샴푸와 린스, 세제 등은 적당량만 사용하도록 한다.

② 취사지원서비스
- 대상자의 질환 및 일상생활 능력을 파악하여 최대한 스스로 생활할 수 있도록 지원함이 원칙이다.
- 대상자의 욕구 파악에 근거하여 서비스를 진행한다.
- 모든 서비스의 내용을 사전에 대상자에게 설명하고 동의를 구한다.
- 서비스 진행 시 대상자의 의사나 일처리 방식을 존중하고 충분히 반영한다.
- 대상자의 잔존능력을 격려 및 칭찬하여 자립에 대한 의지가 소멸되지 않도록 한다.
- 서비스 진행 시 대상자의 물품사용에 대한 동의를 구하고, 사용 후 보관장소를 이동하지 않으며 부득이 이동할 경우 대상자의 동의와 이해를 구한다.
- 대상자의 물품을 사용할 경우 절약하여 사용한다.

③ 세탁지원서비스
- 의류가 더러워진 것을 방지하면 악취가 발생하고 흡수성과 보온성이 저하되고 발진이나 가려움 등의 원인이 되기도 한다.
- 속옷은 매일 교환하는 것이 바람직하다. 의류 세탁 시에는 헹굼을 충분히 한 후 햇빛에 말린다. 의류는 잘 건조된 것을 입도록 한다.
- 새로 구입한 의류는 한번 세탁한 후 사용하는 것이 좋다.
- 감염이 의심되는 대상자의 의류는 다른 의류와 구분하여 세탁한다.
- 입지 못하게 된 의류를 버릴 때에는 대상자에게 미리 양해를 구하도록 한다.
- 잠옷은 세탁하기 쉽고 내구력이 있으며 감촉이 좋고 땀을 잘 흡수하는 것이 좋다.
- 더러워진 의류는 세탁방법 및 옷감의 종류를 구별하여 세탁물 보자기에 넣는다. 얼룩이나 더러움이 심한 의류는 즉시 세탁한다.
- 더러워지면 옷을 즉시 갈아입도록 여벌의 의류를 준비해서 보충해 둔다.
- 같은 종류의 옷을 변형되지 않게 접어두고 평소에 잘 입는 옷을 꺼내기 쉽도록 서랍의 앞쪽에 정리해 둔다.
- 단추가 떨어졌거나 옷이 뜯긴 자리가 없는지 점검하고 필요한 경우에는 수선해 둔다.
- 모직물에는 방충제를 넣는다.
- 의류를 찾는 데 어려움이 없도록 보관 장소를 고려하여 수납하되 반드시 대상자에게 장소를 명확히 알려주거나 적어 둔다.

(2) 개인활동지원의 기본원칙

- 대상자의 욕구를 확인하고 외출 및 일상 업무 지원계획을 함께 세운다.
- 목적지에 대한 교통편, 소요시간, 안전 및 편의 시설 등 사전 정보를 충분히 습득한다.
- 필요한 정보, 지원가능여부, 준비물, 구비자료 등을 사전에 점검한다.
- 대상자의 건강상태 및 가변요인을 충분히 고려하여 계획을 조정하여 지원할 수 있다.
- 대상자의 만족여부를 점검하고 필요한 경우 지속적으로 지원할 수 있다.
- 대상자의 건강상태 및 외부상황을 충분히 고려하여 과도한 욕구를 조절한다.
- 대상자의 개인물품이 분실되지 않도록 유의한다.

(3) 정서지원의 기본원칙

- 단정한 외모를 갖추고 요양보호사 자신을 소개한다.
- 본인을 소개할 때 이름과 연락처, 소속단체와 역할을 알린다.
- 대상자는 이름으로 호칭하는 것이 원칙이나 대상자의 허락 하에 어르신 등으로 부른다.
- 대화에 자신감을 갖고 대상자가 잘 말했다는 느낌을 갖도록 해 준다.
- 대상자의 말의 의미를 잘 모르면서 이해한 척 하지 않는다.
- 대상자의 표정이나 상황을 잘 관찰하여 이해한다.
- 몇 번씩 물어서 대상자가 반복해서 말하게 하지 않는다.
- 대상자의 말의 의미를 확인하기 위해 들은 내용을 확인하며 듣는다.
- 대상자의 이야기 속도에 맞추어 인내심을 갖고 듣는다.
- 다른 일을 하며 듣거나 귀찮아하는 모습을 보이지 않는다.
- 일상생활과 관련된 쉬운 언어로 말한다.
- 대상자가 이해하기 쉽도록 이야기한다.
- 이해하지 못하면 반복해서 이야기한다.
- 동시에 여러 사람이 말하지 않는다.
- 접촉이나 몸동작 등 비언어적인 의사소통 방법을 이용한다.
- 짧은 문장으로 이야기하며 외래어와 유행어는 사용하지 않는다.
- 이야기가 끝나면 겸손하게 인사를 하고 온다.

4) 서비스 범위의 원칙

(1) 신체활동지원서비스

서비스 내용	서비스 범위
세면 도움	얼굴, 목, 손 씻기 세면장까지의 이동보조 세면 동작 지도, 세면 지켜보기

구강관리	구강 청결(가글액, 물양치) 양치 지켜보기, 틀니 손질 필요물품 준비 및 사용물품 정리
머리감기기	세면장까지의 이동보조 머리감기기, 머리 말리기 필요물품 준비 및 사용물품의 정리
몸단장	머리 단장, 손발톱 깎기, 화장하기 면도, 면도 지켜보기 필요물품 준비 및 사용물품 정리
옷 갈아입히기	의복준비(양말, 신발 포함) 지켜보기 및 지도 속옷, 겉옷 갈아입히기 의복 정리
목욕도움	입욕준비 입욕 시 이동보조 몸 씻기(샤워포함) 지켜보기, 기계조작, 욕실 정리
식사도움	아침, 점심, 저녁 및 간식 포함 지켜보기 경관영양 실시 구토물 정리, 식사준비 및 정리
체위변경	자세의 변경 일어나 앉기 시 도움
이동도움	침대에서 휠체어로 옮겨 타기 가정 내 보행 지켜보기 보행도움
신체기능 유지·증진	관절구축 예방 일어나 앉기 연습도움, 보행 및 서 있기 연습 보조기구 사용 운동보조 보장구 장치 도움(지켜보기 포함)
화장실 이용하기	화장실 이동보조 배뇨·배변 도움 지켜보기 기저귀 교환 용변 후 처리 필요물품 준비 및 사용물품의 정리

(2) 일상생활지원서비스

서비스 내용	서비스 범위
취사	식재료 구매(장보기) 조리방법 선택, 특별 식이 준비 식품 및 식기 등의 위생관리 주방의 위생관리
청소 및 주변정돈	대상자와 직접 관련된 침구 준비와 정리 침구 교환, 침대주변 정리정돈 환기, 온도 조절, 채광, 방음, 전등과 TV켜고 끄기 방청소, 세면대 소독, 쓰레기 버리기 의복, 일용품 정리정돈, 의복 수선 보조기구 관리
세탁	세탁물 분류 세탁물 빨기, 삶기, 널기, 개키기, 다리기, 정리정돈 의복 보관

(3) 개인활동지원서비스

서비스 내용	서비스 범위
외출 시 동행	은행, 관공서, 병원 등의 방문 산책 시 부축 및 동행(차량이용 포함)
일상 업무대행	물품 구매, 약 타기 등 대행 은행, 관공서 서비스 업무 대행

(4) 정서지원서비스

서비스 내용	서비스 범위
말벗하기	대상자의 심리적 · 신체적 요구에 따른 가벼운 구두 응대 정서적 지지, 격려 및 위로
생활상담	신체 및 가사활동지원 서비스와 관련된 내용의 상담
의사소통 도움	책 읽기, 편지 대필, 구두 의사 전달, 편지, 신문 등 배포, 콜벨 대처

(5) 방문목욕서비스

- 방문요양서비스에서 목욕서비스를 실시하지 못할 경우 방문목욕서비스를 신청하여야 한다.
- 방문목욕서비스는 목욕 장비를 갖추고 대상자의 가정에 방문하여 목욕을 제공하는 서비스를 의미한다.

서비스 내용	서비스 범위와 원칙
방문목욕	목욕준비, 입욕 시 이동보조, 몸 씻기, 머리 감기기, 옷갈아 입히기, 목욕 후 주변정리, 기계조작, 욕실 사용 시 정리

- 방문목욕은 2인 이상의 요양보호사(1급)가 욕조를 활용한 전신입욕을 실시하는 것으로 두 가지의 제공 방법이 있다.

구분	내용
차량이용 방문목욕	• 대상자의 신체적 상태로 인하여 특수욕조 등 장비를 이용한 목욕이 필요한 경우, 가정 내 욕조나 온수를 이용할 수 없는 경우 • 욕조, 급탕기, 물탱크, 펌프, 호스릴 등을 갖춘 차량으로 자동차등록증의 차량용도에 '이동목욕용'으로 표기되어 있는 차량 내에서 전신입욕을 제공한 경우 • 욕조, 펌프, 호스릴 등 장비일체와 차량 내 온수를 사용하여 가정 내에서 전신입욕을 제공하는 경우(수가의 90%)
차량이용하지 않은 방문목욕	• 목욕 차량을 부속되지 않은 이동식 욕조 등 장비를 이용한 경우 • 대상자 등의 요청에 의해 가정 내 욕조를 이용한 경우 • 관련법령에 의해 목욕설비가 갖추어진 장기요양기관, 대중목욕탕 등 가정이 아닌 목욕설비를 갖춘 시설에 수급자를 모시고 가서 목욕 급여를 제공하는 경우 • 차량이용여부와 관계없이 욕조를 이용하지 않은 경우, 기타 욕조를 활용한 전신입욕으로 보기 곤란한 경우(수가의 80%)

5) 서비스 제공 절차

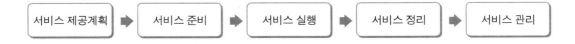

서비스 제공계획 ▸ 서비스 준비 ▸ 서비스 실행 ▸ 서비스 정리 ▸ 서비스 관리

(1) 서비스 계획

- 대상자와 가족의 서비스 욕구를 확인하여 서비스 실시여부를 결정한다.
- 대상자에게 제공되는 서비스에 대한 목표를 설정하고 서비스 세부 계획을 수립한다.
- 대상자에게 제공되는 서비스가 얼마나 중요한가, 어느 정도 필요한 서비스인가, 서비스를 수행하는 데 위험하거나 어려운 점은 없는가 등을 면밀히 검토해야 한다.

(2) 서비스 준비

- 서비스에 필요한 사용물품을 확인하고 준비하며 없을 경우를 대비하여 대체방안을 마련한다.
- 대상자의 신체 상태를 파악하고 질병이 있을 경우 의료진에게 확인하여 서비스 실행에 문제가 없는지 주의해야 할 사항 등에 대해 알아본다.

- 서비스 진행 장소에 대한 조사를 통해 안전한 서비스 환경을 마련한다.
- 서비스 환경, 설비, 장비 등을 확인하여 위험하거나 고장난 것이 없는지 꼼꼼이 살펴본다.
- 요양보호사는 대상자에 따른 서비스 기술을 익힘으로써 편안하고 안전한 서비스를 제공하도록 사전에 철저히 대비한다.

(3) 서비스 실행

- 대상자에게 요양보호사 자신을 소개한다.
- 대상자를 확인하고 절차를 설명한다.
- 요양보호사는 손을 깨끗이 씻는다.
- 필요물품을 준비하고 필요 시 일회용 장갑을 착용한다.
- 서비스에 따라 장소를 이동하여 진행하며 이동 시 대상자를 안전하게 보조한다.
- 필요에 따라 휠체어, 샤워트롤리, 손잡이가 달린 보행벨트 등 이동요양 보조기를 사용한다.
- 대상자의 잔존능력을 최대한 활용하여 서비스를 제공한다. 능력이 없는 대상자는 전적으로 지원한다.
- 대상자의 상태, 선호하는 것들을 중심으로 적합한 사용물품, 제공방법, 활용기구 등을 선택한다.
- 서비스를 진행하면서 요양보호사는 부드러운 대화를 시도하여 편안한 분위기를 제공한다.
- 대상자의 상태를 살피며 상태변화는 없는지 목소리는 어떠한지 관찰하며 서비스를 제공한다.
- 제공 중 대상자의 신체상태, 기분 등이 심하게 나빠질 경우에는 서비스를 급히 마무리한다.
- 필요한 경우 가족과 상의하여 의료기관에 연락하거나 구급차를 부르며 의료인의 지시에 따라 응급처치를 실시한다.
- 서비스가 종료되었음을 대상자에게 알리고 편안한 자세를 취하도록 돕는다.
- 요양보호사는 일회용 장갑을 벗고 손을 씻는다.

(4) 서비스 정리

- 사용물품을 깨끗이 닦은 후 건조하여 제자리에 정리한다.
- 서비스 제공으로 주변장소가 더러울 경우 청소를 할 수 있다.
- 서비스 제공에서 발생한 의류, 수건 등 세탁물이 발생하였을 때 가족과 상의하여 세탁한다.

(5) 서비스관리

- 서비스에 대한 불만사항은 없는지 대상자와 가족에게 질문하여 만족도를 파악한다.
- 불만사항에 대해서는 신속하게 개선방안을 마련하여 처리한다.
- 서비스 제공 상황을 준비된 양식에 기록한다.
- 서비스에서 발생하였던 특별한 상황에 대해 기관장 또는 상급자에게 보고한다.
- 특별한 상황에 대한 보고 내용을 기록지에 작성하여 추후 서비스를 제공할 때 참고하는 등 서비스관리에 만전을 기한다.

6) 목욕서비스 제공지침

(1) 목적

거동불편 노인에게 쾌적하고 안전한 목욕환경으로 목욕을 제공하여 드림으로서 노인의 혈액순환, 신진대사 증진, 근육보호 및 욕창, 감염증의 예방, 용변 촉진 등 신체적 건강과 긴장감 및 불안감 감소 등의 심리적인 건강을 드리고, 청결하고 깨끗한 신체유지를 통한 원활한 인간관계를 유지할 수 있도록 돕는다.

(2) 제공 시 유의할 사항

- 노인의 경우 체력이 저하되어 혈압변동이 잦고 목욕시간이 길어지면 실내와 목욕물의 온도차로 인해 혈압변동이 올 수 있으므로 실내온도와 수온 확인에 유의하며 준비물품을 정확히 챙겨 불필요한 시간낭비가 없도록 한다.
- 목욕은 많은 효과를 가져 오는 동시에 넘어지는 위험과 신체에 변화가 급변하게 일어나는 불안한 행위다. 욕실의 상황 등을 고려하여 안전한 목욕방법을 쓰며 욕실의 안전대책을 위해 신체 상태에 맞게 손잡이를 만들고 욕실 의자와 욕조는 같은 높이의 것으로(높이 약 40cm) 구입하며 흡착판이 있는 미끄럼 방지매트로 고정한다. 그리고 목욕 시 비누나 샴푸 등 작은 물건이 굴러다니지 않도록 하여 위험을 방지한다.
- 입욕하기 좋은 몸 상태인지 또는 입욕 중 기분은 어떠한지, 컨디션에 변화는 없는지, 피부나 전신상태 등은 어떠한지, 목소리를 관찰하여 확인하고 진행하도록 한다.
- 서비스 제공에 대해 설명하고 가능한 자신이 행할 수 있도록 말하며 사소한 동작에도 자세히 설명한다. 또한 '꽉 잡고 있으니, 괜찮다' 등의 말을 걸어 대상자에게 안도감을 심어주도록 한다.
- 부드럽고 안전한 목욕을 하기 위해 용구를 반드시 정돈하고, 어떠한 도움을 주어야하는지 어떠한 목욕을 실시할 것인지 본인과 가족이 함께 생각하고 결정하여 실시한다.
- 옷을 벗어야 하기 때문에 신체의 중요 부분이 보여지지 않도록 수건을 걸치거나 문을 닫는 등 수치심을 줄여 주어 자존심을 상하지 않게 하고, 상대의 몸이 되어 느낌과 생각

을 접하도록 한다.

- 입욕시간은 20~30분, 욕조에 들어가는 시간은 5분 정도를 목표로 하고 대상자의 신체 상태를 살피며 조절한다. 심장질환이 있는 사람과 천식이 있는 사람은 미지근한 물에 상반신욕(흉부 밑으로 들어감)을 하도록 하여 부담을 적게 한다.

- 입욕 중에 상처가 나서 기분이 나빠지거나 어떠한 일(응급상황 등)이 발생될 경우 입욕을 중지하고 신체를 닦아 안정을 취하도록 하며 상태를 잘 관찰하여 필요한 경우에는 가족과 상의하여 의료기관에 연락하거나 구급차를 부른다. 뇌빈혈의 경우 냉수건으로 얼굴, 가슴 등을 닦고 냉수로 양치하고 병세를 완화시키는 등 의료인의 지시에 따라 응급처치를 실시한다.

(3) 제공절차

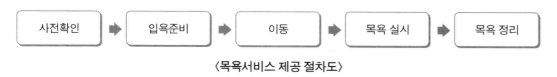

〈목욕서비스 제공 절차도〉

(4) 목욕서비스 제공방법

① 일반 목욕(전신입욕)

- **사전확인**
  - 목욕서비스 계획 시 미리 확인하여 알아둔다.
  - 대상자의 질환, 손·다리·신체의 움직임과 마비의 상태, 감염증과 피부질환의 유·무, 인공항문 등 특히 유의해야 할 점이 있는지 신체 상태를 확인한다.
  - 질병이 있을 경우에는 사전 입욕 시 주의해야 할 점이 무엇인지를 확인하고 반드시 주치의(의료인)에게 물어보고 기록해 둔다.
  - 방에서 욕실까지의 상황, 욕실에 들어가는 절차와 손잡이의 유·무, 욕실의 침상이나 바닥은 미끄럽지 않은지, 욕실 문턱 확인, 욕실 앞 매트 제거, 욕조에 안전하게 들어갈 수 있는지 입욕설비 및 용구 등을 확인한다.
  - 대상자의 상태에 따라 가족의 동반을 요구하지 않을 수 있으나 기본적으로 목욕서비스를 제공할 경우에는 가족이 요양보호사와 함께 목욕서비스를 제공하여야 함으로 동반여부를 알리고 동반을 확인한다.
  - 요양보호사는 목욕서비스를 제공하는 날에는 적합한 복장, 자동혈압계, 온도계, 체온계, 미용장갑(수술용 장갑)을 준비하여 가지고 간다.

- **입욕준비**
  - 목욕이 가능한 상태인지 대상자의 체온, 혈압, 안색, 신체상태, 마비상태의 확인, 피부질환, 감기 등 질병유무 등을 체크한다(어지러움증, 두통 호소 등).

─목욕서비스 제공 전에 대상자에게 목욕서비스를 설명하고 입욕하고 싶으신지 의사 및 동의를 구한다.

─욕실 환경에 위험요인이 없는지 잘 살펴 보고 각별한 주의를 기울인다.

─대상자의 체온유지를 위해 일정온도를 유지(24℃)하며 특히 겨울철에는 낮 시간을 이용하는 등 실내온도를 따뜻하게 맞추어 놓는다(22~25℃).

─목욕물의 온도는 너무 차거나 뜨겁지 않게 39~40℃가 적당하며 요양보호사는 욕조 물과 샤워 물온도를 자신의 피부로 확인하여 적합한 온도를 확인해야 한다. 고혈압이나 심장병이 있는 경우, 여름에는 37~38℃가 적당하다.

─배설(배뇨, 배변)은 입욕 전에 완료하도록 하며 이를 확인한다.

─식사 1시간 전, 식사직후, 공복 시 입욕을 피하도록 한다.

─목욕용품(비누, 샴푸, 타올 등)과 필요한 옷(속옷, 겉옷)이나 용구(기저귀, 바디로션 등)를 미리 장소에 준비해 놓는다. 목욕 시 사용할 물품목록은 다음과 같다.

> **목욕물품 목록**
> • 샤워 의자(탈의용과 목욕용 각 1개가 있으면 편리), 샤워 의자가 없을 경우 이동식변기, 화장실변기에 설치하는 목욕의자 등을 준비하여 사용한다.
> • 샴푸헤드, 입욕제(피부질환이 있는 경우는 요주의), 베이비 오일(건성인 사람일 때), 바디로션, 샴푸, 린스, 헤어브러쉬, 드라이, 마른 수건, 목욕수건, 수건 덮개(필요 시), 비누, 세면기, 때밀이 수건, 손톱깎이, 면봉, 갈아입을 옷
> • 미용장갑(대상자가 접촉성 피부질환이 있을 경우 요양보호사가 착용하며 착용 전 대상자와 가족에게 알린다)

─목욕을 실시할 때는 바람이 들어오지 않도록 창문과 욕실 문을 닫도록 하나 잠그지는 말아야 한다.

─요양보호사는 땀이나 더운 증기로 젖기 때문에 적합한 복장을 준비한다(피부에 상처가 날수 있으므로 귀금속이나 노출이 심한 복장은 피한다).

• **장소이동**

─욕실로 이동할 것을 대상자에게 알리고 이동에 대해 준비할 시간을 준다.

─하체근력이 약하거나 마비가 있지만 자립보행이 가능한 경우, 손잡이를 잡거나 이동보조 기구(지팡이, 보행보조기, 휠체어 등)를 사용하여 이동하도록 한다.

─손잡이가 달린 보행벨트가 있을 경우 착용하여 요양보호사가 손잡이를 잡고 이동하며 없을 경우 대상자의 허리에 허리끈을 들러준 뒤 이를 잡고 보조하도록 한다.

─욕실로 들어가는 과정에 욕실 앞 매트, 전선 등 이동에 장애를 주는 물건은 미리 제거하고 바닥이 미끄럽거나 문턱이 있을 경우 이를 알려주며 이동한다.

• 목욕실시

옷 벗기

- 신체 상태를 확인하고 의복을 벗을 것을 알리고 이해를 구한다.
- 실내온도를 조절하고 커튼을 치거나 문을 닫는다.
- 요양보호사의 손을 따뜻하게 하여 대상자의 피부접촉 시 놀라게 하거나 체온을 떨어트리지 않도록 주의한다.
- 옷을 벗을 때는 건강한 쪽을 먼저 벗고 마비가 있는 쪽을 벗도록 순서를 알린다. 자립능력이 없을 경우 전적으로 요양보호사가 진행한다.
- 목욕가운을 걸치거나 목욕타올 등으로 노출부분을 감싸준다.
- 노인 스스로 가능한 부분은 시간이 걸리더라도 자력으로 하게 하며 요양보호사의 보조는 최소화한다.
- 몸 상태를 관찰하고 이상이 발견되면 본인과 가족에게 알린다. 상태에 따라 기관이나 의료진에 알려 논의한다.

욕조 안으로 이동

- 욕조 안으로 이동한다는 것을 대상자에게 알리고 안정을 찾고 이동한다.
- 욕실 바닥이 미끄럽지 않도록 바닥에 젖은 타올을 깔아 놓는다(오히려 타올에 걸려 넘어질 우려가 있는 경우 깔지 않는다).
- 스스로 이동이 가능한 경우 욕조와 높이가 같은 의자를 나란히 놓는다.
- 의자에 앉은 채로 방향만 바꿔서 욕조 안으로 들어가도록 한다(마비가 있는 경우 건강한 신체부터 들어가야 한다).
- 요양보호사는 건강한 신체가 먼저 들어간 뒤 마비된 신체가 들어가도록 돕는다.

〈스스로 가능한 대상자의 경우〉
- 선대상자의 건강한 쪽 다리를 먼저 넣고 마비된 쪽의 다리는 손으로 들어 욕조 안에 넣는다.
- 대상자의 건강한 쪽 다리를 중심으로 하고 몸을 오른쪽으로 돌아 욕조의 가장자리를 손으로 잡으며 천천히 몸을 욕조에 담근다.

〈스스로 불가능한 대상자의 경우〉
- 욕조 가장자리를 붙잡고 균형을 유지하면서 허리를 걸친다. 요양보호사는 한 손으로 단단히 허리를 붙들고 마비된 쪽의 다리를 손으로 개호해서 넣는다.
- 다음에 건강한 다리도 가볍게 도와서 넣는다.

균형을 잃지 않도록 건강한 손으로 욕조 가장자리를 잡으면서 천천히 몸을 담근다.

- 요양보호사는 몸을 대상자에게 밀착시키고 중심을 낮게 하여 보조한다.
- 옷을 벗은 상태이므로 이동 중 사고예방을 위해 허리끈 또는 손잡이가 달린 보행벨트를 착용하여 이를 잡고 넘어지지 않도록 한다.
- 욕조 위에 입욕대와 같이 앉을 수 있는 판을 걸쳐 놓아 의자처럼 앉게 하여 목욕을 진행할 수도 있다.
- 요양보호사는 물의 온도를 자신의 피부로 확인하며 대상자에게도 물의 온도가 맞는지 손이나 발을 넣어 확인해 보도록 한다.
- 목욕탕 온도를 확인하고 발끝부터 물을 끼얹어 하반신, 음부를 닦아낸 후, 전신을 탕에 넣는다.
- 욕조에 들어가는 시간은 3~5분 정도로 몸을 담근다.

욕조 밖으로 이동	

- 욕조 밖으로 이동할 것을 설명하고 서비스를 시작한다.
- 욕실 바닥이 미끄럽지 않도록 바닥에 젖은 타올을 깔아 놓는다(오히려 타올에 걸려 넘어질 우려가 있는 경우 깔지 않는다).

〈스스로 가능한 대상자의 경우〉

- 욕조 벽에 붙어 있는 손잡이를 잡고 건강한 쪽의 다리를 욕조에서 빼내면서 함께 손에도 힘을 주면서 몸을 일으킨다.
- 요양보호사는 마비된 쪽의 다리를 욕조에서 빼낼 때 도움을 준다.
- 욕조의 가장자리를 잡고 천천히 일어선다.

〈스스로 불가능한 대상자의 경우〉

- 욕조 가장자리를 붙들고 균형을 잃지 않도록 천천히 일으킨다. 요양보호사는 한 손으로 단단히 허리에 돌려 전신의 안전을 꾀한다.
- 가능한 한 스스로 건강한 다리를 올려 가볍게 원조해서 욕조에서 나와 마루에 발바닥을 닿게 한다.
- 마비된 쪽의 다리는 다른 한 손으로 원조하여 몸 전체를 이동시키면서 나오게 한다.

목욕하기	

- 욕조에서 나와 머리를 감고 마른 수건으로 닦아 낸다. 장발인 경우에는 수건으로 머리를 두른다.

─목욕의자(이동식 변기, 화장실에 설치하는 목욕의자 등 안전한 의자)에 앉아 발 ⇨ 다리 ⇨ 팔 ⇨ 몸통의 순서로 닦는다.

─수건에 비누를 묻혀 거품을 내어 말단에서 중심을 향하여 마사지 하듯 닦는다. 심장의 혈액의 환류는 순환되도록 한다.

─너무 강하게 밀지 않도록 또한 피부의 상태에 따라 씻는 것을 조절한다.

─피부가 빨개졌다든지 건조가 심한 경우에는 수건을 사용하지 말고 손에 비누를 묻혀 씻는다. 다음은 손에서 등의 방향으로 닦는다. 마사지하는 것처럼 잘 닦아 오물을 떨어 버린다.

─음부는 자신이 닦도록 하며 요양보호사가 닦을 경우는 맨손으로 하지 말고 수건으로 닦는다.

─음부를 타올에 비누를 묻혀 깨끗이 씻어내며 이때 손잡이 등을 이용하여 일어서면 좋다.

─발에는 때가 끼기 쉬우므로 손가락 사이, 발뒤꿈치, 발바닥을 정성껏 닦는다.

─샴푸는 손으로 거품을 내어 두발에 묻힌 후 두피를 손가락 끝으로 마사지 하는 듯 문지르고 손톱을 세우지 않도록 주의하며 귀 뒤쪽과 언저리 등도 깨끗하게 씻고 눈과 귀는 샴푸나 물이 들어가지 않도록 주의한다(귀마개를 사용해도 좋다).

─세안과 면도를 한다.

─혈액순환이 잘되어 근육이 풀린 후 탕을 사용할 때 부력을 이용하여 사지(손과 발 포함)를 움직이며 쓰러지는 것을 예방한다.

─1~2분 정도 욕조에 들어가 몸을 따뜻하게 담근다.

─부드러운 타올에 비누를 묻혀 몸을 씻고 헹구도록 한다.

─회음부는 타올로 가려서 프라이버시를 유지하도록 한다.

─욕조에서 나올 때 신체를 대충 닦고, 빠르게 마른 수건으로 구석구석 닦아낸다.

─입욕직후에는 땀이 나기 때문에 수건으로 잘 닦는 동시에 탕에서 나온 후 찬 냉기가 들지 않도록 보온에 유의한다.

| 지켜보기 | ─스스로 목욕을 실시하도록 하며, 요양보호사가 언제든지 필요한 부분을 도울 수 있음을 알린다.

─대상자가 발견하지 못한 비눗물이나 더러움이 있는 곳을 알려주거나 원하는 경우 씻어 준다.

─머리감기나 샤워 등은 안정된 자세를 취하는 것이 중요하므로 |

유의하여 지켜본다.

－샤워 후에는 마른 타올을 준비하여 닦을 수 있게 하며, 목욕 후에는 체력 소모가 많음을 감안하여 빠르게 할 수 있도록 도와준다.

옷 입기	

－귀마개를 뺀다.

－피부 보습제 또는 오일을 바르도록 한다.

－기저귀를 착용한다.

－신체 상태를 확인하고 의복을 입는 것을 알리고 이해를 구한다.

－실내온도를 조절하고 커튼을 치거나 문을 닫는다.

－요양보호사의 손을 따뜻하게 하여 대상자의 피부접촉 시 놀라게 하거나 체온을 떨어트리지 않도록 주의한다.

－옷을 입을 때는 마비가 있는 쪽을 먼저 입고 건강한 쪽을 입는다.

－목욕가운을 걸치거나 목욕타올 등으로 노출부분을 감싸준다.

－목욕 후에는 체력소모가 크므로 요양보호사가 신속하게 옷을 입는 것을 돕도록 한다.

－풋 크림을 발 전체적으로 꼼꼼히 바른 뒤 양말을 신겨드린다.

－몸 상태를 관찰하고 이상이 발견되면 본인과 가족에게 알린다. 상태에 따라 기관이나 의료진에 알려 논의한다.

목욕 정리	

－옷을 입은 후 드라이어로 머리를 말린 후 귀안을 면봉으로 닦는다.

－어지러움, 피로감 등이 없는지 대상자의 상태를 확인한다. 변화가 있을 경우 가족과 기관에 즉시 알리고 필요한 경우 의료적 조치를 취한다.

－수분을 공급하고 휴식을 취한다(미지근한 물, 따뜻한 우유, 차 등 공급).

－가장 편안한 체위를 유지하도록 한다.

물품 정리	

－매트 및 사용물품은 깨끗이 세척한 뒤 건조시킨다(햇빛에 살균 소독하는 것이 좋다).

－샴푸, 린스 등 사용물품은 물기를 제거하여 제자리에 둔다.

－바닥이 비눗물 등으로 미끄러울 수 있으므로 소독제를 사용하여 구석구석 청소한다.

－사용한 수건이나 의류 등은 세탁하여 건조시킨다.

② 대상자 상태별 목욕

• 와상노인의 목욕

　가정에서 와상노인의 목욕은 시설 및 장비의 미비 등으로 인해 욕실로의 이동목욕이 위험하므로 침상에서 목욕을 실시하여 몸을 청결히 유지하고 안위감을 느낄 수 있도록 돕는다. 가정에 샤워트롤리가 있거나 사용 가능한 목욕공간을 갖추었다면 샤워트롤리를 이용한 이동목욕을 실시할 수 있다. 이 경우 목욕 수발자가 2~3명이 투입되어야 함으로 가족의 도움이 없을 경우 실시할 수 없으며 필요 인력을 확보하지 못할 경우에도 실시하지 않는 것이 바람직하다. 대상자가 물을 전신에 적시는 목욕을 희망할 때에는 방문목욕서비스를 제공할 수 있도록 의뢰·연계하도록 한다.

• 와상노인의 목욕－(1) 이동목욕(샤워트롤리)

　－샤워트롤리를 준비하여 욕실에 설치한다.

　－샤워트롤리를 침상에 연결하여 밀착시킨 후 샤워트롤리를 고정시킨다.

　－수발 인력 2~3명이 한조가 되어 대상자를 이동한다.

　－샤워트롤리를 목욕탕으로 이동하여 고정시킨다.

　－몸을 마비된 쪽으로 기울이면서 건강한 쪽의 어깨 쪽 의복을 빼낸다.

　　→ 건강한 쪽 손을 의복에서 그대로 빼낸 뒤 등쪽으로 의복을 늘어뜨린다.

　　→ 건강한 쪽 팔의 의복을 빼낸다.

　－대상자의 무릎을 세운 뒤 엉덩이 쪽부터 하의를 천천히 끌어내린다.

　－기저귀를 빼낸 뒤 항문 주위 분비물을 물티슈로 닦아낸다.

　－대상자가 물 온도를 확인할 수 있도록 가슴에서 멀리 떨어진 부위부터 온수를 적신다.

　－샴푸를 사용해 머리를 부드럽게 문지른 후 샤워기를 사용해 헹구어 낸다.

　－부드러운 수건에 바디클렌저를 묻혀 가볍게 문지른다(목 ⇨ 팔 ⇨ 가슴 ⇨ 배 ⇨ 다리 ⇨ 회음부 ⇨ 등 ⇨ 발).

　－둔부 사이와 항문 주위를 깨끗하게 하고 뼈가 돌출된 등이나 둔부는 욕창이 생기기 쉬우므로 피부의 색상을 관찰하고 이상이 없으면 목욕 후 금기가 아니면 등 마사지를 해 드린다.

　－온수를 껴 얹어 깨끗이 씻어낸다.

　－물기가 있는 가운데 전체적으로 꼼꼼히 오일을 바른다.

　－마른 수건으로 머리 부위부터 몸 전체적으로 닦아낸다.

　－기저귀를 채운다.

　－마비된 쪽 손을 먼저 끼운 뒤 머리에 씌운다 → 건강한 쪽 손을 소매에 끼운다 → 의복을 잡아내려 정리한다.

　－마비된 쪽 다리부터 바지를 끼고 건강한 쪽을 마저 끼운 뒤 어르신을 돌려 바지를 올린다.

 －샤워트롤리를 침상으로 이동해 밀착시킨 후 2~3명이 한조가 되어 어르신을 이동
 한다.

• 와상노인의 목욕－(2) 침상목욕(청식)

청식은 수건에 비눗물을 묻혀 신체를 닦아 주는 행위로 신체의 각 부위를 작은 수건
이나 스폰지에 비눗물을 묻혀 닦고 꼭 짠 물수건으로 비눗기와 물기를 세심하게 닦
아내는 것으로 신체 청결에는 입욕이 가장 좋지만 안전하고 쾌적한 입욕이 불가능한
경우에는 청식을 행하여 피부의 더러움을 제거하고 욕창과 세균의 감염을 예방하는
동시에 마사지 효과가 있어 혈액 순환을 좋게 한다.

| 사전확인 | －대상자의 신체 상태(옆으로 누운 자세, 앉은 자세, 바르게 앉은 자세는 가능한가), 감염증과 피부질환의 유무를 확인한다. |

 －대상자의 신체 상태(옆으로 누운 자세, 앉은 자세, 바르게 앉은 자세는 가능한가), 감염증과 피부질환의 유무를 확인한다.
 －청식 시 주의점에 대해 입욕과 같이 의료인에게 물어 행한다.
 －신체를 무리하지 않게 하기 위해 침상의 위치나 자고 있는 방향 등을 확인하여 준다.
 －물은 어디에서 끓이고, 어디에서 공급할 것인지, 사용 후 더러운 물은 어디로 버리는 지를 확인한다.
 －서비스 당일 얼굴색과 표정, 대화를 통해 관찰하며 개인차가 있으므로 체온은 37℃ 이하, 맥박은 매분 60~80회 전후, 피부에 상처나 습진이 있을 때는 의료인과 상담한다.
 －실내 환경의 실온은 22~24℃ 정도로 한다.
 －청식에 필요한 용품과 갈아입을 옷을 침상 옆에 준비한다.

> 청식의 따뜻한 물을 집어넣는 욕조, 오수용 양동이, 뜨거운 물을 담는 양동이, 비누, 비닐깔개, 종이기저귀, 고무장갑, 목욕 수건 6~8매, 타올 케이트, 갈아입을 의류

 －탕물 온도는 55℃ 정도의 물이 적당한 온도이다.

| 목욕 준비 | －와상이나 일상생활을 생각하는 바와 같이 되지 않는 사람에게는 유쾌한 수발이 최상의 기쁨이다. |

 －와상이나 일상생활을 생각하는 바와 같이 되지 않는 사람에게는 유쾌한 수발이 최상의 기쁨이다. 말을 걸거나 접근하는 방법, 신체를 청식할 경우에는 정중하게 행한다.
 －대상자의 요청이나 심신 상태에 따라 전신, 부분, 손욕, 발욕, 음부세정을 할 것인지 탕물, 비누, 입욕제를 넣은 탕, 50% 알코올을 사용할 것인지 가족과 상담하고 결정한다.
 －전신상태가 나쁠 경우 땀이 많이 나는 곳(겨드랑이 아래, 목, 귀의 뒤, 음부 등)은 청식을 하여 말쑥하게 한다.

— 지저분한 것과 탕의 물 온도에 신경을 쓴다. 신선하고 깨끗한 물로 갈아주며 물이 도중에 부족하지 않도록 충분히 준비를 한다. 물이 차가워질 때를 대비하여 야간에는 뜨거운 물을 충분히 준비한다.

— 침대에 비닐시트를 깔고 그 위에 큰 수건을 놓는다.

목욕 실시

— 대상자에게 청식하는 것을 알려주며 시작한다.

— 옷을 벗긴 후 대상자 위로 목욕담요를 덮는다. 부분욕(음부, 손, 발)을 할 경우는 보온을 위하여 상의는 입은 채로 둔다.

— 신체의 각 부분을 실선 방향으로 닦는다. 따뜻한 수건으로 닦은 후 마른 수건으로 맛사지를 한다.

— 더운 물기를 짜도록 하며, 수건의 열을 요양보호사의 팔 내측으로 확인하고 나서 닦는다.

— 비누로 닦아 사용할 경우에는 뜨거운 물에 여러 개를 가지런히 놓고 짜서, 사용하기 전 수건을 털어 열기를 빼내어 사용한다.

— 목욕수건은 1/4 크기로 접고 거기서 반을 접는다. 좌우에 손으로 비틀어 짜고 잘 털어 열기를 털어낸 다음 사용한다.

— 청식의 순서는 얼굴 ⇨ 귀 ⇨ 목 ⇨ 수지 겨드랑이 ⇨ 가슴 ⇨ 배 ⇨ 등 ⇨ 허리 ⇨ 엉덩이 ⇨ 발·발가락 ⇨ 하퇴부 ⇨ 대퇴부 ⇨ 음부로 한다.

— 눈 주위, 코 위·옆, 입 주변, 코 중앙, 귀와 뒷부분을 정성껏 닦아낸다.

— 수건은 2번 닦고 나서 면을 바꾼다.

— 목 뒤는 머리를 올려 좌·우로 닦는다.

— 손 끝에서부터 어깨를 향하여 청식을 한다.

— 복부와 장의 흐름에 따라 청식을 한다.

— 무릎을 세워 발끝에서부터 위로 행하여 마사지를 하면서 닦는다.

— 등부분과 허리는 압박을 받는 시간이 장시간이므로 청식 후 아래에서 위로 맛사지를 한다.

— 발진이 있는 부위나 피부가 얇은 부위를 너무 세게 문지르지 않는다.

— 피부끼리 밀착되어 있는 부위는 신중하게 잘 닦은 후 마른 수건으로 충분히 닦는다.

－피부질환이나 상처가 있는 부위에는 비누나 목욕제를 사용하지 않는다.

－비누를 묻혀 닦을 때는 충분히 거품을 내어 닦는다. 그 후 비누를 씻어 내기 위해 수건으로 2~3회 닦고 최후에 마른 수건으로 수분을 닦아낸다.

－청식 시 말초부에서 중심으로 근육의 주행에 따라 닦는 것이 원칙이다.

－청식이 종료되면 비닐시트와 타올을 빼내도록 한다.

목욕 정리

－피부의 상태, 신체의 변화가 청식 전에 비해 크게 있다면 대상자와 가족에게 알리도록 하며 필요에 따라 기관과 의료인에게 연락한다.

－피부 보습제 또는 오일을 바르도록 한다.

－목욕 후 한기를 느끼지 않도록 즉시 의복을 갈아 입히고 의복의 주름을 펴서 욕창예방에 노력한다.

－드라이어로 머리를 말린 후 귀안을 면봉으로 닦는다.

－수분(미지근한 물, 따뜻한 우유, 차 등)을 공급하고 휴식을 취한다.

－가장 편안한 체위를 유지하며 이불 등으로 체온을 보온할 수 있도록 한다.

－양동이나 세면기 등의 용구는 닦아 제자리에 정리하고 수건과 의류는 가족과 상담하여 필요에 따라 세탁할 수 있도록 한다.

• 편마비노인의 목욕

일반목욕

－의자에 앉아서 옷을 벗기고 욕실이나 욕조에 들어갈 경우 혹은 서서 이동하는 경우 마비된 쪽의 뒤쪽에 서서 몸을 손으로 둘러 지지하면서 보조를 맞추어 걷게 한다.

－물에 들어가기 전에는 건강한 쪽의 발에 물을 끼얹어 물의 온도를 확인하고 음부는 건강한 쪽 손으로 자신이 닦도록 한다.

－욕조에 들어갈 때는 욕조의 가장자리 손잡이를 잡게 하여 균형을 맞추어 받침대에 앉게 한다. 요양보호사는 한쪽 팔로 힘 있게 몸체에 두르고, 마비된 쪽의 발을 한쪽의 손으로 보조하여 넣은 다음 건강한 쪽 다리도 가볍게 넣는다. 그리고 받침대를 열어 일으켜 벗긴다.

－균형이 깨지지 않도록 건강한 쪽의 팔로 욕조 가장자리를 잡

고 천천히 몸을 담근다. 욕조에 들어간다(나올 때도 같은 자세
로 건강한 쪽부터 나오도록 한다). 천천히 몸을 담그고 일어설 때
도 천천히 행한다.

—욕조에서 나올 때는 몸의 균형이 무너지지 않게 천천히 나온
다. 걸침판을 걸어 받침대에 앉는다. 요양보호사는 한쪽 손을
힘있게 몸체에 둘러 전신의 안정을 도모한다. 가능한 스스로
건강한 쪽에 발을 들고 가볍게 도움을 주어 욕조에서 나와 침
상면에 힘있게 붙인다. 마비된 쪽 다리는 한쪽의 손으로 도움
을 주고 전신을 이동하면서 나와 무리없이 이동하게 한다.

—샤워의자에 앉아 마비된 쪽의 손을 먼저 닦는다. 손잡이를 잡
고 일어서며 엉덩이를 양무릎 아래로 지지하며 닦는다. 대상자
의 잔존능력과 환경 등을 고려하여 안전하게 목욕을 실시한다.

| 침상목욕 |

—전신 청식, 부분욕의 순서는 변화하지 않지만 옆으로 행할 경
우 마비된 측 아래로 행한다.

—침대 위에서 앉은 자세가 가능하면 상반신, 엉덩이는 앉은 자
세에서 청식을 하고 행하도록 한다. 하반신은 순서대로 행한다.

• 하반신 마비노인의 목욕

| 일반목욕 |

—욕실 전체를 휠체어의 높이와 같게 하면 스스로 이동이 가능
해진다.

—휠체어를 탈의실에 가까이하여 한쪽 다리부터 침상에 올린
다. 휠체어를 탈의실에 붙여 엉덩이를 밀어 넣는 형식으로 앞
으로 이동한다.

—탈의는 벽에 기대어 행한다.

—욕조는 마개를 막고 소독면으로 접속부를 닦고 난 후 막는다.

—욕실에 들어갈 때는 엉덩이를 미끄러지듯이 이동한다.

—욕조에 들어갈 때는 양말을 잡고 하반신의 이동 동작 방향으
로 움직인다(무릎 아래로 집어 넣는다).

—요양보호사는 한손으로 등을 살며시 누르고 한쪽 손을 부둥켜
안아 위로 올라가도록 허리를 들어 욕조에 잠기게 한다. 물의
부력에 의해 몸의 균형을 잃는 일이 생길 수 있으므로 주의한다.

—욕탕을 이용하는 중에는 이쪽저쪽으로 양하지의 관절을 움직
인다.

—욕탕 밖으로 나와 탈의실에 뉘어 신체를 닦는다. 접속부를 소

독면으로 닦아 주는 동시에 허벅지 뒤, 음부, 다리 사이에는 습기가 남기 쉬우므로 특히 유념하여 닦아준다.

－등과 엉덩이를 마사지한 후 누운 자세로 옷을 입힌다.

침상목욕

－흉부 이하 마비의 경우, 전신 청식, 부분욕에도 누운 상태에서 순서대로 행한다.

－얼굴, 어깨, 목, 가슴 등 가능한 부분은 이용자 자신이 닦도록 한다.

－발욕은 침대 끝에 앉아 부축하여 이끌도록 한다.

• 관절에 장애가 있는 노인의 목욕

일반목욕

－무릎관절이 굽혀지지 않을 경우 로후스트란트 지팡이로 이동하여 욕실 앞에 놓고 의자에 앉아 옷을 벗는다.

－욕실 간격 높이에 단차가 있는 경우는 욕실 의자에 앉아 옷을 벗는다.

－허리를 움직여 욕조를 바라보고 욕조의 가장자리를 잡고 일어서 의자의 위치를 욕조 가까이로 이동한다.

－세발과 신체를 씻을 때는 양동이에 물을 담아 양발을 넣어 따뜻하게 한다. 양동이에 물을 자주 교환하여 차지 않도록 한다.

－일어설 때는 허리를 움직여 욕조 반대방향으로 바라보고 손잡이, 지팡이 등을 잡고 일어서 탈의할 곳으로 이동한다.

－옷을 갈아 입는 곳 의자에 수건을 깔고 앉는다.

침상목욕

－가슴, 팔, 복부, 등, 발은 의자에 앉은 상태에서 부축하고 관절에 부담을 적게하여 청식을 행한다.

－엉덩이 청식과 음부 세정은 서서 행하도록 한다.

－발욕, 손욕은 순서대로 행한다. 발욕은 발가락의 변형이나 통증, 무릎 관절의 움직이는 범위(통증)를 충분히 배려하여 무릎 안쪽에서 손을 받쳐주고, 손바닥으로는 발뒤꿈치를 감싸 미지근한 물이 담긴 양동이에 마비된 발을 넣는다. 손욕도 손가락의 변형이나 통증에 배려한다.

7) 문제행동 대처지침

(1) 배회노인에 대한 대처

- 배회 경험이 있는 대상자는 혼자두지 않도록 한다.
- 배회 대상자는 언제든 집 밖으로 나갈 위험이 있으므로 현관문이나 대문에 종을 달거나, 심한 경우 잠금장치를 해 둘 수 있다. 이 경우 대상자가 잠금장치에 대해 인지하지 못하게 한다. 갇혀 있다는 느낌을 받아 나가려는 행동에서 문을 부수는 폭력 행동으로까지 갈 수도 있다.
- 실내에서 배회가 많은 대상자의 경우 바닥에 장애물을 없애고, 실외로 나갈 위험이 크므로 배회 팔찌 등을 착용해 주는 것이 좋다.
- 대상자가 배고픈지, 화장실이 가고 싶은지, 불편한지 또는 정말로 길을 잃은 것인지 확인한다. 자신의 방에서 몇 자국만 떨어져도 정말 길을 잃은 것으로 생각할 수도 있다.
- 가방, 코트, 신발 등 환경에서 자극을 받아 배회하는 경우가 있다. 이들을 눈에 안보이게 치워 두는 것만으로도 떠나야 한다는 것을 잊을 수도 있다.
- 사람이 많고 붐비고 좁은 곳에서 혼란을 느끼고 스트레스를 받아 빠져나가고 싶은 생각이 들 수도 있으므로 대상자의 성격을 파악하는 것도 중요하다.
- 규칙적인 배회 코스를 만들어 배회공간을 제공한다.
- 가족 중 치매 대상자가 있으면 주변에 미리 알려주어 배회 시에 연락을 받을 수 있도록 한다.
- 사진을 찍어 두고, 배회로 인한 실종이 있는 경우는 112(경찰신고), 182(실종신고)로 협조를 요청하도록 한다.

(2) 불결행위에 대한 대처

- 배변, 배뇨 시간을 체크하여 일정 간격으로 화장실을 유도하거나 기저귀를 점검한다.
- 변비 등으로 인해 불편한 경우에도 변을 손으로 만지는 등의 행동을 하므로 배설 간격을 주의 깊게 살핀다.
- 불결 행위 발생 시에는 신속하게 오물을 제거하고 샤워를 시킨다.
- 대상자가 배회한 공간을 살펴보고 오물이 묻은 곳은 신속하게 치우고 환기를 시킨다.
- 배설물을 음식이라 생각하여 먹는 경우는 적극적으로 변을 지키려는 행동을 보일 수 있으므로 유의하며 대상자가 좋아하는 다른 것을 제시하여 관심을 돌린다.
- 행동이 반복되는 경우 벽지를 비닐 벽지나 코팅지로 바꾸고, 자주 소독제로 소독해 준다.
- 대상자의 행위에 대해 당황하거나 화를 내지 않는다.
- 행동에 대해 케어자의 반응이 부정적일수록 대상자는 불안해하며 동일한 실수를 반복하는 경우가 많다.

(3) 폭력, 폭언행위에 대한 대처

- 이상행동을 일으킬만한 상황을 피하거나 막는다.
- 대상자에게 너무 많은 질문을 하지 않는다. 상황에서 잠시 비키게 하고 기분이 좋아질 때까지 기다리며 안심시킨다.
- 지시할 때는 한 단계씩 말한다. 알아듣지 못하는 경우 더욱 천천히 하나씩 반복해서 말한다.
- 손을 잡아주거나 안아주는 등 안정을 주고, 조용한 음악을 틀어주어 흥분을 가라앉힌다.
- 새로운 화제를 주어 대상자의 마음을 서서히 돌린다.
- 폭력 행위나 폭언이 나올 때 말리려고 하면 더 심하게 하는 경우가 많으므로 말리지 않는다.
- 행동이 심해지면서 타인을 다치게 하거나 자해행동을 할 수도 있으므로 전문시설에서 관리하는 것을 권한다.
- 필요 시에는 억제용품을 사용하거나 의사의 처방을 받아 약품을 사용할 수도 있다.

(4) 우울증, 무관심, 고립에 대한 대처

- 어떠한 상황이 대상자에게 이상행동을 하게 하는지 원인을 관찰한다.
- 의사의 진료를 받고 도움이 될 만한 약을 처방받는다.
- 프로그램 등에 참여하도록 청하며 강요는 하지 않는다.
- 대상자와 특별한 시간을 가지며 관심을 지속한다.
- 혼자 있는 시간을 줄이고 다른 사람들과 함께 있도록 격려한다.
- 대상자와의 친밀감을 고려하여 적절한 스킨십을 실시한다.
- 가족과의 유대를 유지하는 것은 우울증을 감소시킬 수 있다.
- 치매대상자는 자살을 시행할 능력은 갖고 있지 않지만 위험한 물건을 치우고 더 자주 점검하며 관심을 쏟는다.

(5) 망각, 환각, 착각, 망상에 대한 대처

- 대상자의 고집만 키울 수 있으므로 도덕적인 훈계 등에 반응하지 않으며 훈계나 이치를 말하지 않는다.
- 다른 사람의 것을 자신의 것이라 하면 관심을 다른 곳으로 이끈다.
- 대상자가 물건을 숨기는 곳을 알아두었다가 같은 곳에 반복해서 숨긴다.
- 방을 뒤지거나 서랍을 여는 행동을 할 때 대상자가 마음껏 뒤질 서랍을 내주고 다른 것은 잠그거나 눈에 보이지 않게 치운다.
- 타인의 것을 만지고 있다면 본인의 것을 찾아보자고 유도한다.
- 다른 사람의 방을 돌아다니는 것은 화장실 등을 찾는 것일 수도 있으므로 케어자의 눈

보다 대상자의 생각을 읽도록 한다.

- 물건이 없어졌다고 하면 동일한 물건을 여러 개 준비하였다가 보여준다.
- 물건을 함께 찾아본다.
- 대상자의 체면이 손상되지 않도록 한다.
- 의심이나 집착하는 행동이 심각하여 케어에 방해가 될 정도이면 의사와 상의하여 약을 사용하여 통제할 수도 있다.

(6) 성적행동에 대한 대처

- 놀라거나 피하지 말고 태연한 척한다.
- 인지기능에 어려움이 없는 대상자의 경우에는 성적행동에 대해 분명하게 의사를 표현하여 하지 못하도록 한다.
- 스스로 벗기 어려운 옷을 입힌다(예: 상하의가 달려 뒤로 열고 닫는 옷 등).
- 관심을 돌리도록 해보며 성적 자극이 되는 영상물 등과의 접촉을 피한다.
- 애완동물 등에 관심을 두도록 한다.
- 심한 경우에는 전문가와 의논하고 필요 시에는 활동공간을 제한한다.

(7) 일몰증후군에 대한 대처

- 해질녘에 증상이 더 심하므로 소일거리를 주고 밝은 곳에서 작업하도록 하여 관심을 돌린다.
- 가급적 해가 지기 전에 중요한 일이나 어려운 과제를 수행하게 한다. 예를 들어, 저녁 식사를 하기 싫어할 것을 대비하여 점심식사 때 양을 많이 드실 수 있도록 하여 대상자의 영양을 관리한다.
- 할 일이 남아 있거나 복잡한 일을 생각하면 더욱 심해지므로 오후 늦게까지 활동을 하지 않도록 프로그램을 조절한다.
- 심신이 피곤하거나 스트레스를 받지 않도록 한다.
- 실내의 조도를 일정하게 유지한다.

(8) 식사거부에 대한 대처

- 식사거부는 체중감소로 신체적 문제가 발생할 위험이 있으므로 병원 치료가 시급하다.
- 대상자가 평소 좋아하던 음식을 준비해 본다.
- 건강보조식품이나 고단백 고열량의 손쉬운 음식을 준비하여 드린다.
- 음식에 대해 안전을 의심하는 경우, 수발자가 먼저 시식하여 안전을 확인한 뒤 대상자가 섭취하도록 한다.

- 강력하고 장기적인 식사거부는 대상자의 건강을 손상시키므로 의사의 도움을 받아야 한다.

(9) 수면장애에 대한 대처

- 프로그램에 적극적으로 참여시켜 낮잠을 자지 않도록 하며 낮 동안에 규칙적인 운동을 하여 신체리듬을 맞춘다.
- 취침 전 가벼운 샤워 등은 수면을 돕는다.
- 따뜻한 물에 족욕을 하는 것도 좋다.
- 따뜻한 우유나 차를 마시는 것도 좋다.
- 숙면을 도와주는 좋은 음악(아베마리아, piano sonata 비온 후의 정원, Debussy 등)을 틀어 드린다.
- 방 안에 미등을 켜서 어둠에 대한 불안을 감소시켜준다.

(10) 목욕거부에 대한 대처

- 경우에 따라 아기를 다루듯이 달래면서 천천히 부드럽게 또는 정중하고 예의바르게 충분히 대상자의 인격을 존중하며 인내를 가지고 설득한다.
- 달래는 것이 가능하다면 목욕 후 대상자가 좋아하는 것을 하거나 음식을 주겠다며 달랜 뒤 시행할 수도 있다.
- 칭찬과 격려로 서서히 달래면서 목욕 준비를 한다.
- 목욕이 수긍되면 대상자가 스스로 옷을 벗도록 하는 것이 좋다.
- 목욕 중에 대상자를 재촉하지 않는다.
- 정해진 순서에 따라 목욕을 진행하면 시간도 효율적이고 대상자도 피곤하지 않는다.
- 목욕 후 가능하다면 수건으로 몸을 닦는 것도 스스로 하도록 격려한다.
- 벗은 몸을 보이는 것이 수치스러워 거부하는 경우가 많으므로 대상자의 프라이버시를 최대한 존중한다.
- 회음부를 씻을 경우에는 반드시 수건이나 타올을 사용하며 가급적 대상자가 스스로 하도록 한다.
- 치매 대상자의 경우에는 일부러 옷을 젖게 하여 씻을 수밖에 없는 상황을 만든다. 이때 대상자에게 목욕을 한다는 표현을 하지 말아야 하며 신속하게 목욕을 실시한다.

(11) 그 밖에 문제행동에 대한 대처

- 일상생활을 규칙적으로 진행해야 한다.
- 가능한 모든 것을 단순하게 하고 간단하게 수행할 과제만 제공한다.

- 손을 잡거나 쓰다듬고 안아주는 등 스킨십을 자주 해 준다.
- 대상자가 케어자를 화나게 하는 행동이나 말을 해도 반응을 보이지 않는다.
- 케어자가 분노를 이겨내지 못할 경우에는 빨리 자리를 피하여 감정을 조절한 후 돌아 온다.
- 대상자를 안내하고 기분을 전환시켜준다.
- 화가 나있을 때에는 많은 질문을 하지 않는다.
- 대상자가 곤란해 하는 상황을 파악한 뒤 그 상황이 반복되지 않도록 한다.
- 대상자의 잔존기능을 사용할 수 있도록 격려해 준다.
- 대상자에게 가벼운 일을 주면서 기분을 전환시킨다.
- 항상 케어자는 웃는 모습을 유지하고 유머를 잃지 않는다.

직원교육지침

1) 직원교육의 목적

(1) 목적

기관의 역량 강화와 바람직한 조직 운영을 위해 직원을 대상으로 직무수행에 필요한 실무 적응교육과 기관의 이해와 직원으로서의 자질을 향상시키는 다양한 직무교육을 실시하여 서비스의 질을 높이고 조직의 전략화를 도모하고자 한다.

(2) 목표

- 직원의 업무능력을 향상시킴으로써 직원 개인의 능력과 자질을 향상시킨다.
- 기관에 대한 소속감 및 팀워크를 향상시킴으로써 조직의 효과성을 제고한다.
- 직원 간의 정보교환 및 경험, 사례공유를 통해 높은 서비스의 질 확보와 직업능력을 계발시킨다.
- 재가장기요양기관으로 해당 요양보호사교육원생에게 현장실습교육을 실시하여 요양 서비스의 실천 기회를 제공한다. 현장실습교육은 별도 세부지침으로 마련하여 진행한다.

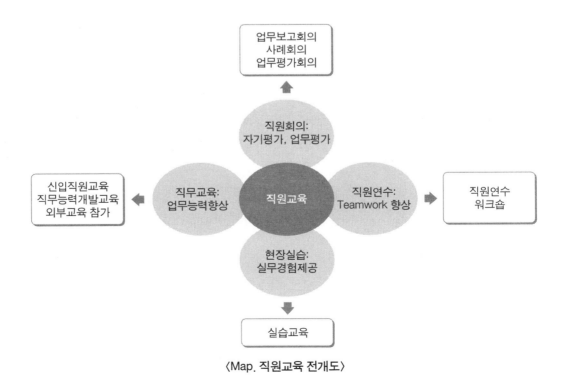

〈Map. 직원교육 전개도〉

2) 직원교육의 대상

구분	대상	시기	비고
직무교육	전 직원(상근직, 비상근직)	정기, 적시	신규, 경력, 관리자 포함
직원연수	전 직원(상근직, 비상근직)	정기	
현장실습	요양보호사교육원의 교육생	수시	실습연계계약 체결

3) 직원교육방침 및 기준

(1) 교육방침

- 기관은 직원교육지침을 마련하고 조직화된 교육 경험을 제공하여야 한다.
- 기관은 노인복지사업 수행에 필요한 직원교육과 직원개발을 위한 프로그램을 참여할 수 있는 기회를 제공해야 한다.
- 기관은 연중 직원교육계획을 수립하여 차질없이 수행하도록 한다.
- 직원교육의 대상은 원칙적으로 전 직원을 대상으로 하며 상황에 따라 제한할 수 있다.
- 직원이 아닌 경우에는 기관에서 실시하는 직원교육에 참가할 수 없다.
- 직원교육 과목 및 내용을 선정할 때에는 직원의 경력별, 직무별 적합성을 고려하여 교육효과를 높일 수 있도록 한다.
- 직원교육 유형별 적정 교육시기를 정하여 정례적으로 교육을 실시하도록 한다 .
- 직원교육 참석인원에 따라 교육 장소는 기관 또는 외부에서 실시할 수 있다.
- 교육 주제 및 내용에 적합한 강사섭외를 통해 교육효과와 교육에 대한 동기부여를 높인다.
- 기관이 정하는 교육강사 자격기준에 따르며 이에 맞는 우수한 강사를 섭외하도록 한다.
- 직원교육프로그램 중 외부교육에 참가하기를 원하거나 외부교육기관의 교육프로그램을 유치할 수 있다.
- 교육의 효과성을 높이기 위해 다양한 교육방법과 활용 도구를 사용하여 진행한다.
- 직원의 자기개발을 위해 개별적으로 개인교육에 참가하는 것을 허용한다.
- 교육비는 기관부담을 원칙으로 하며 기관이 진행하지 않는 개인교육 참가를 희망할 경우에는 개인이 전액 부담하여 참가할 수 있으나 사전에 기관으로부터 허락을 득하여야 한다.
- 보건복지부 요양보호사양성지침에서 정한 요양보호사 보수교육에 반드시 참가하도록 한다.
- 기관 소속직원으로서 기관에서 실시하는 직원교육에 참가할 의무와 책임이 있음을 명심하며 불참 시에는 어떠한 불이익도 감수하여야 한다.
- 모든 직원에게 공평하게 직원교육 참여의 기회를 제공한다.

- 직원교육의 계획, 준비, 결과에 대한 내용을 관련서식에 의거하여 기록 · 보고해야 한다.
- 기관에서 제공한 외부교육 참여 시에는 교육 후 직원들에게 전달교육을 실시하여야 한다.
- 전달교육도 직원의 직무능력 향상을 위한 직무교육으로 진행한다.

(2) 교육강사 자격기준

교육강사의 선정은 교육의 질을 결정하는 중요한 사항임으로 외부 강사 초빙 시 아래의 강사 자격요건을 갖춘 자로 한다. 강사료는 내부규정에 의거하여 책정된 강사료를 강의일로부터 7일 이내에 온라인 입금한다.

구분	자격요건	비고
교수	• 사회복지사 1급 자격 소지자 • 사회복지분야 석사학위 이상 소지자 • 고등교육법상 전문대학 이상 강의 경력 5년 이상인자	* 사회복지사업의 현장실무경력자 우선 * 사회복지사업의 현장실무경험: 「사회복지사업법」 제2조의 사회복지사업과 관련된 법인, 시설, 기관 및 단체의 경력
실무자	• 사회복지사 1급 자격 소지자 • 사회복지 분야 석사학위 이상 소지자 • 1급 자격 취득 후 사회복지사업현장 실무경력 5년 이상인 자	
공무원	• 사회복지사 1급 자격 소지자로서 사회복지전담공무원 7급 이상인 자 • 7급 이상으로 사회복지관련 업무 3년 이상인자 • 국민건강보험관리공단 노인장기요양보험운영팀 팀장급 이상 인자	
기타	• 고등교육법상 전문대학 이상에서 특정분야 강의 경력 5년 이상인 자(심리학, 상담학, 행정학, 경영학 등) • 특정분야 전문가로서 관련 업무 자격증 소지자(회계사, 세무사, 노무사, 변호사, 의사 등) • 특정분야 전문가로서 관련 분야 근무 경력 5년 이상인 자(홍보기획, 마케팅, 후원개발, 프로그램 기획분야 등)	

4) 직원교육내용

(1) 직무교육

① 신입직원교육

구분	교육과목명	교육시간	교육방법	교육시기	교육강사
공통	기관입문-사업, 운영규정 및 지침 등	2	설명형	입사	관리자
	기관 이미지 메이킹(예절과 태도 등)	1	설명형	입사	관리자
선택	직무형태별 교육 (상담, 회계, 행정, 요양 등)	1	설명형	입사	관리자 담당자

② 직무능력 개발교육

구분	교육과목명		교육대상			교육시간	교육방법	교육강사
			관리자	요양보호사	행정사무원			
사회복지 윤리와 가치	사회복지의 비전과 사명		□	□	□	1	강의 · 설명형	외부초빙
	사회복지 윤리와 철학/윤리경영		□	□	□	1	강의 · 설명형	외부초빙
	사회복지현장에서의 딜레마		□	□	□	1	강의 · 토론	외부초빙
노인 장기요양 서비스	노인장기요양보험제도의 전망		□	□	□	1	강의 · 토론	외부초빙
	요양서비스 분야별 심화교육	신체수발서비스		□		1	토론 · 실습형	외부초빙
		일상생활지원서비스		□		1		
		가사지원서비스		□		1		
		여가지원서비스		□		1		
		호스피스 케어		□		1		
서비스 실천	노인질환 관리요령(치매, 중풍 등)			□		1	강의 · 설명형	외부초빙
	상담기술	공감얻기	□	□	□	2	토론 · 실습형	외부초빙
		위험한 클라이언트 대처하기						
	사례관리		□	□	□	2	강의 · 설명형	외부초빙
	스트레스 관리		□	□	□	2	실전형	외부초빙
	노인생애체험		□	□	□	2	체험관 방문	기관소속 강사

- 요양보호사의 근무일정상 변동이 많음으로 분기별 1회 교육(연 4회)을 실시하고 교육주제는 영역별로 다양하게 선택하여 요양보호사의 직무에 도움이 될 수 있도록 한다.
- 요양보호사 양성교육의 표준내용과 중복되거나 심화하기 어려운 교육 주제는 제외한다.
- 요양보호사의 교육욕구와 의견을 조사하여 교육주제를 선정하고 교육 강사에게 이를 전달하여 교육만족도를 높인다.
- 노인생애체험교육은 생애체험관에 사전 신청을 한 후 직접 방문하여 진행하는 것으로 직원야유회 및 단합대회를 겸하여 진행하도록 한다.
- 교육 진행방법은 강의, 사례보고(유사한 문제), 역할극, 집단 활동 등 다양한 활동과 학습방법을 통해 직원의 지식증대와 전문적 태도 함양에 노력한다.

③ 외부교육

시행기관	교육주제	교육대상			교육비	비고
		관리 책임자	요양 보호사	행정 사무원		
한국사회복지사협회	사회복지사 보수교육	☐		☐	기관부담	
	중간관리자교육	☐		☐	기관부담	
서울시사회복지협의회	신입실무자교육			☐	기관부담	
	중간관리자교육	☐			기관부담	
재가장기요양기관연합회	실무자교육	☐	☐	☐	기관부담	* 기관등록 단체
보건복지가족부	요양보호사 보수교육		☐		직원부담	* 요양보호사양 성지침 의거
국가인권위원회	인권교육	☐	☐	☐	직원부담	
볼런티어21	자원봉사자관리교육	☐			직원부담	
삼성의료원	심폐소생술		☐		직원부담	* 의료기관 강좌
인재개발원	창의력 교육	☐			직원부담	
코칭엔진	코칭클리닉	☐		☐	직원부담	
한국치매가족협회	치매인식개선 컨퍼런스	☐	☐	☐	직원부담	

- 외부교육은 1직원 1회 교육을 원칙으로 실시하며 사회복지사와 요양보호사 보수교육은 필수 사항이므로 이를 제외한 연 1회 교육을 받도록 한다.
- 직원개인당 교육비 지원금액(예: 5만원)을 결정하여 제한하며 이를 초과한 비용은 개인부담으로 진행한다.
- 개별 외부교육을 신청할 경우 교육기관의 공문과 교육비 영수증을 첨부하여 제출하여야 하며 교육주제가 직무상 주요업무에 해당하지 않는 경우 지원하지 않는다(예: 컴퓨터 활용, 이미용, 피부관리 등).
- 직원의 자기개발을 위한 관련 도서, DVD 등 출판물 구입은 교육으로 간주하지 않으므로 기관에서 지원하지 않는다.

④ 직원회의

구분		회의내용	참석대상			회의 주기	회의 시간	회의 장소	비고
			관리자	요양 보호사	행정 사무원				
업무보고 회의	주간회의	업무결과보고, 애로사항, 건의사항 등	☐		☐	매주 금요일	30분	사무실	
	월례회의		☐	☐	☐	월 1회	1시간	회의실	
사례회의	사정회의	사례사정, 계획 등	☐	☐		최초 1회	1시간	회의실	
	점검회의	사례점검, 재계획 등	☐	☐	☐	월 1회	1시간	회의실	
	평가회의	사례평가, 종결 등	☐	☐	☐	반기 1회	1시간	회의실	

| 업무평가
회의 | 직원의 자기평가,
업무평가,
대상자만족도 등 | □ | □ | □ | 연 1회 | 2시간 | 회의실 |

- 회의 참석 직원은 직무에 따른 회의양식에 의거하여 각자 회의 준비를 하여야 한다.
- 업무보고회의에서 주간회의 시 요양보호사가 참석하지 않아도 되나 매일 유선연락을 통해 업무를 보고한다. 요양보호사가 참석을 희망할 경우에는 참석하여도 된다.
- 월례회의는 전 직원이 참석하여 진행하며 근무일정상 전원 집합이 어려울 경우에는 참석가능 일자별로 조를 나누어 회의를 실시한다. 회의 참석 조편성은 대상자와의 관계별(대상자와의 관계가 타인 또는 가족), 활동 지역별, 참석가능 일자별로 나누어 회의를 진행한다.
- 사례회의에는 담당 요양보호사와 관리책임자 또는 사무직원 등이 참석하며 기관장이 정할 수 있다.
- 업무평가회의는 전 직원이 참석하여야 하며 평가회의 전에 평가지표를 작성하여 평가준비를 한 후 실시한다. 평가에서 결정된 사항을 반영하여 수정 또는 발전방향을 모색한다.

(2) 직원연수

구분		내용	참석대상			진행 주기	진행 시간	진행 장소	비고
			관리자	요양 보호사	행정 사무원				
직원 연수	국내연수	기관견학, 단합프로그램 등	□	□	□	연 1회	1박 2일	외부장소	
	워크숍	주제 강연, 사례발표, 토론, 단합프로그램 등	□	□	□	연 1회	1일	외부장소 또는 기관내	

- 국내연수의 경우 숙박이 가능하여야 하므로 동거가족 요양보호서비스를 제공하는 요양보호사는 불참할 수 있음을 고려하여 진행한다.
- 직원연수는 기관의 사정에 따라 국내연수 또는 워크숍 중 1회를 선택하거나 둘 다 진행할 수 있는데 가급적 전직원이 참석할 수 있도록 한다.

(3) 현장실습교육

구분		실습내용	실습시간	실습일수	실습기간	진행장소	실습횟수
요양보호사 현장실습	신규	방문요양 업무	40시간	5일 (1일 8시간)	연중 수시	기관 대상자 가정	48회

요양보호사 현장실습	경력	방문요양 업무	10시간	2일 (1일 5시간)	연중 수시	기관 대상자 가정	40회

- 실습연계교육기관 2~3개소와 실습연계 계약을 체결하여 연중 현장실습교육을 실시한다.
- 표준 실습교육 내용을 준수하여 실습을 진행하며 기관 및 직원 개인의 이익을 도모하는 실습은 진행하지 않는다.
- 실습생은 교육기관에서 상해보험 가입을 한 자에 한하여 교육을 실시한다.
- 실습지도자는 요양보호사양성지침에 의거한 자격기준을 갖춘 자로 하며, 지도자의 수에 따라 실습인원이 정해지므로 기준에 적합한 자는 모두 실습지도자로 정한다.
- 현장실습교육지침을 따로 마련하여 지침에 의거한 교육을 충실히 수행하여야 한다.

5) 직원교육일정

실시 월	직무교육			직원회의					직원연수			현장실습	비고
	신입 직원 교육	직무 능력 개발 교육	외부 교육	업무보고회의		사례회의			업무 평가 회의	국내 연수	워크숍	요양 보호사 실습교육	
				주간 회의	월례 회의	사정 회의	점검 회의	평가 회의					
1월	□		□	□	□	□	□	□				□	
2월	□	□	□	□	□	□	□	□				□	
3월	□		□	□	□	□	□	□				□	
4월	□		□	□	□	□	□	□				□	
5월	□	□	□	□	□	□	□	□				□	
6월	□		□	□	□	□	□	□		□		□	
7월	□		□	□	□	□	□	□				□	
8월	□	□	□	□	□	□	□	□				□	
9월	□		□	□	□	□	□	□				□	
10월	□		□	□	□	□	□	□				□	
11월	□	□	□	□	□	□	□	□				□	
12월	□		□	□	□	□	□	□	□		□	□	
횟수	12	4	12	48	12	12	12	12	1	1	1	12	

- 기관의 사정에 따라 일정 및 진행내용이 변경될 수 있다.
- 연간 세부일정은 연간직원교육계획을 수립할 때 실시 월일을 정하여 교육이 진행될 수 있도록 한다.

6) 직원교육평가

구분		평가지표	평가도구	평가방법
직무교육	신입직원교육	실시 정도	참석자명부	실시율 100%
	직무능력개발교육	참석도 실시 정도 만족도	참석자명부 실시계획서/보고서 만족도설문지	참석율 80% 이상 실시율 100% 만족도 80% 이상
	외부교육	참석도 전달교육실시 정도	참석공문 전달교육실시계획서/ 보고서	참석율 70% 이상 전달교육 100%
직원회의	업무보고회의 - 주간회의	참석도 실시 정도	참석자명부 회의록	참석율 80% 이상 실시율 100%
	업무보고회의 - 월례회의			
	사례회의 - 사정회의			
	사례회의 - 점검회의			
	사례회의 - 평가회의			
	업무평가회의			
직원연수	국내연수	참석도 만족도	참석자명부 실시계획서/보고서 만족도설문지	참석율 80% 이상 만족도 80% 이상
	워크숍			
현장실습	요양보호사실습교육	실시 정도 만족도	실습생명부 실습확인서 실습평가 설문지 실습종합 평가지	실시율 100% 만족도 80% 이상 합격률 100%

7) 관련서식

직원교육을 실시함에 있어 다음 각 호의 서식 및 서류를 비치하여 사용하도록 한다.

서식번호	서식명	내용
5-01	교육참가보고서	신입직원교육, 직무능력개발교육, 외부교육에 참가한 후 교육명, 교육기관, 교육일시, 교육장소, 교육비, 교육내용, 교육성과를 작성함.
5-02	교육참석자명부	내부교육 참석자의 성명, 직위, 자필서명 기재, 「교육참가보고서」 첨부함.
5-03	개인별 직원교육 관리카드	당해 개인별 교육 참가 현황을 파악할 수 있도록 개인별로 교육일자, 교육명, 자필서명, 담당자 및 관리자 확인서명을 기재함.
5-04	교육만족도 설문지	직무교육 실시 후 무기명으로 교육 참여동기, 교육시설, 교육강사, 교육내용, 교육효과 등에 대한 의견을 파악함.
5-05	회의록	회의 종류, 회의주제, 일시, 장소, 참석인원, 회의내용, 회의결과를 작성하고 참석자 서명을 받도록 함, 단 사례회의록은 따로 서식을 마련하여 사용함.
5-06	직원교육일지	교육일시, 교육장소, 교육강사, 참석인원, 교육내용을 작성하고 교육참석자 서명날인을 하도록 함.

서식 5-01 **교육참가보고서**

교육참가보고서

결재	담당	팀장	센터장

교육명	
교육기관	
교육일자	
참가자	

교육장소		교육시간	
교육기간		교육 활동비	

주요교육 내용	
교육성과	
기타	

작성일: 작성자: (인)

○○○노인복지센터

서식 5-02 교육참석자명부

교육참석자명부

교육명	
교육일자	

번호	성명	직위	서명
1			
2			
3			
4			
5			
6			
7			
8			
9			
10			
11			
12			
13			
14			
15			
참석인원	명	확인자	(인)

○○○노인복지센터

서식 5-03 개인별 직원교육 관리카드

개인별 직원교육 관리카드

성명		직위		입사연월일			
전년도 교육 참가			회 참가 /	회 불참			
	일자	교육명		서명	비고	관리자	기관장
직원 교육							
직원 회의							
직원 연수							
보고일자: 보고자: (인)							

○○○노인복지센터

교육만족도 설문지

이 설문지는 참석하신 교육에 대한 귀하의 의견을 알아보고 향후 보다 나은 교육 운영을 위한 참고자료로 활용할 예정이오니 성실한 답변을 부탁드립니다.

교육명			
교육일		교육시간	

1. 매우 그렇다　2. 그렇다　3. 보통　4. 그렇지 않다　5. 매우 그렇지 않다

번호	질문내용	1	2	3	4	5
1	교육주제와 내용이 직원의 교육에 대한 욕구를 충분히 반영하였는가					
2	교육의 시기가 적절하였다고 생각하는가					
3	교육 진행을 위한 적절한 교육시설이 제공되었는가					
4	교육 교재는 이해하기 쉽게 잘 구성 되었는가					
5	교육 내용의 이해를 돕기 위한 시청각 매체의 질이 우수하였는가					
6	교육 강사는 전문성과 자질을 갖추었다고 생각하는가					
7	교육 강사는 교육 내용을 잘 전달하였는가					
8	교육 진행 방법이 교육내용을 전달하기에 적합하였는가					
9	교육비는 교육 내용에 부합하는 적당한 비용인가					
10	교육 내용이 업무수행을 향상시키는 데 충분한 정보와 스킬을 제공하였는가					
11	교육이 전반적으로 만족스럽다고 생각하는가					
12	문제점 및 건의사항					
13	기타 의견					

설문지번호:　　　　　　　　　　　　확인자:　　　　　(인)

○○○노인복지센터

서식 5-05 **회의록**

회의록

결재	담당	팀장	센터장

□ 업무보고회의 □ 업무평가회의 □ 기타	
회의일시	
회의장소	
회의주제	
참석인원	
회의내용	
회의결과	
비고	
참석자 서명	
작성일: 작성자: (인)	

○○○노인복지센터

직원교육일지

결재	담당	팀장	센터장

교육일시	
교육장소	
교육강사	
참석인원	
교육내용	
비고	
교육 참석자 서명	

작성일: 작성자: (인)

○○○노인복지센터

8) 직원교육 실천지침

(1) 신입직원교육지침

신입직원으로서 가치공유를 위한 경영이념 숙지, 신입직원의 이해와 구체적 행동지침, 조직에 대한 이해와 지식을 골자로 하는 신입직원의 자질교육과 직무수행에 필요한 기초지식, 기능, 태도, 직원의 생활에 필요한 기본적인 행동을 습득할 수 있도록 한다.

신입직원에게 조직의 적응을 돕기 위해 크게 두 부분으로 나누어 교육을 실시한다. 첫째, 기관운영에 대한 이해의 교육내용으로 기관소개, 사업소개, 운영규정 및 지침, 기초업무 교육을 실시하며, 둘째 기관이미지를 만들어내는 직원의 행동지침을 교육내용으로 실시한다.

① 기관운영에 대한 이해

- 기관 소개
  - 운영이념과 비전
  - 운영목적
  - 기관연혁
  - 기관시설현황(위치 및 규모)
  - 조직도
  - 직원현황

- 사업 소개
  - 운영원칙
  - 사업대상
  - 사업내용
  - 서비스 대상자 현황

- 운영규정 및 지침 교육
  - 운영규정
  - 운영지침

- 기초업무교육
  - 기관문서 작성
  - 결재요령 및 준비
  - 상담 및 접수안내
  - 외근 및 출장보고
  - 사업계획서 및 정산보고서 작성
  - 예산지출(물품구매, 영수증 등) 처리

② 직원의 행동지침

• 직장인의 올바른 마음가짐과 자세

직업을 선택하는 것은 한 사람의 인생에 커다란 영향을 미친다. 사회복지를 직업으로 선택하는 것은 자신과 가족에게 특별한 의미를 가지기 때문에 사회복지직에 매력을 느끼는 사람들은 이 일에 일생을 바칠만한 일인가를 주의 깊게 고려해야 한다. 삶이 자신의 직업과 조화를 이루는 것은 매우 중요하다. 삶과 직업사이의 부조화는 한 사람의 건강과 편안함을 파괴할 수 있다. 사회복지직과 같은 원조전문직에 속았다고 느끼는 사람은 원조과정에서 헌신과 필요한 활력을 불어넣을 수 없다. 그 결과 클라이언트는 질 낮은 서비스를 받게 될 것이다. 따라서, 사회복지직에 대한 올바른 이해와 직장인으로서 가져야 할 마음가짐과 자세는 매우 중요하다.

－직장, 이렇게 생각해야 한다.

> • 직장을 절대로 '잠시 쉬었다 가는 곳'으로 생각하지 말라.
> • 직장은 가장 왕성하게 활동할 시절에 '돈을 받아가면서 무엇인가 배우는 수련의 장'이다.
> • 하루 생활의 3분의 2를 보내는 '삶의 터전'이다.
> • 언제나 노력의 대가는 헛되지 않다.

－직장인의 올바른 마음가짐

기관에서 요구되는 기본자세는 누가 시켜서 하는 것이 아닌 일이라는 주인의식을 가지고 시설의 운영방침이나 대주민 서비스를 수행하는 능동적인 업무 자세를 갖는 것이다.

> • 기관의 업무에서 생활의 즐거움과 보람을 찾는다. 기관을 위함은 물론 결국 나를 위하는 길임을 알고 기관의 발전은 곧 나의 발전이고 또 기관 업무를 통하여 지역사회발전에 기여하고 있다는 자부심을 갖는다.
> • 강한 의지와 불굴의 정신으로 어려운 일을 성취해 내는 철저한 조직원으로서 마음을 가진다. 동료를 중시하며 격의 없는 일체감으로 서로 사랑하고 협동하는 자세를 가진다. 기관의 규정을 철저하게 준수하고 매사 원칙에 입각하여 분명하고 공정하게 판단 처리한다.
> • 업무는 계획성 있게 치밀하게 수립하고, 행동을 바르게 하며 동료 상호간의 의견교환 및 상담은 충분히 하여 업무를 합리적으로 처리한다. 작은 일에도 계획을 세우는 습성을 기르며, 평소의 업무수행에 있어서도 욕구조사, 계획, 실행, 평가, 사후관리 순으로 추진 방법을 익힌다. 일의 처리에 항상 정도를 지향하되 융통성을 잃지 않고 일의 개선에 꾸준한 노력을 한다.
> • 권한은 책임에서 비롯함을 알고 맡은 일에 대하여 최선을 다한다. 맡겨진 일은 어떠한 일이 있어도 성취하며 '맡은 일이 완수되지 않으면 안된다'는 생각을 가진다. 맡은 일은 정직, 성실 그리고 완벽하게 수행한다는 자세로 임한다.
> • 인간관계에 있어서 자기의 의견이나 주장은 분명히 밝히되 비록 자기의 의견이 채택되지 않더라도 상대방의 주장에 기꺼이 승복하고 협력한다. 의견이 상충되면 합리적이고 온건한 방법으로 이해시키고 절충한다. 상하 동료에 관한 이야기를 남에게 할 때는 장

점과 칭찬만 말한다. 남을 늘 신임하고 또 자신도 남으로부터 자신을 낮출 수 있고 감정에 휩쓸려 행동하지 않는 품성을 가짐으로서 인간적인 매력이 있다는 말을 듣는다.
- 자기관리를 위해서 전문지식은 물론 교양을 넓혀 자기 업무분야에 대해 누구보다도 전문가가 되도록 노력한다. 장기적 인생계획을 수립하고 이의달성을 위하여 꾸준히 노력한다. 세계화, 정보화 시대에 뒤지지 않기 위해 부단히 새로운 정보와 지식을 익히고 배운다. 규칙적인 생활과 충분한 휴식으로 건강을 잃지 않도록 유의하며 근검절약하는 자기 절제의 태도를 중시한다.

─ 직장인의 기본자세

- 믿음과 공신력: 믿음이야말로 인간 삶의 기본이며 추구하여야 할 덕목이다.
- 정직과 성실: 항상 정직하고 성실하여야 하며 부정에 대하여 비겁하게 타협하지 않는다.
- 공과 사를 분명하게 한다.
- 가치창조를 위하여 끊임없이 노력한다.
- 변화에 뒤떨어지지 않도록 항상 개선의 의지를 갖고 노력하여야 한다.
- 주인의식을 갖는다.

─ 직장생활의 3가지 원칙

- 나보다 상대방의 입장을 존중한다. 나보다 상대방의 입장을 더 존중하고 이해하며, 주위 사람들에게 불쾌감을 주지 않도록 행동하여야 한다.
- 약속은 반드시 지켜야 한다. 입사가 결정되어 수습이 시작되는 것은 일종의 계약 내지 약속이므로, 기관의 규칙을 반드시 지킨다. 아무리 사소한 일이라도 약속을 했다면 그것은 바로 중요한 일인 것이다. 약속한 것은 꼭 실행하여야 한다. 지키지 못할 과대약속은 절대 금물이다.
- 능률을 생각하여야 한다. 기관은 능률적인 생산성을 증대시키는 사회다. 기관은 '할 수 없는 일'을 당신에게 요구하지 않으며, 업무처리에 소요되는 시간을 미리 계산하고 있다는 사실을 명심하여야 한다.

─ 직장인이 갖추어야 할 조건

- 밝고 큰 소리로 내가 먼저 인사하는 것을 생활화하여 항상 좋은 이미지를 남기도록 노력한다.
- 직장의 모든 사람을 나의 고객이라 생각하고 밝은 표정, 밝은 마음, 밝은 표현으로 친절하게 대한다.
- 직장을 좋아하고 자신의 일을 좋아하며, 사람을 사랑하면서 매사를 지혜롭게 성실히 사명감을 가지고 근무한다.
- 용모는 단정하고 마음가짐은 바르게 한다.
- 직원들의 이름을 많이 기억하는 것은 인간관계의 폭을 더해 준다.
- 상사의 지시사항은 정확히 처리하고 결과보고는 기한 내에 신속히 한다.
- 초면이라도 미소 띤 표정으로 대하여 상대방의 긴장된 마음을 풀어준다.
- 일은 스스로 찾아서 하고 자신이 한 일과 행동에 책임을 지는 조직에 꼭 필요한 고객감동형 일꾼이 되도록 노력한다.

• **기관에서의 직원예절**

－인사예절

　　처음으로 직장생활을 하면서 사회생활을 하게 되는 신입직원은 직장에서의 인사법을 배움으로써 인사성, 인사하는 습관 하나만으로도 자신의 직무 능력을 평가받을 수 있음을 잊어서는 안된다. 인사는 상대방에게 마음속으로부터 우러나오는 존경심과 친절을 나타내는 형식이며, 인간관계를 원활하게 하는 중요한 매너다.

－인사의 중요성

> • 상대의 인격을 존중하는 경의 표시
> • 정성의 마음으로 하는 친절과 협조의 표시
> • 응답보다는 자기가 하는 데 의의
> • 즐겁고 명랑한 사회생활, 원만한 대인관계 유지

－인사의 시기

> • 일반적으로 30보 이내(인사 대상과 방향이 다를 때)
> • 가장 좋은 시기는 6보(인사 대상과 방향이 마주 칠 때)
> • 측방이나 갑자기 만났을 때에는 즉시

－일반적인 인사요령

> • 상체를 숙일 때 시선은 발끝에서 약 1m 앞에 머물도록 하고, 인사전후로 상대의 시선에 부드럽게 초점을 맞춘다.
> • 머리만 숙이지 말고 허리와 일직선이 되도록 상체를 숙인다.
> • 다리를 가지런히 하고 무릎사이는 가능한 붙인다.
> • 손은 양 옆에 붙인 채, 몸을 자연스럽게 따라 숙인다. 숙일 때보다 조금 느린 속도로 몸을 일으켜 다시 상대방의 눈을 본다.
> • 주고받는 인사말은 '안녕하십니까' '반갑습니다' 정도로 한다.

－직장에서의 인사 기본자세

　◦ 남자: 차려 자세에서 주먹 안쪽을 바지 재봉선상에 가볍게 대고 허리를 굽히며 인사한다.

　◦ 여자: 차려 자세에서 오른손의 엄지를 왼손의 엄지와 검지 사이에 끼워서 오른손이 왼손을 덮도록 하여 손이 겹쳐진 채로 허리를 굽히며 인사한다.

인사의 종류	상황
정중한 인사 (허리를 45° 정도 숙이는 인사)	• 손님을 맞이할 때 • 고객을 전송하거나 상사가 출퇴근할 때
일반적인 인사 (허리를 30° 정도로 숙이는 인사)	• 팀장급 이하의 상사가 출퇴근 할 때 • 동료 직원이 출근할 때 • 상사에게 지시나 보고를 받을 경우 • 복도 등에서 상사를 만났을 때

| 가벼운 인사 | 서서 15° 정도로 숙이는 인사 | • 복도나 실내에서 상사, 동료, 부하직원을 만났을 때
• 물건을 양손에 들고 있을 때
• 두 번 이상 만났을 때
• 작업 중일 때
• 근무 중에 동료를 찾아가거나 찾아 왔을 때
• 동료보다 먼저 퇴근할 때 |
| | 앉아서 15° 정도 고개를 숙이는 목례 | 앉아서 일하는 도중이라거나 자리에서 일어나기가 부득이 할 때 |

─출퇴근 인사

구분	요령
출근인사	• 아침에는 활기찬 표정과 태도로서 명랑한 인사를 나눈다. • 윗사람이 들어서면 일어서서 인사를 한다. • 늦었을 때는 상사 앞에까지 가서 사유를 겸손하고 분명하게 말한다. • 그러나 이때, 먼저 사과부터 해야지 이유나 변명부터 하는 것은 예의가 아니다.
퇴근인사	• 서로 수고의 위로로 인사를 나눈다. • 아랫사람이 윗사람에게 '수고하셨습니다. 수고하세요' 인사는 사용하지 않는다. 상사가 일이 끝나지 않았는데 먼저 나갈 경우 '아직 일이 많으신 가 보지요. 제가 할 일은 없는지요.' 하는 것이 예의다.
외출 시 인사	• 외출할 때는 가능하면 미리 상사에게 말한다. • 반드시 언제, 어디로, 무슨 일로 가는 것을 서면으로 혹은 구두로라도 보고하고 '다녀오겠습니다'라고 인사를 한다.

─대상자 가정방문 시 인사

대상자와의 눈을 마주치며 '안녕하세요? ○○○입니다.' 정중한 인사를 드린다.

병환이 깊거나 임종 대상자의 경우 건강은 어떠세요? 불편한 점은 없으셨는지요? 로 인사말을 바꾼다.

─기관예절

[상담 안내]

- '안녕하십니까? 무엇을 도와드릴까요?' 인사하며 반갑게 맞이하여 누구에게 문의해야 할지 몰라 두리번 거리지 않게 방문자에 대해 신속하게 응대한다.
- 어떻게 방문하게 되었는지 묻고 안내하여 자리를 권한다.
- 방문자의 용건에 맞게 충분히 설명하고 서비스이용신청서를 작성하도록 안내한다. 상담자가 처리할 수 없는 내용인 경우에는 담당자를 안내한다. 신청자가 신청서를 혼자 작성하게 하고, 다른 직원과 잡담을 하거나 중복업무를 하지 않는다. 부득이한 경우에는 사전 양해를 구하고 급한 업무처리를 한다.
- 이용신청서를 작성한 후 기관안내지, 직원의 명함을 드린다.
- 방문자가 서비스 계약을 희망할 경우 계약서를 체결하고 가정방문 일정을 정한다.
- 서비스 제공을 위한 필요서류를 설명하고 방문약속을 다시 확인한다.
- 정중하게 일어나서 인사를 한다.
- 방문자와는 언쟁을 하지 않으며 잘 모르는 내용이거나 불만사항을 토로할 때에는 관리책임자에게 안내하거나 동석할 수 있도록 한다.

[자원봉사, 지원인력 응대]

- 출퇴근 시 반갑게 인사를 한다.
- 지원 업무내용을 알려주어 잘 수행할 수 있도록 한다.
- 지원인력과의 업무관계 및 소속감을 강화하는 시간을 마련한다.
- 점심 식사시간 함께 식사하며 이야기를 나눌 수 있도록 한다.
- 지원업무 내용을 매일 점검하고 건의사항, 기관 전달사항 등을 알려준다.
- 항상 고마운 마음과 관심을 표현한다.

[외부 관계인사의 기본응대]

- 명함 및 준비 자료와 용모를 점검하고 약속에 늦지 않도록 출발한다.
- 사전에 확인 연락을 다시하고, 늦게 되는 경우 반드시 미리 알린다.
- 만나자마자 바로 본론으로 들어가지 않고, 정중하고 기분 좋게 인사말과 안부 등을 묻는다.
- 시간여유가 없는 경우, 미리 양해를 구하여서 결례되지 않도록 한다.
- 서류가방은 의자의 측면이나 발 옆에 놓는다.
- 상담 중 화법과 태도에 주의하여 오해받지 않도록 한다.
- 용건은 간결, 명확하게 전달하고 상대의 말을 적극 경청한다.
- 상담의 결과에 집착하지 말고, 결과가 어떻든 기분 좋게 마무리 하는 여유를 갖는다.

[외부기관 방문 시 응대]

- 사전에 전화를 걸어 방문 일시와 장소를 약속한다. 가급적 상대방의 사정에 맞추어 주도록 노력한다.
- 출발에 앞서 필요한 자료와 소지품을 챙긴다.
- 약속시간 전(5~10분 전)까지 도착하도록 한다. 늦을 경우 반드시 사전에 연락한다.
- 도착 후 안내가 있는 경우 필히 경유하도록 한다. 본인의 기관, 성명, 방문 대상자, 용건 등을 간략하게 말한다.
- 방문은 정장차림으로 하며 외투를 입었을 경우에는 외투를 벗고 담당자에게 간다.
- 상대방을 만나기 전에 개인적으로 필요한 용무는 미리 보도록 하고 복장과 용모를 다시 확인한다.
- 응접실에서 기다릴 경우 상대방이 올 때까지 가급적 서서 기다리는 성의가 필요하며, 자리에 앉아서 기다릴 때는 되도록 의자에 얕게 걸터앉아 바른 자세를 유지하도록 한다.
- 30분 이상이 지나도록 상대방이 나오지 않을 때는 다음 방문 약속을 한 뒤 돌아가거나 다른 방문처를 먼저 들러 적당한 시간에 다시 방문하는 것이 좋다.
- 상담 중에는 시종 예의바른 자세로 신뢰감을 느낄 수 있게 행동하도록 한다.
- 방문을 마치고 돌아갈 때에는 "바쁘신 중에 시간을 내어 주셔서 대단히 감사합니다. 다음에 다시 인사드리도록 하겠습니다." 등의 인사말을 잊지 않도록 한다.

[내방객 응대]

인간을 사회적 동물이라고 부르는 것은 인간과 인간 사이의 만남을 기본으로 하기 때문이다.

사실 우리는 많은 만남 속에서 생활하고 있는 것이다. 직장생활에서도 매일 같이 많은 사람들이 찾아와서 만나게 되고 대화를 나누며 일에 대한 의논과 업무를 추진하여 성과를 거두게 된다. 하루도 사람과의 만남이 없는 날이 없다. 이러한 만남을 위하여 우리들은 진심으로 기쁜 마음으로 방문하고 맞이하는 태도를 길러야 하겠다. 뿐만 아니라 예의에 벗어나지 않는 접대와 소개하는 방법을 익혀 기관을 방문한 손님에게 좋은 인상을 심어 주어야 한다.

- 내방객의 입장에서 적극적이고 친절하게 응대한다.
- 내방객에게 "안녕하십니까? 무엇을 도와드릴까요?"라고 먼저 인사한다.
- 면회가 불가능한 경우, 메모를 받거나 차를 권한다.
- 음료 대접 시에는 반드시 준비된 음료를 말하여 취향을 묻고 기분 좋게 대접한다.
- 배웅 시 출입문 또는 엘리베이터 앞까지 나가서 인사한다.

[전화응대]

- 전화벨이 3번 울리기 전에 수화기를 들어 응대한다. 만약 벨이 4번 이상 울렸을 때에는 "늦게 받아 죄송합니다."라는 인사말을 먼저 하고 기관이 정한 인사말을 한다.
- "감사합니다. ○○방문요양기관입니다. 총무과 홍길동(직책: 팀장, 부장 등)입니다."
- 밝은 목소리로 긍정적인 인사말을 넣어 사용하여도 된다(예: 행복하세요, 사랑합니다, 많이 웃으세요 등).
- 전화 용무를 듣고 해당담당자에게 연결하거나 담당자 부재중 일 경우에는 메모를 남겨 둘 것을 안내하고 발신자의 성명, 연락처, 용무를 메모해서 담당자에게 전달한다.
- 전화 연결방법은 수화기 버튼을 잠시 눌렀다가 놓은 다음 담당자 관내전화번호(예: 30(1)를 눌러 담당자가 전화를 받으면 "전화 받으세요. 김○○부장님이십니다."로 소개한 다음 응답이 있으면 수화기를 내려 놓는다.
- 장난전화이거나 아무런 반응이 없는 경우에라도 그냥 끊거나 불쾌한 느낌을 표현하지 않아야 한다.
- "전화를 끊겠습니다. 죄송합니다." 또는 "소리가 들리지 않아 끊겠습니다. 다시 전화 걸어주시면 감사하겠습니다."라고 인사말을 한다.

[소개하기]

- 자기소개: 정확한 발음과 올바른 자세로 자신감 있게 자기를 소개한다.
  "안녕하십니까? 여러분을 만나게 되어 반갑습니다(긍정적인 감정). 저는 ○○○입니다. 요양보호사 ○○○입니다(자기소개). 많은 지도 부탁드립니다. 열심히 하겠습니다(의지)."
- 기관소개: 주인의식을 가지고 평이한 단어로 정확한 센터 운영목적과 전반적인 사업을 소개한다.
  "감사합니다. ○○방문요양센터입니다."
  "○○방문요양센터는 … 기관입니다. 어르신을 위해 ○○사업을 진행하고 있습니다."
- 기관위치안내: 센터에 잘 도착하여 업무를 보는데 불편이 없도록 안내한다.
  ○○방문요양센터의 지리적 위치를 안내한다.
  교통수단 이용여부에 따라 대중교통, 자가용 이용 안내를 한다.

현재위치, 방향, 주소(네비게이션 이용 시), 주요 이정표를 안내한다.

방문목적을 확인하여 해당업무 담당자의 직책, 성명을 알려드리고 센터 내 위치를 안내한다.

센터 안내 이후 업무담당자에게 방문인의 성명, 방문목적 등을 전달하여 맞이할 수 있도록 한다.

- 소개방법

구분	요령
소개할 때	• "홍길동씨를 소개하겠습니다. 이쪽은 ○○○노인복지센터에서 근무하고 있는 홍길동씨입니다. 요양경력이 많은 분입니다."라는 식으로 무언가 그 사람의 특기, 특징을 담아 소개하면 좋다. • 인상을 강하게 주면 소개 효과도 커진다. • 한쪽만 칭찬하고 다른 한쪽의 체면을 깎는 소개는 하지 않는다.
소개받을 때	• 자리에 앉아 있는데 소개를 받게 되면 반드시 일어서서 인사한다. • 상대방의 이름은 충분히 주의해서 듣고, 잘 기억해 둔다. • 정식으로 소개받을 때까지는 조용히 기다린다. • 명함을 교환한다.

- 소개순서

지위가 낮은 사람을 지위가 높은 사람에게, 연소자를 연장자에게, 남자를 여자에게 먼저 소개한다. 지위, 연령이 같을 경우는 자신과 친한 사람을 상대방에게 먼저 소개한다. 소개를 통해서 지금까지 알지 못했던 사람들과 친해지고 서로 얘기를 나눌 기회가 생기는 것이므로, 소개자는 공동의 화제를 찾아 얘기의 실마리를 엮어 나가도록 마음의 배려를 하는 것이 필요하다.

[대화하기]

직장생활에 있어 중요한 것은 직장인들 간의 의사전달이다. 의사전달이 얼마나 빨리 그리고 정확히 전달되느냐에 따라 그 직장의 업무처리가 원활하게 이루어진다고 볼 수 있다. 또한 의사전달을 어떻게 하느냐에 따라 그 사람의 인격이 드러난다고 볼 수 있으므로 의사전달의 수단인 대화예절이 필요하며 모든 직장인은 대화예절을 지켜서 자신의 인격을 유지하고 원만한 업무처리에 도움이 되도록 해야 한다.

- 올바른 대화의 요령

말은 침착하고 조용히, 간결하게 한다.

말하는 자세를 바르게 한다.

말에는 적당한 유머가 필요하다.

상대방의 눈을 바로 보고 말한다.

혼자 아는 척해서는 안된다.

남의 비밀이 되는 것, 싫어하는 것은 묻지 않는다.

남의 말을 가로채서는 안된다.

말을 하기보다는 듣기를 잘해야 한다.

말은 풍부한 화제와 화술을 쓰되 거짓이 되지 않게 하여야 한다.

외국말이나 어려운 말은 삼가야 한다.

- 말을 할 때와 들을 때

  말은 너무 빠르지도 않고 느리지 않게 적당히 한다.

  같은 말도 표현에 따라 상대방의 반응이 달라질 수 있다.

  중요한 내용은 미리 말의 내용을 준비하여 발언한다.

  우리 말, 쉬운 말, 일상용어를 선택하는 것이 원칙이다.

  말을 효과 있게 하기 위한 자연스런 몸짓은 지나치지 않는 한 필요하다.

  상대방의 말 도중에 가벼운 반응을 보여야 한다.

  대화 중에는 상대방의 눈을 중심으로 시선을 움직인다.

  이야기 도중에 필요하다고 생각되는 것은 메모한다.

  듣는 말과 관련이 없는 일을 하지 않는다.

- 삼가야 할 사항

  상대방의 이야기도 끝나기 전에 자기 이야기를 하는 것은 삼간다.

  처음 만난 사람에게 직장, 직위, 결혼여부, 연령을 묻는 행위는 하지 않는다.

  필요치 않는 출신학교나 학력 그리고 자기나 가족을 자랑하는 행위는 하지 않는다.

  개인의 비밀이나 약점을 잘 아는 체 하거나 상대를 비꼬는 행위는 하지 않는다.

  상사에게 자기를 지칭할 경우 '저' 또는 성과 직위나 직명을 사용한다.

- 하급자 또는 동급자에 대한 올바른 호칭

  하급자나 동급자에게는 성과 직위 또는 직명으로 호칭한다('김부장' '최팀장').

  초면이나 선임자, 연장자일 경우 '님'을 붙이는 것이 상례다('선생님' '김대리님').

  하급자나 동급자 간에 자기의 호칭은 '나'를 사용한다.

- 차 상급자에게 상급자 호칭

  팀장이 관장 옆에서 부장의 지시를 보고할 때('김부장이 지시한 일이었습니다.')

- 틀리기 쉬운 호칭

  상사에 대한 존칭은 호칭에만 쓴다(관장님실 → 관장실).

  문서에는 상사의 존칭을 생략한다(관장님 지시 → 관장 지시).

  본인이, 지시를 전달 할 때는 '님'을 붙인다('관장님, 지시 사항을 전달하겠습니다').

(2) 현장실습교육지침

① 실습교육 자격기준[1]

- **실습교육기관 자격기준**

  방문요양, 방문목욕 등 요양보호서비스를 제공하는 장기요양기관으로 해당 실습교육을 실시할 수 있다. 요양보호사교육기관과 실습연계계약을 체결한 기관에서만 가능하다(연계기간은 1년 이상 명시한다).

- **실습교육기관의 지도자 자격기준**

  - 요양보호사 교육기관의 교수요원

  - 노인요양시설 및 재가노인복지시설 요양보호사, 사회복지사로서 간병, 요양경력

---

1) 실습교육 자격기준은 보건복지부 요양보호사양성지침(2010)에 의거한 것임.

3년 이상 된 자(3년 이상인 자가 없을 시 1년 이상 된 자로서 연장자순)

- 실습생의 자격기준
  - 이론 및 실기교육 출석 100% 이상인 자(부득이한 경우 결석사유서를 제출한 자에 한하여 80% 이상 출석 인정된 자)
  - 교육기관에서 작성한 실습생명단에 포함되어 있고 신분증 확인을 통해 교육생의 본인여부가 확인된 자

② 실습지도 준수사항

- 실습지도자는 요양보호사 표준교재의 실습사항을 충분히 숙지하여 교육생을 지도한다.
- 실습교육을 실시하기 전에 반드시 신분증 등을 통한 본인여부를 확인하고, 본인이 직접 서명하는 출석부를 비치하는 등 교육생의 본인여부 확인에 철저를 기하고 실습을 실시한다(교육생 서명 출석부는 최소한 2년 이상 보관한다).
- 교육생이 표준 실습교재의 특정 항목을 제대로 수행할 수 없는 경우에는 완전하게 습득할 수 있도록 반복하여 지도한다.

③ 실습교육 내용

- 실습교육의 기본 목적
  예비요양보호사로서 실천기술의 전달과 경험제공을 통해 실무현장 적응력을 높이고 직업에 대한 적성과 직업선택의 기회를 갖도록 한다.
- 실습목표
  - 노인요양시설과 재가요양서비스 기관의 역할과 운영에 대한 이해를 돕는다.
  - 노인을 대상으로 하는 요양서비스 전반에 대한 인식을 높인다.
  - 클라이언트에 대한 이해와 수용을 배운다.
  - 서비스 수행자와 원조자로서의 역할과 올바른 이해를 돕는다.
  - 임상에서의 업무실천 내용을 전달하고 경험한다.
- 실습교육의 시간
  - 실습인정시간: 1일 8시간, 단 특별한 사유(증빙서류)가 있을 경우는 10시간도 가능하나 규정준수 원칙 시설종류별 실습교육시간 배정
  - 교육생에 따른 실습 이수시간

	요양보호사 1급						요양보호사 2급			
	경력자			국가자격(면허)소지자				경력자		
신규자	기타	요양/재가	요양+재가	사회복지사	간호사	물리치료사 작업치료사 간호조무사	신규자	기타	요양/재가	요양+재가
80	40	20	0	8	8	8	40	20	10	0

- 실습교육 대상인원
  - 1일 실습인원은 실습지도자수의 3배수 이내로 한다.
- 실습비
  - 실습교육기관과 요양보호사교육기관에서 실습연계계약 체결 시 정하는 금액으로 한다.
  - 실습종료 후 7일 이내에 실습교육기관에 요양보호사교육기관이 계좌로 지급한다.
  - 요양보호사교육기관 명의의 통장으로 실습교육기관에 실습비를 지급하며 실습교육기관의 통장사본을 교육기관에 제출한다.
- 실습생 배치 및 절차

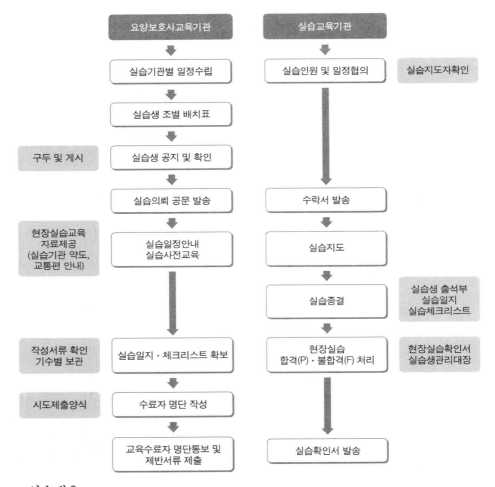

- 실습내용

필수사항			선택사항
오리엔테이션	실천업무	업무기록	
• 기관소개 • 지역소개 • 대상자의 이해 • 실습생의 자세와 역할 • 실습과제 및 기록안내	• 기본요양보호기술 • 의사소통 및 여가지원 • 서비스 이용지원	• 실습일지 • 실습체크리스트	• 기관 환경조성 • 방문요양 가사지원업무 • 집단지도 및 보조 • 지역사회조직(홍보, 상담) • 타 기관 방문 • 사회조사

- 실습 수퍼비전 방법
  - 요양보호사교육기관에서는 실습시작 전 실습에 대한 전반적인 교육과 실습생 평가기준과 유의사항에 대한 교육을 미리하여 실습에 임할 수 있도록 요양보호사교육기관에 요청한다.
  - 실습교육기관은 실습지도자와 실무담당자로부터 1일 1회 이상 슈퍼비전을 제공하며 구두 또는 서면의 방법으로 지도 강평이 이루어지도록 한다. 서면의 경우 실습일지와 실습체크리스트를 활용한다.
- 실습 지도양식 및 도구

제공기관	양식명	비고
실습기관	실습의뢰에 대한 회신	
요양보호사 교육기관	실습생출석부	실습교육기관 최소 2년 보관
	실습일지	실습종료 후 요양보호사교육기관에 제출 · 보관
	실습체크리스트	실습종료 후 요양보호사교육기관에 제출 · 보관
	현장실습확인서	실습종료 후 요양보호사교육기관에 제출 · 보관
실습기관	실습지도계획서(실습교육시간표)	실습시작 전 작성하여 요양보호사교육기관에 송부
	실습지도일지	실습지도 후 실습기관에서 보관
	실습생관리대장	요양보호사교육기관별 실습현황 기록 · 보관
	요양보호사 윤리강령	

④ 실습교육 일정

실습교육기관의 사정에 의해 지도계획이 변경될 수 있다.

신규 교육생의 경우, [1] 표시는 20시간일 경우에 해당되며, [2] 표시는 32시간 실습일 경우 실습계획이다.

일차	시간	실습내용	비고
1	09:00~10:00	시설장 인사 기관소개 및 업무배치	실습일지 파일
	10:00~17:30	재가방문 실습(오전/오후)	대상자 정보파일
	17:30~18:00	일일평가 및 실습일지 작성	실습일지
2	09:00~17:30	재가방문 실습(오전/오후)	대상자 정보파일
	17:30~18:00	일일평가 및 실습일지 작성	실습일지
3[1]	09:00~17:30	재가방문 실습(오전/오후)	대상자 정보파일
	17:30~18:00	일일평가 및 실습일지 작성	실습일지, [1] 실습체크리스트, 종결평가서, 실습확인서
3[2]	09:00~17:30	재가방문 실습(오전/오후)	
	17:30~18:00	일일평가 및 실습일지 작성	실습일지
4[2]	09:00~12:30	요양실습	
	12:30~13:30	일일평가 및 실습일지 작성	실습일지, [2] 실습체크리스트, 종결평가서, 실습확인서

⑤ 실습교육 평가
- 실습평가
  - 요양보호사양성지침에 의거하여 체크리스트 각 항목의 수행여부를 공정하게 실시하도록 하며 실습지도자는 표준실습교재의 각 항목을 제대로 수행하는 지 여부, 교육생이 작성한 실습일지, 실습과정의 관찰 등을 통해 요양보호사 업무 수행이 어렵다고 판단되는 경우에는 불합격 조치하여야 한다.
  - 실습평가 결과 불합격자의 경우에는 소정의 재교육시간을 이수하여야 하며 재교육 비용은 본인이 부담하도록 한다.
- 실습평가회
  - 실습종결을 앞두고 실습생과의 총평회의를 실시하여 실습교육의 문제점 및 개선사항 등 실습에 대한 전반적인 의견을 나누며 유종의 미를 거두도록 한다.
  - 실습기관의 정보 또는 실습대상자의 개인정보 유출금지에 대한 당부와 기관과의 올바른 관계정립을 위한 시간을 갖는다.
  - 전체 실습생과 실습지도자, 기관장이 참석하며 실습평가회 전일에 미리 '실습종합평가지'를 나누어 준 후 작성하게 하고 평가회 당일에 자유롭게 이야기를 나눈다.

⑥ 관련서식

요양보호 현장실습 교육을 실시함에 있어 다음 각 호의 서식 및 서류를 비치하여 사용하도록 한다.

서식번호	서식명	내용
5-07	실습평가 체크리스트	실습생명, 소속교육기관, 번호, 과정명, 각 항목별 취득점수, 평균점수를 작성하고 그에 따른 합격/불합격 기재, 불합격자의 경우 재교육시간 기재, 실습지도자의 총평, 실습지도자 서명함.
5-08	실습종합평가지	실습생의 정보, 실습에 대한 전반적인 만족도, 실습을 통해 얻은 점, 기관에 대한 제안, 기관에 건의하고 싶은 내용, 실습소감 작성함.

서식 5-07 실습평가 체크리스트

실습평가 체크리스트

시설명: 과정명: 번호: 성명:

교육내용	세부내용	취득점수 (/100점)	합격/ 불합격	불합격자 재교육시간
기본요양 보호기술	〈섭취요양보호〉 식사돕기(경구, 비경구), 복약돕기와 약보관	(/100점)		
	〈배설 요양보호〉 화장실 사용돕기, 침상배설 돕기, 기저귀 사용돕기 이동변기 사용돕기, 유치도뇨관 사용돕기	(/100점)		
	〈개인위생 및 환경 요양보호〉 구강·두발·손발·회음부 청결돕기 세면/목욕돕기 옷 갈아입히기 침상청결 등 쾌적한 환경유지하기	(/100점)		
	〈체위변경과 이동 요양보호〉 침상 이동돕기, 휠체어 이동돕기, 이송돕기 보행(자가, 기구)돕기	(/100점)		
	〈안전 및 감염관련 요양보호〉 낙상/미끄러짐/넘어짐 예방하기 응급처치(질식, 경련, 화상, 화재 등)와 기본소생술 감염예방 및 욕창예방, 흡인, 임종 요양보호	(/100점)		
의사통 및 여가지원	말벗하기 의사소통 돕기 여가활동 돕기(TV시청, 음악듣기 등) 의사소통 및 라포형성 방법	(/100점)		
서비스 이용지원	요양보호 대상자·장소 특성파악 및 서비스 계획 변경지원 타 직종, 타 서비스와의 연계성 이해 업무보고회, 사례검토회 등의 의의와 기능	(/100점)		
요양보호 업무기록 및 보고	기록과 보고의 목적 및 중요성 업무일지 기록 방법 업무 보고 방법	(/100점)		
평균		(/100점)		
총평			실습지도자 (성명)	

※ 작성방법: 취득점수, 합격/불합격. 실습지도자 성명, 총평 등은 반드시 실습지도자가 자필로 기록

○○○노인복지센터

서식 5-08　**실습종합평가지**

실습종합평가지

실습생 성명		생년월일	
소속교육기관명			
실습기간			

실습에 대한 전반적인 만족도	
실습을 통해 얻은 점	
실습에 대한 제안	
기관에 건의하고 싶은 내용	
실습소감	

○○○노인복지센터

예시 6 운영지침_노인학대예방지침

노인학대예방지침

1) 노인학대예방의 목적

고령사회로 급속하게 진입하고 있는 우리사회의 다양한 노인문제를 해결하기 위해 시행되고 있는 노인장기요양서비스의 실천에 있어 노인인권보호는 필수 구성요소라 할 수 있다. 서비스 제공자, 수혜자, 그리고 수혜자의 가족에서 발생할 수 있는 노인인권(학대)의 문제를 예방 및 대응할 수 있도록 실천지침을 마련함으로써 인권보호관점에 기반을 둔 서비스와 실천을 이행하고자 한다.

- 가정 내 학대예방 및 학대사례 조기 발견과 신속한 대처
- 피해노인에 대한 적절한 서비스 제공
- 학대행위자의 예방을 위한 교육 및 정보제공
- 학대 재발 방지를 위한 모니터링

2) 노인학대의 개념과 유형

(1) 노인학대의 개념

- 미국의 노인학대헌장(The Action on Elder Abuse, 1995: 모든 관계에서 발생되는 노인에게 해나 장해를 일으킬 수 있는 단일한 혹은 반복적 행동, 적절한 행동의 부족
- 한동희 · 김정희(1994): 자녀에게 의존하고 있는 노인과 자녀 사이에서 일어나는 언어 · 정서적 혹은 심리적 상해와 인간의 신체적 · 정서적 복지를 무시하는 행위 그리고 자산에 대한 오용 등으로 노인의 권리가 침해되는 행위
- 「노인복지법」 제1조의3호: 노인에 대하여 신체적 · 정신적 · 성적 폭력 및 경제적 착취 또는 가혹행위를 하거나 유기 또는 방임을 하는 것을 말한다.
- 보건복지가족부(2004): 노인의 가족 또는 타인이 노인에게 필요한 최소한의 적절한 보호조차 제공하지 않는 방임, 자기방임 및 유기를 의미하는 것이다.

(2) 노인학대의 유형

노인보호전문기관 업무수행지침(2008)에 제시된 노인학대의 유형과 대표적 행위와 증상은 다음과 같다.

- 노인학대의 유형

유형	정의
신체적 학대	물리적인 힘 또는 도구를 이용하여 노인에게 신체적 손상, 고통, 장애 등을 유발시키는 행위
언어 · 정서적 학대	비난, 모욕, 위협, 협박 등의 언어 및 비언어적 행위를 통하여 노인에게 정서적으로 고통을 주는 행위
성적 학대	성적 수치심 유발행위 및 성희롱, 성추행 등의 노인의 의사에 반하여 강제적으로 행하는 모든 성적 행위
재정적 학대	노인의 자산을 노인의 동의 없이 사용하거나 부당하게 착취하여 이용하는 행위 및 노동에 대한 합당한 보상을 제공하지 않는 행위
방임	부양의무자로서의 책임이나 의무를 의도적 혹은 비의도적으로 거부, 불이행 혹은 포기하여 노인의 의식주 및 의료를 적절하게 제공하지 않는 행위
자기방임	노인 스스로 의식주 제공 및 의료 처치 등의 최소한의 자기 보호관련 행위를 의도적으로 포기 또는 비의도적으로 관리하지 않아 심신이 위험한 상황 또는 사망에 이르게 되는 경우
유기	보호자 또는 부양의무자가 노인을 버리는 행위 월별 입소비용 미납 등의 사유로 노인에 대한 특별한 보호조치 없이 퇴소시키는 행위

- 노인학대 유형별 대표적 행위

학대유형	판정지표	대표적 행위
신체적 학대 (Physical Abuse)	노인을 폭행한다.	☑ 노인을 밀치거나 넘어뜨린다. ☑ 노인을 발로 찬다. ☑ 노인을 주먹으로 폭행한다. ☑ 노인의 몸을 벽에 박거나 바닥에 내리치는 행위 등을 가한다. ☑ 노인의 머리나 목 또는 몸을 강하게 잡거나 흔든다. ☑ 노인의 목을 조른다. ☑ 노인을 손 또는 몸으로 강하게 억압하며 짓누른다. ☑ 노인의 몸을 발로 밟는다. ☑ 노인을 질질 끌고 다닌다. ☑ 노인의 머리채를 잡아당기거나 움켜잡아 뽑는다. ☑ 노인을 할퀴거나 꼬집는다. ☑ 노인을 입으로 물어뜯는다. ☑ 몽둥이, 빗자루 등의 도구로 노인을 폭행한다. ☑ 물건을 던져 노인에게 상해를 입힌다. ☑ 칼이나 흉기를 사용하여 노인에게 상해를 입힌다. ☑ 담뱃불 또는 도구를 이용하여 노인에게 화상을 입힌다.
	노인을 제한된 공간에 강제로 가두거나 노인의 거주지 출입을 통제한다.	☑ 노인을 집 안의 제한된 공간에서 나가지 못하게 통제한다. ☑ 노인을 집 밖으로 나가지 못하게 통제한다. ☑ 노인을 제한된 공간에 장치(자물쇠 등)를 설치하여 출입을 통제한다. ☑ 노인을 집 밖으로 끌어낸다.

		☑ 노인을 집 밖으로 쫓아낸다. ☑ 노인을 집에 들어오지 못하게 한다. ☑ 노인의 거주지 주변 출입을 통제한다.
	노인의 신체를 강제로 억압한다.	☑ 노인을 침대 등에 묶어 움직이지 못하게 한다. ☑ 노인의 신체 일부 또는 모두를 사용하지 못하게 장치(예: 끈으로 묶어두기, 수갑 채우기, 손·발목 묶기 등)를 설치한다.
	신체적 해를 가져올 위험성이 큰 행위로 노인을 협박하거나 위협한다.	☑ 칼이나 가위 등 흉기를 사용하여 노인을 협박하거나 위협한다. ☑ 물건을 던지거나 기물파손을 하는 등의 행위로 노인을 협박하거나 위협한다.
	노인의 신체적 생존을 위협할 수 있는 행위를 한다.	☑ 노인을 기본 생존 유지에 필요한 장치(가스, 난방, 전기, 수도)로부터 단절시킨다. ☑ 노인을 기본 생존 유지에 필요한 식사 또는 음료를 보관하는 물품(밥통, 냉장고)으로부터 단절시킨다. ☑ 노인을 기본 생존 유지에 필요한 식사 또는 음료로부터 단절시킨다. ☑ 노인을 치료 및 생존 유지에 필요한 약물(심장관련, 당뇨, 혈압 등)으로 부터 단절시킨다.
	약물을 사용하여 노인의 신체를 통제하거나 생명을 저해한다.	☑ 노인에게 의료적으로 불필요한 약물이나 주사를 강제로 복용·투입하게 한다.
	노인이 원하지 않거나 수행하기 어려운 노동을 하게 한다.	☑ 노인이 원치 않는 의사를 보였음에도 불구하고 일(노동)을 하도록 강요한다. ☑ 노인을 강제로 수감하거나 위협하여 일(노동)을 강요한다. ☑ 노인이 일을 수행하기 어려운 정신 및 신체적 상황임에도 불구하고 일(노동)을 하도록 강요한다. ☑ 노인에게 정신 및 신체적 악화를 가져올 수 있는 일 또는 조건에서 일(노동)을 하도록 강요한다.
정서적 학대 (Emotional Abuse)	노인과의 접촉을 기피한다.	☑ 노인을 쳐다보지 않고 무시한다. ☑ 노인에게 말을 걸지 않거나 대화를 하지 않는다. ☑ 노인의 말과 행동을 지속적으로 무시하고 반응을 보이지 않는다. ☑ 노인의 일상생활(식사, 일상물품 사용 등)을 타 가구원과 별도로 하게 한다.
	노인의 사회관계 유지를 방해한다.	☑ 노인이 친구나 친지들과 만나거나 연락하는 것을 방해한다. ☑ 노인의 친구나 친지 등이 방문하는 것을 싫어한다. ☑ 비방이나 폭력적 행동 등으로 타인이 노인과의 관계를 유지하는 것을 싫어하게 만든다. ☑ 노인의 일상적인 사회활동이나 종교 활동을 노골적으로 방해한다. ☑ 비방이나 유언비어로 노인의 경제활동을 저해한다. ☑ 노인의 이성교제를 방해한다.

	노인을 위협 · 협박하는 언어적 표현이나 감정을 상하게 하는 행동을 한다.	☑ '죽이겠다.'고 협박한다. ☑ '시설로 보낸다. 또는 '집에서 나가라' 등의 위협 · 협박을 한다. ☑ 노인의 요구를 무조건 무시한다. ☑ 노인에게 고함을 지르거나 욕을 한다. ☑ 노인에게 혐오스러운 말을 한다. ☑ 노인이 수치심을 느끼게 하는 모욕적인 말을 한다. ☑ 자존심을 상하게 하는 말을 한다. ☑ 노인에게 창피를 준다. ☑ 노인을 비웃거나 조소를 한다. ☑ 노인을 재앙을 가져오는 사람으로 취급한다.
	노인과 관련된 결정 사항에 대해서 의사결정 과정에서 소외시킨다.	☑ 노인의 거취 결정에서 노인을 배제시킨다. ☑ 노인의 소지품 처분을 결정할 때 노인의 의사를 반영하지 않는다. ☑ 노인을 집안 경조사에 참여시키지 않는다.
성적 학대 (Sexual Abuse)	노인에게 성폭력을 행한다.	☑ 노인이 원치 않음에도 불구하고 강제적으로 성관계를 갖는다. ☑ 노인이 원치 않음에도 불구하고 강제적으로 성관계를 강요 또는 시도한다. ☑ 노인이 원치 않음에도 불구하고 입맞춤, 애무 등을 요구한다. ☑ 노인이 원치 않음에도 불구하고 가슴이나 엉덩이 등 신체 일부를 만진다. ☑ 판단능력이 없거나 의사표현을 할 수 없는 노인을 성폭행한다.
	노인에게 성적 수치심을 주는 표현이나 행동을 한다.	☑ 노인의 신체를 빗대어 혐오감을 주는 언행을 한다. ☑ 성적 언행 등으로 노인에게 굴욕감이나 혐오감을 느끼게 한다. ☑ 사람들이 보고 있음에도 불구하고 노인의 성적 부위를 드러내고 옷 또는 기저귀를 교체한다. ☑ 사람들이 보고 있음에도 불구하고 노인을 알몸으로 목욕시킨다. ☑ 원하지 않거나, 판단능력이 부족한 노인임에도 불구하고 성적 신체부위를 몰래 촬영한다. ☑ 노인이 원치 않음에도 불구하고 학대행위자의 성기 및 자위행위를 보게 한다. ☑ 노인이 원치 않음에도 불구하고 포르노 잡지나 비디오를 보게 한다. ☑ 원하지 않거나, 판단능력이 부족한 노인임에도 불구하고 노인의 성적 신체 부위 전체 또는 일부를 알몸으로 노출시켜 놓는다.
재정적 학대 (Financial Abuse/ Exploitation)	노인의 소득 및 재산, 임금을 가로채거나 임의로 사용한다.	☑ 노인의 허락 없이 임금, 연금, 임대료, 재산 등을 가로챈다. ☑ 의사표현 능력이 없는 노인의 연금, 재산 등을 가로챈다. ☑ 노인의 허락 없이 저축, 주식 등을 임의로 사용한다.

		☑ 공적 부조(예: 국민기초생활보장 수급자 생계비) 급여를 가로채거나 임의로 사용한다. ☑ 노인의 허락 없이 노인명의의 은행계좌로부터 현금을 인출하여 사용한다. ☑ 노인의 허락 없이 노인 소유의 귀중한 물건을 빼앗는다. ☑ 노인 소유의 귀중한 물건을 파괴하는 등 재산적 피해를 준다. ☑ 노인에게 빌린 돈을 갚지 않거나 귀중한 물건을 돌려주지 않는다. ☑ 노인의 노동에 대한 대가를 정당하게 지급하지 않는다.
	노인의 재산에 관한 법률적 권리를 침해하는 행위를 한다.	☑ 노인 소유의 부동산을 노인의 동의 없이 임의로 사용하거나 강제로 명의 변경한다. ☑ 노인의 허락 없이 수표 및 기타 금융·법적 서류에 서명을 날조한다. ☑ 노인의 허락 없이 노인의 신용을 이용하여 이익을 취한다(명의 도용). ☑ 노인의 허락 없이 노인명의로 은행 등에서 대출을 받는다. ☑ 노인의 허락 없이 노인명의의 은행계좌, 보험 등을 해약한다. ☑ 사기나 강압, 부당한 위력으로 유언장, 계약서, 위임장 등에 서명을 허위로 작성하거나 변조한다. ☑ 대리권을 노인이 원하지 않는 방법으로 악용한다. ☑ 노인부양을 전제로 재산 상속을 약속 또는 증여하였으나, 부양의무를 이행하지 않는다.
	노인의 재산 사용 또는 관리에 대한 결정을 통제 한다.	☑ 노인이 희망하는 재산 사용을 이유 없이 제한하거나 강요한다. ☑ 노인 자신의 돈을 일상생활에서 마음대로 사용하지 못하게 한다. ☑ 노인의 재산을 노인이 원하지 않는 방법으로 사용하도록 강요한다. ☑ 노인의 재산관리 관련 결정을 제한하거나 강요한다. ☑ 노인 명의의 재산을 불법적으로 소유하려고 협박한다. ☑ 수표 및 기타 금융·법적 서류에 서명을 강요한다.
방임 (Neglect)	거동이 불편한 노인의 의·식·주 등 일상생활 관련 보호를 제공하지 않는다.	☑ 스스로 식사하기 힘든 노인을 방치한다. ☑ 스스로 배변처리가 어려운 노인을 방치한다. ☑ 노인 스스로 청결유지(목욕, 빨래 등) 또는 환경관리(청소 등)가 불가능함에도 불구하고 이를 방치한다. ☑ 심각한 질환(치매 등)이 있는 노인을 홀로 거주하게 한다. ☑ 노인에게 안정된 주거공간을 제공하지 않고 떠돌게 한다. ☑ 노인이 부적절한 주거공간(컨테이너 등)에 거주하는 것을 방치한다.
	경제적 능력이 없는 노인의 생존을 위한 경제적인 보호를 제공하지 않는다.	☑ 경제적 능력이 없는 노인의 기본적 생존을 위한 생활비를 지원하지 않거나 중단한다. ☑ 경제적 능력이 없는 노인의 생활관련 업무(세금 및 각종 요금 납부)를 방치한다. ☑ 경제적 능력이 없는 노인의 사회적 활동(용돈, 종교활동비, 경조사비 등)을 위한 경제적 지원을 제공하지 않는다.

	의료 관련 욕구가 있는 노인에게 의료적 보호를 제공하지 않는다.	☑ 노인에게 필요한 보장구(틀니, 보청기, 돋보기, 지팡이, 휠체어 등)를 제공하지 않는다. ☑ 노인에게 필요한 의료적 처치를 제공하지 않거나 거부·방해하거나 혹은 소홀히 한다. ☑ 질병으로 인해 거동이 불편한 노인의 간병을 소홀히 한다(악취, 욕창, 염증 등 발생).
	자신을 돌보지 않거나, 돌봄을 거부함으로써 노인의 생명이 위협받는다(자기방임).	☑ 노인 자신이 의료처치 또는 약복용 등 의사의 지시에 따른 치료행위를 거부한다. ☑ 건강, 생활, 환경 등의 위험한 상황에서 노인이 도움을 요청하지 않거나 거부한다. ☑ 노인 스스로 생존을 위해 필수적인 의·식·주 관련 행위를 거부함으로써 생명이 위협받는다. ☑ 일상생활 수행을 위한 신체적·정신적 능력을 상실한 노인이 돌봄을 거부함으로써 생명이 위협받는다. ☑ 건강에 치명적임에도 불구하고 노인이 약물이나 알코올 남용을 지속한다. ☑ 노인이 자살을 시도한다.
유기 (Abandon ment)	의존적인 노인을 유기한다.	☑ 노인과 연락을 두절하거나 왕래를 하지 않는다. ☑ 노인을 시설, 병원에 입소시키고 연락과 왕래를 두절한다. ☑ 인지기능을 상실한 노인(치매, 약물중독, 알코올 중독, 정신질환 등)을 고의적으로 가출 또는 배회하게 한다. ☑ 노인을 낯선 장소에 버린다. ☑ 배회하는 상태에서 발견된 노인에 대하여 부양의무자가 부양의무 이행을 거부한다.

(3) 신체제한의 금지규정

신체제한은 의류 또는 면으로 된 끈을 사용하여 일시적으로 신체를 구속하고, 그 행동을 억제하는 행동의 제한을 말한다.

대상자 또는 직원 등의 생명이나 신체에 위험을 초래할 가능성이 현저히 높거나(절박성), 대체할 만한 간호나 수발방법이 없거나(비대체성), 증상의 완화를 목적으로 불가피하게 일시적으로 신체적 제한을 하는 경우(일시성) 등의 경우를 제외하고는 노인의 의사에 반하는 신체적 제한을 해서는 안된다.

어쩔수 없는 경우로 인해 일시적으로 신체를 제한할 경우에도 노인의 심신의 상황, 신체제한을 가한 시간, 신체적 제한을 할 수밖에 없었던 사유에 대하여 자세히 기록하고, 노인본인이나 가족에게 그 사실을 통지하여야 한다.

기관 규정이나 기준 등에 위반되거나 또는 의료적 목적을 달성하기 위한 경우를 제외하고는 신체적 제한이나 심리적 영향을 미치는 약물을 처방해서는 안된다.

3) 노인학대예방지침의 적용대상

- 노인을 부양하는 배우자나 형제 · 자매, 자녀 등 노인과 특별한 관계에 있는 사람
- 노인에게 보호를 제공해야 할 의무를 지닌 유급부양자나 전문가
- 사회복지 및 요양보호교육을 받아야하는 실습생, 자원봉사자

4) 노인학대 예방을 위한 법적 · 제도적 장치

(1) 노인학대신고의무

- 누구든지 노인 학대를 알게 된 때에는 노인보호전문기관 또는 수사기관에 신고할 수 있으며(「노인복지법」 제39조의6 제1항), 신고의무자는 그 직무상 노인 학대를 알게 되거나 노인학대가 의심되는 경우 '즉시' 신고하여야 한다(「노인복지법」 제39조의6 제2항).

신고의무자
의료법 제3조 제1항의 의료기관에서 의료업을 행하는 의료인(*의료기관: 종합병원, 병원, 치과병원, 한방병원, 요양병원, 의원, 치과의원, 한의원, 조산원 *의료인: 의사, 치과의사, 한의사, 조산사, 간호사)
노인복지시설의 장 및 그 종사자(*독거노인생활관리사, 요양보호사, 종합사회복지관에서의 재가복지 종사자 등)
장애인복지법 제58조의 규정에 의한 장애인복지시설에서 장애노인에 대한 상담 · 치료 · 훈련 또는 요양을 행하는 자(*장애인복지시설: 장애인 생활시설, 장애인 지역사회재활시설, 장애인 직업재활시설, 장애인 유료복지시설 등)
가정폭력방지 및 피해자보호 등에 관한 법률 제5조 및 제7조의 규정에 의한 가정폭력 관련상담소의 상담원 및 가정폭력 피해자보호시설의 종사자
노인복지상담원 및 「사회복지사업법」 제14조에 의한 사회복지전담공무원

- 신고인의 신분은 보장되어야 하며 그 의사에 반하여 신분이 노출되어서는 아니됨으로(「노인복지법」 제39조의6 제3항) 추후 법원 및 외부기관에서 업무상 노인학대사례개요 등의 자료를 요청할 경우 신고자의 신원은 반드시 삭제하고 제출함.
- 신고인이 원하는 경우 사례에 대한 결과를 제공받을 수 있음(상담일지는 비공개 원칙).

(2) 노인학대예방을 위한 유관기관

노인학대예방 및 방지를 위한 유관기관의 역할은 다음과 같다.

유관기관	역할
보건복지가족부	노인보호업무와 관련한 법 · 제도적 정책 수립 노인복지시설에 대한 행 · 재정적 지원 등

시·도	시설에 대한 업무지도 및 감독 「노인복지법」제39조의5 제1항 제1호의 보호조치를 의뢰 받은 학대노인에 대한 행정적인 조치 등
시·군·구	학대피해 노인 및 보호자 또는 학대행위자의 신분조회 요청 등에 대한 협조 필요 시 관계 공무원 또는 노인복지상담원으로 하여금 노인복지시설과 노인 또는 관계인에 대한 조치 노인 인권보호 및 학대예방 관련 위원회 설치 운영 등
노인보호전문기관	노인학대 사례의 신고접수 신고된 시설학대 사례에 대한 개입 시설의 학대사례 판정에 대한 자문 학대사례에 대한 사례관리 절차 지원
사법경찰	노인학대 신고사례에 대해 현장조사 노인학대행위자의 형사재판을 요하는 사례에 대한 수사 전담 응급조치를 요하는 노인학대 사례를 일시보호시설 또는 의료기관에 조치 의뢰
의료기관	다분야의 보건의료전문가로 구성된 학대노인 보호팀을 구성·운영 의뢰받은 피하개 노인에게 종합적인 의료서비스 제공 노인 학대 판정을 위한 의학적 진단, 소견 및 증언 진술
법률기관	피해노인의 법률적 보호 및 학대행위자에 대한 보호처분을 포함한 판정 후견인의 지정, 가족으로부터 노인의 격리 등

5) 노인학대예방을 위한 행동지침

(1) 노인의 행동지침

- 어떠한 경우든 노인을 학대할 권리는 아무도 없음을 인식하여야 한다.
- 건강을 유지하도록 끊임없이 노력하여야 한다.
- 경제적인 능력을 유지할 수 있는 한 유지하여야 한다.
- 노인부양을 이유로 자녀에게 모든 재산을 상속하지 말아야 한다.
- 사회적 관계에 관심을 가져야 한다.
- 지금 하고 있는 일을 중단하지 말고 지속하여야 한다.
- 노인이 되었다고 도움 받기보다 도움을 주는 일을 많이 하여야 한다.
- 과거에 집착하기보다 세상의 변화를 이해하려고 노력하여야 한다.
- 자녀와 갈등을 갖지 않도록 가정의 화목에 최선을 다하여야 한다.
- 학대받는 것이 자신의 잘못이라 자책하여 스스로 의·식·주, 의료 처치 등의 최소한 자기보호 행위를 포기하거나 자해, 자살 등 심신을 위험한 상황에 이르게 해서는 안된다.
- 학대행위자(이웃, 친척, 자녀 등)의 피해를 우려하여 학대사실을 은폐해서는 안된다.
- 학대를 받는다고 느낄 때는 담당 요양보호사 또는 기관에 도움을 요청하여야 한다.

(2) 가족의 행동지침

- 노인들과 가깝게 지내야 한다.
- 노인은 존엄한 존재로써 존경받고 대우받을 권리가 있음을 인식해야 한다.
- 노인은 신체적·정신적·경제적 어려움을 겪는 대상으로 우리가 보호해야 한다.
- 노인의 건강상태와 특성에 대한 이해를 높여야 한다.
- 도움을 받을 수 있는 자원을 찾아야 한다.
- 집에서 노인을 장기간 보호할 수 있는지 가족의 능력을 검토해 보아야 한다.
- 노인을 보호할 수 있는 대안을 찾는다.
- 잠재된 노인의 능력을 예상하고 노인이 원하는 바를 토의를 거쳐 계획을 세워야 한다.
- 능력의 한계를 무시하고 자신을 혹사하지 않는다.
- 일단 노인이 가정에 같이 살지 않으면 가족문제가 사라질 것이라고 생각하지 않는다.
- 노인의 독립을 인정하고 불필요하게 사생활을 간섭하지 않도록 하여야 한다.
- 노인의 모습은 미래의 자신의 모습임을 잊지 말고 항상 노인을 공경하는 마음을 가져야 한다.
- 노인의 부양부담을 가족구성원 모두 함께하는 자세를 가져야 한다.
- 기관에서 실시하는 노인학대 관련 교육 및 정보에 적극적인 관심을 갖는다.
- 노인부양의 한계에 도달하였을 경우 기관과 협의하여 해결방안을 모색한다.

(3) 요양보호사의 행동지침

- 노인은 서비스 고객이자 존중받아야 하는 대상으로 인식하여야 한다.
- 인간다운 생활과 가치 있는 삶을 영위할 수 있도록 최선을 다하여 서비스를 제공하여야 한다.
- 노인의 신체적·정신적·가족관계에서의 변화 등에 민감하게 반응하며 세심한 관찰을 한다.
- 「노인복지법」 및 노인보호전문기관 업무수행지침(2008)에서 규정하는 노인학대의 유형과 행위를 해서는 안된다.
- 치료나 요양의 목적 이외에 노인의 뜻에 반하는 노동행위를 강요해서는 안된다.
- 어떠한 이유로도 노인을 언어적으로 협박, 무시하거나 조롱 또는 욕설을 하여서는 안되며, 항상 존대어를 사용하여야 한다.
- 노인이 수치심을 느끼거나 자존심을 상하게 하는 말을 해서는 안된다.
- 목욕이나 기저귀 교체 시 노인이 성적 수치심을 느끼지 않도록 노력해야 한다.
- 기관에서 실시하는 노인학대예방 관련 교육에 적극적으로 참여하여 인권 및 학대에 대한 인식수준을 높이는 데 노력한다.
- 노인학대 의심사례나 위급한 사례의 경우 기관에 보고하고 노인학대 관련기관에 협조

요청을 한다.

- 서비스 제공 후 노인학대의 행위가 있었는지 일일업무 평가를 실시하여 스스로 점검한다.
- 노인학대 발생의 경우 법적으로 신고할 의무가 있으므로 이를 이행하도록 한다.
- 지속적인 서비스 제공을 위해 학대행위자를 직접적으로 비판하지 않는다. 단, 학대행위로부터 노인을 보호하거나 방어하기 위한 조치는 취하여야 한다. 위급 또는 위험한 상황의 경우 긴급 협조요청을 한다.
- 노인과 그 수발자에게 노인학대 관련 교육 및 정보를 제공하여 노인인권과 학대에 대한 인식을 높이는 데 노력한다.
- 노인학대 피해노인의 건강상태 및 학대재발 여부 등을 수시로 확인하여 노인학대 관련 기관과 협조하여야 한다.
- 동료 직원(자원봉사자, 실습생 등을 포함)의 노인에 대한 학대행위를 목격하였을 경우, 해당 시설이나 노인학대 관련기관에 신속히 신고하고, 관련 규정이나 윤리기준에 따라 조치를 취해야 한다.

(4) 기관에서의 행동지침

- 노인인권 보호 및 학대예방을 위한 운영지침을 마련하여야 한다.
- 기관운영자 및 직원이 학대를 사전에 예방하기 위해 종사자와 입소노인에 대한 인권교육 자료를 보급한다.
- 기관운영자 및 직원에게 노인학대 예방 및 방지교육을 정기적으로 실시한다.
- 실습생, 자원봉사자의 활동 시 노인학대가 발생하지 않도록 철저히 관리한다.
- 노인학대 발생 시 처리방침을 세워 신속한 업무처리를 할 수 있도록 한다.
- 노인보호전문기관과의 유기적인 협조체계를 구축하도록 한다.
- 노인학대 신고 및 처리의 전 과정을 기록하여 문서로 보관한다.
- 학대피해 노인 및 그 가정에 대한 정보는 유관기관의 요청 시에만 제공하며 비밀을 보장한다.
- 노인과 가족에게 노인학대 예방 및 방지를 위한 노력을 하고 있음을 알린다.
- 노인학대 신고 시 상담에 불응하거나 외면하여서는 안되며 적극적인 상담을 실시한다.

6) 노인학대사례 처리지침

(1) 학대발생의 유형

구분	수급자	기관
행위자	• 서비스 제공 대상자의 가정 내에서 가족, 친척, 이웃에 의한 학대	• 서비스 제공기관의 직원(요양보호사, 사회복지사, 간호사 등), 자원봉사 및 실습생에 의한 학대
행위장소	• 대상자 가정 • 외부장소	• 대상자 가정 • 외부장소

(2) 학대사례 처리절차

① 노인학대예방 및 학대사례 처리절차

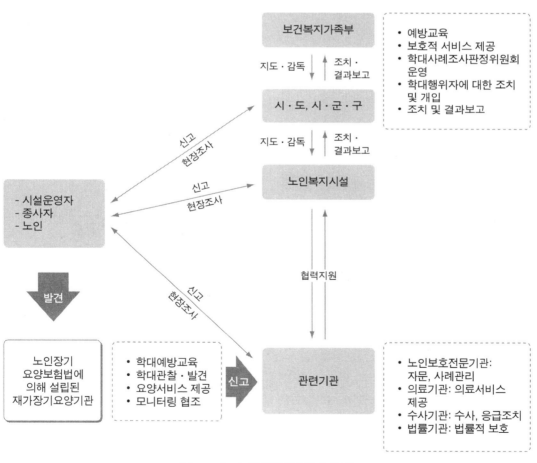

〈Flow-chart. 학대사례처리 흐름도〉

② 업무처리절차

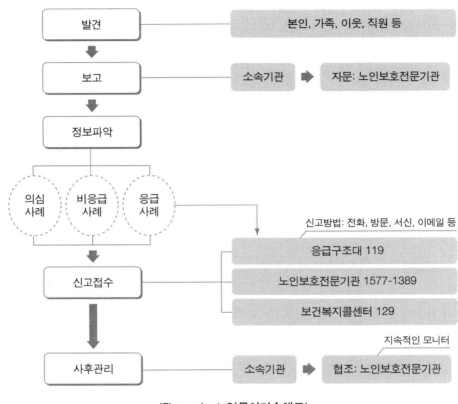

〈Flow-chart. 업무처리수행도〉

(3) 학대사례 처리사항

① 사례발견

- 직원은 노인에게 서비스를 제공하는 과정에서 노인의 신체적 · 심리적 건강상태를 주의 깊게 살펴야 하며 노인학대의 증상이 있는지를 면밀히 관찰하여야 한다.
- 노인에게 이루어지는 구체적 학대행위를 목격하거나 노인이 각각의 학대 유형과 관련된 증상을 보이는 사실을 목격하였거나, 노인이 학대받을 우려나 위험이 있다고 판단되는 경우 즉시 이를 인지하고 빠른 조치를 취하여야 한다.
- 학대행위자가 노인의 가족, 친척, 이웃 등이거나 직원, 자원봉사자, 실습생인지 파악하도록 한다.
- 학대가 의심된다하더라도 이를 학대의심사례로 판정하고 노인의 안전 및 응급성 여부를 확인하도록 한다.
- 응급상황인 경우에는 학대사례로서의 적합성 여부와 관계없이 우선적으로 피해노인의 신변보장과 안전조치를 취해야 한다.
- 노인의 상태가 심각하거나 생명이 위급한 사례로 응급조치와 안전조치가 요구되는 경우 소속기관에 보고하고 가능한 119 구조대를 통해 처리하도록 한다.
- 학대행위자가 폭행 · 협박 · 물리적 저항 등으로 직원의 업무수행을 방해하거나 직원

에게 위협적인 행위를 하려고 할 경우 직원이 학대에 대해 인지하고 있음을 학대가
해자와 피해 노인에게 알리는 것은 무방하나 학대가해자와 피해 노인이 서비스 중단
을 요구할 수 있음으로 이에 대한 비판과 신고의사는 알리지 않도록 한다.

〈노인학대의심사례의 판정기준〉

구분	판정기준
응급사례	• 노인학대가 현재 발생하고 있거나, 학대로 인해 즉각적인 의료조치가 필요한 경우 • 학대행위자로부터 즉시 격리가 요구되며, 노인의 생명 혹은 안전이 매우 위험하다고 판단되는 경우 • 유기 및 장기간 방임으로 인하여 노인의 영양상태 불량 등으로 생명이 위급한 경우 • 학대행위자로부터 신체적 학대가 지속적으로 이루어지고 있다고 의심되며 노인의 상처가 심각한 경우
비응급사례	• 노인학대가 발생하였으나, 학대피해노인의 안전이 확보되어 응급이 아닌 경우 • 노인의 신체적 · 정신적 · 경제적 피해가 경미한 경우
잠재적 사례	• 학대가 발생하고 있지 않으나 노인부양, 노인과 가족 간의 의사소통 기술부족이나 갈등 등 학대위험요인이 있다고 판단되는 경우

• 노인학대의 잠재적 사례로 판단되어지는 경우에는 학대 발생을 방지하기 위한 예방
교육과 홍보를 실시한다.

② 보고
• 학대가 확실하거나 의심된 경우, 학대를 직접 목격하거나 노인이나 다른 사람으로부
터 학대사실을 들었을 경우 등 학대를 발견하는 즉시 소속 기관의 상급자 또는 기관
장에게 보고한다.
• 노인이 동료 직원에게 학대위험 또는 학대를 당하는 것을 목격한 경우 소속기관에
유선, 방문, 서면 등의 방법으로 보고해야 한다.
• 보고받은 자는 보고 사실에 대해 소극적으로 처리하여 상황을 악화시키지 않아야 하
며 이를 무시하는 행위를 해서는 안된다.
• 학대사례에 대한 조치는 노인의 삶에 중대한 변화를 초래하는 것으로 신고하기 전에
보고를 통해 기관장, 직원 등 회의를 진행하여 적절한 조치를 결정하도록 한다.
• 기관에서는 보고받은 내용을 검토하여 적절하고 신속한 조치를 취하도록 한다.
• 기관은 보고내용을 토대로 추가 정보수집 여부 및 관련 사항을 알아보도록 지시한다.
• 학대보고에 대해 정확한 판단이 어렵거나 위급할 경우 추가 정보 파악없이 노인보호
전문기관에 신고한다.
• 기관은 보고내용과 보고한 직원에 대해서 피해노인 가정이나 가해자에게 비밀을 보
장하여야 한다.

③ **정보파악**

- 신고에 필요한 기본적인 정보를 파악하도록 하며 피해노인, 학대행위자, 신고인, 목격자 또는 증인 등의 내용을 6하 원칙에 입각하여 그 내용을 기록한다.
- 파악해야 할 정보의 내용은 다음의 사항을 기본으로 하되 상황에 따라 다소 부족하더라도 이를 보충하기 위한 현장조사 및 사정 등 구체적인 개입은 하지 않도록 한다.

신고자 관련정보	• 신고자 인적사항 　－이름, 현거주지, 연락처 등 • 학대피해노인과의 관계 • 학대사실을 알게 된 경위 • 신고자의 욕구 　－노인보호에 대한 욕구, 정보파악 혹은 상담을 위한 욕구, 노인학대 판정을 위해 현장조사 실시에 대한 욕구, 신고를 통해 원하는 결과 등
학대피해노인 관련정보	• 학대피해노인의 현재 상황 　－안전여부, 긴급분리보호여부, 노인의 심신상태 등 • 학대피해노인 인적사항 　－이름, 성별, 나이, 현거주지, 연락처, 가족관계 등 • 학대내용
학대행위자 관련정보	• 학대행위자 인적사항 　－이름, 성별, 나이, 현거주지, 연락처, 직업 등 • 학대피해노인과의 관계 및 동거여부
학대 관련정보	• 학대 발생여부 　－학대유형, 학대 정도 및 심각성, 학대발생일시, 학대발생장소, 학대발생빈도, 학대지속기간 등
시설 관련정보	• 학대내용 　－시설 관리·운영상의 문제인지, 시설 종사자의 문제인지, 시설내 이용자 간의 문제인지, 시설 내 자원봉사자 및 방문자의 문제인지 파악

* 출처: 보건복지가족부(2008). 2008년도 노인보호전문기관 업무수행지침.

- 노인학대사례에 대한 정보는 기록하여 기관에서 보관하며, 문서의 비밀유지를 보장하고 업무관련 이외의 정보공개는 하지 않는다.

─〈비밀누설의 금지〉─

- 개인정보를 누설 또는 권한 없이 처리하거나 타인의 이용에 제공하는 등 부당한 목적으로 사용한 자는 3년 이하의 징역 또는 1천만원 이하의 벌금에 처한다(공공기관의 개인정보보호에 관한 법률 제23조 제2항).
- 학대노인의 보호와 관련된 업무에 종사하였거나 종사하는 자는 그 직무상 알게 된 비밀을 누설하지 못한다(「노인복지법」 제39조의12).

④ 신고

- 노인학대사례를 보고받거나 학대사례를 발견하는 경우 즉시 해당 시설이나 노인학대관련기관(노인보호전문기관, 보건복지콜센터 129), 시·군·구 노인복지담당부서의 관계공무원 또는 노인복지상담원, 경찰 등에 신고하여야 한다.
- 피해노인이 학대사실을 은폐하거나 신고를 원하지 않더라도 신고해야 할 의무가 있으므로 노인보호전문기관에 신고한다.
- 신고방법으로는 전화, 서신(우편발송, Fax), 온라인(홈페이지, 이메일), 직접 방문이 있으므로 이 중 택일하여 신고 및 상담을 실시한다.
- 신고는 자식이나 가해자를 처벌하려고 하는 것이 아니라 피해노인과 가족의 문제를 해결하는 것을 목적으로 한다는 것을 인식하여야 한다.
- 기관은 「노인복지법」 제39조의6 제3항에 의거하여 신고인의 신분을 보장하여야 하며 그의 의사에 반하여 신분을 노출시켜서는 안되며 학대사례 신고를 이유로 어떠한 불이익을 주어서도 안된다.
- 학대 행위자가 직원, 자원봉사자, 실습생 등 기관 종사자의 경우 기관의 인사관리규정에 의거하여 기관의 장이 징계의 수준을 최종 결정한다.
- 학대 행위자가 내부직원일 경우, 직원에 대한 형사 고발과 고소, 민사소송 등 사법적 조치가 필요하다고 판단될 경우 경찰이나 사법기관에 수사와 조치를 의뢰한다.

⑤ 사후관리

- 기관은 업무일지 또는 별도의 상담일지에 신고된 학대사례에 대한 접수, 상담기록과 서비스내용을 기록으로 유지하여야 한다.
- 기관은 학대사례 신고기관의 진행, 개입, 서비스 제공의 정도를 신고기관으로부터 전달받아 숙지하며 효과적이고 적절한 서비스 진행을 위해 협조한다.
- 기관의 직원은 학대 행위가 재발될 가능성, 학대노인의 신체 및 심리적 기능의 회복 등을 면밀히 검토하여 소속기관과 신고기관에 보고한다.
- 학대사례에 대한 판정과 보호조치, 평가와 종결여부는 신고기관인 노인보호전문기관에서 결정함으로 기관은 사후 모니터링과 지속적인 정보제공을 통한 협조를 한다.
- 노인의 안전 유지 및 학대재발 가능성을 방지하기 위하여 종결된 사례에 대해서도 일정기간 정기적으로 관리하여 노인학대 문제의 재발 여부를 확인하여야 한다.

7) 노인보호전문기관 현황

2008. 12. 31. 현재

번호	명칭	지정기관 (운영법인)	소재지	지정일 (개소일)	전화 팩스번호
1	중앙노인보호 전문기관	사단법인 인구보건복지협회	서울 영등포구 당산6가 121-146	06.05.18 (06.06.14)	02)3667-1389 02)2634-5023
2	서울노인보호 전문기관	까리따스종합 사회복지관 (재)까리따스수녀회 유지재단	서울 서초구 방배동 3274-3	04.12.01 (04.12.08)	02)3472-1389 02)523-1043
3	부산동부노인 보호전문기관	사회복지법인 청광	부산 동구 초량동 172-2	04.11.12 (04.11.29)	051)468-8850 051)468-8851
4	부산서부노인 보호전문기관	사회복지법인 불국토	부산 진구 양정동 260-5	04.11.12 (04.11.29)	051)867-9119 051)865-0446
5	대구노인보호 전문기관	사회복지법인 함께하는 마음재단	대구 남구 이천동 381-9	04.09.14 (04.10.15)	053)472-1389 053)476-1081
6	인천노인보호 전문기관	인구보건복지협회 인천지회	인천 남동구 간석3동 산27-5	04.10.15 (04.11.01)	032)426-8792 032)426-8794
7	광주노인보호 전문기관	사회복지법인 베데스다	광주 남구 4동 57-1	04.09.24 (04.10.15)	061)655-4157 061)655-4158
8	대전노인보호 전문기관	사회복지법인 대전카톨릭사회복지회	대전 서구 둔산동 1389	04.09.20 (04.10.02)	042)472-1389 042)472-1392
9	울산노인보호 전문기관	사회복지법인 통도사자비원	울산 남구 야음동 577-6	04.09.13 (04.09.30)	052)265-1389 052)257-1889
10	경기노인보호 전문기관	수정노인복지관 (재단법인 성모성심수도회)	경기 성남시 수정구 산성동 2178	04.10.02 (04.10.30)	031)735-3790 031)735-3795
11	경기북부노인 보호전문기관	의정부교회 (재단법인 성모성심수도회)	경기 의정부시 의정부 1동 226-10	06.01.27 (06.04.12)	031)821-1461 031)821-2246
12	강원노인보호 전문기관	대한불교 천태종복지재단	강원 춘천시 후평 1동 710-4	04.10.01 (04.10.01)	033)253-1389 033)242-1389
13	충북노인보호 전문기관	재단법인청주교구 천주교회유지재단	충북 청주시 상당구 수동 138-8	04.08.24 (04.10.06)	043)259-8120 043)259-8127
14	충북북부노인 보호전문기관	재단법인청주교구 천주교회유지재단	충북 충주시 야현로 149	08.10.01 (08.10.01)	043)846-1380 043)846-1389
15	충남노인보호 전문기관	(학교법인)동은학원	충남 아산시 온천동 232-2	04.09.24 (04.12.09)	041)534-9222 041)534-9224

16	전북노인보호 전문기관	사회복지법인 삼동회	전북 전주시 덕진구 진북 1동 366-8	04.09.09 (04.10.26)	063)273-1389 063)273-1287
17	전남노인보호 전문기관	사회복지법인 순천성신원	전남 순천시 인제동 101-6	04.09.14 (04.10.02)	061)742-3071 061)742-3079
18	경북노인보호 전문기관	사회복지법인 기쁨의복지재단	경북 포항시 북구 동빈동 69-4	04.10.08 (04.11.01)	054)248-1389 054)232-5677
19	경남노인보호 전문기관	사회복지법인 금강	경남 마산시 제일여고길 110	08.01.01 (08.01.01)	055)222-1389 055)221-8447
20	제주노인보호 전문기관	제주도 노인복지관	제주시 삼도 2동 44-1	04.10.26 (04.11.01)	064)757-3400 064)757-1389

8) 관련서식

노인학대사례에 대한 상담, 신고, 사후관리 등의 사항을 진행하기 위해 다음 각 호의 서식 및 서류를 비치하여 사용하도록 한다.

서식 번호	서식명	내용
6-01	노인학대 상담일지	노인학대와 관련한 상담이 발생할 시에 상담일시, 상담방법, 내담자관련사항, 상담내용, 상담자조치사항, 조치결과를 작성함.
6-02	노인학대 상담현황	「노인학대상담일지」를 토대로 그 내용을 간략하게 기재하여 전체 상담현황을 파악할 수 있도록 접수번호, 상담일자, 상담횟수, 상담방법, 내담자, 피해자, 상담주제, 조치사항, 조치결과를 작성함.
6-03	노인학대 상담 의뢰서	노인학대상담에서 타 기관에 상담의뢰가 필요할 경우 작성, 신고자관련사항, 피해노인관련사항, 학대행위자관련사항, 학대관련사항 기재하여 송부 후 보관함.
6-04	노인학대 상담실적 보고서	상담방법, 신고자의 유형, 조치결과별로 상담실적을 매월 집계하여 년 보고를 실시함.
6-05	노인학대사례관리카드 (앞면)	기관등록 서비스 대상자 중 노인학대사례가 발생할 경우 피해노인의 개인정보, 학대행위자관련사항, 학대관련사항, 학대개입사항 등을 기재하고 담당자가 지속적인 모니터링의 내용을 작성함.
	Progressing Recording (뒷면)	작성일자, 진행내용, 담당자, 종결여부, 비고를 작성함.

서식 6-01 | 노인학대 상담일지

노인학대 상담일지

결재	담당	팀장	센터장

상담접수번호: _____

상담일시	20 년 월 일, 시 분	상담회수	□ 최초 ( ) 회
상담자명	(직책:)	상담방법	□ 전화 □ 내방 □ 서신
내담자명		내담자연락처	
내담자구분		피해자와의 관계	
피해자구분	□ 서비스 대상자( ) □ 종결대상자( ) □ 기타( )		
상담주제			
상담내용			
상담자 조치사항			
상담조치결과	○ 작성자: ○ 작성일자:		
기타			

○○○노인복지센터

서식 6-02 노인학대 상담현황

노인학대 상담현황

접수번호	상담일자	상담회수	상담방법	내담자	피해자	상담주제	조치사항	조치결과

○○○노인복지센터

서식 6-03 노인학대 상담 의뢰서

노인학대 상담 의뢰서

노인보호전문기관명		전화번호	
담당자		팩스번호	
의뢰내용			

신고자관련사항			
기관명		전화번호	
담당자		팩스번호	
기관주소			
피해노인과의 관계			

피해노인관련사항			
성명/성별	(남/여)	출생연도/나이	년생 (세)
현거주지		연락처	
가족관계			
노인의 현재상황			

학대행위자관련사항			
성명/성별	(남/여)	출생년도/나이	년생 (세)
현거주지		연락처	
피해노인과의 관계		동거상태	□유 □무
특이사항			

학대관련사항		
학대유형 및 내용	▶ 신체적 ▶ 언어·정서적 ▶ 경제적 ▶ 성적 ▶ 기타	
학대발생장소		학대발생빈도
		학대지속기간

본 센터는 노인학대사례에 대해 위와 같은 내용으로 상담·의뢰합니다.

년   월   일

○○○노인복지센터장 (인)

노인학대 상담실적 보고서

결재	담당	팀장	센터장

_____ 년도   (단위: 명)

구분		월계												연계	연누계
		1월	2월	3월	4월	5월	6월	7월	8월	9월	10월	11월	12월		
상담	전화														
	내방														
	서신														
	소계														
	신고의무자														
	비신고 의무자														
	소계														
	합계														
조치	타기관 의뢰														
	정보제공														
	기타														
	합계														
계															

○○○노인복지센터

서식 6 - 05   노인학대사례관리카드(앞)

노인학대사례관리카드

결재	담당	팀장	센터장

관리번호: _____

성명		성별	남/여	주민등록번호	—
장기요양등급		장기요양인정번호			
전화번호		주소			
대상자구분	□국민기초생활수급자 □의료수급자 □차상위 □일반 □기타				
동거상태	□독거 □부부 □가족동거 □기타			학대자와 동거여부	□동거 □비동거
주거상태	거주 실평수 ( )평			독방사용여부	
건강상태	주관적 건강상태			치매여부	
	장애			질환	
기타 사항					

학대행위자	순위	성명	피해노인과의 관계	기타 사항
	1			
	2			

학대유형	□신체적 학대 □정서적 학대 □성적 학대 □재정적 학대 □방임 □자기방임 □유기				
학대상황	학대발생장소		학대빈도		학대기간
학대정도					

타기관의뢰 개입상황	의뢰기관명		연락처	
	담당자		연락처	
	의뢰일		판정일	
	진행내용			

서식 6-05 　노인학대사례관리카드(뒤)

Progressing Recording				
작성일자	진행내용	담당자	종결여부	비고

○○○노인복지센터

예시 7   운영지침_안전관리지침

안전관리지침

1) 낙상예방지침

(1) 낙상예방의 목적

신체적 기능과 인지적 기능이 부족한 노인에게 낙상은 노인의 건강에 심각한 위험요인으로 작용함으로 노인을 평가하여 낙상위험요인을 규명하고 요인에 대한 중재를 실시하는 등 낙상예방을 위한 행동지침을 통해 노인의 일상생활과 건강위험으로부터 최소화하고자 한다.

(2) 낙상의 원인

낙상이란 외적인 충격없이 일상생활을 수행하는 동안 균형이나 안정성을 잃으면서 신체의 일부분이 바닥에 닿은 것, 즉 단순히 넘어지는 것을 의미한다. 이러한 낙상의 원인은 연령에 의한 생물학적 노화, 질병, 투약과 같은 내재적 요인과 환경적 요인이 복합적으로 영향을 미치므로 요인을 파악하여 사고발생 요인에 대한 개선을 통해 이를 예측하고 예방하도록 한다.

① 내재적 요인

• 생물학적 요인(노화)

시력저하	• 시야가 좁아진다. • 색깔을 잘 구분하지 못한다. • 물체의 깊이를 인식하는 능력이 떨어진다. • 움직이는 물체에 초점을 맞추기 힘들다. • 물체를 보기 위해 젊었을 때보다 더 밝은 빛이 요구된다.
청력감소	• 자동차의 경적이나 화재경보 등을 잘 듣지 못한다. • 난청: 주위에서 들리는 미세한 소리를 잘 듣지 못하는 경우 위험을 피하기 위해 행동을 서두르다 사고 위험이 높아진다.
인지능력 변화	• 위험을 판단하는 능력, 생각하는 능력, 기억력 및 주의 집중력이 떨어진다.
신경계 변화	• 신경계 질환(뇌경색, 뇌출혈, 치매, 파킨슨 질환 등)이 증가한다. • 신경전달 속도가 떨어져서 반응이 느리다. • 반사작용이 느려지고 온도변화에 의한 예민도도 저하되며 기억력과 주의집중력이 나빠진다.

근골격계 변화	• 뼈와 근육의 감소: 근육의 힘과 골 밀도가 감소하여 힘이 없어지고 뼈가 잘 부러진다. • 관절의 유연성 감소: 관절 가동 범위가 감소하여 활동이 제한되고 걷는 자세가 불안정해진다. • 건과 인대의 석회화 현상 • 척추사이 추간판의 납작화 현상 • 척추만곡의 증가현황 • 근위지절 관절 근육과 고관절 신전근, 굴곡근의 약화: 보행속도, 보폭 등 감소
균형 감소	• 자세가 구부정해지면서 신체의 중심이 앞으로 이동하여 넘어지기 쉽다. • 어지러워 회전하거나 자세를 빨리 변경하기 어렵다.
심혈관계 변화	• 저압력과 고압력에 반응하는 압반사 활동의 점진적 감소: 심박동수 조절불가 • 심장추진 능력의 감소 • 투약에 의한 저혈압의 효과에 대한 보상으로 심박동수를 증가시키는 능력의 감소가 생겨 저산소증과 낙상을 동반한다.

• 만성질환
  − 당뇨: 혈당저하로 갑자기 쓰러질 수 있으며, 시력감소, 감각저하, 발에 상처가 있는 경우 괴사를 유발한다.
  − 관절염: 통증을 유발하거나 관절을 굳게 하여 움직임을 제한한다.
  − 치매나 알츠하이머 질환: 판단력과 생각하는 능력을 감소시킨다.
  − 고혈압: 혈압상승으로 인해 뇌졸중, 뇌출혈 등과 같은 뇌혈관성 질환의 원인이 된다.
  − 파킨슨 질환: 보행, 자세조절 변화 발생으로 균형상실과 낙상 위험이 있다.
  − 우울증: 집중력 감소로 판단력의 착오가 생길 수 있으며 위험환경에 대한 지각을 못하고 낙상의 위험에 빠질 수 있다. 또한 장기적인 우울증은 빈번한 낙상과 자살 위험이 있다.
  − 심혈관계 질환: 심박동 빈도를 극단적으로 빠르게 혹은 느리게 하여 대뇌저관류나 현기증을 유발시키고, 머리를 돌릴 때와 같은 동작을 취할 때 경동맥결절 질환은 실신이 나타나기도 한다. 또한 기립성저혈압은 자세의 변동 시 발생하기도 하여 낙상의 위험에 빠트릴 수 있다.

• 낙상경험
  − 낙상경험으로 인한 심리적인 두려움으로 낙상 재발을 높일 수 있다.
  − 가족과 함께 동거하는 경우보다 독거노인이 낙상경험이 높게 나타났다.
  − 주거형태가 단독주택일 경우 높게 나타날 수 있으나 빌라, 아파트 등 주거형태는 큰 영향은 미치지 않는다고 한다.

• 복용하는 약물
  − 진정제, 항정신약, 이뇨제, 고혈압약, 알코올 등 약물은 낙상을 촉진시킬 수 있다.
  − 복용기간이 길수록 복용한 약물의 수량이 많을수록 낙상 위험은 더 커진다.

- 장애
  - 인지장애
  - 정서장애(불안, 초조 등)
  - 시력장애
  - 청력장애
  - 균형장애
  - 보행장애
  - 신체장애
  - 배뇨장애(요실금, 야뇨증)

② 환경적 요인
- 동거가족의 유무
- 보조기구의 사용 유무
- 거주환경

위험순위	주거장소	환경	내부요소
1	욕실	바닥재	욕조매트 슬리퍼바닥 매트 미끄럼 방지 매트 욕실타일
		조명	조명 눈부심
		안전장치	욕조손잡이 변기 샤워용의자
2	현관	바닥재	매트 미끄럼 방지 매트 문지방(문턱)
		가구	현관입구 현관문 공간
		조명	현관밖 조명 초인종 조명
3	부엌	바닥재	매트 미끄럼 방지 매트

		가구	팔걸이의자 싱크대높이 식탁높이
		조명	밝기 스위치
4	침실	바닥재	미끄럼 방지 매트 요두께
		가구	침대높이
		조명	밝기 전광식스위치 야간전용전등 스위치위치
5	거실	바닥재	카페트(러그) 찢어진 카페트 미끄러운 바닥 어지러짐 문지방
		가구	소파 높이 조절기방향
		조명	밝기 눈부심 전광식스위치 스위치높이 콘센트위치
		욕실안전장치	화장실 위치 침실과 화장실거리
6	내부계단	바닥재	계단카페트(느슨한 카펫트)
		가구	난간손잡이
		조명	밝기 스위치

* 출처: 노인간호학회지 제6권 제2호(2004), 지역사회재가노인의 낙상 위험요인 사정

(3) 낙상의 합병증

- 고관절, 대퇴, 상완, 요골관절, 늑골의 골절과 통증을 유발하는 연부조직 손상과 가동성 장애
- 입원으로 인한 부동과 병원성 질환의 위험에 노출
- 신경학적 증상과 징후

- 낙상에 대한 두려움, 자신감 상실, 보행 제한

(4) 낙상예방을 위한 행동지침

- 활동을 할 때 갑작스럽게 자세를 바꾸거나 조급하게 서두르지 않고 요양보호사나 가족과 함께 이동한다.
- 안고 일어설 때 천천히 움직인다.
- 누워있거나 앉은 상태에서 일어날 때는 갑자기 일어나지 않도록 한다. 이럴 때 혈압이 떨어지면서 어지럼증이 생길 수 있다. 침대에서 1분 이상 앉아 있고 발목을 꼬고, 무릎을 굽혀 천천히 일어난다.
- 바닥이 미끄러운 신발이나 양말을 신지 않는다.
- 슬리퍼는 바닥이 미끄럽지 않는 것을 사용하고, 보행이 힘들 경우 실내화 등의 안전한 신발을 착용한다.
- 가급적 슬리퍼는 넘어지기 쉬우므로 피하며, 뒷 굽이 낮고 폭이 넓으며 미끄러지지 않는 편안한 신발을 착용한다.
- 시력 장애가 있는 경우는 안경을, 청력장애가 있는 경우는 보청기를 착용하는 것을 잊지 않는다.
- 계단을 오르거나 복도를 걸을 때 난간이나 손잡이와 같은 보조기구를 잡고 보행한다.
- 침대에서 휠체어로 이동할 경우 휠체어의 고정 장치를 고정한 다음 움직인다.
- 휠체어 위로 일어서거나 몸이 한쪽으로 치우치지 않게 앉는다.
- 이동 시에는 워커나 휠체어, 지팡이 등의 보조기구를 사용한다.
- 수면제, 항우울제, 진정제 같은 약물 등을 복용한 경우에는 과도하게 움직이지 않는다.
- 무거운 물건이나 큰 물건을 들지 않도록 한다.
- 날씨가 추울 때는 옷을 많이 입도록 한다.
- TV나 라디오를 크게 틀어놓지 않으며 집안을 어둡게 하지 않도록 한다.
- 수면 시에는 사이드 레일을 올리고 수면등을 켠다.
- 가족이 항상 곁에 있어서 대상자 혼자 있지 않도록 한다. 잠깐 자리를 비울 때는 난간을 꼭 올려두도록 한다.
- 위급한 상황 발생 시 침상 옆 콜벨을 누르도록 한다.
- 화장실, 샤워실 사용 시 가족이나 요양보호사를 꼭 동반한다.
- 석식 후 수분 섭취를 제한하여 밤사이에 화장실 가는 빈도를 줄일 수 있도록 한다.
- 대상자 이동 시 대상자 침대 바퀴를 고정하도록 한다.
- 평형장애가 있는 사람은 아주 적은 알코올 섭취에도 많은 장애를 받을 수 있으므로 술을 절제해야 한다.
- 햇빛을 충분히 쪼여 비타민 D의 활성화를 돕고 칼슘을 충분히 복용한다.

- 아침, 저녁, 외출 전엔 10분씩 스트레칭을 한다.
- 매일 근력 및 골밀도 강화를 위해 근력 운동과 걷기 운동을 한다.
- 적당한 영양식을 섭취하여 적절한 체중을 유지한다.

(5) 낙상예방을 위한 중재지침

- 대상자 및 가족에게 낙상예방 교육을 하고 낙상방지 안내문을 부착하거나 제공한다.
- 대상자의 낙상위험도를 측정하여 대상자와 가족에게 알리고 위험도를 줄이는 방안을 모색한다.
- 낙상위험에 노출되어 있는 요인에 대한 점검을 실시하여 이를 개선할 수 있도록 대상자와 가족에게 알린다.
- '낙상주의'표지판을 침대머리나 발치에 부착하여 잘 보이도록 한다.
- 대상자 이동 시 도움을 요청하도록 교육한다.
- 대상자 곁에 케어자(가족, 요양보호사 등)가 상주하도록 한다.
- 항상 사이드레일을 올려준다.
- 이동 시 대상자 침대와 가족의 침대 바퀴를 고정하도록 교육한다.
- 주변에 미끄러질 수 있는 물건이 있는지 또는 문지방이나 전기코드에 주의한다.
- 집안에 있는 가구 모서리나 위험한 물건이 있는지 관찰한다.
- 교육내용과 안전관리 시행 유무를 Rounding 시 확인한다.
- 대상자와 가족에게 보조기구의 올바른 사용법을 설명한다.
- 이동 시 낙상을 줄일 수 있는 보호대(예: 손잡이가 달린 보행벨트) 착용을 알려 준다.
- 휠체어로 이동 시 잠금장치를 사용하도록 교육한다.
- 석식이후 수분 섭취를 제한하도록 교육한다.
- 체위이동과 보행 시 단계적으로 움직일 것을 교육한다.
- 투약 후 활력징후를 추가로 측정한다.
- 투약 후 약물의 부작용을 사정한다.
- 투약 후 어지러움증 등의 가능성을 설명한다.
- 조명 밝기를 조절한다.
- 마루 바닥이나 어느 곳이든 엎질러진 물이 있는지 바닥이 미끄럽지 않게 청소한다.
- 대상자의 방이나 근처에 장애물이 없도록 장애물을 제거한다.
- 발에 맞는 신발을 착용하도록 교육한다.
- 신장기와 체중계에 미끄럼 방지 테이프를 부착하고 측정 시 보조한다.
- 화장실, 계단과 같이 미끄러운 바닥에는 미끄럼 방지 테이프를 붙인다.
- 낙상예방을 위한 균형감각 향상프로그램인 각종 체조나 운동을 실시한다.
- 낙상의 외재적인 위험요소인 거주환경에 대한 낙상예방 방법을 설명하고 실천하도록 한다.

〈외재적 위험요소로부터의 낙상예방 방법〉

장소	점수
계단	• 손잡이와 미끄럼 방지 장치를 만듦.
욕실	• 손잡이를 만듦. • 미끄럼 방지 매트를 사용함.
거실, 복도	• 가능하면 문턱을 없앰. • 문턱이 있는 경우 경사도를 설치함. • 전기코드는 방 모서리로 돌리거나 테이프 등으로 고정함. • 주위의 물건을 최소화하고 정리를 함. • 바닥에 물기를 바로 닦음. • 미끄럼 방지 매트를 사용함.
조명	• 야간등을 켜둠. • 손 가까이에 전등 스위치를 둠. • 직사광선을 막기 위해 스크린이나 블라인드를 사용함.
침대	• 침대 난간을 만듦. • 미끄러지지 않도록 바퀴에 잠금 장치를 함. • 침대 높이를 낮춤.
화장실	• 화장실에 손잡이를 만듦. • 이동식 좌변기는 미끄러지지 않도록 고정하고 손잡이를 만듦. • 화장실 바닥에 물기를 없앰.

(6) 낙상예방프로그램

① 낙상위험도측정

- **측정대상 및 시기**
  - 서비스 대상자 전원에게 실시한다.
  - 측정시기는 서비스 계약체결 이후 서비스 개시 7일 이내로 한다.
  - 대상자 건강평가를 실시할 때 함께 실시할 수 있다.
- **측정방법**
  - 측정은 기관의 사례관리자인 사회복지사가 측정한다.
  - 서비스 개시 초에 측정도구를 사용하여 직접 방문하여 실시한다.
  - 측정 후 이를 서비스 계획에 반영하여 적절한 낙상예방프로그램을 실시한다.
  - 낙상예방프로그램을 선택할 때에는 기관장, 간호사 또는 사회복지사와 논의한다.
- **측정도구**
  - 낙상사정을 위한 측정도구로 Huhn Fall Scale, Morse Fall Scale를 사용할 수 있다. 이 중에서 한 가지를 선택하여 사용한다.

〈Huhn Fall Scale〉

구분	4점	3점	2점	1점	점수
연령	〉90	〉80	70~79	60~69	
정신상태	때때로 혼란스러움 /방향감각장애		혼란스러움 /방향감각장애		
배변	소변, 대변 실금	조절능력 있지만 도움필요		유치도뇨관 /인공항루	
낙상경험	이미 세 번 이상 넘어짐		이미 한 번 또는 두 번 넘어짐		
활동	전적으로 도움을 받음	자리에서 일어나 앉기 도움		자립/ 세면대, 화장실이용	
걸음걸이 및 균형	불규칙/불안정, 서 있을 때와 걸을 때 균형을 거의 유지하지 못함	일어서기/ 걸을 때 기립성빈혈/ 혈액순환문제	보행장애/ 보조도구나 도움으로 걷기		
지난 7일간 약복용이나 계획된 약물	3개 또는 그 이상의 약 복용	두 가지 약 복용	한 가지 약 복용		
흄 낙상 점수 합계					

※ 결과해석
  4점까지: 낙상위험 낮음. 5~10점: 낙상위험 높음. 11~24점: 낙상위험도 아주 높음.

〈Morse Fall Scale〉

구분	척도		대상자 점수
낙상의 경험	없음	0	/
	있음	25	
2차적 진단	없음	0	/
	있음	15	
보행보조	보조기사용하지 않음 / 와상 / 케어자가 도와줌	0	/
	목발 / 지팡이 / 보행기	15	
	가구를 잡고 보행함	30	
정맥 수맥요법 / 헤파린 락(Heparin Lock)	없음	0	/
	있음	20	
보행자세 / 이동	정상 / 와상 / 부동	0	/
	허약함	10	
	장애가 있음	20	

정신상태	자신의 기능수준에 대해 잘 알고 있음	0	/
	자신의 기능수준을 과대평가하거나 한계를 잊어버림	15	
	몰스 낙상 점수 / 백점 환산 점수		/

※ 결과해석(몰스점수해석)

　　총점 0~24 위험성이 없음. 25~50 낙상의 위험성이 낮음. ≥51 낙상의 위험성이 높음.

② 낙상예방점검

　　가정에서 생활하는 대상자의 낙상예방을 위해 보호자 및 요양보호사는 상시 대상자의 주변 환경에 대한 세심한 관찰을 해야 한다. 낙상사고는 다른 노인성질환이나 질병 등과는 달리 간단한 조치만으로 예방할 수 있으므로 적절한 관리와 대처가 필요하다. 대상자를 보호하는 동안 케어자로서 낙상예방점검을 소홀히 하지 않도록 〈낙상예방점검표〉를 통해 낙상예방을 위한 점검을 실시한다.

〈낙상예방점검표〉

점검내용	점검상태	점검사항
안전 위험에 대한 사정은 완료하였는가	☐ Y ☐ N	
대상자가 위험하다는 것을 보호자와 대상자가 알 수 있도록 설명하였는가	☐ Y ☐ N	
대상자의 방이 세면대와 목욕탕 가까이에 있는가	☐ Y ☐ N	
대상자의 주변은 충격을 적게 발생하게 하는 코르크나 두터운 카페트 등을 준비하고 있는가	☐ Y ☐ N	
침상 난간은 올려져 있는가(이불의 경우 주변에 쿠션을 두었는가)	☐ Y ☐ N	
침대 높이는 낮추었는가 *침대 사용자의 경우	☐ Y ☐ N	
침대 바퀴와 휠체어는 잠겨 있는가	☐ Y ☐ N	
호출 벨은 대상자의 손이 닿는 위치에 있는가	☐ Y ☐ N	
대상자는 호출 벨 사용법을 알고 있는가	☐ Y ☐ N	
야간 조명은 켜 있는가	☐ Y ☐ N	
화장실(욕실)로 가는 길목에 야간조명을 켜 두었는가	☐ Y ☐ N	
화장실(욕실) 입구에 발판을 제거하였는가	☐ Y ☐ N	
화장실 변기와 욕조 옆에는 손잡이(수직, 수평)를 설치하였는가	☐ Y ☐ N	
화장실(욕실) 타일 위에는 미끄럼 방지 스티커를 붙였는가	☐ Y ☐ N	
화장실(욕실) 바닥이 미끄러운가(예: 젖은 바닥)	☐ Y ☐ N	
화장실(욕조) 바닥에 매트를 깔아서 사용하는가	☐ Y ☐ N	
카페트의 가장자리에 양면테이프를 붙여 바닥에 고정하였는가	☐ Y ☐ N	
발에 걸려 넘어질 물건는 치웠는가(전깃줄, 장난감, 걸레 등)	☐ Y ☐ N	
대상자는 미끄럼 방지용 신발(양말)을 신었는가 또는 신발에 미끄럼 방지 스티커를 부착하였는가	☐ Y ☐ N	

물, 휴지, 침상용 (소)변기는 대상자의 손이 닿는 위치에 있는가	☐ Y ☐ N	
가구의 모서리가 뾰족하여 넘어질 때 다칠 위험은 없는가	☐ Y ☐ N	
대상자는 활동 제한에 대해 알고 있는가	☐ Y ☐ N	
근무 교대 시 대상자의 모든 인지, 감각 변화를 제공했는가	☐ Y ☐ N	
억제대에 대한 대안이 있는가 / 그 대안은 무엇인가	☐ Y ☐ N	
억제대가 적용되고 있는가 / 어떤 유형인가	☐ Y ☐ N	
자신을 보호할 수 있는 적절한 보호 패드나 보조기구를 가지고 있는가	☐ Y ☐ N	
승차 시 안전벨트를 착용하는가	☐ Y ☐ N	

③ 낙상예방교육

- 교육대상 및 시기
  - 낙상발생 위험이 있는 대상자와 보호자(가족)를 대상으로 실시한다.
  - 서비스 초기에 실시하며 대상자의 상태변화에 따라 수시로 진행한다.

- 교육방법
  - 낙상예방을 위한 행동요령, 교육내용을 안내책자로 제작하여 제공한다.
  - 사례관리자나 담당 요양보호사가 방문하여 설명한다.

- 교육내용
  - 낙상은 정상적 노화과정이 아니며 위험성을 최소화 할 수 있는 방법을 함께 검토한다.
  - 낙상은 치료를 요하는 건강위험의 징후가 될 수 있다.
  - 가정에서의 낙상위험 요인을 나열하고 현존하는 낙상위험 요인의 제거 방법을 검토한다.
  - 개개인의 능력을 고려한 적절한 운동과 활동을 제시한다.
  - 낙상을 당하기 전에는 물론 당한 후에도 활동을 유지해야 할 필요성을 설명한다.
  - 균형유지, 걸음걸이 근력에 변화가 나타나면 보호자 또는 서비스 제공자에게 알리도록 안내한다.
  - 정기적인 혈압측정, 신체적 검진과 적절한 식이의 중요성에 대해 설명한다.
  - 지팡이, 보행기와 휠체어와 같은 보조기구의 적절한 사용에 대해 설명한다.
  - 갑작스럽게 움직이거나 뛰거나, 급격한 체위변경은 최소화 한다.
  - 음식물을 먹거나 마시고 약을 먹을 경우에는 앉아서 먹거나 마신다.
  - 신발이나 구두의 사이즈는 발에 적절해야 하며, 바닥이 미끄럽지 않아야 한다.
  - 정기적인 발 간호의 필요성을 설명한다.
  - 낙상의 두려움은 현실적이며 일반적인 두려움임을 설명한다.
  - 낙상의 두려움이 삶의 질에 미치는 영향에 대해 설명한다.
  - 넘어질 경우 일어나는 방법은 물론 응급상황의 대처에 대해서 설명해 준다.

—타인과의 인간관계 유지와 사회적 활동의 중요성을 강조한다.

—감각변화에 대한 자가 관찰과 감각변화 시 적절한 치료의 필요성을 설명한다.

—처방된 안경과 처방된 보청기 사용의 필요성을 설명한다.

—무거운 물건을 들어 올리거나 움직일 때의 적절한 방법을 설명하고 시범을 보여 준다.

(7) 낙상발생 시 대처요령

낙상사고 발생

- 대상자의 상태를 파악한다.
  - —골절, 외상, 뇌출혈 등이 예측되는지 살핀다.
  - —의식상태, 통증 유무, 출혈 유무를 알아본다.
- 낙상 발생 시 당황하지 말고 대상자를 안정시킨다.

상태관찰

- 증상이 심각한지 살펴보고 판단한다.
- 낙상한 상황을 눈으로 확인하지 못했다면 대상자가 대답할 수 있는 경우 상황을 묻고, 대상자가 무리하지 않도록 가장 편안한 상태로 안정시키고 통증이 심하거나 의심이 있을 경우 골절로 간주한다.
- 주변의 도움을 요청해 본다.
  - —가족과 논의한다.
  - —기관의 의료진(간호사, 의사 등)과 연락하여 증상에 대한 조언을 얻는다.

신고 및 보고

- 소속기관의 장 또는 상급자에게 연락을 취하여 이를 보고한다.
- 대상자의 증상을 상세히 알려 기관장 또는 상급자(사회복지사 또는 간호사)의 지시를 받는다.
- 증상이 심각하다고 판단 될 경우 119 구조대로 긴급히 신고한다.
- 대상자의 가족에게 연락을 취하여 이를 알린다.
- 구조대원에게 대상자의 상태를 이야기하고 구조대원의 지시에 따라 응급처치를 실시하며 구조대원이 도착할 때까지 대상자의 곁을 떠나지 않는다.
- 증상이 심각하지 않을 경우 적절한 조치를 취하고 대상자의 상태를 지켜본다.
- 기관의 지시에 따라 대상자의 증상에 따른 적절한 조치를 취한다.
- 대상자의 가족에게 사고발생에 대해 상세히 설명한다.

- 대상자의 상태를 세심하게 관찰하고, 가족에게 대상자를 관찰할 것을 당부한다.

의료기관 이송

- 119 구조대원이 도착하는 즉시 의료기관으로 이송한다.
- 119 구조대원의 도움 요청에 적극적으로 지원한다.
- 대상자가 진료 받는 의료기관이 있을 경우 119 구조대에 알려 신속하게 이송할 수 있도록 한다.
- 대상자가 진료 받는 의료기관을 미리 알아둔다.
- 대상자의 가족과 연락이 취해졌을 경우에는 가족과 협의하여 이송할 의료기관을 결정한다.

안전사고보고

- 의료기관에 가족이 도착할 때 까지 대상자를 보호한다.
- 의료기관에서의 경과 및 결과사항을 소속기관에 우선 구두로 보고한다.
- 증상이 심각하거나 심각하지 않았다 하더라도 사고발생에 대한 보고서를 작성하여 결재를 득한다.

2) 응급상황대응지침

(1) 목적

대상자에게 요양보호서비스 제공 도중 응급상황이 발생한 경우 적절한 조치와 대응을 위해 응급상황 발생사례별 응급처치와 행동지침을 마련하여 이를 실천할 수 있도록 직원에게 교육을 실시하여 신속한 대응을 할 수 있도록 한다.

(2) 응급처치 시 지켜야 할 사항

응급처치는 응급의료 행위의 하나로 응급환자에게 행해지는 기도의 확보, 심장박동의 회복, 기타 생명의 위험이나 증상의 현저한 악화를 방지하는데 긴급히 필요한 처치를 말한다. 돌발 사고나 질병이 발생했을 때 병원에서 전문적인 치료를 받기 전까지 행해지는 즉각적이고 임시적인 처치로써 인명구조, 고통 경감, 상처나 질병의 악화 방지, 심리적 안정을 목적으로 한다. 급한 상황에서 전문적인 치료를 신속하게 받을 수 있도록 하여 부상이나 질병을 의학적 처치 없이도 회복될 수 있도록 도와주며 대상자의 삶과 죽음이 좌우되기도 하고 회복기간을 단축시키기도 한다. 응급처치를 실시함에 있어 요양보호사 및 직원이 지켜야 할 사항은 다음과 같다.

- 요양보호사는 생사여부에 관심을 기울일 필요가 없다. 생사여부의 판단은 이후에 의료

진이 판정할 부분으로 적절한 처치과정에만 전념하도록 한다.

- 의약품 사용은 금지가 원칙으로 어쩔 수 없이 필요한 경우라면 신체 외부에 바르는 외용약품이나 대상자가 평소에 사용하는 상비약품이 있는 경우에 한해서 일시적으로 보조적 도움만을 받도록 한다.
- 요양보호사의 모든 행위는 대상자를 전문 의료인에게 인계할 때까지로 제한되는 것이므로 응급 조치적 한계를 벗어나서는 안 되며 이후의 모든 사항은 의사의 지시에 따라 행동하도록 한다.

(3) 응급처치의 원칙

- 대상자 주위에 여러 사람이 있을 때는 응급처치 교육을 가장 많이 받은 사람의 지시에 따라 응급처치를 시행한다.
- 본인과 주위 사람의 안전에 주의를 기울인다.
- 침착하고 신속하게 적절한 대처를 한다.
- 긴급을 요하는 대상자 순으로 처치한다.
- 중상별로 적절한 응급처치를 시행한다.
- 대상자를 가급적 옮기지 않도록 하고 옮길 시에는 적절한 운반법을 활용한다.
- 전문 의료인에게 인계할 때까지 응급처치를 중단하지 않는다.
- 대상자에게 손상을 입힌 화학약품, 약물, 잘못 먹은 음식뿐만 아니라 구토물 등도 병원으로 함께 가져간다.
- 대상자의 증거물이나 소지품을 보존한다.

(4) 응급상황 발생유형

가정에서 요양서비스를 제공하는 중 대상자에게 발생할 수 있는 응급상황은 다양하지만 노인에게 나타날 수 있는 대표적인 응급상황으로 기도폐쇄, 호흡곤란, 저혈당쇼크, 골절, 고혈압, 경련, 화상, 뇌졸중, 심근경색 및 협심증, 출혈, 기립성 저혈압, 코피가 멈추지 않을 때를 들어 발생유형별 응급처치방법을 제시하였다.

① 기도폐쇄

- 대상자의 연하 및 저작능력을 고려하여 음식물을 선택할 때 세심한 관찰이 필요하며 음식물을 모두 삼킬 때까지 지켜본다.
- 음식 섭취 시 질식 상태가 되면 입 안의 음식물을 빨리 꺼낸다.
- 구개 반사 요법을 시행한다(설압자를 사용하여 구토를 유도 한다).
- 손바닥으로 어깨뼈 사이에 있는 등 부분을 세게 때려 이물질이 올라와 기침으로 뱉어낼 수 있도록 한다.

- 바로 흡인을 할 수 있는 장소로 옮긴다.
- 호흡곤란 시 산소를 제공한다.

② 호흡곤란
- 산소를 제공할 수 있는 곳을 옮긴다.
- 자세를 반좌위나 좌위로 취한다.
- 심리적 안정을 위하여 주위를 편안하게 해 준다.
- 필요 시 병원으로 이송한다.

③ 저혈당 쇼크
- 증상
  - 식은 땀, 어지러움, 허기짐, 실신, 의식장애, 기력저하 증상이 나타난다.
- 응급처리
  - 활력증후 및 혈당을 체크한다(간호사 또는 간호조사무사가 실시한다).
  - 의식이 있을 경우 적합한 음식과 양은 음료수(사이다, 콜라) 1/2잔, 우유 1잔, 주스(가당) 1/2잔, 요구르트 1병, 설탕 1큰술, 사탕 3~4개, 초코릿 3쪽, 꿀 1큰술을 제공한다.
  - 의식이 없을 경우 음식물 섭취를 금하고 신속히 의료진 또는 119 구조대에 연락한다.

④ 골절
- 대상자는 되도록 몸을 적게 움직이게 하고 불필요한 행동은 못하도록 한다.
- 신속히 의료진 또는 119 구조대를 부른다.
- 골절 부위에 피가 나면 지혈을 해 주고, 상처가 있으면 깨끗한 천으로 덮거나 붕대로 느슨하게 감싸준다.
- 나무판이나 두꺼운 잡지 등을 이용한 부목을 골절 부위에 대고 골절부가 움직이지 못하도록 고정한다.

⑤ 고혈압
- 증상
  - 두통, 어지러움 등이 나타난다.
- 응급처리
  - 활력증후를 측정한다(간호사 또는 간호조사무사가 실시한다).
  - 의식이 없을 시 아무것도 먹거나 마시지 않도록 한다.

- 혈압이 160/90 이상 시 머리를 올리는 자세로 누워서 안정을 취한다.
- 필요시 자체 차량 또는 119 구조대를 불러 의료기관으로 이송한다.

⑥ 경련

- 경련의 양상을 관찰한다.
- 끼는 벨트나 단추 등을 풀어 준다.
- 주변의 위험한 물건을 치운다.
- 질식 예방을 위해 기도를 확보하도록 한다.
- 필요 시 자체 차량 또는 119 구조대를 불러 의료기관으로 이송한다.

⑦ 화상

- 화상 부위의 깊이, 넓이를 확인한다.
- 찬물(5~12도)에 15분 이상 씻어주며 열기를 식혀준다.
- 흐르는 물에 직접 닿게 되면 수압으로 인해 피부 손상을 입게 되므로 주의한다.
- 화상부위의 옷은 잡아 당기거나 벗기지 말고 잘라내며 장신구는 빨리 제거하도록 한다.
- 세균 감염에 주의하도록 한다.

⑧ 뇌졸중

- 증상
  - 갑작스럽고 심한 두통, 심한 구토
  - 의식소실
  - 입가가 밑으로 처지고 침을 흘리며, 말을 더듬거나 발음이 어눌해짐.
  - 마비현상
- 응급처치
  - 활력증후를 측정한다(간호사 또는 간호조사무사가 실시한다).
  - 상체를 높이고 다리를 낮춘다.
  - 기도폐쇄를 예방한다.
  - 목이나 가슴을 조이는 옷은 풀어 순환과 호흡을 원활하게 한다.
  - 금식시킨다.

⑨ 심근경색 및 협심증

- 증상
  - 갑작스럽게 짓누르고 조이는 것 같은 앞가슴 통증
  - 청색증, 오심, 식은땀, 호흡곤란
  - 불규칙한 맥박, 의식소실

- 응급처치
  - 활력증후를 측정한다(간호사 또는 간호조사무사가 실시한다).
  - 좌위나 반좌위 자세로 유지한다.
  - 목이나 가슴을 조이는 옷은 풀어 순환과 호흡을 원활하게 한다.
  - 금식시킨다.
  - 필요시 산소를 흡입시킨다.
  - 니트로글리세린 응급약을 혀 밑에 넣어준다.
  - 필요 시 자체 차량 또는 119 구조대를 불러 의료기관으로 이송한다.

⑩ 출혈

- 출혈 시 3~5분 지압한다.
- 활력증후를 측정한다(간호사 또는 간호조사무사가 실시한다).
- 출혈 부위는 심장보다 높게 유지한다.
- 지압 시 냉습포를 대어준다.
- 필요 시 자체 차량 또는 119 구조대를 불러 의료기관으로 이송한다.

⑪ 기립성 저혈압

- 증상
  - 현기증이나 두통, 사지가 차갑고 무기력함.
  - 식은땀, 안면 창백
  - 불면증상과 서맥(맥박이 서서히 뛰는 것)
  - 구역질, 실신 등의 증상
- 응급처치
  - 머리는 낮추고 다리는 올리는 자세로 휴식을 취한다.
  - 의식저하 시는 바로 의료진에게 연락해야 함으로 신속하게 의료기관으로 이송한다.

⑫ 코피가 멈추지 않을 때

- 콧방울 위로 지압을 한다.
- 차가운 얼음주머니를 대주기와 떼기를 반복한다.
- 10분간 압박해보고 코피가 계속 나면 다시 반복한다.
- 콧속을 거즈 등으로 막아준다.
- 필요 시 자체 차량 또는 119 구조대를 불러 의료기관으로 이송한다.

(5) 응급상황 발생 시 행동지침

- 가정에서 위독, 사고 등으로 인해 갑작스러운 응급환자가 발생할 경우 간호사가 있을 경우 응급처치를 실시하고 119 연락, 자체 차량 이용 등 가장 신속한 방법으로 의료기관을 이용할 수 있도록 한다.
- 기관의 요양보호사, 사회복지사 등 직원은 응급대처 요령을 숙지하고, 여건상 의사와 간호사가 현장에 즉시 투입할 수 없음으로 응급상황을 대비한 조치방법을 습득할 수 있도록 교육을 실시한다.
- 대상자의 응급상황 및 안전사고에 대하여 긴급조치 후 보호자 연락을 신속하게 취하여야 하며, 안전사고보고, 서비스 기록지 등을 참고하여 최선의 방지대책을 수립하도록 한다.
- 대상자가 넘어졌을 경우 골절, 외상, 뇌출혈 등이 예측될 수 있음으로 의식상태, 통증 유무, 출혈 유무 등을 확인하고 필요한 조치를 취하도록 하여야 한다.
- 고령자의 경우 뼈가 약함으로 수발 시 이를 유념하여야 하며, 넘어짐이나 안전사고로 인해 골절이 발생하였을 경우 전신을 주의 깊게 관찰하는 등 적절한 조치를 취하여야 하며, 이동 시에는 가급적 골절 부위를 고정 후 이동하도록 한다.
- 골절 시 이동 및 조치가 어려울 경우에는 대상자를 관찰하며 신속히 의료진이나 119 구조대에 연락을 한다.
- 응급상황대처를 위한 점검표를 활용한다.

〈응급상황대처 점검표〉

번호	점검내용	결과	비고
1	응급처치용 구급상자가 비치되어 있고, 월 1회 정기적으로 점검하고 있는가		
2	비상 시에 대비하여 응급전화번호, 지시사항 등이 눈에 쉽게 띄는 곳에 부착되어 있는가		
3	외출할 때 종사자는 휴대용 구급상자 및 '비상연락망 및 긴급연락처'를 준비하는가		
4	응급처리 절차에 대한 내용을 종사자들이 숙지하고 있는가		

※양호 ○, 불량 ×

(6) 응급상황 발생 시 대처요령

응급환자 발생

관찰 · 대상자의 상태를 파악한다.
　　－골절, 외상, 뇌출혈 등이 예측되는지 살핀다.

ㅡ의식상태, 통증 유무, 출혈 유무를 알아본다.

- 대상자를 이동해야 할 때 가급적 움직이지 않게 한다.

ㅡ이동 시 골절, 내부 출혈이 우려됨으로 주의를 기울인다.

| 구명에 필요한 처치 |

- 의식이 없을 경우

ㅡ기도를 확보 한다(입안청소, 이물질 제거, 머리를 뒤로 함).

ㅡ호흡이 없으면 인공호흡을 실시한다.

ㅡ호흡이 있으면 옆으로 눕힌다.

- 출혈이 있을 경우

ㅡ압박지혈, 지압지혈

- 호흡곤란이 있을 경우 의자에 앉힌다.

- 외상이 있을 경우

ㅡ상처: 지혈

ㅡ골절: 고정

ㅡ화상: 화상부위 냉각

| 신고 |

- 응급처치를 실시하고 119 신고를 한다.

- 응급상황 발생을 소속기관에 보고하고 지시에 따른다.

- 대상자의 가족 부재 시에는 상황을 가족들에게 알린다. 일차적으로 가족의 의사에 따라 행동을 취하며 노인의 질병호전과 악화방지를 위한 조언을 한다.

| 의료기관 이송 |

- 119 구조대원의 지시에 따라 응급처치를 하며 도착할 때까지 기다린다.

- 119 구조대로 신속히 의료기관으로 이송한다.

- 이송할 의료기관을 알려준다(평상 시 대상자의 진료기관을 알아둔다).

- 대상자의 가족에게 의료기관을 알려주어 찾아올 수 있도록 한다.

(7) 응급상황 발생 시 처리절차

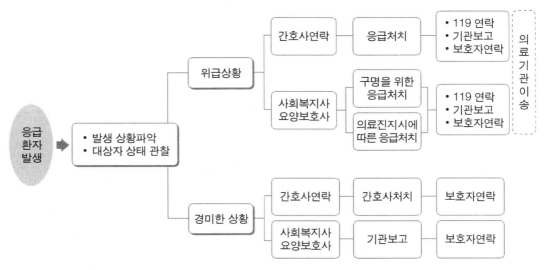

〈Flow-chart. 응급상황 발생 시 처리도〉

3) 감염예방관리지침

(1) 감염예방의 목적

대상자 가정에서 요양보호서비스를 제공하는 요양보호사와 대상자와의 직접 접촉을 하거나 감염력이 있는 물질에 접촉할 가능성이 많기 때문에 평상 시 감염예방대책, 감염의 조기발견, 감염발생 시의 대응하는 지침을 마련하여 이를 예방하고자 한다.

(2) 감염질환의 종류

감염이란 세균이나 바이러스, 곰팡이, 원생동물, 벌레와 같은 수많은 감염원들이 몸속으로 침입해 이들 감염원이나 그 독소에 의해 신체가 오염된 상태를 말한다. 면역력은 개인차가 있으나 노인이 되면 면역기능이 저하되고 스트레스, 부적절한 영양공급, 만성질환, 특정한 약물사용으로 인해 더욱 면역력이 떨어져 감염성질환이 증가한다.

감염의 증상은 감염이 발생한 부위에 특이적으로 나타나는 국소 증상이 있는데 발적, 통증, 부종, 열감, 삼출 및 배액의 증가가 있고 호흡기계 증상으로는 인후통, 기침, 객담량이나 색의 변화, 호흡곤란 등이 있다. 그 외에는 비뇨기계 증상으로 배뇨장애, 소변색의 변화가 나타날 수 있으며 피곤, 의욕상실, 두통, 근육통, 식욕상실, 발열, 안면홍조, 탈수, 빈맥, 발진, 쇼크 등의 증상이 나타나기도 한다.

감염질환의 종류에는 다음과 같은 대표적인 감염질환이 있다.

- 결핵
- B형, C형 간염

- 인간면역결핍(에이즈) 바이러스 감염
- 인플루엔자
- 접촉성 피부질환
- 전염병 및 식중독
- 폐렴
- 요로감염

(3) 유치도뇨관 대상자의 감염관리

요로감염은 신장, 요관, 방광, 요도 등 요가 생성되어 배출되는 전 과정 중 어느 한 곳에 발생하는 감염을 총칭하며 하부요로의 감염을 말한다. 여성의 경우 항문과 요도가 가깝고 요도의 길이가 짧아 요로감염의 원인이 되며 노화로 인해 호르몬의 변화로 인한 질의 산도가 변화되어 질의 위축, 질 분비물의 감소, 질과 방광근의 쇠약 등으로 인해 방광염에 걸리기 쉽다. 남성의 경우에는 전립선 비대로 인해 요로감염이 발생되기도 한다. 유치도뇨관을 삽입한 노인의 경우 20~25% 정도가 요로감염으로 진행되는데 치료 후에도 재발률이 약 20% 정도로 보고되어 요로감염관리가 매우 중요한다.

- 원인
  - 요실금으로 인한 요도구와 항문 주위의 분비물로 인한 오염
  - 방광 수축력 감소
  - 부적절한 카테터 삽입과정과 유치도뇨관 관리
  - 장기간의 도뇨관 삽입
- 증상
  - 증상이 없거나 경미함.
  - 치골상부의 압통이나 요도구의 작열감
  - 방광염의 경우 빈뇨, 급박뇨, 배뇨장애
  - 요도감염의 1~2%는 균혈증으로 진행되어 고열, 옆구리 통증, 오한, 패혈성 쇼크
- 감염관리
  - 손 씻기를 잘한다.
  - 요관이 당겨지지 않게 한다.
  - 튜브가 꼬이거나 막히지 않도록 한다.
  - 수집 병으로부터 소변이 역류되지 않도록 한다.
  - 의자나 침대에 위치한 대상자의 수집 병을 방광보다 낮은 위치에 고정시키고, 바닥에 닿지 않게 주의한다.
  - 대상자가 이동할 때는 수집 병을 잠그고 이동한다.
  - 수집 병은 적어도 8시간에 한번은 비워 준다. 소변양이 많은 경우에는 더 자주 비운다.

−소변이 나오지 않거나 요도주위로 새는 경우, 뇨관이 빠지는 경우, 요통이나 탁한 소
변 또는 체온 상승이 있는 경우에는 간호사에게 알린다. 가정에서 발생하는 경우에
는 서비스를 제공받고 있는 방문간호사 또는 진료기관 및 보건소에 알린다.

(4) 감염예방을 위한 표준지침 _미국질병관리본부

이 지침은 혈액, 땀을 제외한 모든 체액, 분비물, 배설물, 손상된 피부, 점막 등에 적용되
며 모든 대상자에게 이 원칙을 적용해야 한다.

• 혈액, 체액, 분비물, 배설물 또는 오염된 물질을 만진 후에는 장갑을 착용하더라도 손을
씻어야 한다. 대상자를 접촉한 전 · 후로는 손을 씻어 미생물이 다른 대상자나 주위환
경을 오염시키는 것을 예방한다.

• 혈액, 체액, 분비물, 배설물 또는 오염된 물질을 취급할 때는 깨끗한 장갑을 착용한다.
점막이나 피부의 상처부위를 만지기 전에도 역시 깨끗한 장갑을 착용한다.

• 혈액, 체액, 분비물, 배설물 등이 튀거나 분출될 가능성이 있는 작업에서는 눈, 코, 입의
점막부위를 가릴 수 있도록 마스크와 눈 보호구를 함께 착용하거나 안면을 가리는 형
태의 안면보호구를 착용해야 한다.

• 혈액, 체액, 분비물, 배설물 등이 튀거나 분출될 가능성이 있는 작업에서는 피부와 옷이
오염되는 것을 방지하기 위해 소독된 깨끗한 가운을 착용한다.

• 주사바늘, 메스, 기타 날카로운 장비를 취급하거나 세척하거나 폐기 처분할 때는 손상
받지 않도록 주의한다. 사용한 주사바늘의 뚜껑을 다시 덮는 행위, 주사바늘을 신체의
일부분을 향하게 하여 들고 취급하는 행위, 두 손을 사용하여 주사바늘을 조작하는 행
위는 절대로 하지 않는다. 사용한 일회용 주사기, 메스, 기타 날카로운 기구는 뚫리거
나 찢어질 염려가 없는 견고한 지저용기에 폐기 처분한다. 이 지정용기는 반드시 시술
자의 바로 옆에 위치해야 한다.

• 주위 환경을 오염시킬 가능성이 있거나 개인위생이 불량한 대상자는 적절한 장소에 격
리시켜야 한다.

(5) 감염예방을 위한 행동지침

가정에서 서비스를 제공하는데 필요한 전염병과 식중독 등 감염예방을 위해 서비스 제공
자는 다음의 사항을 준수하여야 하며, 기관장은 대상자의 감염 또는 식중독 등이 발생하거
나 만연되지 않도록 직원교육 및 관리를 철저히 하여야 한다.

• 기관에서는 감염예방을 위한 행동지침을 마련하여 발생 시 대응책을 마련해 둔다.

• 기관에서는 직원을 대상으로 위 지침을 토대로 감염 예방과 방지를 위한 교육을 실시
하여야 하며, 특히 신규 채용 시에는 반드시 위생관리 등 교육을 실시하여야 한다.

• 기관에서는 직원채용 시 건강진단서를 제출받아 직원의 건강상태를 파악하고 감염질

환 검사 및 예방접종을 시행하여야 한다.

- 기관은 서비스 계약 체결 시 대상자의 전염병에 관한 사항도 포함한 건강상태를 확인 하여야 하며, 그 결과 전염병에 대한 병력이 있어도 특별한 경우를 제외하고는 서비스 제공을 거절하지 않아야 한다. 다만, 전염병 병력이 있는 대상자에 대해서는 직원에게 전염병에 대한 지식, 수발 시 주의사항 등에 대하여 주지시켜야 한다.
- 대상자에게서 나오는 가래, 소변, 대변 등의 배설물을 처리할 때는 반드시 장갑을 착용 하며 처리한 후 손을 씻는다.
- 대상자가 사용하는 물품에 혈액이나 체액이 묻은 경우 찬물로 닦고 더운 물로 헹구며 필요 시 소독한다.
- 평상 시 대책으로 직원의 위생관리를 철저히 하여야 한다. 물은 반드시 끓여 마시게 하 며 용변 후 반드시 손 씻기를 하며 수시로(하루에 8~10회) 손을 깨끗이 씻어야 한다.
- 대상자의 위생관리를 철저히 한다. 목욕을 하게 함으로써 대상자의 피부에 있는 미생 물을 제거하고 다른 사람에게 옮겨 가는 것을 막으며, 누워있는 대상자의 경우에는 침 상을 떠나 있는 시간이 적으므로 실금 등이 있거나 하면 침구가 불결해져서 미생물의 발생장소가 되기 쉬우므로 항상 침구의 위생관리를 한다.
- 대상자의 몸에 걸친 의류의 더러움을 없애는 방법, 표백제의 사용에 의한 소독방법을 잘 알아두고 청결관리에 유의한다.
- 오염된 세탁물은 격리 장소에 따로 배출하도록 하며 가정에서는 따로 세탁하도록 한다.
- 오염예방을 위해서 대상자의 가정환경을 살펴보고, 특히 화장실, 쓰레기통 등 오염원 의 개선과 청결을 유지할 수 있도록 조치한다. 파리, 모기, 바퀴벌레 등 해충구제를 하 도록 하며 취사, 식사도구 등은 끓는 물에 소독하여 사용하여야 한다.
- 전염경로가 되는 날 음식, 찬 음식의 생식을 금지하고, 물수건 등의 공동사용은 하지 않 아야 하며 오염구역은 소독을 실시하여야 한다.
- 가사 및 일상생활지원서비스 중 대상자의 식사도움을 위해 조리를 할 경우 직원의 개 인위생을 철저히 한다. 깨끗한 물을 사용하여 조리하고, 조리 기구 및 시설의 청결을 유지함은 물론 음식물 보관 및 음식물 쓰레기 처리까지 주의를 기울인다. 특히 여름철 에는 세균 및 바이러스 번식이 쉬움으로 세심한 관리가 필요하다.
- 감염환자가 발생할 경우에는 소속기관에 알리고, 가족과의 연락을 통해 의료기관에서 치료받을 수 있도록 안내한다.
- 노인에게서 나타나기 쉬운 질환을 예방하기 위해 예방접종을 실시할 수 있도록 정보를 제공한다.

〈노인의 예방접종〉

인플루엔자	인플루엔자에 의한 사망자의 95%가 60세 이상으로 노인에게 흔한 감염병이다. 인플 루엔자백신의 효과는 40~70%로 조금 낮은 편이지만 매년 가을에 백신을 맞아 예방 하도록 한다.

폐렴구균	폐렴구균 백신의 효과는 45세 이상에서 60% 정도이나 65세 이상 노인은 5년마다 1회 백신을 접종하는 것이 좋다.
파상풍	파상풍은 드문 질환이지만 주로 예방접종이 충분하지 않은 노인에게 발생함으로 성인용Td를 10년에 한번씩 접종하는 것이 좋다.

출처: 보건복지부 국립보건원훈련부(2001), 노인건강관리과정

- 요양보호사 자신의 개인위생을 실천함으로써 감염으로부터 자신을 보호하고 대상자의 교차감염 위험도 감소시킬 수 있도록 한다.
- 요양보호사는 피부와 머리카락, 두피에 있는 미생물의 수를 감소시키고 성장을 억제시키기 위해 매일 샤워나 목욕을 하며 자주 칫솔질을 하여 치아 건강을 유지한다. 손은 자주 씻고 피부가 트거나 갈라지지 않도록 로션을 사용하며 손톱 밑에도 미생물이 모일 수 있으므로 가능한 손톱은 짧게 깎고 청결하게 한다. 가운이나 신발은 깨끗하게 유지하고 청소나 오염물질에 쓰던 장갑은 철저히 관리한다. 필요 시 보호 장구(마스크, 가운, 장갑 등)을 착용한다.
- 요양보호사는 대상자와의 접촉 세심한 주의를 한다.

(6) 감염발생 시 대처요령

감염발생	• 대상자의 감염 병력 및 현 상태를 알아본다. • 대상자의 상태변화에 민감하게 반응하고 이상 징후가 나타나면 조속히 조치를 취한다.
보고	• 소속기관의 기관장 또는 의료인(간호사 등)에게 알리고 지시에 따른다. • 대상자의 가족에게 알리고 빠른 시일 내에 의료기관에서 치료를 받도록 한다.
치료	• 입원치료 또는 통원치료를 통해 완치될 때까지 치료받도록 한다. • 대상자의 상태가 심각할 경우 격리치료를 받을 수도 있다. 이럴 경우 서비스를 중단하고 완치된 후 서비스를 개시하도록 한다.
관리	• 감염질환에 대한 지식과 대처요령을 습득한 후 서비스를 제공한다. • 대상자의 치료 경과를 지켜보며 완치 후 서비스를 시작한다.

4) 외출 · 실종 대응지침

(1) 목적

재가노인 요양보호서비스 제공에서 보행이 가능한 대상자의 경우 외출 시 동행 서비스를 제공할 수 있는데, 이 경우 사고 또는 실종이 발생할 수 있으므로 외출 시 실종예방을 위한 행동지침과 대처요령을 마련하여 실종사고가 일어나지 않도록 한다.

(2) 외출 시 절차

① 외출 시 동행의 유형
- 은행업무 시 동행
- 관공서 등 방문 동행
- 산책 시 부축 및 동행(차량이용 포함)
- 병원동행
- 장보기(쇼핑) 동행
- 기타 대상자의 요구에 의한 동행(예: 민속촌, 영화관 나들이 등)

② 외출 시 절차
- 대상자가 자립외출이 가능한 경우

외출가능여부 파악	－자립으로 보행이 가능하거나 보장구를 사용하여 자립보행이 가능한 대상자 또는 인지기능상 외출에 어려움이 없는 대상자의 경우 직원과 동행하여 외출을 진행한다.
의사확인	－외출을 하고자 할 경우 사전에 본인, 가족의 의사를 확인하여야 한다. －직원은 외출 용무, 외출 행선지, 소요시간, 경비, 교통수단 등을 파악하여야 하며 이러한 사항을 본인과 가족에게 알려 최종의사를 확인한다.
외출준비	－본인과 가족이 원할 경우 외출에 필요한 사항을 점검하고 준비물을 챙긴다. －대상자의 건강상태를 점검하여 외출 준비물(복용약, 지팡이, 휴지, 의복 등)을 챙긴다.
외출	－직원과 대상자가 동행하여 외출을 한다. －외출하는 동안 대상자에게 시선을 떼지 않는다. －대상자의 안전사고가 일어나지 않도록 주의를 기울인다.

| 외출종료 및 정리 | −외출을 마치고 안전하게 귀환하여 외출 시 가지고 간 준비물을 정리하고 분실한 것은 없는지 확인한다.
−대상자를 청결하게 한 후 편안하게 쉴 수 있도록 한다.
−외출에 대한 만족도 및 불편사항이 있었는지 확인한다.
−가족에게 외출 종료를 알린다. |

• 가족의 동행이 필요한 경우

| 외출가능여부 파악 | −안전하게 자립보행이 어렵거나 인지기능이 매우 저하되어 보호자(가족)의 동행이 필요하다고 판단되는 대상자의 경우 직원과 가족 또는 자원봉사자 등이 함께 동행을 한다. |

| 의사확인 | −외출을 하고자 할 경우 사전에 본인, 가족의 의사를 확인하여야 한다.
−직원은 외출 용무, 외출 행선지, 소요시간, 경비, 교통수단 등을 파악하여야 하며 이러한 사항을 본인과 가족에게 알려 최종의사를 확인한다.
−대상자의 상태를 점검하여 동행 인력의 수, 동행 대상에 대해 논의한다.
−가족이 어려울 경우 자원봉사자, 친척 등을 알아보고 동행자를 확보한다. |

| 외출준비 | −대상자의 건강상태를 점검하여 외출 준비물(복용약, 지팡이, 휴지, 의복 등)을 챙긴다.
−대상자 이송차량을 확보한다.
−가족이나 다른 동행자에게 외출계획, 처치방법, 유의사항 등을 설명하고 숙지하도록 한다. |

| 외출 | −직원, 대상자, 가족 또는 다른 동행자와 외출을 한다.
−대상자의 안전, 건강상태를 면밀히 살피며 행선지로 향한다. |

| 외출종료 및 정리 | −외출을 마치고 안전하게 귀환하여 외출 시 가지고 간 준비물을 정리하고 분실한 것은 없는지 확인한다.
−대상자를 청결하게 한 후 편안하게 쉴 수 있도록 한다.
−외출에 대한 만족도 및 불편사항이 있었는지 확인한다. |

(3) 외출 시 실종예방을 위한 행동지침

대상자의 요구에 의해 직원과 동행하거나 가족과 함께 외출을 할 수 있다. 외출 시 발생할 수 있는 사고와 실종을 예방할 수 있는 행동지침을 마련하여 실천하도록 한다.

- 대상자의 건강상태에 따른 준비물을 꼼꼼히 챙긴다.
- 대상자에게 외출 목적, 행선지, 교통수단 등을 자세하게 설명한다.
- 대상자를 혼자 두고 화장실, 음료수 구매 등 다른 용무를 보아서는 안된다.
- 치매 대상자인 경우에는 직원 외 가족 또는 자원봉사자 등 보조 인력과 함께 외출하도록 한다.
- 치매 대상자는 외출이 아니더라도 가정에서 바깥으로 나가서 실종되기도 하므로 현관이나 출입문에 잠금장치를 새롭게 하거나 벨을 달아놓아 대상자가 출입하는 것을 감지할 수 있도록 하고, 기타 출입이 가능한 곳을 찾아 잠궈 놓는 것이 필요하다.
- 대상자에게 직원의 명함, 가족의 연락처를 적어둔 메모지나 명찰을 가지고 있게 한다.
- 치매 대상자에게는 대상자의 이름, 문제점, 주소, 연락처가 적힌 팔찌나 목걸이를 걸어드린다(팔찌나 목걸이가 없을 경우 가족에게 알려드려 가급적 착용할 수 있도록 돕는다).
- 외출 도중 1시간 마다(대상자에 따라 시간을 고려한다). 대·소변 등 용변을 보실 수 있도록 화장실을 간다.
- 복용약, 음료수, 휴지 등 필요한 물품 등은 미리 준비하여 외출 시 혼란스럽지 않도록 한다.
- 직원은 외출 내내 대상자에게서 시선을 떼지 말아야 한다.
- 차량 탑승 시에는 대상자가 먼저 탈 수 있도록 하며 탑승 시 머리를 다치지 않도록 손으로 머리를 가려드린다.
- 직원과 대상자는 뒷좌석에 함께 앉아서 이동하며 대상자 측 창문과 문을 잠근다.
- 대상자를 잃어버렸을 경우를 대비하여 대상자의 개인정보(옷차림 포함)와 사진, 직원명함 등을 지참한다.
- 대상자의 지문을 미리 찍어두어 실종 시 빠른 대처를 돕도록 가족에게 안내한다.
- 대상자의 가족에게 대상자의 외출 시 주의사항과 실종예방을 위한 교육을 실시한다.
- 대상자의 가정 현관에 다소 작동이 복잡한 잠금장치를 사용하도록 한다.
- 현관문에 그림을 그리거나 아름답게 장식을 하여 문이라는 사실을 인지하지 않도록 한다.
- 인터넷에 정보를 제공하여 가족들이 빨리 노인을 찾을 수 있도록 실종신고센터에 빨리 신고하도록 한다. [실종노인상담지원센터 www.elder119.or.kr, 경찰청 182센터]
- 실종 시에는 시간이 지날수록 어려워지므로 실종을 알았을 때 빠른 대처가 필요하다.

(4) 실종 발생 시 대처요령

노인이탈 발견

- 이탈 주변을 샅샅이 살펴본다.
  - 주변을 둘러보며 큰소리로 대상자의 이름을 부른다.
  - 주변 사람들에게 대상자에 대한 정보를 얻는다.
- 신상정보의 소지여부(목걸이, 팔찌, 명함 등)를 확인한다.
- 소속기관에 보고하여 위급여부 판단 후 직원 간 역할 분담을 실시한다(협조연락, 관련기관 신고, 가족에게 알림 등).

신고

- 가장 가까운 지구대(파출소)를 방문하여 신고한다.
  - 사진, 신상정보 지참, 이탈 당시 옷차림, 용모 등의 정보를 제시 또는 설명한다.
- 인근 동사무소에 연락하여 관내방송 또는 긴급연락체계를 확인하여 협조를 요청한다.

보고 및 가족연락

- 기관 내 조직체계에 따라 상황을 보고한다.
  - 유관기관 정보수집 및 유관기관에 연락하여 협조 가능여부를 파악한다.
  - 인근지역 거주 직원이 있을 경우 연락하여 긴급파견을 하여 지원하도록 한다.
- 기관은 평상 시 정확한 정보와 연락망을 구비하여 실제상황을 대비한 연습 및 교육을 실시하도록 한다.
- 대상자의 실종 상황을 알리고 협조를 구한다.
  - 대상자가 평소 기억하고 있는 장소가 있는지 알아보고 직접 찾아 나선다.
  - 집으로 도착하거나 연락이 올 수 있으므로 집에 가족이 도착하여 기다리도록 하며 도착 또는 연락이 올 경우 기관으로 알려 줄 것을 요청한다.
  - 대상자를 찾는 상황을 수시로 교류하도록 하여, 서로 협조관계를 만들어 나가도록 한다.
  - 평소 가족과 상담을 담당하는 직원이 연락하여 상황을 상세하게 안내하며, 가족의 반응·의견에 대처할 수 있도록 한다.
  - 가족이나 직원이 예상 장소에 가보지 못할 경우, 파출소와 연계하여 대처한다.

대상자 찾기 재신고 및 확인	• 차량으로 2인 1조로 나누어 한명은 운전, 한명은 살피는 역할로 가능하면 많은 팀(4~5팀)을 구성한다. 　－인근대로, 골목길 안쪽, 지하철, 하천 아래, 슈퍼 안 등을 꼼꼼 　　히 살핀다. 　－대상자의 기동상태와 이탈시간을 고려하여 범위를 넓혀 간다. 　－외부로 출동 시 반드시 휴대전화를 소지하여 수시로 정보 교 　　환이 가능하도록 한다. • 이탈발견 1시간이 경과한 후에도 찾지 못할 경우 파출소에 다시 신고하여 협조를 구한다. • 경찰서에 주변 CCTV를 확인할 수 있도록 협조를 요청한다. • 지역 내 택시 회사에 연락하여 비상무전 연락을 실시하도록 요 청한다. • 지역 유선방송에 연락하여 지역 내 전광판, 옥외 TV에 게시될 수 있도록 한다.
전단배포 유관기관 협조, 신고	• 4시간 이상이 지나도 발견하지 못할 경우 전단지 작성하여 배 포한다. 　－사무실에서 대기하는 직원이 사진, 인상착의, 의복상태 등의 　　내용으로 전단을 작성하여 출동팀에 전달한다. 　－인근지역 주민들이 대상자를 보호하고 있을 경우 연락을 취할 　　수 있도록 배포한다. • 경찰서, 구청, 관련 복지시설에 공문으로 가출어르신 정보를 제 공하고 입소의뢰 시 협조를 구한다. • 한국노인복지시설협회(www.elder.or.kr)의 '가출노인 찾아주기' 사이트에 접속하여 이탈 대상자에 대한 정보 게시를 요청한다.
광고	• 찾았을 경우 　－각 신고처에 다시 연락하여 찾았음을 보고해야 한다. 　－가족, 출동 직원들에게 연락하여 귀환 조치한다. 　－대상자의 건강상태를 체크하여 귀가 조치한다. 　┌────────────────────────────┐ 　▶ 체온, 혈압, 맥박, 심리상태 등을 꼼꼼히 확인한다. 　▶ 따뜻한 음료를 제공하거나, 청결유지, 필요 시 병원 연계하여 치료 　　를 받도록 한다. 　└────────────────────────────┘

| 결과 | • 찾지 못했을 경우 |

• 찾지 못했을 경우
　－관할 경찰서에 가출노인 신고공문을 발송한다.
　－병원 등 보호 가능한 유관기관으로 확대하여 공문을 발송하고, 전단을 배포한다.
　－실종신고를 한다.

> ▸ 인터넷 및 전산자료공유를 위해 실종노인상담지원센터 www.elder119.or.kr, 경찰청 182센터에 연락한다.
> ▸ 파출소(지구대)에 신고한다.

5) 관련서식

안전관리를 실시함에 있어 다음 각 호의 서식 및 서류를 비치하여 사용하도록 한다.

서식번호	서식명	내용
7－01	안전사고보고서	대상자 성명, 성별, 나이, 건강상태, 요양인정번호, 요양등급을 작성하고 사고유형과 내용을 일시, 장소, 발견자, 발견 시 상태, 대처방법, 문제점과 향후대책, 가족에게 설명한 상황 등 상세히 기록한 후 보고연월일, 보고자를 작성함.
7－02	낙상예방점검표	낙상의 환경적 요소에 대한 위험요인을 파악하는 것으로 점검대상자의 성명, 생년월일, 관리번호, 점검자, 점검일자를 작성하고 점검내용 13가지 항목에 대한 점검상태(Yes, No), 점검결과를 기재함.
7－03	명찰	대상자의 성명, 주소, 연락처, 보호자 성명, 장기요양기관명을 작성함.

서식 7-01 안전사고보고서

안전사고보고서

결재	담당	팀장	센터장

대상자 성명		성별	☐ 남 ☐ 여	나이	세
요양인정번호		요양등급		건강상태	

사고내용	☐ 낙상　　☐ 응급상황　　☐ 감염　　☐ 실종　　☐ 기타
일시	20　년　월　일( ), 오전/오후　시　분 ~ 오전/오후　시　분
장소	
발견자	

발견 시 상태		
대처방법	① 직후 (누가, 어떻게, 누구에게, 조치하였는가)	
	② 발생 후의 경과조치	
문제점과 향후대책		
가족에게 설명한 사항	설명일시	20　년　월　일( )　오전/오후　시　분
	설명방법	☐ 전화 ☐ 방문 ☐ 기관에서 면담 ☐ 기타(　　)
	설명한 사람	직급/직위(　　　　)
	설명을 들은 사람	대상자와의 관계(　　　　)
	설명내용	
	가족의 반응	

보고연월일	20　년　월　일	보고자	직위/직급	서명 또는 날인

○○○노인복지센터

서식 7-02 **낙상예방점검표**

낙상예방점검표

관리번호: 대상자성명: 생년월일:

점검일자: 점검자성명:

점검내용	점검상태	점검결과
안전 위험에 대한 사정은 완료하였는가	☐ Y ☐ N	
대상자가 위험하다는 것을 보호자와 대상자가 알 수 있도록 설명하였는가	☐ Y ☐ N	
대상자의 방이 세면대와 목욕탕 가까이에 있는가	☐ Y ☐ N	
대상자의 주변은 충격을 적게 발생하게 하는 코르크나 두터운 카페트 등을 준비하고 있는가	☐ Y ☐ N	
침상 난간은 올려져 있는가(이불의 경우 주변에 쿠션을 두었는가)	☐ Y ☐ N	
침대 높이는 낮추었는가 *침대 사용자의 경우	☐ Y ☐ N	
침대 바퀴와 휠체어는 잠겨 있는가	☐ Y ☐ N	
호출 벨은 대상자의 손이 닿는 위치에 있는가	☐ Y ☐ N	
대상자는 호출 벨 사용법을 알고 있는가	☐ Y ☐ N	
야간 조명은 켜 있는가	☐ Y ☐ N	
화장실(욕실)로 가는 길목에 야간조명을 켜 두었는가	☐ Y ☐ N	
화장실(욕실) 입구에 발판을 제거하였는가	☐ Y ☐ N	
화장실 변기와 욕조 옆에는 손잡이(수직, 수평)를 설치하였는가	☐ Y ☐ N	
화장실(욕실) 타일 위에는 미끄럼 방지 스티커를 붙였는가	☐ Y ☐ N	
화장실(욕실) 바닥이 미끄러운가(예: 젖은 바닥)	☐ Y ☐ N	
화장실(욕조) 바닥에 매트를 깔아서 사용하는가	☐ Y ☐ N	
카페트의 가장자리에 양면테이프를 붙여 바닥에 고정하였는가	☐ Y ☐ N	
발에 걸려 넘어질 물건는 치웠는가(전깃줄, 장난감, 걸레 등)	☐ Y ☐ N	
대상자는 미끄럼 방지용 신발(양말)을 신었는가 또는 신발에 미끄럼 방지 스티커를 부착하였는가	☐ Y ☐ N	
물, 휴지, 침상용 (소)변기는 대상자의 손이 닿는 위치에 있는가	☐ Y ☐ N	
가구의 모서리가 뾰족하여 넘어질 때 다칠 위험은 없는가	☐ Y ☐ N	
대상자는 활동 제한에 대해 알고 있는가	☐ Y ☐ N	
근무 교대 시 대상자의 모든 인지, 감각 변화를 제공했는가	☐ Y ☐ N	
억제대에 대한 대안이 있는가 / 그 대안은 무엇인가	☐ Y ☐ N	
억제대가 적용되고 있는가 / 어떤 유형인가	☐ Y ☐ N	
자신을 보호할 수 있는 적절한 보호 패드나 보조기구를 가지고 있는가	☐ Y ☐ N	
승차 시 안전벨트를 착용하는가	☐ Y ☐ N	

○○○노인복지센터

명찰

아래 연락처로 알려 주세요

- 성명:

- 주소:

- 전화번호:

- 보호자(담당자)명:

○ ○ ○노인복지센터

예시 8   운영지침_고충처리지침

고충처리지침

1) 목 적

재가노인 요양보호서비스에서 생활의 주체자인 대상자에게 생활고충과 불만에 대해 원활한 의사소통이 가능하도록 하고 이를 개선할 수 있는 방안을 마련함으로써 기관은 대상자의 자기결정권을 존중하고, 기관과의 신뢰를 형성함은 물론 문제발생 및 갈등요인을 예방할 수 있도록 한다.

2) 인권규범 및 기준

- 대한민국 헌법 제26조에는 모든 국민이 청원할 권리를 가지며, 국가는 이러한 청원에 대해 심사할 의무를 지닌다고 규정하고 있다.
- 국가인권위원회법 제31조에는 시설 수용자의 진정권 보장에 관한 조항을 명기하고, 진정함 관리 소홀 등에 의한 인권침해의 조항을 규정하고 있다.
- 보건복지가족부의 노인복지시설 인권보호 및 안전관리지침에서는 불평의 표현과 해결을 요구할 권리를 생활노인의 11가지 권리 중 하나로 명기하고 다음과 같은 윤리강령을 제시하고 있다.

> 〈불평의 표현과 해결을 요구할 권리〉
> - 노인의 의견이나 불평을 수렴하기 위한 공식적인 절차를 마련하여 시행하여야 한다.
> - 노인이나 가족에 의해 제기된 불평을 즉각적으로 해결하기 위한 조치를 취해야 한다.
> - 노인이나 가족이 불평을 제기했다는 이유로 노인에게 차별적 처우나 불이익을 주어서는 안된다.

3) 고충처리 행동지침

재가요양기관에서 요양보호서비스를 제공받는 대상자의 생활고충과 불만의 표현과 해결을 요구할 권리를 보장하기 위하여 기관과 직원은 다음과 같은 행동지침을 준수해야 한다.
- 모든 대상자는 자신의 불편사항을 아무런 보복의 위험 없이 표현할 권리가 있다.
- 기관은 직원이 업무범위와 대상자의 부당한 요구가 있을 경우 대처하는 방법을 알려주어야 한다(부당한 요구: 대상자 또는 가족으로부터 대상자 가족의 방 청소나 세탁 등 요양보호사의 업무범위와 관계없는 일들을 요구받는 것).

- 기관은 대상자의 불편, 불만사항을 해소하기 위하여 공식적인 절차를 제공하여야 한다.
- 기관은 의사표현의 제한이 있는 대상자의 불평, 불만처리를 위하여 특별한 노력을 기울여야 한다.
- 기관은 대상자와 직원 간의 관계에서 발생하는 불만에 관심을 가지고 수용할 수 있는 체제를 마련한다.
- 어떤 경우에도 불평, 불만, 고충표현과 관련하여 대상자가 유형 또는 무형의 불이익을 당하여서는 안된다.
- 기관은 규칙적으로 제기된 불평, 불만 사항과 그 처리내용을 공개할 필요가 있다.
- 기관은 대상자의 불만과 고충의 내용을 문서로 작성하여 처리결과를 명기하여야 한다.
- 기관은 직원들에게 대상자의 어려움에 대한 인식교육 및 업무매뉴얼을 통한 지침교육을 실시한다.
- 기관과 직원은 대상자의 불만 및 고충의 발생 및 징후에 대해 자유롭게 의사소통할 수 있도록 지지자의 자세를 갖춘다.
- 기관의 고충상담 보고체계에 따라 상급자와 기관장에게 보고가 이루어질 수 있도록 하여야 한다.
- 직원은 대상자의 고충처리과정에서 대상자 또는 가족과 의견 상충으로 갈등관계를 형성해서는 안된다. 따라서 직원이 해결하는 데 어려움이 발생하면 기관장 또는 관리자에게 보고하여 해결할 수 있도록 한다.
- 기관은 고충상담 시 개진된 내용이 재발하지 않도록 조직의 운영에 반영하도록 한다.
- 기관은 고충상담의 신청을 비공개적으로 할 수 있도록 하며, 고충상담의 내용은 비밀보장을 하도록 한다.
- 직원의 인식교육을 통해 대상자의 불만, 불평과 고충 등의 문제요인을 예방할 수 있도록 직원은 다음과 같은 사항을 준수하도록 한다.
  - 직원은 대상자와의 관계가 일방적인 수혜가 아닌 상호 존중하는 대등한 관계임을 인식해야 한다.
  - 대상자는 요양보호서비스를 제공받는 데 있어서 생활의 주체자로서 존중받아야 한다. 예를 들어, 와상상태의 대상자라 하더라도 개인으로 존중되어야 한다.
  - 아무리 도움이 되는 요양보호서비스라 하더라도 대상자가 동의하지 않은 서비스는 제공해서는 안되며 대상자의 자기결정을 존중한다. 따라서 서비스를 제공하기 전에 대상자로부터 서비스에 대한 동의를 구해야 한다.
  - 대상자의 의견을 무시하고 전문가(사회복지사, 요양보호사)가 미리 계획을 세운대로 서비스를 진행해서는 안된다.
  - 가족의 요구와 대상자의 요구가 상충될 경우 가족의 희망에 따라 서비스의 내용을 결정해서는 안되며 대상자의 요구를 정확히 파악하여 가족의 이해를 도울 수 있도록 한다.

－직원은 대상자 본인의 집에서 오랫동안 생활해 왔던 나름대로의 생활습관과 사고를 존중하고 큰 문제가 없는 한 대상자의 생활양식에 따라 서비스를 제공한다.

4) 고충처리 대응지침

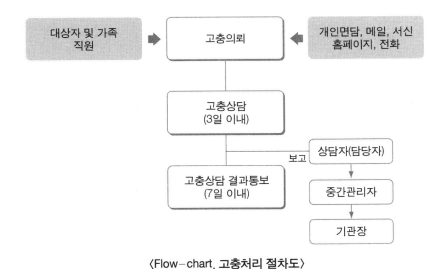

〈Flow－chart. **고충처리 절차도**〉

(1) 고충처리 절차

① 대상자 및 가족의 고충처리

대상자와 그 가족들이 기관 또는 직원과의 관계에서 발생하는 불만들에 관심을 가지고 수용할 수 있는 체계를 마련하여 갈등해소 및 문제발생 요인을 예방하고 기관과 신뢰관계를 형성하도록 한다.

고충의뢰
- 대상자와 가족의 의견을 적극 수렴한다.
- 대상자의 가정에 '고충처리카드'를 비치한다.
- 고충 의뢰 시 방법을 안내하고, 서비스 종료 후에는 불만사항을 점검해 본다.
- 기관의 고충처리담당자 연락처, 이메일, 홈페이지 게시를 통해 의뢰하도록 한다.

고충상담
- 고충의뢰를 받은 담당자는 보고 절차에 의해 보고한다.
- 고충처리담당자는 기관의 중간관리자 중 업무를 총괄하는 자로 한다.
- 고충상담 내용은 기록하고 고충처리담당자와 팀원들이 직원회의 등을 통해 처리방안을 모색한다.

- 상담은 의뢰 후 3일 이내에 문제와 관련한 해결방안을 결정한다.

고충처리

- 고충의뢰에 대한 처리결과는 7일 이내에 한다.
- 고충에 대한 처리결과를 의뢰된 홈페이지 또는 구두, 문서로 의뢰자에게 통보한다.
- 고충처리담당자는 의뢰된 내용에 대해 의뢰자 요청 시 비밀을 유지하여야 한다.
- 직원과의 관계에서 발생한 문제인 경우 대상자의 고충을 직원에게 충분히 설명해 주고 재발하지 않도록 조치한다.

② 직원의 고충처리

재가요양기관에서 종사하는 직원에게 업무상 발생가능하거나 발생한 위험과 관련하여 위험판단 및 보고여부 또는 그로 인하여 겪게 되는 신체적·정신적 피해와 스트레스에 관하여 상담을 할 수 있도록 한다. 직무상 발생 가능한 스트레스 관리를 위해 스트레스에 미치는 요인들을 살피고, 기관 차원에서 관리 가능하도록 한다. 문제 해결방안에 대한 슈퍼비전을 제시해 줌으로써 소진, 이직, 퇴직 등의 문제를 줄여 나가며 종사자들의 근무동기를 부여해 나갈 수 있도록 편안한 고충상담이 이루어질 수 있도록 한다.

고충의뢰

- 직원의 고충상담은 기관의 중간관리자 이상의 고충처리담당자에게 의뢰하여 진행한다.
- 의뢰방법은 개인면담 신청, 기관에 구비된 신청서를 작성하여 신청, 고충처리담당자의 메일을 통한 신청을 할 수 있다.

고충상담

- 상담은 의뢰 후 3일 이내에 문제와 관련한 해결방안을 결정한다.
- 고충의뢰를 받은 담당자와 1차 상담을 실시하고 상급자에게 보고가 이루어지도록 한다.
- 상담 내용은 직무상 스트레스, 소진, 신체적 손상, 조직 내 업무환경 등과 관련하여 상담이 이루어질 수 있다.
- 고충처리담당자와 상급자 등 직원은 대책을 강구하여 고충을 해결할 수 있도록 돕는다.

고충처리

- 고충의뢰에 대한 처리결과는 7일 이내에 한다.
- 고충에 대한 처리결과를 의뢰된 홈페이지 또는 구두, 문서로

의뢰자에게 통보한다.

- 고충처리담당자는 의뢰된 내용에 대해 의뢰자 요청 시 비밀을 유지하여야 한다.
- 고충상담 결과를 반영하여 기관의 업무환경 개선, 업무의 재배치, 문제해결과 관련한 프로그램 등을 파악하여 결과를 결정하고 통보한다.
- 기관은 업무의 재배치 등 고충상담 결과 반영된 내용이 계속 근무 시 불이익이 발생하지 않도록 고려하여야 한다.
- 고충상담 시 개진된 내용에 대해 기관의 입장을 충분히 설명하여야 한다.
- 다른 직원에게 재발생하지 않도록 조직의 운영에 반영하도록 한다.

(2) 고충처리의 보고체계

기관에서 직원 및 대상자에게 위험이나 문제 상황이 발생할 때 긴급한 보고와 대처를 위하여 다음과 같은 보고체계와 연락망을 구비하여 대응하도록 한다.

- 대상자와 가족에게 문제가 발생할 경우에는 서비스의 특성상 담당 요양보호사에게 1차 의뢰 고충처리담당자(중간관리자) 기관장의 순서로 보고한다.
- 직원의 위험과 문제발생의 경우에는 제일 먼저 고충처리담당자(중간관리자)에게 알리고 고충처리담당자는 사무국장에게 보고하여 기관장에게 보고될 수 있도록 한다.
  *조직구조에 따라 보고단계가 단축될 수 있다.

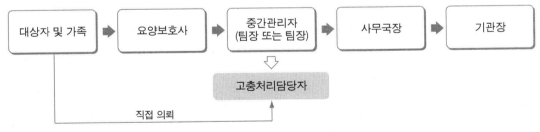

〈Flow-chart. 고충처리의 보고체계〉

(3) 고충처리를 위한 법적조치

기관 내부의 문제처리가 가능한 경우도 있으나 내부 해결이 어렵거나 불가능한 경우 법적 처리절차를 통하여 처리할 수 있다. 고충 및 불만과 관련되어 활용할 수 있는 법으로는 「근로기준법」, 「산업재해보상보험법」, 「산업안전보건법」, 「사회복지사업법」, 「민사·형사소송법」, 성폭력범죄의 처벌 및 피해자보호 등에 관한 법률, 남녀고용평등과 일가정 양립 지원에 관한 법률이 있으며 민간보험으로는 상해보험, 영업배상책임보험이 있다.

① 근로기준법

- 「근로기준법」은 헌법에 따라 근로조건의 기준을 정함으로써 근로자의 기본적 생활을 보장, 향상시키며 균형있는 국민경제의 발전을 꾀하는 것을 목적으로 한다(「근로기준법」에서 정하는 근로조건은 최저기준이므로 근로 관계 당사자는 이 기준을 이유로 근로조건을 저하시킬 수 없다).
- 적용범위는 '상시 5인' 이상의 종사를 고용하는 사업장에 이 법 전체를 적용하며 상시 4인 이하의 종사자를 고용하는 사업장은 이 법 중 다음의 사항을 적용한다.

구분	규정 범위
제1장 총칙	제1조~제13조까지의 규정
제2장 근로계약	제15조, 제17조, 제18조, 제19조 제1항, 제20조~제22조, 제23조 제2항, 제26조, 제35조~제42조까지의 규정
제3장 임금	제43조~제45조, 제47조~제49조까지의 규정
제4장 근로시간과 휴식	제54조, 제55조, 제63조
제5장 여성과 소년	제64조, 제65조 제1항·제3항(임산부와 18세 미만인 자로 한정한다), 제66조~제69조, 제70조 제2항 제3항, 제71조, 제72조, 제74조
제6장 안전과 보건	제76조
제8장 재해보상	제78조~제92조까지의 규정
제11장 근로감독관 등	제101조~제106조까지의 규정
제12장 벌칙	제107조~제116조까지의 규정(제1장~제6장, 제8장, 제11장의 규정 중 상시 4명 이하 근로자를 사용하는 사업 또는 사업장에 적용되는 규정을 위반한 경우로 한정한다)

- 「근로기준법」이 정한 기준에 미치지 못하는 근로조건을 정한 근로계약은 그 부분에 한해 무효이며, 무효인 부분에 대해서는 「근로기준법」이 적용된다(근로계약 시 임금, 근로시간, 취업의 장소와 종사하여야 할 업무에 관한 사항, 취업규칙 내용, 종사자가 기숙하게 하는 경우에는 기숙사 규칙에 정한 사항을 명시하여야 한다).

② 산업안전보건법

- 산업안전·보건에 관한 기준을 확립하고 그 책임의 소재를 명확하게 하여 산업재해를 예방하고 쾌적한 작업환경을 조성함으로써 근로자의 안전과 보건을 유지·증진함을 목적으로 한다.
- [사업주의 의무] 사업주는 이 법과 이 법에 의한 명령에서 정하는 사업재해 예방을 위한 기준을 준수하며, 당해 사업장의 안전, 보건에 관한 정보를 근로자에게 제공하고 근로조건의 개선을 통하여 적절한 작업환경을 조성하여야 한다. 또한 근로자의 신체적 피로와 정신적 스트레스 등으로 인한 건강장해를 예방하고 근로자의 생명보전과

안전 및 보건을 유지, 증진하도록 하여 국가에서 시행하는 산업재해예방시책에 따라야 한다.

- [요양기관의 의무] 산업안전보건위원회 구성, 작업환경측정, 건강진단, 명예산업안전감독관 선임하여 근로자가 산업재해예방 관련 업무에 참여할 수 있도록 규정하고 있으며 근로자의 안전과 건강에 대한 모든 일에 대해 발언하고 시정 등을 요구할 수 있다.

- [근로자의 알 권리] 사업주는 근로자에게 법령요지를 게시하여 알려야 하며 안전ㆍ보건교육을 실시하고 화학물질의 유해성을 조사한 후 안전보건개선계획을 수립하여 시행하여야 한다.

- 근로자가 긴급한 유해, 위험사항 발생 시 근로자의 작업중지권과 근로자보호를 위해 대피할 수 있으며 이를 직상급자에게 보고하고 직상급자는 이에 적절한 조치를 취해야 할 의무가 있다.

- 사업주는 사업을 행함에 있어 발생하는 위험을 예방하기 위하여 안전과 보건상의 조치를 취하여야 한다.

- 근로자는 사업주가 법을 위반한 때에는 근로감독관에게 이 사실을 신고할 수 있다. 사업주는 신고를 이유로 근로자에 대하여 해고나 기타 불리한 처우를 할 수 없다.

- 앞의 내용을 담고 있는 산업안전보건법의 적용 조항은 다음과 같다.

적용조항		
제10조 보고의 의무	제24조 보건상의 조치	제42조 작업환경측정
제11조 법령요지의 게시	제26조 작업중지	제43조 건강진단
제19조 산업안전보건위원회	제31조 안전ㆍ보건교육	제50조 안전보건개선계획수립ㆍ명령
제23조 안전상의 조치	제40조 화학물질의유해성조사	제61조-2 명예산업안전감독관

③ 산업재해보상보험법

- 산재보험은 산업재해를 당한 근로자를 신속하고 공정하게 보상하고 재해발생에 따른 사업주의 보상 부담을 분산시키기 위한 사회보장제도(사회보험)로 사업주의 지배관리 하에 있는 동안 발생한 모든 재해는 산재보험으로 보상받을 수 있다(근무시간 중 휴식시간, 야유회, 체육대회, 회식 등의 행사도 포함된다).

- 산재보험 가입대상은 상시 근로자 1인 이상 사업 또는 사업장이며 사업주가 산재보험을 가입하지 않아도 보상을 받을 수 있으며 4일 이상 치료(입원이 아닌 통원 가능)에 대하여도 산재보험이 적용된다.

- 산재보험 가입대상이 된 날로부터 14일 이내 관할 지역본부(지사)에 사업주가 보험관계 성립신고서를 제출하면 접수한 날의 다음날 이후 발생한 재해부터 받을 수 있다.

- 산재는 요양기관에서 인정해 주는 것이 아니라 근로복지공단에서 인정하는 것으로 3부 작성하여 근로복지공단 지사에 제출하면 된다. 요양기관이 산재신청서에 도장을 찍어주지 않아도 진정서와 동료들의 진술서를 첨부하여 제출하면 된다. 공단에서는 산재가입여부, 업무재해여부를 검토하여 산재요양여부를 결정하여 통보한다.
- 산재보험급여는 요양급여, 휴업급여, 장해급여, 유족급여와 장의비, 재활급여, 간병급여의 6가지 신청이 가능하다.
- 산재는 사업주의 보험료 납부 여부와 관계없이 지급되며 요양기고나이 폐업을 해도 근로자가 사표를 내도 그 전에 다치거나 병들었다면 산재로 인정받을 수 있다. 또한 사업주가 아무런 잘못이 없다고 하더라도 일하다 다치거나 병들었다면 지급이 가능하다(사업주의 무과실책임주 적용).
- 산재근로자에 대한 보호의 내용은 다음과 같다.

산재근로자에 대한 보호
• 산재로 요양 중에 퇴직하거나 사업장이 부도, 폐업하여 없어진 경우에도 재요양, 휴업급여, 장해급여 지급에는 지장 받지 않는다. 다만, 산재로 처리되지 않은 공상이나 산재보상후의 민사상 손해배상은 산재법상의 보호에서 제외된다.
• 산재를 당했다는 이유로 해고할 수 없다. 산재요양으로 휴업하는 기간과 치료를 종결한 후 30일간은 해고하지 못하도록 되어 있으며, 요양이 끝난 30일 이후에 해고시킬 경우 해고 및 정리해고의 요건을 충족시켜야 한다.
• 보험급여에 대해서는 조세 및 기타 공과금 부과가 면제되어 세금을 떼지 않는다.
• 보험급여를 받을 권리는 3년간 유효하며 퇴직 여부와 상관없이 받을 수 있다.
• 보험급여는 양도 또는 압류할 수 없어 채권자가 건드릴 수 없다.

④ 성추행으로부터의 보호

－성희롱이란 이성에게 상대방의 의사에 관계없이 성적으로 수치심을 주는 말이나 행동을 하는 일을 말하는 것으로 법적으로 가해자가 고의가 아니었다고 하면 법적제재가 없어 피해자가 정신적인 피해를 받았다고 민사소송을 하는 방법으로 진행된다.

－방문요양서비스 제공의 경우 요양보호사와 대상자가 단둘이 집에 있게 되는 상황이 종종 발생할 수 있으며 이때 대상자가 치매 등의 질병으로 판단이 어려운 가운데 일어날 수 있는 돌발 상황도 있으므로 재빠른 판단과 용기가 필요하다.

- 성폭력범죄의 처벌 및 피해자보호 등에 관한 법률
  －이 법은 성폭력범죄를 예방하고 그 자를 보호하며, 성폭력범죄의 처벌 및 그 절차에 관한 특례를 규정함으로써 국민의 인권신장과 건강한 사회질서의 확립에 이바지함을 목적으로 한다.
- 남녀고용평등과 일가정 양립 지원에 관한 법률
  －직장 내 성희롱은 사업주, 상급자 또는 근로자가 직장 내의 지위를 이용하거나 업

무와 관련하여 다른 근로자에게 성적 언동 등으로 성적 굴욕감 또는 혐오감을 느끼게 하거나 성적 언동 또는 그 밖의 요구 등에 따르지 아니하였다는 이유로 고용에서 불이익을 주는 것을 말한다.

- 이 법은 근로자를 사용하는 모든 사업 또는 사업장에 적용한다. 다만, 대통령령으로 정하는 사업에 대하여는 이 법의 전부 또는 일부를 적용하지 아니할 수 있다.

- 사업주는 직장 내 성희롱 발생이 확인된 경우 지체 없이 행위자에 대하여 징계나 그 밖에 이에 준하는 조치를 하여야 한다. 또한 직장 내 성희롱과 관련하여 피해를 입은 근로자 또는 성희롱 피해발생을 주장하는 근로자에게 해고나 그 밖의 불리한 조치를 하여서는 안된다.

- 사업주는 고객 등 업무와 밀접한 관련이 있는 자가 업무수행 과정에서 성적인 언동 등을 통하여 근로자에게 성적 굴욕감 또는 혐오감 등을 느끼게 하여 해당 근로자가 그로 인한 고충 해소를 요청할 경우 근무 장소 변경, 배치전환 등 가능한 조치를 취하도록 노력하여야 한다.

- 사업주는 근로자가 피해를 주장하거나 고객 등으로부터의 성적 요구 등에 불응한 것을 이유로 해고나 그 밖의 불이익한 조치를 하여서는 안된다.

⑤ 민간보험

• 상해보험

상해보험은 산재보험과 별도로 고용주 및 고용인의 안전을 위하여 민간 보험에 가입하는 것으로 직원 개개인별로 가입이 된다는 점에서 영업배상책임보험과는 구별되며, 민간보험회사를 선택해서 가입해야 하는 관계로 각 회사의 약관에 따라 보험료 및 보장의 차이가 있다. 민간보험은 산재보험 외에 2중 장치로 직원의 위험에 대비할 수 있으나 재정상태가 열악한 장기요양기관의 경우 상해보험을 드는 경우는 드물다.

• 영업배상책임보험

직원을 제외한 제3자의 안전을 위해 영업배상책임보험을 대부분의 기관이 가입하고 있으며, 영업배상보험은 사고로 인한 피보험자가 부담하는 법률상의 배상 책임에 따른 배상액을 보험증권상의 보상 한도액 내에서 피보험자에게 지급하는 것으로 해당 보험회사의 약관에 따라 다음과 같은 보상을 받을 수 있다.

구분	내용
대인	시설 내 사고로 발생한 제3자(고객)의 신체상해를 보상
대물	보험 증권 상에 명시된 업무에 종사하고 있는 동안 과실 또는 태만으로 인하여 또는 관계자가 사용하는 기계, 기구 또는 기타 시설의 작동 결함으로 인하여 피보험자의 작업장 내에서 제3자 소유의 재산에 입힌 우연한 사고 또는 손해를 보상

특별약관 (선택사항)	임차인 배상책임	임차한 건물에 화재가 발생하여 임차인이 부담해야 하는 손해 배상금을 보상
	음식물 배상책임	제공한 음식물의 차자로 고객이 식중독 등을 일으킴으로서 부담해야 하는 법률상의 손해 배상금을 보상
	주차장 배상책임	피보험자가 소유, 사용, 관리하는 주차 시설 및 그 시설의 용도에 따른 주차 업무의 수행 중 발생한 우연한 사고로 인해 타인의 신체 및 재물에 입힌 법률상, 배상책임을 보상
	구내치료비 담보	피보험 건물 내에서 타인이 우연한 사고로 상해를 입어 피보험자가 그 타인을 위해 치료비를 지급한 경우의 그 금액을 보상

- **자동차보험**
  - 근무 중 교통사고가 발생했을 경우에는 즉시 소속기관에 보고하고 지시에 따라 사고 처리한다.
  - 사고가 발생하였으나 아무런 피해가 없을 경우에는 경과를 관찰하고 필요할 시에는 경찰에 신고한다. 사고현장 및 상대방의 차량 사진 촬영, 상대방의 연락처 등을 알아둔 후 기관에 돌아와 사고보고서를 작성하여 제출한다.
  - 대인·대물 사고의 경우, 사고증명을 위해 경찰에 연락하고, 보험회사 담당자에게 알린 후 상대방의 연락처·보험회사 확인, 사고현장 사진촬영, 증인확보 등의 조치를 취하고 의료기관에서 검사·치료를 한다. 사고처리를 완료한 후 사고보고서를 작성하여 기관에 제출한다.
  - 대인보험의 경우 책임보험으로 산재보험과 중복해서 적용을 받을 수 없다.
- **기타 보험**
  사회복지시설에서는 산재보험, 영업배상책임보험 외에 위험에 대비한 보험으로 자원봉사자 상해보험, 캠프 및 나들이 시 여행자보험을 가입하고 있다. 그러나 재가장기요양기관에서는 캠프 및 나들이 프로그램을 실시하지 않음으로 실행 시 보험가입을 하도록 하며, 자원봉사자 상해보험의 경우에는 기관에서 가입하는 경우도 있으나 자원봉사센터에서 일괄적으로 가입하는 경우도 있으므로 가입가능여부 및 절차를 확인 후 활용하도록 한다.

5) 직원 업무범위와 부당한 요구에 대한 대응지침

(1) 요양보호서비스 업무범위의 원칙

구분		세부내용
신체활동지원 서비스	세면 도움	얼굴, 목, 손, 발 씻기, 세면장까지의 이동 보조, 세면동작지도, 세면 지켜보기
	구강관리	구강 청결, 양치 지켜보기, 가글액 · 물양치, 틀니 손질, 필요 물품 준비 및 사용 물품의 정리
	머리감기기	세면장까지의 이동 보조, 머리감기기, 머리 말리기, 필요 물품 준비 및 사용 물품의 정리
	몸단장	머리 단장, 손발톱 깍기, 면도, 면도 지켜보기, 화장하기, 필요 물품 준비 및 사용 물품의 정리
	옷 갈아 입히기	의복준비(양말, 신발 포함), 지켜보기 및 지도, 속옷, 겉옷 갈아입히기, 의복 정리
	목욕도움	입욕준비, 입욕 시 이동 보조, 몸 씻기(샤워 포함), 지켜보기, 기계 조작, 욕실 정리
	식사도움	아침, 점심, 저녁 및 간식을 포함한 식사 도움, 지켜보기, 경관영양 실시, 구토물 정리, 식사준비 및 정리
	체위변경	자세의 변경, 일어나 앉기 시 도움
	이동도움	침대에서 휠체어로 옮겨 타기 등, 시설 내 보행 지켜보기, 보행도움, 산책
	신체기능의 유지 · 증진	관절 구축 예방, 일어나 앉기 연습 도움, 보행, 서있기 연습, 보조기구 사용 운동 보조, 보장구 장치 도움(지켜보기 포함)
	화장실 이용하기	화장실 이동 보조, 배뇨 · 배변도움, 지켜보기, 기저귀 교환, 용변 후 처리, 필요물품 준비 및 사용물품의 정리
일상생활지원 서비스	취사	식재료 구매(장보기), 조리 방법 선택, 특별 식이 준비, 식품 및 식기 등의 위생관리, 주방의 위생관리
	청소 및 주변정돈	대상자와 직접 관련된 침구 준비와 정리, 침구 교환, 침대주변정리 정돈, 병실(방) 환기, 온도 조절, 채광, 방음, 전등과 TV 켜고 끄기, 병실(방) 내 청소, 세면대 소독, 쓰레기 버리기, 의복, 일용품 정리 정돈, 의복 수선, 보조기구 관리
	세탁	세탁물 분류, 세탁물 빨기, 삶기, 널기, 개키기, 다리기, 정리정돈, 의복 보관
개인활동지원 서비스	외출 시 동행	은행, 관공서, 병원 등의 방문 또는 산책 시 부축 및 동행(차량이용 포함)
	일상 업무 대행	물품 구매, 약 타기, 은행, 관공서 서비스 업무 등의 대행

정서지원 서비스	말벗, 격려, 위로	급여 대상자의 심리적·신체적 요구에 따른 가벼운 구두 응대 및 정서적 지지
	생활상담	신체 및 가사활동지원 서비스와 관련된 내용으로 제한한 상담
	의사소통 도움	책 읽기, 편지 대필, 구두 의사 전달, 편지 및 신문 전달, 콜벨 대처
방문목욕서비스		급여 대상자의 집으로 방문하여 입욕준비, 입욕 시 이동 보조, 몸 씻기(샤워 포함), 지켜보기, 기계 조작, 욕실 정리

(2) 요양보호서비스에서 제공해서는 안되는 일

- 모든 의료행위 활력징후 측정, 흡인, 위관영양, 관장, 도뇨, 욕창 관리 및 투약(경구약 및 외용약 제외)은 하지 않는다.
- 대상자 본인과 동거하는 가족을 위한 음식조리나 특별한 요리 등은 하지 않는다.
- 대상자 집의 정원 잡초 뽑기, 대청소, 거실대형 유리 닦기, 마루의 왁스 칠하기 등은 하지 않는다.
- 대상자의 부재 시에는 집을 방문하지 않아야 하며 다음 방문일을 적은 메모를 남겨두거나 연락을 취하여 방문일을 조정한다.
- 대상자 본인과 동거하는 가족의 부업을 돕는 일은 하지 않는다.
- 기타 대상자에게 제한되어 있지 않는 서비스는 하지 않는다.

> 〈「노인장기요양보험법 시행규칙」 제14조(장기요양급여의 범위 등)〉
> 　수급자와 장기요양기관은 장기요양급여를 제공받거나 제공할 경우에는 다음 각 호의 행위를 요구하거나 제공하여서는 아니 된다.
> 　－수급자의 가족을 위한 행위
> 　－수급자 또는 그 가족의 생업을 지원하는 행위
> 　－그 밖에 수급자의 일상생활에 지장이 없는 행위

(3) 부당한 요구에 대한 대응지침

- 서비스 계약 시 대상자와 가족에게 서비스 계약에 따른 서약서나 부당한 요구에 대한 대응지침을 제공하고 그 내용을 알려준다.
- 요양보호사는 대상자와 가족에게 요양보호서비스 범위가 아닌 행위를 제공해서는 안된다.
- 대상자와 가족이 제공해서는 안되는 서비스를 요구할 경우에는 우선 그 내용을 설명하여 알려드린다. 이후 계속해서 요구할 시에는 즉시 시설장(관리자)에게 보고하여 불필요한 마찰을 피하도록 한다.
- 대상자 또는 가족과 의견이 상충될 시에는 불필요한 마찰을 피하고 시설장(관리자)에게 보고한다.

• 요양보호서비스 업무범위인지 불확실할 경우에는 시설장(관리자)에게 보고하여 상의
한 후 서비스를 제공하도록 한다.

6) 관련서식

대상자 및 가족과 직원의 고충 및 불만 발생에 따른 문제 해결 및 처리함에 있어 다음 각
호의 서식 및 서류를 비치하여 사용하도록 한다.

서식번호	서식명	내용
8-01	고충처리카드	대상자 성명, 전화번호, 대상자와의 관계, 담당직원 성명, 직위를 기재하고 불만사항, 개선요구 및 제안사항, 작성일자를 작성하여 기관에 제출하면 접수, 결재 처리(대상자 가정 또는 기관 비치)
8-02	고충처리신청서	접수일자, 접수자, 신청인(직원)의 개인정보, 고충처리 신청내용을 육하원칙에 의거 작성하고 입증자료 첨부하여 기관 제출
8-03	고충상담일지	상담일자, 상담방법, 신청자의 성명, 관계, 상담자의 성명, 직위를 작성하고 의뢰내용, 상담내용, 결과통보 사항 기재
8-04	차량사고 보고서	기관차량번호, 차종, 사고구분, 운전자명, 직위, 연락처를 작성하고 사고일시, 사고원인, 피해 정도, 상대차량의 정보(운전자 성명, 연령, 연락처, 차량번호, 차종), 사고개요, 사고현장 약도, 보험관계, 합의 및 사고처리 경위 내용 기록, 사고사진 첨부

서식 8-01 고충처리카드

고충처리카드

*감사함*을 실천하는 ○○○노인복지센터는 고객의 소중한 의견에 감사드립니다.
고객의 고충과 불편사항에 귀 기울이며 개선하도록 노력하겠습니다.

고객사항	성명		전화번호	
	대상자와의 관계			
담당직원	성명		직위	

불만사항	

개선요구 및 제안사항	

	작성일자	

[고충불만사항 문의 및 접수안내]
전화☎ 고충처리담당자 홍길동 02-111-1111
게시🖥 홈페이지 www.cham××××.or.kr
　　　이메일　cham××××@*******.net
우편✉ 주소　　서울시 ××구 ××동 111번지 101호
문의해 주시면 친절하게 상담해 드리겠습니다.

	접수일자		
결재	담당	팀장	센터장

○○○노인복지센터

서식 8 - 02 　고충처리신청서

고충처리신청서

결재	담당	팀장	센터장

접수일자			접수자	
신청인	성명		생년월일	
	부서		직위	
	입사년월			
고충처리 신청내용				

위와 같이 고충처리를 신청하오니 조치하여 주시기 바랍니다.

년　월　일

신청인:　　　　　(서명 또는 날인)

○○○노인복지센터 귀중

증거서류	※ 가능한 피해사실을 입증할 수 있는 근거자료 첨부

○○○노인복지센터

서식 8−03 고충상담일지

고충상담일지

결재	담당	팀장	센터장

상담일자				상담방법	
신청자	구분	☐ 직원 ☐ 대상자 ☐ 보호자 ☐ 기타( )			
	성명			관계	
상담자	성명			직위	
의뢰내용					
상담내용					
결과통보					
비고					

○○○노인복지센터

서식 8-04 | 차량사고보고서

차량사고 보고서

결재	담당	팀장	센터장

차량번호		차종		사고구분	
운전자명		직위		연락처	
사고일시					
사고원인					
피해 정도					
상대차량	성명		연령		연락처	
	차량번호		차종		
사고개요		사고 현장 약도			
보험관계					
협의 및 사고처리 경위					

○○○노인복지센터

서식 8-05 차량사고사진

차량사고 사진

사진번호(1)	
사진설명	
사진번호(2)	
사진설명	

○○○노인복지센터

성희롱예방지침

1) 목적

재가노인을 위한 요양보호서비스를 제공하는 데 있어 대상자의 짓궂은 농담이나 스킨십 등으로 인해 업무스트레스를 받을 수 있으며, 이는 업무지속을 저해하는 요인이 됨으로 이를 예방하고 대처할 수 있는 방안을 마련함으로써 문제 상황에 대한 올바른 대처를 통해 문제발생 및 갈등요인을 예방할 수 있도록 한다.

2) 성희롱의 정의 및 구분

성희롱이란 업무, 고용 등의 관계에서 공공기관의 종사자, 사용자 또는 근로자가 그 지위를 이용하거나 업무 등과 관련하여 성적 언동 등으로 성적 굴욕감 또는 혐오감을 느끼게 하거나 기타 요구 등에 대한 불응을 이유로 고용상의 불이익을 주는 것을 말한다.

육체적 행위	• 입맞춤이나 포옹, 뒤에서 껴안기 등의 신체접촉 • 가슴, 엉덩이 등 특정 신체부위를 만지는 행위 • 안마나 애무를 강요하는 행위 등
언어적 행위	• 음란한 농담이나 음탕하고 상스러운 이야기 • 외모에 대한 성적인 비유나 평가 • 성적 관계를 강요하거나 회유하는 행위 • 성적 사실관계를 묻거나 성적인 내용의 정보를 의도적으로 유포하는 행위 • 회식자리 등에서 무리하게 옆에 앉혀 술을 따르도록 강요하는 행위 등
시각적 행위	• 음란한 사진, 그림, 낙서, 음란출판물 등을 게시하거나 보여주는 행위 • 직접 또는 팩스나 컴퓨터 등을 통해 음란한 편지, 사진, 그림을 보내는 행위 • 성과 관련된 자신의 특정 신체부위를 고의적으로 노출하거나 만지는 행위 등
기타	• 사회통념상 성적 굴욕감을 유발하는 것으로 인정되는 언어나 행동

3) 성희롱의 대처방안

(1) 요양기관에서의 대처 방법

• 성희롱 예방교육 실시와 예방을 위한 노력을 해야 한다(서비스 제공자들에게 성희롱 예방교육을 1년에 1번 이상 실시해야 한다).

• 성희롱 피해자 등에 대해 불이익을 주는 행위는 금해야 한다(성희롱으로 인한 피해가 있

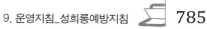

을 때 그 피해자에게 원하지 않는 업무배치 등의 불이익한 조치를 해서는 안된다).
- 성희롱 행위자에 대해 조치할 의무가 있다(직원들 사이에 성희롱이 발생하였을 경우에는 행위자를 징계해야 한다. 성희롱을 한 서비스 이용자에게는 재발 방지 약속이나 서비스 중단 등의 적절한 조치를 취해야 한다).
- 성희롱 처리지침을 문서화하여 기관 내에 두어야 한다.

(2) 개인의 대처 방법

- 감정적인 대응은 삼가고, 단호히 거부의사를 표현한다.
  - 서비스 이용자에게 거부의사를 표시하고 시정을 요구한다.
  - 가족에게 사정을 말하고 시정해 줄 것을 요구한다.
  - 시정요구에도 상습적으로 계속할 경우 녹취하거나 일지를 작성해 둔다.
- 기관의 담당자에게 보고하여 적절한 조치를 취하도록 한다.
  - 모든 피해사실에 대하여 기관의 담당자에게 보고하여 기관에서 적절한 조치를 취하도록 한다.
- 외부기관의 도움을 요청한다.
  - 심리적 치유상담 및 법적 대응이 필요하다고 판단될 경우 외부의 전문기관(성폭력상담소, 여성노동상담소 등)에 상담하여 도움을 받는다.
- 평소 성폭력에 대한 충분한 예비지식과 대처방법을 숙지한다.
- 음담패설을 삼간다.

4) 성희롱 처리지침

- 성희롱 고충처리는 의뢰 → 상담 → 처리의 순으로 진행하며 고충처리담당자 및 처리 내용은 고충처리지침과 동일하게 운영하도록 한다.
- 성희롱 예방업무의 처리와 소속 직원의 성희롱 관련 고충에 대한 상담 및 처리를 위해 성희롱 고충전담을 두되, 고충처리담당자는 이를 겸하도록 한다.
- 성희롱 고충처리담당자는 다음의 업무를 하도록 한다.

> - 성희롱 피해자의 고충에 대한 상담 · 조언 및 접수
> - 성희롱 사건에 대한 조사 및 처리
> - 성희롱 사건 처리 관련 부서 간 협조 · 조정에 관한 사항
> - 성희롱 재발 방지 대책의 수립과 이행에 관한 사항
> - 성희롱 예방을 위한 교육 · 홍보 등

- 성희롱 고충처리에는 고충접수 및 처리대장, 신청서를 작성하여 비치하여야 한다.
- 성희롱 예방교육은 전문가 강의, 시청각 교육 등의 방법으로 연 1회 1시간 이상 실시하여야 하며, 다음의 내용이 포함되어야 한다.

- 성희롱 관련 법령 및 남녀차별금지기준
- 성희롱 발생 시의 처리절차 및 조치기준
- 성희롱 피해자에 대한 고충상담 및 구제절차
- 성희롱을 한 자에 대한 징계 등 제재조치
- 기타 성희롱 예방에 관한 사항 등

- 성희롱 예방교육을 한 경우에 성희롱 고충처리담당자는 교육일시 및 방법, 교육참석자, 교육내용 등에 관한 결과를 기관장에게 보고하여야 한다.
- 매년 성희롱 예방교육의 실시 시기 · 내용 · 방법 등에 관한 세부 실시계획을 수립하여 기관장에게 보고하여야 한다.
- 성희롱 피해자 보호 및 비밀유지를 위해 피해자와 가해자의 결과가 불일치함으로 조사, 상담 및 협력 등의 이유로 불이익한 조치를 하여서는 안된다.
- 성희롱 고충과 관계된 사안을 직무상 알게 된 경우에는 사안의 조사 및 처리를 위해 필요한 경우를 제외하고는 동 사안 관계자의 신원은 물론 그 내용 등에 대하여 이를 누설하여서는 아니 된다.
- 성희롱 사안의 처리 후 그 결과를 당사자에게 서면으로 통지하여야 한다.
- 조사결과 성희롱에 해당되지 않는다고 인정될 경우에는 당사자에게 통보 후 조사를 종결한다.

5) 성희롱관련 법적조치

− 성희롱이란 이성에게 상대방의 의사에 관계없이 성적으로 수치심을 주는 말이나 행동을 하는 일을 말하는 것으로 법적으로 가해자가 고의가 아니었다고 하면 법적제재가 없어 피해자가 정신적인 피해를 받았다고 민사소송을 하는 방법으로 진행된다.
− 방문요양서비스 제공의 경우 요양보호사와 대상자가 단둘이 집에 있게 되는 상황이 종종 발생할 수 있으며, 이때 대상자가 치매 등의 질병으로 판단이 어려운 가운데 일어날 수 있는 돌발 상황도 있으므로 재빠른 판단과 용기가 필요하다.

- **성폭력범죄의 처벌 및 피해자보호 등에 관한 법률**
  − 이 법은 성폭력범죄를 예방하고 그 피해자를 보호하며, 성폭력범죄의 처벌 및 그 절차에 관한 특례를 규정함으로써 국민의 인권신장과 건강한 사회질서의 확립에 이바지함을 목적으로 한다.
- **남녀고용평등과 일가정 양립 지원에 관한 법률**
  − 직장 내 성희롱은 사업주, 상급자 또는 근로자가 직장 내의 지위를 이용하거나 업무와 관련하여 다른 근로자에게 성적 언동 등으로 성적 굴욕감 또는 혐오감을 느끼게 하거나 성적 언동 또는 그 밖의 요구 등에 따르지 아니하였다는 이유로 고용에서 불

이익을 주는 것을 말한다.

　　－이 법은 근로자를 사용하는 모든 사업 또는 사업장에 적용한다. 다만, 대통령령으로 정하는 사업에 대하여는 이 법의 전부 또는 일부를 적용하지 아니할 수 있다.

　　－사업주는 직장 내 성희롱 발생이 확인된 경우 지체 없이 행위자에 대하여 징계나 그 밖에 이에 준하는 조치를 하여야 한다. 또한 직장 내 성희롱과 관련하여 피해를 입은 근로자 또는 성희롱 피해발생을 주장하는 근로자에게 해고나 그 밖의 불리한 조치를 하여서는 안된다.

　　－사업주는 고객 등 업무와 밀접한 관련이 있는 자가 업무수행 과정에서 성적인 언동 등을 통하여 근로자에게 성적 굴욕감 또는 혐오감 등을 느끼게 하여 해당 근로자가 그로 인한 고충 해소를 요청할 경우 근무 장소 변경, 배치전환 등 가능한 조치를 취하도록 노력하여야 한다.

　　－사업주는 근로자가 피해를 주장하거나 고객 등으로부터의 성적 요구 등에 불응한 것을 이유로 해고나 그 밖의 불이익한 조치를 하여서는 안된다.

- **민사적 방법**

　　－민사소송은 가해자를 안 날로부터 3년 이내에 제기해야 하며, 재산이 없는 가해자가 민사판결을 받고도 자발적으로 합의금을 주지 않으면 피해자는 금전적으로 한 푼의 배상도 받지 못하는 수가 있다. 성폭력으로 인한 손해배상은 주로 위자료가 대부분이고, 그 액수는 사건의 정도에 따라 달라지며, 피해자는 치료비와 이후 소요되는 치료비 등을 청구할 수 있고, 후유증(신체장애)이 있다면 이로 인한 수입의 감소분을 청구할 수도 있다.

- **형사적 방법**

　　－성폭력 사건발생 시 경찰서에 신고·고소하여 수사 후 검찰에 송치하며 검찰에서 불기소처분, 항고, 재항고의 과정을 거쳐 법원으로 기소되며, 법원에서의 재판(1심, 2심, 3심)을 통해 유죄·무죄를 판정받게 된다.

6) 관련서식

성희롱 고충발생에 따른 문제 해결 및 처리함에 있어 다음 각 호의 서식 및 서류를 비치하여 사용하도록 한다.

서식번호	서식명	내용
9－01	성희롱 고충접수 및 처리대장	접수번호, 접수일자, 신청인(성명, 소속부서), 고충내용, 처리결과, 회신일자를 작성하고 담당자, 팀장의 확인을 득함.
9－02	성희롱 고충상담 기록지	접수일, 담당자, 당사자(신청인, 대리인, 행위자의 성명, 소속, 성별, 직급)에 대한 정보를 작성하고 상담(신청)내용, 요구사항을 서술함.

서식 9-01   성희롱 고충접수 및 처리대장

성희롱 고충접수 및 처리대장

접수 번호	접수 일자	신청인		고충내용	처리결과	회신 일자	확인	
		성명	소속부서				담당자	팀장

서식 9-02 성희롱 고충상담 기록지

성희롱 고충상담 기록지

접수일	20 . . .		담당자		(서명)
당사자	신청인	성명		소속	
		직급		성별	
	대리인 ※ 대리인이 신청 하는 경우	성명		소속	
		직급		성별	
	행위자	성명		소속	
		직급		성별	
상담(신청) 내용	※ 6하 원칙에 의해 문제가 되는 행위, 지속성의 여부, 목격자 혹은 증인의 유무 등을 기록				
요구사항 ※ 조사를 원하는 경우	(1) 성희롱의 중지( ) (2) 공개사과( ) (3) 징계 등 인사조치( ) (4) 기타( )				
처리결과					
※ 관련자료 첨부					

○○○노인복지센터

∥ 참고문헌 ∥

국가인권위원회(2008). 노인분야 인권교육 교재.

국가청렴위원회(2006). 공무원행동강령업무편람.

김문실 외(2008). 노인요양시설경영론. 서울: 정담미디어.

노동부(2009). 표준취업규칙.

노인장기요양보험 홈페이지 www.longtermcare.or.kr 노인장기요양보험법.

박성환(2007). 역량중심 인적자원관리. 서울: 한올출판사.

보건복지가족부(2006). 노인복지시설인권보호 및 안전관리지침.

보건복지가족부(2008). 2008년도 노인보호전문기관 업무수행지침.

보건복지가족부(2008). 노인장기요양보험 장기요양기관 관리지침.

보건복지가족부(2009). 노인보건복지사업지침.

보건복지가족부(2009). 사회복지법인 재무 · 회계 규칙.

보건복지가족부(2009). 요양보호사표준교재.

보건복지부(2010). 2010년 요양보호사양성지침.

보건복지부(2010). 노인장기요양보험법 시행규칙.

보건복지부(2010). 장기요양기관 평가방법 등에 관한 고시(제2010-49호).

부천시(2009). 민간위탁 복지시설 회계업무매뉴얼.

서울복지재단(2006). 노인요양시설 서비스매뉴얼.

서울복지재단(2006). 복지관 경영매뉴얼.

서울복지재단(2006). 복지시설 종사자 위험관리 매뉴얼.

서울복지재단(2006). 재가노인복지프로그램매뉴얼.

서울복지재단(2008). 서울시 사회복지인력의 전문성 강화를 위한 교육·훈련과정 개발.

선현규(2009). 노인장기요양산업의 이해. 파주: 양서원.

엄미선 · 백은령 · 양숙미 · 한주빈(2008). 사회복지시설운영론. 서울: 시그마프레스.

이원우(2005). 신인사관리론. 부산: 삼영사.

이인수(2006). 실버산업의 전망과 과제. 서울: 대왕사.

정순둘(2005). 강점모델: 노인 장기요양보호와 사례관리실천. 서울: 집문당.

중앙대학교 부설 종합사회복지관(2003). 지역사회 재가대상어르신을 중심으로 한 의료와 복지서
     비스의 통합사례관리 매뉴얼.

한국노년학회 춘계학술대회 자료집(2007). 노인장기요양보험의 쟁점과 효율적 정착을 위한 과제.

한국노인복지시설협회(2009). 노인요양시설의 직무분석을 통한 업무매뉴얼.

한국노인요양시설경영연구회(2008). 노인요양시설 경영자과정.

한국사회복지협의회(2007). 사회복지분야 인권길라잡이.

한국재가노인복지협회(2006). 재가노인복지사업 매뉴얼.

한국재가노인복지협회(2006). 재가노인복지서비스 매뉴얼.

함봉수 · 강상묵(2009). 서비스기업 인적자원관리. 백산출판사.

행정안전부(2008). 직무분석실시지침.

행정안전부(2009). 정부조직관리지침.

행정안전부(2009). 지방자치단체 세출예산 집행기준 개정안.

행정안전부(2010). 공무원 성과평가 등에 관한 지침.

행정안전부(2010). 행정안전부성희롱예방지침.

‖ 찾아보기 ‖

가족간담회 221
가족관리 219
가족교육 220
가족상담 220
가족요양비 13
간트차트 51
감가상각비 57
개별케어계획 271, 272
개인정보관리지침 42
개인활동지원서비스 288
결산보고 62
결산총괄표 64
경력관리 131
계약서 267
계층적 기능구조 29
고령화 사회 11
고정비 56
고충처리지침 45
공통서식 363
구조적 면접 125
국민건강보험공단 14
국민기초생활보장 수급자 12
근로계약서 127
근무관리 128
근태관리 128, 129
급여관리 130
기관정보안내 270
기능장애 14
기본계획 134
기타재가급여 13
기획 49

내부교육 135
내부모집 121
내부문서 357
내부평가 65
노인복지법 15

노인성 질환 12
노인요양공동생활가정 13
노인요양시설 17
노인요양원 13
노인의료복지시설 13
노인장기요양급여 12
노인장기요양기관 15
노인장기요양보험 11
노인장기요양서비스 12
노인전문병원 13
노인학대예방지침 44

단기보호 13
대결 360
대상자 209
대상자 등록 213
대상자 면접 211
대상자 사정 214
대상자 사정회의 215
대상자 상담 209
대상자 욕구평가 223
대상자 의뢰 224
대상자 종결 225
대상자 평가 223
대상자관리 208
대상자욕구평가지 214

막대도포 51
만족도 평가 297
모집 121
목적 48
목표 48
문서정보관리 357
문제행동대처 294
물품 384
물품관리 384

반구조적 면접 125
방문간호 12
방문목욕 12
방문요양 12
방문요양 표준서비스 270
방문요양기관 18
법정 외 복지후생 140
법정복지후생 139
변동비 56
복지용구 13
복지후생관리 138
비구조적 면접 125
비급여서비스 269
비영리조직 46
비품 384

사례소개 223
사례점검회의 223
사례평가회의 224
사례회의 215
사명 47
사명선언문 47
사무작업관리 382
사무환경관리 381
사업결과보고서 52
사업계획 50
사업계획서 50
사업보고 52
사업운영 평가 65
사업일정표 51
사업평가 67
사업평가회 68
사업평가회 결과보고서 68
사정 214
사정기록지 214
사회보험 12
사회복지서비스 46

상담 의뢰 209
상담관리카드 217
서류전형 123, 124
서비스 계약 267
서비스 계획 270
서비스 변경계약 274
서비스 변경계약서 274
서비스 의뢰 300
서비스 이용신청 267
서비스 이용지원 390
서비스 일정표 273
서비스 점검 296
서비스 제공계획 271, 273
서비스 제공계획서 273
서비스 제공관리 294
서비스 종결 299
서비스 평가 296
서비스관리 266
서식관리 363
선결 360
선발면접 125
선발시험 124
성과평가 67
성희롱예방지침 46
세입예산 53
세출예산 53
손익분기점 56
수시채용 122
수입결의서 61
수입일계표 61
수직적 인사이동 132
수평적 인사이동 132
시설급여 12
시설기준 20
시설환경관리 381
신체활동 지원 15
신체활동지원서비스 277
실시계획 134
실적평가 67
실행 계획 51

안전관리 383
안전관리지침 45

안전보건관리 140
업무내용 27
업무보고회의 130
업무서식 71
업무총괄 69
여가지원 293
영리조직 46
예비면접 124
예산계획 53
예산관리 64
예산사정 59
예산운용 53
예산집행 59
예산집행절차 60
예산편성 53
예산편성 요령 54
예정자 209
와상(臥床)상태 14
외부교육 135
외부모집 121
외부문서 357
외부평가 65
요양등급 12
요양병원간병비 13
요양보호 기록일지 217
요양시설 13
요양업무 129
운영계획 46
운영규정 40
운영목적 48
운영목표 49
운영비전 47
운영지침 41
월별활동 카드 51
위험요인 관리 383
윤리행동강령 41
이동 · 승진관리 132
이용 서약서 268
이용안내 268
인감관리 65
인력계획 120
인력기준 21
인력설치기준 120

인력수급계획 120
인적자원관리 119
일반관리 381
일상생활지원서비스 284
일시서식 363
임용공고문 121

자체평가 65
장기요양급여제공기록지 217
장기요양기관 15
장기요양등급판정위원회 14
장기요양요원 15
장기요양인정서 212
장부 기장관리 64
재가급여 12
재가노인 15
재가노인복지시설 15
재물조사 386
전결 360
전용서식 363
전통적인 기능구조 29
정보공개 356
정보관리 355
정보수집 356
정보시스템 365
정산보고서 63
정서지원 15
조직도 28
조직설계 27
조직운영관리 27
주 · 야간보호 12
준변동비 56
지원업무 129
직무기술서 31
직무명세서 32
직무분석 32
직무분석표 40
직무설계 31
직원교육 133
직원교육지침 43
직원모집 120
직원모집 120
직원배치 127

직원복무 및 개발 128
직원선발 123
직원안전관리 384
직원유지관리 138
직원인사기록관리 128
직원채용 123
직원평가 136
직제관리 40

차량관리 388
초기상담 210
총계정원장 64
치매·뇌혈관성질환 14

케어관리 212

통장관리 65
퇴사관리 142
퇴직 142
특례 22
특례요양비 13
특별관리 218
특별현금급여 12
특수보상관리 138
팀제운영 29

판정 223
패널면접 126
평가내용 68
평가절차 66, 67
평가회의 66

표준장기요양이용계획서 212
프로그램 계획 51

해고 142
현금급여 12
현금출납부 64
현물급여 13
호스피스 293
홍보관리 363
후결 360
후기고령인구 11
후열 360

저자 소개

• 이금룡

상명대학교 가족복지학과/복지상담대학원 노인복지학과 교수
한국노년학회 이사 및 학술부회장
한국노인복지학회 이사 및 편집위원
前 저출산고령사회위원회 노후생활팀 전문위원
　　상명대학교 실버마케팅연구소장

• 박상욱

상명대학교 가족복지학과 외래교수
고용서비스협회 요양보호사교육원/한겨레요양보호사교육원 교수
前 버드내노인복지관 총괄부장
　　서울시니어스연구원 교육문화연구소 연구원
　　영등포노인복지관 과장

• 유은경

송파요양보호사교육원/일신요양보호사교육원/그린리버요양보호사교육원 교수
상명대학교 대학원 노인복지 박사과정
前 버드내노인복지관 지역복지과장
　　소사노인복지관 복지과장

• 안예숙

가양7종합사회복지관 사회복지사
상명대학교 대학원 사회복지 석사
前 부천천향노인복지센터 사회복지사

방문요양기관의 운영 평가 실제

2010년 9월 3일 1판 1쇄 인쇄
2010년 9월 10일 1판 1쇄 발행

지은이 • 이금룡 · 박상욱 · 유은경 · 안예숙
펴낸이 • 김진환
펴낸곳 • (주) **학지사**

　　　　121-837 서울특별시 마포구 서교동 352-29 마인드월드빌딩 5층
대표전화 • 02)330-5114　　　　팩스 • 02)324-2345
등록번호 • 제313-2006-000265호

홈페이지 • http://www.hakjisa.co.kr
커뮤니티 • http://cafe.naver.com/hakjisa

ISBN 978-89-6330-494-6　93330

정가 27,000원